한권으로 끝내는

임상심리사
2급

한권으로 끝내는

일상

심리사

2급

도서출판 샘

한권으로 끝내는 임상심리사 2급

초판인쇄 2020년 6월 3일
개정2쇄 2021년 6월 1일

저자 진성오, 김선화
내지 디자인 김연진
표지 디자인 양혜진
제작지원 토픽코리아(TOPIK KOREA)

펴낸곳 (주)도서출판 참
펴낸이 오세형
등록일 2014.10.20. 제319-2014-52호
주소 서울시 동작구 사당로 188
전화 02-6294-5742
팩스 02-595-5749
홈페이지 www.chambooks.kr
인스타그램 www.instagram.com/chambooksofficial
블로그 blog.naver.com/cham_books
이메일 cham_books@naver.com

ISBN 979-11-88572-23-6   13180

서문

수험서는 시험에 합격하도록 도움을 주기 위한 책이다. 그래서 내용이 핵심적이며 시험과 연관되어 내용이 잘 정리되어야 한다. 시중에는 이렇게 임상심리사 2급 수험서로 아주 좋은 책들이 많다. 한편, 필자들이 오랜 시간 수련과정을 운영하고 임상 장면에서 활동하면서 임상심리사 2급 수험생과 수련생들이 실제 임상장면에서 활동하기 위해 제대로 된 임상심리학 공부를 하고 싶어 한다는 열망을 보면서 내심 바람직하다고 느끼면서도 현실적인 시험합격의 목표를 생각하지 않을 수 없어 이 둘을 충족시켜 주지 못해 미안함과 안타까운 경우가 많았다. 그런 아쉬움과 미안함이 지금의 이 책을 만들도록 한 동기가 되었다.

의대생들이 방대한 양의 의학 공부와 각종 시험에 대비하면서도 제대로 된 지식을 얻기 위한 방법 중 하나가 여러 선배들이 각 과목 텍스트의 핵심 엑기스를 잘 정리한 비급의 책을 물려받거나 돌려 본다. 그것을 아마 '야마'라고 하는 것으로 알고 있다. 정신의학과 관련하여 이러한 비급의 책을 한권 필자도 가지고 있다. 모든 내용을 다루면서 핵심이 간략히 정리되어 있는 책으로 초보자가 읽기에는 좀 축약되어 어렵지만 조금만 열심히 읽으면 핵심이 잘 정리되어 전체 내용을 한눈에 파악할 수 있으면서도 시험까지 대비할 수 있는 책 아닌 책이다. 필자가 생각하는 임상심리사 2급의 교재는 이런 형태가 되면 두 마리 토끼를 잡을 수도 있지 않을까 생각하였다.

이런 책 아닌 책은 점점 더 많은 사람들의 손을 거치면서 마치 압축 파일이 만들어 지듯 핵심이 추가되어 발전한다. "한 권으로 끝내는 임상심리사 2급"도 이런 책이 되기를 바란다. 그래서 시중에 나와 있는 각 과목의 텍스트 내용들을 가능한 포함하면서 핵심을 축약하는 '임상심리 야마'를 만들어 보자는 생각으로 시작한 작업이 이런 결과물로 나왔다. 과목의 방대함에 비해서는 사실 적은 분량이나 다른 수험서로 비교해서는 너무 많은 내용을 담고 있는 책이어서 두 마리 토끼를 잡으려다 다 놓치지 않기 위해 노력했다. 이런 이유로 필자들은 이 책을 수험생이 직접 참여하는 진행형 책으로 만들었다. 이 책을 활용하는 수험생들이 각자의 손에 의해 완성되는 개인적 책이 되도록 코넬노트의 아이디어 한 조각을 차용하여 모든 페이지 좌, 우에 여백을 두었다. 강의를 통해서든 혹은 각 과목의 텍스트를 통해서든 이 교재를 기본으로 하여 자신의 공부 내용을 보강하고 추가 첨삭하여 자신만의 수험서를 완성하는 작업을 수험생들의 숙제가 되도록 남겨 놓았다. 그래야만 "한권으로 끝내는 임상심리사 2급"이 될 것이다.

합격까지 좋은 도움이 되길 바라고 또 이후에도 계속 임상심리학 공부의 방향을 잡는데 초반 길잡이 역할을 하길 바란다. 또 여백에 자신의 생각이 기록되어 더 풍부해지는 살아있는 교재로써의 역할도 되기를 바란다. 필자가 바라는 임상심리사 2급을 획득한 수험생의 이상적인 모습은 자격증을 획득한 이후에도 계속 임상심리를 공부하는 수험생이다. 이 책에서 참고한 도서들은 가능한 다 읽어보기를 원한다. 아무리 잘 축약된 다이제스트도 결국 메인 음식을 위한 에피타이저에 지나지 않는다는 점도 말해두고 싶다. 잘 훈련된 훈련병은 결국 전쟁터에서 생존할 가능성이 높을 것이다. 잘 훈련된 수련생도 결국 임상이라는 전쟁터에서 잘 생존할 것이다. 그런 훈련용 교재가 되길 바라며 필자들은 책 출판에 도움을 주신 정두철 차장님께 고맙다는 말씀을 전하고 싶다.

공저 진성오 · 김선화

목차

Contents

2. 이상심리학

Contents

2. 이상심리학

Contents

3. 심리검사

Contents

5. 심리상담

Contents

PART 01 심리학개론

PART 01 심리학개론

① 심리학의 이해

가. 심리학의 요소
① 과학으로서의 심리학
 - 과학적 방법론의 원리에 따라 수집된 증거에 의해 발견이 이루어짐
 - 문제를 분석하고 해결하기 위한 일련의 단계를 가짐
② 행동
 - 유기체가 그들의 환경에 적응하는 수단이 행동이며 심리학의 주제는 대체로 관찰 가능한 행동임
 - 개인이 주어진 상황에서 무엇을 어떻게 하는지를 연구
③ 개인
 - 심리학적 분석 대상의 대부분은 개인임
④ 정신과정
 - 정신과정은 인간 마음의 작업임
 - 생각하고, 계획하고, 추론하고, 창조하고, 꿈을 꾸는 것과 같은 개인적이고 내적인 사건들에 대한 정신과정을 심리학 연구의 가장 중요한 요소로 봄

나. 심리학의 목표
① 기술하기
 - 행동을 정확하게 관찰하는 것
 - 관찰한 내용을 자료로 만들어 보고서로 구성
 - 연구자가 자료를 수집할 때는 적절한 분석 수준을 설정하여야 하고 측정의 객관성을 확보할 수 있는 측정도구를 선택해야 함
② 설명하기
 - 다양한 요인이 복합적으로 영향을 미쳐서 행동하게 된다고 설명하고자 함
 - 하나의 근원적 원인으로 여러 가지 행동을 설명하는 것을 중요한 목표로 고려함
③ 예측하기
 - 심리학은 어떤 행동이 일어날지 또는 어떠한 관계가 발견될 것인지에 대하여 설명함으로써 예측하는 것을 목표로 함
 - 행동의 이면에 깔린 원인을 정확하게 설명할 수 있다면 이와 관련된 미래의 행동을 정확하게 예측할 수 있다고 봄

④ 통제하기

- 통제는 과학에서 가장 중요하고 힘이 있는 목표 중 하나.
- 통제란 행동을 시작하게 하고, 유지시키고, 멈추게 하고, 일어나는 행동의 형태와 강도, 빈도에 영향을 주는 것을 말함. 행동이 통제될 수 있는 조건을 만들 수 있을 때 그 행동에 대한 인과적 설명을 할 수 있음
- 인간의 행동을 통제함으로써 심리학은 인간의 삶의 질을 향상시킬 수 있다고 봄

다. 현대 심리학의 역사

1) 구성주의 심리학

① 대표학자: 빌헬름 분트

- 독일의 라이프치히 대학교에서 심리학 최초의 실험실을 만들어 연구를 시작
- 최초로 실험실 기법으로 내면적인 정신과정에 대한 연구를 함
- 심리학의 아버지로 평가받음

② 특징

- 내성법(introspection)이라는 과학적 접근법을 사용.
- 내성법은 생각이나 욕망, 느낌 등을 자기 스스로 내적으로 들여다보고서 언어로 보고하는 방법임
- 구성주의 심리학의 관점에서 마음의 구성요소가 무엇인지, 그 요소가 어떻게 상호 작용을 하고 그 요소가 상호작용을 하는 이유 등을 알 수 있다고 믿음

2) 기능주의 심리학

① 대표학자: 윌리엄 제임스

- 하버드 대학교 철학 및 생리학 교수
- 윌리엄 제임스는 인간의 의식을 연구함
- 미국 최초의 심리학자임. 더불어 실용주의 철학자

② 특징

- 의식이나 정신과정을 여러 개의 요소로 나눌 수 없는 하나의 형태로 봄
- 인간 이해를 위해서는 의식의 전체적 기능을 밝혀야 한다고 주장
- 어떠한 의식이 존재하는 목적이나 이유를 연구하여 정서, 기억, 의지력, 습관 그리고 매순간 의식의 흐름을 탐구함 → 의식 심리학

3) 형태주의 심리학

① 대표학자: 막스 베르트하이머

- 게슈탈트 심리학을 창건함
- 구성주의 관점을 비판 → 의식을 전체적인 맥락에서 이해하는 것이 중요하다고 주장

② 특징

- 다른 감각보다도 시각적인 형태나 모양을 설명할 때 적합한 이론.
- 감각을 토대로 형태를 형성해 내는 능력 중에서 특히 시각적인 형태에 대한 논리 를 체계화

심리학개론

이상심리학

심리검사

임상심리학

심리상담

4) 행동주의 심리학

① 대표학자: 존 왓슨

- 기능주의 심리학자 교수의 지도 아래 동물행동을 연구. 박사학위를 취득함
- 기능주의, 구성주의, 정신역동이론 모두 과학적인 측정이 어려운 마음을 직접 다루려고 하기 때문에 심리학을 발전시키는 데 한계가 있다고 비판.

② 특징

- 인간 이해 위한 연구는 관찰, 측정이 가능하고, 설명이 가능해야 한다고 주장
- 어떤 행동이든지 그 원인이 되는 자극과 결과가 되는 반응 사이의 관계로 설명
- 모든 행동이 특정한 환경이나 경험에 의해 좌우되며, 행동의 원인이 되는 자극에 대한 중요성을 강조

5) 인지주의 심리학

① 대표학자: 쾰러와 톨만

- 쾰러는 침팬지 실험을 통해 통찰학습에 대한 개념 발표
- 톨만은 쥐 실험을 통해 인지도의 개념을 발표

② 특징

- 인지 활동 연구에 초점을 맞추어야 한다는 입장
- 가장 의미가 있는 어떤 행동은 이미 기억 속에 보관된 생각과 함께 종합적으로 판단한 결과에 해당하는 것이라고 봄

라. 심리학의 관점

1) 정신역동관점

- 행동은 강력한 내부 힘에 의해 움직이고 동기화된다고 봄
- 인간행동의 근원을 선천적인 본능, 생물학적 추동, 개인적인 욕구와 사회의 요구 사이의 갈등을 해결하는 시도로 전제

2) 행동주의 관점

- 특정 환경 자극이 특정 유형의 행동을 어떻게 통제하는지를 연구
- 행동에 앞서 설정되는 선행학습조건을 분석하고, 행동반응 관찰, 반응에 따라 나오는 관찰 가능한 결과를 조사

3) 인본주의 관점

- 인간은 선천적으로 타고난 착한 의지와 스스로 선택할 수 있는 능력을 가진 능동적인 존재로 가정
- 중요한 과제는 인간의 긍정적인 발달을 추구하는 것임
- 인본주의자들은 자신들의 관점이 인간의 부정적인 힘과 인간의 동물적 측면을 초월하여 심리학이 자랄 수 있게 하는 촉진제가 될 것이라고 주장

4) 인지주의 관점

- 인간의 생각과 모든 앎의 과정이 가장 중요한 연구 주제임
- 지각, 기억, 언어사용, 문제해결, 다양한 수준에서의 의사결정 같은 상위 정신

과정을 연구
- 한 사람이 현실에 반응하는 것은 객관적 세상에 대한 것이 아니고 개인의 내적 생각과 주관적 세상에 대한 것으로 해석

5) 생물학적 관점
- 행동의 원인을 유전자, 뇌, 신경계, 호르몬계의 기능으로 설명
- 유기체의 기능은 기본적인 신체적 구조와 생화학적 과정의 개념으로 설명
- 우리의 경험과 행동을 신경세포들 사이에서 발생하는 화학적이고 전기적인 활동들의 결과로 이해

6) 진화론적 관점
- 현대 심리학을 자연선택에 의한 진화설을 주장한 찰스 다윈의 생명과학의 핵심 아이디어와 연결하려는 시도
- 진화심리학에서는 인간의 뇌가 진화한 환경조건에 대하여 연구함
- 진화심리학의 중요한 해석원리가 진화하는 매우 긴 시간에 초점을 두었다는 점에서 심리학의 다른 관점과 근본적으로 차이가 있음

7) 사회문화적 관점
- 행동의 원인과 결과에 대한 비교문화적 차이를 연구함
- 문화보편성과 특수성으로 인간의 경험을 연구함

② 발달의 개념과 설명

가. 발달(Development)이란?

인간의 생명이 시작되는 수정의 순간에서부터 죽음에 이르기까지의 전 생애를 통해 이루어지는 모든 변화의 양상과 과정

신체, 운동기능, 지능, 사고, 언어, 성격, 사회성, 정서, 도덕성 등 인간의 모든 특성이 포함됨

발달과 유사한 개념
- 성장
- 성숙
- 학습

* 발달과 유사한 개념

성장(Growth)	신체 크기의 증대, 근력의 증가 등과 같은 양적확대. 주로 신체적 특성의 변화를 뜻함.
성숙(Maturation)	인간의 내적 또는 유전적 기제의 작용에 의해 나타나는 체계적이고 규칙적으로 진행되는 신체 및 심리적 변화
학습(Learning)	후천적 변화의 과정 특수한 경험이나 훈련 또는 연습과 같은 외부자극이나 조건, 즉 환경에 의해 개인이 내적으로 변하는 것.

발달심리학이란?

나. 발달심리학(Developmental Psychology)이란?

인간 유기체의 전 생애 동안 성장과 변화의 과정을 생물학적, 심리적 측면에서 연구하는 학문

인간 성장과정의 보편적 변화를 이해하는 데 도움

개인차나 행동에 영향을 미치는 환경에 대한 깊은 이해

발달의 원리
1. 순차적, 일정한 방향
2. 개인차
3. 상호관련
4. 결정적 시기
5. 분화와 통합의 과정
6. 성숙과 학습

다. 발달의 원리

1) 발달은 순차적, 질서 정연하게 일정한 방향으로 일어남
 - 머리에서 아래쪽으로
 - 중심부에서 말초부로
 - 전체운동에서 특수 운동으로
 - 미분화 운동에서 분화 운동으로
2) 개인에 따라 차이가 있음
3) 발달의 제 영역은 상호 관련됨
 - 하나의 영역의 장애는 다른 영역의 기능에도 영향을 줌
4) 발달에는 결정적 시기(Critical Periods)가 있음
 - 결정적 시기: 특정 시기가 아니면 학습되기 어렵거나 불가능한 것
 - 각인(Imprinting): 생물학적인 발달개념으로 매우 짧은 시기(수초에서 수분)에 학습하는 능력
   ex) 언어 발달의 결정적 시기를 0~12세로 보는 관점

5) 발달은 분화와 통합의 과정으로 일어남
- 세분화되는 발달과 통합되는 발달이 동시에 상호작용 함
6) 발달은 성숙과 학습의 산물
- 생물학적 신체 발달의 개념인 성숙 + 환경적인 자극 습득의 개념인 학습

라. 유전과 환경의 논쟁

1) 천성(Nature) 대 양육(Nurture)의 상대적 중요성과 관련된 이슈
2) 현대의 발달 이론들은 어느 한 쪽을 고집하지 않고, 유전적 요인과 환경적 요인 양쪽에서 통합적으로 받아들임
3) 유기론적 관점은 유전적 요인의 중요성을 더 강조
4) 기계론적 관점은 환경적 요인을 더 강조

유전 vs. 환경?
- 최근 추세: 유전 + 환경 접근

문제))))

1. 다음 중 발달과 관련된 유전-환경의 논쟁 중 환경을 강조하는 관점은?

(2003 기출)

가. 정신분석학적 관점　　　　나. 행동주의적 관점
다. 구조주의적 관점　　　　　라. 생물학적 관점

[1. 해설] ④
발달은 환경에 대한 경험에 대한 학습으로 보는 입장이 행동주의적 관점이다.

2. 인간 발달의 일반적인 원리에 해당하지 않는 것은? (2008 기출)

가. 전 생애에 걸쳐 이루어지는 변화과정을 포함한다.
나. 각 발달 단계마다 발달 과업 또는 사회적 기대가 있다.
다. 사지 부분이 먼저 발달하고, 머리와 몸통 부분이 나중에 발달한다.
라. 발달에는 결정적 시기(Critical Period) 또는 민감기(Sensitive Period)가 있다.

[2. 해설] ④
머리와 몸통이 발달하고 이후 사지가 발달한다.

3. 다음 중 생물학적인 발달개념으로 매우 짧은 시기(수초에서 수분)에 학습하는 능력을 의미하는 용어는?

가. 결정적 시기　　　　　나. 각인
다. 학습　　　　　　　　라. 조건화

[3. 해설] ④
각인으로 짧은 시간 동안 학습하는 능력을 의미한다.

심리학개론

이상심리학

심리검사

임상심리학

심리상담

[4. 해설] ㉮
발달은 머리쪽에서 발쪽으로 향한다.

4. 다음 중 발달의 순서가 잘못된 것은?

　가. 발에서 머리쪽으로

　나. 중심부에서 말초부로

　다. 전체운동에서 특수운동으로

　라. 미분화 운동에서 분화 운동으로

[5. 해설] ㉮
천성 대 양육의 논쟁이다.

5. 유전과 환경 논쟁에 해당되지 않는 것은?

　가. 천성 대 유전 논쟁

　나. 유기론적 관점은 유전적 요인을 중요하게 여긴다.

　다. 기계론적 관점은 환경적 요인을 중용하게 여긴다.

　라. 유전과 환경을 통합적으로 받아드린다.

③ 연구의 접근방법

가. 연구 유형

1) 상관연구(Correlational Study)
  - 인간 행동에 영향을 미치는 여러 변인들 간의 상호 관련성을 밝히는 연구
    Ex) 자녀 양육방식과 인지발달 수준 간의 관계 연구
  - 상관 연구는 변인들 간의 관련성에 초점. 인과적 관계를 보여주는 것은 아님

2) 실험연구(Experimental Study)
  - 인간행동에 영향을 미치는 여러 변인들 간의 인과관계를 밝히는 연구
    Ex) Bandura의 TV시청이 아동의 공격적 행동에 미치는 영향에 관한 연구

3) 사례연구(Case Study)
  - 한두 명의 대상을 연구 대상으로 선택하여 여러 측면을 자세하게 관찰하거나 조사하여 일반적인 양상을 추론하는 연구
    Ex) Piaget는 자신의 세 아이를 대상으로 관찰, 실험 하여 인지발달이론을 유추함

나. 자료수집방법

1) 자기보고법(Self-report)
  - 연구 대상자가 자신의 생각, 태도, 관점, 성격, 능력 등과 같은 내적인 특성들을 스스로 평가하고 보고하게 하는 방법
    ex) 면접, 질문지법, 검사, 척도

2) 직접관찰법
  가) 실험실적 관찰(Laboratory Observation): 관찰하고자 하는 행동이 나타날 수 있는 상황을 만들고 그 상황에서 행동을 관찰하는 방법
  나) 자연적 관찰(Natural Observation): 일상의 장면에서 나타는 행동 그대로를 관찰하는 방법
  다) 참여 관찰법(Participant Observation): 연구하려는 집단의 한 구성원이 되어 직접 활동에 참여하면서 자료를 수집하는 방법
  라) 자료수집 방법의 강점, 약점

방법	강점	약점
자기보고법	• 자료 수집의 효율성 • 타인이 식별하기 어려운 개인의 내재적 특성 파악 가능	• 주관적 판단에 의해 경험을 선택하거나 왜곡 • 연구 대상자의 연령, 언어능력에 영향
직접관찰법	• 참가자의 일상적 활동을 세밀하게 관찰 가능 • 주어진 상황에서 개인차 연구 가능	• 관찰자의 선택적 주의나 편향된 해석

발달 연구
- 특정단계의 발달적 특징
- 연령에 따른 변화과정. 그 기제

발달 연구의 주 목적
특정단계에 있는 아동의 발달적 특징들을 이해하는 것 + 이들 특징들이 연령에 따라 변화해 가는 과정과 그 기제를 밝히는데 있음.

연구 유형
1. 상관연구: 상관관계
2. 실험연구: 인과관계
3. 사례연구: 한, 두명의 표본을 연구하여 일반적 양상 추론

*사례연구나 자기보고법과 관찰법은 자주 출제되니 잘 정리해 두자.

자료수집방법
자기보고법: 면접, 질문지법
직접관찰법: 실험실관찰, 자연적관찰, 참여관찰

다. 연구 설계

1) 횡단적 설계(Cross-sectional Design)
- 여러 연령집단 동시에 표집하여 연령이 다른 사람들을 동시에 비교하는 방법

2) 종단적 설계(Longitudinal Design)
- 한 연령집단을 표집하여 여러 시간에 걸쳐 반복해서 측정하는 방법

3) 횡단적-단기종단적설계(Cross-sectional/Short-term Longitudinal Design)
- 횡단적 설계의 대상을 단기간 동안 추적함으로써 종단적인 변화를 측정하는 방법

4) 발생과정분석 설계(Microgenetic Design)
- 극히 적은 수의 표본의 특정 행동이 형성되고 변화하는 과정을 면밀히 추적하여 분석하는 방법

5) 연구설계의 강점, 약점

방법	강점	약점
횡단적 설계	• 자료 수집 용이 • 연령간의 차이 규명	• 발달적 변화과정 설명하지 못함 • 동시대 집단효과로 인해 개인의 성장, 발달에 있어서 참모습을 알기 어려움
종단적 설계	• 개인의 변화과정을 밝힐 수 있음	• 자료수집이 어려움 • 시간과 비용이 많이 듦 • 반복 측정에 따른 연습효과 • 중도탈락자 문제
횡단적-단기종단적설계	• 비교적 짧은 기간에 발달적 변화를 연령 효과, 동시대 집단 효과, 측정시기에 따른 효과로 구분 가능	• 자료수집에 어렵고 시간과 비용 측면에서 비효율적 • 연구에 포함되지 않은 집단에 대한 일반화 문제
발생과정분석설계	• 관심이 되는 행동을 반복 측정함으로써 발달의 변화과정을 직접 관찰할 수 있음	• 반복 측정에 따른 연습효과

문제

1 다음 중 사례연구에 관한 설명으로 틀린 것은? (2003, 2007 기출)

가. 사례연구에서는 여러 가지 자료수집 방법을 사용 할 수 있다.

나. 심리적인 문제를 진단하고 치료하는 것으로 상담 및 임상심리학자들이 자주 사용하는 방법이다

다. 한 사람에 대한 전기를 재구성하는 과정으로 볼 수 있다.

라. 다른 연구법에 비해 연구자의 주관적 기대와 주관이 개입될 가능성이 적다.

2. 다음 중 자녀 양육방식과 인지발달 수준간의 관계 연구는 어떤 유형의 연구인가?

　가. 실험연구　　　　　　　　　나. 사례연구
　다. 상관연구　　　　　　　　　라. 관찰연구

[2. 해설] ㉰
두 변인간의 관계를 연구하는 연구는 상관연구이다

3. 다음 중 한, 두 명의 아동을 연구 대상으로 선택하여 여러 측면을 자세하게 관찰하거나 조사하여 발달의 일반적인 양상을 추론하는 연구는 어떤 연구인가?

　가. 실험연구　　　　　　　　　나. 사례연구
　다. 상관연구　　　　　　　　　라. 관찰연구

[3. 해설] ㉯
소수를 지속적으로 관찰하여 일반적 양상을 추론하는 연구는 사례연구이다

4. 다음 중 인간발달에 영향을 미치는 여러 변인들 간의 인과관계를 밝히는 연구는 어떤 연구인가?

　가. 실험연구　　　　　　　　　나. 사례연구
　다. 상관연구　　　　　　　　　라. 관찰연구

[4. 해설] ㉮
변인들의 인과 관계를 연구하는 연구는 실험 연구이다

5. 연구 대상자가 자신의 생각, 태도, 관점, 성격, 능력 등과 같은 내적인 특성들을 스스로 평가하고 보고하게 하는 방법은?

　가. 실험실적 관찰　　　　　　　나. 자기 보고법
　다. 자연적 관찰　　　　　　　　라. 참여관찰

[5. 해설] ㉯
자신을 관찰대상으로 하는 관찰은 자기 보고법이다.

심리학개론

이상심리학

심리검사

임상심리학

심리상담

4 발달심리학의 연구 주제

가. 인지발달

- 인지발달 이론가들은 아동의 사고발달 과정에 초점을 둠
- 인간은 의식적인 사고과정을 지닌 능동적인 존재로 인식
- 인간의 사고과정이 어떻게 변화하고 발달하는지에 대한 연구

1) Piaget의 인지발달 이론

Piaget의 인지발달 이론
1. 도식
2. 동화
3. 조절
4. 평형화

가) Piaget 인지발달 이론의 기본 개념

(1) 인지
- 적응이자 유전의 발현
- 인간은 대상과 상호작용 하면서 인지가 형성됨
- 인간은 반사 기능만을 갖고 태어나지만 인지구조를 바꾸면서 외부환경에 적응해 가며, 지적인 기능이 태생적으로 정해진 순서에 따라 발달해 감

(2) 인지기능
- 기능적 불변성(Functional Invariants): 인지기능은 생득적이며, 일생동안 변하지 않고 항상 같은 기능을 함
- 인지기능은 인지도식의 발달과 인지구조의 변화를 가능하게 함
- 인지구조의 발달은 생득적 요인인 성숙(Maturation)과 환경적 요인이 작용
- 환경적 요인
  ① 물리적 경험: 사물을 대상으로 하는 지적활동
  ② 사회적 요인: 사람들과의 상호작용

(3) 도식(Schema)

> ◎ **심화학습** ◇ **도식의 개념**
>
> 한 연구에서 8개월 된 유아들은 단지 몇 달 더 된 유아들과는 반대로 나비의 사진보다 아기 얼굴 사진에 더 많은 관심을 보였음. 8개월 된 유아들은 어른들을 보는 것으로부터 대부분의 굴에 대한 도식이 형성되어 있으므로 아기의 얼굴은 같은 얼굴이라도 어른의 얼굴과는 다르고 아들에게 형성된 얼굴이라는 인지도식을 더욱 강화시켜 줄 수 있을 만큼 충분히 다르기 때문 유아들이 나비보다는 아기의 얼굴에 흥미를 갖게 된다고 설명하였음. 즉, 8개월 된 유아들은 직 나비와 같은 곤충들에 대한 도식을 가지고 있지 않은 것 임. 그러나 좀 더 나이 든 유아에 게는 아기의 얼굴은 이미 너무 친숙하여 낡은 것이고 나비는 어느 정도 새롭기에 흥미로움. 자들이 형성하고 있는 작고 날아 다니는 곤충에 대한 도식과 어느 정도 차이가 나기 때문. 이러 경험은 더 정교하게 되며 점점 더 복잡한 인식의 구조를 낳게 되는데, 구조란 도식들이 유기적으로 체계를 이루어 결합된 인식의 보다 큰 틀이라고 할 수 있음.

- 인식의 틀
- 사람들이 외부 환경으로부터 사물이나 현상을 받아들이고, 해석하고, 전환하고, 조직하는 일련의 인지구조

- 경험이나 학습을 통하여 인간의 기억 속에 축적 된 사고 또는 기본 구조로서 어떤 사물에 대한 일반적인 개념적인 정보를 담고 있음
- 성장이란 이러한 도식이 더 조직화되고, 새로운 도식이 발달함으로써 환경에 잘 적응하는 것을 의미함

(4) 동화(Assimilation)
- 기존의 도식을 이용, 새로운 정보를 도식에 맞추어 이해하는 과정

(5) 조절(Accommodation)
- 외부 자극에 맞추어 기존의 도식을 변화시키는 과정

(6) 평형화(Equilibrium)
- 인간은 심리적(인지적) 구조를 일관성 있고 안정된 행동양식으로 유지하려는 경향이 있음
- 개인의 정신적 활동과 환경간의 균형 상태를 말함, 인지적 불평형 상태에서 개인의 심리구조가 다시 평형화되었을 때는 보다 높은 차원의 심리구조가 획득, 재구성된 상태가 됨
- 동화와 조절에 의하여 인지구조가 평형상태 유지.
- 새로운 사물이나 현상이 기존의 도식으로 이해가 되면 평형화가 유지됨. 그렇지 않을 경우에는 인지적 불평형 상태가 발생

◎ **심화학습 ◇ 평형화 과정**

새로운 감각적 정보(질문, 과제, 문제)가 이미 존재하거나 완전하지 않은 지식을 혼란시킬 때 불평형상태가 되고 새로운 동화, 조절과정이 시작됨. 이러한 질문이나 문제는 이미 존재하는 구조 안으로 들어오고(동화) 이 과정에서 기존의 구조는 성장, 변화, 확장되며(조절) 새로운 더 높은 수준의 평형이 달성됨. 새로운 경험의 조절은 구조와 도식에서의 수정을 야기하는데, 이는 인간이 보다 더 정교한 관찰을 하고 더 어려운 문제를 풀며 더 높은 수준의 일반화를 할 수 있게 하는 사고의 도구와 추론능력을 얻는 것을 의미하는 과정

나) 인지발달단계
- 개인의 지능이나 환경에 따라 각 단계에 도달하는 개인 간 차이는 있을 수 있으나 발달 순서는 바뀌지 않음
- 각 단계는 전 단계의 심리적 구조가 통합된 것이며, 다음 단계의 심리적 구조로 통합될 준비과정
- 각 단계의 사고과정은 서로 다르며 시간이 경과하면서 더 복잡하고, 객관적이고, 타인의 관점을 생각하는 방향으로 발전
- 발달단계: 감각운동기 → 전조작기 → 구체적 조작기 → 형식적 조작기

(1) 감각운동기(Sensorimotor Period, 0~2세)
- 전 언어시기, 자신의 감각이나 운동을 통해서 주변 세계를 탐색. 생득적으로 갖고 태어난 반사기능이 다양한 감각운동적 도식 및 의도적이고 체계적인 인지행동으로 발달

Piaget의 인지발달 단계
1. 발달순서 바뀌지 않음.
2. 더 복잡하고 객관적이며 타인의 관점을 생각하는 방향으로 발전

TIP!
Piaget 인지발달 단계는 자주 출제되는 영역이다. 교재처럼 자세히 파악할 필요는 없으나 각 단계별 핵심은 정리할 필요가 있다.

심리학개론

이상심리학

심리검사

임상심리학

심리상담

인지 발달 단계

1. 감각운동기
- 0~2세
- 반사행동 → 목표지향행동
- 도식의 결합(빨기와 잡기의 결합)
- 모방능력의 발달
- 대상영속성 습득

감각운동기 하위단계

① 반사기능(0~1개월) 빨기·잡기 등 생득적 반사 연습
② 1차순환반응(1~4개월) 반사기능으로부터 적응적 도식의 발달
③ 2차순환반응(4~8개월) 흥미로운 사태를 재현하는 절차 발달
④ 2차도식협응(8~12개월) 수단과 목표를 결합하는 의도적 행동 표출
⑤ 3차 순환반응(12-18개월) 탐색과 시행착오를 통해 새로운 수단-목표 결합
⑥ 내적 표상(18~24개월) 표상 및 상징기능 출현

(가) 발달과업
- 주변의 여러 대상물로부터 자신을 분리시키기
- 빛과 소리 등 감각자극에 반응하기
- 흥미 있는 일을 계속하기
- 조작을 통한 물체의 속성 알기
- 대상 영속성의 개념 획득하기

(나) 감각운동기의 하위단계
① 1단계 반사기능 단계(0~1개월): 빨기, 울기, 잡기 등 반사활동. 여러 물체를 입에 닿는 대로 빨음으로써 빨기 도식을 연습하고, 정보를 동화. 젖을 빨기 위해 고개를 드는 등 자신의 행동을 수정하는 조절의 과정도 발견됨
② 2단계 1차 순환반응단계(1~4개월): 반사기능이 감각운동 도식으로 발달함. 비반사적 도식에 의한 행위의 반복. 행위의 즐거움으로 행위를 반복하며(순환), 그 행위가 자신의 신체에 국한(일차)됨. 기본적, 유전적인 도식이 정교화되고 습관을 형성하며, 도식이 통합되어 큰 단위의 새로운 도식이 형성됨
   ex) 빨기도식의 정교화 및 빨기-잡기 도식, 보기-잡기 도식의 출현
③ 3단계 2차 순환반응단계(4~8개월): 순환반응의 방향이 외부 환경으로 변화. 외부환경에 관심을 갖고 탐색. 환경에 대한 직접적 조작을 수반하지만 행위-결과에 대한 인식은 없음. 소박하지만 인과관계의 법칙을 발견하기 시작함. 물체를 따라 눈을 움직이기 시작함. 그러나 물체가 시야 밖으로 사라지면 더 이상 찾지 않음(대상 영속성 개념의 미발달)
④ 4단계 2차 도식의 협응단계(8~12개월): 목적과 수단이 분리, 목표를 지각하고 이를 성취하기 위해 도식을 사용하고 의도적 행동을 하게 됨. 수단과 목표를 구분하고 통합하는 최초의 의도적인 문제해결 행동이자 지적 행동(Piaget, 1952). 대상 영속성 개념 획득
⑤ 5단계 3차 순환 반응(12~18개월): 반복 대신 탐색과 시행착오를 통해 새로운 행위-결과, 수단-결과 관계를 탐색하고 실험함. 생득적 호기심이 생겨나는 단계. 남의 흉내(모방)를 내기 시작 함
⑥ 6단계 표상적 사고 단계(18~24개월): 행동의 반복이 아닌 내재적, 상징적 조작을 할 수 있게 됨. 현존하지 않는 사람이나 대상에 대해 정신적 이미지를 형성하고, 자신을 다른 사람과 분리시켜 개인으로서의 자신을 조금씩 알게 됨

(다) 모방능력의 발달
- 8~12개월이 되면 모방이 가능
- 지연 모방(Deffered Imitation)의 출현은 정신적 상징과 심상의 조작, 기억 저장과 인출이 가능함을 반영
- 지연 모방은 12~18개월에 가능, 체계적 모방은 18-24개월에 가능

(라) 대상 영속성(Object Permanence)
- 대상이 독립적인 실체로 존재하며, 눈에 보이지 않아도 존재한다는 사실을 이해. 영아가 물체를 따라 눈을 움직이다가 물체가 보이지 않으면 관심을 두지 않았으나 이 시기가 되면 보이지 않는 물체를 찾음. 공을 가지고 놀다가 이불 속으로 숨기면 이불을 들치고 공을 찾아낼 수 있게 됨
- 1,2 단계: 대상이 안보이면 찾지 않음
- 3단계: 사라진 대상을 찾는 행동 시작, 그러나 직접 접촉에 의존
- 4단계: 대상이 완전히 사라진 후에도 찾는 행동을 함
- 5단계: 눈에 보이지 않는 대상의 위치 변화를 추론할 능력이 있음. 최근에 사라진 곳에서 대상을 찾으려 함
- 6단계: 정신적 표상, 추론. 보이지 않는 위치 변화를 추론함

(2) 전조작기(Preoperation Period, 2~7세)
- 환경을 표상하는 상징의 조작이 가능하나 논리적이지 못함
- 전 논리적 시대로 전개념적 사고와 직관적 사고기로 구분됨

(가) 전조작기의 하위 단계

① 전개념적 사고단계(Preconceptual Thinking: 2~4세): 현존하지 않는 사물을 표상하며, 여러 형태의 상징(언어, 그림, 몸짓 등)으로 표현할 수 있게 됨. 지연모방, 상징놀이, 심상, 언어 등이 나타나고 증가하지만 정신적 조작은 불가능
- 물활론(Animism): 무생물에 생명이 있다고 생각하는 것
- 전인과적 추론(Precausal Reasoning): 특별한 것에서 특별한 것을 추론. 동시 일어난 사건을 보면 하나가 원인이라고 추론, 원인과 결과의 혼동
- 자아중심성(Egocentrism): 타인의 생각, 관점 및 감정을 이해하지 못하고 자기 입장에서만 세상을 이해. Piaget의 세 산 모형실험[1]
- 외양/실제(Appearance/reality) 구분이 어려움: DeVries(1969)의 연구 대상이 실제 무엇인지 이해하려하기 보다는 보이는 외양을 중심으로 표상 눈에 보이는 사실에만 기초하여 사물을 분류, 이해
- 분류: 하나의 준거에 의해서만 물체를 수집
  Ex) 여러 단추들 중 동그란 단추는 가려낼 수는 있지만, 동그랗고 빨간 단추는 가려낼 수 없음
- 사물을 단계별로 배열. 그러나 눈에 보이지 않는 조작과 추리에 의한 배열은 어려움.
  Ex) 연필을 길이가 긴 순서로 배열할 수 있지만, A는 B보다 길고, B는 C보다 길므로 A는 C보다 길다 라고 추리하지 못함

[1] 산 모형을 만들어 아이를 한 쪽에 앉혀두고 반대쪽에 인형을 앉혀둠. 여러 모양의 사진을 제시하고 유아가 본 것을 나타낸 사진과 인형이 본 것을 나타내는 사진을 선택하게 함. 6~7세 이전의 유아는 자신이 본 것을 나타내는 사진은 잘 고름. 그러나 인형이 본 것을 나타내는 사진도 자신이 본 것과 같은 사진을 선택함

② 직관적 사고기(Intuitive Thinking: 4~7세): 자기 중심성에서 벗어나기는 하지만 언어화되지 않는 모호한 인상이나 대상의 지각적 속성에 의해 판단
- 보존(Conservation) : 물체의 모양이 변해도 그 양이나 수, 실체의 속송은 변하지 않음)의 원리를 어렴풋이 이해하기 시작하지만 불완전. 보존개념의 오류는 탈중심성(Decentration: 중심성으로 인해 지각적으로 현저한 특징에 사로잡혀 다른 차원을 고려하지 못함)과 가역성(Reversibility: 현재상태와 이전 상태를 변화시켜 파악하지 못함)의 결함에 기인
- 유목포함 조작에서의 직관적 사고: 전체가 부분보다, 상위유목이 하위유목보다 항상 양이 많음을 이해하는 능력
  Ex) Inhelder & Piaget(1964)의 실험[2]
- 사물을 분류할 수 있지만 반드시 그것을 이해하는 것은 아님
- 논리적 관계를 이해하고 수 개념을 사용하기 시작

(3) 구체적 조작기(Concrete Operational Period, 7~11세)

3. 구체적조작기
- 7~12세
- 탈중심화
- 가역성과 보존개념의 획득
- 서열화 발달
- 이행성 발달:
- 유목화 능력

(가) 구체적인 문제에 대한 논리적 사고가 가능해짐. 심상이나 상징을 변경하고 재 조직화하여 논리적 결론에 이르는 정신활동, 즉 인지적 조작이 가능. 그러나 조작은 실제 구체적 대상에 한정되며 머릿속으로만 조작하기에는 제한이 있고 추상적 조작은 불가능
(나) 탈중심화가 일어나면서 여러 조작에 의한 과학적 사고와 문제해결 가능
(다) 가역성의 이해: 현상을 역으로 상상, 추리하고 어떤 상황을 본래의 상황으로 변환시킬 수 있음
(라) 보존개념: 논리적 조작에 의해 보존개념을 습득. 길이, 크기, 양, 수의 보존개념은 6~7세, 무게는 8-9세, 넓이와 부피의 보존개념은 11~12세경 획득
(마) 분류 조작: 대상을 여러 차원 및 속성에 따라 분류. 유목포함 조작을 이해하고, 두개 이상의 기준을 동시에 고려하여 분류하는 중 다분류도 가능
(바) 서열 조작: 사물을 증가, 감소하는 순서대로 배열. 이행성, 다중서열 포함
  ① 이행성(Transitivity): 3가지 이상 대상의 순서, 서열개념의 이해
  ② 다중서열(Multiple Seriation): 동시에 두개 이상의 요인을 비교, 통합

(4) 형식적 조작기((Formal Operation Period, 11,12세~)

4. 형식적 조작기
- 11,12세~성인 초기
- 추상적 사고
- 가설적 상황에 대한 이해
- 연역적 사고

- 11~14,15세의 초기 단계와 이후의 후기 단계로 구분
- 경험에 근거한 정신적 활동에서 개념과 명제에 근거한 정신적 활동이 가능
(가) 추상성(Abstractness): 대상의 존재 여부와 상관없이 형식논리에 의해 대상을 사고. 추상적 상징과 은유가 많이 사용되고 상위인지가 발달. 자신의 사고 자체를 대상화하여 사고하는 것이 가능해지며 자기성찰과 내성의 발달

---

2) 5~10세의 아동에게 노란 달맞이꽃 4송이, 보라색, 파란색, 빨간색, 분홍색 달맞이꽃 각 1송이씩 모두 8개송이의 달맞이 꽃과 여러 가지 색깔의 다른 꽃 8송이와 꽃이 아닌 물건 4개가 그려진 20개의 그림카드를 제시. 아동이 노란달맞이꽃 〈 달맞이꽃 〈 꽃의 관계를 이해하는가를 실험

(나) 가설 연역적 사고(Hypothetical-deductive Reasoning): 가설이나 일반
적 사실을 설정하고 이를 전제로 특정 결과를 추론하는 명제적 사고가
가능. If-then의 사고가 가능하고 이상주의 발달

(다) 조합적 사고(Combination Thinking): 모든 관련된 변인들의 가능한 조합
이나 그 결과를 체계적으로 고려하여 진위를 검증하거나 문제를 해결하는
능력

다) Piaget 이론의 강점과 한계

(1) 공헌 및 강점

(가) 발달심리학의 확립에 결정적 공헌

(나) 설명 범위가 넓고 실용적임

(다) 후속 연구의 촉진, 창출

(라) 독보적인 이론체계의 확립

(마) 아동을 능동적 탐색가로 봄. 호기심과 내재적 동기를 강조, 창조적이며
발전적인 사고를 할 수 있도록 도움

(바) 유전적 소인과 더불어 환경의 강조. 발달단계에 맞는 개입과 환경 요인의
중요성 대두

(2) 제한점

(가) 단계이론에 대한 비판: 발달은 비연속적이며 질적 변환. 총체적(Holistic)
으로 인지 일반에 걸쳐 일어난다는 것에 대한 비판

 - 지적 능력의 변화는 점증적이며, 특정 인지능력 수행에서 일관성이 없음

 - 아동의 발달은 영역 일반적(Domain-general)인 것이 아니라 영역 특수적
(Domain-specific: 인지의 내용영역에 따라 인지 발달이 다름)이라는 비판

(나) 발달기제가 모호: 단계로의 전환에 대한 설명이 명료하지 않음

(다) 아동의 지적 유능성(내부 능력)과 과제수행 능력(외적 행동)을 동일시,
종종 아동의 실제 발달능력을 과소평가함. 아동의 실패는 수행기술의 부족
이나 비친숙성에 기인할 수 있음

(라) 연구방법이 비과학적임. 외현 행동에 대한 임상적 관찰과 소수 실험에
의거, 일반화에 제약이 있음

(마) 발달의 개인차, 성차는 언급하지 않음. 사회 문화적 요인에 의한 개인의
지적 발달 차이를 소홀히 여김

(바) 수학적, 과학적 사고의 발달에 관해서는 중시하지만 문학, 예술, 음악 등
정서성이 포함된 인지적 측면들은 전혀 언급되지 않음

2) Vygotsky의 인지발달이론

가) Vygotsky 인지발달 이론의 기본 개념

 - 행동이 생각을 결정함. 정신적 발달은 환경과의 교류결과를 내면화하는 과정

 - 발달은 변증법적 교류에 의해 이루어짐. 아동발달은 끝없는 갈등과 해결의 변증
법적 흐름으로 이루어지며 문제해결방법과 과정은 내면화되어 아동에게 지식을

피아제 발달 단계
1. 감각운동기
2. 전조작기
3. 구체적 조작기
4. 형식적 조작기

심리학개론

이상심리학

심리검사

임상심리학

심리상담

형성함. 지식은 다음 행동을 위한 명제(Theses)나 지식이 됨
- 사회가 아동을 그 사회문화에 적응시키려 하기 때문에 아동의 정신기능의 발달과정을 이해하려면 문화의 역사적 배경을 이해해야 함
(1) 사적 언어 (개인적언어, Private Speech)
 - 아동이 자신과 대화하는 것
 - 소리내는 말 → 속삭이는 말 → 입술의 움직임 → 내부로 사라짐
 - 문제해결, 행동조절을 도와 아동의 인지발달에 중요한 역할을 함
(2) 근접발달영역(Zone of Proximal Development; ZPD)
 - 실제적 발달 수준과 잠재적 발달 수준 사이의 영역. 아동이 혼자서는 해결할 수 없지만 유능한 타인의 도움을 받으면 문제를 해결 할 수 있는 영역
 - 실제적 발달 수준: 독립적으로 기능할 수 있는 범위
 - 잠재적 발달 수준: 교육적인 사회적 상호작용에 참여함으로써 기능할 수 있는 범위
(3) 비계설정(발판, Scaffolding)
 - 아동이 자신의 능력보다 높은 수준의 과제를 수행할 때, 옆에서 도와주어 인지적 향상을 꾀하는 발판역할을 하는 체계
 - 아동의 가능이 향상됨에 따라 아동이 더 많은 책임을 갖도록 자극
 - 아동의 능력에 따라 도움의 양을 조절

3) Piaget와 Vygotsky 비교

구 분	Piaget	Vygotsky
인지발달	문화적 맥락과는 상관없이 보편적	문화적 맥락은 인지 과정의 유형을 결정
인간관	아동은 세상에 대해 스스로 학습해 나가는 독립적인 발견자	아동의 학습은 문화적 맥락속에서 이루어짐
학습과 발달	발달수준이 학습능력을 결정하며 학습이 발달 수준을 바꿀 수 없음	학습이 발달을 주도 함
언어와 인지발달	언어는 인지발달의 부산물	언어는 인지 발달에서 주도적인 역할
환경	자연적이고 생물학적인 환경을 강조	사회적이고 역사적인 환경을 강조
문화적 환경과 인지발달의 관계	아동의 인지발달은 문화적 맥락과 관계없이 보편적	문화적 맥락이 아동의 인지과정의 유형을 결정
발달요인	성숙한 형태의 사고 발달을 위해 유아와 물리적 사물과의 상호 작용	사람들과의 상호 작용이 유아의 형식적 사고를 결정

Vygotsky 인지발달 이론의 기본 개념

1. 사적 언어
- 언어가 사고기능의 발달에 결정적인 역할.
2. 근접발달영역
- 실제발달 수준과 잠재적 발달 수준 사이의 영역
3. 비계설정
- 아동이 자신의 능력보다 높은 수준의 과제를 수행할 때, 옆에서 도와주는 사람의 역할

나. 사회 및 정서 발달

1) Erikson의 심리사회적 발달이론

- Erikson은 Freud의 심리성적발달이론의 기본체계를 받음. 단계를 더 연장하여 전 생애 동안의 발달의 개념 도입
- 인간발달의 사회적 경험 강조

가) Erikson의 심리사회적 발달 이론의 기본개념

- Erikson의 심리사회적 발달이론의 두 축: 심리사회적 위기, 양극성
- 인간 발달은 인간의 필요와 사회적(환경적) 요구 사이의 갈등을 해결해 나가는 과정을 통해 이루어짐
- 각 발달 단계에서 인간은 자신의 필요와 사회적인 여건과 환경적인 요구에 적응하기 위해 심리적 노력을 하게 되고, 그러한 노력은 긴장이나 갈등으로 경험
- 사회적 여건, 환경적인 요구 ⇒ 적응하고자 하는 노력 ⇒ 심리적 긴장이나 갈등을 경험 ⇒ 적응(심리사회적 위기를 극복) ⇒ 다음 단계의 사회적 여건, 환경적 요구 ⇒ 적응하고자 노력(전 단계에서 익힌 발달 기술을 활용함) ⇒ 심리적 긴장이나 갈등을 경험 ⇒ 적응 (심리사회적 위기 극복)
- 각 발달 단계에서 심라사회적 위기를 잘 극복하면 긍정적인 성향의 성격이 형성, 위기가 순조롭게 극복되지 못하면 부정적 성향의 성격이 형성

나) 심리사회적 발달 단계

(1) 신뢰감 대 불신감(Sense of Trust vs Distrust, 0~1년 6개월)
- 이 시기의 영아는 어루만짐을 당하고 좋아해 주고, 적절한 보호를 받아야 할 필요가 있음
- 경험의 일반성, 지속성, 동일성이 필요
- 양육이 적절하고, 신속하고, 일관성이 있으면 영아는 그의 세계를 안전하게 느끼고 주변 사람에게 신뢰를 느끼게 됨
- 양육이 부적절하거나 일관성이 없거나 부적절하게 되면 영아는 그의 세계를 두려워하고 의심하게 됨
- 이 시기에 형성된 기본적 신뢰성, 불신감은 일생을 통해 지속, 다음 단계의 성격발달에 직접적인 영향을 미침
- 이 단계에서의 주요 사회적 장면은 가정. 심리사회적 미덕은 희망(hope)

(2) 자율성 대 수치심(Sense of Autonomy vs. Shame and Doubt, 1년 6개월 ~ 3세)
- 이 단계에 들어서면 유아들은 경험과 행동 그리고 자신의 내적인 상태를 통해서 자율성을 갖게 됨
- 무엇이든지 잡았다가 놓는 과정을 반복하면서 자율성을 시험하는 단계
- 이 단계에서 지나치게 억제를 당하면 유아는 유아신경증을 발생시킴
- 유아신경증은 모든 것을 계속 쥐고 있으려는 경향이며 지나치게 고집이 세고 손에서 놓아 떠나 보내주어야 할 때 제대로 보내 줄 수 없게 됨. 이러한 유아는

Erikson의 심리사회적 발달이론
1. 사회적 경험이 인간발달에 중요하다고 봄
2. Freud의 이론의 기본체계를 받아들이고 전 생애 동안 발달 개념을 도입
3. 인간발달은 자신의 필요, 사회적 요구 사이의 갈등 해결을 통해 이루어짐

Erikson의 심리발달단계도 자주 출제되는 개념임

심리사회적 발달 단계
① 신뢰감 대 불신감
- 0~1년 6개월
- 부모로부터 적절한 보살핌을 받아 기본적인 욕구를 충족하면 자신과 주변에 대한 신뢰감 형성
- 반면, 욕구 좌절로 인한 부정적인 경험이 많은 영아는 근원적인 불신감을 갖게 됨

② 자율성 대 수치심
- 1년 6개월~3세
- 자기통제행동은 부모에 의해 규제 받게 되거나 스스로 실행하며 실패함
- 자기 통제의 성공과 실패를 통해 자기 통제에 기본적인 자신감을 갖게 되어 자율성 형성
- 과도한 외부의 통제는 자신에 대한 수치와 회의에 빠져듦

창피와 의심을 발달시킴
- 이 단계에서의 주요 사회적 장면은 가정. 심리사회적 미덕은 의지(Will)

(3) 주도성 대 죄책감(Initiative vs. Acceptance of Guilt, 4~6세)
- 이 단계에 들어서면 새로운 희망과 책임이 생김
- 자신이 주도적으로 계획하고 실천하며 이를 통해서 자신의 입장이나 자신의 모습을 더욱 분명히 만들어 감
- 남자 아동들은 주로 만드는 장난감을 통해 자신을 확인하며, 여자 아동들은 주로 술래잡기와 같은 사람들을 붙잡는 놀이를 통해 자신들을 확인해 감
- 아동들의 놀이는 자신들의 역할을 확인하고 세우는 과정이며 이를 통해서 자신들의 성 역할 등을 확고하고 분명히 함
- 놀이를 통해서 자신의 역할을 주도적으로 세움
- 주도성은 아동들에게 목적의식을 갖게 함
- 아동이 주도성을 확립하는데 실패하면 아동들은 죄의식을 발달시킴
- 아동이 주도하는 행동은 때로 사회에 바람직하지 않은 행동이어서 부모로부터 제재를 받을 수 있음
- 부모의 제재가 가혹한 경우 아동은 자신의 주도적인 행동에 자신감을 잃을 뿐만 아니라 나쁜 짓을 한다는 죄책감을 갖게 됨
- 이 단계에서의 주요 사회적 장면은 가정. 심리사회적 미덕은 목적(Purpose)

(4) 근면성 대 열등감(Industriousness vs. Sense of Inferiority, 6~11세)
- 이 단계는 아동들이 학교생활을 하는 단계
- 학교생활에서 자신이 학교라는 사회에 적응할 수 있는 사람이라는 사실을 확인하는 것이 중요함
- 학교생활에 적응하기 위해서는 학교생활에 필요한 기술을 습득하여 주어진 과업들을 완성할 수 있어야 함
- 이 단계는 과업을 통해서 아동들은 만족한 삶을 영위함
- 자신에게 주어진 일들을 충분히 소화하고 해낼 수 있을 때 이 시기의 아동들은 목적을 달성하게 됨
- 주어진 일에 대한 근면성을 통해서 아동들은 자신감을 갖게 되고 주어진 일을 제대로 해내지 못하거나 필요한 기술을 습득하지 못하는 아동들은 열등감을 갖게 됨
- 이 시기는 사회생활을 함에 있어서 결정적인 시기로서 과업을 완성하지 못하는 경우에는 부적절감을 형성하게 됨. 부적절감과 열등감은 한 개인의 일을 의무적으로 하는 사람으로 만들거나 다른 사람들의 일에 자신을 순응시키는 사람으로 만듦
- 이 단계에서의 주요 사회적 장면은 이웃과 학교. 심리사회적 미덕은 능력(Competence)

③ 주도성 대 죄책감
- 4~6세
- 자기주도적 활동이 적절한 비율로 성공하면 유아는 주도성을 확립
- 실패의 경험이 많으면 주도성은 위축되며 자기주장에 대해 죄의식 갖게 됨

④ 근면성 대 열등감
- 6~11세
- 학교에서 부과하는 여러 과제들을 통해 근면성 획득.
- 학교, 가정에서 자신에게 주어진 일에 적절한 성취를 느끼지 못하면 열등감에 빠짐

(5) 정체성 대 정체적 혼미(Identity Formation vs. Role Confusion, 12~20세)
- Erikson이 제일 관심을 둔 시기는 1단계인 신뢰감의 형성기와 청소년기
- 이 시기는 신체가 급격히 성장하고 그들에게 요구되는 사회적 역할도 지금까지와는 달리 새로움
- 이 시기는 자아정체성이 확립되어야 하는 시기
- 자아정체성의 확립: 신체적 성장을 통한 성적성숙, 발달로 인해 생기는 심리적 성숙, 사회 속에 자신의 역할을 조정하고 적응하는 사회적 성숙 이 세 가지 성숙의 통합
- 자아정체성을 분명히 갖는 청소년들은 충실성이 생김
- 이 요인들이 제대로 통합되지 않으면 역할 혼돈에 빠지게 됨. 이러한 역할혼돈에 빠지는 경우 대중스타나 연예인들과 자신을 지나치게 동일시하는 경향이 생기게 되고 남녀 간의 불장난 같은 찰나적 사랑으로 자신의 정체성을 확인하려는 시도를 하게 됨. 자신과 다른 사람들에 대해서 잔인해지며 힘든 일이나 고통에 대한 인내심이 아주 적어지기도 하며 또래들의 영향을 과도하게 받는 시기이기도 함
- 이 단계에서의 주요 사회적 장면은 또래 집단, 동료친구. 심리사회적 미덕은 충성(Fidelity)

(6) 친밀감 대 고립감(Intimacy vs. Isolation, 21~40세)
- 젊은 어른들, 21~40세가 이 시기에 해당
- 자신의 자아를 다른 사람들과 적극적으로 나누는 시기
- 이 시기에는 특정 이성과의 친밀한 관계를 유지시키려는 욕구가 생겨나서 궁극적으로 배우자를 선택하게 되고 이러한 과정에서 획득되는 친밀감은 결혼생활을 유지해 나가는 데 결정적인 역할을 함
- 이러한 친밀감은 부부간의 성적인 관계를 통해서 극대화됨
- 친밀감을 발달시킬 수 없는 사람들은 다른 사람들과의 관계 속에서 자신을 소외시킴. 다른 사람들에게 자신을 헌신할 수 없으므로 친밀한 관계를 유지할 수 없게 됨. 진정한 의미에서 자신의 자아를 나누는 일을 하기 어려우며 이로 인해서 관계 속에서 소외는 증가됨
- 이 단계에서의 주요 사회적 장면은 배우자와의 친밀감, 성관계 Partners in Friendship & Sex). 심리 사회적 미덕은 사랑(Love)

(7) 생산성 대 침체성(Generativity vs. Stagnation, 41~55세)
- 이 시기를 장년기라 함
- 장년기에 생산성이란 자녀양육이나 창조적인 활동 혹은 생산적인 활동을 통해서 다음 세대를 키우고 교육하는데 관심을 기울이는 시기. 다음 세대로의 계승을 위하여 노력하고 자신의 것을 주는 시기
- 주요 사회적 장면은 다음 세대(New Family Work), 심리 사회적 미덕은 관심(Care)

⑤ 정체성 대 정체적 혼미
- 12~20세
- 정체감 확립이 이루어지는 시기
- 가정과 가정 밖에서 경험한 가치관, 도덕관, 인생관들이 갈등, 방황, 통합의 과정을 통해 자기 고유의 주체 의식으로 확립 됨
- 반대로 사춘기 적응장애, 격정, 자살시도, 문란한 성 행동, 약물남용, 학업 실패 등 지나친 행동이나 감정 변화 등의 심한 발달 장애가 올 수도 있음

⑥ 친밀감 대 고립감
- 21~40세
- 배우자, 상대방과 의견충돌 내지 불만이 있을 때에 상대방과의 관계를 깨지 않으면서 대화를 통해 자기의견을 주장하여 서로가 만족할 수 있는 관계로 이끌어 가는 능력이 필요
- 실패하면 고립

⑦ 생산성 대 침체성
- 장년기
- 부모의 역할을 하는 것이 이 시기의 주된 과제
- 직업적, 가정적으로 성공적이 될 수 있으면 생산성을 획득하나 그렇지 못하면 정체가 옴

심리학개론
이상심리학
심리검사
임상심리학
심리상담

⑧ 통합성 대 절망감
- 노년기
- 자신의 삶을 수용, 지금까지의 삶을 통합하는 시기

(8) 통합성 대 절망감(Integrity vs. Despair, 55세 이상)
- 이 시기를 노년기라 함
- 노년기에는 인생의 한계를 받아들이고 다른 사람의 삶과 자신의 삶을 긍정적으로 수용하며, 자신의 삶에 대해 품위를 유지하며 지금까지의 삶을 통합하는 시기
- 반면에 죽음에 대한 공포를 갖는 사람들이나 새로운 것을 추구하기에는 남은 삶이 너무 짧다고 느끼는 사람들은 삶에 대한 절망감에 빠지게 되기도 함
- 주요 사회적 장면은 은퇴, 죽음에 직면(Retirement & Impending Death), 심리 사회적 미덕은 지혜(Wisdom)

다) Erikson 이론의 시사점
(1) Erikson은 인간의 성격 발달과정에 대한 새로운 지평을 제시함
(2) Freud는 인간의 발달이 마치 20세 정도에 멈추는 것으로 보았지만, Erikson 인생 주기 전체를 통해 계속적으로 변화, 발달한다고 봄. Erikson은 Freud의 이론을 좀 더 확대시켜 외적 요인들이 여러 단계를 통하여 인간발달에 어떠한 영향을 미치는지 이해하고자 하였음

라) Erikson과 Freud의 유사점
(1) 초기 경험이 성격발달에 중요한 영향을 미침
(2) 성격의 단계가 미리 예정되고 그 순서는 변하지 않음

마) Erikson과 Freud의 주요 차이점
(1) Erikson은 인간의 행동과 기능의 기초로서 원자아 보다 자아를 더 강조
(2) Freud는 부모가 아동의 성격발달에 주는 영향에 대해 관심을 가진 반면 Erikson은 아동의 자아가 형성되는 심리. 사회문화적환경을 강조
(3) Erikson의 자아발달에 관한 이론은 전 생애를 총망라. 반면 Freud는 초기 아동기 경험의 효과에 한정하고 남근기 이후의 발달에는 관심을 보이지 않음

Freud	Erikson(Erikson)
심리·성적 발달이론	심리·사회적 발달이론
인간의 본질적 발달이론	사회 속에서의 인간발달이론
원초아를 중시한다.	자아를 중시한다.
무의식적 동기를 중시한다.	문화적 요인과 교우간의 사회적 접촉을 통한 사회화의 기능을 중시
인간관계의 초점을 엄마 - 아동 - 아빠라는 갈등적인 삼각관계에 두고 발달 적응상의 문제를 오이디푸스 콤플렉스에서 찾는다.	인간관계의 초점을 인간이 사회 속에서 맺게 되는 사회적 관계에서 찾으려고 한다.
인간에 대한 비관적 견해	인간에 대한 낙관적 견해
무의식의 실재와 작동력	인간의 잠재 능력. 잠재가능성 강조
인간은 무력한 존재 병리적 인간발달의 원인을 규명함으로 이론을 발달시킴	인간은 위기 극복 능력을 가진 존재 사회적 요구와 그것을 극복해 가는 인간모습의 관찰을 통해 이론을 발달시킴

2) 애착이론

가) 애착(Attachment): 한 개인이 자신과 가장 가까운 사람에 대해 느끼는 강한 감정적인 유대관계

나) 애착형성 이론

(1) 정신분석이론
- Freud: 애착을 영아가 빨고자 하는 구강기적 욕구를 충족시켜주는 대상과의 사이에서 형성하는 밀접한 관계로 봄
- Erikson: 영아의 수유욕구 만족이 영아기의 안정된 애착관계 형성과 성장한 후의 세계에 대한 신뢰감의 기초가 된다고 봄

(2) 인지발달이론
- 지각변별력: 애착을 형성하기 위해 애착대상과 다른 대상을 구별할 수 있어야 함
- 대상영속성: 눈에 보이지 않아도 애착대상이 존재한다는 것을 인식할 수 있어야 함
- 내재적 작용모델: 영아가 성인과의 상호작용에 대한 기대를 형성하고 상황에 따라 자신의 행동을 지시하여 그 기대를 사용하는 능력을 갖추고 있을 때 형성
- 애착은 보통 7~9개월, 대상영속성이 획득되는 시기에 형성됨

(3) 동물행동학적 이론
- Lorenz의 각인이론: 특정 대상을 보호자로 인식하는 본능적 학습과정. 각인은 자동적으로 발생되며 결정적 시기에만 발생되고 비가역적
- Bowlby: 애착형성은 종의 보존과 생존에 중요한 의미를 갖는 본능적 반응의 결과로 봄
- 영아는 피동적인 존재가 아니라 스스로 보살핌을 이끌어 내는 적극적인 역할을 함. 애착은 어머니와 영아의 상호적 관계 속에서 형성됨
- Harlow와 Zimmerman(1959) 연구: 새끼 원숭이를 출생 직후 어미로부터 격리시키고 우유를 놓은 철사로 만든 대리모와 부드러운 천으로 만든 다른 대리모를 놓아 둠. 새끼 원숭이는 우유를 먹을 때만 철사 대리모에게로 가고 놀 때나 스트레스 상황에서는 천으로 만든 대리모에게로 감. → 신체적 접촉이 주는 위안이 우유를 주는 것보다 애착형성에 더 중요함을 암시

(4) 기질가설
애착이 어머니의 양육행동보다 영아의 기질과 밀접한 관련이 있다고 봄

다) Ainsworth 애착유형[3]

(1) 안정애착(Secure Attachment): 연구대상의 65%. 어머니에게 안정적으로 애

---

[3] Ainsworth와 그의 동료들(1978)은 '낯선 상황 실험'을 통해 영아의 상호작용을 점수화하여 영아의 애착유형을 안정애착(Secure Attachment), 회피애착(Avoidant Attachment), 저항애착(Resistant/ Ambivalent Attachment) 세 가지로 분류함

심리학개론 / 이상심리학 / 심리검사 / 임상심리학 / 심리상담

착되어 있는 유형. 활발하게 잘 놀며 주위를 탐색하기 위해 어머니와 쉽게 떨어지고 어머니와 함께 놀 때는 밀접한 관계를 유지. 어머니와의 짧은 이별 후 고통을 경험했음에도 불구하고 어머니와 재회할 때 적극적으로 접촉을 시도하고, 어머니와의 접촉 후에는 곧바로 안정을 되찾고 다시 놀이에 몰두

(2) 불안정애착

Ainsworth 애착유형
1 안정애착
  (Secure Attachment)
2 불안정애착
① 회피애착
  (Avoidant Attachment
② 저항애착
  (Resistant/Ambivalent
  Attachment)

(가) 회피애착(Avoidant Attachment): 회피애착은 연구대상의 약 20%. 어머니에게 불안하게 애착되어 있고 어머니를 회피하는 유형. 어머니와 재회할 때 어머니를 회피하고 어머니와의 두 번째 짧은 이별 후에 회피행동이 더 강하게 나타남. 어머니가 아기를 안아주면 대체로 안기려 하지 않음. 이 유형에 속하는 영아 중 다수는 자신의 어머니보다 낯선 사람을 더 친근하게 대함

(나) 저항애착(Resistant/Ambivalent Attachment): 연구대상의 약 10~15%. 어머니에게 불안하게 애착되어 있고 어머니에게 저항하는 유형. 이 유형에 속하는 영아들은 어머니와 분리 후 재회할 때 자신을 두고 떠난 어머니에 대하여 화를 내면서도 어머니와 가까이 있고 싶어 하고 접촉하려고 시도하지만 어머니가 안아주면 뿌리치고 밀어내는 양면성을 보이며 쉽게 안정감을 찾지 못함. 이 유형에 속하는 몇몇 영아들은 다른 영아들에 비해 더 화가 나 있는 것이 눈에 띄며, 소수의 영아들은 좀 더 수동적

라) 애착발달단계

(1) Bowlby 애착발달단계

(가) 제1단계(출생~8·12주): 무분별적 사회적 반응단계. 영아는 아직 시각이 발달하지 않아 후각과 청각으로 사람을 구분. 붙잡기, 미소 짓기, 울기, 눈 응시하기 등의 다양한 신호체계로 사람들과 친밀한 관계를 유지. 양육자의 냄새, 목소리, 얼굴 등을 감각적으로 인식

(나) 제2단계(3~6·7개월): 분별적 사회적 반응단계. 친숙한 양육자와 낯선 사람에게 다르게 반응. 자신의 행동이 주위 사람의 행동에 영향을 미친다는 것을 알게 되어 자신이 신호를 보내면 양육자가 반응해 줄 것이라는 신뢰감을 발달시킴. 아직 분리불안은 보이지 않음

(다) 제3단계(6·7개월~2·3세): 애착대상에 근접성 유지단계. 영아는 주 양육자에 대한 능동적인 접근과 접촉추구 등의 애착행동을 본격적으로 나타 냄. 어머니와 떨어지면 분리불안을 보임. 영아는 어머니를 안전기지(Secure base)로 삼아 환경을 탐색하고 모든 사람에게 동일한 애착반응을 보이지 않음. 한 대상에게 대한 애착이 강해질수록 다른 사람들에게 낯가림을 심하게 보임. 대상영속성 개념이 완전히 획득되지 않아 심한 분리불안을 나타냄

(2) Ainsworth의 애착발달단계

(가) 제1단계(출생~6주): 전애착단계. 애착이 아직 형성되지 않은 단계로, 영아

는 모든 사람들에게 호의적인 반응을 보이며 낯선 사람과 함께 있어도 별다른 반응을 나타내지 않음

(나) 제2단계(6주~8개월): 애착형성단계. 어머니와의 상호작용에서 더 많이 미소 짓고, 옹알이를 하며, 자신이 필요할 때 어머니가 반응할 것이라는 신뢰감을 발달시키기 시작

(다) 제3단계(6·8개월~18개월): 애착단계. 어머니가 보이지 않으면 분리불안을 나타냄

(라) 제4단계(18개월 이후): 상호관계 형성단계. 인지발달, 언어발달 등 대상영속성의 발달로 인해 어머니가 다시 돌아올 것이라는 예측이 가능해져 분리불안이 점차 줄어듦

3) Kohlberg의 도덕성 발달이론

- 도덕적 딜레마 문제를 제시, 반응내용(도덕적 추론 과정과 내용)을 분석하여 도덕 발달 단계를 구분

- Kohlberg 이론의 단계는 거의 모든 문화권에서 입증됨. 그러나 사람들의 도덕발달 단계는 대부분 3, 4단계에 머묾

가) Kohlberg의 도덕 발달 단계

> ◎ **심화학습** ✧ 하인츠 갈등(Heinz Dilemma)
>
> 유럽의 한 부인이 특수한 종류의 암을 앓아 거의 죽어가고 있었다. 그 부인의 병을 치료하는 데는 오직 한 가지 약밖에 없는 것으로 알려져 있었다. 이 약은 같은 마을에 사는 어느 약사가 최근에 발명한 라디움 종류의 약이었다. 그 약을 만드는 데는 원가가 상당히 비싼데다가, 그 약사는 약값을 원가의 10배나 요구하였다. 라디움을 200달러에 구입해 가지고 그 조그만 약을 2,000달러에 팔려고 한 것이다. 병든 부인의 남편인 하인츠는 돈을 구하기 위해 아는 사람들 모두 찾아다녔으나 그 약값의 절반밖에 안 되는 1,000달러밖에 마련하지 못했다. 할 수 없이 하인츠는 그 약사에게 가서 자기 부인이 죽어가고 있다고 설명하고 그 약을 1,000달러를 받고 싸게 팔거나, 아니면 외상으로라도 자기에게 팔아주면 다음에 그 돈을 갚겠다고 간청했다. 그러나 그 약사는 "안 됩니다. 그 약은 내가 발명한 약인데, 나는 그 약으로 돈을 벌어야 합니다."라고 대답했다. 절망에 빠진 하인츠는 결국 약방을 부수고 들어가서 자기 부인을 위하여 그 약을 훔쳐내었다.

(1) 전인습적 수준 (Preconventional Level): 전도덕성

도덕적 선악의 개념은 있으나, 준거를 권위자의 힘이나 개인적 욕구에 관련시켜 해석

(가) 1단계: 처벌과 복종지향(Obedience and Punishment Orientation)

- 3~7세

- 하인츠가 약을 훔치는 것은 벌을 받게 되기 때문에 잘못이라고 판단

- 권위자의 벌을 피하고, 권위에 복종

ex) 친구를 고자질할 것인가 말 것인가 하는 질문을 받으면 "말할거야. 안 그러면 매 맞을 거야."라고 말함

(나) 2단계: 도구적 상대주의 지향(Self-interest Orientation)

- 8~11세

Kohlberg의 도덕성 발달 이론

- 도덕발달의 6단계는 3수준(Levels), 6단계(Stages) 구조이고, 각 수준은 2단계로 이루짐.

하인츠 갈등

① 전인습적 수준
- 1단계: 처벌과 복종 지향
- 2단계: 도구적 상대주의 지향

② 인습적 수준
- 3단계: 대인간 조화, 착한 소년소녀지향, 사회적 규범이 도덕적 사고의 기준.
- 4단계: 법과 질서 지향

③ 탈인습수준
- 5단계: 사회적계약과 합법적 지향
- 6단계: 보편적인 윤리적원리 지향

- 약을 훔쳐서라도 아내의 생명을 구해야 한다고 판단하는 시기
- 자신의 욕구충족이 도덕 판단의 기준이며, 욕구 배분의 동기는 있으나 자신의 욕구충족을 우선 생각
- 순진한 도덕적 상대주의(Naive Instrumental Relativism).
  ex) 친구를 고자질할 것인가 말 것인가 하는 질문을 받으면 "친구들과 잘 지내게 고자질하지 않겠어요."라고 함
- 모든 사람이 동등한 공명정대함을 요구
  ex) 나는 잠을 자야 되는데, 왜 어른들은 늦게까지 자지 않아도 되는지 이해하기 어려움

(2) 인습적 수준(Conventional Level): 타율적 도덕성
- 자신이 속한 집단의 기대나 기준에 맞추어 행동하는 것을 이상으로 여기며 사회질서에 동조하고, 힘 있는 사람과 동일시 하려함. 다른 사람의 상호작용을 고려한 사회 지향적 가치 기준을 가짐

(가) 3단계: 대인간 조화 또는 착한 소년-소녀 지향(Interpersonal Accord and Conformity Orientation)
- 12~17세
- 하인츠가 약을 훔치는 것은 약사의 권리를 침해, 남에게 해를 끼치기 때문에 옳지 못하다고 판단
- 대인관계 및 타인의 승인을 중시
- 상호인격적 일치가 나타나며, 다른 사람의 관점과 의도를 이해, 고려할 수 있음
- 정의는 항상 다른 사람을 해치지 않는 것이라는 인습적 형상을 포함
- 집단의 규범에 동조하고 인정받는 것, 신의, 충성, 감사를 중요한 가치로 여김

(나) 4단계: 법과 질서 지향(Authority and Social-order Maintaining Orientation)
- 18~25세
- 법은 어떤 경우에도 지켜져야 하기 때문에 하인츠의 행동은 정당하지 못하다고 판단
- 법과 질서를 준수하며, 사회 속에서 개인의 의무를 다함
- 규칙은 사회적 질서 내에서 고정된 것이며, 사회적 규직을 따라야 하고 판단의 원리는 행위가 법을 어겼는가, 공공의 질서를 심각하게 방해 하였는가 임
- 정의는 자신의 의무를 행함으로서 사회의 가치를 유지하는 것

(3) 탈인습 수준: 자율적 도덕성
- 자신의 가치관과 도덕적 원리가 속한 집단과 별개임을 깨달으면서 개인의 양심에 근거하여 행위

(가) 5단계: 사회적 계약과 합법적 지향(Social Contract Orientation)

- 25세 이상
- 하인츠가 훔친 것은 잘못이지만 인명을 구하기 위한 일이므로 용서해야 한다고 판단
- 공동사회의 복지를 바탕으로 사회계약과 규칙을 존중하며 삶, 자유, 행복 등 인간의 기본원리에 따라 행동
- 사회적 책임으로서의 공리주의, 가치 기준의 일반화를 추구
- 신념이 서로 다른 사람들의 상호유익을 위하여 합의를 시도하며, 소수를 포함한 모든 사람의 권리가 인정되는 것이 관심
- 정의는 개인의 권리를 보호하는 것이라고 정의
   ex) 예컨대 친구의 잘못을 말할 것이냐 아니냐 여부는 그 친구가 그런 행위를 하게 된 이유에 달려 있게 되고, 그 친구와 보다 넓은 공동체에 끼칠 영향력을 고려

(나) 6단계: 보편적인 윤리적 원리 지향(Universal Ethical Principles)
- 법이나 관습 이전에 인간 생명이 관여된 문제로서 생명의 가치는 무엇보다도 우선하여 생각해야 한다고 판단
- 보편적 도덕원리를 인식, 지향하여 스스로 선택한 도덕 원리, 양심의 결단에 따름
- 극히 소수만이 이 단계에 도달하게 됨
- 사회적 질서가 아니라 모든 사람을 결속시키는 도덕적 원칙에 대한 존중이 극에 달함
- 진실을 말하는 것은 인간관계의 지고의 측면에 인도하기 때문에 의무적이며, 모든 사람을 결코 수단으로 여기지 않고 목적으로 여김

가) Kohlberg 이론의 비판
(1) 문화적 다양성을 고려하지 않고 서구사회의 기준을 보편적 원리로 제시
(2) 도덕 추론만을 강조, 도덕적 감정과 행동을 간과. 도덕적 추론은 실제 행동과 중간 정도의 상관만이 있을 뿐이며, 그 외 상황변인, 감정, 개인적 특성들이 관여
(3) 준법적 측면만을 강조, 아동의 도덕적 추론능력 및 비준법적 추론능력을 과소평가. 1, 2단계 아동들도 타인의 욕구를 고려할 수 있고 공정성에 대한 분배 정의를 알고 있음(Sigleman 외, 1991)
(4) Gilligan(1982): 여성의 도덕성 평가절하. Kohlberg는 여성은 착한 아이 지향 중심, 남성은 법과 질서 지향 중심 도덕적 추론을 한다고 주장했음. Gilligan은 여성의 인지적 추론능력은 남성과 동등하며, 다만 판단의 중심이 다를 뿐이라고 주장

Kohlberg 이론 비판
- 문화적 다양성을 고려하지 않음
- 도덕성을 균형 있게 평가하지 못하는 문제
- 여성의 도덕성 평가절하

문제

1. Piaget의 인지발달 단계 중 보존개념이 획득되는 시기는? (2010 기출)

　가. 감각운동기　　　　　　　　　나. 전조작기

　다. 구체적 조작기　　　　　　　　라. 형식적 조작기

2. 과자의 양이 적다는 어린 꼬마에게 모양을 다르게 했더니 많다고 좋아한다. 그 아이의 논리적 사고를 피아제(Piaget) 이론으로 본다면 다음 문제 중 어디에 속하는가? (2003, 2009 기출)

　가. 자기중심성의 문제　　　　　　나. 대상연속성의 문제

　다. 보존개념의 문제　　　　　　　라. 가설-연역적 추론의 문제

3. 피아제(Piaget)의 인지발달이론에서 대상영속성 개념을 처음으로 획득하는 시기는? (2007, 2008, 2009 기출)

　가. 감각운동기　　　　　　　　　나. 전조작기

　다. 구체적 조작기　　　　　　　　라. 형식적 조작기

4. 피아제(Piaget)의 인지발달 단계에서 감각운동기 동안에 발달하는 중요한 능력은? (2005 기출)

　가. 보존개념　　　　　　　　　　나. 추상적 사고와 추리

　다. 형식적 조작　　　　　　　　　라. 대상 영속성

5. 유아의 초기 결핍이 지속적인 영향을 주는 영역과 가장 거리가 먼 것은? (2009 기출)

　가. 언어능력　　　　　　　　　　나. 지적능력

　다. 운동기능　　　　　　　　　　라. 정서발달

6. Erikson의 발달 단계에서 마지막 8단계에 해당되는 노년기를 특징지우는 위기 혹은 해결해야 되는 과제는? (2005, 2008 기출)

　가. 친밀감 대 고립감　　　　　　나. 통합감 대 절망감

　다. 생산감과 자기몰입　　　　　　라. 근면감 대 열등감

7. 에릭슨의 심리사회적 발달에서 노년기에 맞는 위기는? (2007 기출)

    가. 고립감   나. 열등감

    다. 단절감   라. 절망감

[7. 해설] ㉣
통합성 대 절망감이 노년기의 위기에 해당된다.

8. Erikson의 심리사회적 단계에서 초기 성인기에 겪는 위기는? (2004 기출)

    가. 신뢰감 대 불신감   나. 정체감 대 혼미감

    다. 친밀감 대 고립감   라. 생산성 대 침체

[8. 해설] ㉤
초기 성인기는 친밀감대 고립감이 겪는 위기라고 에릭슨은 설명한다.

9. 다음 중 에릭슨의 발단단계에 대한 설명으로 틀린 것은? (2003 기출)

    가. 초기경험만이 성격발달에 중요하다.

    나. 사회성발달을 강조한다.

    다. 전 생애를 통해 발달한다.

    라. 성격은 각 단계에서 경험하는 위기의 극복양상에 따라 결정된다.

[9. 해설] ㉮
에릭슨은 초기경험도 성격발달에 중요하게 생각했지만, 청소년기(사춘기)의 경험도 성격발달에 매우 중요하다고 보았다.

10. 아동기에서 성인기로 옮겨가는 청소년기는 사춘기로 시작된다. 이 때 나타나는 발달 특성으로 틀린 것은? (2004, 2008 기출)

    가. 각 신체 변화의 비율이 완만한 성장을 보인다.

    나. 동성 및 이성의 친구를 선택한다.

    다. 성인이 되는 과정으로 많은 심리 사회적 압력이 작용한다.

    라. 2차적인 성 특징들이 발달된다.

[10 해설] ㉮
청소년기에는 각 신체 변화의 비율이 급격한 성장을 보인다.

5 성격(Personality)의 개념

가. 성격이란?

성격이란?

성격이란. 어떠한 일관된 행동경향성. 개인의 특징적 성향. 개인의 특징. 지속적이며 일관된 행동경향성. 성격은 적응방식에 크게 영향을 주고받음

- 일반적으로 일을 처리할 때나 대인관계에서 나타나는 그 사람의 두드러진 특정 행동양식을 의미
- 한 개인이 환경에 적응해 나가는 과정에서 일관성 있게 나타나는 개인 특유의 행동 및 사고 양식
- Guilford(1959): 한 인간의 특성의 독특한 유형
- Eysenck(1960): 환경에 대해 독특하게 적응하도록 하는 한 개인의 성품(Character), 기질(Temperament), 지성(Intellect)의 안정성 있고 지속적인 조직
- Cattel(1965): 인간이 주어진 환경에 놓여 있을 때 무엇을 할 것인가를 구별짓는 것
- Hollander(1967): 한 개인을 유일하고 독특하게 하는 특징의 총합

나. 성격의 특성

성격의 특성

- 가변성과 불변성
- 일관성

1) 가변성과 불변성: 성격자체를 하나의 평면적이거나 일차원적인 것으로 보지 않고 다면적이며 다차원적으로 볼 때, 성격은 결코 정적인 것이 아니라 동적인 것. 발달적 관점에서 인간의 성격은 평생 동안 발달을 계속한다고 함
2) 일관성: 성격이 시간이나 상황의 변화에 따라 그렇게 뚜렷하게 변하는 경우는 별로 없음. 인간의 성격이란 한 사람 한 사람 독자적인 것으로 존재하고 어떤 일관성을 나타내고 있음. 그렇다고 해도 성격이 외부적 환경인 어떤 상황과 전혀 무관하지는 않고 상황에 따라 바꾸어지기도 함

다. 성격형성요인

성격형성 요인

- 유전: 신체, 내분비선
- 환경: 문화, 가족

1) 유전적 요인
   - 신체의 특징: 체격이나 용모, 건강상태 등
   - 내분비선: 내분비선에서 분비되는 호르몬들은 개체의 성장 및 분화, 신진대사, 생식활동 등과 관련되어 있으며, 직·간접적으로 성격에 영향을 미침

**성격형성의 이론별 분류는 성격이론의 제이론에서 다룬다.

2) 환경적 요인
   - 문화적 요인: 우리는 사회가 기대하는 역할을 학습하고 행동하며, 사회적 가치와 습관을 그대로 비판 없이 받아들이는 경향이 있음
   - 가족관계: 가족은 개인이 최초로 대인관계를 경험하는 단위이며, 그 관계가 직접적이고 밀접하여 성인이 되기까지 지속적으로 영향을 미치고 있음. 특히 어려서 부모와의 관계가 성격형성에 미치는 영향은 대단히 큼

문제

1. 다음중 성격의 정의에 관한 설명으로 틀린 것은? (2008 기출)
   가. 성격에는 개인이 가지고 있는 고유하고 독특한 성질이 포함된다.
   나. 개인의 독특성은 시간이 지나도 비교적 안정적으로 변함없이 일관성을 지닌다.
   다. 성격은 다른 사람이나 환경과 상호작용하는 관계에서 행동양식을 통해 드러난다.
   라. 성격은 타고난 것으로 개인이 속한 가정과 사회적 환경에 영향을 받지 않는다.

2. 다음중 성격의 형성 요인 중 신체는 어디에 해당되는가?
   가. 유전적 요인　　　　　　　나. 환경적 요인
   다. 가족관계 요인　　　　　　라. 문화적 요인

3. 성격이 시간이나 상황의 변화에 따라 그렇게 뚜렷하게 변하는 경우는 별로 없는 것은 성격의 어떤 특성인가?
   가. 가변성　　　　　　　　　나. 불변성
   다. 일관성　　　　　　　　　라. 독특성

4. 한 개인을 유일하고 독특하게 하는 특징의 총합으로 정의한 심리학자는?
   가. Guilford　　　　　　　　나. Eysenck
   다. Cattel　　　　　　　　　라. Hollander

5. 다음 중 성격을 환경에 대해 독특하게 적응하도록 하는 한 개인의 성품(character), 기질(temperament), 지성(intellect)의 안정성 있고 지속적인 조직으로 정의한 학자는?
   가. Guilford　　　　　　　　나. Eysenck
   다. Cattel　　　　　　　　　라. Hollander

[1. 해설] 라
성격은 가정과 사회 환경에 큰 영향을 받는다.

[2. 해설] 가
신체는 유전적 요인과 연관된다.

[3. 해설] 다
성격이 시간과 상황의 변화에도 유지되는 것은 일관성의 특성이다

[4. 해설] 라
한 개인을 유일하고 독특하게 하는 특징의 총합성격을 정의한 사람은 Hollander이다

[5. 해설] 나
Eysenck는 성격을 환경에 대해 독특하게 적응하도록 하는한 개인의 성품(Character), 기질(Temperament), 지성(Intellect)의 안정성 있고 지속적인 조직으로 정의하였다.

6 성격 이론

가. 정신역동이론(Sigmund Freud 중심으로)

1) 기본가정
   - 무의식적 동기와 정신결정론. 즉 의식의 밑에 있는 거대한 무의식의 세계가 우리의 행동과 사고에 영향을 미침
   - 우리의 모든 행동, 느낌, 생각들에는 의미와 목적이 있으며 우연적인 것(ex. 실언이나 약속을 잊는 것 등)도 실상은 무의식적 생각, 소망, 갈등의 표현

2) 인간관
   가) Topological Theory: 지형학적으로 인간의 정신세계를 의식, 전의식 무의식으로 구분
      (1) 의식은 내가 알고 있는 정신 활동
      (2) 전의식은 조금만 알고자 노력하면 금방 알 수 있는 정신 활동
      (3) 무의식은 알려고 노력해도 알지 못하는 정신 활동
   나) Structural Theory: 구조적으로 자아(Ego), 초자아(Super Ego), 원자아(Id)가 각기 작동을 한다고 주장
   다) 인간의 행동과 사고는 의식적이고 합리적이기보다는 오히려 무의식적이고 비합리적으로 봄
   라) Freud는 인간을 본능적인 충동들과 그를 억압하려는 사회적 체제 사이에서 항상 고민하는 갈등적 존재로 파악
   마) 정신분석의 치료 목표: 무의식의 세계에 존재하고 있는 갈등의 요소를 의식의 세계로 끌어 올려 그 갈등의 문제를 알고 의사와 함께 노력하여 그 갈등을 없앰으로써 성격을 재구조화하는 것 → 통찰
   바) 무의식을 의식화하기 위한 방법: 자유연상과 꿈의 해석, 실수와 실언분석
   사) 금기된 무의식 욕구들의 문제는 출생해서 6년까지가 매우 중요하다고 봄

3) 성격의 세 체계(구조이론)
   가) 원자아(Id): 신생아 때부터 존재하는 심적 에너지의 저장고. 쾌락 원리(Principle of Pleasure)를 따름
   나) 자아(ego): 원자아의 욕구충족과 사아가 직면하는 현실적인 요구를 조정하는 중재자 역할을 담당. 현실원리(Principle of Reality)를 따름
   다) 초자아(Superego): 부모가 주는 보상과 벌을 통해서 점차 기존의 사회 규범과 가치에 부합되는 방향으로 발달. 부모와 주위 사람들로부터 물려받은 사회의 가치와 도덕이 내면화된 것. 초자아는 현실의 원리가 아니라 이상을 추구, 쾌락의 원리가 아니라 완벽을 추구함
   라) 성격의 세 체계 이론의 관계

- 이 세 가지는 독립적이나 상호 작용하면서 작동. 그러나 이 작동은 항상 갈등적
- 원자아와 초자아를 적절히 통제하고 조정하는 것은 자아의 역할
- 자아의 강도가 약해서 원자아와 초자아 간의 알력을 다스릴 능력이 부족하면 성격 체계 내에 갈등 → 장기화되면 성격 발달에 장애가 초래 → 이러한 위기에 처하면 자아는 자기 방어의 기제(Defense Mechanism)를 작동시킴

4) 자아의 방어기제
  - 방어기제: 원자아의 본능적 충동이 위협 + 초자아의 도덕적 제재 → 자아는 불안하게 되고 불안에 압도당하지 않기 방어 장치를 마련하는 것
  - 방어기제는 무의식 속에서 진행되는 심적 과정
  - 방어기제의 종류
  가) 일차적 방어

원시적 철수 Primitive Withdrawal	- 사회적, 대인관계적 상황에서 물러남 - 스트레스를 자신의 내적 공상으로 대체 - 그냥 잠들어버리는 아기; Wthdrawal - Schizoid: 불안에 대한 습관적 심리적 철수 - 장점: 심리적 도피로 왜곡은 없음. 감정은 표현 못하지만 타인의 감정을 매우 민감하게 파악 - 예술가, 작가, 종교적 신비주의자 → 불연성의 창의적 방관자 - 단점: 대인관계 문제의 적극적 해결 방해
부인 Denial	- 인정하지 않는 것 - 반동 형성은 복잡한 유형의 부인이다 - 부인을 사용하는 정신병리 　→ 조증(Mania): 신체적 한계, 수면 욕구, 인간적 약점 등 부인. - 주요 방어로 부인을 사용하는 사람은 성격적으로 조증 - 경미한 경조증의 사람은 유쾌한 분위기 → 코미디언, 연예인 　오랜 동안 고통스런 감정을 성공적으로 걸러내고 변형시킨 특징
전능통제 Omnipotent Control	- Ego-centric: 유아기의 전능감 - 자존감: 세상에 영향을 미칠 수 있다는 힘을 가지고 있다는 느낌 - 현실감의 발달 단계 Ferenczi 　① 유아적 전능감 ② 양육자의 전능감 ③ 한계인식(성숙) 　한계인식을 위해서는 ①, ②의 경험을 안정되게 해야 함 - 정신병질적(사이코패시, 반사회적): 자신의 전능성을 효과적으로 행사한다는 느낌을 추구하며 즐김. 윤리적 문제를 제쳐두고까지 전능감을 가지려는 경우
원시적 이상화 Primitive Idealization 평가절하 Devaluation	- 삶의 불안을 대처하는 미성숙한 방식의 하나 - 전능통제가 외부로 투사된 것 - 어떤 자비롭고 전능한 힘을 가진 권력자가 삶을 책임질 것 - 정상적인 이상화는 성숙한 사랑의 필수요소 - 자기애적인 성격의 경우: 자신의 모든 인간적 조건들이 결함 있는 다른 대안들과 비교해서 얼마나 더 나은지 항상 순위를 매기고, 또한 이상화 대상과의 결합이나 자기를 완벽하게 하려는 노력을 통해서 완전함을 추구하는 것을 삶의 주요 동기로 삼을 때

방어기제
- 극도의 불안을 다루는 자아가 사용할 수 있는 전략
- 불안하거나 붕괴의 위기에 처한 자아를 보호하기 위해 사용하는 수단
- 모든 방어기제는 무의식적으로 작용하며 여러 가지 방식으로 현실을 거부 또는 왜곡해서 지각하도록 함

✔**공부 Tip!**
방어기제 중 * 부분은 자주 출제되니 잘 정리

심리학개론

이상심리학

심리검사

임상심리학

심리상담

	- 자신의 매력, 힘, 명성, 중요성을 끊임없이 확인 받고자 하는 이들의 욕구는 이상화 방어에 대한 의존에서 비롯됨 → 이상화를 중심으로 조직화된 사람들은 자기를 사랑하기 위해서는 있는 그대로를 받아들이기보다 자기를 완벽하게 만들어야 한다고 생각하고 자존감을 추구

투사*
Projection
내사
Introjection
투사적 동일시
Projective
Identification
	- Projection VS Introjection: 자기와 세상 모두에서 심리적 경계가 희미
	- Projection + Introjection = Projective Identification
	- 투사: 안에 있는 것을 바깥에서 오는 것으로 오해
	  양성 - 공감의 토대
	  음성 - 오해와 대인관계의 손상
	- 투사를 주로 사용할 때 → 편집성(Paranoid) 성격
	- 내사: 밖에 있는 것을 안에 있는 것으로 오해하는 과정
	- 공격자와의 동일시 ⇒ 가해자와 동화됨
	  "스탕달 신드롬, 사이코"
	- 누군가를 사랑하거나 깊은 애착을 느끼면 내사되며 정체성의 일부가 됨: 이들의 상실은 우리의 환경이 초라해졌다고 느낄 뿐 아니라 자기의 일부분이 죽었다고 느낌
	- 애도: 상실의 상태를 서서히 화해하고 타협하는 과정
	- 불안을 줄이고 자기의 연속성을 유지하기 위해 내사를 주로 사용하고 보상을 주지 않는 초기 대상과 심리적 유대를 유지하고 있다면 → 성격적으로 우울한 사람
	- 내사와 투사의 통합 = 투사적 동일시
	  a. "당신이 나를 비난할 이유가 없지만 어쩐지 그런 생각을 떨쳐 버릴 수 없어요."
	    : Ego-distonic 자기 관찰 有. → 불안에 대한 안도감. 치료동맹의 형성가능
	  b. "당신들은 뒤로 기대고 앉아서 무슨 생각을 하면서 판단하기만 좋아하잖아요. 그렇지만 당신이 무슨 생각하는지 관심 없어요."
	    : Ego-syntonic 자기 관찰 無. → 투사된 것을 유지하고 있음.
	    공감유지, 치료자는 투사적 동일시

자아의 분열 Splitting	- 양육자의 선과 악을 통합 못 시킬 때의 반응 - All bad object or all good object
해리* Dissociation	- 대처능력을 압도하는 일에 직면하면, 특히 참을 수 없는 고통과 공포를 포함하면 누구든지 해리될 수 있음 - 어린 시절 학대를 반복적으로 당한 사람. 스트레스에 대한 습관적 반응으로 해리를 학습할 수 있음 → 성격적 해리 장애, 다중 인격 - 경미한 해리는 유난히 용감한 행동을 촉진하기도 함

Ego-distonic(자아 이질적)
:자신의 의지, 행동과 정서 등이 일치하지 않는 상태를 의미

Ego-syntonic(자아 동조적)
:자신의 의지와 행동, 정서 등이 일치하는 상태를 의미

나) 이차적 방어

억압* Repression	- 불안에 대한 일차적 방어기제 - 가장 많이 사용되는 방어기제 - 의식에서 용납하기 힘든 생각, 욕망, 충동들을 무의식 속으로 눌러 넣어 버리는 것 - 이유 있는 망각, 불편함이나 고통을 가져다주는 존재에 대한 무의식적 부정 - 제 역할 수행의 실패, 삶의 긍정적 측면의 방해, 독점적으로 작동 - 억압은 히스테리적 성격의 지표: 상실의 방어

퇴행 Regression	- 좌절을 심하게 당했을 때 또는 아주 심한 스트레스를 받았을 때 유치한 　수준(주로 고착(Fixation)시기로 퇴행)으로 후퇴하는 현상 - 분리개별화의 재접근 단계 기본적으로 무의식적 - somatization: 퇴행의 한 변형 형태, 치료의 어려움 - 퇴행을 주로 사용하는 성격: Infantile Persoality
격리 Isolation	- 과거의 고통스러운 사실은 기억을 하지만, 그 사실과 관련되었던 감정은 　의식에서 격리되어 무의식 속으로 억압(Repress)되어져 있기 때문에 의식적 　으로는 느끼지 못함 - 강박장애에서 흔히 볼 수 있는 경우 - 생각에서 감정을 격리 → 정신적 무감각 - 해리보다는 분별력 있는 방어 → 정서적인 의미만 차단됨 - 지적 방어 중 가장 원시적인 방어. 주지화, 합리화, 도덕화와 같은 기제의 　기본 단위 - 주된 방어가 격리 + 지나치게 생각하고 생각을 중시하고 감정을 무시→ 　강박적 사고
주지화* Intellectualization	- 주로 불안을 통제하고 불안을 감소시키기 위해 본능적 욕동을 지적 활동에 　묶어둠 - 감정에 대해 이야기함. 격리는 감정이 없음 - 담담히 요약해서 설명 → 정서적으로 정직하지 못하다는 예감
합리화* Rationalization	- 자신의 행동을 그럴 듯하지만 부정확한 핑계를 사용하여 받아들여질 수 　있게끔 행동을 재해석 하는 것 - 이솝우화의 신포도 이야기: 포도를 딸 수 없던 여우가 포도가 실 것 이라고 　결론 내렸던 것
도덕화 Moralization	- 합리화의 친척 정도. 합리화할 때 자신의 결정을 정당화 할 인지적 근거를 　찾는 것 - 원하는 것을 도덕적 의무의 영역에 넣음 - 실망경험 → 학습경험으로 여김: 합리화 → 인격수양의 경험으로 여김: 　도덕화
구획화 Compartmentalization	- 자신의 내면에 공존하기 어려운 모순되는 특징들 사이에 구획을 세워 그들을 　함께 유지시킴 - 인지적 구분: 생각 vs 생각 - 모순된 서로 상반된 인지 셋을 갖춰 놓음 - 공적으로 인도주의자이나 사적으론 학대 주의자 - 의식에 닿아있음 - 모순되는 것으로 스스로를 둘로 쪼갬 → 해리 - 모순되는 것을 억지로 한 공간에 묶어 두는 것 → 구획화
취소* Undoing	- 자신의 욕구와 행동(상상속의 행동 포함)으로 인하여 타인에게 피해를 주었다고 　느낄 때 그 피해적 행동을 중지하고 원상 복귀시키려는 일종의 속죄 행위 - 마술적으로 정동을 없애려고 함 - 전능통제의 발달과정중의 수준 - 어떤 정동을 마술적으로 없애 버리기 위해 무의식적으로 특정한 태도나 　행동을 취하는 것 - 자신의 의도를 의식하지 못할 때 - 종교의식들 - 생각 = 행동으로 파악하고 있음(전능환상) - 취소와 중심방어 + 과거의 범죄를 속죄한다는 무의식적 의미 　　→ 자존감의 유지 수단 = 강박행동적

자기 비난 Turning Against The Self	- 외부 대상으로 향하던 부정적인 감정이나 태도를 자기에게 돌리는 것 - 피학, 우울 성격장애

치환(전치)
Displacement
	- 어떤 추동, 정서, 집착, 행동의 방향을 원래 대상에서 다른 대상으로 향하게
	  하는 것
	- 치환된 집착을 삶의 여러 측면에서 경험한다면 우리는 그가 공포증적인
	  성격을 가졌다고 함
	- 전이나 공포증(Phobia)은 전치에 의해서 생김

반동형성* Reaction Formation	- 겉으로 나타나는 태도나 언행이 마음속의 생각이나 욕구와는 정반대인 경우 - 부정적 정동 → 긍정적 정동, 증오 → 사랑, 동경 → 경멸, 질투심 → 끌림으로 - 양가감정의 부인 - "X라고 느낄 수 있지만 또한 Y라고도 느낄 수 있다고 말해야만 분석적으로 옳은 해석이다."
동일시* Ldentification	- 부모 등 주위의 영향력 있는 사람의 태도와 행동을 닮아가는 것 - 내사의 일종으로 동일시는 본질적으로 중립적 - 변화를 가져오는 모든 심리치료의 중요한 기제
행동화 Acting Out	- 무의식적인 소망이나 충동을 행동화 한 이후에 나타날 결과를 고려 없이 무의식적인 소망이나 욕구를 행동하는 것 - 치료자에 대한 감정을 밖에서 해소함 - 모든 심리적 경험의 외적 행동 - 전이의 행동화 "기억하지 못하는 것은 행동으로 나타난다." Freud

성애화
Sexualization
	- 행동화의 일종, 그러나 행동화 없는 성애화도 존재
	- 남성은 공격성을 성애화, 여성은 의존성을 성애화
	- 약한 위치에 있는 사람들은 자신의 질투심, 적개심, 학대의 두려움을 성적
	  시나리오로 변형시킴
	  ex) 학대하는 남자들로 인해 크게 공포심을 느꼈던 경험이 성애화 되면
	     학대하는 남자와 반복적인 관계를 보임

승화 Sublimation	- 수용될 수 없는 충동이 사회적으로 받아들여질 수 있는 충동으로 대체 - 건강한 방어 - 생물학적 충동이 사회적으로 가치 있는 것으로 표출됨 - 적절한 형태의 에너지 방출 - 인간 종 유지의 유익한 행동 추진 - 유아적 성향 본성은 사라지지 않음 → 그것을 더 좋게 혹은 더 나쁜 방식으로 다둘 수 있을 뿐

심리성적 발달 단계

1. 구강기(Oral Stage):
   0세 ~18개월
2. 항문기(Anal Stage):
   18개월 ~3세
3. 남근기(Phallic Stage):
   3~6세
4. 잠복기(Latency Period):
   7~11세
5. 생식기(Genital Stage):
   사춘기 이후

5) 심리성적 발달단계의 특성

- 성적 본능의 에너지 = 리비도(libido), 심적 에너지의 원천
- 리비도는 일생을 통하여 정해진 일정한 순서에 따라 신체 부위에 집중 = 성감대
- 성감대의 발달은 신체 영역을 따라 변화되어야 함. → 그 다음 단계로 넘어가지 않고
  현재의 단계에 머물러 있으려는 고착성향(발달 장애)가 나타남

6) 심리성적 발달 단계

가) 구강기(Oral Stage): 0세~18개월
- 씹고, 빨고, 물어뜯으면서 시간을 보냄
- 젖빨기를 통해 음식에 의한 즐거움의 욕구를 만족
- 구강기 고착: 유아기의 구강적 만족이 억제된 결과 → 다른 사람들의 사랑에 대한 불신과 거부, 관계를 맺지 못할 것이라는 두려움으로 발전

나) 항문기(Anal Stage): 18개월~3세
- 18개월 이전 만 1세가 지나면 배변훈련이 시작
- 배변훈련이 너무 엄격하면 아기들은 부적할 때나 부적절한 장소에서 배변을 함으로써 분노를 표현하려 함. 이런 행동은 후에 잔인함, 부적절한 분노의 표현, 극단적 무질서 등과 같은 성인기 성격의 기초가 될 수 있음. → 항문기-공격형 성격
- 항문기에 배변을 할 때마다 칭찬을 함으로써 자녀들의 내장운동에 지나치게 많은 주의를 기울여 아동에게 이러한 행동을 지나치게 중요하게 생각하도록 함. 이러한 관심은 개인의 생산성에 대한 욕구와 연관. 다시 말해서, 어떤 성인은 극단적인 질서정연, 탐욕, 인색함, 고집 등과 같은 고착행동을 하게 됨. → 항문기-보유형 성격

다) 남근기(Phallic Stage): 3~6세
- 남근기의 중요한 갈등의 초점은 이성의 부모에게 느껴지는 무의식적 근친상간의 욕구. 이 감정은 매우 위협적이므로 대개의 경우 억압됨. 이러한 감정들은 후의 성적발달이나 적응을 좌우하는 강력한 결정요인.
- 이성의 부모를 차지하려는 욕구와 함께 경쟁자인 동성의 부모를 죽여 버리고 싶은 무의식적 욕구도 나타남
- 남아는 어머니의 모든 관심을 열망하고 아버지에 대해서는 적대감을 느끼며, 어머니에 대한 근친상간적 감정 때문에 아버지가 처벌할 것이라는 두려움을 갖게 됨. → 오이디푸스 콤플렉스(Oedipus Complex)
- 이때 남아는 전형적으로 남근과 연관된 구체적인 공포가 생김. → 거세 불안(Castration Anxiety)
- 남아의 오이디프스적 갈등이 적절히 해소되어 가면 아동이 어머니에게서 느끼는 성적 열망은 수용할 수 있는 애정으로 바뀜. 이 시기에 아버지와 동일시하고자 하는 강한 욕구에 따라 남아는 아버지의 행동들을 모방하려고 함
- 여아의 경우에는 첫 번째 사랑은 어머니이지만 이 시기가 되면 아버지의 관심을 끌기 위해 어머니와 경쟁하려고 함. → 엘렉트라 콤플렉스(Electra Complex)
- 남아의 거세불안과는 상반되게 여아는 남근 성망을 갖는다고 봄
- 여아는 자기가 어머니를 대신할 수 없다는 사실을 알게 되면 어머니의 행동특성을 닮음으로써 동일시 과정을 시작하게 됨

라) 잠복기(Latency Period): 7~11세

- 구강기. 항문기. 남근기 등의 스트레스가 복합된 폭풍의 시기가 지나가면 아동은 비교적 조용한 휴식기
- 성격의 중요 구조(원자아, 자아, 초자아)들이 형성되고 하부체계들 사이의 관계도 형성됨
- 이 기간 동안 새로운 흥미들이 유아의 성적 충동을 대신함
- 사회화가 일어나고 아동은 흥미를 더 넓은 세계로 돌림
- 성적 충동은 상당부분 학교에서의 활동, 취미, 운동, 동성 친구들과의 우정으로 승화

마) 생식기(genital stage): 사춘기 이후
- 사춘기에 접어들면, 성적 에너지가 다시 분출되어 이성에게서 성적 만족을 얻으려고 하게 됨
- 이전 단계까지는 자기 자신으로부터 성적 만족을 취하는 자기애적 성향의 특징을 지니고 있었으나 이 단계에서 이성애적 성향으로 바뀌게 됨
- 이 시기까지 순조로운 발달을 성취한 사람은 점차 타인에 대한 관심과 협동의 태도를 갖게 되면서, 이타적인 성격의 소유자로 발달함

7) Freud 이론의 평가
- Freud의 이론은 임상심리학이나 심리치료 분야에서 널리 활용되고 있음
- 초기 경험의 중요성을 설파함으로써 유아교육에 불을 붙임
- 인간의 성적 욕망을 지나치게 강조했다는 평을 받았고, 인간을 성욕과 거세불안에 지배되는 수동적이고 소극적인 존재로 보았다는 점에서 비판을 받음
- 과학적인 절차로 검증되기 어렵다는 평. 무의식적 동기는 관찰되기도 연구되기도 어려움
- 심리성적 발달단계는 청년기, 성인기에 대한 고찰이 부족하다는 평
- 자아의 방어기제는 심리치료 분야에서 많이 활용되고 있고, 또한 심리치료분야에서 무의식의 중요성을 인정하게 되었으며, Freud의 주장을 통하여 성에 대한 과학적 연구가 시작되었다고 할 수 있음

◎ 심화학습

* 고전 정신분석
* 추동이론: 고착의 관점 - 어디에 고착(Fix)되어 있는가?
 - 어머니의 활동(감각적 방식): 탄생, 죽음, 성에 대한 아동의 환상 속에서 경험
 - 적절한 양육: 정서적 안정감+즐거움
   쾌락원리가 현실원리로 대체할 수 있는 적절한 좌절을 오가는 일.
 - 부모의 역할: 방종과 금지 사이에 균형을 유지
 - 정신성욕 발달 이론: 완전한 성격이해에는 실패함.
 - 초기심리성적 단계에서의 과도한 고착과 박탈이 Fix됨
   신체감각에서 → 아동기 환상으로 → 성격은 이러한 고착의 효과가 장기적으로 표현된 것:
   Erikson

나. 현상학적 이론(Carl Rogers 중심으로)

1) 인간관
- 인간은 기본적으로 자유롭고, 행동에 책임을 지고, 유목적적이며, 합리적이고 건설적인 방향으로 지속적으로 성장해 나가는 미래지향적 존재
- 인간은 선천적으로 타고난 성장가능성을 실현하는 과정에서 자신의 인생목표와 행동 방향을 스스로 결정하고 이러한 결정에 따르는 책임을 수용하는 자유로운 존재
- 모든 인간이 자신의 내부에 자기이해, 자기개념과 기본적 태도의 변화 및 자기지향적 행동을 위한 거대한 자원을 갖고 있다고 봄
- 인간을 통합적 존재로 규정

2) 주요 개념
가) 유기체
- Rogers는 현상학의 영향을 받음. 현상학에서 중요한 것은 대상 혹은 사건 그 자체가 아닌 개인이 대상 혹은 사건을 어떻게 지각하는가 임
- 유기체, 전체로서의 개인은 모든 경험의 소재
- Rogers "경험은 나에게 최고의 권위이다": 유기체 경험 중시
- 현상학적 장: 경험하는 개인에게만 알려질 수 있는 자신의 참조의 틀. 개인이 행동하는 방식은 외적 현실의 자극조건이 아닌 자신의 현상학적 장

나) 자아
- 자아: 개인이 자신 혹은 자기로서 보는 현상적 장
- 자아는 불안정하며 끊임없이 변화하는 실체 → 과정으로서 자아 강조
- 자아개념: 조직화되고 일관된 지각의 패턴
- 자아는 변하지만 자아는 항상 패턴으로 형성, 통합, 조직화되는 특성을 가진 자아개념을 유지함
- 개인은 행동을 통제하는 어떤 자아를 가지고 있는 것이 아니라 현상적 장의 일부로서 조직화된 일련의 지각인 자아를 가짐
- 자아로 알려진 경험과 지각의 패턴은 일반적으로 자각 가능, 의식화 가능

다) 실현화 경향성
- 유기체는 경험하는 유기체를 실현하고, 유지하고 향상시키는 기본적 경향성을 가짐
- 실현화 경향성은 타고난 것. 개인이 가진 모든 생리적·심리적 욕구와 관련
- 실현화 경향성은 유기체의 성장과 향상, 즉 발달을 촉진, 지지
- 단순한 실체 → 복잡한 실체로 성장
- 의존성 → 독립성, 고정성·경직성 → 유연성·융통성으로 변화
- 자아실현경향성: 인간은 자아를 유지하고, 향상시키고, 실현화 시킬 경향성에 의해 동기화 되어있음. 인간은 진취적인 존재. 인간의 타고난 잠재력의 실현을 강조

라) 가치의 조건화
- Rogers "경험은 나에게 최고의 권위이다."; 각자의 경험을 통해 가치를 형성하는 것이 중요하다.
- 아동은 긍정적 자기존중을 얻기 위해 노력. 긍정적 자기존중 때문에 가치의 조건화 태도 형성
- 가치의 조건화는 실현화 경향성 성취를 방해. 가치의 조건화는 아동이 주관적으로 경험하는 사실을 왜곡하고 부정하게 만들기 때문. 가치의 조건화는 아동이 하는 외적 준거에 따라 아동을 평가하는데서 비롯. 의미 있는 대상으로부터 긍정적 자기존중을 받기 위해 자기의지와 관계없이 겉으로 최선을 다하게 됨. → 내적경험 무시. → 개인의 주관적인 경험을 왜곡하고 부정하게 만듦

마) 충분히 기능하는 사람
- 현재 진행되는 자신의 자아를 완전히 자각하는 사람. 최적의 심리적 적응, 최적의 심리적 성숙, 완전한 일치, 경험에 완전히 개방되어 있는 사람

다. 특성이론

1) Allport의 특성이론
- 특성: 사람들의 특징적 행동과 의식적 동기
- 습관은 특성과 비교할 때 제한된 좁은 의미를 가지고 있으며, 몇 개의 습관이 통합되어 성격의 특성으로 나타남
가) 성격의 정의
(1) 역동적 조직: 성격은 끊임없이 변화하고 성장함
(2) 심리신체적 체계: 정신과 신체가 함께 작용함
(3) 행동과 사고를 결정: 성격의 모든 측면은 매우 구체적인 행동과 사고를 활성화하거나 인도함
(4) 독특성: 개인의 성격은 독특함
나) 성격의 원리
(1) 동기 원리: 동기가 성격 연구의 핵심으로 봄. 동기의 현재성에 대한 인식, 다양한 유형에 속하는 동기들에 대한 고려, 계획세우기와 의도 등 인지과정의 역동적 힘에 대한 고려, 동기의 구체적인 독특성에 대한 고려를 해야함
(2) 학습 원리: 성격이 어떻게 발달하는 가는 기본적으로 학습의 문제로 봄. 인간은 학습에 의해서 자아를 형성해 나감
(3) 현재성 원리: 인간은 과거가 아닌 현재에 살고 생각한다고 봄
(4) 독특성 원리: 성격은 특성상 보편적이지 않으며 항상 한 개인에만 국한되는 특정한 것으로 봄
(5) 자아 원리: 자아 자체 내부에 막강한 긍정적인 힘을 지닌 역동적 과정이 존재한다고 봄. 자아가 인간의 모든 습관, 특성, 태도, 감정, 경향성 등을 통합하는 힘으로 봄

(6) 연속성–비연속성 원리: 삶의 여러 측면이 연속선상에 있는 것이 아니라고 봄. 행동은 정도의 문제가 아니라 종류의 문제. 한 사람이 다른 사람과 연속선으로 이어지는 것이 아닌 분리된 개별적 실체로 봄

(7) 특성 원리: 특성을 사람을 비교하고자 할 때 유일하게 사용할 수 있는 접근방식으로 봄

다) 특성의 유형

(1) 주특성: 한 특성이 매우 영향력이 커서 삶의 행동 전반에 그 특성의 영향력이 측정될 수 있는 것. 지배적 정열은 그것을 소유한 사람을 유명하게거나 그 반대로 만들기도 함. 사람들 각자의 삶의 주제는 주 특성이 확산된 것. Allport는 소수의 사람만이 주특성을 소유한다고 주장

　　Ex) 돈키호테, 간디, 햄릿, 슈바이처 등의 인물이 갖고 있는 삶의 주제, 목적 등 = 주경향성

(2) 중심특성: 인간에게 있어 상당히 일반화된 특징. 개방적↔폐쇄적/감상적↔이성적/사교적↔비사교적/ 쾌활한↔우울한/주의깊은↔부주의한/책임감이 강한↔책임감이 약한 등과 같은 성격 속성

개인이 이 특성을 자주 나타내서 주위 사람들이 쉽게 판별할 수 있는 것. 중심특성의 수는 5~10개 정도로 많지 않음

(3) 이차적 특성: 인간이 가장 많이 갖고 있는 특성이며, 이러한 이차적 특성은 그 개인과 밀접한 관계가 되어야만 변별이 가능. 덜 일반적이며 일관성이 적고, 성격의 정의에 덜 적절한 소질을 뜻함. 상황적으로 결정되는 특성, 음식에 대한 기호 등이 있음

(4) 공통특성: 한 문화의 구성원들은 비슷한 사회적 영향과 진화의 영향을 받게 된다는 것. 즉, 같은 문화권의 사람들은 비슷한 적응 양식을 발달시키며, 이는 정치·사회적 태도/ 언어 사용 등을 포함함

　　Ex) 국민성

라) 성격 발달

(1) 1단계: 신체적 자아

- 유아는 자신의 존재를 인식하고 자신의 신체와 환경에 있는 대상을 구별
- 고유자아 형성 시작. 신체적인 자기를 인식하기 시작

(2) 2단계: 자아정체감

- 정체감의 연속성을 느끼는 시기
- 일어나는 많은 변화에도 불구하고 자신이 같은 사람으로 유지됨을 깨달음으로써 자아 정체감 갖게 됨

(3) 3단계: 자아존중감

- 자기의 성취에 대해 자랑스러워하며 자존감을 느낌
- 아이가 접한 환경에 있는 대상을 탐구, 조작, 만들도록 동기화. → 부모가 욕구 좌절시키면 자아존중감의 형성 위협 받고 수치감과 분노로 대체됨

특성의 유형

1. 주특성
2. 중심특성
3. 이차적 특성
4. 공통특성

성격 발달

1단계: 신체적 자아
2단계: 자아정체감
3단계: 자아존중감
4단계: 자아확장
5단계: 자아상
6단계: 합리적 적응체로서 자아
7단계: 고유자아 추구

심리학개론

이상심리학

심리검사

임상심리학

심리상담

(4) 4단계: 자아확장
- 주변에 있는 대상과 사람들이 자신의 세계에 속한 일부라는 것 깨닫게 됨
(5) 5단계: 자아상
- 자신에 대한 실제적이며 이상화된 이미지 발달시키며 자신의 행동이 부모의 기대를 만족시키는지 여부 인식
(6) 6단계: 합리적 적응체로서 자아
- 초등학교 다니는 시기
- 일상적인 문제의 해결에 이성과 논리를 적용하기 시작
(7) 7단계: 고유자아 추구
- 청소년기
- 인생의 장기목표 및 계획을 형성하기 시작

2) Cattell의 성격 특성론

- Allport와 Cattell은 특성이론의 입장을 추구한다는 점에서 같으나, 접근 방법에서는 Allport는 인본주의적, Cattell은 요인분석적인접근으로, 대조적
가) 성격의 정의
- Cattell "성격은 개인이 어떤 환경에 주어졌을 때 그가 무엇을 할 것인가를 말해주는 것"
- 개인의 행동 반응이 그의 성격과 주어진 상황에 의해 결정됨
나) 특질의 종류
(1) 공통특질(Common traits) 대 독특한특질(Unique Traits)
(가) 공통특질: 모든 사람이 어느 정도 소유한 특질. Ex) 지능, 외향성 등
(나) 독특한 특질: 인간의 개인차를 반영. 개인 혹은 소수의 사람들이 갖는 특질
(2) 능력특질(Ability Traits) 대 기질특질(Temperament Traits) 대 역동적특질 (Dynamic Traits)
(가) 능력특질: 개인이 얼마나 효과적으로 어떤 목표를 수행할 것인가를 결정. Ex) 지능
(나) 기질특질: 개인의 행동에 대한 일반적 스타일과 정서적 상태
(다) 역동적 특질: 행동의 추진력인 개인의 동기, 흥미, 야망
(3) 표면특질(Surface Traits) 대 원철특질(Constitutional Traits)
(가) 표면특성: Allport와 같은 입장에서, 관찰 가능한 성격. 몇 가지의 원천특질 혹은 행동요소로 구성된 성격 특성
(나) 원천특성: 표면특성의 배후에 있는 기본적인 특성. 안정적이며 영속적인 단일 성격요인

특질의 종류
1. 공통특질 대 독특한 특질
2. 능력특질 대 기질특질 대 역동적 특질
3. 표면특질 대 원천특질

성격 이론가와 이론은 간단하게라도 정리해 두는 게 좋다.

Cattell은 성격의 특성을 나타내는 말 중에서 동의어는 묶고, 나머지 상이한 것들 간에는 상관분석을 하였다. 상관계수가 .60 이상 되는 것은 통일한 특성으로 보고, 이를 표면특성이라 하였다. 그리고 표면특성의 기저에는 원천특성(눈에 보이지 않음)이 있으며, 이것이 성격의 밑바탕이 되어 구조적 영향력을 행사한다고 보았다. 즉, 성격의 외현적 발현(표면특성)은 원천특성으로부터 나타나는 특성이다.

라. 행동 및 사회적 학습 이론(Burrhus Frederic Skinner 중심으로)

1) 성격의 정의
가) 성격 없는 성격 이론: 인간이 갖는 어떤 경향성을 무시하고 오직 어떤 상황에서 비롯되는 행동과 그것의 결과를 강조. 성격이론을 구성하는 것을 거부하는 입장

나) 성격은 행동 패턴의 집합

2) 조작적 조건형성
가) 수반성: 반응과 그것의 결과 간에 확립될 수 있는 특별한 관계. 어떤 사건이 만약 다른 사건이 일어나면 야기 될 것 이라는 것을 진술하는 규칙

나) 강화: 정적 강화물의 제시나 부적 강화물인 혐오자극의 제거가 행동에 뒤따를 때 반응의 빈도가 증가하는 것

다) 처벌: 혐오자극 제시나 긍정적 자극의 제거가 행동에 뒤따를 때 반응의 빈도가 감소하는 것

3) 강화계획
가) 계속(연속)강화: 발생한 모든 반응에 강화물을 제공

나) 간헐적강화: 행동을 통제하기 위해 정해진 계획에 따라 강화물이 제공됨. 고정간격계획, 변동간격계획, 고정비율계획, 변동비율 계획

4) 자극변별
자신이 이전에 학습한 것을 바탕으로 어떤 상황에서 자신이 한 행동이 강화될 것 같은가 혹은 다른 상황에서 같은 행동이 강화되지 않을 것인가에 대한 변별을 의미

5) 자극 일반화
어떤 상황에서 강화된 행동이 역시 유사한 다른 상황들에서 일어나는 것

6) 소거
형성된 조작행동이 줄거나 나타나지 않는 것

7) 조성
목표행동이 너무 복잡하기 때문에 한번에 목표행동을 할 수 없는 경우 목표행동에 접근하는 반응들을 강화함으로써 새로운 행동을 가르치는 것.

8) 행동평가(ABC 분석)
자극(Antecedent event), 행동(Behavior), 결과(Consequences)간의 관계를 분석

학습이론의 제 개념과 용어

조작적 조건형성
강화계획
자극변별
소거
조성
토큰경제

고전적 조적형성과 조작적 조건형성의 차이

- 고전적 조건형성은 파블로프 조건화라고도 한다. 오래되어서 고전적이라는 의미보다는 조작적 조건형성 이전에 발견된 조건화이기 때문에 고전적이다. 고전적 조건화는 생물학적 반응이 그렇지 않은 자극과 연합된다. 조작적 조건화는 행동이 조건화의 기본 단위가 되며 행동에 대한 일종의 반응이 행동의 다음 반응 빈도에 영향을 미치는 것이라 조건화의 대상이 행동이라고 할 수 있다.

9) 토큰경제

규칙적 행동을 형성하기 위해 사용되는 조작적 조건형성 원리. 내담자가 적절한 행동했을 경우 치료자가 토근을 제공, 토큰이 일정량 모이면 내담자가 원하는 특권을 교환

마. 인지적 이론(Albert Ellis와 Aaron T. Beck 중심으로)

1) Ellis의 인지적 성격이론

가) 주요개념

(1) 성격의 생리적 측면: 인간성격의 생물학적 측면을 강조. 인간에게는 사용되지 않은 거대한 성장 자원이 있으며, 자신의 사회적 운명과 개인적 운명을 변화시킬 수 있는 능력이 있는 반면, 비합리적으로 생각하고 스스로에게 해를 끼치려는 예외적으로 강력한 선천적 경향성도 있음. 자신이 원하는 것을 얻지 못한다고 여길 때, 자신 타인, 세상을 두루 비난하는 매우 강한 경향을 가지고 태어남

(2) 성격의 사회적 측면: 개인이 타인의 인정과 승인을 절대적이며 긴박하게 추구하는 것과 관련. 타인이 자신을 인정하고 승인한다고 믿고 있을 때, 보통자기 자신을 선량하고 가치 있는 사람으로 봄

(3) 성격의 심리학적 측면: 부적절한 감정이나 행동은 비합리적인 신념에서 유발되는 것 강조

나) 당위주의

(1) 자신에 대한 당위성: 자신에 대해 당위성을 강조하는 것(Ex: 나는 실패해서는 안 된다). 자신에 대한 당위적 사고가 이루어지지 않을 때 자기파멸이라는 생각을 갖게 됨

(2) 타인에 대한 당위성: 밀접하게 관련한 사람, 즉 부모, 자식, 부인이나 남편, 애인, 친구, 직장동료에게 당위적인 행동을 기대하는 것(Ex: 자식이니 어떠한 경우에도 부모 말을 들어야 한다). 당위적 기대가 이루어지지 않을 때 인간에 대한 불신감을 갖게 됨. 불신감은 인간에 대한 회의를 낳아 결국 자기비관이나 파멸을 가져오게 됨

(3) 조건에 대한 당위성: 주어진 조건에 대해 당위성을 기대하는 것(Ex:방은 항상 깨끗해야 한다). 당위적 조건을 기대하면서 그렇지 않은 경우에 화를 내거나 부적절한 행동을 함

다) 비합리적 사고(Ellis 1962, pp60-80)

(1) 알고 있는 모든 의미 있는 사람들로부터 인정받고 사랑받는 것이 필연적이라는 생각

(2) 자신이 가치 있는 사람이려면 모든 측면에서 철저하게 능력이 있고, 적절하고, 성취적 이어야 한다는 생각

(3) 어떤 사람은 절대적으로 나쁘고 사악해서 그러한 사악함 때문에 가혹하게 비난받고 처벌받아야 한다는 생각

(4) 일이 자기가 원하는 대로 되지 않을 때 이것은 끔찍하고 파국적이라는 생각

(5) 인간의 불행은 외적인 사건에서 비롯되었고 사람들은 자신의 슬픔과 장애를 통제할 능력이 없다는 생각

(6) 위험하거나 두려운 일이 있으면 그 일에 대해 몹시 걱정하고 그 일이 일어날 가능성을 계속해서 가져야 한다는 생각

(7) 인생의 어려움이나 자기-책임감을 직면하는 것보다 피하는 것이 보다 용이하다는 생각

(8) 사람은 다른 사람에게 의지해야 하고 의지할만한 자신보다 강한 누군가가 있어야 한다는 생각

(9) 자신의 과거사가 현재 행동의 중요한 결정요인이며 일어났던 중요한 일이 자신의 인생에 영향을 미쳤던 것처럼 그것이 또한 유사한 영향을 미치리라는 생각

(10) 타인의 문제나 장애로 인해 자신이 몹시 당황하거나 속상해야 한다는 생각

(11) 문제의 완전한 해결책이 항상 있고 만약 이러한 완전한 해결책을 찾지 못하면 파국이라는 생각

라) ABC이론: A는 의미 있는 '활성화된 사건'(Activating Events)을, B는 '신념체계'(Belief System), C는 정서적·행동적 '결과'(Consequences)를 의미. 정서적 행동적 결과가 활성화된 사건에 의해 유발되는 것이 아닌 사건을 보는 신념체계가 결정적으로 영향을 미친다는 것 강조

A(Activating Events)
→B(Belief System)
→C(Consequences)

2) Aaron T. Beck의 인지적 성격 이론

가) 인지수준

(1) 자동적 사고(Automatic Thoughts): 마음속에 계속적으로 진행되는 인지의 흐름. 자동적 사고는 상황과 정서를 중재

(2) 중재적 신념(Intermediate Beliefs): 자동적 사고를 형성하는 극단적이며 절대적인 규칙과 태도를 반영

(3) 핵심 신념(Core Beliefs): 많은 자동적 인지에 바탕이 되는 자신에 대한 중심적 생각. 보통 자신의 중재적 신념에 반영되어 있음. 보편적이며 과일반화된 절대적인 것. 세계, 타인, 자신 그리고 미래에 대한 자신의 견해를 반영

(4) 스키마(Schemas): 핵심 신념을 수반하는 정신내의 인지 구조

나) 자동적 사고: 자동적 사고는 정서적 반응으로 이끄는 특별한 자극에 의해 유발된 개인화된 생각으로 노력 혹은 선택 없이 자발적으로 일어남. 자신의 경험으로부터 생성한 신념과 가정을 반영

다) 인지적 왜곡: 그릇된 가정 및 잘못된 개념화로 이끄는 체계적 오류. 인지적 왜곡은 정보처리가 부정확하거나 비효과적일 때 나타나며 대개 비현실적인 세계관을 나타내거나 비논리적인 추론과 관련됨

(1) 자의적 추론(Arbitrary Inference): 충분하고 적절한 증거가 없는데도 결론에 도달하는 것. 상황에 대한 비극적 결말이나 최악의 시나리오를 생각하는 것

인지적 왜곡

1. 자의적 추론
   (Arbitrary Inference)
2. 선택적 추상
   (Selective Abstraction)
3. 과일반화
   (Overgeneralitation)
4. 극대화(Magnification)
   혹은 극소화(Minimization)
5. 개인화(Personalization)
6. 이분법적 사고
   (Dichotomous Thinking)
7. 정서적 추론
   (Emotional Reasoning)
8. 긍정 격하
   (Disqualifying the Positive)
9. 파국화(Catastrophizing)
10. 명명(Labeling)과 잘못된
    명명(Mislabelling)

인지적 왜곡은 필기, 실기 모두 매우 출제 빈도가 높은 개념이다 꼭 정리해두어야 한다.

심리학개론
이상심리학
심리검사
임상심리학
심리상담

(2) 선택적 추상(Selective Abstraction): 사건의 일부 세부사항만을 기초로 결론을 내리고 전체 맥락 중의 중요한 부분을 간과함. 관심을 두는 부분이 실패와 부족한 점에 관한 것

(3) 과일반화(Overgeneralitation): 단일 사건에 기초하여 극단적인 신념을 가지고 그것들을 유사하지 않은 사건들이나 장면에 부적절하게 적용하는 과정. 한 가지 사건에 기초한 결론을 광범위한 상황에 적용시킴.

(4) 극대화(Magnification) 혹은 극소화(Minimization): 불완전을 최대화하거나 좋은 점을 최소화. 대개 사람들은 자신의 실수나 결점 또는 개인들의 재능을 바라 볼 때에는 그것들을 실제보다 좀 더 큰 것처럼 보게 되는 경향이 있고, 반면에 자신의 장점이나 타인들의 문제를 대할 때에는 축소하여 사건들이 작고 멀게 봄

(5) 개인화(Personalization): 관련지을 만한 일이 아님에도 불구하고 외적 사건들과 자기 자신을 관련짓는 경향

(6) 이분법적 사고(Dichotomous Thinking): 완전한 실패 아니면 대단한 성공과 같이 극단적으로 흑과 백으로 구분하려는 경향

(7) 정서적 추론(Emotional Reasoning): 정서적 감정이 왜곡으로 보이지 않고, 현실과 진실의 반영으로 여기는 것. 정서적 경험에 근거해서 그 자신, 세계 혹은 미래에 관해서 추리를 하는 경우
　　Ex) 나는 부적절하다고 느낀다. 고로 나는 쓸모없는 사람이다.

(8) 긍정 격하(Disqualifying the Positive): 개인이 자신의 긍정적인 경험을 격하시켜 평가하는 것

(9) 파국화(Catastrophizing): 개인이 걱정하는 한 사건을 취해서 지나치게 과장하여 두려워하는 것

(10) 명명(Labeling)과 잘못된 명명(Mislabelling): 개인이 자신의 오류나 불완전함에 근거해서 하나의 부정적 정체성을 창조하여 그것이 마치 진실한 자기인 것처럼 단정 짓는 것

히포크라테스 성격 유형론
1. 다혈질
2. 담즙질
3. 점액질
4. 우울질＝흑담즙질

바. 성격의 유형론

1) Hippokrates
- 엠페트크라스의 우주 4원론에 대응하여 4가지 제액론을 제시
- 우주 4원론: 우주가 공기, 땅, 불, 물 4가지 원소로 되어 있다는 봄. 히포크라테스는 각각에 대응하는 인간의 체액으로서 혈액, 흑담즙, 황담즙, 점액을 생각하고 이에 대응하는 기질로서 다혈질, 우울질, 담즙질, 점액질 4가지로 분류함
　가) 다혈질(Sanguine, Sanguineous)
　　- 명랑하고 따뜻하고 활기차고 열정적인 기질의 성격
　　- 외부의 자극에 쉽사리 마음이 바뀌며 감수성이 예민하기 때문에 민감하게 반응함
　　- 다정다감한 성품 때문에 다른 사람들이 곧잘 마음 문을 열고 친구가 되어 줌

처음 만나는 사람이라도 그 사람의 희노애락을 느낌으로 받아임. 상대방이 생각할 때 자기가 그의 특별한 친구와 중요한 존재라는 느낌을 받음. 그러나 다른 사람에게도 그 관심은 똑같이 나타냄. 누구나 한 번만 만나고 나면 바로 친구관계를 유지할 수 있기 때문에 친구가 많은 편. 그러나 깊이 있는 친구관계가 아니라 폭 넓은 친구관계

- 재미있게 표현을 잘 하기 때문에 다혈질이 이야기 할 때에는 주위의 많은 사람들이 즐겁게 그 이야기를 들음
- 다혈질은 다른 기질에 비해 많은 사람들이 속해 있는 기질. 우리나라 사람의 경우 60~70%. 그러므로 한국의 민족성을 대표하는 기질은 다혈질
- 다혈질은 성격이 급하고 말이 앞서기 때문에 우리 주위의 많은 사람들이 자동차를 운전하다가 작은 접촉 사고에도 성질이 발끈하여 길거리 한복판에 차를 세워 놓고 시시비비를 가리고 있는 사람들. 그러나 돌아서면 이미 상대에 대한 감정이 깨끗이 정리되는 장점

나) 담즙질(Choleric)
- 말보다 행동이 빠르며 활동적이고 실용적인 기질의 성격
- 미래지향적이며 자신의 신념을 높이 평가하는 사람
- 한 번 일을 시작하면 무슨 일이 있어도 줄기차게 목표를 향해 중단 없는 전진을 계속 하는 편이며 자기가 가치 있는 일에 종사하고 있다고 생각할 때 가장 큰 행복감을 느낌
- 직관에 의한 판단이 빠름. 자기가 좋아하는 옷은 새 옷이나 오래된 옷을 가리지 않고 오래 입음. 끝없는 발상과 계획과 야심으로 다른 사람들을 자극하기도 함. 여러 가지 의견이나 어떤 쟁점에 대해서도 자기주장이 분명하며 불의한 일을 보면 참지 못하고 부당한 일에 맞서서 싸우기도 함
- 담즙질은 힘든 역경에 주눅 들지 않고 그 일이 자극이 되어 극복하는 상황을 만듦. 어떤 어려움도 딛고 일어설 수 있음. 다른 사람이 실패한 부분이라 할지라도 담즙질은 포기하지 않고 끈질긴 의지로 밀어붙이기 때문에 성공할 수 있음
- 친구관계는 끊고 맺는 단호한 기질로 인해 친한 관계와 친하지 않은 관계가 바로 구분됨

다) 점액질(Phlegmatic)
- 과거 지향적이며 느긋하고 행동이 느린 편이며, 과거에 대한 기억력이 남과 다르게 좋은 기질. 과거 지향적이라 과거에 매달리는 점이 있으나 결국 가서는 과거를 딛고 일어설 수가 있음
- 고집이 센 편. 그 고집은 쉽게 꺾이지 않지만, 만약에 고집을 꺾으려면 말로 되는 것이 아니라 지식체계를 갖추어서 제시해 줘야 하기 때문에, 책에 나온 내용을 보여 주었을 때 그 책의 내용을 이해하고 받아들이므로 고집이 꺾이게 되는 것
- 점액질은 유머와 재치가 있는 편이며, 가끔 전혀 맞지 않는 사오정 같은 엉뚱한

William Sheldon의 유형론 체형
1. 내배엽형
2. 중배엽형
3. 외배엽형

기질
1. 내장긴장형
2. 신체긴장형
3. 대뇌긴장형

이야기로 다른 사람들을 웃기기도 함. 일상적인 삶에서 하는 이야기 한 마디 한 마디가 다 유머가 될 수가 있음

- 우유부단한 성격이 자신을 피로하게 만드는 점이 있음. 대체적으로 인생을 느긋하게 즐기는 편이며 인생은 행복하고 차분하고 즐거운 경험이라 생각하며 될 수 있는 한 남에게 발목 잡힐 일은 피함

라) 우울질(Melanchoria), 흑담즙질

- 감정적으로 예민한 기질
- 창의적 사고와 상상력이 풍부한 편으로 혼자 있기를 즐기는 성격
- 지향해 나가는 부분은 미래, 현실, 과거를 한꺼번에 다 담고 있으며 사람에 따라 다 다를 수 있음
- 연구를 잘 할 수 있는 기질이며 가치 있는 창작물을 만들어 낼 수도 있음. 다른 기질보다 천재들이 많은 편. 예술적인 부분에서 끼를 발휘할 수 있는 기질. 가장 풍요로운 기질
- 모든 일에 분석적, 논리적이고 때로는 자신을 희생할 줄 아는 완벽을 꾀하는 완벽주의자
- 본인 스스로는 우울하지 않으나 남들에게 그렇게 보여지므로 센치한 측면에서 감상주의자처럼 보임

2) Kretschmer

가) 순환기질: '사교적. 친절. 우정이 두터움.. 사람을 좋아한다'는 것이 기본기질이고 기분이 고양된 상태에서는 명랑. 유머감각이 있고 활발. 격렬하며 기분이 저하된 상태에서는 '조용하다. 침착, 정중하고 부드럽다'라는 조울의 경향이 있다고 하여 조울기질이라고도 함

나) 분열기질: '비사교적, 조용하다, 주의깊다, 진지하다, 이상한 사람이다'라는 것이 기본기질. 겁쟁이. 부끄럼쟁이 민감 신경질 흥분하기 쉬움. 자연과 독서를 좋아함. 과민성상태에서 순종적. 사람을 좋아하고 온화함. 무관심, 둔감하다는 둔감성상태. 즉, 민감성과 둔감성이 혼재되어 있다는 점이 분열기질의 본질

다) 점착기질: 하나의 일이나 상태에 고착하기 때문에 변화하거나 동요하는 일이 적음. 신중하고 질서를 좋아하며 융통성이 없음. 신경질적인 것이 없고 안정되어 있으나 세밀성이 부족하여 사고나 설명에 이해가 잘 되지 않음

3) William Sheldon

- Kretschmer의 유형론의 연장선상에 있는 것으로 미국의 Sheldon의 유형론
- Sheldon은 체격을 유형화하고 측정하는 데 귀납적으로 접근
- 4,000명의 남자대학생의 표준사진에서 체격변이의 기초를 설명하거나 형성하는 주요변인을 찾아내려는 의도로 이를 검토. 이 작업을 통하여 3가지 체형을 추출
- 3가지 체형과 기질과의 관계를 조사한 결과, 내배엽형과 내장 긴장형 중배엽형과 신체긴장형 외배엽형과 두뇌긴장형 사이에 각각 높은 정적 상관이 있음

차원 유형론 VS 범주 유형론

성격을 구분할 때 인간은 모두 공통 요소(차원)을 가지고 있고 그 정도 차이에 의해 유형이 구분된다고 보는 차원 유형론과 사람은 특정 유형으로 구분되어 한 유형은 기본적으로 다른 유형과 중복되지 않는다는 유형론이 범주 유형론이다.

다양한 연구들에서는 범주 유형론은 오류일 가능성이 높다고 주장하며 현재는 차원 유형론이 타당한 것으로 보인다.

차원 유형론으로 현재 많이 알려진 검사들은 TCI, NEO −PI 등이 있다.

가) 체형
　(1) 내배엽형: 체격이 부드러움과 둥근 모습으로 특징. 골격과 근육이 미발달, 표면적-부피의 비가 낮음. 이와 같은 개인은 낮은 특수한 중력을 가지고 있고, 물위에 잘 뜸. 이 체격에서는 소화기관이 아주 잘 발달
　(2) 중배엽형: 체격이 단단하고 직각을 이루고 있으며, 특히 골격과 근육이 잘 발달. 신체는 강하고 거칠고 상해에 잘 견디며 또한 일반적으로 격렬하고 가혹한 신체적 요구에 맞도록 갖추어져 있음. 운동선수. 산악인. 직업군인은 이러한 유형의 체격을 가장 잘 부여받음
　(3) 외배엽형: 체격이 직선적이고 허약. 보통 가늘고 가벼운 근육으로 되어 있음. 부피에 비해 외배엽형은 다른 두 체격유형보다 더 큰 표면적을 가지고 있음. 자신의 크기에 비해 큰 뇌와 중추신경계를 가지고 있음

나) 기질
　(1) 내장긴장형: 안락을 좋아하고 사교성, 음식, 사람 및 애정에 대한 욕구가 강함. 자세가 이완되어 있고 반응은 느리며 감정이 일정하며 타인과의 관계에서 너그럽고 일반적으로 사귀기 쉬운 사람
　(2) 신체긴장형: 신체적 모험을 즐기며 위험을 무릅쓰고 근육 내지 왕성한 신체활동에 대한 강한 욕구를 수반. 공격적이고 다른 사람의 감정에 무디며 외모에서 성숙하고 시끄럽고 용감하고 행동. 권력. 지배를 중요한 가치로 여김
　(3) 대뇌긴장형: 구속.억제 및 은둔의 욕구를 의미. 비밀이 많고 자각적이며 외모가 젊어 보이며 사람을 두려워하고 또한 막힌 장소에서 행복감을 느낌. 지나치게 빨리 반응하고 얕은 수면을 취하고 고독을 즐기며 자기 자신에게 주의집중되는 것을 회피

4) Carl Gustav Jung
　가) 외향적 사고형: 외계의 자료를 사용하여 경험적. 귀납적으로 생각하는 사람으로 진화론의 제창자인 다아윈(Darwin)과 같은 사람
　나) 내향적 사고형: 지극히 관념적인 경향의 사람 칸트(Kant)와 같은 사람
　다) 외향적 감정형: 외계의 사물에 대한 감정에 의해 규정되고 주위사람들의 기대에 맞추어 행동하는 사람. 남성〈여성
　라) 내향적 감정형: 주관적인 감정에 지배되는 사람으로 때로는 표면에 나타나지 않는 정적인 세계에 살고 있는 사람. 타인으로부터 자신을 위축시키는 경향
　마) 외향적 감각형: 외계의 사물에 대한 감각이 발달했기 때문에 현실주의적 경향이 많고 때로는 쾌락주의적이 되고 때로는 평범한 습관신봉자가 되는 사람
　바) 내향적 감각형: 좀 이해하기 힘든 사람으로 객관적으로 외계자극에 의하지 않고 주관적인 감각에 의존. 창조적인 예술가들이 이 유형에 속함
　사) 외향적 직관형: 미래에 일어날 일에 대한 예측에 대해 예민한 감각을 갖고 있는 사람. 사업기. 세일즈맨. 언론인에게서 많이 보임
　아) 내향적 직관형: 자신 속에 있는 이미지에 지배되는 것 같음. 신비주의자나 예언가가 이 유형에 속함

문제 〉〉

[1. 해설] ㉣
초자아는 생후 4~6세부터 발달되기 시작하고 옳고 그름을 판단하고 현실적인 기준보다 도덕적인 기준을 중요시 한다.

1. 프로이드의 성격의 구조에 대한 설명으로 틀린 것은? (2009 기출)
   가. 이드는 쾌락원칙을 따른다.
   나. 초자아는 항문기의 배변훈련 과정을 겪으면서 발달한다.
   다. 성격의 구조 가운데 가장 마지막으로 발달하는 체계가 초자아이다.
   라. 자아는 성격의 집행자로서, 인지능력에 포함된다.

[2. 해설] ㉣
자아 성장의 결정적 단계는 남근기와 상관없다.

2. 프로이드의 남근기와 관련이 없는 것은? (2005 기출)
   가. 3세에서 6세 사이
   나. 거세불안
   다. 동일시를 통한 극복 노력
   라. 자아성장의 결정적 단계

[3. 해설] ㉰
남근기는 3세에서 6세 시기이다

3. Freud의 심리성적 발달단계와 Erikson의 심리사회 발달단계가 해당 연령별로 바르게 짝지어지지 않은 것은? (2009 기출)
   가. 출생~약 18개월: 구강기, 신뢰감 대 불신감
   나. 약 18개월~약 3세: 항문기, 자율성 대 수치감
   다. 약3세~약6세: 생식기, 친근성 대 고립감
   라. 약6세~약11세: 잠복기, 근면성 대 열등감

[4. 해설] ㉰
오디프스기에 권위적 인물에 대한 동일시를 통해 초자아가 형성된다.

4. Freud는 거세불안을 극복하는 과정에서 어떤 성격의 요소가 형성된다고 보았는가? (2012 기출)
   가. 이드   나. 자아
   다. 초자아   라. 무의식

5. 재혼에 방해가 되는 아들을 죽이고 싶은 욕망을 가진 어머니가 아들을 병적으로 끔찍하게 사랑하는 경우를 가장 잘 설명하는 방어기제는? (2012 기출)

  가. 투사   나. 반동형성

  다. 승화   라. 합리화

6. 성격이론가와 업적 또는 주장이 올바르게 연결된 것은? (2007 기출)

  가. cattell – 체액론   나. alloprt – 소양인

  다. erikson – 심리성적발달   라. jung – 내. 외향성

7. 다음 중 요인분석을 통하여 표면특질과 원천특질을 밝혀내고 16개의 성격요인을 검사하는 질문지를 개발한 사람은? (2005 기출)

  가. C. Spearman   나. G. W. Allport

  다. R. Cattell   라. J. Piaget

8. 다음과 같은 입장을 취하고 있는 성격에 대한 이론은? (2010 기출)

> 자신을 형편없는 학생으로 지각하는 자기개념을 지닌 학생이 매우 좋은 성적을 받을 경우, 이 학생은 긍정적인 경험을 부정적인 자기개념과 일치시키기 위해 '운이 좋았어'라는 식으로 왜곡할 수 있다. 이 학생은 자기개념과 경험이 일치하지 않을 때 불안과 내적 혼란을 경험할 가능성이 높기 때문에, 자기개념을 유지하기 위해 경험을 부정하는 방어적 반응을 보인다. 이 학생이 경험을 부정하거나 왜곡하지 않도록 하기 위해서는 타인이 이 학생을 무조건적이고 긍정적으로 공감을 주어야 한다.

  가. 특질이론   나. 정신역동이론

  다. 현상학적 이론   라. 사회인지이론

9. Carl Rogers의 성격이론에서 심리적 적응에 가장 중요한 역할을 한다고 가정한 것은? (2011 기출)

  가. 자아강도   나. 자기

  다. 자아이상   라. 인식

[10. 해설] ㉺
알포트는 독특성의 원리를 특성상 보편적이지 않으며 항상 한 개인에만 국한되는 특정한 것으로 보았다

10. Allport의 특성 이론 중 성격은 특성상 보편적이지 않으며 항상 한 개인에만 국한되는 특정한 것으로 보는 원리는?

　　가. 동기 원리　　　　　　　　　　나. 학습 원리
　　다. 현재성 원리　　　　　　　　　라. 독특성 원리

[11. 해설] ㉮
수반성은 반응과 결과 간의 관계를 의미한다

11. 반응과 그것의 결과 간에 확립될 수 있는 특별한 관계를 행동주의 심리이론에서는 무엇이라고 하는가?

　　가. 수반성　　　　　　　　　　　나. 강화
　　다. 처벌　　　　　　　　　　　　라. 학습

[12. 해설] ㉯
강화는 제시나 제거 이후 행동 빈도가 증가하는 것이다.

12. 정적 강화물의 제시나 부적 강화물인 혐오자극의 제거가 행동에 뒤따를 때 반응의 빈도가 증가하는 것을 무엇이라고 하나?

　　가. 수반성　　　　　　　　　　　나. 강화
　　다. 처벌　　　　　　　　　　　　라. 학습

[13. 해설] ㉰
처벌은 제시나 제거 이후 행동 빈도가 감소하는 것이다.

13. 혐오자극 제시나 긍정적 자극의 제거가 행동에 뒤따를 때 반응의 빈도가 감소하는 것은?

　　가. 수반성　　　　　　　　　　　나. 강화
　　다. 처벌　　　　　　　　　　　　라. 학습

[14. 해설] ㉯
소거는 형성된 학습 행동이 사라지는 현상을 말한다.

14. 형성된 조작행동이 줄거나 나타나지 않는 것을 무엇이라고 하는가?

　　가. 수반성　　　　　　　　　　　나. 소거
　　다. 반응감소　　　　　　　　　　라. 실종

[15. 해설] ㉰
토큰을 제공하여 행동을 조절 하는 방식을 토큰 경제라고 한다.

15. 규칙적 행동을 형성하기 위해 사용되는 조작적 조건형성 원리. 내담자가 적절한 행동 했을 경우 치료자가 토큰을 제공, 토큰이 일정량 모이면 내담자가 원하는 특권을 교환하는 행동주의 기법은?

　　가. 자극일반화　　　　　　　　　나. 소거
　　다. 토큰경제　　　　　　　　　　라. 강화

16. 마음속에 계속적으로 진행되는 인지의 흐름. 자동적 사고는 상황과 정서를 중재하는 사고를 무엇이라고 하는가?

　　가. 자동적 사고　　　　　　나. 중재적 신념
　　다. 핵심신념　　　　　　　라. 스키마

[16. 해설] ㉮
이론 벡은 이러한 사고를 자동적 사고라고 설명한다.

17. 핵심 신념을 수반하는 정신내의 인지 구조를 무엇이라고 하는가?

　　가. 수반성　　　　　　　　나. 스키마
　　다. 반응감소　　　　　　　라. 실종

[17. 해설] ㉯
핵심 신념을 수반하는 정신내의 인지 구조를 스키마라고 한다.

18. 충분하고 적절한 증거가 없는데도 결론에 도달하는 것으로 상황에 대한 비극적 결말이나 최악의 시나리오를 생각하는 것을 무엇이라고 하는가?

　　가. 자의적 추론　　　　　　나. 선택적 추상화
　　다. 과일반화　　　　　　　라. 극대화

[18. 해설] ㉮
자의적 추론은 근거나 증거 없이 결론에 도달하는 사고 방식이다.

19. 완전한 실패 아니면 대단한 성공과 같이 극단적으로 흑과 백으로 구분하려는 경향을 무엇이라고 하는가?

　　가. 이분법적 사고　　　　　나. 정서적 추론
　　다. 파국화　　　　　　　　라. 긍정격하

[19. 해설] ㉮
전부 아니면 아무것도 아니라는 사고 방식은 이분법적 사고이다.

심리학개론

이상심리학

심리검사

임상심리학

심리상담

7 학습심리학

가. 학습의 기본 개념

1) 학습(Learning)이란?
   - 학습은 훈련이나 경험의 결과로 나타나는 행동상의 비교적 영속적인 변화
   - 학습된 것이 항상 행동적으로 수행되는 것은 아님
   - 어떤 심리학자는 학습이란 과거 경험의 결과로 생긴 행동 또는 정신과정상의 비교적 영속적인 변화라고 정의하기도 함

2) 학습의 기본적인 형태
   가) 고전적 조건화(Classical Conditioning): 중성자극(종소리)이 무조건자극(음식물)과 짝지워짐으로써 조건자극(종소리 – 음식 없이 종소리만으로 침 분비되게 하는)이 됨
   나) 조작적 조건화(Operant Conditioning): 조작적 조건화의 기본원리는 반응에 뒤따르는 강화에 의해 행동에 변화가 일어나게 한다는 것

나. 조건형성

1) 고전적 조건화(Classical Conditioning)
   - 처음에 어떤 기능도 하지 않았던 중성 자극이 그 반응을 무조건적으로 이끌어내는 무조건 자극과 연합되며 그 반응을 유발하는 과정
   가) Pavlov의 고전적 조건화 실험

Before Conditioning 무조건 자극 → 무조건 반응
개에게 먹이를 줌 → 타액 분비 종소리 들려 줌 → 소리가 나는 쪽으로 고개 돌림
During Conditioning 무조건 자극 + 중립자극 → 무조건 반응
종소리 들려준 직후 개에게 먹이를 줌 먹이로 인해 타액 분비 종소리와 먹이를 짧은 시간 간격으로 제공
After Conditioning 조건 자극 → 조건 자극
먹이 없이 종소리만 제시 → 타액 분비

나) 고전적 조건형성의 4가지 요소

무조건 자극 (Unconditioned Stimulus: UCS)	무조건 반응을 일으키는 자극 Ex) 침을 분비하게 하는 먹이
무조건 반응 (Unconditioned Response: UCR)	어떤 자극에 자동적으로 반응 Ex) 먹이를 제시하면 침을 분비
조건 자극 (Conditioned Stimulus: CS)	무조건자극과 짝지어져 새로운 반응을 유발하는 자극 Ex) Pavlov 실험의 종소리
조건 반응 (Conditioned Response: CR)	조건자극에 의해 새롭게 형성된 반응 Ex) Pavlov 실험에서 종소리만 듣고 개가 침을 분비하는 것

강화 계획
1. 고정비율계획
   (Fixed-ratio Schedule)
2. 고정간격계획
   (Fixed-interval Schedule)
3. 변동비율계획
   (Variable-ratio Schedule)
4. 변동간격계획
   (Variable-Interval
   schedule)

다) Little Albert experiment
 - 어떤 자극이 전에 이미 공포반응을 생기게 했던 다른 자극과 한 쌍이 되었을 때 그 자극으로 인해 두려움을 학습하는지에 대한 실험
 - 공포증 및 다른 정서반응들이 어떻게 학습되는가를 설명하는 모델
 - 무조건 자극: 큰 소리, 무조건 반응: 두려움, 공포, 조건자극: 쥐, 조건 반응: 쥐가 나타나면 공포
 - 실험 과정

Before Conditioning 무조건 자극 → 무조건 반응
큰 소리 → 두려움, 공포
During Conditioning 무조건 자극 + 중립자극 → 무조건 반응
큰 소리 들려준 후 흰 쥐 제시 큰 소리로 인한 두려움, 공포 큰 소리와 흰 쥐를 짧은 시간 간격으로 제공
After Conditioning 조건 자극 → 조건 자극
소리 없이 흰 쥐만 제시 → 두려움, 공포

 - 불안한 정서를 아이에게 학습시켰다는 점에서 큰 윤리적 문제가 있음
라) 고전적 조건형성에 영향을 주는 요인
  (1) 습득(Acquisition): 새로운 조건 반응이 형성 또는 확립되는 과정

강화 VS 처벌

강화와 처벌은 가치적 의미가 없는 과학적 용어이다. 더불어 어떤 행동에 제시된 이후의 반응의 빈도에 따라 실질적인 강화와 처벌이 관련되어 설명되기 때문에 일반적으로 알려진 사회적 통념과는 다를 수 있다.

강화는 행동 따라 자극의 제시나 제거 이후 그 행동의 빈도가 증가하는 것이며 처벌은 행동 이후에 제시나 제거된 자극이후 그 행동 빈도가 떨어지는 것이다.

(2) 소거(Extinction): 무조건자극 없이 조건자극만을 계속적으로 제시하면 이미 습득되었던 조건반응의 강도가 점차 약화되고 결국은 완전히 사라짐

(3) 자극일반화(Stimulus Generalization): 특정 자극에 대해서 반응하는 것을 학습한 유기체는 원래의 자극과 유사한 새로운 자극에 대해서도 비슷한 방식으로 반응. Ex) Albert: 흰쥐에 대한 공포 학습한 11개월 된 꼬마가 5일 후 흰쥐와 비슷한 흰털을 가진 토끼, 개, 털코드, 산타클로스 턱수염, 그리고 실험자의 흰머리털 같은 자극에도 공포반응 나타냄 → '자라 보고 놀란 가슴 솥뚜껑 보고도 놀란다.'와 같은 맥락

(4) 자극변별(Stimulus Discrimination): 유사한 두 자극에 대해서 유기체가 유사한 방식으로 반응한다는 것. 그러나 유기체가 두 가지 자극에 대해 상이한 경험을 하면 원래의 조건자극과 유사한 새로운 자극에 대해서 점차 상이한 반응을 할 것. 유사한 두 자극의 차이를 식별하여 각각의 자극에 대해 서로 다르게 반응하는 현상

마) 고차조건화

종소리 + 먹이 → 타액 분비

종소리 → 타액 분비

종소리 + 불빛 → 타액 분비

불빛 → 타액 분비

- 고전적 조건화가 반드시 자연적인 무조건자극이 존재할 때만 형성되는 것이 아님
- 새로운 조건반응이 이미 확립된 조건자극을 기초로 형성되는 것이고, 고전적 조건화를 통해 습득되는 행동의 범위가 크게 확장됨

바) 생활 속의 고전적 조건화

- 개를 보고 놀란 경험이 있는 어린이는 아주 강력하고 일반화된 개 공포증을 학습 → 어떤 개에게도 접근하기 두려워함
- 전쟁에 참여했던 사람이 전쟁이 끝난 15년 후까지도 전쟁 상황을 묘사하는 소리 자극에 대해 강한 피부 전기 반응을 보임

사) 고전적 조건화를 통해 형성된 유쾌한 정서반응

- 광고에서 제공하는 요소(매력적인 인물, 즐거움을 주는 배경 등)이 무조건자극으로 작용하여 부조건적 반응(유쾌한 정서반응)을 유발하도록 기대. 상품 자체가 조건자극이 되고 각성이 그 상품에 의해 유발되는 반응이 되도록 연합

2) 조작적 조건화(Operant Conditioning)

- 어떤 반응에 대해 강화와 벌을 선택적으로 보상하여 그 반응이 일어날 확률을 증가 또는 감소시키는 것
- 조작적 조건화의 기본원리는 반응에 뒤따르는 강화에 의해 행동에 변화가 일어나게 한다는 것
- 보상이 뒤따르는 행동은 증가하고 처벌이 주어지는 행동은 감소됨

- 조작적 조건화(Operant Conditioning, 결과를 얻기 위해 환경을 조작하므로) 또는 도구적 조건화(Instrumental Conditioning, 학습자의 반응이 결과를 산출하기 위한 도구 또는 수단이므로)라 부름

가) Thorndike(1874 ~1949) - 도구적 조건화 Puzzle Box 실험연구

   (1) 고양이를 Puzzle Box에 넣고 고양이가 지렛대를 밟고 밖으로 나올 때까지 소요된 반응 잠재기를 측정

   (2) Puzzle Box 속의 고양이는 상자에서 벗어나 바깥에 놓은 음식물을 얻기 위해 다양한 행동을 함

   (3) 처음에는 문을 앞발로 할퀴거나 이빨로 갉고, 벽을 할퀴며, 이러저리 돌아다니다 우연히 지렛대를 밟으면 문이 열림

   (4) 다음부터 고양이는 이전과 비슷한 행동을 하지만, 조금 더 빨리 지렛대를 밟음

   (5) 시행이 반복됨에 따라 고양이가 지렛대를 밟고 바깥으로 나오는 반응 잠재기는 짧아지지만 잠재기가 감소되는 형태는 점진적이고 다소 불규칙적

   (6) 효과의 법칙(Law of Effect): 보상이 주어지는 행동은 학습되고 처벌이 주어지는 행동은 회피됨

나) Skinner Box

   (1) 쥐가 여러 가지 행동을 하다가 지렛대를 누르면 먹이가 접시로 떨어짐

   (2) 이런 과정이 여러 번 반복되면 쥐는 지렛대를 누르면 먹이가 나온다는 것 학습

   (3) 배가 고프면 지렛대를 누르는 행동

다) 강화(Reinforcement)

   - 어떤 행동을 습득하게 하고 그 빈도를 증가 시키는 과정

   (1) 정적강화(Positive Reinforcement): 학습자가 좋아하는 보상을 제공하는 방법. Ex) Skinner Box에서 지렛대를 누르는 행동의 결과로 쥐가 좋아하는 먹이를 주는 것

   (2) 부적강화(Negative Reinforcement): 부정적인 자극이나 혐오자극을 제거하거나 제거되는 것이 강화가 되는 방식 Ex) 전기 자극이 통하는 상자 안에서 고통스러워하던 쥐가 버튼을 누르자 전기자극이 멈추는 것

라) 일차강화물과 이차강화물

   (1) 일차강화물(Primary Reinforcer): 무조건 강화인, 음식물이나 물과 같이 생물학적 욕구(need)를 충족시키는 것

   (2) 이차강화물(Secondary Reinforcer): 조건화 된 강화인, 돈과 같이 과거에 일차강화물과 연합되었기 때문에 강화효과를 가지는 것. 인간의 경우 이차강화물(돈, 좋은 성적, 직장에서의 성과)을 받기 위해 대부분의 시간을 보냄

마) 강화 계획

   (1) 고정비율계획(Fixed-ratio Schedule): 일정한 수의 정확 반응이 나타난 후에

강화시키는 것. 강화물을 얻기 위해 많은 수의 반응을 해야 하는 경우, 강화물을 받은 직후에 반응을 멈추는 기간이 관찰됨. Ex) 자신이 일한 실적에 따라 임금 받는 영업 사원

(2) 고정간격계획(Fixed-interval Schedule): 반응 수에 관계없이 일정기간이 경과한 후 처음 나타나는 반응을 강화하는 것. 강화물을 받은 후에 휴식을 취하고 정해진 시간 간격이 끝날 무렵에 빈번히 반응하는 특징을 보임. ex) 매달 5일경에 부모님으로부터 온라인으로 용돈을 송금 받는 학생이 있다면 이 학생의 입금 확인 행동은 매달 2일이나 3일 경부터 시작될 것. 그 이전에는 통장을 확인할 가능성이 거의 없을 것이고 5일에 가까워질수록 확인하는 횟수가 증가될 것

(3) 변동비율계획(Variable-ratio Schedule): 강화물을 받기 위해 요구되는 반응 수가 시행에 따라 변화. 강화물은 1회의 반응 후에 받을 수도 있고, 10회의 반응 후에 받을 수도 있으며, 15회의 반응 후에 받을 수도 있음. 가변비율계획에서는 반응률이 안정적이고 휴식기간이 없어짐

ex) 어느 판에서 돈을 딸 것인가가 완전히 불규칙적인 도박

(4) 변동간격계획(Variable-interval Schedule): 한 번의 강화와 그 다음 강화간의 시간 간격이 시행에 따라 변화. 시간 간격이 얼마나 지난 후에 수행하는 반응이 강화될지 전혀 알 수 없음. 가변간격계획에서 동물은 안정적인 반응을 하지만 반응의 속도는 느리게 나타남. ex) 사장이 순회하는 그 순간에 일하고 있는 사람에게 보너스를 주기로 했는데 사장의 방문이 불규칙한 경우라면, 사원들은 장기간에 걸쳐 꾸준히 일할 것. 열심히 일을 하지는 않을지언정

강화	계속적 강화		
	간헐적강화	시간 지연	고정간격
			변동간격
		강화빈도	고정비율
			변동비율

바) 처벌
- 어떤 행동을 제거하거나 빈도를 감소시키는 것. 특히 바람직하지 못한 행동을 할 때 사용

(1) 정적처벌(Positive Punishment): 반응자가 싫어하는 어떤 사건을 제시함으로써 그에 앞서 나타났던 반응을 감소시키는 것

ex) 쥐가 어두운 곳에서 발바닥에 가해지는 충격을 피하기 위해서 싫어하는 밝은 곳에서 선호하는 어두운 곳으로 들어가지 않는 것 꾸중이나 처벌을 받지 않기 위해서 아이들이 나쁜 짓을 하지 않는 것

(2) 부적처벌(Negative Punishment): 반응자가 좋아하는 것을 제한함으로써 바

람직하지 않는 행동을 감소시키는 것

    Ex) 부모의 말을 잘 듣지 않는 어린이에게 용돈을 줄임으로써 말을 잘 듣지
않는 행동을 줄이는 것. 친구들과 싸움을 많이 하는 어린이에게 친구들과
어울려 놀 수 있는 기회를 제한함으로써 싸우는 행동을 약화시키는 것

(3) 처벌의 효과: 어떤 행동을 하려는 강력한 동기를 가지고 있고 다른 방법으로
그 동기를 충족시킬 수 없는 경우의 처벌은 비효과적. 처벌이 효과적이려면
반응 직후에 적절하게 그리고 일관성 있게 처벌이 부여되고, 다른 대안적 반응
을 할 수 있을 때. 또 벌을 줄 때 부모나 교사가 왜 처벌을 하는지에 대해서
설명을 하고 적절한 강도의 처벌을 가하는 경우 설명이 없을 때 보다 어린이들
은 그 처벌에 선행했던 행동을 감소시킬 것. 중요한 것은 처벌이 효과적인가
하는 것이 아니고 바람직한 결과를 얻는데 어떤 방법이 최상인가 하는 것

사) Premack(1962)의 원리(할머니의 법칙)

- 학습자가 자주 하는 행동은 잘 하지 않는 행동을 증가시키기 위한 강화인으로
사용될 수 있음

    Ex) 아이들에게 게임을 할 기회와 공부할 기회를 동시에 줌 → 아이들은 게임을
더 많이 할 것. 따라서 아이들에게 공부를 더 하도록(저 확률 행동) 만들기
위해서는 공부를 한 후에 게임을 하게 해 주면(고 확률 행동), 공부하는
행동이 증가할 것

아) 행동 조성(Behavior Shaping)

- 연구자가 원하는 새로운 반응을 만들어내는 절차
- 점진적 접근법: 목표 행동에 좀 더 가깝게 근접하는 행동을 연속적으로 강화하면
서 그 전의 행동은 소거하고 새로운 행동을 발달시키는 것
- 목표 행동에 좀 더 가깝게 근접하는 행동을 연속적으로 강화하면서 그 전의
행동은 소거하고 새로운 행동을 발달시키는 것. 따라서 행동조성에서는 행동이
질적으로 높아짐
- Skinner Box에서 처음에는 쥐가 흔히 나타내는 행동인 일어서기를 강화 →
몇 차례 강화 후 일어서는 반응을 빈번히 하게 됨 → 다음에는 쥐가 지렛대가
있는 곳을 향하여 일어서는 행동만 강화 → 지렛대 가까이에서 일어서기를 할
때만 강화물을 제공 → 앞발이 지렛대에 접촉하였을 때 강화물을 제공 → 앞발로
지렛대를 누르면 강화물 주어짐
⇒ 이렇게 하여 쥐는 지렛대를 누르면 먹이가 주어진다는 것을 학습하게 됨

자) 행동의 연쇄화(Chaining)

- 변별자극들과 반응들의 연결
- 각 반응은 다음 반응의 변별자극이 되고 마지막 반응 후에 강화물이 제공
- 논리적, 위계적이며 절차가 있음

    Ex) 아동에게 이를 닦는 법을 가르칠 때, 칫솔을 들고-치약을 들고-칫솔에
치약을 묻히고-이에 칫솔을 대고-이를 닦고-물로 행구어냄과 같은 일련

의 행동의 절차를 가르친 후 이와 같은 절차를 모두 거쳐 이를 닦아야 강화 제공
- 일련의 행동을 완료하는 행동에 있어 절차가 있다는 것이 연쇄화의 특징. 마지막 반응 후에 강화물이 제공되는 것이 행동조성과 다른 점
- 마지막 반응 후에만 강화물이 제공된다는 것은 연쇄의 나머지 반응들은 그 다음 반응을 수행할 기회를 부여받는 것으로 강화

차) 생활 속의 조작적 조건화
(1) 동물 훈련: 동물에게 묘기를 가르칠 때, 조련사는 먼저 그 동물이 자연상태에서 행하는 행동과 비슷한 단순한 행동을 훈련시킴. 동물이 점점 더 복잡한 행동을 수행하도록 조형 기법을 이용하여 단계별로 훈련
(2) 행동수정(Behavior Modification): 정적 강화, 부적 강화, 소거, 변별, 적응, 충만, 체계적둔감화, 토큰경제 등의 기법을 활용하여 관찰이 가능한 개인의 문제행동을 대상으로 행동학습, 강화, 유지, 약화, 제거하는 것
(3) 무기력의 학습 (학습된 무기력): 스스로 환경을 통제할 수 없는 경험을 지속적으로 하면 무기력을 학습함. 일단 학습된 무기력이 형성되면 환경을 통제하려고 하는 어떤 노력도 포기하게 됨
   Ex) 아무리 노력해도 해답을 찾을 수 없는 문제를 풀다가 계속 좌절을 느꼈던 사람들은 그 후에 쉽게 해결할 수 있는 문제에 대해서도 해결하려는 시도를 하지 않음

다. 사회 인지학습
- 인간은 직접 경험 없이도 행동이나 지식을 습득함
- 고전적 조건화나 조작적 조건화는 모두 유기체(사람, 동물)가 실제로 어떤 반응을 수행하고 그 결과를 경험함으로써 이루어지는 학습. 그러므로 조건화만을 인정하면 인간의 다양한 행동과 지식을 모두 설명할 수 없음

1) 사회학습(Social Learning)
- 사람들은 다른 사람들의 경험을 통해 학습
- 관찰을 통한 학습능력의 유용성: 시행착오를 거치지 않고 많은 중요한 행동을 습득 가능
- 한 개체의 행동의 다른 개체(모델)를 관찰함으로써 영향을 받을 때 우리는 관찰학습(Observational Learning)이 일어났다고 하며, 이것을 사회학습 또는 대리학습 이라고도 함
- Albert Bandura의 실험: 어른 모델이 커다란 플라스틱 인형을 때리고 차는 것을 본 아이들은 그 행동을 보지 못한 아이들보다 나중에 인형을 때리고 차는 행동을 더 자주 함. 이에 대한 후속연구에서는 모델이 만화영화의 주인공인 경우에도 아이들은 그 행동을 모방하는 결과
- Albert Bandura는 모델링을 통한 관찰학습, 모방학습을 강조. 학습은 모델의 행동

을 모방하거나 대리적 조건형성을 통해 이루어짐
- 사회학습은 모델을 직접 관찰함으로써 이루어지는 경우가 많으나 최근에는 대중매체의 발달로 언어나 사진, 동영상속의 상징적 모델을 모방하는 경우도 많음

가) 모델링과 모방
- 사람은 새로운 상황에서 다른 사람들을 관찰함으로써 아주 많은 것을 학습함. 이때 관찰의 대상은 모델이며 우리는 그의 행동을 모델링(modeling) 또는 모방함
- 영향력이 큰 모델의 조건
  ① 그 행동의 결과가 강화되는 것으로 인식
  ② 모델이 긍정적이고 호감, 존경을 받는 것으로 인식
  ③ 모델과 관찰자의 특징이나 특질이 비슷한 것으로 인식
  ④ 관찰자가 모델의 행동의 주의를 기울여야 함
  ⑤ 그 모델의 행동이 다른 모델의 행동보다 두드러져 보여야 함
  ⑥ 관찰자가 그 행동을 모방할 수 있어야 함
- 모방이 공격행동의 학습에 미치는 영향: 두 집단 A와 B의 어린이들에게 한 집단은 만화 주인공이 인형을 격렬하게 공격하는 필름을 보여주고, 다른 집단 어린이들에게는 인형을 공격하지 않는 필름을 보여줌. 그 후 인형이 있는 방에서 어린이들을 놀게 하고 행동을 관찰. 그 결과, 공격적 필름을 본 집단의 아이들은 인형을 격렬하게 공격했고 공격의 수법도 필름에서 관찰했던 것과 동일했음

나) 대리강화(Vicarious Reinforcement)와 대리처벌(Vicarious Punishment)
- 자신의 경험 대신 다른 사람의 경험을 통해 학습하는 것
- 자동차를 살 때 이미 그 자동차를 구입한 사람에게 물어본 후 그 자료를 바탕으로 살지 말지 결정
- 대리처벌의 극단적인 예 → 사형제도

다) 자기강화, 자기효율성, 자기조절
- 자기강화: 자신이 통제할 수 있는 보상을 자기 스스로에게 주어서 자신의 행동을 유지하거나 변화시키는 과정
- 자기효율성: 자신의 내적표준과 자기강화에 의해 형성되는 것으로 어떤 행동을 성공적으로 수행할 수 있다는 신념
- 자기조절: 자기조절은 수행과정, 판단과정, 자기반응과정을 통해 자신의 행동을 스스로 평가, 감독하는 것

라) 관찰학습과정
  (1) 주의집중과정(Attention): 모델의 행동을 관찰하고 주의 깊게 집중하며, 모델을 정확하게 지각하는 과정. 모델을 모방하는데 이용할 적절한 관련정보를 이끌어 낼 수 있도록 충분한 지각적 정확성을 가지고 주의를 기울임. 주의집중과정에서 모델의 행동에 더욱 주의를 집중할수록 그것을 모방할 가능성은 높아짐
  (2) 파지과정(Retention): 모델을 통해 받은 내용과 인상을 기억하여 장기간 보존

관찰학습과정
1. 주의집중과정 (Attention)
2. 파지과정 (Retention)
3. 운동재생과정 (Production)
4. 동기화과정 (Motivation)

하는 과정으로서 기억과정이라고도 함. 이 과정에서 모델의 행동을 보고 즉각적으로 반응하는 것이 아니라 필요할 때 사용 할 수 있도록 어떤 방법을 통해 묘사하는 것. 모델의 행동을 기억하여 장기간 보존하기 위해 심상적(Imaginal), 언어적(Verbal)인 두 가지의 내적 표상체계를 이용

(3) 운동재생과정(Production): 생산과정이라고도 함. 심상에 저장되어 있는 모델행동의 상징적 표상을 적절한 행동으로 전환하는 과정. 관찰된 행동을 재생산하는 데는 운동동작의 반복과 교정을 통해 행동적인 실천 감각을 익히고 각 하위기술을 되풀이할 수 있는 반응패턴으로 조직할 수 있는 능력이 필요

(4) 동기화과정(Motivation): 행동수행에 영향을 미칠 수 있는 강화조건에 따라 모델의 행동이 수행되는 과정. 모델을 통한 관찰학습은 긍정적인 자극이 주어질 때 동기화되고 행동으로 실천 됨. 모델의 행동을 수행할 수 있는 능력이 있더라도 그 행동이 부정적으로 승인되거나 바람직하게 받아들여지지 않는 경우 학습된 행동은 활성화될 수 없음. 모델을 관찰한 이후에 똑같은 행동을 실제로 실천하도록 하기 위해서는 충분한 보상이 주어져야 함

문제

[1. 해설] ④
변화없이 동일한 정체성을 그대로 유지하거나 자극에 대한 단순반사는 학습이라 할 수 없다.

1. 학습에 대한 설명으로 틀린 것은? (2007 기출)

가. 학습이란 행동변화를 의미하고, 학습된 것은 관찰할 수 있어야 한다.

나. 동질정체나 반사도 환경에 적응을 위해 필요하므로 학습되어야 한다.

다. 자연에 적응하는 것도 학습의 예로 볼 수 있다.

라. 훈련과 강화는 학습의 중요한 요소이다.

[2. 해설] ④
파블로프의 굶주린 개에게 종소리를 들려주어 조건형성 시키는 실험에서 무조건 자극은 먹이 이다. 즉, 먹이를 넣어 줄 때 나타나는 타액분비는 선천적이고 무조건적 반사이다.

2. 파블로프의 굶주린 개에게 종소리를 들려주어 조건형성 시키는 실험에서 무조건 자극은 무엇인가? (2009 기출)

가. 종소리 　　　　　　　　　　　　나. 먹이

다. 침을 흘린다 　　　　　　　　　　라. 불빛

[3. 해설] ㉣
미신적 행동과 학습된 무력감은 조작적 조건화로 설명할 수 있다. 미신적 행동은 어떤 행동 뒤에 우연히 보상이 따른 것뿐인데 그 보상을 자신의 행동에 따른 결과로 오해하여 그 행동이 증가할 수 있다.

3. 고전적 조건형성과 관계가 없는 것은? (2004, 2011 기출)

가. Pavlov의 개의 소화과정 연구와 밀접한 관련이 있다.

나. 고차적 조건형성도 가능하다.

다. 자극일반화와 변별이 가능하다.

라. 미신적 행동과 학습된 무력감을 설명할 수 있다.

4. 고전적 조건형성의 확립에는 조건자극과 무조건자극의 시간적 관계가 중요한데, 다음 중 가장 효과적인 조건은? (2012 기출)

  가. 동시조건형성   나. 흔적조건형성
  다. 지연조건형성   라. 역행조건형성

5. 얼마간의 휴식기간을 가진 후에 소거된 반응이 다시 나타나는 현상은?

(2003, 2007 기출)

  가. 자극 일반화   나. 자발적 회복
  다. 변별 조건형성   라. 고차 조건형성

[4. 해설] ④

CS와 US의 짝짓기

파블로프식 조건형성은 자극들의 짝짓기를 통해 이루어지며 이 짝짓기의 방법에 따라 효과 또한 크게 달라진다. 이 짝짓기의 방법은 4가지로 이루어져 있으며 이는 1. 흔적 조건형성 2. 지연 조건형성 3. 동시 조건형성 4. 역향 조건형성이며, 각각 효과의 차이가 천차만별이다. 간단하게 설명하자면 흔적 조건형성이란 조건 자극을 먼저 주고 무조건 자극을 주는 것 지연 조건형성이란 조건 자극을 먼저 주되 조건 자극이 사라지기 전에 무조건 자극을 주는 것 동시 조건형성이란 조건 자극과 무조건 자극을 함께 제시하는 것 역향 조건형성이란 무조건 자극을 먼저 제시하고 조건자극을 다음에 제시하는 것이다. 이 조건 형성들의 CR의 확립의 강도는 지연〉흔적〉동시〉역향이며 여기서 동시 자극형성은 매우 약한 강도를 가지고 있으며 역향은 CR을 만들어내기가 거의 불가능하다.

[5. 해설] ④

얼마간의 휴식기간을 가진 후에 소거된 반응이 다시 나타나는 현상을 자발적 회복이라 한다.

8 인지심리학

가. 뇌와 인지

지각과정의 세 단계
1. 감각과정(Sensation)
2. 지각조직(Perceptual Organization)
3. 정체파악(Identification) 재인(Recognition)

1) 감각과 지각
  가) 감각: 물리적 에너지를 탐지하여 그것을 신경신호로 바꾸는 것
  나) 지각: 감각을 선택하고 조직화하고 해석하는 과정
  다) 지각과정(Perception): 주변 환경 속의 대상이나 사건을 파악하는 전반적인 과정
  라) 지각과정의 세 단계
    (1) 감각과정(Sensation): 감각 수용기를 자극하는 환경변화를 신경 부호로 변화하는 과정
    (2) 지각조직(Perceptual Organization): 외부자극에 대한 내적 표상이 형성되고 지각경험이 생성되는 단계
    (3) 정체파악(Identification) 재인(Recognition): 지각경험에 의미를 부여하는 단계
  마) 상향처리(Bottom-up Processing): 외부의 자극을 감각수용기에서 수용되는 자료를 분석하여 처리하는 것
  바) 하향처리(Top-down Processing): 기존에 가지고 있는 지식을 활용하여 얻어진 감각 정보를 효과적으로 해석하는 것
  사) 선택적 주의(Selective Attention): 우리가 경험할 수 있는 모든 것 중에서 한순간에 의식할 수 있는 것은 매우 제한되어 있음
    Ex) 칵테일 파티효과 – 파티장에서 여러 목소리 중에서 나와 대화하는 한 개의 목소리에만 선택적으로 주의를 기울일 수 있는 효과

2) 정신물리학(Psychophysical Relations)
  - 지각은 물리적 신호를 그대로 반영하는 것은 아님으로 물리적 자극과 그 자극이 유발하는 행동 또는 정신적 경험과의 관계를 구명하는 것. 감각경험의 강도를 측정
  가) 절대역(Absolute Threshold): 어떤 자극을 탐지하는데 필요한 최소한의 자극강도, 50%를 탐지할 수 있는 자극강도
  나) 역하자극(Subliminal Stimulation): 50% 이하에서 탐지되는 자극
  다) 차이역(Difference Threshold): 최소 식별차이, 사람이 두 자극간의 차이를 50% 탐지할 수 있는 최소한의 차이
  라) Weber's Law: 두 자극의 차이가 지각되기 위해서는 자극의 강도와는 상관없이 두 자극의 일정비율만큼 차이가 나야 한다는 것
    Ex) 빛은 8%, 소리는 0.3% 강도 차이가 나야 차이 인식

마) 감각순응(Sensory Adaptation): 일정한 자극에 노출되면 자극에 대한 민감도가 약해지는 현상

바) 감각변환(Transduction): 자극에너지를 신경정보로 변환시키는 과정

3) 시각

가) 망막의 간상체는 어둠에 민감하며 색 탐지는 불가. 망막의 추항체는 색을 탐지하고 빛에 예민한 특성

나) 빛의 파장: 색

다) 빛의 진폭: 밝기

라) 시각정보처리

빛 → 간상체, 추상체(빛 에너지를 신경반응으로 변환) → 신경절세포(수용기세포, 양극세포가 보내는 입력 통합) → 시신경 → 대뇌시각피질

마) 시각 정보는 뇌의 여러 부위로 분산. 각 부위는 시각 대상의 모양, 위치 등과 같은 시각 환경에 대한 정보 처리

바) 색체시각이론

(1) 삼원색이론: 세 가지 유형의 수용기가 있고 수용기에서 일차적 색감(빨간색, 초록색, 파란색)이 생성되고 다른 모든 색은 3원색의 가산, 감산으로 만들어짐

(2) 대립과정이론: 빨간색 대 초록색, 파란색 대 노란색, 검은색 대 흰색과 같이 2개씩 대립되는 요소로 구성되어 대립되는 쌍의 색깔을 처리하도록 구성됨

4) 청각

가) 소리의 심리적 차원

(1) 음고(Pitch): 소리의 높낮이. 소리의 주파수에 따라 결정됨. 주파수가 높으면 높은 소리, 낮으면 낮은 소리로 들림

(2) 크기(Loudness): 진폭에 의해 결정. 진폭이 큰 소리는 큰 소리, 진폭이 작은 소리는 작은 소리로 들림

(3) 음색(Timbre): 여러 가지 순음을 한데 겹쳐 놓은 복합음의 구성요소를 반영하는 심리적 경험. 잡음은 주파수 구조가 불분명한 것

나) 청각체계

(1) 공기 속의 음파가 와우관 속에 있는 액체의 파동으로 변환

(2) 액체의 파동은 기저막을 진동

(3) 진동은 전기적 반응으로 전환

(4) 전기적 반응이 청각피질까지 전달

5) 지각적 착각

지각 집단화
1. 인접성 법칙
2. 유사성 법칙
3. 연속성 법칙
4. 폐쇄성 법칙
5. 공통운명의 법칙

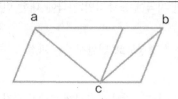

선더 착시
직선 ac와 직선 bc는 길이가 같지만
bc가 더 짧게 느껴진다.

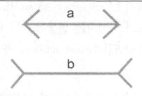

뮐러 – 리어 도형
직선 a와 b의 길이는 완전히 똑같음
에도 불구하고 b가 더 길게 느껴진다.

체르너 도형
평행선에 사선이 들어가면 더 이상 평
행으로 보이지 않게 된다. 사선의 기울
기가 커지면 착시현상도 더 심해진다.

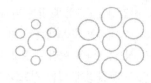

에빙하우스 원
양쪽 그림의 중앙에 있는 원의 크기는
완전히 같은 것임에도 다르게 보인다.
큰원에 둘러싸여 있는 오른쪽 그림과
작은 원에 둘러싸여 있는 왼쪽 그림 중
왼쪽의 원이 더크게 보인다.

루빈의 잔
흰 바탕을 보면 잔으로 보이지만 검은
바탕을 보면 사람의 옆모습으로 보인다.

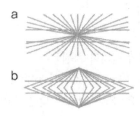

헤링과 분트의 도형
수평 방향의 선은 평행한 직선임에도 a
헤링 도형은 중앙이 볼록하게 느껴진다.

출처: 안전보건공단

6) 지각 집단화
　가) 인접성 법칙: 가까운 요소를 하나로 묶음
　나) 유사성 법칙: 유사한 요소를 함께 묶음
　다) 연속성 법칙: 선분의 가운데 일부가 보이지 않는데도 별개의 선분이 아닌 하나의
　　　선분으로 지각
　라) 폐쇄성 법칙: 작은 괴리를 채워 넣어 둘이 아닌 하나의 전체로 지각하는 경향
　마) 공통운명의 법칙: 같은 방향으로 움직이는 것들을 함께 묶는 경향

7) 가현운동

일련의 자극이 짧은 시간간격(60~120msec)을 두고 깜빡이면 두 위치사이를 운동하고 있는 것으로 지각되는 현상. Ex) 영화, TV, 네온사인 광고

8) 유인운동

두 물체가 상대적으로 움직일 때 작은 물체가 움직이는 것으로 지각하는 경향 Ex) 기차가 역에 서 있는데 갑자기 움직이는 느낌을 받고 놀라서 보니 옆의 기차가 움직임을 발견하는 것과 같은 현상. 구름사이로 달이 가는 것으로 보이는 것도 실제로는 구름이 움직이는 것

나. 기억과정

1) 기억이란?

- 정보를 저장하고 인출하는 것

2) 기억의 유형

가) 명시적 기억(Explicit Memory): 기억하는 행위를 의식하고 기억하는 것. 장기기억에 해당함으로 기억을 저장하는 주체는 해마. 서술 기억(Declarative Memory)이라고도 부름

나) 암묵적 기억(Implicit Memory): 기억하는 행위를 의식하지 못하는 것.

다) 절차 기억(Procedural Memory): 일을 하는 방식에 관한 기억. 주로 운동능력과 연관이 있음. 일을 어떻게 수행하는가에 관해 기억하는 방식. 반사적인 행동이나 특정 감정에 관련된 행동들

3) 기억과정

가) 부호화(Encoding): 기억 내 표상되는 정보의 초기 처리 과정

나) 저장(Storage): 부호화된 자료를 일정시간 보유하는 것

다) 인출(Retrieval): 저장된 정보를 재생하는 것

4) 감각기억

- 매우 짧은 시간 동안 머무르다가 단기기억으로 넘어가거나 즉시 사라짐
- 감각기억은 시각적 패턴, 음성, 촉각적인 형태로 지속될 수 있음
- 시각 기억의 경우 1초 미만, 청각 기억의 경우는 몇 초간 지속

5) 영상기억(Iconic Memory)

가) 매우 짧은 기간 동안 많은 양의 정보를 저장할 수 있도록 하는 시각의 기억체계

나) George Sperling(1960, 1963) 연구

- 참가자들에게 각 열에 3개의 문자가 있는 세 개의 열 제시
- 참가자들은 디스플레이에 있는 항목들을 가능한 많이 재생해 보라고 요구. 통상적으로 4개 항목만을 보고함
- 9개의 문자를 비춰준 바로 직후에 고음, 중음, 또는 저음을 들려줌. 참가자들이

기억의 유형

1. 명시적 기억
   (Explicit Memory)
2. 암묵적 기억
   (Implicit Memory)
3. 절차 기억
   (Procedural Memory)

기억과정

1. 부호화(Encoding)
2. 저장(Storage)
3. 인출(Retrieval)

망각 이론은 잘 출제되는 영역이다.

심리학개론

이상심리학

심리검사

임상심리학

심리상담

요구받은 열에 관계없이 높은 회상을 보임
- 이 사실은 9개 문자 모두가 순간적으로 회상 가능하였음을 보여주는 것

6) 단기기억(Short-term Memory, STM)

가) 감각기억으로부터의 정보가 인식 속으로 들어오는 단계

나) 의식적으로 인식하고 있으며, 작은 용량을 가지고 짧은 지속시간을 가지는 기억 단계

다) 단기기억의 용량 (George Mille(1956)): 문자, 단어, 숫자 등의 유의미하고 친숙한 항목에 대한 기억수행에서 기억할 수 있는 개수는 7±2개. Magic Number 7

라) 청크(Chunk): 의미를 지닌 단위

마) 청킹(Chunking): 항목들을 유사성 또는 다른 체제화 원리에 따라 묶거나 그것들을 장기기억에 저장된 정보에 근거하여 더 큰 패턴으로 결집하여 항목들을 재구성하는 과정. 보다 많은 정보를 기억할 수 있고 단기기억의 용량도 증가시킬 수 있음

Ex) "IB-MKB-SMB-C5.1-66.2-9"과 같은 15개의 철자를 "IBM-KBS-MBC-5.16-6.29"와 같이 재배열하면 쉽게 기억할 수 있을 것

바) 작업기억(Working Memory): 추리와 언어 이해와 같은 과제를 수행하는 데 사용되는 기억 자원. 정보들을 일시적으로 보유하고 각종 인지과정들을 계획하고 실제로 수행하며, 인지행위가 의식적으로 일어나는 처리체계

7) 장기기억(Long-term Memory, LTM)

가) 일생 동안 저장되고 보존되어 언제든지 필요에 따라 인출할 수 있는 기억

나) 세계와 자아에 대해 가지고 있는 각 개인의 총체적 지식

다) 기억용량은 거의 무한대이며, 내용의 성격에 따라 단일체계가 아니라 여러 하부처계로 구성되어 있음

라) 의미기억(Semanticmemory): 대상 간의 관계 또는 단어 의미들 간의 관계에 대한 지식으로서 과거 경험했던 특정 사건, 특정 시점 및 맥락적 정보와는 무관함

마) 일화기억(Episodic Memory): 개인의 경험에 관한 기억으로 사건이 일어났던 시간, 장소 및 상황 등의 맥락적 정보를 포함하여 자신에게 일어났던 사건의 기억에 초점을 맞춤

바) 서술기억(Declarative Knowledge): 어떤 개념이나 사실에 관한 지식으로 의도적으로 그 기억내용에 접근할 수 있고 이야기할 수 있으며, 앞에서 설명한 일화기억을 모두 포함

사) 절차기억(Procedure Knowledge): 어떤 행위를 수행하는 과정 및 지식과 관련된 기억으로 우리가 쉽게 이행하고 표현할 수 있는 지식

아) 장기기억전략: 효율적으로 단기기억을 장기기억으로 전이시키는 전략

(1) 주의집중(Attention)

(2) 조직화(Organization): 정보를 유의미한 범주로 일관성 있게 묶는 방법

(3) 정교화(Elaboration): 새로운 정보를 기존에 저장된 지식이나 기억과 연결하거나 정보에 의미를 부여하는 과정. 주어진 정보 이외에 부가적으로 연결되는 명제를 생성하는 과정

(4) 맥락형성(Context): 하나의 사건이나 정보와 관련된 물리적 또는 정서적인 배경이며

(5) 암송전략(Rehearsal): 정보를 소리 내어 읽거나, 마음속으로 반복하는 것

다. 망각(Forgetting)

1) Hermann Ebbinghaus(1885)의 망각곡선

무의미한 철자(Ex: BAF, VIR, MEQ)를 학습한 몇 분 뒤에 망각이 일어나는 점을 연구. 학습 후 19분 만에 약 42%가 망각. 학습 직후에 망각이 가장 빨리 일어나고 시간이 지날수록 점점 잊는 속도가 느려짐. 기억을 유지하려는 시도가 없을 때 시간이 지남에 따라 정보가 반 이상이 손실되는 것을 보여줌

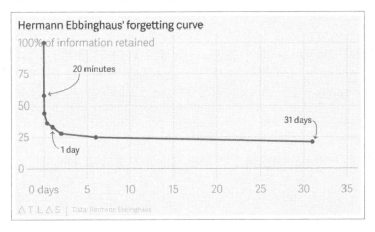

2) 소멸(쇠잔) 이론

시간의 흐름 자체가 망각을 유발한다는 것. 시간이 흐름에 따라 기억에서 자연 소실되는 것이 망각이라는 입장

3) 간섭 이론

망각은 기억이 소실되거나 손상 받은 것이 아닌 다른 기억 정보와 함께 잘못 위치하여 인출할 때 방해 받는 것이 망각이라는 입장

가) 역행간섭(Retroactive Interference): 새로운 정보가 이전에 학습한 정보의 저장을 방해하는 것. 새 정보가 오래된 정보 밀어내는 것. 단기기억의 용량의 한계 때문에 일어나는 것

나) 순행간섭(Proactive Interference): 이전에 학습한 정보가 새로운 정보의 저장을 방해하는 것. 먼저 들어온 정보가 나중에 들어온 정보를 방해하는 것. 간섭에 의한 인출 불능에 의해 일어나는 것

문제

1. 달이 구름 속을 떠다니는 것처럼 보이는 현상은? (2009 기출)

　　가. 깊이지각　　　　　　　　　　나. 형태지각

　　다. 가현운동　　　　　　　　　　라. 유인운동

2. 선택적 주의에 대한 설명으로 맞는 것은? (2007 기출)

　　가. 방해자극을 차단하고 주요자극에 초점을 두는 기능

　　나. 일정 기간 동안 주의 활동을 유지할 수 있는 기능

　　다. 두 가지 이상의 자극 모두에 대해 동시에 반응하고 처리하는 기능

　　라. 상이한 자극으로 초점을 적절히 전환하는 기능

3. 물리적 에너지를 탐지하여 그것을 신경신호로 바꾸는 것을 무엇이라고 하는가?

　　가. 감각　　　　　　　　　　　　나. 지각

　　다. 가현운동　　　　　　　　　　라. 유인운동

4. 감각을 선택하고 조직화하고 해석하는 과정을 무엇이라고 하는가?

　　가. 감각　　　　　　　　　　　　나. 지각

　　다. 가현운동　　　　　　　　　　라. 유인운동

5. 어떤 자극을 탐지하는데 필요한 최소한의 자극강도, 50%를 탐지할 수 있는 자극
강도를 무엇이라고 하는가?

　　가. 절대역　　　　　　　　　　　나. 역하자극

　　다. 차이역동　　　　　　　　　　라. 유인운동

6. 기억에 정보를 저장하기 위해서 환경의 물리적 정보의 속성을 기억에 저장할 수 있
는 속성으로 변화시키는 과정은? (2010 기출)

　　가. 주의과정　　　　　　　　　　나. 각성과정

　　다. 부호화과정　　　　　　　　　라. 인출과정

7. 다음 (　　)에 알맞은 것은? (2004, 2008 기출)

> 기억 정보의 처리과정은 부호화 → 저장 → (　　)의 세 단계로 이루어진다.

가. 인출 　　　　　　　　　　　　나. 정교화
다. 망각 　　　　　　　　　　　　라. 파지

[7. 해설] ㉮
기억정보처리과정은 부호화
→ 저장(파지) → 인출의 세
단계로 이루어진다.

8. 기억에 관한 처리 깊이 이론에서 처리의 깊이가 증가하는 순서대로 바르게 나열한 것은? (2004)

가. 의미적, 물리적, 청각적 　　　　나. 청각적, 의미적, 물리적
다. 물리적, 청각적, 의미적 　　　　라. 의미적, 청각적, 물리적

[8. 해설] ㉯
처리 깊이 이론에서 처리의
깊이가 증가하는 순서는 물
리적, 청각적, 의미적이다.

9. 다음 중 망각의 원인에 대한 설명으로 틀린 것은? (2010, 2008 기출)

가. 분명히 읽었던 정보를 기억할 수 없는 원인은 비효율적인 부호화 때문이라고 할 수 있다.
나. 소멸이론에서 망각은 정보간의 간섭 때문이라고 주장한다.
다. 새로운 학습이 이전의 학습을 간섭하기 때문에 망각이 일어나는 것을 역행성 간섭이라고 한다.
라. 망각을 인출실패로 간주하는 주장도 있다.

[9. 해설] ㉯
소멸이론: 소멸이론에 따르
면 시간의 흐름 자체가 망각
을 유발한다는 것이다. 소멸
이론이 맞다면 주된 망각의
원인은 시간의 경과일 것이
다. 그러나 장기기억에 관한
연구들에 따르면 시간경과
가 그렇게 영향력있는 망각
원인은 아니었다.

10. 망각에 대한 설명으로 틀린 것은? (2007 기출)

가. 소멸이론에서는 망각은 시간경과에 따라 기억흔적이 쇠퇴하기 때문에 일어난다고 본다.
나. 간섭이론은 망각이 일어나는 원인을 자극들 간의 유사성으로만 설명한다.
다. 새로 학습한 내용이 이전에 학습한 것의 회상을 간섭한 것은 역행간섭이다.
라. 인출실패관점에서는 기억의 성패가 회상시에 주어지는 인출단서에 의해 결정된다고 주장한다.

[10. 해설] ㉯
정보가 서로 경합을 벌이기
때문에 망각이 일어난다는
것이다. 간섭에는 역행간섭
과 순행간섭이 있다. 역행간
섭은 새로운 정보가 이전에
학습한 정보의 저장을 방해
하는 것을 말하고 순행간섭
은 이전에 학습한 정보가 새
로운 정보의 저장을 방해하
는 것을 말한다.

심리학개론

이상심리학

심리검사

임상심리학

심리상담

9 기초심리통계

가. 표본조사

심리학의 연구대상자 전체의 특성을 반영하는 모집단을 대표할 수 있는 일부의 대상을 선택하여 조사·연구하는 것

1) 표집(sampling)

가) 관찰 대상을 추출하는 과정. 표집은 관찰 단위를 추출하는 절차를 포함. 모집단을 일반화 하는 핵심은 확률표집과 무작위 추출

나) 표집의 과정: 모집단의 확정 → 표집틀 선정 → 표집방법의 결정 → 표집크기의 결정 → 표본추출

2) 표본추출방법

가) 비확률 표집(Nonprobability Sampling)

- 확률이론이 제시하지 않은 방식으로 표본을 추출하는 것

(1) 유의적 또는 판단적 표집(Purposive or Judgmental Sampling): 모집단에 대한 연구자의 사전지식이나 판단에 의해 표본을 선정하는 방법. 전문성을 가진 연구자가 연구목적에 맞추어 의도적으로 표본을 선정하더라도 모집단을 잘 대표하는 표본을 선정할 수 있다고 가정. Ex) 학생운동을 하는 전체 모집단을 알 수 없지만 학생운동 하는 사람들의 특성(특정 책 읽는 것, 학생회참석 등)을 아는대로 표집하는 것

(2) 눈덩이표집(Snowball Sampling): 모집단의 크기가 작고 해당되는 연구대상을 찾기 어려울 때 사용되는 방법. 작은 눈뭉치를 굴려 점점 더 큰 눈덩이를 만들어 가는 것과 같이 일정한 수의 표본을 단순무선표집이나 의도적 표집으로 선정한 후, 추가될 피험자들은 원래 표본에 속한 피험자들의 소개나 그들이 제공하는 정보에 의해 확보해 나감으로써 연구자가 원하는 수의 표본을 채우는 것

(3) 할당표집(Quota Sampling): 가장 흔히 사용되는 비확률표집법. 모집단이 갖고 있는 특성의 비율에 맞추어 표본을 추출하는 방법. 모집단의 어떤 특성에 따라 하위집단을 구분한 다음, 모집단에서 각 하위집단의 비율에 따라 표본의 크기를 결정

(4) 편의표집(Convenience Sampling): 연구자가 주변에서 쉽게 구할 수 있는 표본을 우선적으로 선정하는 방법. 주로 필요한 정보를 신속하고 적은 비용으로 수집하고자 하는 경우에 사용. Ex)특정강의를 듣는 학생들을 대상으로 어떤 연구를 하는 경우

나) 확률표집(Probability Sampling)

- 표본이 무작위 추출에 의한 확률이론에 의해 추출하는 방법

(1) 단순무작위 표집(Simple Random Sampling): 사회통계학 연구에서 가장 기본으로 가정되는 표집방법. 모집단으로부터 표본을 무선적으로 표집함으로써, 각각의 피험자들이 모집단으로부터 선발될 수 있는 기회를 동일하게 하는 표집 방법. 각각의 관찰치 등에 대해 연속적인 숫자들$(1, 2, 3, \ldots)$을 부여한 다음 컴퓨터나 난수표를 이용하는 방법이 있음

(2) 체계적표집(Systematic Sampling): 단순무선 표집을 다소 변형시킨 방법. 표본을 전체 모집단에서 고르게 추출하기 위해 사용. 표집 틀로부터 매 몇 번째 구성원들을 추출하는 것

(3) 층화표집(Stratified Sampling): 모집단에서 표본을 추출하는 것이 아니라, 모집단을 몇 개의 하위집단으로 층화, 또는 분류한 다음, 각각의 하위집단에서 적절한 수의 피험자를 무선적으로 추출하여 표본을 구성하는 방법. 표집 오차의 수준을 감소시킴으로써 표본의 대표성을 향상시킴

(4) 군집표집(Cluster Sampling): 표집단위가 개인이 아닌 군집(Cluster). 층화 표집에서와 같이 모집단이 하위집단들로 나눠지지만, 그러나 층화표집과는 달리 군집을 가능한 한 이질적인 요소들로 구성

나. 연구설계

1) 연구설계

연구에 대한 청사진. 즉 연구의 절차, 도구, 참여자, 자료기록 방법, 자료분석 방법, 결과제시 방법에 이르기까지 연구에 필요한 중요한 것들이 정해져 있는 계획

2) 연구 3가지 목적

가) 탐색(Exploration): 특정 주제를 탐색하기 위해 연구자가 그 주제와 친숙해 지기 위해 수행하는 경우가 많음. 연구자가 새로운 것을 조사하거나 연구주제 자체가 비교적 새로운 경우. 보다 지속적인 현상에도 적절

나) 기술(Description): 연구문제나 연구대상이 되는 현상을 정확하고 체계적으로 묘사하는 것. 사전에 충분한 탐색이 이루어진 후에 가능

다) 설명(Explanation): 연구문제나 연구대상이 되는 현상이 발생하게 된 이유나 원인을 밝히는 것. 객관적이고 논리적으로 타당한 근거를 제시하는 것

3) 연구조사의 유형

가) 자료의 형태

(1) 양적연구(Quantitative Research): 경험주의에 바탕을 둔 실증적 연구. 논리적이며 연역적 사고가 특징. 수치화된 자료를 기초로 통계적 기법을 활용하여 가설 검증을 함

(2) 질적연구(Qualitative Research): 비형식적 방법으로 언어적, 비언어적 자료를 수집하여 현상의 기술이나 이론의 구조 발견에 이용. 연구 절차의 기본 틀이 없는 것이 특징

연구 3가지 목적
1. 탐색(Exploration)
2. 기술(Description)
3. 설명(Explanation)

자료의 형태
1. 양적연구
   (Quantitative Research)
2. 질적연구
   (Qualitative Research)

심리학개론
이상심리학
심리검사
임상심리학
심리상담

나) 논리적 체계

(1) 연역적연구(Deductive Research): 사회과학에서 많이 사용되는 방법으로 일반적인 이론으로부터 특정한 사례를 경험적으로 이끌어내는 방법. 이론→가설→조사→일반화

(2) 귀납적연구(Inductive Research): 문화인류학에서 많이 사용 되는 방법으로 경험적으로 관찰된 사실로부터 일반적인 이론을 이끌어 내는 방법. 조사→일반화→이론

다) 시간적 차원

(1) 횡단적연구(Cross-sectional Study): 특정 한 시점에 조사. 한 시점을 기준으로 행해지는 연구. 연구대상이 지리적으로 넓게 분포하거나 연구대상의 수가 많거나, 다수의 변수에 대한 자료를 수집해야 하는 경우. 종단 연구에 비해 상대적으로 시간, 비용이 적게 들지만 어떤 현상의 진행과정이나 변화는 측정할 수 없음

(2) 종단적연구(Longitudinal Study): 여러 시점에 걸쳐 반복 조사. 둘 이상의 시간적 간격을 두고 각 시점 또는 전체 시점에 걸쳐 연속적으로 행해지는 연구. 장기간에 걸쳐 조사 대상자와 상황의 변화 또는 특정한 경향을 연구할 수 있지만 횡단연구에 비해 시간, 비용이 많이 듦

(가) 코호트연구(Cohort Study): 같은 특성을 가진 집단 연구. 특정 집단(코호트)을 일정 기간 추적하여 시간경과에 따라 변하는 추이를 추적 관찰하는 것

(나) 패널연구(Panel Study): 동일한 사람을 대상으로 반복측정

(다) 추세연구(Trend Study): 시간에 따른 모집단의 일반적인 변화를 조사

라) 연구조사 목적

(1) 기술적연구(Description Study): 상황과 사건을 관찰을 바탕으로 기술하는 것. 연구대상의 속성에 대하여 보다 정확하고 상세한 정보를 제공하는 것이 목적. '무엇이, 어디서, 언제, 어떻게'에 대한 해답

(2) 설명적연구(Explanation Study): 연구대상의 속성과 관련된 인과관계를 규명하는 것을 목적으로 함. '왜'에 대한 해답

4) 과학적 연구조사의 논리체계

가) 연역법(Deduction): 일반적인 원리에서 특정한 사실을 도출해가는 논리 과정. 추상적이거나 일반적인 것→구체적인 것. 하향적 접근(Top-down Approach)

나) 귀납법(Induction): 특정한 사실로부터 일반적인 원리를 도출해가는 논리 과정. 구체적인 것→추상적 또는 일반적인 것. 상향적 접근(Bottom-up Approach)

다) 일반적으로 지식체계는 귀납, 연역, 확인의 과정을 반복하여 형성

5) 분석단위(Units of Analysis)

연구대상을 지칭. 분석단위는 개인, 집단, 조직, 사회적 상호작용, 사회적 가공물 등이 있음

6) 분석단위에 대한 잘못된 추론

　가) 생태학적 오류: 집단을 관찰하여 개인에 대해 잘못된 결론을 내리는 것

　나) 환원주의: 특정한 현상을 제한적이거나 하위개념으로 설명하는 것

7) 연구설계 방법

　가) 시작: 연구의 목적을 규정. 어떤 유형의 연구를 할지 정함(탐색적 or 설명적 or 설명적 연구)

　나) 개념화(Conceptualization): 연구하고자 하는 모든 개념에 대한 의미의 구체화

　다) 조사방법의 선택: 실험, 서베이, 질적현장연구, 비개입적 연구, 평가연구 등과 같은 다양한 조사방법 중 목적에 부합하는 조사방법 선택

　라) 조작화(Operationalization): 변수의 측정기법에 대한 결정. 변수의 의미는 측정기법에 의해 결정

　마) 표집(Sampling): 모집단(Population)의 모든 구성원을 연구하는 것이 불가능함으로 이상적으로 수집하고 연구할 수 있는 자료 중 표본 선택. 연구방법을 결정하는 것과 연관이 있음

　　(1) 모집단(Population): 연구에서 일반화 하려는 집단 전체

　　(2) 표집틀(Sampling Frame): 표본이 추출되는 요소들의 목록. Ex) 학생들을 연구한다면 학생명부가 표집 틀

　　(3) 표집기법(Sampling Technique): 확률표본추출과 비확률 표본추출 등의 표집기법을 활용하여 표집

　바) 관찰: 경험적 자료를 수집하는 것. 측정과 같은 의미

　사) 자료의 처리: 자료가 양적 혹은 질적 분석으로 변환되는 과정

　아) 분석 수집된 자료를 연구 목적을 반영하는 결론을 내릴 목적으로 자료를 해석하는 것

　자) 적용: 수행한 연구와 결론을 이용하는 것

다. 관찰

1) 관찰법의 유형

　가) 관찰 시점

　　(1) 직접관찰: 행동이 일어난 시점에 관찰자가 직접 보고 관찰. 시간과 비용이 많이 듦

　　(2) 간접관찰: 직접관찰할 수 없었던 사건, 행동등에 대한 각족 기록물, 문헌 등을 통해 관찰하는 방법. 적은 비용으로 쉽게 자료수집 용이

　나) 절차의 조직성

　　(1) 조직적 관찰: 관찰대상, 내용, 절차 등을 사전에 정하여 체계적으로 관찰. 관찰내용을 표준화. 가설검증을 목적으로 많이 활용. 비참여관찰인 경우 많음

연구설계 방법
1. 시작
2. 개념화 (Conceptualization)
3. 조사방법의 선택
4. 조작화 (Operationalization)
5. 표집(Sampling)
　① 모집단(Population)
　② 표집틀(Sampling frame)
　③ 표집기법(Sampling Technique)
6. 관찰
7. 자료의 처리
8. 분석 수집된 자료를 연구 목적을 반영하는 결론을 내릴 목적으로 자료를 해석하는 것
9. 적용

심리학개론
이상심리학
심리검사
임상심리학
심리상담

(2) 비조직적 관찰: 관찰대상, 내용, 절차 등을 사전에 규정하지 않고 관찰. 관찰하면서 관찰 내용 파악. 가설구성을 위한 자료수집목적으로 탐색적조사에 많이 활용

다) 참여 정도

(1) 참여관찰: 관찰대상집단 내부에 들어가 그 구성원의 일부가 되어 참여하며 관찰. 관찰대상을 자연적 상태에서 파악가능. 관찰자의 개입으로 객관성 저해 우려

(2) 비참여관찰: 관찰자가 관찰대상집단에 참여하지 않고 제3자의 입장에서 관찰. 관찰의 객관성을 확보할 수 있고 계획적 관찰이 가능. 심층적 자료확보 어려움

(3) 준참여관찰: 관찰대상집단에 일부만 참여하며 관찰. 참여관찰과 비 참여관찰의 중간적 입장

라) 관찰상황 통제

(1) 자연적 관찰: 자연적 상태에서 일어나는 현상이나 사건을 있는 그대로 관찰. 관찰 결과를 일반화용이. 행동발생시까지 기다려야하는 단점

(2) 통제적 관찰: 관찰시간, 장면, 행동 등을 의도적으로 설정하고 인위적 조건하에 관찰. 행동분석, 결과비교 등 용이

마) 관찰사실 공개여부

(1) 공개적 관찰: 관찰대상이 관찰되고 있다는 것 인지. 관찰대상자의 의식적 행동 유발 가능성

(2) 비공개적 관찰: 관찰대상자가 관찰되고 있다는 것 모름. 윤리적 문제.

2) 관찰기록종류

가) 일화기록법(Anecdotal Record): 한 개인의 행동에 대해 평가자가 제 3의 입장에서 관찰, 기록하는 것. 한 집단 내에서 인간관계 연구에 유용. 예기치 않은 행동, 사건 관찰 유용. 직접관찰 중 가장 손쉬운 기록 방법. 객관적 사실과 관찰자의 해성을 명확히 구분하여 기록해야 하며 일어난 순서대로 사실적으로 즉시 기록하여야 함

나) 표본기록법(Specimen Record): 지속적 관찰기록. 사건이나 행동 특성 전체를 서술적으로 기록. 미리 정해놓은 준거에 따라 기록. 수집된 정보들을 비교 가능하고 계획수립과 문제 해결 정보 수집할 때 유용. 관찰자의 의견과 해석과 사실은 구분하여 기록해야 함. 기록하고 평가하는데 시간이 많이 소요되며 주관적 해석 및 추론이 많이 개입될 수 있음. 적은수의 대상만을 표본으로 함

다) 시간표집법(Time Sampling): 일정한 시간 간격을 두고 관찰하여 결과를 기록하는 방법. 관찰은 시간간격에 맞춰 여러번 반복. 사건이나 특정행동의 빈도를 파악함으로써 행동 수정프로그램이나 평정척도 같은 측정 도구 만드는 기초자료를 수집할 목적으로 많이 사용. 사건이나 행동에 초점을 맞추어 관찰 상황을 통제하기 쉽고 효율적. 다만 행동과 행동 사이의 상호관계를 파악하기 어려워 자료가 단편적일 가능성이 있음

라) 사건표집법(Event Sampling): 관찰의 단위가 사건, 행동 자체. 관찰하고자 하는 사건이나 행동을 명확히 조작적으로 정의하는 것이 중요. 어떤 사건이나 행동의 전후를 서술하여 원인을 밝히는 데 도움. 사건이나 행동이 발생할 시간을 예측하기 어려워 관찰된 자료를 바로 수량화하기 어려움

3) 관찰법의 장단점

가) 장점

(1) 비언어적 행동에 대한 자료수집 용이

(2) 종단적 분석 가능

(3) 즉시성

(4) 관찰대상자의 무의식적 행동 측정에 용이

(4) 응답과정의 오류 적음

나) 단점

(1) 외생변수 통제 어려움

(2) 계량화 곤란

(3) 표본의 크기가 작음

(4) 익명성 보장 어려움

(5) 시간과 비용의 문제

(6) 관찰자 주관이나 편견이 개입될 여지가 큼

(7) 겉으로 드러나지 않는 내면적인 속성에 대한 특성 관찰 어려움

라. 실험

이 내용은 매우 난이도가 높으니 그냥 참고하고 공부하지 않아도 된다.

1) 실험

통제된 상황에서 한 가지 이상의 변인을 조작하여 이에 따른 변화를 객관적으로 관찰하는 것

2) 실험설계

가) 유사실험설계 (Quasi-experimental Design)

(1) 단일집단 사후검사 설계(One-group Posttest Design)

(가) X   O[1]

(나) 연구대상에게 실험처치를 가하고 그 후에 피험자의 행동을 측정하거나 관찰

(다) 가외변인[2]에 대한 통제가 어려움. 비교집단이 없어 효과검증 어려움

(2) 단일집단 사전 - 사후 검사 설계(One-group Pretest-posttest Design)

---

1) X: 실험처치(Experiment) / O: 관찰이나 측정의 과정(Observation) / R: 집단의 동질화를 위한 무선표집(Random Sampling)

2) 가외변인(Extraneous Variables): 실험에서 통제의 대상이 되는 변인. 실험과정에서 실험결과에 부작용을 일으키는 변인

(가) O_1 X O_2

(나) 연구대상에게 실험처치를 가하기 전에 사전검사를 하고 처치를 가한 후 사후검사를 실시하여 두 검사 결과의 차이를 비교. 실험처치의 효과를 검토하는 방법. 한 집단 내 비교

(다) 내적타당도 위협: 통제 집단이 없음

(라) 내적타당도 보완: 통제집단을 만들어 비교, 전후 검사 간 기간을 짧게 하는 것

(3) 이질집단 사후검사 설계(Posttest-only Nonequivalent Design)

(가)   X O_1
         O_2

(나) 단일집단 사전-사후 검사 설계 보완. 실험처치를 한 실험집단과 실험처치를 하지 않은 통제 집단의 종속변인 측정치 비교

(다) 비교할 두 집단 간에 동질화 어려움. 측정치의 차이가 처치 때문인지 집단 간 차이인지 명확히 밝힐 수 없음

(라) 보완: 피험자 전체를 실험집단과 통제집단으로 무선 배정

(4) 시계열설계(Time-series Design)

(가) O_1 O_2 O_3 X O_4 O_5 O_6

(나) 실험집단에 처치를 하되 시간계열에 따라 처치 전후 에 검사를 여러번 반복하여 시간에 따른 변화를 비교. 사전-사후 검사 확대

(다) 지속적인 타당도를 위한 객관성 있는 측정이 중요.

(라) 한 집단만으로 사전-사후 검사를 할 때 예측되는 문제 보완가능.

(마) 내적타당도 저해: 역사성, 도구사용

(5) 이질 집단 사전-사후 검사 설계(Nonequivalent Control Group Design)

(가) O_1 X O_2
         O_3 O_4

(나) 실험집단과 통제집단을 두고 사전검사 및 사후검사를 실시

(다) 이질집단 비교: 무선표집이 이루어지지 않음

(라) 통계적 분석을 통해 실험처치의 효과를 확인할 수 있음
         ex) 공변량분석

(마) 이질집단 비교 가능한 통계기법

나) 실험설계(experimental designs)

(1) 동질집단 사후검사 설계(Posttest-Only Control Group Design)

(가) R   X O_1
     R O_2

(나) 이질집단 사후검사 설계와 비슷하나, 실험집단과 통제집단 간 동질화를 위해 무선표집 함

실험연구에서 타당도를 저해하는 요인

1. 역사
2. 성숙
3. 반복검사
4. 측정도구의 변화
5. 통계적 회귀
6. 선발
7. 탈락 분명한 인과성
8. 처치내용의 누설과 처치의 모방
9. 처치에 대한 보상적 평형화
10. 통제집단 피험자들의 보상적인 경쟁
11. 통제집단 피험자들의 사기저하

사전검사를 시행할 수 없는 경우 많이 사용하는 설계

(2) 동질집단 사전-사후 검사 설계(Pretest-posttest Control Group Design)

(가) R O_1 X O_2
      R O_3 O_4

(나) 실험연구에서 가장 많이 사용하는 설계

(다) 이질집단 사전-사후검사 설계와 비슷하나, 실험집단과 통제집단간 동질화 위해 무선표집 함

(라) O1=O3, O2>O1, O2>O4 가 나타날 것을 기대

(마) 두 집단에 역사는 똑같이 작용. 성숙이나 검사도구의 사용도 똑같다고 가정

(3) 솔로몬 4집단 설계(Solomon 4-Group Design)

(가) R O_1 X O_2
      R O_3 O_4
      R   X O_5
      R O_6

(나) 1949년 솔로몬(S. L. Solomon)에 의해 발표

(다) 실험설계 중에서 가장 좋은 것으로 간주

(라) 동질집단 사후검사 설계, 동질집단 사전-사후 검사 설계 통합한 것

(마) O_1=O_3, O_4=O_6, O_2=O_5, O_2>O_1, O_2>O_4, O_2>O_6, O_5>O_1, O_5>O_4, O_5>O_6

다) 실험연구에서 타당도를 저해하는 요인

(1) 역사: 개인에게 영향을 미치는 역사적 사건

(2) 성숙: 자연적으로 발생할 수 있는 정신적, 신체적 발달이나 변화

(3) 반복검사: 기억의 효과로 동일검사의 반복은 사후검사 결과 왜곡

(4) 측정도구의 변화: 극단적인 장소의 측정기계 이상, 평정자의 코딩과 분류 기준 변화

(5) 통계적 회귀: 반복측정은 점수들을 중앙 쪽으로 이동시킬 확률이 큼

(6) 선발: 피험자의 선발에 따라 연구 결과가 달라짐. 무선표집이 중요

(7) 탈락: 연구기간 동안에 피험자가 실험에서 이탈하는 현상

(8) 인과관계 방향성의 애매함: 연구에서 독립변인과 종속변인의 불분명한 인과성. ex) 상담자의 공감이 내담자의 진보를 초래했는지, 내담자의 진보가 상담자의 공감을 이끌어 냈는지 방향성을 정하기 어려움

(9) 처치내용의 누설과 처치의 모방: 처치는 원칙적으로 실험집단만 받고 통제집단은 받아서는 안 되나 통제집단 피험자들에게 처치의 내용이 누설될 수 있으며 통제집단이 실험집단의 처치를 모방할 가능성이 많음

(10) 처치에 대한 보상적 평형화: 통제집단에게 실험집단에게 제공되는 처치가 아닌 처치 및 불공평을 평형화시킬 수 있는 보상이 제공될 여지가 있음

(11) 통제집단 피험자들의 보상적인 경쟁: 통제집단의 경쟁적 노력의 가능성이 있음. 통제집단 피험자 중에는 자기들도 실험집단 만큼 잘 할 수 있다는 것을 보여주기 위하여 경쟁적으로 노력할 가능성

(12) 통제집단 피험자들의 사기저하: 통제집단이 자연적인 무처치, 혹은 통제조건 보다 더 심한 사기저하가 일어날 수 있음

문제

[1. 해설] ㉴
한 사람에게 집중적으로 조사하여 결론을 얻는 연구 방법을 사례 연구라고 한다.

1. 다음 중 연구설계에 관한 설명으로 옳은 것은? (2008 기출)

가. 실험자에 의해 조작되는 변인을 종속변인이라고 한다.

나. 실험자의 조작에 의한 피험자의 반응을 독립변인이라고 한다.

다. 한 사람에게 집중적으로 조사하여 결론을 얻는 연구 방법을 사례 연구라고 한다.

라. 관찰연구에서는 연구자가 의도한 결과를 생성시키기 위한 처치가 개입된다.

[2. 해설] ㉵
표본추출에서의 우연적 실수는 표본의 크기가 크면 클수록 적어진다.

2. 다음 중 표본조사에 관한 설명으로 틀린 것은? (2008 기출)

가. 연구자가 모집단의 모든 성원을 조사할 수 없을때 표본을 추출한다.

나. 표본에 추출된 모집단의 특성을 일반화하기 위해서는 표본은 모집단의 부분 집합이어 야 한다.

다. 표본의 특성을 모집단에 일반화하기 위해서 무선표집을 사용한다.

라. 표본추출에서의 우연적 실수는 표본의 크기가 작으면 작을수록 적어진다.

[3. 해설] ㉮
유전적 요인에 대한 가장 바람직한 연구는 쌍생아 비교 연구이다.

3. 조현병의 유전적 요인을 알아보는 연구를 한다고 가정할 때 다음 중 가장 바람직한 방법은? (2007 기출)

가. 조현병 부모를 둔 쌍생아 비교 연구

나. 정상 부모를 둔 쌍생아 비교 연구

다. 저소득층 자녀와 부유층 자녀의 비교 연구

라. 고학력 부모와 저학력 부모의 자녀 비교연구

[4. 해설] ㉯
현상을 잘 설명하는 것을 기술이라고 한다

4. 연구문제나 연구대상이 되는 현상을 정확하고 체계적으로 묘사하는 것을 무엇이라고 하는가?

가. 탐색 　　　　　　　　　나. 기술

다. 설명 　　　　　　　　　라. 연구

5. 연구문제나 연구대상이 되는 현상이 발생하게 된 이유나 원인을 밝히는 것을 무엇이라고 하는가?

　　가. 탐색　　　　　　　　　　나. 기술

　　다. 설명　　　　　　　　　　라. 연구

6. 심리학의 연구방법 중 비교집단이 절대적으로 필요한 연구방법은? (2004 기출)

　　가. 조사법　　　　　　　　　나. 실험법

　　다. 자연관찰법　　　　　　　라. 사례연구법

7. 마리화나가 기억에 미치는 영향을 알아보기 위한 실험에서 선행조건인 마리화나의 양은? (2010 기출)

　　가. 독립변수　　　　　　　　나. 종속변수

　　다. 가외변수　　　　　　　　라. 함수

8. 다음 중 실험법과 조사법의 가장 근본적인 차이점은? (2010 기출)

　　가. 실험실 안에서 연구를 수행하는지의 여부

　　나. 변인을 통제하는지의 여부

　　다. 연구변인들의 수가 많은지의 여부

　　라. 연구자나 연구참가자의 편파가 존재하는지의 여부

9. 인간의 발달과 관련된 연구결과를 이해하는 데 있어 동시대 집단효과(cohort effect)를 고려해야 하는 연구법은? (2005 기출)

　　가. 종단적 연구법　　　　　　나. 횡단적 연구법

　　다. 자연관찰 연구법　　　　　라. 참여관찰 연구법

10. 임상심리학 연구방법 중 내담자와의 면접을 통해 증상과 경과를 체계적으로 연구하는 방법은? (2011 기출)

　　가. 실험연구　　　　　　　　나. 상관연구

　　다. 사례연구　　　　　　　　라. 혼합연구

[5. 해설] ④
설명은 과학에서 찾고자 하는 목표이기도 하다.

[6.해설] ④
심리학의 연구방법 중 비교집단이 절대적으로 필요한 연구방법은 실험법이다.

[7. 해설] ㉮
마리화나가 기억에 미치는 영향을 알아보기 위한 실험에서 선행조건인 마리화나의 양은 독립변수이다.

[8. 해설] ④
실험법과 조사법의 가장 근본적인 차이점은 변인을 통제하는지의 여부이다.

[9. 해설] ④
종단적 연구법은 동일한 연구대상을 오랫동안 계속 추적하면서 관찰하는 방법. 종단적 연구는 각 개인의 다양한 특성의 연속적인 변화를 측정할 수 있으며, 많은 수의 표집을 함으로써 발달의 표준을 확인할 수 있다. 종단적 연구법은 경비와 시간이 많이 든다. 횡단적 연구법은 연령이 서로 다른 사람들을 동시에 연구하는 것이다. 연구자가 짧은 시간에 서로 다른 연령의 아이들로부터 자료를 수집할 수 있으나 연령에 따른 성숙효과와 동시대(동년배) 집단효과가 분리되지 않아 순수한 연령에 따른 변화를 알아내기 힘들다.

[10. 해설] ④
내담자의 사례를 연구하는 것은 사례연구이다.

심리학개론

이상심리학

심리검사

임상심리학

심리상담

10 자료수집

가. 측정(Measurement)

1) 조작화(Operationalization)
직접적인 관찰이 쉽지 않은 추상적 개념을 어떻게 측정할지를 정확하게 구체화하는 것. 실체적 개념이라기보다 명목적

2) 측정의 역할
가) 이론적·관념적인 세계와 구체적·경험적 세계 연결하는 역할
나) 추상적이고 주관적 개념들을 객관화하여 표준화 하는 역할
다) 후속연구, 연관된 연구를 가능하게 함

3) 측정 수준(Level of Measurement)
가) 명목측정(Nominal Measurement): 성별, 종교적 선호, 대학전공, 계절, 결혼 유무 등과 같이 변수를 구성하는 속성들이 서로 별개이고 계량적인 속성을 가지고 있지 않은 것. 계량적이지 않기 때문에 수학적 연산이 불가능
나) 서열측정(Ordinal Measurement): 논리적으로 순위를 매길 수 있는 속성을 가진 변수. 사회경제적 지위, 편견 등이 해당. 순서를 매길 수 있는 속성으로 기술하는 측정수준
다) 등간측정(Interval Measurement): 온도, 지능지수 등과 같이 측정대상에 할당된 범주들 사이에 일정한 간격이 존재. 순서가 있고 인접한 값 간에 같은 거리를 갖는 속성으로 변수를 기술하는 측정 수준. 가감이 가능하나 곱셈, 나눗셈 불가능(절대영점이 존재하지 않기 때문)
라) 비율측정(Ratio Measurement): 명목, 서열, 등간 척도의 모든 특징에 더하여 절대영점(Zero)이 존재. 나이, 소득, 자녀 수, 근무경력 등 특정 행동의 발생 빈도 등이 해당

	순위	동일간격	절대영점	측정	수학연산
명목측정				분류	
서열측정	O			순서	
등간측정	O	O		간격	+, −
비율측정	O	O	O	절대량	+, −, ×, ÷

4) 측정오차(Measurement Error)
가) 체계적 오류(Systematic Error): 측정대상, 측정과정에 대해 체계적으로 영향을 미치는 오류. 지식, 교육, 신분, 정보 등 이 영향을 미침. 측정의 타당도와 연관

2. 비체계적 오류 또는 무작위 오류(non-systematic or random error)
① 측정자에 의한 오류
② 응답자에 의한 오류
③ 측정 상황에 의한 오류
④ 측정 도구에 의한 오류

(1) 인구통계학적, 사회경제적 특성에 의한 오류
　(가) 선행효과: 고학력일수록 앞쪽 답을 선택
　(나) 후행효과: 저학력일수록 뒤쪽 답을 선택
(2) 개인적 성향에 의한 오류
　(가) 관용의 오류: 응답자의 무성의로 무조건 긍정적 답 선택
　(나) 가혹의 오류: 응답자의 무성의로 무조건 부정적 답 선택
　(다) 중앙집중 경향의 오류: 응답자의 무성의로 무조건 중립적 답 선택
　(라) 대조의 오류: 자신과 상반되는 것으로 다른 사람을 평가
　(마) 후광효과: 측정대상의 한 가지 속성에 강한 인상을 받아 그것으로 전체속성을 평가
(3) 편향에 의한 오류
　(가) 고정반응에 의한 편향: 일정한 유형의 문항이 계속될 때 응답자는 중도값을 택하려는 경향. 또는 앞 설문 항목에서 응답한 값을 동일하게 응답하는 경향
　(나) 사회적 적절성의 편향: 조사자의 의도에 맞추거나 그 사회의 가치기준에 부합하는 것 택하려는 경향
　(다) 문화적 차이에 의한 편향: 문화적 차이나 인구사회학적 차이가 개입하여 발생하는 오류
나) 비체계적 오류 또는 무작위 오류(Non-systematic or Random Error): 측정 상황, 과정, 대상, 연구자 등에 있어서 우연히 또는 일시적 사정에 의해 나타나는 오류. 사전에 인지 불가능하며 통제 불가능. 측정의 신뢰도와 연관이 큼. 측정당시 측정자나 측정대상자의 정서적 상태나 신체상황과 같은 일시적 요인 혹은 측정 시간, 조명, 소음 등과 측정 상황적 요인 혹은 측정도구를 읽거나 기록하는 과정에서 발생하는 일시적인 실수 등을
(1) 측정자에 의한 오류: 측정자의 정서적 상태나 신체상황과 같은 일시적 요인이 측정결과에 영향을 미치는 오류
(2) 응답자에 의한 오류: 응답자의 정서적 상태나 신체상황과 같은 일시적 요인이 측정결과에 영향을 미치는 오류
(3) 측정 상황에 의한 오류: 측정 시간, 조명, 소음 등과 측정 상황적 요인이 측정결과에 영향을 미치는 오류
(4) 측정 도구에 의한 오류: 측정도구를 읽거나 기록하는 과정에서 발생하는 일시적인 실수 등이 측정결과에 영향을 미치는 오류

5) 측정의 질
가) 신뢰도(Reliability): 같은 현상을 같은 대상에 반복적으로 측정 했을 때 매번 같은 결과를 얻을 수 있도록 하는 측정 방법상의 특징.
　(1) 평정자간 신뢰도(Inter-rater Reliability): 2명 이상의 채점자가 채점 했을때 그 결과가 어느 정도 일치하는가를 확인하는 방법. 채점자의 자질 때문에 신뢰

신뢰도(Reliability)
1. 평정자간 신뢰도 (Inter-rater Reliability)
2. 재검사 신뢰도 (Retest Reliability)
3. 동형검사 신뢰도 (Equivalent-form Reliability)
4. 반분신뢰도 (Split-half Reliability)
5. 크롬바흐 알파계수 (Cronbach's Coefficient Alpha)

도가 높거나 낮게 나올 수도 있기 때문에 해석을 조심해야 함. 채점자가 2명일 경우에는 단순 상관계수를 계산, 3명 이상일 경우에는 2명씩 쌍을 이루어 단순 상관계수를 계산하거나 변량분석(Analysis of Variance) 등을 통한 유목내상 관계수(Intra-class Correlation Coefficient)를 계산

  (2) 재검사 신뢰도(Retest Reliability): 같은 사람들에게 동일한 도구를 사용하여 시간 간격을 두고 두 번 실시한 다음 이 두 측정 결과의 일관성을 확인하는 방법. 두 결과간의 상관계수를 이용

  (3) 동형검사 신뢰도(Equivalent-form Reliability): 두 개의 동형검사를 제작하고, 그것을 같은 피험자에게 실시해서 두 검사에서 얻은 점수 사이의 상관계수 산출. 기억, 변화, 연습, 성숙 등의 측정학적인 문제를 통제할 수 있다는 장점

  (4) 반분신뢰도(Split-half Reliability): 한 검사에 포함된 문항들을 가능한 한 동형검사에 가깝도록 두 부분으로 나누어 두 부분간의 나눈 후 두 부분의 상관계수를 산출하는 방법. 한 도구를 두 부분을 나눌 때는 두 부분이 최대한 동형검사가 되도록 나누어야 함

  (5) 크롬바흐 알파계수(Cronbach's Coefficient Alpha): 문항 내적일치도 (Inter-item Consistency). 한 검사에 포함되어 있는 문항들이 얼마나 서로 일치하고 있는가를 나타내는 계수. 크롬바흐 알파계수가 높을수록 검사가 동질적인 것을 나타냄

나) 타당도(Validity): 측정하려는 개념을 정확하게 측정하고 있는 가를 나타내는 정도

> **타당도(validity)**
> 1. 안면타당도
>   (Face-validity)
> 2. 내용타당도
>   (Content Validity)
> 3. 구인타당도
>   (Construct Validity)
> 4. 준거타당도
>   (Criterion-related Validity)
> ① 공인타당도
>   (Concurrent Validity)
> ② 예언타당도
>   (Predictive Validity)
> ③ 요인타당도
>   (Factor Validity)

  (1) 안면타당도(Face-Validity): 특정 도구에 대해 일반인의 입장에서 나름대로 검토하여 타당성 여부를 판단하는 것. 수치로 나타내기는 어려움. 도구 개발 과정에서 타당성을 확보하기 위해 중요한 방법

  (2) 내용타당도(Content Validity): 논리적 타당도(Logical Validity). 측정하고자 하는 내용이 측정 도구에 반영되었는지를 연역적·논리적으로 검토하는 것. 특정 도구의 대표성과 관련. 표집이 전집을 대표할 수 있는지를 연역적·논리적으로 검토하는 것. 보통 전문가에 의해 평정된다.

  (3) 구인타당도(Construct Validity): 구인이란 어떤 개념을 구성하는 하위개념. 특정 도구가 측정하려고 하는 개념이 정말로 그러한 특성을 측정하는지 이론적인 가설을 세워 경험적·통계적으로 검증하는 것

  (4) 준거타당도(Criterion-related Validity)

    (가) 공인타당도(Concurrent Validity): 같은 내용을 측정하는 이미 널리 사용하고 있는 도구와 상호관련성을 검토하여 도구의 타당성을 검토하는 것

    (나) 예언타당도(Predictive Validity): 특정 도구를 사용한 결과가 피험자의 미래에 발생할 행동이나 특성을 얼마나 잘 예언하느냐에 관한 것

다) 신뢰도와 타당도의 관계

  (1) 비대칭적인 관계(Asymmetrical Relationship): 타당도가 높을 경우 신뢰도도

높지만 신뢰도가 높다고 타당도가 높은 것은 아님

(2) 신뢰도는 비체계적 혹은 무작위 오류(Random Error)와 관련. 타당도는 체계적 오류(Systematic Error)와 관련

(3) 척도의 신뢰도와 타당도는 일정 정도 상충관계(Trade-off). 특정 개념을 정확히 반영하기 위해서는 다차원적이고 복잡해질 수 있으나 이때, 측정이 복잡하면 측정오차의 발생률은 높아질 수밖에 없음. 따라서 일정 정도의 타당성과 현실적으로 신뢰도를 높이는 방법을 택해야 함

나. 자료수집방법

1) 면접법

가) 유형

(1) 구조화 면접: 면접조사표에 질문의 내용, 방식, 순서 등을 미리 정해 놓고 면접조사표에 따라 모든 대상에게 동일한 질문, 동일한 순서로 진행. 측정이 용이, 반복적 면접 가능, 결과 비교 용이

(2) 비구조화 면접: 면접자가 상황에 따라 질문방식, 질문내용에 제약이 없이 유연하게 진행하는 방식. 면접의 신축성·유연성이 높아 타당도 높은 자료수집이 가능. 그러나 면접자의 질문에 따라 응답이 달라질 가능성이 있어 신뢰도 확보 어려움. 자료의 수량적 표준화가 어려움

(3) 반구조화 면접: 일정한 수의 중요한 질문을 표준화하고 그 외 질문은 비표준화하는 방식으로 구조화 면접과 비구조화 면접의 장점을 착안한 절충식

나) 장단점

(1) 장점

- 응답자의 수준에 따라 적절히 변화시킬 수 있는 융통성이 있음
- 높은 응답률. 응답내용을 점검하여 오류를 줄일 수 있음
- 비언어적 행위 관찰이 가능
- 타당성 평가 가능

(2) 단점

- 비용과 시간이 많이 듦
- 응답자 익명성 보장 어려움
- 조사 외적요인들에 따른 오류가 생길 수 있음
- 면접자의 편견이 개입된 소지가 있음

2) 전화조사법

전화번호부상에서 임의적인 사람을 선택하여 설문 대상자에게 전화를 통하여 연락. 응답자에게 질문문항을 읽어준 후 응답자가 응답한 바를 조사자가 대신하여 기록

3) 우편조사

질문지를 우편으로 송부하여 응답한 후 동봉한 반송용 봉투에 회신 받아 회수하는 방법

면접법
1. 구조화 면접
2. 비구조화 면접
3. 반구조화 면접

심리학개론

이상심리학

심리검사

임상심리학

심리상담

가) 장점
- 조사비용 절감, 넓은 범위 대상에게 접근 가능
- 응답에 대한 충분한 시간 제공으로 응답자가 심사숙고할 여유 제공

나) 단점
- 회수율의 문제
- 응답하기 곤란한 문항이나 어려운 경우 작성하지 않으며 응답내용이 모호할 경우에도 확인 불가능
- 응답자 본인이 직접 응답했는지 알 수 없음

4) 설문지법

조사연구에서 가장 빈번하게 사용. 설문지란 어떤 문제나 사물에 관한 필요한 사항을 알아보기 위하여 만든 일련의 문항들을 체계적으로 조직하여 작성한 글

가) 설문작성 시 유의사항
- 설문은 간단명료해야 함
- 전문적인 용어는 피할 것
- 응답자의 답변능력을 고려해야 함
- 특정 응답을 유도하는 내용 검토
- 개인정보 처리 유의

나) 설문지의 응답형식

설문지의 응답형식

1. 구조적 설문지
   (Structured Questionnaire)
   – 폐쇄형
**리커트척도(Likert Scale):
   질문에 대한 개인의 태도
   나 성향의 강도를 측정하
   는 기법. (Ex. 전혀아니다-
   아니다 - 보통이다 - 그렇
   다 -매우그렇다)
2. 비구조적 설문지
   (Unstructured Questionnaire)
   – 개방

(1) 구조적 설문지(Structured Questionnaire) – 폐쇄형: 미리 반응이 나올 만한 여러 개의 선택지를 제시하고 그 중에서 선택하거나 서열을 매기도록 하는 것. 포괄성과 상호배타성을 갖춰야 함. 많은 질문을 짧은 시간 안에 가능. 통계적 분석이 용이. 정확한 답을 얻을 수 없음

**리커트척도(Likert Scale): 질문에 대한 개인의 태도나 성향의 강도를 측정하는 기법. (Ex. 전혀 아니다 – 아니다 – 보통이다 – 그렇다 – 매우 그렇다)

(2) 비구조적 설문지(Unstructured Questionnaire) – 개방형: 응답자가 주어진 질문에 대하여 비교적 자유롭게 반응할 수 있도록 만든 문항. 다양하고 정확한 정보 얻을 수 있음. 응답자가 응답하기 곤란할 수 있음. 결과 수량화 어려움

다) 설문 작성 절차

① 필요한 정보의 결정, ② 자료수집방법의 결정, ③ 개별항목의 내용 결정, ④ 질문형태의 결정, ⑤ 개별항목의 완성, ⑥ 질문순서의 결정, ⑦ 설문지의 외형 결정, ⑧ 설문지의 사전검사, ⑨ 설문지의 완성

5) 표준화 검사(Standardized Test)

표준화된 각종 검사를 연구에 활용하는 것. 표준화 검사는 검사의 제작 절차나 내용, 실시 조건, 채점 및 해석 과정이 표준화 된 것.

ex) 지능검사

6) 델파이 방법(Delphi Method)

설문지 조사 연구와 전문가 협의회 방법을 결합. 설문지 기법을 주로 활용하지만, 자신의 응답을 수정·보완할 수 있는 기회가 주어짐. 절차의 반복과 통제된 피드백, 응답자의 익명성, 통계적 집단 반응의 특성을 가짐

7) 인터넷조사법

인터넷을 통해 이루어지는 조사. 많은 표본을 조사할 수 있으며 시간 비용의 제약이 적음. 응답자가 설문응답이 편리하며 응답을 빠르게 회수 가능. 다만 표본의 대표성의 문제가 있음

8) 관찰법

관찰 상황의 통제 여하에 따라 자연적 관찰과 통제적 관찰, 관찰자와 피관찰자 간의 참여 여하에 따라 참여관찰과 준참여관찰, 비참여관찰로 구분

문제))

1. 어떤 연구에서 종속변인에 나타난 변화가 독립변인의 영향 때문이라고 추론할 수 있는 정도를 의미하는 것은? (2010 기출)

가. 내적 신뢰도　　　　　　　　나. 외적 신뢰도

다. 내적 타당도　　　　　　　　라. 외적 타당도

2. 다음 중 내적 타당도를 위협하는 요소와 가장 거리가 먼 것은? (2012 기출)

가. 제3의 변수 개입　　　　　　나. 시험 효과

다. 측정 도구상의 문제　　　　　라. 낮은 통계 검증력

3. 다음 중 온도나 지능검사의 점수를 측정할 때 사용되는 척도는? (2011 기출)

가. 명목척도　　　　　　　　　　나. 서열척도

다. 등간척도　　　　　　　　　　라. 비율척도

4. 다음 중 논리적으로 순위를 매길 수 있는 속성을 가진 변수. 사회경제적 지위, 편견등이 해당. 순서를 매길 수 있는 속성으로 기술하는 척도는?

가. 명목척도　　　　　　　　　　나. 서열척도

다. 등간척도　　　　　　　　　　라. 비율척도

[1. 해설] ㉰

종속변인에 나타난 변화가 독립변인의 영향 때문이라고 추론할 수 있는 정도를 의미하는 것을 내적 타당도라 한다. 내적 타당도란 변인들 간에 원인–결과의 관계가 있다는 결론을 내리는데 대한 타당도를 말한다. 그에 반해 외적 타당도란 연구의 결과를 다른 대상, 장면, 시기 등에 일반화시킬 수 있는 정도를 의미한다.

[2. 해설] ㉴

낮은 통계 검증력은 통계적 결론 타당도를 위협하는 요소이다.

[3. 해설] ㉯

온도나 지능은 절대값이 없이 등간의 양만을 비교할 수 있어서 등간척도이다.

[4. 해설] ㉯

순위만을 맺일 수 있는 척도는 서열척도이다.

심리학개론

이상심리학

심리검사

임상심리학

심리상담

5. 다음 중 나이, 소득, 자녀 수, 근무경력 등 특정 행동의 발생 빈도 등을 측정하는 척도는?
가. 명목척도
나. 서열척도
다. 등간척도
라. 비율척도

6. 면접조사표에 질문의 내용, 방식, 순서 등을 미리 정해 놓고 면접조사표에 따라 모든 대상에게 동일한 질문, 동일한 순서로 진행하는 면접법은?
가. 구조화 면접
나. 비구조화 면접
다. 반구조화 면접
라. 질문 면접도

7. 면접자가 상황에 따라 질문방식, 질문내용에 제약이 없이 유연하게 진행하는 방식의 면접 방법은?
가. 구조화 면접
나. 비구조화 면접
다. 반구조화 면접
라. 질문 면접도

8. 다음 중 일정한 수의 중요한 질문을 표준화 하고 그 외 질문은 비표준화 하는 방식으로 구조화 면접과 비구조화 면접의 장점을 착안한 절충식 면접 방법은?
가. 구조화 면접
나. 비구조화 면접
다. 반구조화 면접
라. 질문 면접도

9. 다음 중 설문지 조사 연구와 전문가 협의회 방법을 결합 연구 방법은?
가. 구조화 면접
나. 델파이 방법
다. 인터넷 조사법
라. 표준화 검사

10. 다음 중 설문작성 시 유의사항이 아닌 것은?
가. 설문은 간단명료해야 함
나. 전문적인 용어는 피할 것
다. 응답자의 답변능력에 대한 고려
라. 특정 응답을 유도하는 내용은 고려하지 않는다.

10 사회지각

가. 귀인이론: 개별 정보로부터 성향 추론

1) 귀인이론(Attribution Theory)

타인의 말, 행동, 상황을 관찰해 타인의 속마음을 추론. 타인이나 자신의 행동에 관해 인과적 설명에 이르는 과정. 사회적 지각자가 인과적 설명을 도출하기 위해 정보를 사용하는 방법을 설명하는 접근법

* 항상성 원리: 사람들은 행동이나 사건의 원일을 추리할 때 선행사건을 발견하면 이것을 원인으로 지목. 논리적

* Fritz Heider(1958): 귀인분석은 행동의 원인이 사람의 내부적 원인 기질적원인 때문인지 외부 상황적 원인이지 파악하고 그 결과는 누구에게 책임이 있는지에 관한 것으로 봄

* Harold Kelly(1967): 사람들이 귀인을 하는 데 사용하는 변인 구체화 함

2) Heider 귀인의 차원 및 방식

가) 내부귀인: 자신이나 타인의 행동을 행동한 사람의 성격, 태도, 동기 또는 능력 같은 개인성향이나 기질적 특성에 귀인 하는 경우

나) 외부귀인 – 어떤 행동의 원인을 환경, 운 또는 과제 난이도 같은 상황요인에 찾는 경우. 타인의 행동이 사회적으로 바람직하지 못하거나, 그의 역할과 일치하지 않거나 자발적으로 선택한 것이면 내부귀인(사람이 나쁘다)

3) Kelly 합리적 과정으로서의 귀인

가) 공변 원리(Convariation Principle): 어떤 행동이 상황, 대상, 행위자에 따라 어떻게 나타나는지에 따라 합리적이고 객관적으로 판단. 원인이 변하는 만큼 결과도 변함. 결과로 원인을 추정 가능

나) 공변의 3가지 차원

(1) 일관성: 같은 상황에서 반복적으로 일어나는가. (행위자의 행동은 다른 때나 다른 맥락에서도 항상 나타나는가?)

(2) 독특성: 행동이 특정한 상황에서만 나타는가. (그 행동은 특정 대상에게만 나타나는가?)

(3) 합의성: 다른 사람들도 동일한 상황에 같은 행동을 하는가. (다른 사람들도 그 상황에서 그렇게 행동하는가?)

4) 귀인오류

가) 기본적 귀인 오류(Fundamental Attribution Error): 사람들이 행동이나 결과에 대한 원인을 찾을 때 기질적 요인을 과다 추정하고 상황적 요인을 과소 추정 하는 것

나) 이기적 편향(Self-serving Bais): 성공은 기질적 귀인, 실패는 상황적 귀인

귀인이론(Attribution Theory)

1) 의미 - 귀인이란 성공이나 실패에 대해 자신의 행동의 원인을 특정한 요소에 두는 경향성을 의미 한다

2) 귀인의 방향
가) 내부 귀인: 결과에 대한 원인을 심리내적 요소들에 두는 것. 성격, 노력, 동기, 능력 등에 두는 것
나) 외부 귀인: 결과에 대한 원인을 외부의 요소들에 두는 것. 난이도, 환경, 분위기, 운

3) 귀인 오류들
1. 기본적 귀인 오류 (Fundamental Attribution Eerror)
2. 이기적 편향 (Self-serving Bais)
3. 자기실현예언 (Self-fulfilling Prophecy)
4. 행동적확증 (Behavioral Confirmation)

4) 귀인의 원인에 대한 3차원
가) 원인의 소재
나) 원인의 안정성
다) 원인의 통제가능성

5) Kelley의 귀인 과정에서의 공변 원리
가) 원인의 독특성 또는 특이성
나) 시간적, 상황적 일관성
다) 원인의 일치성 또는 동의성

을 하려는 경향. Ex) 잘되면 내 탓 못되면 조상 탓

다) 자기실현예언(Self-fulfilling Prophecy): 일부 상황의 본질 자체가 사람이 갖고 있는 기대와 신념에 따라 크게 바뀌는 것. 기대하는 대로 일이 벌어지도록 행동적 상호작용을 조절하는 미래의 사건이나 행동에 관한 예측

라) 행동적 확증(Behavioral Confirmation): 타인들에 대한 기대가 그들에게 영향을 미쳐 원래의 기대와 일피하는 행동을 하게 하는 과정

나. 인상형성

1) 인상형성이론

처음 대하는 대상을 평가할 때 외모나 행동을 보고 그 사람의 성격, 태도, 행동 경향성 등을 판단하고 전반적인 인상을 형성하는 것. 사람들을 일반적으로 매우 짧은 시간과 한정적인 정보만을 가지고 상대방에 대한 전반적인 인상을 형성하며, 어떤 사람에 대해 일단 한 번 형성된 인상은 상당히 오랜 시간 동안 지속됨 (Hamilton, 1981). 단서에 기초하여 거의 즉각적으로 사람의 성향에 대한 인상 형성.

2) 인상형성의 단서

가) 직접단서: 직접 대면으로 얻는 단서. 얼굴생김새, 얼굴 표정, 체형, 자세, 옷차림, 몸짓, 말소리의 크기와 높낮이, 말의 빠르기 등

나) 간접 단서: 제3자의 의견이나 평가

3) 인상형성의 일반적 특징

가) 아주 짧은 순간에 즉각적으로 일어남

나) 한번 형성되면 일관성을 유지

다) 형성된 인상은 대인관계 교류에 영향을 줌

4) 인상형성과정: 정보의 통합

인상형성과정: 정보의 통합
1. 평균원리
2. 초두효과
3. 중심특성
4. 현저성 효과

가) 평균원리: 한 사람의 좋은 점 또는 나쁜 점들을 나타내는 여러 가지 특성 정보가 동시에 주어졌을 때, 이 특성들의 평가치의 평균을 찾아 통합된 인상을 형성.

나) 초두 효과: 먼저 주어진 정보에 의해 인상형성 되고 나면, 뒤에 오는 정보는 이 인상과 일치하는 방향으로 의미가 바뀌는 것. 처음정보에 주의를 더 기울임.

다) 중심특성: 전체인상을 좌우하는 핵심특성. 핵심특성의 차이가 대상 인물과의 교류에도 영향을 미침.

라) 현저성 효과: 현저하게 드러나는 측면에 따라 인상을 형성. 좋은 특성과 나쁜 점이 동시에 주어졌을 때 나쁜 정보가 인상형성에 미치는 영향이 더 큼

5) 인상 형성의 왜곡·편향

인상 형성의 왜곡·편향
1. 고정관념
2. 편견
3. 내현성격이론
4. 후광효과
5. 부정성 효과

가) 고정관념: 특정한 집단의 사람들에 대해 그들 모두가 공통적으로 특정한 특성을 갖고 있다고 생각하는 믿음

나) 편견: 고정관념을 근거로 하여 어떤 집단 전체를 나쁘게 보는 것

다) 내현성격이론: 암묵적 성격 이론에 입각해서 판단. 어떤 특성을 갖고 있으면

다른 특성도 갖고 있을 것이라고 추론
라) 후광효과: 좋은 사람이라는 인상을 형성하면 그 사람은 다른 긍정적 특성을 모두 가지고 있을 것이라고 평가하는 경향
마) 부정성 효과: 인상형성과정에서는 긍정적 특성보다 부정적 특성이 더 큰 영향을 미침

문제

1. 다음 현상을 가장 잘 설명할 수 있는 것은? (2009 기출)

> 철수는 영희와의 약속장소에 지하철로 가는 도중 안전사고가 발생하여 정한 시간에 늦었음에도 불구하고, 영희는 철수가 약속시간을 잘 지키지 않는 성격특성을 가지고 있다고 생각한다.

가. 절감원리   나. 공변원리
다. 대응추리이론   라. 기본적 귀인오류

2. 타인의 행동에 대한 원인으로 외부적인 요인을 과소평가하고 내부적인 요인을 과대평가하려는 사람들의 경향은? (2007 기출)

가. 공정한 세상 가설   나. 자아고양 편파
다. 행위자–관찰자 편향   라. 기본적 귀인 오류

3. 타인의 어떤 행위에 대한 원인을 찾을 때 그 사람이 처했던 외부적 상황 요인을 과소평가하는 경향은 무엇인가? (2003 기출)

가. 기본적 귀인오류   나. 이타적 행위
다. 방관자 효과   라. 사회 압력

4. 사람들은 대체로 외부귀인보다는 내부귀인하는 경향이 더 강하다고 할 때 이것을 무엇이라고 하는가? (2005 기출)

가. 근본 귀인오류   나. 자기고양 편파
다. 행위자 귀인편파   라. 겸양 편파

5. 잘생긴 사람을 보면 그 사람이 성격도 좋고 리더쉽도 있을 것으로 생각하는 경향은? (2005, 2010 기출)

가. 후광효과   나. 초두효과
다. 평균원리   라. 귀인

[1. 해설] ㉣
타인의 행동에 대한 원인으로 외부적인 요인을 과소평가하고 내부적인 요인을 과대평가하려는 사람들의 경향을 기본적 귀인 오류라고 한다. 구청 공무원이 불친절은 더운 날씨 때문이 아니라 그 사람의 성격 탓이라고 생각하는 경우가 그 예이다.

[2. 해설] ㉣
타인의 행동에 대한 원인으로 외부적인 요인을 과소평가하고 내부적인 요인을 과대평가하려는 사람들의 경향을 기본적 귀인 오류라고 한다. 친구가 장학금을 받게 된 원인을 그가 운이 좋았다기보다는 노력했기 때문으로 생각하는 것이 그 예이다.

[3. 해설] ㉠
타인의 어떤 행위에 대한 원인을 찾을 때 그 사람이 처했던 외부적 상황 요인을 과소평가하는 경향을 기본적 귀인 오류라 한다.

[4. 해설] ㉡
사람들은 대체로 외부귀인보다는 내부귀인하는 경향이 더 강하다고 할 때 이것을 우리는 자기고양 편파라 한다.

[5. 해설] ㉠
타인을 내적으로 일관되게 평가하려는 경향이 있다. '하나를 보면 열을 안다는 것은 후광효과이다.

11 사회적 추론

가. 사회인지

1) 사회인지

사람들이 환경속의 사회적 정보로부터 어떻게 추리하고 판단하는지를 연구하는 분야

2) 사회적 추론의 과정

① 정보수집, ② 추론에 사용할 정보결정, ③ 정보통합

3) 도식(Schema)

가) 도식: 일상생활에서 접하는 사물, 사람, 사건에 관련된 기억에 저장된 조직화된 지식구조. 세상을 이해하는 틀

나) 도식의 종류

(1) 사람도식(Person Schema): 특정인에 관한 도식. Ex) 어머니, 아버지

(2) 역할도식(Role Schema): 특정 역할에 대한 도식. Ex) 상담자역할, 어머니역할

(3) 절차(사건)도식(Script, Event Schema): 어떤 사건이나 일의 순서에 관한 도식

다) 도식의 기능

(1) 새롭게 접하는 사회적 자극들을 이해하고 해석하는 데 중요한 기초 자료로 활용되기 때문에 방대한 양의 사회적 자극들을 신속하게 처리하는데 도움

(2) 어떤 대상에 관해서 기존에 지니고 있는 지식과 불일치하는 정보를 걸러 내는 일종의 여과장치로 기능

(3) 다양한 방식으로 해석될 수 있는 불확실하고 모호한 사회적 자극에 대해서 도식을 활용함으로써 보다 자신있게 처리하도록 도움을 줌

라) 도식적 정보처리의 문제점

(1) 도식과 불일치하는 정보나 사건에는 주의를 잘 기울이지 않으며 잘 기억하지 못함

(2) 현실을 자신의 도식과 일치하는 방향으로 왜곡해서 지각하여 판단 오류를 일으킴

(3) 현실이 도식과 다름을 보여주는 분명한 증거가 있을 때조차도 무리하게 도식을 계속 사용하는 경향이 있음

(4) 누락된 부분을 도식과 일치하는 정보로 채워 넣어 재구성하는 경향.

4) 휴리스틱(heuristic): 직관적 판단

가) 휴리스틱: 판단이나 추론과정에서 활용하는 주먹구구식 판단 방략

나) 휴리스틱 종류

(1) 대표성 휴리스틱(Representativeness Heuristic): 어떤 집단이나 사건 범주의 대표적 특징과 유사한 정도에 따라 결정하는 경향

휴리스틱 종류

1. 대표성 휴리스틱
   (Representativeness Heuristic)
2. 고정 및 조정 휴리스틱
   (Anchoring and Adjustment Heuristic)
3 가용성 휴리스틱
   (Availability Heuristic)

    (2) 고정 및 조정 휴리스틱(Anchoring and Adjustment Heuristic): 특정한 값을 기준점으로 삼아 조정과정을 거쳐 최종 판단에 이르는 경향. 사람들은 대체로 자신의 과거 경험을 기점으로 삼는 경우가 많음

    (3) 가용성 휴리스틱(Availability Heuristic): 특정 사건을 지지하는 사례를 쉽게 기억해내는 정도 또는 기억해낸 정보의 양에 따라 사건의 발생가능성을 추론하는 경향

5) 인지적 구두쇠, 동기화된 전략가

    가) 인지적 구두쇠(Cognitive Miser): Taylor(1981). 일상생활에서 처리해야 할 정보의 양에 비해서 인간의 정보처리 능력은 매우 제한적이기 때문에 인간은 다양한 심적 전략 및 지름길을 최대한 활용하여 추론·판단함으로써 노력을 절약하려는 존재

    나) 동기화된 전략가(Motivated Tactician): Fiske와 Taylor(1991). 사람들의 인지과정은 유연하고 실용적이어서 항상 노력을 절감하는 인지적으로 인색한 존재가 아니라 필요하면 객관적 자료에 근거해서 정확하고 꼼꼼하게 정보처리하는 존재

6) 자동적 사고와 통제된 사고

    가) 자동적 사고(Automatic Thinking): 의식하지 못하며, 특정 방향으로 자극을 처리하려는 의도가 없고, 비자발적이며, 정신적 노력을 별로 요하지 않는 사고과정

    나) 통제된 사고(Controlled Thinking): 의식 중이며, 특정 방향으로 정보처리하려는 의도가 있을 때 일어나고, 많은 정신적 노력을 수반하는 사고과정

7) 확증오류와 자성예언

    가) 확증오류(Confirmation Bias): 어떤 대상에 관한 개인의 기대와 일치하는 정보만을 선택적으로 탐색하여 자신의 기대가 옳았음을 확증하려는 편향된 사고경향(Snyder & Swan, 1978)

    나) 자성예언(Self-fulfilling Prophecy): 타인에 대한 개인의 기대가 타인에 대한 그의 행동양식에 영향을 미치고, 그에 따라 타인도 그 기대와 일치하는 방향으로 행동하도록 만드는 현상(Rosenthal & Jacobson, 1968). Pygmalion 효과

나. 태도 및 행동

1) 태도
어떤 사람이나 대상에 대한 신념, 감정 및 행동 의도를 총칭하는 개념

2) 태도의 구성요소
신념, 감정, 행동

사회심리학
- 개인의 행동, 태도, 지각, 동기에 미치는 사회적 변인을 탐구
- 성격은 개인의 특성으로 다루지 않음

사회심리학이란
1) 타인이 개입되어 있는 상황을 사회적 상황이라고 한다면, 사회심리학은 이런 사회적 상황에서의 개인의 사고, 감정, 및 행동을 연구하는 과학이다. 즉, 사회심리학은 기초 사회과학적 측면에서 사회 현상을 기술, 설명하고 응용 사회과학적 측면에서 사회문제해결에 초점을 두고 있다.

2) 사회현상을 분석하는 인접분야
사회학 - 사회구조나 정부시책 같은 일반적 사회적 원인 강조한다.
성격심리학 - 개인의 성격이나 내력 등의 개인차 요인 강조한다.
인접분야와 비교해 사회심리학에서는 주로 타인의 행동이나 타인과의 관계 같은 개인을 둘러싸고 있는 환경이나 상황에서 원인을 찾는다.

3) 태도와 행동의 관계

가) 대상에 대한 태도는 그 대상에 대한 행동을 예측: 태도가 강하고 명료할수록 태도와 일치하는 행동이 나타날 가능성이 큼

나) 태도와 행동의 불완전한 관계 La Piere 연구(1934): 백인 교수가 중국인 부부와 함께 미국의 호텔과 식당을 방문. 당시 동양인에 대한 편견에도 불구하고 단 한곳에서만 입장을 거절당함. 몇 달 후 '백인이 아닌 사람들을 가게에 들이겠는가?'라는 설문지의 92%가 거절 → 태도와 행동의 불일치

다) 태도와 행동이 거의 동시에 측정될 때 일관성이 확보됨

라) 일반적 태도보다는 행동과 구체적으로 관련된 태도를 측정하면 일관성이 증가

마) 어떤 행동은 여러 태도들과 관련되어 있기 때문에 당시에 가장 특출한 태도에 따라서 행동이 결정

바) 태도와 행동 각각에 미치는 상황적 압력들이 적을수록 일관성은 증가. ex) 부모의 반대가 없다면 사랑하는(태도) 연인들이 결혼할(행동) 가능성은 더 커짐

사) 접근가능성: 태도 대상과 그 대상에 대한 평가의 결합 정도. 태도가 접근 가능한 것일 때, 행동은 태도와 일치될 가능성이 높음. 직접 경험했을 때 접근 가능성이 높아짐

4) 행동을 통한 태도의 예측

가) 태도가 행동을 결정하는 경우보다 행동이 태도를 결정하는 경우가 일반적

나) Festinger(1957)의 인지부조화 이론(Cognitive Dissonance Theory): 사람들이 태도와 행동이 불일치 즉 부조화되면 불편감이 생겨 조화상태를 회복하려는 동기가 생긴다고 주장. 취소하거나 변경하기 불가능한 행동 대신 사람들은 주로 태도를 행동과 맞도록 변화시킴으로써 부조화를 감소시키게 됨.

다) Festinger & Carlsmith 실험: 지루한 일을 하게 한 후 $1와 $20를 준 뒤 다른 사람에게 일이 흥미로웠다고 이야기하도록 시킴. 피험자들에게 실제로 그 일이 얼마나 재미있었는지를 물어본 결과 $1을 받은 피험자들만이 태도를 변화시켜서 재미있었다고 대답. $1을 받은 피험자들은 거짓말을 정당화하기엔 불충분한 보상이었기 때문에 부조화를 크게 경험하였고, 결국 재미있었다고 바꾸어 생각함으로써 자신의 행동을 정당화

5) 설득

가) 설득: 태도를 변화시키려는 의도적인 노력

나) 정교화 가능성 모형(Elaboration Likelihood Model): 인지적 과정에 초점. 설득 메세지를 처리하는 경로를 중심 경로와 주변 경로로 구분하며, 두 가지 경로 중 어떤 경로를 사용해 설득 메시지를 처리하느냐에 따라서 적합한 설득 메시지가 달라질 수 있다고 가정. 메시지의 질이나 관여도와 같은 요소에 의해 중심경로와 주변 경로로 구분하여 처리

다) 휴리스틱–체계적 모델(Heuristic-systematic Model: HSM)

(1) 체계적(Systematic) 정보처리: 사용자가 많은 양의 정보를 분석적으로 처리하는 과정

(2) 휴리스틱(Heuristic) 정보처리과정: 정보의 질보다는 자신과 연관된 주변적 정보에 비중을 둔 정보처리 과정

다. 사회적 관계

1) 친밀한 관계

가) 호감

(1) 근접성: 사람들은 물리적으로 가까이 있는 사람을 좋아하게 됨. 자극을 반복해서 접하게 되면 호감이 증가하는 경향(단순접촉효과) Ex) 먼 친척보다 이웃사촌이 낫다는 속담

(2) 외모: 신체적 매력. 첫인상에 큰 영향을 미침

(3) 유사성: 사람들은 일반적으로 잘 생긴 사람이나 유능한 사람을 좋아하지만 궁극적으로는 자신과 유사한 수준의 외모나 능력을 지닌 사람에게 끌림.

(4) 상대의 호의: 우리를 좋아하는 사람을 좋아하게 됨. 누군가 나를 좋아한다고 믿을 때 그 사람에게 보다 따뜻하게 대하게 되며, 이것은 다시 그 사람이 나를 좋아하게 만들어감

나) 사랑

(1) Heartfield: 정서의 2요인. 정서가 신체적 각성과 인지적 평가라는 성분을 가지고 있으며, 출처에 관계없이 각성을 어떻게 해석하고 이름 붙이느냐에 따라서 하나의 정서를 고양시킬 수 있다고 가정

(2) Rubin(1973): 사랑과 호감은 질적으로 다른 차원. 사랑의 요소에는 애착, 배려, 친밀감이 포함되고 호감의 요소에는 존중과 정감이 포함

(3) Sternberg: 사랑의 삼각형 이론. 완전한 사랑은 열정(신체적 매력이나 성적 흥분과 관련된 욕망), 친밀감(서로 가깝고 맺어져 있다는 느낌), 의사결정/개입(관계를 유지하려는 의지)의 세요소가 충분한 강도로 균형을 이룰 때 달성. 처음에는 열정만 있으므로 진정한 사랑을 경험하려면 어느 정도의 시간이 지난 후에야 가능

(4) 사랑을 유지하는 데 중요한 요소

(가) 형평성(Equity): 두 사람이 똑 같이 주고받는 것. 형평성이 존재할 때 두 사람이 자유롭게 주고받으며 함께 의사결정을 할 때 – 만족스럽고 지속적인 동료애의 가능성이 높아지게 됨. 소유물을 공유하고, 정서적 지원을 주고받으며, 서로의 웰빙을 조장하고 염려해 주는 것이 모든 유형의 사랑 관계에서 핵심. 이것은 연인관계, 부모 – 자식관계, 그리고 절친한 친구관계 모두에서 영향을 미침

(나) 자기노출(Self-disclosure): 함께하는 사람들에 관한 은밀한 세부사항들

을 밝히는 것. →호감을 싹트게 하며, 호감은 자기노출을 가능케 함. 한 사람이 자신을 조금 노출시키면 상대방이 응답→ 다시 첫 번째 사람이 더 많은 것을 노출하는 식으로 진행됨→ 친구나 연인들이 더욱 친밀감을 느끼게 될 것. 친밀감의 증가는 열정을 다시 불러일으킴. 자기노출은 대등한 수준으로 상호 교환되고 점진적으로 이루어져야 함. 상대의 호응이 없는 일방적인 자기노출은 곧 중단되며, 너무 성급한 노출은 상대에게 불편과 방어를 유발하여 관계의 발전에 도움이 되지 않음

편견의 발생원인
1. 사회적 학습
2. 현실적 집단갈등
3. 사회적 불평등
4. 범주화

2) 편견

가) 편견: 어떤 집단이나 집단구성원에 대한 비합리적인 부정적 평가. 객관적 사실보다는 집단소속에 근거하여 발생

나) 편견의 발생원인

(1) 사회적 학습: 부모, 또래집단, 매체 및 교과서, 대중매체를 통해 학습

(2) 현실적 집단갈등: 이스라엘과 팔레스타인 간의 영토분쟁처럼 한정된 자원을 놓고 두 집단이 경쟁할 때 적대감을 가지고 상대를 부정적으로 평가하게 됨

(3) 사회적 불평등: 불평등한 지위나 분배는 만족스런 쪽과 불만스런 쪽 모두 상대에 대한 편견을 갖게 만듦

(4) 범주화: 대인지각과정에서 자연발생 하는 인지적인 편향들이 고정관념과 편견을 초래

다) 편견의 해소방안

(1) 가끔씩 만나기보다는 지속적이고 친밀한 접촉이 이루어져야 함

(2) 공동의 위협에 대처하거나 공동목표를 달성하기 위해서 협동적으로 상호 의존하여야 함

(3) 동등한 지위로 접촉이 이루어져야 함

(4) 사회적 규범도 평등을 지지해야 함

3) 사회적 영향

가) 동조

(1) 동조: 타인들이 어떤 행위를 하기 때문에 자의적으로 그 행위를 수행하는 것. 사람들은 결정을 내리기가 애매한 상황에서는 타인을 판단기준으로 삼아 따르게 되는 경우가 흔함. Ex) 친구 따라 강남 간다.

(2) Asch(1955) 실험: 표준선분과 동일한 길이의 선분을 비교선분들 중에서 찾는 과제를 5명의 피험자에게 차례로 실시. 먼저 대답하게 되는 4명은 실제로는 실험협조자였으며 마지막에 대답하는 1명만이 순순한 피험자. 협조자들이 모두 A라고 틀리게 대답하자 피험자들 중 35%가 틀린 대답에 동조. 그 후 피험자들에게 사적인 판단을 하게 했더니 모두 정답(B)을 제시. → 사람들은 공개적으로 반응하게 될 때는 자신의 소신과 일치하지 않더라도 다수에 동조하는 경향이 강함. 동조는 개인과 타인들 간의 유대가 강할수록 커지며, 타인들

중에서 한 명이라도 다른 견해를 표명하면 크게 감소

후속실험: 실험협조자들의 대답이 만장 일치될 경우에 비해서 이탈자가 있을 경우의 동조량은 4분의 1정도로 격감. 타인의 수가 많을수록 대체로 동조량이 증가하지만 4~5명이면 최대의 동조를 이끌어낼 수 있음

(3) 소수 영향: 다수가 소수에게 영향을 미치는 경우가 더 일반적이지만 참신하거나 독특한 관점을 지닌 소수도 다수의 입장을 변화시킬 수 있음.

(가) 소수가 다수를 움직이기 위한 조건

① 소수의 주장과 행동 양식이 힘 있고 일관성이 있어야 함

② 소수는 논리나 합리성 등으로 다수의 입장을 효과적으로 반박할 수 있어야 함

③ 소수의 주장이 당시의 사회적 분위기와 일치해야 함

④ 문제되는 행동이나 태도를 제외한 다른 측면에서는 소수가 다수와 유사하면 더 효과적

(나) 소수 영향과 다수 영향의 차이: 다수는 소수로 하여금 표면적인 변화를 가져오게 하지만 반드시 내면적 변화까지 초래하지는 않으며, 반대로 소수는 다수의 외견상 변화를 이끌어 내지는 못하더라도 사적인 태도를 변화시킬 수 있음. 다수는 공적인 반응에 여향을 미치는 반면, 소수는 사적 반응에 영향을 미침

나) 복종

(1) 복종: 사람들은 권위 인물의 명령에 대체로 잘 복종. 심지어 권위 인물의 요구가 자신의 소신이나 사회적 규범에 어긋나더라도 맹목적으로 복종하는 경향

(2) Milgram(1963)의 실험: 피험자들에게 처벌이 학습에 미치는 영향을 연구한다고 일러줌. 2명(1명은 실험협조자)을 한 조로 하여 추첨으로 선생과 학생의 역할을 정함(피험자는 항상 선생역할을 하게 되어 있음). 학생은 단어를 암기해야 하고, 선생은 학생이 틀리면 전기쇼크를 집행하게 함. 칸막이가 된 방에서 두 사람은 서로 얼굴을 볼 수 없었으며, 실험시작 전에 선생(피험자)에게 약한 쇼크라고 알려주고 상당히 아픈 표본 쇼크를 경험하게 함. 실험이 계속되는 동안 학생은 계속 틀린 대답을 하게 되고 선생은 실험자로부터 쇼크강도를 점차 높여서 집행하도록 지시를 받음. 전기쇼크는 15V~450V까지의 강도로 가해짐. 학생은 120V에서 고통을 호소하기 시작하여 강도를 높일수록 큰 비명을 지름(실제로는 전기가 통하지 않았으며 호소와 비명도 녹음된 것). 피험자의 63%가 최대강도인 450V의 쇼크집행 명령에 복종 → 인간의 강력한 복종성향을 보여줌

피해자의 고통이 매우 심하다고 판단되었거나 피험자가 근접해 있어 서로의 얼굴을 확인할 수 있었으면 복종은 줄어듬. 그리고 권위인물의 합법성이나 동기가 의문시되거나 자신의 행위에 대해서 개인적인 책임감을 느낄 때도 잘 복종하지 않음. 그리고 불복종 모델을 목격하면 복종은 크게 감소

4) 집단에서의 행동

가) 집단에서의 정체감

(1) 사회적 정체감

- 개인이 어떤 집단에 소속되어 그 집단에 동일시하게 되면 개인적 정체감은 상실하고 새로운 정체감인 사회적 정체감을 갖게 됨
- 개인적 정체감을 지닐 경우 사람들은 자신과 타인으로 범주화하지만, 사회적 정체감을 갖게 되면 내집단과 외집단으로 구분하여 지각
- 집단에서의 개인이 사고와 행동은 대체로 사회적 정체감을 바탕으로 이루어짐
- 사람들이 자신을 내집단의 일원으로 범주화하여 사회적 정체감을 가지는 것이 집단과 관련된 모든 현상의 전제조건이 됨

(2) 몰개인화

- 집단 내에서 구성원이 개인적 정체감과 책임감을 상실하여 집단행위에 민감해지는 현상
- 익명성이 결정적 영향을 줌
- 집단구성원이 개인적으로 식별되기가 어려울수록 행동 및 그 결과에 대한 개인적 책임감을 덜 느끼며, 구성원들의 행동은 당시 상황의 순간적 단서에 의해 좌우됨

나) 집단에서의 수행

(1) 사회적 촉진

- 대체로 쉽거나 잘 학습된 과제에서는 타인의 존재가 수행을 촉진시키며, 어렵거나 잘 학습되지 않은 과제에서는 타인이 존재하면 수행이 떨어짐
- 타인이 있으면 잘하는 일은 더 잘 하고, 못하는 일은 더 못하게 됨
- 타인의 존재가 우세반응을 강화시키는 현상
  Ex) 마라톤에서 옆에 같이 뛰어주는 선수가 있을 때 더 잘 뛸 수 있는 것

(2) 사회적 태만

- 혼자 일할 때보다 집단으로 일할 때 노력을 절감해서 개인당 수행이 저하되는 현상
- 개인별 수행이 확인 불가능한 과제나 상황에서만 나타남 Ex) 줄다리기

(3) 경쟁과 협동

(가) 죄수의 딜레마 게임(Prisoner's Dilemma Game, PDG): 협력할 경우 서로에게 가장 이익이 되는 상황일 때, 개인적인 욕심으로 서로에게 불리한 상황을 선택하는 것. 협동을 하면 모든 시행에서 이익이 되는 데 비해서 경쟁하면 이익과 손해가 반복되므로 협동이 더 큰 이익을 가져다줌

(나) 사회적 딜레마: 죄수의 딜레마를 더 복잡한 상황으로 확장하고 포괄하는 개념. 개인에게 즉각적인 보상을 주지만 장기적으로는 개인과 집단 전체에 해로운 결과를 초래하는 상황

5) 집단의사결정

가) 집단극화

- 집단결정이 개인결정보다 더 극단적
- 집단구성원의 전반적인 성향이 모험적이라면 집단 상호작용 후에는 더 모험적인 결정을 하게 되고, 전반적 성향이 보수적이라면 집단결정은 더 보수적이게 됨
- 집단 상호작용 이후 구성원의 태도나 의견의 평균은 상호작용 이전의 평균과 동일한 방향으로 더 극단화됨

나) 집단사고

- 집단의사결정 과정에 중대한 결함이 있고, 응집성이 높은 집단에서 초래될 수 있는 비합리적이고 비생산적인 결정이나 판단

(1) 집단사고의 원인

(가) 집단사고를 보이게 되는 특징: 집단구성원의 응집성이 매우 높고, 집단이 외부로부터 단절되어 있을 때, 대안을 심사숙고하는 절차가 미비할 때, 리더가 지시적일 때, 리더가 제시한 방안보다 더 좋은 방안을 찾을 가망이 없어서 스트레스가 높을 때

(나) 집단사고가 나타나는 기제: 내집단을 과대평가하고, 외부에 대해서 폐쇄적인 입장을 취하며 집단 내에 획일성을 추구하는 압력이 크게 작용하기 때문

문제

1. Fishbein의 합리적행위이론(Reasoned Action Theory)에 의하면 행위의도는 행위에 대한 태도(A_B)와 무엇에 의해 결정된다고 하는가? (2011 기출)

가. 주관적 사회규범(SN)
나. 주위 사람의 뜻에 동조하려는 동기(MC)
다. 행위로 인해 얻게 될 보상(b)
라. 자신이 가치롭다고 생각하는 속성(NB)

2. 다음 중 동조에 관한 연구에서 발견된 사실은? (2010 기출)

가. 집단의 크기에 비례하여 동조의 가능성이 증가한다.
나. 과제가 쉬울수록 동조가 많이 일어난다.
다. 개인이 집단에 매력을 느낄수록 동조하는 경향이 더 많다.
라. 집단에 의해서 완전하게 수용받고 있다고 느낄수록 동조하는 경향이 더 많다.

[1. 해설] ㉮
이성적 행위 모형 즉, 태도-행위의 부합성을 설명하려고 제시된 이론 중 가장 잘 알려진 이론이 이성적 행위 모형이다. 사람들은 합리적으로 행동한다는 가정하에 사람들은 의식적 행동의도에 따라 행위를 취하며 이 행동의도는 행동에 대한 자신의 태도와 주위의 중요한 사람들이 그 행위를 어떻게 여길 것인가(주관적 사회규범)를 검토하여 결정된다고 본다. 예를 들어 어떤 청소년이 귀를 뚫을 것인지 말 것인지는 귀 뚫는 것에 대한 태도(행동이 초래할 여러 가지 결과의 가치와 그들의 발생가능성을 따라서 결정됨)와 주위의 중요한 사람들 (부모, 친구, 애인 등)이 귀 뚫는 것을 어떻게 생각하는지 그리고 그러한 주위 사람들의 생각과 기대에 부응하려는 동기의 크기에 의하여 결정되는 주관적 사회규범의 종합적인 고려에 의해서 나타나는 의도에 따라 좌우된다.

[2. 해설] ㉯
동조량은 개인과 타인들 간의 유대가 강할수록 커지며, 타인들 중에서 한 명이라도 다른 견해를 표명하면 크게 감소한다. 타인의 수가 많을수록 대체로 동조량은 증가하지만 4~5명 정도면 최대의 동조를 이끌어 낼 수 있다.

3. 다음중 동조현상이 가장 적게 발생하는 상황은? (2005, 2008 기출)

　가. 타인에게 자신이 잘 모르던 정보를 제공받는 경우

　나. 개인의 주관이나 확신이 강한 경우

　다. 다수의 인정을 받으려는 동기가 높은 경우

　라. 이탈에 대한 집단 압력이 부담스러운 경우

4. 동조행동에 대한 설명으로 틀린 것은? (2007 기출)

　가. 집단에 대한 신뢰가 커질수록 동조행동은 지속적으로 증가한다.

　나. 집단구성원의 응집력이 커질수록 동조행동은 지속적으로 증가한다.

　다. 이탈에 대한 두려움이 커질수록 동조행동은 지속적으로 증가한다.

　라. 집단의 크기가 커질수록 동조행동은 지속적으로 증가한다.

5. 다음 중 동조의 예로 가장 적당한 것은? (2009 기출)

　가. 내가 좋아하는 스타가 광고하는 음료수를 산다.

　나. 어느 대통령 후보의 연설에 감동해서 그를 지지한다.

　다. 상관의 부당한 지시를 마지못해 따른다.

　라. 미니스커트가 유행이어서 나도 미니스커트를 입는다.

PART
02

이상심리학

이상심리학

1 이상심리학의 정의 및 역사

가. 이상심리학이란?
1) 인간 일탈행동 또는 심리 장애를 연구하는 학문
2) 이상심리학 연구대상: 생활 적응의 곤란, 생활의 어려운 문제 등

나. 이상(Abnormal)과 정상(Normal)의 4가지 기준
1) 통계적인 기준
　가) 평균에서 이탈되어 있는 상태
　나) 장점: 객관적이고 정확함
　다) 단점: 구분을 위한 통계적 기준이 이론적이거나 경험적인 타당성은 없음
2) 사회적 규범의 기준
　가) 사회적 규범의 일탈을 이상 행동을 봄
　나) 사회마다 규범의 차이가 있음
　다) 문화 인류학적 규범 차이로 인한 이상 행동 구분의 어려움
　　　Ex) 일부다처와 일부일처 문화의 차이
3) 주관적 불편감으로서의 기준
　가) 개인 스스로가 불편하고 괴로우면 이를 이상행동으로 봄
　나) 주관적 불편감 기준
　다) 객관적으로 동일한 상황에서 주관적 경험의 차이가 있음
　　　(Ex. 반사회성 성격장애자의 주변에 미치는 부정적 영향)
4) 부적응성의 기준
　가) 사회적, 학업적, 직업적 생활의 부적응을 이상행동으로 봄
　나) 부적응을 하여도 타인이나 자신에게 피해를 끼치지 않는 경우도 있음
　　　(Ex. 실직이 장애는 아님)

다. 6가지 건강한 적응상태
1) 자기 주위에서 무엇이 일어나고 있는가에 대한 해석이 비교적 현실적
2) 자신의 동기와 감정에 대해 어느 정도 인식
3) 필요하다면 자신의 행동을 적절히 통제
4) 자신의 가치를 인정하고 주위 사람들에게 받아들여지고 있다고 느낌
5) 다른 사람과 친밀한 관계를 맺으며 생활
6) 자신의 능력을 생산적인 활동에 적절히 이용

라. 이상심리학의 역사

역사적으로 정신병을 어떻게 개념화했고 어떻게 처리했는지를 기술하는 것과 연관

1) 고대사회: 초자연적인 이해(귀신론)

가) 정신병을 초자연적 현상으로 이해

나) 신의 계시 혹은 저주를 받았다고 여기거나 귀신이 들렸다고 여김

다) 치료 방법도 초자연적 방법을 적용

2) 그리스 로마시대

가) 과학적 입장에서 설명

나) 인간중심의 사회(헬레니즘)적 개념으로 인한 과학적인 접근

3) 서양중세의 귀신론

가) 고대의 미신적인 견해나 귀신론적 입장이 성행

나) 귀신이나 악령이 사람의 삶에 직접 영향을 주는 것으로 봄

다) 거의 천년 동안 초자연적 입장이 지배함

4) 중세 이후의 발전

가) 중세의 마법과 귀신론 영향

나) 19세기까지 동물이나 죄수와 같이 열악

다) 1500년대 감옥소에서 정신병원, 요양소로 바뀜. 실제는 감옥

라) 프랑스의 정신과 의사 Pinel(1745~1826): 정신병자의 쇠사슬을 제거, 환자를 죄수가 아니라 병자로 보고 친절과 관심을 갖고 치료하자고 주장→도덕치료

5) 정신분석학설의 출현: 19세기 후반의 최면술 → 프로이트의 무의식 발견에 결정적인 영향

6) 이상행동의 측정과 관찰: 기술정신의학의 발달과 심리검사의 시작

가) 19세기 후반 무렵, 기술정신의학의 아버지 Kraepelin 정신질환자의 증상을 관찰하고 정신질환의 유형을 분류

나) 정신병을 조울병(Manic-depressive illness)과 조발성 치매(Dementia Praecox)로 분류, 현재 진단분류체계에서도 상당한 설득력 갖음

다) 심리 특성을 측정하려는 과학적인 연구 시도

라) 다양한 지능검사, 성격검사가 개발됨

7) 최근 동향

가) 실험과학과 경험적인 연구에 의존

나) 기질적 접근 + 심리적 접근 = 통합적 접근

다) 행동주의적 접근과 현상학적 인간주의적 접근 발전

라) 가족체계를 비롯해서 사회 환경의 영향에 관한 이론 발전

마) 1950년대 항정신 약물이 개발

바) 정신병 환자의 외래치료 방향으로 전환으로 지역 사회 접근이 두드러짐

사) 사회 환경과 개인의 상호작용을 강조하는 이론 모형 형성

행성 마비와 매독의 관련성을 발표

1900년: 프로이트가 '꿈의 해석'을 발간하여 정신분석학 이론을 제안

1905년: Binet와 Simon이 최초의 아동용 지능검사를 제작

1906년: 파블로프가 고전적 조건형성을 발견

1915년: 미국의 심리학자들이 세계 제1차대참군인의 선발을 위한 최초의 집단용 지능검사(Army Alpha&Beta)와 성격검사(Personal Data Sheet)를 개발

1920년: Watson과 Rayner가 Little Albert사례를 통해 고전적 조건형성에 의해 공포반응이 학습 제시

1921년: 로샤가 최초의 투사법 검사인 로샤검사를 개발

1939년: 최초의 개인용 성인지능검사인 Wechsler-Bellvue 검사가 개발

1940년: Hathaway와 Mckinley가 다면적 인성검사(MMPI)를 개발

1942년: 로저스 인간중심치료를 제안

1948년: WHO가 정신장애를 포함한 최초의 질병분류체계(ICD)를 발표

1951년: 펄스가 게슈탈트치료를 제안

1952년: 미국 정신의학회가 정신장애 분류체계인 DSM-1을 발표

1953년: Skinner가 조작적 조건형성의 원리를 발표

1953년: 빅터 프랑클이 의미치료를 제안

1958년: Wolpe가 행동치료 기법인 체계적 둔감법을 제안, Ellis가 합리적 정서행동치료를 제안

1960년: 아이젱크가 'Handbook of Abnormal Psychology'를 발간

1964년: Beck이 인지치료를 제안. 에릭 번이 교류분석을 제안

1965년: 윌리엄 글래서가 현실치료를 제안

[1. 해설] ④
의심은 기질성 뇌 증후군에 포함되지 않는다.

[2. 해설] ㉮
환각은 외부의 자극이 없음에도 불구하고 어떤 지각적인 체험을 하는 것을 환각이라고 한다. 환각은 지각의 왜곡이다.

[3. 해설] ④
팬텀(Phantom)이란 본래 유령을 의미하는데 의학의 팬텀 현상은 특수한 의미-신체의 일부를 절제한 후에도 그 신체상은 여전히 남아있는 현상-이다. 이는 주로 사지 절단 때에 가장 많이 나타나고 기타 유방, 음경, 항문, 코 등에서도 간혹 나타난다. 최근 유방암으로 유방 절제술이 많이 시행됨에 따라 팬텀 현상이 더욱 늘어나고 있다. 이 현상은 신체 일부를 절단했음에도 불구하고 그 부위가 아프다거나 저리다거나 가렵다고 호소하는 것이다.

[4. 해설] ④
사고 비약은 사고가 논리적이지 못하고 논리를 건너뛰면서 비약하여 산만하게 흘러가는 증상의 일종이다.

[5. 해설] ④
히포크라테스는 신체적 요소가 심리적 장애를 일으킨다고 하였다.

1. 진단구분에서 기질성 뇌 증후군에 포함되지 않는 장애는? (2010 기출)
   가. 의심　　　　　　　　　나. 과대 망상
   다. 기억상실장애　　　　　라. 해리성 장애

2. 환각(Hullucination)은 다음 중 어떤 부분의 왜곡인가? (2009 기출)
   가. 지각　　　　　　　　　나. 행동
   다. 사고　　　　　　　　　라. 관계

3. 이미 존재하지 않는 신체 부분에 대한 환각으로 사지를 절단한 후에 흔히 나타나는 것은? (2004, 2009 기출)
   가. 반사 환각　　　　　　나. 팬텀(Phantom)현상
   다. 운동환각　　　　　　라. 신체환각

4. 사고의 비약(Flight of Ideas)이라는 증상을 바르게 설명한 것은? (200라)
   가. 정신분열환자의 망상적 사고
   나. 우울증 환자의 자살 충동적 사고
   다. 조증환자가 대화할 때 보이는 급격한 주제의 전환
   라. 치매환자의 지리멸렬한 사고

5. 이상심리학의 역사에 관한 설명으로 틀린 것은? (201나)
   가. Kraepelin은 현대 정신의학의 분류체계에 공헌한 바가 크다.
   나. 고대 원시 사회에서는 정신병을 초자연적 현상으로 이해하였다.
   다. Hippocrates는 모든 질병은 그 원인이 마음에 있다고 하였다.
   라. 서양 중세에는 과학적 접근 대신 귀신론적 입장이 성행하였다.

2 이상심리학의 이론

가. 의학적 이론(기질적 모형)

1) 개요

가) 질환모형 혹은 기질적 모형이라 함

나) 정신병리적 증상은 생물학적 및 생화학적 장애의 결과

다) 귀신론적 설명 사라지고 뇌의 기능과 인간행동 간의 관계를 더 강조

라) 대뇌피질에 매독균이 침투해서 생기는 전신마비는 심리적 장애의 원인이 된다는 것이 밝혀짐

마) 심리적 역기능에 대한 귀신론적 설명을 탈피

바) 의학적 모형을 채택

사) 매독은 원래 귀신에 홀려서 생기는 질병으로 보았으나 페니실린을 투여하여 성공적으로 치료할 수 있게 됨, 심리적 역기능에 대한 질환 접근의 결정적인 계기가 됨

2) 뇌의 생화학적 이상

가) 개요

(1) 정신장애가 뇌의 생화학적 이상에 의해서 유발

(2) 뇌는 약 150억 개의 신경세포(Neuron)로 구성된 정보 전달 체계

(3) 신경세포 간의 정보전달은 화학적 물질에 의해서 이어짐 → 신경전달물질(Neurotransmitter)

(4) 50여 종의 신경전달물질이 알려짐

(5) 뇌의 부위별 특정 신경전달물질에 민감한 신경세포들이 있음

(6) 신경전달물질의 과다, 결핍 상태가 정신장애와 관련되어 있음

나) 정신장애와 연관되어 주목받는 신경전달물질

(1) 도파민

(가) 정서적 각성, 주의집중, 쾌감각, 수의적 운동에 영향을 미침

(나) 조현병과 관련된 신경전달물질

(다) 파킨슨씨 병은 도파민의 결핍으로 생기는 질병, 치료 위해 도파민을 과도하게 투입하면 망상이나 환각과 같이 조현병과 유사 증상 출현

(라) 조현병 환자들은 정상인보다 도파민 수준이 높음

(마) 조현병의 치료를 위해 사용되는 대부분의 약들은 도파민을 감소시키기 위해 도파민 수용체를 차단하는 작용

(2) 세로토닌

(가) 기분조절, 수면, 음식섭취, 공격성, 통증에 영향을 주는 신경전달물질

(나) 신경계통의 여러 부위에서 억제적 기능

(다) 세로토닌의 저하는 공격성을 증가시키는 결과를 초래

(라) 세로토닌은 우울증과 밀접히 관련: 세로토닌 수준이 낮음

정신장애와 연관된 신경전달물질

① 도파민 - 조현병
② 세로토닌 - 우울증
③ 노아에피네프린 - 각성, 공포, 불안
④ GABA, 글루타메이트, 아세틸콜린 - 기타 정신장애

*신경전달물질과 정신장애는 자주 출제되니 필히 정리해 두어야 한다.

(2) 노아에피네프린

　(가) 정서적 각성, 공포, 불안과 관련된 신경전달물질로서 우울증에도 영향을 미침

　(나) 세로토닌과 상호작용

(3) GABA, 글루타메이트, 아세틸콜린과 같은 다양한 신경전달물질이 정신장애와 관련

3) 생물학적 치료

가) 물리적인 방법 사용

나) 주된 방법은 약물치료, 전기충격치료, 뇌절제술 등

다) 약물치료는 뇌중추신경계의 신경전달물질에 영향을 주는 화학물질인 약물을 통해 증상을 변화

라) 1950년대 이후 향정신성 약물의 급격한 개발 이후 다양한 정신장애의 치료에 사용

마) 부작용의 약점이 있으나 최소화하는 약물들이 개발되고 있음

나. 정신분석적 이론

1) 심리적 역기능에 관한 여러 기본 가정

가) 행동을 결정하는데 핵심은 무의식적 과정

나) 성격구조는 이드, 자아 및 초자아로 구성. 심리적 갈등을 해결할 때에는 항상 이러한 성격구조가 상호작용

다) 심리성적 발달단계의 갈등 해결 수준이 성인기의 기능 결정

라) 심리적 갈등은 불안을 유발하고 불안이 일어나면 자아는 무의식적 방어기제를 동원 불안을 감소시키려 시도

다. 행동주의적(학습) 이론

1) 심리적 역기능을 잘못된 사회학습의 결과로 봄

2) 심리적 역기능에 대한 생리적 요인은 이차적인 것으로 간주

3) 이상행동도 정상적인 행동과 마찬가지로 학습과정을 통해 습득

4) 고전적 조건형성, 조작적 조건형성 및 사회학습 등과 같은 학습이론을 강조 → 행동치료는 이러한 학습이론에 크게 의존

라. 인지적 이론

1) 개요

가) 1960년대 인지심리학의 분야가 급속히 발전. 인지적 접근의 이론적 근거 마련

나) 인간을 정보처리자 또는 문제해결자로 간주

다) 지각, 주의, 기억, 추론 등 정보처리과정에 대한 많은 연구 수행

라) 자극과 반응들 간에 매개하는 인지과정에 대한 관심이 고조

마) 부적응적인 이상행동은 정보처리과정과 문제해결기술의 결함에 기인한 것으로 가정. 인지적 과정에 개입함으로써 이상행동을 치료할 수 있다는 입장

바) 1970년대 이에 근거하여 연구를 수행. 다양한 치료이론과 기법을 개발

2) 이상행동을 유발하는 인지적 요인

가) 개요

(1) 주변의 환경자극에 의미 부여. 이러한 의미부여과정에는 여러 가지 인지적 요인 개입

(2) 정신장애를 지닌 사람들은 부적응적인 인지적 특성을 지님

나) 이상행동과 관련된 부적응적인 인지의 3가지 구분

(1) 인지적 구조: 개인이 자신과 세계에 대한 지식과 정보를 체계적으로 조직하고 저장하는 기억체계를 의미. 과거경험의 축적물로 외부자극을 선택적으로 지각하고 해석하며 저장하는 기능

　(가) 인지구조를 구성하는 내용

　　① 인지 도식이라고도 함

　　② 세상을 바라보는 틀로 심리장애를 가진 사람은 이 왜곡된 틀로 세상을 바라 봄

　　③ 인지도식은 역기능적 신념의 형태로 나타나기도 함

　　　Ex) 불안장애를 지닌 사람들 → "세상은 위험으로 가득 차 있다. 항상 조심하고 경계해야 함. 그렇지 않으면 치명적인 결과를 맞게 될 것이다."와 같은 신념을 지니는 경향 → 매사에 과민 반응. 항상 높은 수준의 불안을 경험

　(나) 인지적 구조가 조직된 방식

　　① 조현병과 같은 심리장애는 인지구조의 구조적 결함이나 혼란에 기인

　　② 인지구조의 편향이나 결손에 문제

(2) 인지적 산물

　(가) 외부자극에 대한 정보처리의 결과로 생성된 인지를 의미

　(나) 외부 정보처리를 통해 능동적으로 의미 부여. 해석하여 주관적 현실 또는 현상학적 장을 형성

　(다) 인지적 산물은 외부의 환경적 자극과 개인 내부의 인지적 구조가 상호작용한 결과

　(라) 주로 사고나 심상의 형태

　(마) 사고와 심상으로 이루어지는 인지적 산물이 감정과 행동에 영향을 미침

(3) 인지적 과정

　(가) 인지구조가 인지적 산물을 생성하는 방식

　(나) 지각된 입력 정보의 의미부여, 추론, 의미확대의 정보변환 과정

가) 세 가지 유형의 인지적 심리치료

(1) 인지 재구성 – Ellis의 합리적정서치료, Beck의 인지치료

(2) 대치기술치료 – Meichenbaum의 스트레스 면역훈련

(3) 문제해결치료 – 문제 상황의 해결에 초점을 둠. Rehm, Mahony

마. 통합 이론

1) 취약성-스트레스 이론

가) 신체 + 심리 + 사회의 요인으로 이상 행동 유발

심리장애와 관련된 주된 사고내용

심리장애	자동적 사고의 주제
우울증	자신, 미래, 환경에 대한 부정적 견해
경조증	자신, 미래, 환경에 대한 긍정적 견해
불안증	신체적 또는 심리적 위협감과 위험
공황장애	신체나 정신적 경험에 대한 파국적 해석
공포증	구체적이고 회피가능한 상황에서의 위협
전환장애	운동기관 또는 감각의 이상에 대한 믿음
강박증	안전에 대한 반복적 경고 및 회의
자살	희망상실, 절망
섭식장애	살찌는 것에 대한 공포
건강염려증	심각한 의학적 질병에 걸려 있다는 믿음

세 가지 유형의 인지적 심리치료

1. 인지 재구성
2. 대치기술치료
3. 문제해결치료

나) 2가지 고려사항

   (1) 취약성 - 장애에 걸리기 쉬운 개인 특성

   (2) 환경 - 심리사회적 스트레스

다) 2가지가 같이 작동할 때 정신장애 발생. 한 요인만으로는 정신장애가 발생하지 않음

라) 비중은 경우마다 다양하게 달라질 수 있음

마) Zubin과 Spring(1977)의 조현병 대한 취약성-스트레스 모델

   (1) 유전적 요인과 출생 전후의 신체적, 심리적 요인의 취약성

   (2) 생의 과정에서 스트레스 경험

   (3) 취약성과 스트레스가 상호작용일정한 수준을 넘게 되면 조현병 발병

바) Kwon(1992): 우울증의 인지적 이론을 설명하기 위해서 취약성-스트레스 모델과 매개적 요인을 통합한 모델을 제시

사) 인지적 취약성 + 부정적 생활사건 → 사건에 대해 과장된 의미를 부여한 부정적 사고 = 우울증을 유발

2) 생물심리사회적 모델(Georege Engel)

가) 생물 + 심리 + 사회 요인이 정신 및 신체 질환의 요인

나) 건강 심리학의 이론적 근거제시

다) 체계이론: 전체론에 근거. 동일 결과성 원리, 다중결과성 원리 모두 인정

동일결과성의 원리
- 동일한 목표에 도달하는 길은 다양

다중결과성의 원리
- 동일한 원인이 다양한 결과를 유발

문 제

1. 다음은 이상심리학의 기본이론 중 무엇에 관한 설명인가? (2007 기출)

> – 이상행동을 심리학의 관점에서 설명한 이론
> – 이상행동은 주변 환경으로부터의 잘못된 학습에 기인한 것
> – 학습이론을 통해 이상행동이 습득되고 유지되는 과정을 구체적으로 이해

가. 정신분석이론   나. 인지적 이론

다. 통합 이론   라. 행동주의 이론

[1. 해설] ㉣
행동주의는 학습이론을 기본적인 이론으로 구성된다.

2. 다음중 인지적 이론의 주요 특징이 아닌 것은? (2008 기출)

가. 협력적 경험주의   나. 소크라테스식 대화법

다. 안내된 발견   라. 조형

[2. 해설] ㉣
조형은 전형적인 행동주의 학습이론이다.

3. 이상행동을 설명하는 이론적 관점 중 다음의 특징을 설명하는 것은? (201 나)

> 환경으로부터 주어지는 심리사회적 스트레스와 그에 대응하는 개인의 특성을 고려해야 한다는 입장이다.
> 대부분의 이상행동은 개인이 삶의 과정에서 겪게 되는 불행한 사건이 계기가 되어 나타나는 경우가 많다. 그러나 똑같은 불행한 사건을 경험한 사람들이 모두 동일한 이상행동을 나타내는 것이 아니다. 이는 심리사회적 스트레스가 이상행동을 촉발하는 원인이 되나 개인마다 성격이나 심리적 특성이 달라서 불행한 사건에 대처하는 방식이 각기 다르고 그 심리적 결과도 다르기 때문이다.

　가. 취약성 스트레스 모델　　　　나. 심리사회적 모델
　다. 사회적 학습이론　　　　　　라. 인지 이론

4. 순종적이던 개가 실험과정에서 안절부절 못하고 공격적이며 대소변을 가리지 못하는 등의 실험신경증(Experimental neurosis)은 다음 중 어떤 요인에 어려움이 있을 때 유발되는 것인가? (2010 기출)

　가. 자극 일반화　　　　　　　　나. 소거
　다. 강화　　　　　　　　　　　라. 자극 변별

5. 3가지 유형의 인지적 심리치료에 해당하지 않는 것은?

　가. 인지 재구성　　　　　　　　나. 대치 기술치료
　다. 문제해결치료　　　　　　　라. 유관강화

[3. 해설] ㉮
취약성 스트레스 모델은 개인의 생리적, 심리적 요소와 환경의 상호작용으로 이상행동이 나타난다는 모델이다.

[4. 해설] ㉱
원래의 조건자극과 새로운 자극의 유사성이 높을수록 변별학습은 상대적으로 어렵게 된다. 실험용 개에게 매우 유사한 두 조건자극을 변별하도록 요구하면 개가 어떤 자극에 반응해야 할지 몰라 쩔쩔매는 신경증과 유사한 상태가 되는데 Pavlov는 이러한 현상을 실험신경증이라 하였다. 실험의 예를 들면 타원과 원을 그려준 다음, 타원을 고르면 전기자극을 통해서 고통을 주고, 원을 고르면 밥을 준다. 그리고 점점 타원을 원처럼 동그랗게 그려줍니다. 그렇게 하다 보면 어느 순간 타원과 원이 같게 된다. 이때부터는 실험자가 아무거나 찍어서 그걸 맞추면 밥을 주고 못 맞추면 전기자극을 주기를 반복한다. 이렇게 하다보면 개가 신경증에 걸린다. 벽에 부딪쳐서 자학을 한다던지, 실험자를 물려고도 하며, 심지어는 기절까지 한다.

[5. 해설] ㉱
유관강화는 행동주의 이론이다.

③ DSM-5에 의한 질병분류

DSM의 숫자 표기 변경 이유

- 로마자 표기는 Upgrade 개념이며 숫자 표기는 Update 개념으로 보면 됨
- 이전 진단편람에서 업그레이드 될 때 로마자를 I, II, III, IV를 활용하였으나 이후 아라비아 숫자로 바꾼 이유는 전체 진단 편람의 큰 변화 없이 지속적인 연구를 업데이트 개념으로 변화를 따르기 위한 것으로 5.1, 5.2 등으로 표기하기 위한 것임

가. DSM-5의 발간

1) 미국 정신의학회는 2013년 5월에 DSM-5를 발간
2) 임상가들이 정신장애의 진단을 좀 더 편리하게 할 수 있도록 구성
3) 최근의 과학적인 연구결과를 반영하려고 노력
4) DSM-IV에서 사용하던 다축 진단체계가 임상적 유용성과 타당성이 부족하다는 이유로 폐기
5) 범주적 진단체계의 한계를 보완하기 위하여 차원적 평가를 도입한 혼합모델을 적용 심각도 차원에서 평가하도록 함
6) DSM-5는 정신장애를 20개의 주요 범주로 나누고 그 하위범주로 300여 개 이상의 장애를 포함

나. DSM-5에 포함되어 있는 정신장애의 범주들-총론

1) 개요
   가) DSM-5는 심리장애를 크게 20가지 범주로 분류
   나) 각 범주는 여러 하위 장애로 세분
   다) 발달단계를 고려하여 이른 시기의 발달과정에 나타나는 정신장애 범주부터 먼저 제시

2) 신경발달장애(Neurodevelopmental Disorders)
   가) 중추신경계, 즉 뇌의 발달 지연 또는 뇌 손상과 관련된 정신장애를 포함
   나) 뇌의 발달장애로 생의 초기부터 나타나는 아동기 및 청소년기의 정신장애 포함
   다) 하위 유형
      (1) 지적장애(Intellectual Disability)
      (2) 의사소통장애(Communication Disorders)
      (3) 자폐스펙트럼장애(Autism Spectrum Disorder)
      (4) 주의력 결핍/과잉행동장애(Attention Deficit Hyperactivity Disorder)
      (5) 특정학습장애(Specific Learning Disabilities)
      (6) 운동장애(Motor Disorder)

*정신분열증이 정신적 현의 조율에 문제가 있다는 의미로 調絃病으로 변경됨. 이러한 측면에서 정신분열증상이라는 용어는 조현증상 등 조현이라는 용어로 대체하여 사용할 수 있음

3) 정신분열 스펙트럼 및 기타 정신증적 장애(Schizophrenia Spectrum and Other Psychotic Disorders)
   가) 조현병을 비롯하여 그와 유사한 증상을 나타내는 심각한 정신장애를 포함
   나) 망상, 환각, 혼란스러운 언어, 부적절한 행동, 둔마된 감정이나 사회 고립의 일련의 정신장애
   다) 증상의 심각도나 지속기간에 따라 다양한 하위유형으로 구분

(1) 분열형 성격장애(Schizoid Personality Disorder): 경미한 조현병 증상이 성격의 일부

(2) 망상장애(Delusional Disorder): 다른 적응 기능 비교적 온전 + 망상을 특징

(3) 단기 정신증적 장애(Brief Psychotic Disorder): 조현병 증상이 1개월 이내

(4) 정신분열형 장애(Schizophreniform Disorder): 조현병 증상이 1개월 이상 6개월 이내

(5) 조현병(Schizophrenia): 조현병 증상이 6개월 이상 지속

(6) 분열정동장애(Schizoaffective Disorder): 조현병 증상 + 양극성 증상

(7) 약물이나 신체적 질병으로 인해 나타나는 정신증적 장애 포함

4) 양극성 및 관련 장애(Bipolar and Related Disorders)

가) 기분의 변화가 매우 심함: 고양된 상태(조증) + 침체된 상태(우울증) + 주기적

나) 조울증이라고도 불림

다) 조증 증상 심각도 수준에 따라 조증삽화와 경조증 삽화로 구분

(1) 조증삽화(Manic Episode): 과도하게 들뜬 고양된 기분 + 자존감 팽창 + 말과 행동 증가 + 주의 산만 + 일상적인 생활이 불가능

(2) 경조증 삽화(Hypomanic Episode): 조증 증상이 경미하게 나타나는 경우

라) 하위유형

(1) 제1형 양극성 장애(Bipolar I Disorder): 조증 1회 이상 + 우울증

(2) 제2형 양극성 장애(Bipolar II Disorder): 경조증 1회 이상 + 우울증

(3) 순환감정장애(Cyclothymic Disorder): 경조증 + 경한우울증 + 2년 이상

5) 우울장애(Depressive Disorders)

가) 우울하고 슬픈 기분을 주된 증상으로 하는 다양한 장애

나) 일상생활에 대한 의욕과 즐거움이 감퇴 + 주의력 집중과 판단력 저하, 체중과 수면패턴 변화, 무가치감과 죄책감, 죽음이나 자살에 대한 사고가 증가

다) 하위유형

(1) 주요우울장애(Major Depressive Disorder): 우울증상을 주로 보임

(2) 지속 우울장애(Persistent Depressive Disorder): 경미한 우울증상이 장기적 나타남

(3) 월경 전 불쾌장애(Premenstrual Dysphoric Disorder): 월경 전 우울증상이 남

(4) 파괴적 기분조절곤란 장애(Disruptive Mood Dysregulation Disorder): 불쾌한 기분을 조절하지 못함

6) 불안장애(Anxiety Disorders)

가) 불안과 공포를 주된 증상으로 하는 장애

나) 하위유형

(1) 범불안장애(Generalized Anxiety Disorder): 미래에 경험하게 될 다양한 상황에 대해서 과도한 불안과 걱정을 함

*정서를 +100에서 -10까지로 보면 조증은 +100에 해당되는 것으로 우울증은 -10으로 볼 수 있음
제1형 양극성 장애는 적어도 한번은 +10의 삽화가 있어야 하며 제 2형은 +7~5수준의 경조증만 있는 경우임. 양쪽 다 -10 정도 수준의 우울증은 있어야 되는 것으로 생각할 수 있다. 이러한 측면에서 한번 제1형이 되면 제2형으로 진단이 바뀔 수 없으나 제2형에서 조증이 나타나면 제1형 양극성 장애로 진단이 바뀔 수 있다.

불안장애(Anxiety Disorders) 하위 유형

1. 범불안장애(Generalized Anxiety Disorder)
2. 특정공포증(Specific Phobia)
3. 광장공포증(Agoraphobia)
4. 사회불안장애(Social Phobia, Social Anxiety Disorder)
5. 공황장애(Panic Disorder)
6. 분리불안장애(Separation Anxiety Disorder)
7. 선택적 무언증(Selective Mutism)

(2) 특정공포증(Specific Phobia): 특정한 대상(Ex. 뱀, 개, 거미)이나 상황(Ex. 높은 곳, 폭풍)에 대한 공포를 지님

(3) 광장공포증(Agoraphobia): 특정한 장소(Ex. 쇼핑센터, 극장, 운동장, 엘리베이터, 지하철)에 대한 공포를 지님

(4) 사회불안장애(Social Phobia, Social Anxiety Disorder): 다른 사람 앞에서 어떤 일을 해야 할 때 심한 불안과 공포를 느낌

(5) 공황장애(Panic Disorder): 갑작스럽게 엄습하는 강렬한 불안과 공포를 경험

(6) 분리불안장애(Separation Anxiety Disorder): 중요한 애착 대상과 떨어지는 것에 대한 심한 불안 경험

(7) 선택적 무언증(Selective Mutism): 특수한 사회적 상황에서 지속적으로 말을 하지 않는 것

7) 강박 및 관련장애(Obsessive-compulsive and Related Disorders)

가) 강박적인 집착과 반복적인 행동을 특징적으로 나타내는 일련의 장애

나) 강박사고(Obsession): 불안을 유발하는 부적절한 사고(Ex. 성적이거나 불경스러운 생각, 더러운 것에 오염될 것에 대한 생각) + 강박행동(Compulsion): 강박사고로 인한 불안을 완화시키기 위한 (Ex. 손 씻기, 확인하기, 정돈하기, 숫자세기) 행동의 반복

다) DSM-5에서 처음으로 독립된 장애범주로 제시됨

라) 하위유형

(1) 강박장애(Obsessive Disorder): 본인의 의지와 상관없이 원하지 않는 강박사고와 강박행동을 반복하게 되는 경우

(2) 신체변형장애(Body Dysmorphic Disorder): 신체 일부가 기형적으로 이상하게 생겼다는 생각(Ex: 코가 비뚤어짐, 턱이 너무 긺)에 집착

(3) 저장장애(Hoarding Disorder): 불필요한 물건을 과도하게 수집하여 보관하는 행동

(4) 모발 뽑기 장애(Hair-Pulling Disorder): 자신의 머리털을 반복적으로 뽑는 행동

(5) 피부 벗기기 장애(Excoriation Disorder, Skin-picking Disorder): 자신의 피부를 반복적으로 벗기는 행동

8) 외상 - 스트레스 사건 - 관련 장애(Trauma-and Stressor-Related Disorders)

가) 충격적인 외상사건(Ex. 교통사고, 전쟁, 건물붕괴, 지진, 강간, 납치)이나 스트레스 사건을 경험한 이후에 부적응 증상

나) DSM-5에서 처음으로 독립된 장애범주로 제시

다) 하위유형

(1) 외상 후 스트레스 장애(Post-Traumatic Stress Disorder, PTSD): 외상 사건 경험 이후 사건 기억의 침투증상 + 회피적 행동 + 1개월 이상 나타나는 경우

**강박 및 관련장애
(Obsessive-compulsive
and Related Disorders)
하위 유형**

1. 강박장애
(Obsessive Disorder):
2. 신체변형장애
(Body Dysmorphic Disorder)
3. 저장장애
(Hoarding Disorder)
4. 모발 뽑기 장애
(Hair-Pulling Disorder)
5. 피부 벗기기 장애
(Excoriation Disorder,
Skin-picking Disorder)

**외상 - 스트레스 사건 -
관련 장애(Trauma -
and Stressor - Related
Disorders) 하위 유형**

1. 외상후 스트레스 장애
(Post-traumaticstress
Disorder, PTSD)
2. 적응장애(Adustment
Disorder)
급성 스트레스 장애 (Acute
Stress Disorder, ASD)
3. 반응성 애착장애(Reactive
Attachment Disorder)
4. 탈억제 사회관여 장애
(Disinhibited Ssocial
Engagement Disorder

(2) 적응장애(Adjustment Disorder): 확인가능한 스트레스 사건에 대한 적응실패로, 정서적 또는 행동적 문제들이 발생하는 경우를 말함

(3) 급성 스트레스 장애(Acute Stress Disorder, ASD): 유사한 증상이 1개월 이내로 나타나는 경우

(4) 반응성 애착장애(Reactive Attachment Disorder): 부모 및 타인과 접촉 회피. 생후 9개월~5세 이전 연령

(5) 탈억제 사회관여 장애(Disinhibited Ssocial Engagement Disorder): 낯선 성인에게 과도한 친밀감 표현하며 접근. 생후 9개월 이후

9) 해리장애(Dissociative Disorders)

가) 의식, 기억, 자기정체감 및 환경지각 등이 평소와 달리 급격하게 변화하는 장애

나) 하위유형

(1) 해리성 기억상실증(Dissociative Amnestic Disorder): 자기의 과거를 전부 잊어버리거나 특정 기간 동안의 기억을 망각함

(2) 해리성 정체감 장애(Dissociative Identity Disorder): 한 사람의 내부에 두 개 이상의 독립적인 정체감과 성격을 지님

(3) 이인증/비현실감 장애(Depersonalization/Derealization Disorder): 평소와 달리 자신과 주변 현실에 대해서 매우 낯설거나 이상한 느낌을 받게 되는 경험

10) 신체증상 및 관련장애(Somatic Symtom and Related Disorders)

가) 한 개 이상의 신체적 증상에 과도하게 집착 + 심각한 고통과 일상생활의 부적응을 초래하는 경우

나) 하위유형

(1) 신체증상 장애(Somatic Symptom Disorder): 한 개 이상의 신체증상을 호소, 통증이 있음

(2) 질병불안장애(Illness Anxiety Disorder): 실제로 건강에 큰 문제가 없음에도 자신의 몸에 심각한 질병이 있다는 집착 + 과도한 불안, 건강염려증이라고 불림. 통증이 없을 수도 있음

(3) 전환장애(Conversion Disorder): 신경학적 손상을 암시하는 운동기능이나 감각기능 이상. 과거 히스테리성 신경증으로 불림

(4) 허위성장애(Factitious Disorder): 신체적 또는 심리적 증상을 의도적으로 위장하여 병원에서 환자로 치료받기를 원하는 경우. 아무런 현실적인 이득(ex: 경제적 보상, 법적 책임의 회피 등)이 없음이 분명. 환자 역할을 하려는 심리적 욕구에만 기인

11) 급식 및 섭식 장애(Feeding and Eating Disorders)

가) 개인의 건강과 심리사회적 기능을 현저하게 방해하는 부적응적인 섭식행동과 섭식 행동

나) 하위유형

해리장애(Dissociative Disorders)하위 유형

1. 해리성 기억상실증(Dissociative Amnestic Disorder)
2. 해리성 정체감 장애(Dissociative Identity Disorder)
3. 이인증/비현실감 장애(Depersonalization/Derealization Disorder)

신체증상 및 관련장애(Somatic Symtom and Related Disorders) 하위유형

1. 신체증상 장애(Somatic Symptom Disorder)
2. 질병불안장애(Illness Anxiety Disorder)
3. 전환장애(Conversion Disorder)
4. 허위성장애(Factitious Disorder)

급식 및 섭식 장애(Feeding and Eating Disorders) 하위유형

1. 신경성 식욕부진증(Anorexia Nervosa)
2. 신경성 폭식증(Bulimia Nervosa)

3. 폭식장애
   (Binge Eating Disorder)
4. 이식증(Pica)
5. 반추장애
   (Rumination Disorder)
6. 회피적/제한적 음식섭취
   장애(Avoidant/Restrictive
   Food Intake Disorder)

신경성 폭식증 = 폭식 + 보
         상행동

폭식장애 = 신경성 폭식 −
       보상행동

(1) 신경성 식욕부진증(Anorexia Nervosa): 체중증가와 비만에 대한 극심한 두려움→음식섭취 현저하게 감소 or 거부→ 체중이 비정상적으로 저하. 여자 청소년에게서 흔히 나타남. 음식섭취를 거부하여 결국 사망하는 사람도 있음

(2) 신경성 폭식증(Bulimia Nervosa): 짧은 시간 내에 많은 양을 먹는 폭식행동 + 체중증가를 막기 위한 구토 등의 보상 행동 + 두 행동 반복
많은 양의 음식을 단기간(Ex. 2시간) 폭식행동→스스로 조절 불가→체중증가에 대한 자책감→구토 or 이뇨제 + 설사제 + 관장약 복용

(3) 폭식장애(Binge Eating Disorder): 신경성 폭식증에서의 보상행동은 없음 = 과체중 비만

(4) 이식증(Pica): 아동기 + 부적응적인 급식장애. 먹으면 안 되는 것(종이, 천, 머리카락, 흙, 벌레)을 습관적으로 먹음

(5) 반추장애(Rumination Disorder): 음식물을 반복적으로 되씹거나 토해내는 행동

(6) 회피적/제한적 음식섭취 장애(Avoidant/Restrictive Food Intake Disorder): 지속적으로 먹지 않아 심각한 체중감소

12) 배설장애(Elimination Disorders)
  가) 아동기나 청소년기에 흔히 진단되는 장애
  나) 대소변을 가릴 연령 + 옷이나 적절치 않은 장소에서 배설하는 경우
  다) 하위유형
   (1) 유뇨증(Enuresis): 5세 이상의 아동+신체적인 이상 없음 + 옷이나 침구에 반복적 소변
   (2) 유분증(Encopresis): 4세 이상의 아동+대변을 적절치 않은 곳(옷이나 마루)에 반복적으로 배설

수면 - 각성 장애(Sleep
- wake Disorders)하위
유형
1. 과다수면장애
   (Hypersomnia)
2. 불면장애(Insomnia)
3. 수면발작증(Narcolepsy)
4. 호흡 관련 수면장애
   (Sleep–Related Breathing
   Disorder)
5. 일주기 리듬 수면 각성 장애
   (Circadian Rhythm Seep
   Disorders)
6. 수면 이상증(Parasomnias)
① 비REM 수면 각성 장애
   (Non-rapid Eye Movement
   Sleep Arousal Disorders)
② 악몽장애
   (Nightmare Disorder)
③ REM 수면 행동장애

13) 수면 - 각성 장애(Sleep - wake Disorders)
  가) 수면의 양이나 질의 문제 + 수면 각성에 대한 불만과 불평을 나타내는 경우
  나) 하위유형
   (1) 과다수면장애(Hypersomnia): 원하는 시간에 불면, 밤중에 자주 깨어 1개월 이상 수면부족상태가 지속
   (2) 불면장애(Insomnia): 충분히 수면에도 불구 졸린 상태가 지속 or 과수면
   (3) 수면발작증(Narcolepsy): 주간 + 근육이 풀리고 힘이 빠짐 + 부적절한 상황에서 수면상태에 빠짐
   (4) 호흡 관련 수면장애(Sleep–Related Breathing Disorder): 수면 중 호흡곤란 →수면 방해
   (5) 일주기 리듬 수면 각성 장애(Circadian Rhythm Sleep Disorders): 야간 근무로 인해 낮에 수면→평소의 수면주기와 맞지 않는 수면상황에서 수면의 곤란
   (6) 수면 이상증(Parasomnias): 수면 상태에서 일어나는 비정상적인 행동이나 경험을 말함

(가) 비REM 수면 각성 장애(Non-rapid Eye Movement Sleep Arousal Disorders): 수면 중 + 걸어 다님 or 자율신경계의 흥분 or 강렬한 공포 →잠에서 깨어남

(나) 악몽장애(Nightmare Disorder): 수면 중 + 악몽→자주 깸

(다) REM 수면 행동장애(Rem Sleep Behavior Disorder): REM 수면 기간 + 소리 냄 or 타인에게 피해주는 움직임을 반복적으로 나타냄.

(라) 초조성 다리 증후군(Restless Legs Syndrome): 다리에 불쾌한 감각+ 다리 움직이고자 하는 충동 느낌

(마) 물질/약물 유도성 수면장애(Substance/Medication-induced Sleep Disorder): 약물의 중독 or 금단증상→수면장해 발생

14) 성-관련 장애(Sexual Dysfunction)

(1) 성기능 장애(Sexual Dysfunction)-행위를 방해하는 다양한 기능장애.

(가) 남성 성욕감퇴장애(Hypoactive Sexual Desire Disorder): 6개월 이상 성적인 욕구 없음

(나) 발기 장애(Male Erectile Disorder): 성 활동 동안 발기 곤란

(다) 조루증(Premature Ejaculation): 성행위 시 일찍 or 원하기 전 사정

(라) 지루증(Delayed Ejaculation): 성행위 시 사정 안됨 or 현저히 지연

(마) 여성 성적 관심/흥분장애(Female Sexual Arousal Disorder): 성적 활동 관심 저하 + 성행위 시 성적인 흥분되지 않음

(바) 여성 절정감 장애(Female Orgasmic Disorder): 성행위 시 절정감 경험하지 못함

(사) 생식기-골반 통증/삽입장애(Sexual Pain Disorder): 성행위 시 생식기나 골반 통증을 경험

(2) 성 불편증(Gender Dysphoria): 자신의 생물학적 성과 경험하고 표현하는 성 행동 간의 현저한 괴리→심한 고통과 사회적 적응곤란

(가) 다른 성이 되고자 하는 강렬한 열망 or 반대 성의 의복을 선호 or 반대 성의 역할을 하고자 함

(나) 신체적으로는 남성이나 남자인 것을 싫어하거나 역할을 싫어함 + 여성의 옷을 입고 여성적인 놀이나 오락을 좋아함(여성의 경우 반대)

(다) 반대의 성이 되고자 하는 강한 욕구를 지님

(라) 다양한 연령대에서 나타남

(마) 아동의 경우와 청소년 및 성인의 경우로 나누어 다른 진단기준

(3) 성 도착 장애(Paraphilic Disorders)

(가) 성행위 대상이나 성행위 방식에서 비정상성 = 변태성욕증

(나) 인간이 아닌 대상(Ex. 동물, 물건)을 성행위 대상 or 아동 or 동의하지 않은 사람을 대상으로 성행위

(다) 자신이나 상대방이 고통이나 굴욕감을 느끼게 하는 성행

(라) 하위유형

(Rem Sleep Behavior Disorder)

④ 초조성 다리 증후군 (Restless Negs Syndrome)

⑤ 물질/약물 유도성 수면장애 (Substance/Medication -induced Sleep Disorder)

REM 수면: 안구 운동이 일어나는 수면 단계로 꿈을 꾸는 상태.

성기능장애(Sexual Dysfunction)하위유형

1. 남성 성욕감퇴장애 (Hypoactive Sexual Desire Disorder)
2. 발기 장애 (Male Erectile Disorder)
3. 조루증 (Premature Ejaculation)
4. 지루증 (Delayed Ejaculation)
5. 여성 성적 관심/흥분장애 (Female Sexual Arousal Disorder)
6. 여성 절정감 장애 (Female Orgasmic Disorder)
7. 생식기-골반 통증/삽입장애(Sexual Pain Disorder)

성 불편증 (Gender Dysphoria)

성도착 장애(Paraphilic Disorders)

1. 관음장애 (Vvyeuristic Disorder)
2. 노출장애 (Exhibitionistic Disorder)
3. 접촉마찰장애 (Frotteuristic Disorder)

① 관음장애(Voyeuristic Disorder): 타인의 탈의 or 성행위 모습을 몰래 훔쳐봄으로써 성적 흥분

② 노출장애(Exhibitionistic Disorder): 자신의 성기를 낯선 사람에게 노출→성적 흥분

③ 접촉마찰장애(Frotteuristic Disorder): 원하지 않는 상대방에게 몸을 접촉→성적 흥분

④ 성적 가학장애(Sadism Disorder): 상대방에게 고통이나 굴욕감을 줌→성적 흥분

⑤ 성적 피학장애(Masochism Disorder): 상대방에게 고통이나 굴욕감을 받음→성적 흥분

⑥ 아동성애장애(Pedophilic Disorder): 사춘기 이전의 아동(보통 만 12세 이하)을 상대로 한 성행위→성적 흥분

⑦ 성애물 장애(Fetishistic Disorder): 무생물인 물건(Ex. 여성의 속옷)에 성적 흥분

⑧ 의상전환장애(Transvestistic Disorder): 이성의 옷으로 바꿔 입음→성적 흥분

15) 파괴적 충동통제 및 품행장애(Disruptive, Impulsive Control, and Conduct Disorders)

가) 정서와 행동에 대한 자기통제의 문제+ 타인의 권리를 침해 or 사회 규범을 위반 행동

나) 하위유형

(1) 적대적 반항장애(Oppositional Defiant Disorder): 어떤 사람과의 상호작용에서 화를 잘 냄 or 논쟁 or 도전 or 앙심 + 악의에 찬 행동

(2) 품행장애(Conduct Disorder): 난폭, 잔인한 행동 or 기물파괴 or 도둑질 or 거짓말 or 가출→ 타인의 권리를 침해 + 사회적 규범을 위반 하는 청소년

(3) 반사회적 성격장애(Antisocial Personality Disorder): 성인 + 사회적 규범 or 타인의 권리를 무시하는 행동

(4) 간헐적 폭발성 장애(Intermittent Explosive Disorder): 공격 충동이 조절 안됨→심각한 파괴적 행동

(5) 도벽증(Kleptomania): 남의 물건을 훔치고 싶은 충동→반복적으로 도둑질

(6) 방화증(Pyromania): 불을 지르고 싶은 충동을 조절 실패→반복적으로 방화

16) 물질-관련 및 중독장애(Substance-related and Addictive Disorders)

가) 술, 담배 마약 등과 같은 중독성 물질을 사용 or 중독성 행위에 몰두

나) 물질-관련 장애(Substance-related Disorders): 물질사용 장애 & 물질 유도성 장애(물질 중독 + 물질 금단 + 물질/약물 유도성 정신장애)

(1) 물질 중독(Substance Intoxication): 특정 물질 과도한 복용 + 일시적 부적응

(2) 물질 금단(Substance Withdrawal): 물질복용 중단 → 일시적 부적응

(3) 물질/약물 유도성 정신장애(Substance/Medication – Induced Mental Disorders): 물질 남용 → 일시적 심각한 중추신경 장애

(4) 10개의 장애물질: 알코올, 카페인, 대마계의 칸나비스, 환각제, 흡입제, 아편류, 진정제, 수면제 또는 항불안제, 흥분제, 타바코, 기타 물질(Ex. 스테로이드, 코르티솔, 카바 등)

(5) 물질 구체적인 진단이 가능

　　Ex) 알코올 관련 장애는 알코올 사용장애, 알코올 중독, 알코올 금단, 알코올 유도성 정신장애 등으로 구분 가능

다) 비물질-관련 장애(Non-substance-related Disorders)

(1) 도박 장애(Gambling Disorder): 12개월 이상의 도박행동+심각한 적응문제와 고통을 경험. 쾌락 목적 도박 욕구, 도박 집착 및 몰두, 못하면 안절부절 못함, 도박 숨기기 위한 반복적인 거짓말

17) 신경인지 장애(Neurocognitive Disorders)

가) 뇌의 손상 → 의식, 기억, 언어, 판단 등의 인지적 기능에 심각한 결손

나) 알츠하이머 질환, 뇌혈관 질환, 충격에 의한 뇌손상, HIV 감염, 파킨슨 질환 등에 의해 유발

다) 하위유형

(1) 주요 신경인지장애(Major Neurocognitive Disorders): 주의, 실행기능, 학습 및 기억, 언어, 지각-운동, 사회적 인지기능의 현저한 저하

(2) 경도 신경인지 장애(Mild Neurocognitive Disorders): 같은 인지기능의 저하가 경미

(3) 섬망(Delirium): 의식 혼미, 주의집중 및 전환능력 감소 + 기억, 언어, 현실 판단 등의 인지기능에 일시적인 장애

라) 물질 사용 or 신체 질병 등 다양한 원인에 의해서 나타남

18) 성격장애(Personality Disorders)

가) 성격 자체가 부적응적 → 사회적 기대에 어긋난 이상행동을 지속함

나) 어린 시절부터 점진적으로 형성 + 성인기(보통 만 18세 이후)에 진단됨

다) A, B, C의 세 군집으로 분류되는 10가지 유형의 성격장애

(1) A군 성격장애(Cluster A Personality Disorders): 기이함 + 괴상한 행동

　(가) 편집성성격장애(Paranoid Personality Disorder)

　(나) 분열성(조현성)성격장애(Schizoid Personality Disorder)

　(다) 분열형(조현형)성격장애(Schizotypal Personality Disorder)

(2) B군 성격장애(Cluster B Personality Disorders): 극적 + 감정적 + 변화가 많은 행동

　(가) 반사회적성격장애(Antisocial Personality Disorder)

A군 성격장애(Cluster A Personality Disorders)

1. 편집성성격장애 (Paranoid Personality Disorder)
2. 분열성성격장애(Schizoid Personality Disorder)
3. 분열형성격장애 (Schizotypal Personality Disorder)

B군 성격장애(Cluster B Personality Disorders)

1. 반사회적성격장애 (Antisocial Personality Disorder)

2. 연극성성격장애
(Histrionic Personality
Disorder)
3. 경계선성격장애(Boderline
Personality Disorder)
4. 자기애성성격장애
(Narcissistic Personality
Disorder)

(나) 연극성성격장애(Histrionic Personality Disorder)

(다) 경계선성격장애(Boderline Personality Disorder)

(라) 자기애성성격장애(Narcissistic Personality Disorder)

(3) C군 성격장애 (Cluster C Personality Disorders): 불안 + 두려움의 지속적 경험

(가) 회피성성격장애(Avoidant Personality Disorder)

(나) 의존성성격장애(Dependent Personality Disorder)

(다) 강박성 성격장애(Obsessive-compulsive Personality Disorder)

19) 기타 정신장애(Other Mental Disorders)

자신의 고통 + 사회적, 직업적 기능의 저하 + 제시한 정신장애의 진단기준을 충족시키지 못할 경우 진단

C군 성격장애(Cluster
C Personality Disorders)
1. 회피성성격장애(Avoidant
Personality Disorder)
2. 의존성성격장애(Dependent
Personality Disorder)
3. 강박성성격장애(Obsessive
-compulsive Personality
Disorder)

다. 연구 방법론

1) 진단과 평가의 목적

가) 진단의 중요성

(1) 전문가 간 소통: 해당 사례나 연구 활동 → 임상가 & 과학자들 간의 정확한 소통에 필요

(2) 연구: 연구마다 진단기준이 동일해야 → 연구결과들을 비교 + 비교 연구결과들 통합 → 발병원인 + 치료법에 관한 어떤 결론에 도달

Ex) 1980년에 DSM에서 자폐증이 처음으로 진단명으로 등재, 이후 자폐증의 원인과 치료에 관한 연구가 기하급수적으로 증가

(3) 치료: 치료에서 결정적으로 중요한 첫 단계. 진단이 정확해야 원인과 그에 따른 처치를 파악할 수 있음

(4) 심리적 안도감: 특정 증상이 왜 발생했는지 이해하는 데 도움 → 안도감과 대처능력을 증진

Ex) 받은 진단이 우울, 불안, 약물남용 같이 익숙한 용어 → 그렇게 비정상은 아니구나 하는 느낌을 갖게 됨

(5) 복지혜택: 진단명 때문에 진단을 받은 개인이 사회적 편견 + 차별에 노출 VS 이를 토대로 의료급여를 포함한 다양한 복지혜택을 받을 수 있음

나) 평가의 중요성

(1) 진단: 다양한 평가절차를 사용하여 정확한 진단에 도달

Ex) 면담으로 시작, 심리평가와 신경생물학적 평가를 적용

(2) 정보: 평가는(무엇이 잘못되었는지, 무엇이 이 문제를 야기했는지, 현 상황을 개선하기 위해 할 수 있는 일이 무엇인지 등) 진단을 뛰어넘는 유용한 정보를 획득할 수 있는 공식적 기법

2) 진단과 평가의 초석

신뢰도와 타당도는 진단이나 평가절차의 초석. 이 개념들이 없다면 진단과 평가의 유용성은 크게 제한됨

1) 신뢰도(Reliability)의 정의

(1) 측정도구가 측정하고자 하는 개념을 장소와 시간에 관계없이 일관성 있게 측정하는 정도

(2) .70 〈 이상 → O.K.

(3) 척도의 문항 수를 늘림 or 평정치의 범위 값을 넓힘 → 신뢰도 향상됨

(4) 신뢰도의 하위유형

(가) 평정자간 신뢰도(Inter-rater Reliability): 둘 이상의 관찰자가 독립적으로 관찰한 결과(평정치)가 상호 연관성을 보이는 정도

　　Ex) 사회복지시설 평가에서 평가팀이 교수, 공무원, 실무자 각 1인으로 구성되었을 때 → 이들 평가치가 서로 관련성을 보이는 정도

(나) 검사-재검사 신뢰도(Test-retest Reliability)

① 동일한 집단에 시간 간격을 두고 같은 검사를 2번 이상 반복 시행했을 때 두 점수들이 상호 관련성을 보이는 정도

　　Ex) 자아존중감 척도를 4/3일 실시, 3주 후에 다시 한 번 측정하였을 때 두 점수가 상호 일치하는 정도

② 검사 종류에 따라 검사-재검사 신뢰도가 높거나 낮을 수 있음.

　　Ex) 지능검사는 검사-재검사 신뢰도가 높게 나오는 반면, 기분을 측정하는 검사들은 검사-재검사 신뢰도가 낮게 나오는 경향

(다) 동형 또는 대안형 신뢰도(Parallel or Alternate Form Reliability): 동일한 개념을 측정하는 두 개의 검사를 실시하였을 때 두 검사점수가 관련성을 보이는 정도

　　Ex) 우울척도 A와 우울척도 B를 실시했을 때 A에서 얻어진 점수와 B에서 얻어진 점수가 서로 관련되어 있으면 대안형 신뢰도가 높은 것

(라) 내적 일관성(Internal Reliability): 검사의 각 문항 점수가 전체 검사의 총점과 관련되어 있는 정도를 나타냄. 보통 크론바하 알파계수(α)로 나타내짐

3) 타당도(Validity)의 정의

타당도는 측정도구가 측정하고자 하는 개념을 제대로 측정하고 있는 정도를 말하는 것 → 측정의 정확성을 나타냄.

가) 타당도의 하위유형

(1) 내용타당도

(가) 표면(안면)타당도(Face Validity)

① 검사문항들을 살펴보았을 때 그 검사가 측정하고자 하는 개념을 측정하고 있다고 판단되는 정도. 보통 일반인들의 평정도 포함

② 가장 낮은 수준의 타당도 검증방법이므로 다른 모든 방법이 가능하지 않을 때 사용

　　Ex) 직무만족을 측정하는 척도인지 모르고 그 척도의 문항들을 살펴보았을 때 직무만족을 측정하는 척도인 것으로 쉬이 판단되면 안면 타당도가

신뢰도의 하위유형

1. 평정자 간 신뢰도
(Inter-rater Reliability)
2. 검사-재검사 신뢰도
(Test-retest Reliability)
3. 동형 또는 대안형 신뢰도
(Parallel or Alternate Form Reliability)
4. 내적 일관성
(Internal Reliability)

타당도의 하위유형

1. 내용타당도
표면(안면)타당도
(Face Validity)
내용타당도
(Content Validity)
2. 경험적 타당도
(Empirical Validity)

있는 것임

(나) 내용타당도(Content Validity): 개념을 측정하는 검사가 측정하고자 하는 내용영역을 적절하게 표집하고 있는 정도. 보통 전문가집단에게 의뢰

Ex) 직무만족을 측정하는 검사가 일에 대한 만족만을 측정하고 보수에 대한 만족, 동료 및 상사에 대한 만족, 장래성에 대한 만족이 빠져있다면 내용타당도가 좋지 못한 것임

준거 관련 타당도 (Criterion-related Validity)

1. 동시타당도 (Concurrent Validity)
2. 예측타당도 (Predictive Validity)

(2) 경험적 타당도(Empirical Validity)

(가) 준거 관련 타당도(Criterion-related Validity): 사용한 측정도구의 측정결과와 기준이 되는 측정도구의 측정결과가 관련되어 있는 정도

① 동시타당도(Concurrent Validity): 사용한 측정도구의 측정결과와 기준이 되는 측정도구의 측정결과를 동시에 측정 → 두 측정결과가 관련되어 있는 정도

Ex) 새로운 불안척도로 측정된 불안점수가 기존의 불안척도로 측정된 점수와 관련성이 높다 → 동시타당도가 있는 것임

② 예측타당도(Predictive Validity): 측정도구의 측정결과가 조사대상자의 미래 행동이나 특성을 예측하는 정도

Ex) 대상자의 고1 신입생 학력검사 점수로 대상자의 3년 후 명문 A대학입학을 잘 예측 → 그 학력검사는 예측타당도가 높음

구인(구성 또는 개념) 타당도 (construct validity)

1. 판별(변별)타당도 (Discriminant Validity)
2. 수렴타당도(Convergent Validity)
3. 요인타당도(Factorial Validity)

(나) 구인(구성 또는 개념)타당도(Construct Validity): 측정도구의 타당성을 측정하고자 하는 개념의 이론적 틀 속에서 측정도구의 타당성을 경험적으로 검증하는 방법. 가장 수준 높은 타당도 검증방법

① 판별(변별)타당도(Discriminant Validity): 어떤 개념을 측정하는 척도가 이론적으로 관련 없는 개념들을 측정하는 척도들과 서로 연관되지 않는 정도

Ex) 우울과 이론적으로 관련 없는 개념들은 창의성, 연령, 성별, 월수입이라 한다면 우울척도와 창의성 척도, 우울척도와 연령, 우울척도와 성별, 우울척도와 월수입이 서로 관성이 없다면 이 우울척도는 변별타당도가 있는 것임

② 수렴타당도(Convergent Validity): 어떤 개념을 측정하는 척도가 이 개념과 이론적으로 관련 있는 개념들을 측정하는 척도들과 관련성을 보이는 정도. 확증타당도(Confirmatory Validity)라고도 함

Ex) 우울과 이론적으로 관련 있는 개념들은 학습된 무기력 이론에서 인지적 결손, 동기 적 결손, 정서적 결손임 → 우울척도와 인지적 결손을 측정하는 척도, 우울척도와 동기적 결손을 측정하는 척도, 우울척도와 정서적 결손을 측정하는 척도가 관련되어 있다 → 이 우울척도는 수렴타당도가 있는 것임

③ 요인타당도(Factorial Validity): 개념을 측정하는 척도의 문항들이 통계적으로 서로 연관된 것끼리 묶여 이론적으로 기대되는 하위요인이 나타나는 정도

Ex) 우울에 관한 이론에서 우울은 신체적 증상, 정서적 증상, 동기적 증상, 인지적 증상의 네 하위요인으로 구성되어 있다고 함. 우울 척도(40개 문항)를 청소년을 대상으로 실시한 후 요인분석(Factor Analysis) → 문항들이 신체적 증상, 정서적 증상, 동기적 증상, 인지적 증상의 네 가지 하위요인으로 묶임 → 이론대로 네 하위요인이 나타났으므로 이 우울척도는 요인타당도가 있는 것임

나) 신뢰도와 타당도의 관계

  (1) 신뢰도와 타당도는 어느 정도 상호 관련

  (2) 신뢰도와 타당도는 항상 정적 관계에 있는 것은 아님

  (3) 타당도가 있으려면 우선 어느 정도 신뢰도가 전제되어야 함

  (4) 타당도가 높으면 신뢰도는 기본적으로 높음

  (5) 신뢰도가 높다고 타당도가 꼭 높은 것은 아님

4) 진단 이후 임상적 평가의 필요성

가) 치료에 관한 의사결정

어떤 치료적 개입이 적절한지 결정하는 데 필요

나) 시간의 흐름에 따른 치료 성과 파악

평가를 반복적으로 실시함으로써, 처치효과가 시간의 흐름에 따라 어떻게 나타나는지 파악할 수 있음

다) 원인에 관한 연구

평가 자료는 특정 이상행동의 원인에 관한 연구를 수행하는데 기초가 됨

라. 임상적 평가방법

1) 심리평가

가) 임상면접

- 면접자는 내담자가 질문에 대답하는(또는 대답하지 않는) 방식에 주목

    Ex) 내담자가 부부간 갈등에 대해 이야기할 때 내포된 정서에 주목. 같은 말이라도 무덤덤하게 말할 때와 괴로워하면서 말할 때 면접자는 다르게 해석

- 면접자가 어떤 이론적 패러다임에 의거하고 있느냐에 따라 면접에서 추구하는 정보의 유형, 정보의 획득방식, 해석방식 등이 달라짐

    Ex1) 정신분석적 패러다임을 추구하는 면접자는 내담자의 언어적 보고를 그대로 수용하기보다 무의식 속에 억압된 불안과 갈등을 찾아내고자 함

    Ex2) 인지행동적 패러다임을 추구하는 면접자는 내담자의 행동 변화와 연결된 현재의 환경적 조건을 탐색해내고자 함

- 임상면접이 성공하기 위해서는 다양한 면접기술이 필요하지만 면접자와 내담자의 라포 및 신뢰관계 형성이 가장 중요

- 면접의 구조화 정도에 따라 구조화된 면접과 비구조화된 면접으로 구분

(1) 구조화된 면접(Structured Interview)

(가) 면접 시 사용할 질문이 정해져있는 것으로 연구나 임상진단 시 유용

　　　Ex) DSM-IV의 SCID(Structured Clinical Interview)는 내담자의 반응에 따라 다음 질문이 결정되는 나뭇가지형 면접. 언제 세밀히 탐문해야할지, 또 언제 다른 진단의 가능성을 놓고 질문해야할지 등 면접자용 세부 지시사항이 있음. 또 증상평정치에 따라 곧바로 진단을 내릴 수 있도록 지침이 수립되어 있음

(나) 구조화될수록 평정자간 신뢰도는 우수

(2) 비구조화된 면접(Unstructured Interview)

(가) 비구조화 될수록 면접자는 유익하고 필요한 정보를 도출해내기 위해 자신의 경험과 직관에 의존하여 질문 → 임상면접의 신뢰도는 구조화된 면접보다 낮게 나올 가능성 → 면접자마다 서로 다른 결론에 도달할 가능성

(나) 임상현장에서 대부분의 임상가들은 비구조화된 방식으로 증상 유무를 살펴 진단에 도달→ 경우에 따라 주요 진단에 수반되는 공병 진단을 보기 어려운 것이 단점

나) 스트레스의 평가

－ 이상행동 대부분에서 중심적 역할을 하는 것이 스트레스

－ 스트레스(Stress); 환경적 문제에 대한 반응

－ 스트레서(Stressor 또는 Life Stressor): 스트레스 반응을 촉발하는 환경적 문제

(1) 사회적 재적응 평정 척도(SRRS)

(가) 많은 피험자들에게 생활사건 목록을 주고 실제로 겪은 사건에 표시하게 함→각 사건에 적응하는데 필요한 시간과 그 사건의 강도를 평정하게 하였음→결혼에 500점의 스트레스 점수가 임의로 주어짐→이를 기준으로 다른 생활사건들 평정→각 사건에 대한 합산점수를 산출

(나) 비판

① 일부 문항(Ex. 수면습관의 변화)은 증상 촉발요인이자 결과이기도 함

② 남성들을 대상으로 40여년 전 개발된 것. 시대적 변화에 따라 달라진 스트레스 정도를 반영 못함

③ 일부 문항(Ex. 방학)은 부정적이기보다 긍정적 변화를 반영하고 있음

④ 회상적 방법에 의존, 기억왜곡과 망각 때문에 부정확한 반응을 초래할 수 있음

(2) 일상경험의 평가 척도(ADE)

(가) 회고적 회상 시 발생하는 편향과 왜곡을 피하기 위해 매일매일의 경험을 기록하고 평정하게 함

(나) 일일단위의 스트레스 자극이 증상의 변화 또는 건강을 예측해주는지 연구 가능

(3) Bedford 대학판 생활사건 및 곤란 척도 (Bedford College Life Events and Difficulties Schedule)

(가) 200개 이상의 다양한 스트레스 자극을 물어보되 반구조화된 방식이어서 문항을 약간 바꾸어 소수에게 일어나는 스트레스 자극도 물어볼 수 있음

(나) 각 사건에 대하여 강도 차원뿐 아니라 그 밖의 다른 차원들에서도 평가하게 함

(다) 동일한 사건이라도 개인에 따라 중요성이 다를 수 있음을 고려
    (Ex. 임신은 아기를 가지고자 하는 38세 기혼녀와 14세의 미혼녀에게 다른 의미)

(라) 증상의 결과로 발생할 수 있는 생활사건을 배제
    (Ex. 우울증의 결과로 장기결근 및 해고)

(마) 각 사건의 발생시기를 파악

(바) 이 척도를 통해 얻어진 자료를 통해 생활스트레스 사건이 불안, 우울, 조현병, 감기 등을 예측할 수 있는 강력한 요인임을 밝혀내었음

다) 심리검사

(1) 자기보고형 목록식 성격검사(Self-reported Personality Inventories)

(가) 미네소타 다면적 성격검사(MMPI=Minnesota Multiphasic Personality Inventory)

① 임상가들로부터 다양한 정신적 문제를 나타내는 진술문들을 획득→특정 질환으로 진단된 환자군 + 정상군에게 실시→가장 잘 변별해준 문항들로 하위척도를 구성

② MMPI-2는 신뢰도와 타당도를 향상시키고 백인만이 아닌, 보다 대표성 있는 표본을 사용하여 제작

③ 프로파일은 진단, 성격의 기능수준과 대처양식에 대한 평가, 처치에 대한 예상 장애물을 파악하는데 유용

④ 의도적인 거짓반응을 탐지하도록 설계된 타당도 척도―L, F, K척도―를 포함
  - L척도: 지나치게 잘 보이려고 애쓰는 사람을 탐지
  - F척도: 정신병리를 꾸며 보이려는 사람과 진짜 환자를 구분
  - K척도: 방어적 검사태도 측정

(2) 투사 성격검사(Projective Test)

 - 기본가정: 검사자극이 애매하면 피검자들이 무의식적 심리상태(태도, 동기, 행동양식)를 반응을 통해 노출→검사자극에 대한 피검사들의 반응을 통해 심리상태를 해석하고 추론

(가) 주제통각검사(TAT=Thematic Apperception Test)

① 1935년 Murray가 성취동기를 측정하기 위해 개발

② 30개 카드로 구성. 연령과 성별에 따라 20장만 실시

③ 기본 가정: 피검사자는 그림 속의 주인공에 자신을 동일시 + 자신의 과거경험 + 현재의 소망에 따라 이야기를 구성→성격, 동기, 기타 내적 욕구를 노출

④ 실시 방법: 피검자로 하여금 각 그림을 보고 어떤 상황과 그 상황의 전후를 이야기로 꾸며보게 함. 20장의 카드를 통해 일관성 있게 나타난 주된 이야기를 중심으로 피검자의 동기와 선입견, 방어기제, 갈등내용, 세상을 이해하는 방식 등의 심리상태를 추론. 독특한 반응일수록 피검자 내면을 노출시키는 것이라고 봄

Ex) "이것은 이야기를 만들어보는 능력에 대한 검사입니다. 지금부터 몇 장의 그림을 하나씩 보여드릴 텐데 그걸 보시고 이야기를 만들어 보세요. 그림의 장면이 발생하기까지의 내력, 현재 일어나고 있는 일, 그림의 사람들이 무슨 생각, 어떤 기분상태에 있는지 이야기해보세요. 이해가 되시나요? 그럼 첫 번째 그림을 드리지요. 한 장당 5분 정도 이야기를 해주세요."

피험자 반응 예시) 젊은 여자의 모습 뒤에 이상한 모습을 한 늙은 부인이 유령과 같은 모습을 하고 있는 그림에 대하여
→ '두 여자가 서로 관계가 있으며 여자는 살아있거나 죽은 사람으로 보인다.'
→ '두 여자는 갈등관계에 있거나 충고를 받고 있다.'
→ '한 여자의 내면의 두 모습이다.'
→ '젊은 여자는 현재의 모습, 늙은 여자는 미래의 모습이다.'
→ '딸과 어머니의 관계이다.'

⑤ 제한점: 신뢰할만한 채점방법이 거의 없음. 소수 제한된 표본을 토대로 한 규준, 낮은 구성타당도

(나) 로샤 잉크반점검사(Rorschach Inkbolt Test)
① H. Rorschach에 의해 개발
② 10개의 대칭적인 잉크반점 카드를 보고 반응. 색깔과 복잡성이 점점 증가. 피검자는 카드를 보고 자유연상을 통해 무엇 같이 보이는지 반응
③ 개인의 사고, 정서, 현실지각, 대인관계 방식 등 여러 가지 인격의 특성에 관하여 알 수 있음
④ 반응의 내용 뿐 아니라 반응방식에도 주의를 기울여 해석. 즉, 피검자의 반응이 그림의 형태, 질감, 색깔을 토대로 나온 것인지, 그림의 일부분 혹은 전제를 토대로 나온 것인지에 주목. 즉, 피검자가 주변을 어떻게 지각하고 인지하여 조직화하는지 지각 및 인지패턴에 주목
⑤ 소수 표본에 근거한 규준도 수립
⑥ 해석은 전문훈련을 받은 전문가이어야 함
⑦ 신뢰도와 타당도는 사례에 따라 달라 일괄적으로 높다, 낮다고 할 수 없음
⑧ 열광과 동시에 비판도 많음. 다른 평가방법(Ex. 면접)으로 얻을 수 없는 정보를 제공하는지는 불명확

(다) 인물화 검사(Draw-A-Person, DAP)

① 처음에는 아동의 지능 발달수준을 평가하기 위한 목적으로 사용되었으나 동일한 수준 지능을 가진 것으로 추정되는 아동들의 인물화가 세부적으로 각기 다른 것에 주목. 그린 그림을 토대로 아동의 내적 상태를 추론

② 기본 가정: 그린 인물의 크기, 위치, 인물의 활동성, (머리의 얼굴, 머리카락, 장신구, 단추 등) 세부 모양에서의 차이가 아동의 성격, 정서적 상태, 자아개념에서의 개인차를 반영

③ 해석: 동일한 반응이 정반대로 혹은 다른 식으로 해석되기도 하고 동일한 내적 문제가 여러 반응형태로 나타나기도 함. 최종적인 해석은 맥락(다른 검사결과와 검사자의 피검자에 대한 임상적 견해)을 고려하여 내림

(3) 지능검사

(가) 지능이란 새로운 것을 학습하는 능력 혹은 복잡하고 추상적인 자료를 적절히 취급하는 능력을 말함

(나) 지능검사의 목적

① 인지적 장단점뿐 아니라 정서적 결손, 뇌손상 환자의 손상부위 확인과 손상정도를 추론하는 데도 사용

② 학업수행을 예측(성취도 검사와 함께 사용하여 학습능력의 결손을 진단하고 공부를 잘 할 과목과 못할 과목을 예측)

③ 지적장애 여부를 결정하는데 사용

④ 영재를 가려내어 영재 교육을 시키는데 사용

⑤ 신경심리평가의 일부로서 치매를 앓고 있는 사람의 정신능력의 퇴보 정도를 주기적으로 검사

(다) 지능검사의 신뢰도와 타당도

① 신뢰도는 아주 높은 편

② 준거타당도(판별타당도)도 높음

Ex) 천재와 지적장애인을 구분하고 학력이나 직장 경력이 다른 사람도 구분

③ 예측타당도 높음

Ex) 학력성취도와 직장에서의 성공여부를 잘 예측

(라) 지능에 영향 미치는 유전 대 환경

① 일반적으로 유전적으로 가까울수록 지능지수가 비슷. 즉, 일란성 쌍생아의 경우 .86, 이란성 쌍생아의 경우 .60의 상관을 보임

② 일란성 쌍생아 중 좋은 교육적 환경에서 자란 한쪽은 그렇지 못한 한쪽보다 더 높은 지능지수를 보임→ 영향, 건강, 자극의 질, 가정의 정서적 분위기, 교육 등의 환경적 요인도 중요하다는 것을 의미함

(마) 지능과 창의성

① 창의성이 높으려면→ 지능이 어느 정도 수준

② 지능이 높다고→ 반드시 창의성이 높은 것은 아님

③ IQ가 120점 이상이 되면 지능과 창의성은 거의 관련성을 보이지 않음→

IQ 120 이상 되는 사람들 가운데는 창의성이 높은 사람도 있고 낮은 사람도 있을 수 있음

(가) 지능과 연령: 일단 성인이 되면 안정적. 성인기 이후 언어성은 유지 또는 향상. 동작성은 현저히 감소

(나) 지능검사의 문제점

① 지능검사는 학업성취를 예측하는데 유용하지만 일상생활기능, 업무처리능력, 대인관계능력 등은 잘 예측하지 못함

② 지능검사에 개인의 성장경험(가족분위기와 주변환경)이나 사회문화적 영향이 큼

Ex) 중류계층에 유리하고 소수집단이나 사회경제적 계층이 낮은 집단에게는 불리

③ 특히 일부 집단의 낮은 지적 수행에 대한 사회적 낙인이 실제로 검사 수행도에 지장을 초래하는 것을 "위협의 고정관념"이라고 함→아동들은 6~10세에 인종과 능력에 대한 위협의 고정관념

Ex1) 사회적 낙인: 여성이 남성보다 수학을 잘 못함. 남자와 여자 집단에 어려운 수학문제를 주고 A 조건에서는 실시하려는 검사에서 여성보다 남성이 점수를 더 잘 받는다고 말해준 반면, B 조건에서는 성별차이가 없다고 말해줌. 그 결과, A조건에서만 여성이 남성보다 잘해내지 못하였음

Ex2) 아동들에게 퍼즐과제를 완성하도록 하고 절반에게는 이 과제가 능력을 반영함이고 지시하였고(위협의 고정관념 조건) 나머지 절반에게는 능력을 재는 검사가 아니라고 말해주었음. 그 결과, 흑인 아동들의 경우 위협의 고정관념 조건의 아동들은 다른 조건의 아동들보다 과제 수행도가 떨어졌음

④ 기타 지능검사에 영향을 미치는 지능 외의 많은 요인들(동기, 기대감, 수행불안, 교과과정의 난이도)이 있다.

⑤ 지능검사가 학습(지적) 잠재력을 재는 것인지 이미 학습한 결과의 성취도를 측정하는 것인지 모호. 즉, 학습이나 경험을 초월한 문항을 만들기 어려움

라) 행동평가 및 인지평가

- 행동평가나 인지평가에 필요한 정보를 수집하는 수단

(1) 행동평가(Behavioral Assessment): 식섭석인 행동관찰

(가) 행동을 촉발시킨 선행요인(Antecedents), 행동(Behavior), + 행동 후 수반되는 결과(Consequences)로 구분하여 관찰

(나) 행동평가는 문제의 행동의 횟수 및 심도를 평가할 뿐 아니라 개입방법을 도출하고 개입의 효과를 측정하는데 사용

(2) 인지평가

(가) 지나치게 부정적인 사고패턴을 알아보고 이를 토대로 치료목표 수립, 개입결정, 개입효과 평가에 사용

(나) 인지평가 종류 예시

① 역기능적 태도척도(Dyfunctional Attitude Scale, DAS): 자기보고식 인지설문지. 우울증 여부를 확인, 치료개입 후 효과검증

② 모의상황 속에 표현된 사고(The Articulated Thoughts in Simulated Situations, ATSS): 두 사람이 피검자를 혹평하고 있는 대화를 녹음해서 듣게 하고 잠시 동안의 침묵 기간 동안 방금 들은 말에 대한 반응을 하게 하는 식으로 인지를 평가. 과거 상황에서의 사고를 묻는 면접이나 목록식 검사질문에 대한 반응과, 실제 상황에서의 외현적 반응은 다를 수 있음을 감안한 평가

(3) 인지행동평가: 자기관찰(Self-monitoring)

스스로 자신의 행동과 반응(Ex. 기분, 스트레스, 대처행동, 생각 등)을 관찰하고 추적 하는 것

(가) 생태적 순간 평가(Ecological Momentary Assessment, EMA)

① 실시간으로 자료를 수집

② 매일 특정 시간에 일기 적기, 자신의 반응을 컴퓨터에 입력하기, PDA (Personal Digital Assistant)를 활용하여 작성 시간 알려주기 등 다양한 방법 활용

③ 전통적 평가절차가 놓치기 쉬운 정보를 제공

Ex) 임상면접에서는 아내, 자녀, 직장 등 모든 것이 만족스러워 불안발작의 원인을 알 수 없었으나 일상 속에서 떠오르는 생각을 기록하게 하자 1/3 이상이 자녀에 대한 짜증

④ 자기관찰을 하다가 자기의식이 행동에 변화를 가져오는 경우가 많다(반응성, Reactivity). 따라서 이를 치료적 개입에 활용

Ex) 흡연행동에 대한 자기관찰은 흡연을 감소시킴

(나) 과거 회상법

① 생각을 과거로 되돌려서 최근에 경험한 생각, 기분, 스트레스자극에 대해 보고함

② 회상이 부정확할 수 있음

(4) 행동 및 인지평가자들은 다음과 같은 특성도 평가

(가) 증상에 기여했을 수 있는 환경적 요인

Ex) 주의집중을 방해하는 복도 소음

(나) 당사자의 특성

Ex) 자기 폄하의 인지적 성향에 의해 유발되는 우울

(다) 문제행동의 횟수와 형태

Ex) 등교시간 무렵에 시작되는 복통(등교 회피행동)의 횟수

(라) 문제행동 후에 수반되는 결과

Ex) 등교시간 무렵에 시작되는 복통 후 모가 항상 관심과 위로 제공→등교 회피행동을 강화

2) 임상장면에서의 평가방법

　가) 신경생물학적 평가

　　옛부터 정신의 기능부전은 신체로부터 기인 + 최소한 신체에도 반영 → 현대에
　　와서 옳은 것으로 검증

　(1) 뇌영상촬영: 두뇌를 들여다보는 방법

　　뇌의 기능이상에 의해 많은 행동문제가 발생할 수 있는데 이를 진단할 수 있는
　　평가 절차들이 있음

　　　Ex) 슬개골 반사검사, 혈관손상을 알려주는 망막검사, 운동조정과 지각기능

　(가) 컴퓨터 단층촬영장치(Computerized Axial Tomography, CT 또는 CAT
　　　주사(Scan)

　　① CT 스캐너에 사람의 머리를 넣고 X선을 투과

　　② X선이 두뇌의 수평적 단면부위를 관통 → 360도 회전하면서 스캔하고 +
　　　또 다른 횡단면을 스캔

　　③ 신경섬유의 밀도에 따라 X선 흡수량이 달라지는데 이 정보를 컴퓨터로 보
　　　내 신경조직의 미세한 밀도 차이를 영상으로 나타내는 것임

　　④ 연속적인 뇌 절단면 영상들을 조합하여 전체 뇌구조를 가시화

　　⑤ 두뇌의 구조적 이상(뇌조직의 퇴화, 뇌종양, 뇌손상의 위치) 파악
　　　Ex) 알츠하이머병의 경우 피질이 위축되어 있는 것, 조현병의 경우 뇌실
　　　　확장을 볼 수 있음

　(나) 자기공명촬영기(Magnetic Resonance Imaging, MRI)

　　① 피검자가 누워있는 원통모양의 자석은 몸속의 수소원자를 움직이게 하고
　　　자력을 중단시키면 수소원자는 다시 돌아오게 되고 이때 발생하는 전자기
　　　적 신호를 컴퓨터가 받아 뇌조직 영상으로 표현

　　② 뇌의 세부적인 해부학적 구조를 제공. 미세한 뇌종양 탐지

　(다) fMRI(functional MRI)

　　① 뇌구조뿐 아니라 뇌기능도 측정

　　② 활성을 하는 뇌영역에서 혈류와 산소 소모가 증가하는데 헤모글로빈은 산소
　　　와 결합하는 혈중 단백질임 → fMRI는 산소와 결합해있는 헤모글로빈과 그
　　　렇지 않은 헤모글 로빈을 식별하여 각 뇌영역의 상대적 활동수준을 측정해냄

　(라) PET 주사법(Positron Emission Tomography 스캔)

　　① 방사성 동위원소를 부착한 포도당을 주사 → 활동 중인 신경세포들에는 산
　　　소와 포도당 소모가 증가 → 부착된 방사성 물질이 붕괴할 때 방출되는 양
　　　전자는 가까이에 있는 전자와 충돌하면서 두 개의 감마선을 방출 → 머리
　　　둘레에 설치된 감마선 탐지기는 두 개의 감마선을 기록 → 컴퓨터는 얼마나
　　　많은 감마선이 각 뇌영역에서 방출되었는지 계산 → 각 뇌영역에서 사용된
　　　포도당 양을 탐지할 수 있고 그 정도를 색깔로 나타내줌. 빨간색이 가장
　　　높은 활동성을 나타내고 그 다음으로 노란색, 초록색, 파란색

② 뇌구조와 기능을 모두 측정

③ 간질발작, 뇌종양, 뇌일혈, 두부손상으로 인한 외상의 위치, 두뇌 속 향정
   신성 약물의 분포 알려줌

④ 질병의 저변에 깔린 비정상적 생물학적 과정을 알려줌.
   Ex) PET를 통해 조현병 환자가 인지과제 수행 시, 전두엽의 피질이 활성화
      되지 않는다는 것을 발견

⑤ 비용과 침해성이 높아서 현재는 잘 사용되지 않음

(2) 신경전도체평가

 (가) 신경전도체(신경전달물질)의 양이나 그 수용기의 수효를 간접적으로 측정
     하는 방법

  ① 수용기에 달라붙는 부착물질의 양으로 수용기의 양을 측정
     Ex) 조현병 도파민 과다설도 이 방법을 사용하여 얻어진 것임

  ② 신경전도체가 활성화될 경우 생성되는 (신경전도체의) 신진대사물을 소
     변, 혈액, 척수액으로부터 탐지

 (나) 단점

  ① 혈액, 소변의 신진대사물은 뇌속 신경전달물질 수준을 직접 반영하지 못함

  ② 뇌척수액의 신진대사물도 뇌척수 전반에 걸친 활동수준만을 반영 → 정신
     병리 증상은 직접적 관련성은 없음

  ③ 이 방법을 통해 특정 정신병리와 신경전달물질의 관계성이 밝혀지더라도
     어느 쪽이 원인이고 결과인지는 알 수 없음

  ④ 특정 신경전달물질의 수준을 높이는 약물 투여 결과, 특정 정신병리가 약
     화되었더라도 약물은 관련 신경전달물질 외에도 다른 신경전달물질 계통
     에도 자주 영향미침

  ⑤ 여러 가지 신경전도체평가 방법이 존재하더라도 정신병리를 진단하기에는
     역부족. 더욱이 뇌의 비정상은 상당수가 아주 미세한 구조상 변화에 기인
     하므로 탐지되기 어려움. 또한 어떤 이상행동은 사고, 감정, 행동 전반에
     걸친 것이라 관련 뇌부위를 특정하기도 어려움

(3) 신경심리평가 - 신경심리검사(Neuropsychological Test)

 (가) Halstead - reitan Neuropsychological Test Battery: 뇌종양, 뇌졸중,
     두부손상 등으로 인한 뇌기능부전과 관련된 행동변화를 탐지

  ① 촉각수행도 검사 - 시간(Tactile Performance Test — Time): 눈을 가린
     채 여러 모양의 토막을 판형에 가급적 빨리 짜맞추는 과제. 먼저 잘 쓰는
     손을 사용하고 그런 다음 다른 손으로, 마지막으로 두 손 모두 사용. 우측
     두정엽의 손상을 탐지

  ② 촉각수행도 검사 - 기억(Tactile Performance Test — memory): 판형의
     모양을 기억하여 그리고 각 토막의 원래 위치를 표시해내야 함. 우측 두정
     엽의 손상을 탐지

③ 목소리 지각검사(Speech Sounds Perception Test): 일련의 무의미 단어들을 듣고 그 중에서 방금 들은 단어를 골라내는 과제. 좌반구, 특히 측두엽과 두정엽의 기능을 측정

(나) Luria-Nebraska 배터리

① 269개 항목, 운동기술, 언어표현력, 산수능력, 기억 등을 평가하는 11개 소검사로 구성. 소검사의 점수유형을 고려하여 평가

② 전반적인 두뇌손상을 가장 잘 감별해주는 32개 문항의 점수 유형을 토대로 좌반구 또는 우반구의 전두엽, 측두엽, 감각운동영역, 두정엽-측두엽에 대한 손상을 밝힘

③ 신뢰도 높고 신경과 환자와 정상인을 정확하게 분류하는 비율이 86%로 준거 타당도 확립

④ 교육수준의 영향을 배제할 수 있다는 것이 장점

⑤ 8~12세의 아동용 검사도 있음

(4) 정신생리평가

- 심리사건(두려움, 우울, 수면, 문제해결 등)으로 인하여 나타나는 신체적 생리적 변화 (심장박동, 근육의 긴장수준, 신체 각 부위에서 혈액의 흐름, 뇌파 등)를 평가

Ex) 강박장애 환자에게 더러운 자극을 제시하고 생리반응을 측정

- 진단용으로 사용될 만큼 정확하지는 않음

- 개인의 반응성(Reactivity)을 알아보고 개인과 개인을 비교하는데 유용

Ex) 불안장애 환자 가운데 생리적 흥분수준이 높은 사람은 노출법으로 효과를 얻을 수 있을 것임

- 자율신경계통의 활동을 평가

(가) 심전도(Electrocardiogram, EKG): 가슴 위에 부착한 전극이 심장이 박동할 때마다 전위상의 변화를 심전계를 통하여 그래프로 나타나게 함

(나) 전기피부반응(Electrodermal Responding) 혹은 피부전도도(Skin Conductance): 정서적 흥분을 측정. 불안, 두려움, 분노 등의 정서→교감신경계의 활동 증가→땀샘활동 증가→피부를 흐르는 전류의 양도 증가

(다) 혈압측정: 일상생활 중 기분에 따른 혈압의 변화를 알아보기 위해 휴대용 장치를 지니고 다님

(라) 뇌전도(Electroencephalogram, EEG): 두뇌활동을 평가. 두개골 위에 전극을 부착하여 뇌 속의 전기활동을 기록. 비정상적 전기활동 패턴으로 간질과 뇌손상이나 종양의 위치를 알 수 있음

(5) 신경생물학적 평가에 대한 유의사항

(가) 정신생리학과 뇌영상촬영이 고도로 정교한 전자장치를 사용하고 외견상 객관적 평가도구 일지라도 과신해서는 안 됨. 여러 가지 제한점과 복잡성이 내재해 있기 때문

Ex1) 피부전도도는 불안뿐 아니라 행복감을 느낄 때도 증가함. 즉, 정서의 질을 구분해주지 못함

Ex2) fMRI를 사용하여 정서와 관련된 뇌의 변화를 측정하고자 하나, 스캐너 장비 속에 들어가 있을 때 두려움을 느끼는 경우가 많으므로 결과 해석 시 주의

Ex3) 특정 과제를 수행하는 동안 뇌활동을 측정하는 뇌영상촬영기법의 결과 해석에도 주의해야 함 → 뇌활동이 다른 이유가 해당 영역의 기능 부전인지 아니면 주의를 기울이지 않았거나 과제를 이해하지 못한 탓인지, 소음에 귀를 기울인 탓인지 알 수 없는 것임

(나) 특정 신경심리검사, fMRI 결과, 그리고 심리적 장애 간에는 분명한 일대일 관계가 나타나지 않음 → 신경생물학적 도구 자체가 불완전할 뿐 아니라 장기간 작용하는 심리적 및 사회환경적 요인이 뇌의 반응방식에 변화를 가져오기 때문

(다) 얻어진 신경심리결과가 뇌의 기능부전으로 인한 것으로 해석하기 전에 반드시 병전 능력 고려해야 함. 그러나 종종 소홀히 취급하는 경향

마. 문화와 평가

1) 평가에 미치는 문화의 영향력

가) 정신병리는 통상 문화권 간의 차이보다 문화권 내부에서의 차이가 더 큼

나) 특정 문화나 인종집단을 대상으로 개발된 척도의 신뢰도와 타당도가 다른 문화나 인종집단에 대해서도 보장되는 것은 아님

　　Ex) WAIS(웩슬러 성인용 지능검사)나 MMPI-2는 다른 나라 말로 번역되어 널리 사용됨→미국문화에 충분히 동화되지 못한 사람들은 대부분 MMPI-2 점수가 백인보다 높음→정서적 곤란 정도가 높아서가 아니라 문화적 요인 때문

다) 임상가의 문화적 선입견은 다른 문화권에 속한 사람의 심리적 문제를 과대평가 혹은 과소평가할 수 있음

라) 과대평가

　　Ex) 흑인 아동이 특수학급에 더 많은 이유는 학급 배치를 결정하는 데 사용된 검사가 편향된 탓. 흑인이 백인보다 조현병 진단을 더 받기 쉬움→임상가의 인종적 편향 탓인지 불명확

마) 과소평가

　　Ex) 아시아문화권은 남성이 정서표현을 안하는 것을 좋게 여김 → 문화적 요인을 감안→정서적 위축 정도가 심한 아시아문화권 남성을 정서장애라고 진단내리지 않을 위험성

바) 문화적 요인(Ex. 언어 차이, 경쟁에 대한 문화적 견해 차이, 영적 믿음의 차이 등)을 감안

　　Ex) 자기 주변에 영혼이 둘러싸고 있다는 주장하는 푸에르토리코 내담자가 있다

심리학개론

이상심리학

심리검사

임상심리학

심리상담

면 푸에르토리코에서는 이러한 믿음이 보편적 → 조현병 증상으로 간주해서는 안 될 것

사) 조사결과, 압도적인 수의 임상가들이 문화적 요인을 감안한다고 보고

2) 문화적 편향을 피하기 위한 평가전략

가) 평가에 사용되는 측정도구의 신뢰도 및 타당도에 유념해야 함

나) 특정 문화와 인종이 구체적으로 평가에 어떤 영향을 미칠 수 있을지 알아둘 것

다) 문화와 인종이 평가 시 반드시 모든 임상사례에서 나타나는 것은 아님을 감안할 것

라) 평가절차를 수정해서라도 피검자가 평가에서 정확히 무엇이 요구되는지 이해하도록 할 것

　Ex) 아메리칸 인디언 혈통의 아동이 정신운동성 속도를 측정하는 검사에서 수행도가 낮았음. 검사자는 이 아동이 정확히 해내는 것에만 관심을 두고 빨리 해내는 것이 중요함을 이해하지 못하였음을 알아차리고 속도의 중요성을 상세히 설명해주자 수행이 향상

마) 검사자와 피검자의 인종이 다를 경우, 라포형성 여부가 수행에 영향미침을 알아둘 것

바) 문화가 어떤 영향을 미쳤을지에 대한 가설뿐 아니라 문화적 영향력이 아닌 대안적 가설도 수립한 후 이를 검증할 것. 문화적 영향력이 예상되나 대안가설이 맞는 경우도 있음

　Ex) 명상 동안에만 환청을 듣는 청년이 불교도 문화에서는 정상적인 것이라고 말함. 검사자는 이 가설을 검증하기 위해 청년의 가족이 존경하는 고승과 교단에 접촉한 결과, 교단 내에서도 그런 사례는 대단히 특이하고 기괴하여 우려한다는 것을 알고 조현병 진단을 내림

문제

1. 다음 중 DSM-5에 대한 설명 중 틀린 것은?

   가. 다축 진단이 추가되었다.

   나. 20개 주요 범주로 구성된다.

   다. 차원평가가 추가되었다.

   라. 임상가들이 더 편리하게 할 수 있도록 구성되었다.

2. 미국정신의학협회의 진단체계 DSM-5에 대한 설명 중 옳은 것은?

   가. DSM-IV보다 진단범주가 훨씬 많아졌다.

   나. 각 장에는 정신장애들이 서로 어떻게 관련성이 있는지 기술하고 있다.

   다. 의학적 질환과 정신질환을 인위적으로 구분하고 있다.

   라. 진단범주에서는 DSM-IV와 별반 다를 것이 없다.

3. DSM에 대한 기술 가운데 옳지 않은 것은?

   가. 외현화장애는 원인은 같으나 겉으로는 다른 형태로 나타나는 정신질환을 일컫는다.

   나. 진단항목이 너무 세분화되면 신뢰도는 향상되지만 타당도는 감소된다.

   다. 진단항목이 너무 세분화되면 특정 진단을 받은 사람들 중 상당수가 한가지. 이상의 다른 정신과적 진단을 받게 된다.

   라. DSM-5에서도 다축분류체계는 유지되었다.

4. 진단과 관련된 타당도에 관하여 옳지 않은 것은?

   가. 진단 항목들은 타당도에 있어서 동일하다.

   나. 진단범주의 타당도 중에서 준거 관련 타당도는 거의 사용되고 있지 않다. 진단범주의 구성타당도가 높으면 진단명을 통해 그 환자의 많은 특성들을 예측할 수 있다.

   다. 진단의 타당도란 진단이 얼마나 정확하게 내려졌는가를 말한다.

5. 다음 중 신경발달장애에 포함되지 않는 장애는?

   가. 운동장애

   나. 의사소통장애

   다. 과다수면장애

[1. 해설] ㉮
다축진단은 폐지되었다.

[2. 해설] ㉯
각 장마다 정신장애들 간의 관련성을 제시하고 있다.

[3. 해설] ㉣
DSM-5는 다축분류체계가 아니다.

[4. 해설] ㉮
진단 항목들은 타당도에 있어 동일하지 않고 항목마다 차이가 있다.

[5. 해설] ㉣
과다수면장애는 수면각성 장애에 해당된다.

④ 불안관련 장애

※ 신경학과 신경심리학
- 신경학은 근육퇴화, 뇌성마비, 알츠하이머 등 신경계통에 영향 미치는 질병을 전문으로 다루는 분야
- 신경심리학은 뇌의 기능부전이 우리의 사고, 감정, 행동방식에 어떻게 영향 미치는지를 연구하는 분야
- 두 분야는 상호협력 하에 뇌 이상에 의해 유발된 문제를 완화시킬 방법을 각기 다른 방식으로 연구

가. 개관

1) 정의

가) 불안: 광범위하게 매우 불쾌한 + 막연히 불안 + 신체증상(가슴두근거림, 진땀 등) + 행동증상(과민성, 서성댐)을 동반

나) 생체가 친숙하지 않은 환경에 적응하고자 할 때 기본 반응양상

다) 병적 불안 = 신경증적 장애(강박증, 공포증) or 각종 정신병적 장애 or 인격장애 or 기질적 신체질환 때도 나타남

2) 병적 불안과 진단분류

가) 병적 불안(Pathological Anxiety)은 정상적 불안 정도가 심하여 문제해결에 오히려 장애를 줄 때→비적응적 반응을 나타낼 때

마) DSM-5에서는 불안장애가 크게 7가지 하위유형 즉 범불안장애, 특정공포증, 광장공포증, 사회불안장애, 공황장애, 분리불안장애, 선택적 무언증으로 구분되고 있다.

나. 범불안장애(General Anxiety Disorder)

1) 증상

가) 불안이 과도 + 광범위 + 다양한 신체증상을 동반 + 지속되는 상태

나) 부동성 불안(뚜렷한 이유 없이 막연히 불안) + 자율신경과민증상이 특징

다) 안절부절, 긴장, 쉽게 피로, 집중곤란, 공허감, 쉽게 짜증을 경험, 근육긴장, 수면장애도 경험 + 최소 6개월 간 지속

라) 통제되기 어렵다는 점에서 정상적인 불안과 다름

마) 생활 전반에 관한 다양한 주제들로 옮겨 다니기 때문에 부동성 불안이라 함

2) DSM-5의 진단기준

가) A: 다양한 사건이나 활동(Ex. 직업이나 학업수행)에 과도한 불안과 걱정을 나타낸다. 이러한 불안과 걱정은 적어도 6개월 동안 50% 이상의 날에 나타나야 함

나) B: 개인은 이러한 걱정을 통제하기가 어렵다고 느낀다.

다) C: 불안과 걱정은 다음의 6개 증상 중 3개 이상과 관련된다(아동의 경우는 1개 이상).

(1) 안절부절 못함 또한 가장자리에 선 듯한 아슬아슬한 느낌

(2) 쉽게 피로해짐

(3) 주의집중의 곤란이나 정신이 멍해지는 느낌

(4) 화를 잘 냄

(5) 근육의 긴장

(6) 수면 장해(잠에 들거나 지속하기의 곤란 또는 초조하거나 불만족스러운 수면)

라) D. 불안, 걱정 또는 신체적 증상이 심각한 고통을 유발하거나 사회적, 직업적 또는 다른 중요한 영역의 활동에 현저한 손상을 초래함

마) E. 이러한 장해는 물질(Ex. 남용하는 약물, 치료약물)이나 다른 의학적 상태(Ex. 부신피질호르몬 과다증)의 생리적 효과에 기인한 것이 아니다.

바) F. 이러한 장해는 다른 정신장애에 의해서 더 잘 설명되지 않는다.
(예컨대, 다음과 같은 것에 불안이 아니어야 함: 공황장애에서 공황발작이 일어나는 것, 사회불안장애에서 부정적 평가, 강박장애에서 오염 또는 다른 강박사고, 분리불안장애에서 애착대상과의 이별, 외상 후 스트레스 장애에서 외상사건, 회상촉발자극, 신경성 식욕부진증에서 체중증가, 신체증상 장애에서 신체적 호소, 신체변형장애에서 지각된 외모 결함, 질병불안 장애에서 심각한 질병 또는 조현병이나 망상장애에서 망상적 신념의 내용에 대한 불안이나 걱정이 아니어야 함)

다. 특정 공포증(Phobia)

1) 증상

가) 특정 대상, 행동, 상황에 처했을 때 비현실적인 두려움 + 불안증세 → 극복하지 못하고 그 대상이나 상황을 피해버리는 장애

나) 공포자극에 노출 → 즉각적인 불안반응 or 때로 공황발작과 유사한 반응

다) 범불안장애의 경우보다 훨씬 심한 강도 포함

라) 공포 느끼는 대상과 상황의 종류에 따라 특정공포증, 광장공포증, 사회공포증(사회불안장애)으로 구분

2) 분류

가) DSM-5에서 특정공포증을 공포대상의 종류에 따라 크게 4가지 하위유형으로 구분

(1) 동물형: 뱀, 거미, 개, 바퀴벌레 등과 같은 동물이나 곤충에 대한 공포

(2) 자연환경형: 천둥, 번개, 높은 장소, 물이 있는 강이나 바다 등과 같은 자연에 대한 공포

(3) 혈액 – 주사 – 상처형: 피, 주사, 상처를 입는 등의 신체적 상해 or 고통을 두려워함

(4) 상황형: 비행기, 엘리베이터, 폐쇄된 공간 등과 같은 상황을 두려워하고 피함

나) 상황형 〉자연 환경형 〉혈액 – 주사 – 상처형 〉동물형의 순서로 흔함

다) 평생 유병률 10~11.3%, 1년 유병률은 9%

라) 10대 중반에 발생하는 경향

마) 여성이 남성보다 2배 더 많음

라. 광장공포증(Agoraphobia)

1) 임상적 특성

가) 탈출이 곤란 장소 + 도움을 받을 수 없는 특정 장소 + 상황 → 공포와 회피행동

나) 6개월 이상 지속

다) 심한 고통을 경험 or 사회적·직업적 활동에 현저한 방해 받음

라) 흔히 공황발작을 동반

마) 다섯 가지 상황 중 적어도 두 가지 이상의 상황에 대한 공포와 불안

　(1) 대중교통수단(Ex. 자동차, 버스, 기차, 배, 비행기)을 이용

　(2) 개방된 공간(Ex. 주차장, 시장, 다리)

　(3) 폐쇄된 공간(Ex. 쇼핑몰, 극장, 영화관)

　(4) 줄을 서 있거나 군 중속에 있는 것

　(5) 집 밖에서 혼자 있는 것

마. 사회불안장애(사회공포증)(Social Phobia, Social Anxiety Disorder)

1) 임상적 특징

가) 다른 사람들에 의해 관찰되고 평가될 수 있는 사회적 상황 + 부정적 평가를 받을 행동을 하거나 불안증상을 나타내게 될 것을 두려워함

나) 두려워하는 주된 사회적 상황

다) 대화를 하거나 낯선 사람과 미팅하는 일

라) 관찰 당하는 상황

마) 다른 사람 앞에서 수행하는 상황

바) 두려움 때문에 이러한 상황을 회피

사) 6개월 이상 지속 + 심한 고통을 경험 or 사회적 직업적 활동 현저한 방해 초래

바. 공황장애(Panic Disorder)

1) 증상

가) 엄습하는 강렬한 불안 = 공황발작을 반복적으로 경험하는 장애

나) 공황발작은 예상하지 못한 상황에서 갑작스럽게 밀려드는 극심한 공포, 곧 죽지 않을까 하는 강렬한 불안

다) DSM-5에 따르면 공황발작이라고 하기 위해서는 갑작스럽게 치솟는 강렬한 공포와 더불어 다음의 13개 증상 중 4개 이상 있어야 함

　(1) 심장박동이 빨라지고 강렬하거나 심장박동수가 점점 더 빨라짐

　(2) 진땀을 흘림

　(3) 몸이나 손발이 떨림

　(4) 숨이 가쁘거나 막히는 느낌

　(5) 질식할 것 같은 느낌

(6) 가슴의 통증이나 답답함

(7) 구토감이나 복부통증

(8) 어지럽고 몽롱하며 기절할 것 같은 느낌

(9) 한기를 느끼거나 열감을 느낌

(10) 감각이상증(마비감이나 짜릿짜릿한 감각)

(11) 비현실감이나 자기 자신과 분리된 듯한 이인감

(12) 자기통제를 상실하거나 미칠 것 같은 두려움

(13) 죽을 것 같은 두려움 이러한 증상은 갑작스럽게 나타나며 10분 이내에 그 증상이 최고조에 도달하여 극심한 공포를 야기함

나) 공황장애로 진단되려면 이러한 공황발작을 경험한 후에 다음의 두 증상 중 하나 이상이 나타나야 함

(1) 공황발작이나 후유증(자기통제의 상실, 심장발작, 정신이상)에 대해서 지속적으로 염려하거나 걱정함

(2) 공황발작과 관련하여 현저하게 부적응적인 행동의 변화(Ex. 공황발작을 피하기 위해 운동을 하지 않거나 낯선 상황을 피하는 행동)가 나타난다.

사. 분리불안장애(Separation Anxiety Disorder)

1) 어머니를 위시한 애착대상과 떨어지는 것에 대한 심한 불안을 나타내는 정서적 장애

2) 아동이 애착대상과의 분리에 대해 아동의 발달단계를 고려했을 때에 부적절하고 과도한 불안과 공포 경험

3) 다음과 같은 증상 중 3개 이상을 6개월 이상 나타낼 때 분리불안장애로 진단될 수 있다.

(1) 주요 애착대상이나 집을 떠나야 할 때 심한 불안과 고통

(2) 주요 애착대상을 잃음 or 그들에게 질병, 부상, 재난, 사망과 같은 해로운 일이 일어나지 않을까 지속적이고 과도하게 걱정

(3) 애착대상과 분리될 수 있는 사건들(Ex. 길을 잃음, 납치당함, 사고를 당함, 죽음)에 대해 지속적이고 과도한 걱정

(4) 분리에 대한 불안→밖을 나가거나, 집을 떠나거나, 학교나 직장 등에 가거나 하는 것을 지속적으로 꺼리거나 거부

(5) 혼자 있음 or 주요 애착 대상 없이 집이나 혹은 다른 장소에 있는 것에 대해 지속적으로 과도한 공포

(6) 집을 떠나 잠 or 주요 애착대상이 근처에 없이 잠을 자는 것을 지속적으로 꺼리거나 거부

(7) 분리의 주제를 포함하는 반복적인 악몽

(8) 주요 애착대상으로부터 분리 or 분리가 예상될 때→반복적인 신체증상(Ex. 두통, 복통, 메쓰거움, 구토 등)

아. 선택적 무언증(Selective Mutism)

가) 말을 할 수 있음에도 특정 상황에서 지속적으로 말을 하지 않는 장애

나) 말을 잘함 + 말하는 것이 기대되는 사회적 상황(Ex. 학교, 친척 또는 또래와의 만남)에서 지속적으로 말을 하지 않음

다) 직계가족과 있을 때는 말을 할 수 있으나 조부모나 사촌과 같은 친인척이나 친구들 앞에서는 말을 하지 않는 경우 흔함

라) 여러 가지 부적응을 초래하는 무언증 증상이 1개월 이상(입학후 처음 1개월은 제외) 지속될 경우 진단

문제

[1. 해설] ㉯
광장공포증에 대한 설명이다.

1. 다음 중 사회공포증의 증상이 아닌 것은? (2010 기출)

가. 당황할 가능성이 있는 사회적 상황에 대한 공포

나. 백화점, 영화관 등 넓은 공간에 대한 지속적 공포

다. 자신의 공포가 과도하고 비합리적임을 인식

라. 두려워하는 사회적 상황을 회피

[2. 해설] ㉯
불안은 생존을 위한 기본적인 반응 양식이다.

2. 다음 중 불안에 관한 설명으로 옳은 것은? (2010 기출)

가. 객관적으로 경험되는 불쾌한 정서이다.

나. 환경에 적응하기 위한 생체의 기본적 반응 양식이다.

다. 걱정의 원인이 분명하다.

라. 생리적 각성은 일어나지 않는다.

[3. 해설] ㉮
불안장애 즉, 특정공포증은 조건형성뿐만 아니라 대리학습과 정보전이에 의해서도 형성될 수 있다. 공포증은 다른 사람이 특정한 대상을 두려워하며 회피하는 것을 관찰함으로써 그에 대한 두려움을 학습하는 관찰학습에 의해서도 습득될 수 있다. 예

3. 불안장애의 대표적인 원인론 중 2요인 학습이론과 거리가 먼 것은? (2009 기출)

가. 모델링의 효과를 잘 설명한다.

나. 공포감소에 대한 노출치료의 이론적 근거를 제공한다.

다. 2요인이란 고전적 조건형성과 조작적 조건형성을 각각 말한다.

라. Mowrer가 주장하였다.

4. 불안장애에 해당되지 않는 장애는? (2007 기출)
   가. 공황장애
   나. 사회공포증
   다. 범불안장애
   라. 적응장애

5. 다음 중 범불안장애 환자가 나타내는 불안의 특징은? (2008 기출)
   가. 특정 대상에 대한 과도한 불안
   나. 발작경험에 대한 예기불안(Anticipatory Anxiety)
   다. 불안의 대상이 분명하지 않은 부동불안(Free-floating Anxiety)
   라. 반복적으로 침투하는 특정 사건에 대한 염려

를 들어 개를 무서워하는 어머니의 자녀는 개를 무서워하는 어머니의 공포반응을 관찰하면서 개에 대한 두려움을 학습하게 된다. 또한 이러한 어머니는 자녀에게 "개는 위험하다. 가까이 가면 물린다. 피해라"라는 정보를 언어적 또는 비언어적으로 전달하게 되고 그 결과 그 자녀는 개에 대한 공포를 지니게 된다. 이처럼 다양한 경로를 통해 형성된 공포증은 회피반응에 의해서 유지되고 강화된다. 공포증이 형성되면 공포자극을 회피하게 되는데 회피행동은 두려움을 피하게 하는 부적강화효과를 지니기 때문에 지속된다. 또한 이러한 회피행동으로 인하여 공포자극이 유해하지 않다는 것을 학습할 기회를 얻지 못하므로 공포반응은 소거되지 않은 채 지속된다. 이러한 과정은 Mowrer의 2요인이론에 의해 잘 설명되고 있다. 즉 공포증이 형성되는 과정에는 고전적 조건형성의 학습원리가 관여하는 반면 일단 형성된 공포증은 조작적 조건형성의 원리에 의해서 유지되고 강화된다 것이다. 행동치료는 특정공포증을 치료하는 가장 효과적인 방법으로 알려져 있다. 특히 체계적 둔감법과 노출치료가 효과적이며 참여적 모방학습법과 이완훈련도 환자에게 도움을 주는 것으로 알려져 있다.

[4. 해설] ㉺
적응장애는 외상 후 스트레스 장애에 해당된다.

[5. 해설] ㉺
범불안장애는 대상이 불분명하다.

⑤ 강박 및 관련 장애

가. 강박장애(Obsessive-compulsive Disorder)

1) 강박: 무언가에 집착하여 사로잡혀 있는 심리상태
2) 강박 및 관련장애의 주 특징: 개인의 의지에 상관없이 어떤 생각이나 충동이 자꾸 의식에 떠올라 그것에 집착
3) 반복적인 행동(Repetitive Behaviors)
4) 복종과 반항 간의 갈등과 관련
5) 주 증상은 강박사고와 강박행동
6) 증상
   가) 어떤 하나의 생각이나 충동이 지속적으로 완고하게 의식으로 침범하듯이 나타남
   → 이때 불안이나 두려움이 동반 + 이를 막기 위한 수단을 취함
   나) 자아에 대해 이질적인 것 → 증상이 아무리 심해도 환자 자신은 이것이 어리석고 불합리한 것이라는 것을 알고 있으며, 이러한 증상에 저항하려고 함
   다) 가장 흔한 증상
      (1) 오염되었다고 생각 → 손을 씻는 행동
      (2) 위험 or 폭력에 관련된 의심 → 확인하는 행동
      (3) 강박행동 없는 단순 강박사고 → 성적, 공격적 행동에 대한 반복적 생각
      (4) 강박적 느림 = 일상행동을 정확히 하기 위해 미적대고 꾸물대고 느리게 수행
      (5) 어떤 일을 시작하기 전에 의식적으로 특정수를 세거나, 머리를 긁적거린 후에 하는 행위가 반복 = 강박적 의식행위(Ritual Compulsion)
   라) 강박 상태가 진행 → 자기가 행한 일에 자신이 없고 확실하게 했는지의 여부가 의심 → 확인행위 = 강박적 의심증
7) 원인(인지적 입장)
   가) 침투적 사고와 자동적 사고로 구분
   나) 침투적 사고: 우연히 의식 속에 떠오르는 원치 않는 불쾌한 생각 → 그에 대한 의미 부여 → 자동적 사고를 유발 = 침투적 사고에 대하여 과도하게 중요성, 책임감, 통제필요성을 부여함
   다) 사고억제의 역설적 효과: 어떤 생각을 과도하게 통제하려고 하면 할수록 그 생각을 더 자주 하게 되는 현상
   라) 사고-행위 융합: 생각이 곧 행위라는 믿음

나. 신체변형 장애(Body Dysmorphic Disorder)

1) 주요증상과 진단기준
   가) 외모가 기형적이라고 잘못 집착하는 경우 = 신체추형장애
   나) 극히 정상적인 외모임에도 불구 스스로 자신의 외모에 대해서 기형적이라 믿음

+ 걱정 + 집착

다) 신체적 특이함 or 기형적 요소 약간 있는 경우→신체 특징에 과도한 관심과 집착
→사회적, 직업적 기타 중요한 영역에서 심각한 손상 = 신체변형장애가 진단

다. 저장장애(Hoarding Disorder)

가) 언젠가는 필요할지 모른다는 생각으로 버려야 할 물건들을 집안에 쌓아둠.

나) 주된 진단기준: 불필요한 물건을 버리지 못하는 것. 물건을 보관하고자 하는 강한 충동→ 물건을 버리는 것을 고통으로 여김

다) 물건을 버려야 할 지 말아야 할지에 대한 우유 부단성→명백히 쓸모없거나 무가치한 물건을 버리지 못함 + 집, 직장, 개인적 공간을 수많은 물건으로 채우고 어지럽혀 공간을 정상적인 용도로 사용하지 못함

라) 강박적 저장: 불필요한 물건을 버리지 못하고 보관

바) 강박적 수집: 불필요한 물건을 수집하여 집안으로 끌어들이는 행동

라. 모발뽑기 장애(Hair-pulling Disorder)

1) 자신의 머리털을 반복적으로 뽑게 되는 경우 = 발모증

2) 머리카락을 뽑는 행동을 할 때마다 쾌락, 만족감, 해방감을 느낌

3) 머리카락을 뽑는 행동이 다른 정신장애에 의한 것이 아님 + 사회적, 직업적 적응에 심각한 고통이나 장해를 초래함

4) 신체 중 모든 부위의 털(눈썹, 겨드랑이털, 음모 등)을 뽑을 수 있음 → 가장 흔한 부위는 머리카락, 눈썹, 속눈썹

마. 피부 벗기기 장애(Excoriation Disorder, Skin-picking Disorder)

1) 반복적으로 피부를 벗기거나 뜯음으로써 피부를 손상시키는 행동을 함

2) 심각하지만 잘 알려지지 않은 문제

3) DSM-5에서 처음 강박 관련 장애의 하위장애로 포함

4) 강박적 피부 뜯기로 불리기도 함

하위장애	핵심증상
외상후 스트레스 장애	외상 사건 경험 후 1개월 이상 지속되는 재경험 증상과 회피행동
급성 스트레스 장애	외상 사건 경험 후 1개월 이내 나타나는 재경험 증상과 회피행동
반응성 애착장애	부적절한 양육환경에서 애착 외상을 경험한 아동이 나타내는 정서적 위축과 대인관계 회피
탈억제 사회관여 장애	부적절한 양육환경에서 애착 외상을 경험한 아동이 부적절하게 나타내는 과도한 친밀함과 무분별한 대인관계 행동
적응장애	주요한 생활사건에 대한 적응실패로 나타나는 정서적·행동적 문제

심리학개론

이상심리학

심리검사

임상심리학

심리상담

[1. 해설] ㉮
프로이드는 강박증상을 항문기에 억압된 욕구나 충동이 재활성되어 나타난 것으로 간주되었다. 이러한 충동이 의식에 떠오르게 되면 불안을 경험하게 되며 이를 통제하기 위해 주로 4가지 방어기제인 격리(고립), 대치, 반동형성, 취소가 사용된다.

[2. 해설] ㉯
강박장애를 지닌 사람들이 침투적 사고에 대해서 중요성과 책임감을 부여하고 사고통제를 시도하게 되는 데에는 사고-행위 융합이라는 인지적 특성이 개입된다. 사고-행위융합(Thought-acting Fusion)은 생각한 것이 곧 행위를 한 것과 다르지 않다는 믿음을 뜻한다. 사고-행위의 융합에는 두 가지 유형이 있는데 비윤리적 생각을 하는 것은 그러한 행위를 한 것과 도덕적으로 다르지 않다는 도덕적 융합과 비윤리적 생각을 하게 되면 실제로 그러한 행위를 하게 될 가능성이 높아진다는 발생가능성 융합이 있다.

[3. 해설] ㉰
강박장애의 증상 중에는 의식행위가 있다. 정해진 틀을 벗어나면 매우 불안하기 때문에 그 틀을 그대로 유지하려고 의식행위처럼 행동하는 증상이다.

[4. 해설] ㉱
혐오자극을 제거하는 것으로 통해 특정 강박 행동이 증가하는 현상으로 설명한다.

[5. 해설] ㉲
DSM-5에서는 강박장애, 신체변형장애, 저장 장애, 모발뽑기 장애, 피부 벗기기 장애를 강박 및 관련 장애에 포함하고 있다.

문제

1. 정신분석적 입장에서 볼 때 강박장애와 밀접하게 연관된 주요 방어기제가 아닌 것은? (2010 기출)
가. 투사　　　　　　　　　나. 고립
다. 대치　　　　　　　　　라. 취소

2. 다음과 가장 관련이 높은 정신장애는? (2010 기출)

> 다른 남자의 아내와 간음하는 생각을 하는 것은 그러한 행위를 한 것과 같다는 믿음인 사고-행위 융합(Thought-acting Fusion)

가. 주요 우울장애
나. 강박장애
다. 외상후 스트레스 장애
라. 일반화된 불안장애

3. 김씨는 길을 걸을 때 보도 블럭의 금을 절대 밟지 않으며 만약 밟게 되면 무슨 큰일이 일어날 것처럼 불안해진다. 김씨의 행동과 관련지어 생각해 볼 수 있는 질환은? (2004, 2007 기출)
가. 범 불안장애(Generalized Anxiety Disorder)
나. 공황장애(Panic Disorder)
다. 강박장애(Obsessive Compulsive Disorder)
라. 사회공포증(Social Phobia)

4. 행동주의적 견해에 따르면 강박행동은 어떤 원리에 의해 유지되는가? (201 가)
가. 고전적 조건형성　　　　나. 부적 강화
다. 소거　　　　　　　　　라. 모델링

5. DSM-5에서 강박 및 관련 장애의 하위유형에 속하지 않은 것은?
가. 강박장애
나. 신체변형장애
다. 피부 벗기기 장애
라. 건강염려증

⑥ 외상 및 스트레스 사건 관련 장애

가. 외상 후 스트레스 장애(Post-traumatic Stress Disorder, PTSD)

1) 외상 사건을 경험하고 난 후에 다양한 심리적 부적응 증상을 나타나는 경우

2) 외상 = 죽음 or 죽음의 위협, 신체적 상해, 성폭력과 같이 개인에게 심각한 충격을 주는 다양한 사건들을 의미

3) 네 가지 유형의 심리적 증상

  가) 침투증상: 외상 사건과 관련된 기억이나 감정이 자꾸 의식에 침투하여 재 경험되는 것

  나) 외상사건과 관련된 자극을 회피: 외상 사건의 재경험이 매우 고통스럽기 때문에 그와 관련된 기억, 생각, 감정을 떠올리지 않으려고 노력. 고통스러운 외상 경험을 떠올릴 수 있는 모든 자극이나 단서를 회피하려고 노력

  다) 외상 사건과 관련된 인지와 감정에 있어 부정적 변화 → 외상 사건의 중요한 일부를 기억하지 못함 or 외상 사건의 원인이나 결과를 왜곡하여 받아들임 → 자신이나 타인을 책망

  라) 각성과 반응성의 현저한 변화

4) 과민 + 주의집중을 잘하지 못함 + 사소한 자극에 크게 놀라는 반응 + 수면의 곤란

5) 외상사건을 경험 후 네 가지 유형의 증상들이 1개월 이상 나타나서 일상생활에 심각한 장해를 받게 될 때 외상 후 스트레스 장애로 진단

6) DSM-5의 진단기준

  가) 실제적인 것이든 위협을 당한 것이든 죽음, 심각한 상해 또는 성적인 폭력을 다음 중 한 가지 이상의 방식으로 경험함

    (1) 외상사건을 직접 경험하는 것

    (2) 외상사건이 다른 사람에게 일어나는 것을 직접 목격하는 것

    (3) 외상사건이 가까운 가족이나 친구에게 일어났음을 알게 되는 것

    (4) 외상 사건의 혐오스러운 세부내용에 반복적으로 또는 극단적으로 노출되는 것 (전자매체, TV, 영화, 사진을 통한 것이 아님)

  가) 외상사건과 관련된 침투증상이 다음 중 한 가지 이상 나타난다.

    (1) 외상사건에 대한 고통스러운 기억의 반복적이고 침투적인 경험

    (2) 외상사건과 관련된 고통스러운 꿈의 반복적 경험

    (3) 외상사건이 실제로 일어난 것처럼 느끼고 행동하는 해리 반응(Ex. 플래시백)

    (4) 외상 사건과 유사하거나 그러한 사건을 상징하는 내적 또는 외적 단서에 노출될 때 마다 강렬한 심리적 고통의 경험

    (5) 외상 사건을 상징하거나 그와 유사한 내적 또는 외적 단서에 대한 심각한 생리적 반응

  나) 외상 사건과 관련된 자극 회피가 다음 중 한 가지 이상의 방식으로 지속적으로

트라우마: 외부로부터 주어진 충격적인 사건에 의해서 입은 심리적 상처

- 일회적 외상: 단 한 번의 충격적 사건으로 인해 입게 되는 커다란 심리적 상처 + 오랫동안 상처를 지속시킴

- 자연 재해(지진, 해일, 산사태, 화산폭발) + 기술적 재해(댐이나 건물붕괴, 비행기 추락, 화학물질 유출, 원자로 파괴) + 폭력적 범죄(살인, 폭행, 강간, 강도, 유괴, 납치) + 관계상실(가족이 갑작스럽게 사망하거나 사랑하는 사람이 폭력을 당해 처참한 모습으로 죽는 것을 목격 → 슬픔, 공포, 분노와 같은 강렬한 감정반응을 야기)

심리학개론

이상심리학

심리검사

임상심리학

심리상담

나타난다. 이러한 변화는 외상 사건이 일어난 후에 시작된다.

(1) 외상 사건과 밀접히 관련된 고통스러운 기억, 생각, 감정을 회피하거나 회피하려는 노력

(2) 외상 사건과 밀접히 관련된 고통스러운 기억, 생각, 감정을 유발하는 외적인 단서들(사람, 장소, 대화, 활동, 대상, 상황)을 회피하거나 회피하려는 노력

다) 외상 사건에 대한 인지와 감정의 부정적 변화가 다음 중 두가지 이상 나타난다. 이러한 변화는 외상사건이 일어난 후 시작되거나 악화될 수 있다.

(1) 외상 사건의 중요한 측면을 기억하지 못함

(2) 자신, 타인, 세상에 대한 과장된 부정적 신념이나 기대를 지속적으로 지닌다.

(3) 외상사건의 원인이나 결과에 대한 왜곡된 인지를 지니며, 이러한 인지로 인해 자신이나 타인을 책망함

(4) 부정적인 정서 상태(Ex. 공포, 분노, 죄책감이나 수치심)를 지속적으로 나타낸다.

(5) 중요한 활동에 대한 관심이나 참여가 현저하게 감소함

(6) 다른 사람에 대해서 거리감이나 소외감을 느낀다.

(7) 긍정정서(Ex. 행복감, 만족, 사랑의 감정)를 지속적으로 느끼지 못함

라) 외상 사건과 관련하여 각성과 반응성의 현저한 변화가 다음 중 두 가지 이상 나타난다. 이러한 변화는 외상사건이 일어난 후에 시작되거나 악화될 수 있다.

(1) (자극이 없는 상태이거나 사소한 자극에도)짜증스러운 행동이나 분노폭발

(2) 무모하거나 자기파괴적인 행동

(3) 과도한 경계

(4) 과도한 놀람반응

(5) 집중의 곤란

(6) 수면 장해

마) 위에 제시된(b,c,d,e의 기준을 모두 충족시키는) 장해가 1개월 이상 나타난다.

바) 이러한 장해로 인해서 심각한 고통이 유발되거나 사회적, 직업적 또는 중요한 기능에 현저한 손상이 나타난다.

사) 이러한 장해는 약물이나 신체적 질병에 의한 것이 아니어야 함

7) 원인과 치료

가) 동일한 사건이 왜 어떤 사람에게는 외상으로 작용하고 다른 사람에게는 그렇지 않은가?

나) 외상 후 스트레스 장애를 유발할 수 있는 취약성(위험요인) 3가지

(1) 외상 전 요인(Pretraumatic Factors: 정신장애 가족력, 아동기 다른 외상경험, 의존성이나 정서적 불안정성 같은 성격특성, 외적 통제소재(Locus of Control)

(2) 외상 중 요인(Peritraumatic Factors): 외상 사건의 강도가 심하고 외상 사건에 자주 노출되었을수록, 외상 사건에 타인의 악의에 의한 것일 때, 가까운 사람에게 일어났을 때 증상이 심하고 오래 지속

지속적 노출법: 외상경험에 반복적으로 노출→공포 기억구조를 반복적으로 활성화→공포 둔감화, 외상기억 회피 시도 감소, 위험 앞에서 대처능력 및 자기유능감 회복→세상은 예측가능하고 통제가능하다는 기존의 신념체계로 외상기억을 통합

(3) 외상 후 요인(Posttraumatic Factors): 사회적 지지체계나 친밀한 관계의 부족, 추가적인 생활스트레스, 결혼과 직장생활의 불안정, 심한 음주와 도박 등

다) 생물학적 관점

  (1) 유전적 요인

  (2) 신경전달물질의 이상

라) 정신분석적 관점

  (1) 외상 사건이 유아기의 미해결된 무의식적 갈등을 다시 불러일으켜 퇴행이 일어나고 억압, 부인, 취소의 방어기제가 동원되는 것

마) 행동주의적 관점

  (1) 고전적 조건형성으로 장애의 유발과정을 설명: 외상 사건이 무조건 자극, 외상 관련 단서들이 조건 자극

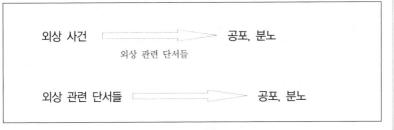

  (2) 조작적 조건형성으로 장애의 유지·악화과정을 설명: 외상 사건의 단서를 회피하는 행동이나 무감각한 감정반응은 불안을 감소시킴 → 부적 강화 효과를 지님

회피행동 또는 무감각한 감정반응 ⟹	불안 감소
유지 · 악화	

바) 스트레스 반응 이론(Stress Response Theory)

  (1) 외상 사건을 경험한 사람은 일반적으로 5단계 과정

    (가) 절규단계: 심한 충격 속에서 극심한 고통과 스트레스 → 외상 사건을 기존의 기억체계에 통합하려고 시도

    (나) 회피단계: 외상 사건은 엄청난 내외적 정보를 포함할 뿐 아니라 일상 경험과는 동떨어진 것 → 인지체계에 잘 수용되지 않음 + 정보 과부하에 시달림 → 고통과 불안을 방어기제를 통해 외상경험을 부인하거나 억압 → 그 결과, 외상 사건을 잘 기억하지 못하고 외상경험과 관련된 모든 자극을 회피

    (다) 동요단계: 외상 경험을 기존 사고체계에 통합하려는 인지적 경향성 → 외상 기억 수시로 의식에 침투 → 원래의 형태로 활성화된 채 플래시백 or 악몽 같은 침투증상을 겪고 → 외상 정보가 기존 인지체계에 통합되지 못한 채 회피증상과 침투증상이 함께 나타남 → 이 단계에서 나타나는 부적응 상태가 외상 후 스트레스 장애

    (라) 전이단계: 개인적 노력과 치료를 통해 외상정보가 조금씩 인지적으로 처리되면서 기존 신념체계로의 통합이 진행

(마) 통합단계: 외상경험의 의미가 충분히 탐색되어 기존 신념체계에 통합됨→ 그 결과, 담담하게 외상경험을 회상할 수 있고 기존 신념체계가 더욱 확대되고 정교화 되어 자신과 세상을 바라보는 안목이 확장

사) Janoff-Bulman의 박살난 가정이론(Theory of Shattered Assumptions)

(1) 외상경험은 세 가지 기본 신념체계를 파괴함으로써 심각한 혼란과 무기력감, 외상 후 스트레스 장애를 유발

(2) 다음의 세가지 기본 신념이 강할수록 외상에 강한 충격을 받게 된다.

(가) 세상의 우호성에 대한 신념: 세상은 안전하고 우호적이다.

(나) 세상의 합리성에 대한 신념: 세상은 합리적이고 공정하게 돌아간다, 모든 일은 이해가능하고 예측가능하다

(다) 자신의 가치에 대한 신념: 나는 소중한 존재이다, 나는 무가치하게 희생되지 않는다.

아) Foa와 Riggs의 정서적 처리이론(Emotional Processing Theory)

(1) 특히 강간이나 성폭행 관련 외상을 설명

(2) 외상경험과 관련된 부정적 정보들(외상 사건에 관한 정보, 외상 사건에 대한 인지적 행동적 생리적 반응에 대한 정보, 사건과 자신의 반응이 관련성에 대한 정보)의 연결망→공포 기억구조 형성.

(3) 외상경험 관련 단서→이 공포 기억구조 연결망을 활성화 = 침투증상

(4) 공포 기억구조의 활성화를 회피하고 억압하려는 시도 = 회피 증상

(5) Davidson과 Foa(1991) 개인적 요인

(가) 정신장애에 대한 유전적 또는 체질적 취약성

(나) 아동기의 외상적 경험

(다) 의존성이나 정서적 불안정성과 같은 성격특성

(라) 자신의 운명이 외부요인에 의해 결정된다는 통제 소재의 외부성

(마) 사회적 지지체계의 부족

(바) 최근 생활의 스트레스나 변화

(사) 최근의 심한 음주

* 앞의 4가지는 외상적 사건을 경험하기 이전 개인 특성
* 뒤의 3가지는 외상적 경험을 하고 난 이후의 요인

나. 급성 스트레스 장애(Acute Stress Disorder, ASD)

1) 외상 사건을 직접 경험했거나 목격하고 난 직후에 나타나는 부적응 증상들이 3일 이상 1개월 이내의 단기간 지속되는 경우

2) 증상 지속기간이 짧다는 점 외에 주요 증상과 진단기준이 외상 후 스트레스 장애와 매우 유사

3) 증상이 1개월을 너머 개선되지 않으면 외상 후 스트레스 장애로 진단. 약 50%가 외상 후 스트레스 장애로 진전

4) 관련 증상

　가) 침투증상(외상 사건의 반복적 기억, 고통스러운 꿈, 플래시 백과 같은 해리 반응, 외상사건과 관련된 단서에 대한 강렬한 반응)

　나) 부정적 기분(긍정적 감정을 잘 느끼지 못함)

　다) 해리증상(자신의 주변세계나 자신에 대한 변형된 인식, 외상사건의 중요한 측면에 대한 기억불능)

　라) 회피증상(외상과 관련된 기억이나 감정에 대한 회피, 외상과 관련된 단서들에 대한 회피)

　마) 각성증상(수면장애, 짜증이나 분노폭발, 과잉경계, 집중곤란, 과장된 놀람반응)

5) 원인

　가) 외상 후 스트레스 장애와 유사한 원인에 의해 유발

　나) 급성 스트레스 장애는 특히 심한 무력감을 느끼게 한 외상사건에 대한 단기적인 신체적, 심리적 반응으로 보임

　다) 외상경험의 부정적 결과를 과장하는 파국적 평가와 그로 인한 무력감, 죄책감, 절망감에 의해 유발

6) 치료

　가) 인지행동치료가 증상 완화 및 외상 후 스트레스 장애 예방에 효과적

　　(1) 노출

　　(2) 인지적 재구성

　나) 치료하지 않으면 증상이 더욱 악화, 심각한 외상 후 스트레스 장애로 진전될 가능성

　다) 외상 사건에 대한 침투 증상과 각성 증상이 두드러진 사람들이 외상 후 스트레스 장애로 진전되는 경향

다. 반응성 애착 장애(Reactive Attachment Disorder, RAD)

1) 임상적 특성

　가) 양육자와의 애착 외상으로 인하여 과도하게 위축된 대인관계 양상을 보임

　나) 부모를 비롯한 타인과의 접촉을 두려워하고 회피하며 사회성 발달에 어려움을 겪음

2) 역학

　가) 유병률 잘 알려져 있지 않으나 매우 드묾. 심각한 방임상태에서 양육된 아동 중 10% 이하에서 나타남

　나) 생후 9개월 ~ 만5세 사이의 아동에게서 주로 발생

3) 원인

　가) 양육자의 학대 또는 방임의 양육행동과 아동의 선천적인 기질특성이 상호작용하여 두 유형 중 어느 하나로 애착장애를 보이게 됨

심리학개론

이상심리학

심리검사

임상심리학

심리상담

나) 과민성 기질의 아동은 억제형: 타인과의 관계를 두려워하거나 피함 → 반응성 애착장애

다) 외향성과 자극추구 기질의 아동은 탈억제형: 누구에게나 부적절하게 친밀감을 나타냄 → 탈억제 사회관여 장애

4) 치료

(1) 아동과 양육자의 애착관계 개선에 초점

(2) 양육자의 정서적 감수성과 반응성을 증진시켜 아동과의 상호작용을 긍정적으로 변화

(3) 애정과 관심을 기울일 수 있는 한 명의 양육자 제공이 치료에 필수요건

(4) 아동의 흥미와 몰입도가 높은 놀이치료가 효과적

라. 탈억제 사회관여 장애(Disinhibited Social Engagement Disorder)

DSM-5에서는 탈억제형을 탈억제 사회관여 장애라고 하며, 그 핵심증상은 다음과 같은 행동패턴을 나타내는 것이다.
(1) 낯선 성인에게 접근하거나 그들과 상호작용하는 데에 주저함이 없다.
(2) 지나치게 친밀한 언어적 또는 신체적 행동을 나타낸다.
(3) 낯선 상황에서도 주변을 탐색한 후에 성인 양육자의 존재를 확인하지 않는다.
(4) 낯선 성인을 아무런 망설임이나 주저없이 기꺼이 따라나선다.

1) 임상적 특성

가) 양육자와의 애착 외상을 경험한 아동이 누구든지 낯선 성인에게 주저없이 과도한 친밀감을 표현하며 접근하여 상호작용하는 행동패턴을 보여줌

(1) 낯선 성인에게 접근하거나 상호작용하는 데에 주저함이 없다

(2) 지나치게 친밀한 언어적 또는 신체적 행동을 나타낸다.

(3) 낯선 상황에서도 주변을 탐색하고 난 후 성인 양육자의 존재를 확인하지 않는다.

(4) 낯선 성인을 아무런 망설임이나 주저함 없이 기꺼이 따라나선다.

2) 생후 9개월 이상 아동이 애착 외상에 해당하는 경험 후 이러한 증상을 나타낼 경우 진단

(1) 반응성 애착장애와의 차이

(가) 양육자로부터 학대나 방임 경험은 동일

(나) 위축된 반응 대신 무분별한 사회성과 과도한 친밀감을 나타내는 부적응 행동

3) 원인

가) 반응성 애착장애의 원인과 유사하나 선천적 기질 차이 때문에 반대 양상을 보이는 것

나) 반응성 애착장애 아동들은 내향성과 과민한 기질을 타고나서 애착 결핍에 대해 회피적 반응, 반면 탈억제 사회관여 장애 아동들은 선천적 외향성과 자극추구 기질을 타고나 애착 결핍에 대해 무분별한 사회성과 충동적 행동 반응을 보이는 것임

4) 치료

가) 반응성 애착장애의 경우와 동일

(1) 한명이 양육자와 친밀한 애착관계 형성에 초점

나) 치료성과

  (1) 반응성 애착장애는 우울정서와 밀접한 관련, 양육환경이 개선되면 증상이 호전

  (2) 탈억제 사회관여 장애는 부주의나 과잉행동과 관련, 양육환경 향상에도 증상 호전이 잘 일어나지 않는 경우

마. 적응 장애(Adjustment Disorder)

1) 임상적 특성

가) 주요 생활사건에 대한 적응이 실패로 나타난 부적응 증상이 스트레스 사건이 발생한 3개월 이내 나타나야 함

나) 부적응 증상이 환경적 맥락과 문화적 요인을 고려할 때 스트레스 사건의 강도에 비해 현저하게 심해야 함

다) 가장 흔한 부적응 증상: 우울한 기분과 무력감, 심한 불안감과 신경과민, 과도한 음주나 폭력적 행동, 청소년의 경우 비행(무단결석, 거짓말, 폭행 등)

라) 주관적 심각한 고통이나 중요 삶의 영역에서 기능장해

마) 부적응 증상이 다른 정신장애 진단기준에 해당되지 않아야 함

2) 원인

가) 동일한 스트레스 사건에 대한 적응능력이 개인마다 다른 이유

  (1) 정신분석적 관점: 유아기에 양육자가 유아의 욕구를 충분히 충족시켜주고 지지해주면 이후의 삶에서 겪을 좌절에 대한 인내력이 생김→역경과 좌절을 견뎌내고 회복하는 심리적 탄력성(Resilience)도 어린 시절 경험한 부모와의 관계에 의해 크게 영향 받음

  (2) 개인 특성: 성격특성, 자존감과 자신감, 문제해결능력, 자신과 세상에 대한 신념내용이 적응장애에 영향 미칠 수 있음→자신의 역기능이나 어려움에 대한 인식이 적응장애에 영향

    Ex) 불안하고 당황해하는 부적응적 반응을 스스로 수용하지 못하고 자기비난, 자기실망에 빠지고 이것이 새로운 좌절을 초래하는 악순환과정이 증상을 악화

3) 치료

가) 대부분, 스트레스 요인이 사라지만 증상이 감소하므로 일반적으로 지지적인 심리치료

나) 스트레스 사건에 대한 내담자의 심리적 고통과 충격을 공감

다) 심리적 지지를 제공

라) 효과적인 대처행동으로 변화하도록 도움

심리학개론 / 이상심리학 / 심리검사 / 임상심리학 / 심리상담

문제 》

[1. 해설] ④

1. 전쟁 포로로 붙잡혀 있다가 풀려난 사람이 종전 후 총소리에 극심하게 불안증상을 느낄 때 가장 가능성이 높은 장애는? (2008 기출)
   가. 자폐증　　　　　　　　　　　나. 외상 후 스트레스 장애
   다. 정신분열증　　　　　　　　　라. 청각장애

[2. 해설] ④

2. 강간, 폭행, 교통사고, 자연재해, 가족이나 친구의 죽음 등 충격적 사건에 뒤따른 심리적 장애는? (2005 기출)
   가. 주요 우울증　　　　　　　　　나. 공항장애
   다. 외상후 스트레스 장애　　　　라. 강박장애

[3. 해설] ㉮

3. 대형화재현장에서 살아남은 남성이 불이 나는 장면에 극심하게 불안증상을 느낄 때 의심할 수 있는 가장 가능성이 높은 장애는? (200 다)
   가. 외상후 스트레스 장애　　　　나. 과대망상증
   다. 정신분열증　　　　　　　　　라. 조증

[4. 해설] ㉰
Foa와 Riggs는 외상 후 스트레스 장애 환자에게 지연된 노출법을 제시하고 있는데, 이는 외상적 사건에 대한 기억과 연관된 불안을 감소시키는 데에 초점을 맞추고 있다. 외상적 사건을 단계적으로 떠올리게 하여 불안한 기억에 반복적으로 노출시킴으로써 궁극적으로 외상적 사건을 큰 불안없이 직면하도록 유도한다.

4. 외상적 사건에 대한 기억과 연관된 불안을 감소시키는데 초점을 맞추고 있으며, Foa에 의해 개발된 이후 외상 후 스트레스 장애에 대해 경험적으로 지지된 치료로서 학계로부터 널리 인정을 받고 있는 치료법은? (201 가)
   가. 불안조절 훈련
   나. 안구운동 둔감화와 재처리 치료
   다. 지속노출치료
   라. 인지적 처리치료

[5. 해설] ㉱
급성 스트레스 장애는 외상 이후 1달 이내 증상이 유지되는 것으로 진단된다.

5. 급성 스트레스 장애에 관한 기술 중 틀린 것은?
   가. 외상후 스트레스 장애와 유사한 원인에 의해 유발된다.
   나. 치료하지 않으면 증상이 더욱 악화되어 심각한 외상후 스트레스 장애로 진전될 가능성이 있다.
   다. 특징 가운데 하나는 해리증상이다.
   라. 지속기간뿐 아니라 주요 증상과 진단기준에 있어서도 외상후 스트레스 장애와 매우 유사하다.

7 **해리 장애(Dissociative Disorders)**

가. 해리성 정체감 장애(Dissociative Identity Disorder)

1) 임상적 특성
가) 한 사람 안에 둘 이상의 각기 다른 정체감을 지닌 인격이 존재('다중성격장애')

나) 한 사람 안에 여러 사람이 존재하면서 상황에 따라 각기 다른 사람이 의식에 나타나서 말과 행동을 하는 모습으로 관찰됨

다) 각기 다른 이름, 과거경험, 자아상과 정체감을 가진 것처럼 행동함

라) 대개 원래 이름을 유지하는 일차적 인격 → 수동적이고 의존적이며 우울하거나 죄책감을 지니고 있음

마) 교체되는 인격들 → 다른 이름을 지니고 있고 일차적 인격과는 대조적 성격을 지니는 경우가 많음 → 연령 사용 어휘나 상식, 주된 정서, 목소리에서도 차이를 보이기도 함 → 번갈아 지배권을 갖게 되는데 한 인격이 다른 인격의 의견을 부정하기도 하고 서로 비판적이기도 하며 공공연하게 갈등을 표출하기도 함.

바) 한 인격이 의식에 나타나 경험한 것을 다른 인격이 기억하지 못하는 경우가 많음

사) 의식에 나타나는 인격의 변화
   (1) 보통 심리사회적 스트레스에 의해 일어남
   (2) 소요시간은 대개 몇 초 범위이나 서서히 진행되는 경우도 있음.

아) 인격의 수-보고된 사례의 반 이상이 10개 이하의 인격을 나타냄

2) 진단기준
가) 두 개 이상의 다른 성격상태를 특징적으로 나타내는 정체감의 분열을 보임. 일부 문화에서 이를 빙의(Possession) 경험으로 기술

나) 자아감 및 자아주체감의 뚜렷한 비연속성을 포함

다) 정서, 행동, 의식, 기억, 지각, 인지와 감각운동기능의 변화를 수반
   이러한 징후들은 본인이나 다른 사람의 관찰에 의해 보고됨

라) 일상적인 사건, 중요한 개인 정보, 외상적 사건을 기억함에 있어 공백이 반복적으로 나타남 → 이러한 기억의 실패는 → 일상적 망각으로 설명할 수 없음 → 이로 인해 현저한 고통을 겪거나 중요 기능에서 손상이 초래되어야 함 → 이러한 장해는 널리 수용되는 문화적 종교적 관습의 정상적 일부가 아니어야 함

마) 물질(알코올중독)이나 신체적 질병(Ex. 간질발작)으로 인한 것이 아니어야 함

3) 역학
가) 1년 유병률은 1.5%

나) 남자는 1.6%, 여자는 1.4%의 유병률

다) 최근 증가 추세
   (1) 정신건강 전문가들이 진단기준을 잘 인식하여 숨겨진 환자들이 발견된 결과라

자아정체성
(Self-identity)

우리는 하나의 자아를 가지며 이 자아가 우리의 행동을 일관성 있게 선택하고 자아를 중심으로 통합된 기억을 형성.
이러한 자기정체감에 의해 시간적 흐름과 상황적 변화 속에서도 하나의 통합된 자기의식을 지속적으로 지니고 타인과의 관계 속에서도 일관성 있는 개인으로 활동하게 됨.

해리(Dissociation)

자신, 시간, 주위환경에 대한 연속적인 의식이 단절되는 현상
누구나 겪는 정상적 경험
Ex. 책에 몰두하여 시간이나 주변을 잊는 것, 최면상태, 종교적 황홀경 등) 감당하기 어려운 충격으로부터 자신을 보호하는 기능

해리장애

의식, 기억, 행동, 자기정체감의 통합적 기능에 갑작스런 이상을 나타내는 장애

는 해석

(2) 전문가 물음에 피암시성이 높은 사람들이 증상을 과장함→진단이 남발

4) 원인

가) 아동기 학대경험: 해리성 정체감 장애 환자 가운데 아동기 신체적 성적 학대 경험자가 매우 많음

　Ex) 100명의 사례를 분석한 한 연구→86%가 성적 학대경험, 75%가 반복되는 신체 학대를 보고, 45%는 아동기에 폭력에 의한 죽음을 목격. 3%만이 의미있는 아동기 외상 과거력이 없었음

나) 외상 모델(Trauma Model): 해리적 방어책략은 아동기의 고통스러운 외상 경험자에게 감당할 수 없는 기억과 감정을 묻어두는 역할을 함→정신적 붕괴를 방지하는 자기보호적 기능

(1) 외상 사건이 일어나는 도중에는 외상의 충격으로부터 분리될 수 있음

(2) 외상 사건 중에도 통제력을 유지할 수 있음

(3) 외상 사건 이후에도 그 기억을 다루고 해결해야하는 고통에서 벗어날 수 있음
　→ 그러나 이후 성장과정에서 통합된 자기정체감을 형성하지 못할 경우 대체 인격의 수, 복잡성, 분리된 정도가 변화하면서 해리성 정체감 장애로 발전할 가능성

다) 4요인 모델(Four Factors Model): 해리성 정체감 장애를 유발하는 4가지 요인 제시(Kluft, 1984)

(1) 외상 직면시 현실로부터 해리될 수 있는 내적 능력

(2) 일상적 방어능력을 넘어서는 압도적 외상경험

(3) 응집력있는 하나의 자아 획득 실패

(4) 진정 경험의 결핍: 달래주고 위로해주고 진정시켜주는 타인의 부재

라) 기타 주장

(1) 블리스(Bliss): 해리성 정체감 장애 환자들이 피암시성 또는 피최면성 같은 특성이 높다는 것을 발견→ 이 장애의 소인이라고 지적

(2) 브라운과 삭스(Braun & Sachs): 선천적인 해리능력, 평균 이상의 지능과 창의력, 학대받은 과거력이 이 장애의 소인

(3) 푸트남(Putman): 다중 인격에 대한 선천적 경향성이 강한 아동→외상경험→현실로부터 도피→외상 기억을 의식에서 배제→자신에 대한 고통스런 감정의 방어로서 자기 경험을 해리→상상이나 환상을 통해 해리된 경험에 정체감을 부여→여러 신체적 심리적 속성을 추가→점차 정교화된 인격이 형성

5) 행동주의적 입장

가) 해리장애는 학습된다. 즉, 스트레스가 심할 때 평소와 다른 사회적 역할을 선택하여 행동하고 그 결과가 보상적이면 유사한 상황에서 새로운 역할의 행동을 하게 됨

나) 새로운 역할이나 정체감은 관찰학습에 의해서도 습득될 수 있음

6) 치료

가) 치료목적은 여러 인격 간의 통합을 통한 적응기능의 향상

나) 여러 인격의 통합은 가장 중심적이고 적응적 인격을 중심으로 이루어지는 것이
바람직

다) Kluft는 성공적 심리치료를 위한 세 가지 지침을 제시

   (1) 환자와 치료자간의 견고한 치료적 관계 형성

   (2) 각 인격이 지니고 있는 과거의 고통스런 경험을 그 인격이 견딜 수 있는 방법
으로 드러내고 감정을 표현하도록 도와주어야 함

   (3) 인격들 간의 원활한 협동을 도움

나. 해리성 기억상실(Dissociative Amnesia)

1) 임상적 특성

가) 결코 잊을 수 없는 중요한 과거경험 또는 중요한 자서전적 경험(흔히 외상적이거
나 스트레스를 주는 것)을 몇 시간 또는 드물게는 몇 년 동안 기억하지 못함

나) 단순 건망증이나 망각으로 설명하기에는 그 정도가 심하거나 광범위해야 함 +
충격적 사건이나 내면적 고통을 경험한 후 발생하는 경향

다) 뇌손상이나 뇌 기능장애로 유발된 것이 아니어야 함

라) 대부분 특정한 사건에 대한 부분적 또는 선택적 기억상실증으로 나타나나 자기
정체감과 생애 전반에 대한 기억상실로 나타나기도 함

마) 일반적 상식이나 지식 같은 비개인적 정보의 기억에는 손상이 없고 대부분 언어,
학습능력, 일반적 적응능력도 유지

바) 해리성 둔주(기억상실과 더불어 주거지를 이탈하여 떠돌거나 방황하는 행동)와
함께 나타나는 유형과 그렇지 않은 유형으로 구분

사) 기억장애 외에 의식의 혼란이나 현실감각의 장애 등이 수반될 수도 있음

아) 기억상실은 갑작스럽게 나타나고 대부분 일시적으로 지속되다가 역시 갑작스럽
게 회복되는 경우가 많음

자) 과거 심인성 기억상실증과 같은 것임

2) 역학

가) 유병률이 잘 알려져 있지 않으나 해리장애 중에서는 가장 흔함

나) 1년 유병률이 1.8%

다) 남자 < 여자

라) 사춘기와 청년기에 흔히 발생, 노인기에는 드묾

마) 전쟁, 천재지변시 발병률 증가. 불행한 가정사(Ex. 배우자 학대나 아동학대)도
촉발요인

3) 원인

가) 정신분석적 입장 – 해리현상은 능동적 정신과정 → 해리현상 = 불안을 일으키는

심리적 내용을 능동적으로 방어 + 억압→의식수준에 떠오르지 못하게 함 + 행동에 영향주지 못하게 한 상태

나) 행동주의적 입장 - 기억상실은 고통스런 환경자극을 회피하기 위한 것→학습에 의해 습득

→ 불안, 죄책감을 유발하는 혼란스런 행동이나 생각을 잊어버림으로써 고통에서 벗어남이 보상 → 기억상실을 강화 → 해리증상이 지속

다) 상태의존적 학습이론(State-dependent Learning)으로 설명

: 특별한 정서적 또는 신체적 상태에서 학습된 정보는 원래의 상태를 재경험 하는 동안 보다 쉽게 회상된다. 외상 사건 당시 감정 상태는 일상과는 거리가 멀어 그러한 상태에서 학습되었던 정보들을 회상하기는 어렵다.

라) 정보처리모델로 설: 외상 사건 경험 후 → 외상경험을 기존의 자기 세계에 대한 인지도식에 통합 + 동화시키려고 함 → 외상경험에 대해서 재경험과 둔감화의 현상이 교차 + 점진적으로 진행.

4) 치료

가) 우선 상실된 기억의 회복이 중요

나) 약물치료→빠른 효과를 위해 바비튜레이트 계열의 약물을 정맥주사로 투여

다) 최면치료

라) 심리치료→환자의 정신적 충격과 정서적 갈등이 심리치료를 통해 완화되면 기억이 회복되는 경우 많음

다. 이인증/비현실감 장애(Depersonalization/Derealization Disorder)

1) 임상적 특성

가) 이인증: 자신의 생각, 감정, 감각, 신체 도는 행위를 생생한 현실로 느끼지 못함 → 그것과 분리되거나 외부 관찰자가 된 경험

Ex) 지각경험 변화, 시간감각 이상, 자신이 낯설거나 없어진 듯한 느낌, 정서적 or 신체 감각의 둔화

나) 비현실감: 주변 환경을 비현실적으로 느낌 or 그것과 분리된 듯한 느낌

Ex) 사람이나 물체가 현실이 아닌 것으로 인식 or 꿈이나 안개 속에 있는 것처럼 느낌 or 생명이 없거나 왜곡된 모습으로 보이는 경험

다) 이인증이나 비현실감을 경험하는 동안에 현실검증력은 양호하게 유지

Ex) 자신이 기계가 된 듯한 느낌을 가져도 실제로 자신이 기계가 아니라는 것을 인식→이로 인해 심각한 고통이나 중요 기능영역에서 심한 장해를 초래

라) 어떤 물질이나 신체적 질병, 다른 정신장애의 부수적 증상으로 인한 것이 아니어야 함

마) 이인증과 비현실감

바) 자신 또는 세상과 유리된 듯한 주관적 경험으로 지각적 통합의 실패를 의미

사) 자신이 자아와 분리되고 생명력이 없으며 기이하고 친숙하지 못한 낯선 느낌이 매우 불쾌하고 혐오스럽게 느껴짐

2) 역학

- 평생 유병률은 0.8~2.8%, 평균적으로 약 2%
- 성별 유병률은 비슷
- 성인의 거의 절반은 일생동안 심한 스트레스에 의해 단기적인 이인증을 한번 정도 경험 누구나 일시적으로 경험하는 정상적 경험이나 증상의 강도가 강하고 지속기간이 길며 잦은 빈도로 발생하는 것이 이인증/비현실감 장애

3) 원인

가) 정신분석적 입장

(1) 이인증/비현실감을 일종의 방어기제로 간주

(2) 자신과 현실을 실제가 아닌 낯선 것으로 느낌 → 불안을 유발하는 소망이 의식에 들어오는 것을 막는 방어적 기능을 함

나) 기타

(1) 제이콥슨

(가) 자신의 바람직하지 않은 부분을 부인함으로써 수용할 수 없는 자아정체감을 방어하려는 노력

(2) 사린

(가) 갈등적인 부모의 심리적 특성이 각각 아동에게 내면화됨→성인 이후에 자기정체성의 통합에 갈등을 초래→이인증의 현상으로 나타남

(3) 아로우

(가) 자아는 '행동하는 자아'와 '관찰하는 자아'로 구분 → 일상 상황에서 두 자아가 통합적으로 기능 → 공포 상황에서는 별개로 기능 = 이인증 경험 유발

(나) 위험한 상황에서 경험되는 충동을 '행동하는 자아'에게 귀인시킴 → '관찰하는 자아'는 낯선 것으로 느낌 → 인증을 통해 불안을 방어

(4) 자아심리학

(가) 일관되고 안정된 자기인식을 견고히 하는데 어려움을 겪는 것으로 자기통합의 어려움. 즉, 자신이 쪼개어지는 것에 대한 공포를 반영하고 있음

(5) 미쉘 등

(가) 자존감을 유지하려는 자기애적 노력의 실패다.

① 어린 시절 정서적 학대를 받아 중요한 타인과 신뢰관계 형성에 실패 or 성취를 과도하게 강조하거나 자기애적 만족감을 제공하는 가족분위기에서 독자나 재능있는 아이로 성장→건강한 자기애(자신을 특별한 존재로 여기는 동시에 타인의 인정을 중시) 형성에 실패→통제 상실에 대한 과도한 민감성→자존감의 심각한 위협→자존감 유지를 위해 과도하게 외부 인정에 의존→자신을 1인칭이 아닌 3인칭 관점에서 평가대상으로 인식, 1인

칭의 주관적 관점을 지속적으로 부정→이인증

4) 치료

가) 정신분석적 입장

(1) 외상적 기억의 정화에 초점: 어떤 무의식적 갈등이 이인증을 일으키는지 이해 → 통합과 통제능력도 향상될 것이라고 봄

(2) 낮은 자존감과 무능감을 갖게 한 부모와의 아픈 경험을 재경험하게 함→ 그와 관련된 감정들을 표출＋정화하도록 도움

나) 인지행동적 입장

(1) 심리교육: 이인증/비현실감 증상에 대한 정확한 정보를 제공＋파국적 귀인을 하지 않도록 도움

(2) 일기쓰기

(3) 자신의 증상을 관찰＋예측 가능하도록 해준다.

(4) 증상이 나타나는 사회 상황에 대한 불안과 회피행동을 줄임＋자신의 내면적 상태에 과도한 주의를 기울이는 자기초점적 주의성향을 변화시킴

문제

1. 다음 사례에서 가장 가능성이 높은 진단은? (2005, 2010 기출)

> A씨는 자주 불안하다는 생각을 하곤 했으며 가족들과 다투고 나면 온 몸이 쑤시곤 했다. 어느 날 방안에 누워있는데 천장에 걸려있는 전등이 자신에게 떨어지면 큰일이라는 생각이 들었고 실제로 전등이 자신의 배 위로 떨어진다는 상상을 했다. 그런데 웬일인지 배 밑의 신체부분에 감각을 잃게 되었고 움직일 수 없었다. 병원을 찾았으나 신체적 원인을 발견하지 못했다.

가. 건강염려증　　　　　　　　　나. 전환장애

다. 신체화장애　　　　　　　　　라. 신체변형장애

2. 해리성 정체감 장애의 특징이 아닌 것은? (2008, 2010 기출)

가. 지배적 성격에서는 다른 성격으로 있었던 기간에 기억상실을 호소한다.

나. 이 장애를 보이는 사람은 흔히 어렸을 때 신체적으로나 성적으로 학대받은 경험이 있다.

다. 심한 혼란으로 정신과적인 치료를 받은 경험을 갖고 있다.

라. 최면에 잘 걸리지 않는 성격을 보인다.

3. A양은 음대 입학시험을 앞두고 소리가 나오지 않는 증상이 일어났다. 다음 중 가장
   가능성이 높은 진단은? (2009 기출)
   가. 강박장애   나. 건강염려증
   다. 전환장애   라. 특정공포증

4. 다음 사례에 해당되는 진단명은? (2007 기출)

> 초등학교 5학년 남학생 K군은 6개월 째 왼쪽 다리를 오므리지 못해 다리를 질
> 질 끌며 다니고 있다. 6개월 전 친구들과 축구를 하다가 다리를 다쳐 왼쪽 다리
> 를 조금씩 절게 되었다. 정형외과를 방문하여 검사를 하였으나 신체적 이상을
> 발견할 수 없었으며, 의사는 K군의 원인을 알 수 없었으며, 대도시 종합병원을
> 다니며 검사를 해도 모두 정상이라고 나왔다.

   가. 전환장애   나. 통증장애
   다. 건강염려증   라. 신체변형장애

5. 스트레스 호르몬이라고 불리는 코티솔(Cortisol)이 분비되는 곳은? (2005 기출)
   가. 부신   나. 대뇌피질
   다. 변연계   라. 해마

심리학개론

이상심리학

심리검사

임상심리학

심리상담

8 신체증상 및 관련 장애(Somatic Symtom and Related Disorders)

- 심리적 원인에 의해 다양한 신체적 증상을 나타내는 경우
- 다양한 신체 증상이나 징후를 보이나 이에 합당한 병리적 소견이 없음
- 병원 및 의료기관을 반복적으로 다님
- 비록 의사가 신체적 문제가 없다고 안심시켜도 지속적인 의학적 검진에 대한 요구를 하게 되는 신체 증상
- DSM-5에서는 신체증상장애, 질병불안장애, 전환장애, 허위성 장애 등의 하위유형으로 구분함

가. 신체증상 장애(Somatic Symptom Disorder)

1) 임상적 특성
가) 신체 증상이나 건강 걱정과 관련된 과도한 생각, 느낌, 행동
나) 다음 중 하나 이상의 방식으로 나타남
  (1) 증상의 심각성에 대한 과도한 생각 지속
  (2) 건강이나 증상에 대한 지속적인 높은 불안
  (3) 건강염려에 과도한 시간과 에너지 투자
  (4) 걱정과 염려를 6개월 이상 지속
다) 다양한 신체증상, 때로는 한 가지 심각한 증상

2) 역학
가) 신체증상장애의 진단기준은 DSM-5에 신설되어 유병률은 알려져 있지 않음
나) 진단기준이 엄격한 DSM-IV의 신체화 장애의 유병률 1%보다는 높음
다) 진단기준이 덜 엄격한 감별 불능형 신체형 장애의 유병률 19%보다는 낮을 것으로 추정됨
라) 5~7% 정도의 유병률로 추정
마) 남〈여

3) 원인
가) 정신분석적 이론
  (1) 억압된 감정의 신체적 표현: 정서는 적응적인 처리과정이 막힘 → 다른 경로를 통해서라도 처리하려는 경향.
  (2) 신체화 = 무의식으로 억압된 감정이 표현의 통로를 잃음 → 몸의 증상을 통해 표출되는 것
  (3) 부정적인 감정 대신 사소한 신체적 증상에 신경을 쓰게 됨 → 신체화가 발생 → 이로 인해 심리적인 고통을 피할 수 있음
  (4) 감정표현 불능증(Alexithymia: 그리스어, 감정을 언어로 나타내지 못함): 감

정 상태를 기술하는 어휘력 부족→자신의 내적 감정 소망 등을 겉으로 표현하지 못함→자신의 감정 상태를 정확하게 자각하지 못함

*일종의 퇴행 현상

(5) 자신의 감정과 감정 상태에서 나타나는 신체적 변화의 차이를 구분 못함

(6) 어떤 감정 상태에서 충분하게 되었을 때 나타나는 신체적 변화→자신의 감정과 연관지어 생각하지 못함 = 신체적 질병의 신호로 잘못 해석

나) 행동주의적 이론

(1) 외부 환경에 의한 강화

(2) 우연한 신체적 증상 + 정적 강화(주변의 관심 및 애정) + 부적 강화(의무와 책임의 면제) = 행동이 반복됨

다) 관찰학습과 모방 학습

(1) 어린 시절에 부모나 다른 가족 구성원들이 통증을 자주 호소 + 신체적 증상을 빈번히 나타낼 경우→아동이 이를 모방 = 신체화를 나타낼 수 있음

*신체화 증상을 통해 얻게 되는 부수적 이득

(2) 불쾌한 감정을 신체 증상으로 대치함→불쾌감을 회피

(3) 신체 증상을 통해 다른 사람에게 자신이 괴롭고 고통스럽다는 것을 전달

(4) 신체 증상을 통해 스스로 처벌→자기처벌을 통해 죄책감 해소

(5) 현실적인 의무와 책임에서 해방

(6) 다른 사람의 동정과 관심 유발

(7) 경제적 이득(Ex. 피해보상금)

라) 인지적 이론

(1) 모호한 신체감각에 대한 주의/지각/귀인(해석)과정→신체화에서 핵심적인 역할

(2) 사소한 신체적 변화→증폭하여 지각→신체 증상에 집착 + 증상의 원인에 대한 잘못된 귀인을 함

(3) 신체적 감각 or 증상을 증폭시켜 지각하는 경향

마) 생물학적 이론

(1) 좌우 전두엽과 우반구의 기능장애와 관련된다는 주장→확실한 증거가 있는 것은 아님

(2) 자율신경계의 활동과 관련

4) 치료

(1) 치료하기 어려운 장애로 알려짐

(2) 심리치료에 저항적 + 비협조적인 태도를 보임.

(3) 치료자가 환자와 견고한 신뢰관계를 형성 + 다각적인 심리치료적 노력→호전될 수 있음

(4) 치료자의 일관성을 유지 중요

(5) 신체 증상이 환자의 갈등의 한 표현이라는 것을 이해해야 함

(6) 증상 완화를 해줌 + 서서히 정신치료적 접근 시도

(가) 행동치료

① 노출 및 반응방지법(ERP, Exposure and Response Prevention)

② 자가진단 + 의사와의 논의 + 새로운 질병에 대한 지식확보→같은 반복적인 의식을 수행하지 못하게 함. 신체적 증상에 대해 강박적으로 드는 불편감이나 걱정을 그대로 느끼도록 함

③ 치료 2: 개인적 건강 증진 프로그램

a. 일상적인 사건에 대해 신체가 생리적으로 반응하는 방식 + 정서 + 신체적감각 사이의 연관성을 교육

b. 효과적인 의사소통 기술 교육 통해 증상 완화: 원하는 것을 얻는 방법, 자기 비난 멈추기, 타인을 신뢰하기, 패배적인 행동패턴 중단하기

(나) 인지치료

① 목표: 건강에 대한 역기능적 신념 + 신체적 감각에 대한 과도한 주의+ 신체적 감각에 대한 증폭된 지각 + 오해석 + 귀인오류 등의 수정

② 신체에 과도하게 주의를 기울이기 때문→치료에 있어서 주의분산이 중요

③ 정상적 상태로의 재귀인

④ 증상에 대한 자동적 사고의 탐색 및 수정

⑤ 신체화에 대한 정서의 역할 이해

나. 질병불안 장애(Illness Anxiety Disorder)

1) 임상적 특성

가) 심각한 질병 지녔다는 생각에 과도하게 집착

나) 신체적 증상은 존재하지 않거나 존재하더라도 그 강도가 경미

다) 건강에 대한 불안 수준이 높음

라) 건강과 관련된 과도한 행동이나 부적응적 회피행동

마) 과거 건강염려증 이라고도 했음

바) 질병집착은 6개월 이상 지속

사) 질병불안장애에 대한 DSM-5의 진단기준은 다음과 같다.

(1) 심각한 질병을 지녔다는 생각에 과도하게 집착하는 것이다.

(2) 신체증상이 존재하지 않거나 존재하더라도 그 강도가 경미해야 함. 다른 질병을 지니고 있는 경우라 하더라도 이러한 질병집착은 명백히 과도한 것이어야 함

(3) 건강에 대한 불안수준이 높으며 개인적 건강상태에 관한 사소한 정보에도 쉽게 놀란다.

(4) 건강과 관련된 과도한 행동(질병의 증거를 찾기 위한 반복적인 검사)이나 부적응적 회피행동(의사와의 면담 약속을 회피함)을 나타낸다.

(5) 이러한 질병집착은 적어도 6개월 이상 지속되어야 하며 두려워하는 질병이 이 기간동안에 변화해야 함

2) 역학

　가) 일반 인구의 1.3~10%

　나) 병원 환자의 3~8%

　다) 남성 유병률과 여성유병률이 비슷

3) 원인

　가) 정신분석적 이론

　　(1) 건강염려증은 성적 충동의 결과

　　　(가) 외부 대상으로 향해졌던 성적 리비도가 회수→자기애적 리비도의 형태로 바뀜→이러한 리비도가 넘치면 그 에너지는 신체 증상으로 드러남

　　　(나) 낮은 자존감에 대한 방어 결과

　　　(다) 통증이나 신체적 고통은 보상 + 속죄 + 죄책감에 대한 처벌의 의미

　나) 행동주의적 이론

　　(1) 질병에 대한 두려움→신체 일부에 대한 주의 증가→신체 변화지각→불안 유발

　　(2) 내부적 단서에 조건형성 됨

　　(3) 증상을 통해 환자의 역할을 함으로써 동정, 관심, 지지를 얻고 불쾌한 임무나 의무를 회피를 학습하고 이를 지속

　다) 인지적 이론

　　(1) 정상적인 신체 감각을 증폭시켜 받아들이고 이를 구체적인 질병 때문인 것으로 오귀인

　　(2) 건강에 대한 경직된 인지도식

　　(3) Salkovskis & Warwick 의 인지모델

　　　(가) 건강염려증을 건강 불안(Health Anxiety)으로 보고 공황장애의 인지모델과 매우 유사한 설명 모델 제시

　　　(나) 질병에 대한 지식이나 기존의 경험(본인의 경험 또는 타인의 경험)→증상이나 질병에 대한 특정한 가정이 있음.

　　　　Ex) "신체의 변화는 보통 심각한 질병의 신호"→환자가 질병을 가지고 있다고 확신 시켜주는 정보에 선택적으로 주의를 기울이게 함 → 결정적 사건의 발생: 낯선 신체 증상, 비슷한 나이의 친구로부터 질병에 대하여 듣는 것, 질병에 대한 새로운 정보 등 다양→자동적으로 부정적인 사고와 심상을 떠올리게 됨→이는 심각한 건강 불안, 건강염려증으로 발전

　　　(다) 건강 문제와 증상에 대한 불안은 그 자체로 생리적 각성을 일으킴→환자들은 종종 이렇게 증가한 자율신경계의 증상을 신체적 질병의 근거로 해석→평범한 신체 변화의 지각 or 예전에는 몰랐던 신체의 특징과 같이 질병과 관련된 정보에 선별적 주의를 기울이게 됨→신체적 질병을 피하고 확인하려고 고안한 행동들(잦은 병원 출입, 의학 서적 읽기, 신체 증상 체크 등)이 오히려 불안을 유지시킴

✔ 공부 Tip

증상은 Symptom을 징후는 Sign을 해석한 단어로 보통 다르게 사용되지만 정신의학적으로는 크게 구분되지 않고 혼용된다. 다만, 구체적으로 보면 증상은 환자나 내담자가 병에 대해 호소하는 주관적인 보고의 의미가 있으며 징후는 객관적으로 치료자나 상담자가 환자 혹은 내담자에게 관찰되는 객관적인 병에 대한 어떤 표식을 의미한다.

4) 치료

가) 정신분석적 치료

    (1) 지나친 방어를 다루는 데에 목표

    (2) 방어의 유형을 진단할 수 있다면 건강염려증 환자의 왜곡을 평가하는 데에 도움

    (3) 무의식적인 갈등에 직면할 수 있게 하고 어린 시절의 갈등을 해결하는 것이 필요

나) 인지치료

    (1) 증상/징후에 대한 오해석을 확인→이에 도전 + 이미지를 재구성 + 기능적이지 못한 가정을 전환시킴 + 신체에의 주의 초점을 검토 + 신체 확인 금지 + 과거 회피했던 질병 관련 상황에의 점진적 노출 + 안심 추구행동 금지

다. 전환 장애(Conversion Disorder)

1) 임상적 특성

가) 한 가지 또는 그 이상의 자발적 운동이나 감각기능이 달라진 증상

나) 임상적 발견은 증상과 인식된 신경학적, 의학적 조건사이에 양립할 수 없는 증거를 제공

다) 증상은 다른 의학적 정신적 질병에 의해 더 잘 설명되지 않음

라) 증상 유형: 운동기능 이상(비정상적 운동, 보행장애, 마비, 쇄약), 감각기능 이상(사지마비, 시력상실), 갑작스런 경련(혀 깨물기)

마) 전환 장애에 대한 DSM-5의 진단기준은 다음과 같다.

    (1) 의도적인 운동기능이나 감각기능의 변화를 나타내는 한 가지 이상의 증상이 있어야 한다.

    (2) 이러한 증상과 확인된 신경학적 또는 의학적 상태 간의 불일치를 보여주는 임상적 증거가 있어야 함

    (3) 이러한 증상이 다른 신체적 질병이나 정신장애로 더 잘 설명되지 않아야 함

    (4) 이러한 증상이나 손상으로 인해서 현저한 고통을 겪거나 일상생활의 중요한 기능에서 현저한 장해가 나타날 경우 전환 장애로 진단된다.

2) 역학

DSM-5: 일시적인 전환 증상은 흔하게 나타나지만 정확한 전환 장애의 유병률은 알려져 있지 않음

3) 원인

가) 정신분석적 이론

    (1) 과거에 '히스테리'라고 불림

    (2) Freud가 정신분석이론을 발전시키는 초기과정에 많은 관심을 지녔던 장애로서 '전환'이라는 말은 Freud에서 유래

(3) 무의식적인 생각이나 감정을 표현하려는 욕구 + 그것을 표현하는 것에 대한 두려움의 타협 → 불안과 심리적 갈등이 신체증상으로 전환된 것으로 봄

(4) Freud는 억압된 사고, 정서, 갈등이 주로 성적임을 지적

(5) Breuer와 Freud에 따르면 억압되어 있던 사건에 대한 기억 + 연합된 감정이 의식으로 올라옴 → 전환 증상이 사라지고 기능이 회복됨

(6) 무의식적 갈등에 대한 통찰 + 심리적인 요인이 어떻게 증상 유지에 영향을 줄 수 있는지 확인할 수 있도록 도움

나) 행동주의적 이론

(1) 전환증상을 충격적인 사건이나 정서적 상태 후에 생기는 신체적 변화나 이상이 외부적으로 강화된 것이라고 봄

(2) 전환증상이 좌절스럽고 고통스러운 경험에 대해 나름대로 적응하기 위한 반응일 수도 있다고 봄

(3) 전환증상이 다른 사람을 조작하고 주의를 끌며 특권을 누리고 불쾌한 과제나 책임을 회피하는 수단으로 사용될 수 있다는 주장도 있음

다) 생물학적 이론

(1) 뇌의 손상이나 기능이상 때문에 나타남

(2) 주의와 각성의 장애 + 자신의 증상에 대해 무관심한 태도 → 대뇌피질과 망상체의 기능이상 → '신체기능의 자각에 대한 선택적인 감퇴'(감각운동 정보에 대한 정보 차단)때문이라는 주장

4) 치료

(1) 행동치료

(가) 행동치료가 가장 효과가 큰 것으로 알려짐

(나) 환자 역할을 함으로써(즉 전환증상을 보임으로써) 얻어지는 보상을 최소화 + 증상 강화 요인들을 소거 + 건강한 행동을 긍정적으로 강화

(2) 약물치료

(가) 불안과 초조가 심할 때 → 약물요법을 시행함 = 환자를 진정시킬 수 있음

(나) benzodiazepin계 약물로 증상 자체를 완화 + 필요에 따라 약물 수면 요법을 병행

라. 허위성 장애(Factitious Disorder)

1) 임상적 특성

가) 자기부여 허위성장애

(1) 확인된 거짓과 관련된 신체적, 심리적 징후나 증상의 위조 또는 부상이나 질병의 유도

나) 다른 사람에게 자신이 병든, 손상된, 부상당한 것처럼 나타냄

다) 거짓 행동은 확실한 외부적 보상이 없을 때도 분명함

라) 타인부여 허위성장애

✔ 공부 Tip

언뜻 이해하기 어렵겠지만 이러한 장애에 가까운 주제로 제작된 영화로 '미저리'라는 영화를 들 수 있을 것이다. 물론 여자 주인공의 심리에 대해서는 다양한 설명이 가능하겠지만 나타내는 행동은 타인부여 허위성 장애와도 유사하다고 볼 수 있다.

(1) 확인된 거짓과 관련된 다른 사람의 신체적, 심리적 징후나 증상의 위조 또는 부상이나 질병의 유도
(2) 다른 사람에게 다른 사람이(피해자) 병든, 손상된, 부상당한 것처럼 나타냄
(3) 거짓 행동은 확실한 외부적 보상이 없을 때도 분명함

2) 역학
가) 유병률은 알려져 있지 않음
나) 병원 환자의 1%정도가 허위성장애의 진단기준에 맞는다고 추정

3) 원인
가) 환자의 역할이 하고 싶은 마음→신체적 심리적 증상을 의도적으로 만듦→아무런 현실적 이득은 없음
나) 무시·학대로 자기가치감 획득 못함→의존욕구 좌절→아동 청소년기때 실제적 병으로 입원 후 누군가의 보살핌으로 회복→본인이 원했던 부모, 자녀간의 관계를 의사나 간호사에게 기대→거부 예상→지속적 자기 피학적 행동→책임은 의사에게 전가

4) 치료
가) 자신의 허위 증상을 인정하도록 하는 것 = 치료 핵심
나) 환자의 역할 말고 좀 더 현실적인 방법으로 무의식적 추구 충족 유도

문제

1. 신체증상장애(Somatic Symptom Disorder)의 증상에 해당하지 않는 것은?
가. 증상의 심각성에 대한 과도한 생각 지속
나. 건강이나 증상에 대한 지속적인 높은 불안
다. 건강염려에 과도한 시간과 에너지 투자
라. 걱정과 염려를 1년 이상 지속

2. 질병불안장애(Illness Anxiety Disorder)의 행동주의적 원인의 설명에 해당하지 않는 것은?
가. 질병에 대한 두려움→신체 일부에 대한 주의 증가→신체 변화지각→불안 유발
나. 내부적 단서에 조건형성됨
다. 증상을 통해 환자의 역할을 함으로써 동정, 관심, 지지를 얻고 불쾌한 임무나 의무를 회피를 학습하고 이를 지속
라. 증상에 대한 방어로 인해 발생

3. 전환장애(Conversion Disorder)의 특징에 해당하지 않는 것은?

가. 한 가지 또는 그 이상의 자발적 운동이나 감각기능이 달라진 증상

나. 임상적 발견은 증상과 인식된 신경학적, 의학적 조건사이에 양립할 수 있는 증거를 제공

다. 증상은 다른 의학적 정신적 질병에 의해 더 잘 설명되지 않음

라. 증상 유형에 운동기능 이상(비정상적 운동, 보행장애, 마비, 쇄약), 감각기능 이상(사지마비, 시력상실), 갑작스런 경련(혀 깨물기) 등이 있다.

[3. 해설] ⓝ
임상적 발견은 증상과 인식된 신경학적, 의학적 조건사이에 양립할 수 없는 증거를 제공하고 있다.

4. 과거 히스테리로 불리웠던 장애는?

가. 전환장애   나. 조현병

다. 연극성 성격장애   라. 건강염려증

[4. 해설] ㉮
과거 히스테리로 불렸던 장애는 전환 장애이다.

심리학개론

이상심리학

심리검사

임상심리학

심리상담

9 우울장애

우울장애
- '심리적 독감'이라고 할 만큼 매우 흔한 장애
- 직업 부적응을 초래하는 가장 중요한 심리적 장애
- 흔히 자살에 이르게 하는 치명적 심리적 장애
- 우울장애 빈도는 점점 높아지고 발병연령은 점점 낮아지는 추세
- DSM-5는 심도와 지속기간에 따라 4가지로 구분

가. 주요 우울장애(Major Depressive Disorder)

1) 임상적 특성

가) 우울장애 중에서 가장 심한 증세를 나타내는 하위장애

나) 다음의 9가지 증상 중 5가지 이상이 거의 매일 연속적으로 2주 이상 해당되어야 함. 특히 5가지에는 첫 번째 항이나 두 번째 항 중 하나 이상이 포함되어야 함

(1) 하루의 대부분, 그리고 거의 매일 지속되는 우울한 기분

(2) 거의 모든 일상활동에 대한 흥미나 즐거움이 하루의 대부분 또는 거의 매일 뚜렷하게 저하

(3) 체중조절을 하고 있지 않은 상태에서 현저한 체중감소나 증가. 또는 현저한 식욕감소나 증가가 거의 매일 나타남

(4) 거의 매일 불면이나 과다수면

(5) 거의 매일 정신운동성 초조나 지체를 나타냄. 즉, 안절부절 못함 + 축 처져있는 느낌의 주관적 경험 + 다른 사람에 의해서도 관찰됨

(6) 거의 매일 피로감이나 활력상실이 나타남

(7) 거의 매일 무가치감이나 과도하고 부적절한 죄책감을 느낌

(8) 거의 매일 사고력이나 집중력의 감소, 또는 우유부단함이 주관적 호소나 관찰에서 나타남

(9) 죽음에 대한 반복적인 생각 or 특정한 계획 없이 반복적으로 자살에 대한 생각 or 자살 기도 or 자살하기 위한 구체적 계획을 세움

(10) 우울증상으로 인해 심각한 고통이나 중요 기능영역의 손상이 초래

(11) 우울증상이 물질이나 일반적 의학적 상태에 의한 것이 아니어야 함.

(12) 우울증상이 양극성장애의 우울기에 나타나는 것이 아니어야 하고 다른 정신장애에 의한 것이 아니어야 함

2) 역학

가) 우울장애는 정신장애 중에서 가장 유병률이 높은 장애

나) 평생 유병률이 여자는 10~25%, 남자는 5~12%

다) 경미한 우울장애까지 포함하면 평생 유병율이 20~25%

라) 남자 〈 여자(특히 청소년과 성인기)

3) 원인

가) 부정적 생활사건(Ex. 가족의 사망이나 질병, 이별, 관계악화, 실패, 실직, 경제적 곤란) → 우울장애를 촉발할 수 있음

나) 부정적 생활사건을 경험한 모든 사람이 우울장애에 걸리지는 않음.

다) 부정적 생활사건은 우울장애의 발생과 심각도를 20%도 설명하지 못한다고 함

(1) 정신분석적 이론

(가) 우울장애는 당사자는 자각하지 못하는 무의식적 과정으로 다음과 같이 진행: 사랑하던 대상의 무의식적 상실(실제 상실일 수도 있고 상상 속의 또는 상징적 상실일 수도 있음) → 슬픔과 분노 → 분노의 대상이 사라진 상태일 뿐 아니라 도덕적 억압으로 인해 분노는 무의식 속에 잠복 → 분노의 내향화(자기자신에게 향함) → 자기비난, 자기책망, 죄책감 → 자기가치감의 손상, 자아기능 약화 → 우울장애

(나) 비브링의 설명: 자기도취적, 자기애적 소망(자신이 가치 있고 사랑받는 존재여야 하며 늘 우월하고 선하고 사랑을 베푸는 사람이어야 한다는 높은 자아이상) → 이상과 현실의 지속적 괴리 → 자기 존중감 손상 → 우울장애

(다) 스트리커의 설명: 어린시절 외상경험(부모를 실제로 또는 상상 속에서 상실하여 무력감에 빠졌던 경험) → 성장 후 부정적 생활사건 → 어린시절의 외상경험이 되살아나고 어린시절로 퇴행 → 무기력감과 절망감 → 우울장애

(2) 행동주의적 이론

(가) 레빈손: 사회환경으로부터 긍정적 강화의 상실, 강화유발행동의 감소, 혐오적 불쾌감이 증가하여 나타난 현상

(나) 이러한 현상의 세 가지 원인

① 환경 자체에 문제: 실직, 이혼, 사별 등 부적 사건의 지속적 발생 → 긍정적 강화의 감소 때문

② 타인으로부터 긍정적 강화를 유도하는 사회기술과 혐오적 자극상황에 대한 대처능력의 부족

③ 긍정적 경험을 즐기는 능력은 부족 + 부정적 경험에 대한 민감성이 높음

④ 취약한 사람들은 긍정적 강화는 덜 긍정적인 것으로 받아들임 + 부정적 처벌은 더 부정적으로 받아들임

(다) 학습된 무기력이론(Learned Helplessness Theory, by Seligman): 어떤 반응을 해도 전기충격을 회피할 수 없었던 개 → 전기충격을 피할 수 있는 새로운 상황에서도 무기력하게 행동하며 전기충격을 받음 → 학습된 무기력이론으로 인간의 우울장애를 설명하는데 한계점

① 인간의 경우, 조건형성에 의해 무력감을 학습했다기보다 상황을 통제하지 못할 것이라는 '미래에 대한 부정적 기대' 때문

② 부정적 결과가 자신과 무관한 통제불능상황에 의해 생겨난 것이라면, 왜 사람들은 실패에 대해서 자신을 책망하는가?

(라) 우울장애에 대한 귀인이론: 귀인에는 세 가지 차원이 있음

① 내부적(Internal)-외부적(External) 차원 ⇒ 자존감 손상, 우울장애 발생에 영향

② 안정적(Stable)-불안정적(Unstable) 차원 ⇒ 우울장애의 만성화 정도와 관련

③ 전반적(Global)-특정적(Specific) 차원⇒우울장애의 일반화 정도를 결정

④ 우울장애에 취약한 사람들의 우울유발적(Depressogenic Attribution) or 귀인오류(Attributional Error)

⑤ 실패경험에 대해 지나치게 내부적 + 안정적 + 전반적 귀인 경향 & 성공 경험에 대해서는 지나치게 외부적 + 불안정적 + 특수적 귀인

(3) 인지적 이론

(가) Beck의 인지이론

(나) 우울장애 유발 일차적 요인→ 부정적이고 비관적인 자동적 사고→ 우울한 기분과 부적응적 행동을 초래

(다) 우울한 사람들의 부정적 자동적 사고의 3가지 주제 "인지삼제"(Cognitive Triad)
  - 자기 자신에 대한 부정적 평가
  - 자신의 미래에 대한 부정적 평가
  - 주변 환경에 대한 부정적 평가

(라) 우울한 사람들은 다음과 같은 인지적 오류를 통해 현실을 과장 또는 왜곡하여 부정적 사고를 하게 됨

① 흑백논리적 사고(All or Nothing Thinking)
   생활사건의 의미나 자신의 경험을 양 극단 중 어느 하나로 범주화하는 오류

② 과잉일반화(Overgeneralization)
   한두번의 사건을 토대로 일반적인 결론을 내리고 이를 무관한 다른 여러 상황에도 적용 시키는 것.

③ 정신적 여과(Mental Filtering)
   선택적 추론이라고 함. 자신의 생각과 일치하는 것에만 주의하고 반대되는 것은 무시함.

④ 개인화(Personalization)
   자신과 무관한 사건을 자신과 관련된 것으로 잘못 해석하는 오류

⑤ 잘못된 명명(Mislabeling)
   사람의 특성이나 행위를 기술할 때 과장되거나 부적절한 명칭을 사용하여 기술하는 오류

⑥ 독심술의 오류(Mind-Reading)
   충분한 근거없이 다른 사람의 마음을 마음대로 추측하고 단정하는 오류

⑦ 예언자적 오류(Fortune Telling)
   미래에 일어날 일을 예언하듯이 단정하고 확신하는 오류

⑧ 감정적 추리(Emotional Reasoning)
   막연히 느껴지는 감정에 근거하여 결론을 내리는 오류

(마) 우울한 사람들은 생활사건의 의미를 부정적으로 해석하는 역기능적인 인지도식을 소유

✔ 공부 Tip
인지오류는 시험에 매우 자주 출제되는 영역이다. 꼭 숙지해 두도록!

자동적 사고: 반복적이고 습관화되어 의식적 자각 없이 자동적으로 진행되어 흘러가는 사고과정
인지적 오류: 생활사건의 의미를 해석하는 과정에서 흔히 범하게 되는 논리적 잘못
인지도식(Cognitive Schema): 과거경험이 추상화된 기억 체계. 생활 속에서 경험하는 사건들의 다양한 정보를 선택하고 그 의미를 해석하며 미래의 결과를 예상하는 인지적 구조

(바) 우울한 사람들의 역기능적 인지도식 → 역기능적 신념의 형태로 나타남

(사) 역기능적 신념(Dysfunctional Belief) = 자신과 세상에 대해서 완벽주의적 + 당위적 + 융통성이 없는 경직된 신념. ~해야 함, ~해서는 안 된다는 당위의 명제형태를 띰 → 현실에서 실현되기 어려워 좌절과 실패를 초래.

(아) 우울장애를 유발하는 역기능적 신념은 두 가지 주제 - 사회적 의존성(Sociotropy)과 자율성 (Autonomy) - 로 구성

① 사회적 의존성: 타인의 인정 + 애정에 과도하게 집착하는 경향성

Ex) '나는 주변의 모든 중요한 사람들로부터 사랑과 인정을 받아야 함'

② 자율성: 개인의 독립성 + 성취에 과도하게 집착하는 경향

Ex) '다른 사람에게 종속되거나 지배당해서는 안 된다.', '모든 일을 완벽하게 해야 함', '인간의 가치는 그 사람의 성취에 의해 결정된다.'

(4) 생물학적 이론

(가) 유전적 요인

① 단극성 우울장애 환자의 직계가족에서 우울장애 발생확률은 일반인의 경우보다 1.5~3배

② 신경전달물질

카테콜아민(노르에피네프린, 에피네프린, 도파민을 포함하는 호르몬)이 결핍 → 우울장애

③ 뇌기능장애

- 시상하부(기분조절, 식욕이나 성기능과 관련)의 기능장애에 기인
- 실제로 우울장애 환자들은 모두 → 시상하부의 영향을 받는 뇌하수체 호르몬 or 부신 or 갑상선의 기능장애를 보임

4) 치료

가) 시간과 상황이 변함에 따라 자발적 회복이 많음 → 인생의 중요 단계에서 대인적 직업적 소홀로 평생 부정적 영향을 줄 수도 있음

나) 가장 효과적인 치료는 인지치료 + 약물치료

(1) 인지치료

(가) 현실왜곡적 부정적 사고를 찾아 → 더 현실적 긍정적 합리적 사고로 교정

(나) 스스로 자신의 내면적 사고를 관찰 + 조절하는 능력을 향상

(다) 단기간에 치료효과 → 치료효과도 지속적이고 재발률이 낮다고 알려짐

(2) 약물치료

(가) 삼환계 항우울제, MAO 억제제, 세로토닌 재흡수 억제제(치료효과 빠르고 부작용 최소)

(나) 항우울제는 증상 완화제일 뿐 근본적 치료는 아님. 복용 중단 시 50%이상이 재발

(다) 심리치료와 병행 시 재발률 감소

나. 지속성 우울장애(Persistent Depressive Disorder)

1) 임상적 특성

가) 우울증상 - 식욕부진이나 과식, 불면이나 과다수면, 활력의 저하나 피로감, 자존감의 저하, 집중력의 감소나 결정의 곤란, 절망감 - 2년 이상 지속되는 경우

나) 핵심증상 = 만성적 우울감 + 아울러 자신에 대한 부적절감, 흥미나 즐거움의 상실, 사회적 위축, 낮은 자존감, 죄책감, 과거에 대한 반추, 낮은 에너지 수준, 생산적 활동의 감소가 나타남

다) 만성적이어서 비만성적 우울장애에 비해 실업, 재정적 곤란, 운동능력의 약화, 사회적 위축, 일상생활의 부적응이 더욱 심각해짐

2) 원인

가) 유전적(기질적) 요인 추정

(1) 지속성 우울장애 환자의 직계가족 중 우울장애 지닌 사람이 존재할 확률이 다른 류의 우울장애보다 높음

(2) 기질적 취약성에 대해서는 합의, 그러나 어떤 기질적 취약성이 어떤 과정을 통해 지속성 우울장애를 유발하는지에 대해서는 의견이 분분

나) 뇌기능 저하

(1) 전전두엽, 전측 대상회, 편도체, 해마 등이 지속성 우울장애와 관련

(2) 환경적 요인 → 지속성 우울장애를 지닌 사람들 중에는 아동기에 부모상실 또는 부모이별을 경험한 경우가 많음

3) 치료

가) 지속성 우울장애를 위해 특별히 개발된 치료방법은 거의 없음.

나) 항우울제 + 인지행동치료가 가장 효과적

다) 신체운동 + 수면패턴의 개선 → 치료나 증상악화방지에 유익

다. 월경전기 불쾌장애(Premenstrual Dysphoric Disorder)

1) 임상적 특성

가) 월경 시작 전주에 유방 압통, 정서적 불안정성, 짜증과 분노, 일상활동에 대한 흥미 감소, 무기력감과 집중 곤란 등의 증상이 주기적으로 나타남

나) 여성 중 70~80% 증상 경미 & 20~40% 심하여 일상생활에 심각한 장해를 초래

2) 역학

가) 유병률은 여성의 3~9%

나) 주요 우울장애, 양극성 장애 및 불안장애와 공병률이 높음

다) 여성 중 과거 성적 신체적 학대를 당한 경험이 많음 → 외상경험 or 외상 후 스트레스 장애가 월경전기 불쾌장애와 관련되어 있음을 시사.

3) 원인

가) 생리적 설명

(1) 월경주기마다 난소에서 분비되는 호르몬(에스트로겐과 프로게스테론)과 뇌의 신경전달 물질의 상호작용 때문으로 추정

(2) 세로토닌 or 5-HT 수준의 변화 + 정상적 호르몬 주기와 작용→중추신경계의 민감성을 상승시킨 결과

나) 인지적 설명

(1) 월경 전기 징후에 대한 잘못된 귀인이나 부정적 평가가 증상을 더욱 악화. 예) 경험되는 우울감 or 불안→신체적 변화에 의한 것

자신이 통제할 수 없는 것이라고 인식→더욱 고통스럽게 지각됨

(2) 실제로 월경전기 불쾌장애 여성→자신에 대해 지나치게 높은 기대를 하고 음→자신과 타인을 모두 돌보아야 한다는 과도한 책임감을 느끼게 만드는 부정적 신념을 가지고 있음

4) 치료

가) 생리적 치료

(1) 세로토닌 재흡수 억제제→항우울제가 증상을 완화

(2) 식이요법: 증상을 악화시키는 카페인, 당도나 염분이 높은 음식, 술 등을 자제하고 비타민(B6, E), 칼슘, 마그네슘을 복용하도록 도움

(3) 규칙적인 유산소운동

나) 인지 행동적 치료

(1) 월경 전기에 경험하는 사건들을 상세히 기술 + 관련 사건과 관련된 사고와 감정을 인식하게 함

(2) 인지적 재구성: 아울러 월경전기 징후와 관련된 잘못된 신념+불쾌감정을 초래하는 부정적 사고→현실적 사고로 변화시킴

라. 파괴적 기분조절 장애 (Disruptive Mood Dysregulation Disorder)

1) 임상적 특성

가) 만성적인 짜증(Irritability) + 간헐적인 분노폭발(Temper Tantrum)이 핵심증상

나) 분노폭발 = 공격적이고 파괴적인 행동으로 막무가내로 분노를 표출하는 것

다) 6세 미만의 경우 다리를 뻗고 앉거나 드러누워 사지를 마구 휘저으며 악을 쓰며 울어대거나 욕을 하는 행동이 종종 관찰됨→만6세가 되면 거의 사라짐→이러한 행동이 6세 이상의 연령에서 나타남

2) 역학

가) 주로 아동기나 청소년기에 나타남

나) 1년 유병률이 2~5%, 남아〉여아

다) 연령이 증가할수록 유병률 감소

라) 성인기에 단극성 우울장애 가능성 높음

마) 주의결핍 및 과잉행동장애, 적대적 반항장애, 품행장애와의 공병률이 높음

3) 원인

가) 좌절에 대한 과민반응성; 목표달성 좌절 시 다른 아동보다 더 기분이 나빠지고 불안해했으며 공격적인 반응

나) 타인의 얼굴표정을 잘못 인식(의도와 감정을 정확하게 처리하지 못함) → 대인관계에서 좌절과 오해를 불러일으키는 경향

다) 주의집중 + 전환의 어려움 → 목표달성의 실패를 초래 → 이를 통해 좌절감을 경험

라) 좌절감을 비롯한 부적 감정반응 → 억제하는 뇌기능의 저하

마) 가족이나 환경적 요인: 부모의 정신병리(특히 물질남용 및 반사회적 행동), 이혼, 부부 생활 갈등, 역기능적 양육행동(방임이나 무관심 또는 일관성 없는 가혹한 처벌)

4) 치료

가) 비지시적 놀이치료가 효과적: 다양한 인형+장난감 놀이를 통해 자유로운 자기표현이 가능 → 좌절감을 해소할 수 있는 내면적 공상이 촉진

나) 가족치료: 양육행동 변화, 가족 간 갈등 해소

문제

[1. 해설] ㉑
우울증을 뇌의 신경화학적 요인으로 설명하려는 대표적 이론은 카테콜라민 가설이다. 카테콜라민은 신경전달물질인 노어에피네프린, 에피네프린, 도파민을 포함하는 호르몬을 말한다. 이러한 카테콜라민이 결핍되면 우울증이 생기고 반대로 카테콜라민이 과다하면 조증이 생긴다는 것이 이 가설의 요지이다. 특히 노어에피네프린이 기분장애에 중요한 역할을 한다는 것이 여러 연구에서 시사되고 있다. 동물 연구에서 쥐의 노어에피네프린 수준을 실험적으로 낮추었을 때 쥐는 우울증 환자처럼 위축되고 무반응적 행동을 나타냈다. 혈압강하제로 사용되는 약물인 Reserpine을 복용한 환자들이 흔히 부

1. 다음 중 우울장애의 원인에 관한 설명으로 옳은 것은? (2010 기출)
가. 신경전달물질인 노어에피네프린 및 세로토닌의 결핍과 관련이 있다.
나. 갑상선 기능 항진과 관련된다.
다. 코티졸 분비감소와 관련된다.
라. 비타민 B1, B6, 엽산의 과다와 관련이 있다.

2. 기분장애의 "카테콜라민(Catecholamine) 가설"의 설명으로 옳은 것은?

(201 가)

가. 정신분열증이 도파민의 부족에 기인한다는 입장
나. 우울증이 노아에피네프린의 부족에 기인한다는 입장
다. 우울증이 생물학적 및 환경적 원인의 상호작용에 기인한다는 입장
라. 조증이 세로토닌의 증가에 기인한다는 입장

3. 다음은 우울증을 설명하는 한 이론이다. 무슨 이론인가? (200 라)

> 이 이론에 따르면 자신의 반응에 대해서 정적 강화가 주어지지 않을 때 우울증이 지속된다. 따라서 우울한 사람들에게 정적 강화를 많이 받을 수 있는 환경을 만들어주거나 자신의 반응에 대해서 정적 강화를 받는데 필요한 기술들을 획득하도록 하는 사회적 기술 훈련이 필요하다.

가. Rehm의 자기 통제 이론
나. Lewinsohn의 행동 이론
다. Beck의 인지 이론
라. Seligman의 개정된 학습된 무기력 이론

4. 우울증의 원인이 되는 우울 유발적 귀인 현상에 대한 설명으로 옳은 것은?
(2008 기출)

가. 성공 원인을 외부적, 안정적, 특수적 요인에 귀인한다.
나. 성공 원인을 내부적, 안정적, 특수적 요인에 귀인한다.
다. 실패 원인을 외부적, 안정적, 특수적 요인에 귀인한다.
라. 실패 원인을 내부적, 안정적, 전반적 요인에 귀인한다.

5. 다음 중 주요 우울증의 증상이 아닌 것은? (2007 기출)
가. 기분과 불일치하는 편집적 망상
나. 슬프고 우울한 기분이 하루 중 대부분, 거의 매일 있음
다. 일상활동에서 흥미와 즐거움의 상실
라. 자살이나 죽음에 대한 반복적 사고

작용으로 우울증상을 호소하는데 이 약물은 카테콜라민 계열의 신경전달물질을 감소시키는 효과가 있다.

[2. 해설] ④
카테콜라민은 노르에피네프린, 에피네프린, 도파민을 포함하는 호르몬이며 우울장애의 한 요인으로도 설명된다.

[3. 해설] ④
레빈손의 이론이다.

[4. 해설] ④
인지 이론에서는 라의 예처럼 귀인을 설명한다.

[5. 해설] ②
편집적 망상은 우울장애의 증상이 아니다.

10 양극성 및 관련 장애(Bipolar and Related Disorders)

가. 양극성 장애(Bipolar Disorder)

1) 임상적 특성

가) 우울한 기분상태 + 고양된 기분상태 교차

나) 기분이 몹시 고양된 조증상태 → 평소보다 말이 훨씬 많아지고 빨라지며 행동이 부산 + 자신감에 넘쳐(자신에 대한 과대망상적 사고) → 여러 가지 일을 벌이는 경향

다) 잠도 잘 자지 않고 + 에너지가 넘침 + 활동적 → 실제로 성취하는 일은 없음

라) 조증의 심도에 따라 제1형과 제2형으로 구분

(1) 제1형

(가) 기분이 비정상적으로 고양되는 조증상태가 1주일 이상 분명하게 지속되는 것이 특징

(나) 가장 심한 형태의 양극성장애

(다) 과거 한번 이상의 조증삽화 + 흔히 한번 이상의 주요 우울삽화를 경험

(라) 정신증적 양상(망상이나 환각)을 동반

(마) 사회적 직업기능에 현저한 곤 or 자신 및 타인을 해칠 가능성 → 입원이 필요

(2) 제2형

(가) 조증삽화 증상이 → 미약한 경조증 삽화임

(나) 평상시의 기분과는 분명히 다른 의기양양하거나 고양된 기분이 적어도 4일간 지속

(다) 과거 한번 이상의 경조증 삽화 + 한번 이상의 주요 우울삽화가 있음 + 조증삽화를 한 번도 경험한 적이 없어야 함

(라) 정신증적 양상도 동반되지 않음

(마) 경조증 증상 → 사회적 직업적 기능에 현저한 지장 없음 + 입원이 필요할 정도 아님

2) 역학

가) 제1형과 제2형은 증상은 유사 → 역학적 양상에 차이 있음

(1) 제1형

(가) 평생 유병률 0.4~1.6%

(나) 주요 우울장애를 반복적으로 나타내는 청소년들 중 10~15%가 제1형 양극성장애로 발전

(다) 남자와 여자에게 비슷하게 나타남

(라) 남자 → 조증삽화, 여자 → 주요우울삽화가 먼저

(마) 여성의 경우 출산 직후 발생할 위험성

DSM-Ⅳ에서는 기분장애의 하위유형으로 우울장애와 양극성 장애로 분류되었지만 DSM-5에서는 우울장애와 양극성 장애가 증상은 물론 원인 경과, 치료반응 등의 측면에서 뚜렷한 차이를 나타낸다는 최근의 연구결과에 근거하여 각각을 독립적인 장애범주로 분류하였다.

✔ 공부 Tip
제1형과 제2형을 구분하는 가장 큰 차이점은 제1형은 조증 증상이 한번이라도 있었다는 점이다. 제2형은 어떤 경우이던 조증은 없고 경조증만 있다.

(2) 제2형

(가) 평생 유병률 약 0.5%

(나) 남자〈여자 더 흔함. 여성의 경우 출산 직후 발생할 위험성

(다) 경조증삽화를 나타내는 사람의 60~70%는 주요 우울장애의 직전
or 직후 발생

(라) 증상을 나타내는 간격 → 연령이 증가하면서 감소하는 경향

(마) 조증삽화가 제2형 경과 중에 발생 → 제1형으로 진단이 변화.

(바) 제2형 장애를 지닌 사람들 중 5~15% → 처음 발병한지 5년이 지나면 조증
삽화를 나타냄 → 제1형으로 전환된다고 함

3) 원인

가) 유전을 비롯한 생물학적 요인에 많은 영향을 받는 장애

(1) 가족 중 동일한 장애 or 주요 우울장애를 지녔던 가족 많음

(2) 부모 중 한사람이 양극성 장애를 지닌 경우 → 자녀가 양극성 장애를 나타낼
가능성 약 12%

(3) 일란성 쌍둥이의 경우 일치도가 70%

(4) 신경전달물질, 신경내분비 기능, 수면생리 등과도 관련

(5) 신경화학적 기제가 유전된다는 주장 있음

(6) 기분장애(우울장애와 양극성장애) 공통적으로 나타나는 것은 수면장애 → 따
라서 기분장애는 생체리듬의 이상과 관련 있다는 주장

나) 심리사회적 요인

(1) 생물학적 요인은 양극성 장애에 대한 취약성을 제공, 심리사회적 요인은 발병
시기 or 발병 양상에 중대한 영향을 미침

다) 정신분석적 입장

(1) 조증 → 무의식적 상실 or 자존감 손상 → 방어나 보상반응

(2) 조증 → 우울장애 + 핵심적 갈등은 동일 → 에너지가 외부로 방출.

(3) 무의식적 대상의 상실로 인한 분노와 책망의 에너지 → 외부로 방출된 것

(4) 발달적 비극(부모나 부모의 사랑을 상실)의 현실에 대한 부인

(5) 카메론은 너무 고통스러운 현실을 부정 → 정신병리적 현상

(6) 부인이라는 방어기제 광범위하게 사용 + 과대망상으로 너무 고통스런 현실을
부정 + 반대되는 현실로 재구성

라) 인지적 입장

(1) 현실 해석에 인지적 왜곡이 있음

(2) 생활경험을 해석하는 과정에서 우울장애 환자가 범하는 대부분의 인지적 오류
보임

(가) 과잉일반화의 오류: 사소한 한두 번의 성공을 토대로 자신이 벌이는 무슨
일이든 성공할 것이라고 생각

(나) 선택적 추상화의 오류: 자신이 내놓은 계획이 안고 있는 단점은 못보고 장

점만 보려고 함

- (다) 현실왜곡적 사고경향: 주어진 시간 내에 해낼 수 있는 일의 분량을 과대평
가하고 달성하는 데 걸리는 시간을 과소평가
- (라) 개인화의 오류: 일상생활 속의 일들이 자신이 특별한 능력 때문에 벌어지
는 것으로 해석하는 과대 망상적 사고경향
- (마) 인지적 오류→자신의 능력을 과대추정→노력에 비해 비현실적으로 긍정
적인 결과 기대→자신의 경험에 무차별적 긍정가치를 부여→왜곡된 추
론이 행복감과 활동수준을 높임

4) 치료

- (1) 재발방지효과→약물치료 + 인지행동치료〉약물치료
- (가) 약물치료
  - ① 특히 조증삽화가 나타날 때 = 입원치료 + 약물치료를 우선적
  - ② 가장 대표적 항조증 약물은 리튬→조증삽화를 진정시키고 예방하는 효과
  - ③ 약물치료만으로는 50~70%가 재발
  - ④ 대부분 만성적인 경과를 보임. 기분삽화 사이에도 경미한 증상이 존재 →
전반적으로 기능저하 지속됨
- (나) 심리치료
- (다) 인지행동치료
  - ① 일상의 부정적 경험의 인지적 재구성
  - ② 전구기 증상을 감지 & 완전한 기분삽화로 발전하지 않도록 인지와 행동을
수정
  - ③ 규칙적 일상생활 + 수면유지 강조
  - ④ 과도한 목표추구행동 수정에 초점
  - ⑤ 심리교육: 양극성장애에 대한 지식 증가 + 약물치료의 중요성을 인식시킴
  - ⑥ 초기 변화를 자각하여 증세 악화 전에 스스로 심리적 안정을 취하게 함
or 치료를 받는 것
  - ⑦ 예방: 수면을 비롯한 규칙적인 일상생활 유지, 감정조절 및 의사소통기술
습득, 전구기 증상을 인식하고 효과적으로 대처하기가 중요

나. 순환감정 장애(Cyclothymia)

1) 임상적 특성

- 가) (우울증 또는 조증 삽화에 해당되지 않는) 경미한 우울증상 + 경조증 증상
- 나) 2년 이상(아동과 청소년의 경우는 1년 이상) 나타나는 경우
- 다) 2년의 기간 중 적어도 반 이상의 기간에 우울 or 경조증 증상 + 아무런 증상이
없는 기간이 2개월 이하
- 라) 조증 삽화, 경조증 삽화, 주요 우울삽화를 한번 도 경험한 적이 없어야 함 →
이로 인해 심각한 고통이나 일상생활기능에 상당한 지장이 초래

2) 역학

가) 평생 유병률 0.4~1%

나) 남녀 발생비율 비슷하나 임상장면에서는 여성 〉 남성

다) 청소년기나 초기 성인기에 시작, 서서히 발병하여 만성적인 경로

라) 다른 기분장애와 동일한 기질적인 취약성에 의한 것인 듯함.

마) 이 장애를 지닌 사람이 제1형 양극성 장애나 제2형 양극성장애로 발전하게 될 확률 15~50%

바) 직계가족도 일반인에 비해 우울장애나 양극성장애를 나타낼 가능성 높음

3) 원인

가) 잘 알려져 있지 않음 or 유전적 요인 있는 것으로 추정

나) 순환감정장애가 주요 우울장애나 양극성장애를 지닌 환자의 가족에게 흔히 나타남

4) 치료

(1) 양극성장애와 유사 = 리튬이 효과적

(2) 규칙적 일상생활, 안정된 대인관계, 수면관리, 스트레스에 대한 효과적인 대처 = 증상완화에 필수적

문제

1. 다음 중 양극성 장애에 대한 기술 중 틀린 것은?

가. 조증삽화가 나타날 경우 입원치료와 약물치료를 우선적으로 고려해야 한다.

나. 약물치료만 하는 것보다는 약물치료와 인지행동치료를 병행하는 것이 재발을 방지하는 데 효과적이다.

다. 제1형은 조증삽화 증상이 상대적으로 미약한 경조증 삽화를 보인다.

라. 유전성이 강한 정신장애이다.

2. 다음 중 순환감정 장애에 대한 기술 중 틀린 것은?

가. 조증 삽화, 경조증 삽화, 주요 우울삽화를 한번도 경험한 적이 없어야 한다.

나. 성인기에 발병하는 경우 경미한 우울증상과 경조증 증상이 번갈아가며 1년 이상 나타나야 한다.

다. 순환감정 장애를 지닌 사람이 제1형 양극성장애나 제2형 양극성장애로 발전하게 될 확률은 15~50%이다.

라. 청소년기나 초기 성인기에 시작, 서서히 발병하여 만성적인 경로를 밟는다.

[1. 해설] ㉓
조증삽화 증상이 상대적으로 미약한 경조증 삽화를 보이는 양극성장애는 제2형이다.

[2. 해설] ㉯
경미한 우울증상과 경조증 증상이 아동과 청소년의 경우 1년이지만 성인의 경우 2년 이상 나타나야 한다.

[3. 해설] ㉮
제1형은 주요 우울장애를 반복적으로 나타내는 청소년들 중 10~15%가 제1형 양극성장애로 발전된다.

3. 다음 중 양극성 장애 제1형과 2형에 대한 기술 중 틀린 것은?
    가. 제2형은 주요 우울장애를 반복적으로 나타내는 청소년들 중 10~15%가 제1형 양극성장애로 발전된다.
    나. 제1형과 제2형은 증상은 유사하나 역학적 양상에 차이가 있다.
    다. 제1형은 남자와 여자에게 비슷하게 나타나나 제2형은 남자보다 여자에게 더 흔하다.
    라. 제1형이 가장 심한 형태의 양극성장애이다.

[4. 해설] ㉯
순환성 장애는 경미한 우울과 경조증 증상이 주요 증상이다.

4. 다음 장애 중 조증, 경조증, 주요우울삽화를 경험하지 않으면서 경미한 우울이나 경조증 증상이 나타나는 장애는
    가. 주요우울장애   나. 순환감정장애
    다. 양극성 장애 1형   라. 양극성 장애 2형

[5. 해설] ㉮
양극성 장애는 1번 이상의 조증과 우울증이 있어야 한다.

5. 한 번이상의 조증과 우울증이 있었다면 진단되는 장애는?
    가. 양극성 장애 1형   나. 양극성 장애 2형
    다. 조증   라. 우울증

11 조현병 스펙트럼 및 기타 정신증적 장애

(Schizophrenia Spectrum and Other Psychotic Disorders)

가. 조현병 개관

- 고대 중국, 인도, 메소포타미아의 기록
- 조현병 개념 19세기 후반에 와서야 형성되었다.
- Morel(1856): 노인성 치매와는 달리 어린 나이에 치매가 시작되는 조기 치매(Demense Precoce)라는 용어를 처음 사용.
- Krapelin: 1890년대 이전까지 별개의 질환으로 언급되어지던 긴장증(Catatonia), 파과증(Hebephrenia)를 포함하는 다양한 환자 군에서 공통되는 임상양상을 확인
- 청소년기에 시작 다양한 인지기능과 행동기능에 전반적이고도 지속적인 장애에 이른다 → '조기 치매'(Dementia Praecox)라고 정의
  증상의 다양성 + 의지와 감정의 비정상성이 중요한 양상→만성적 경과 + 나쁜 예후
- Bleuler: Bleuler는 Kraepelin의 조기 치매를 조현병군으로 대치할 것을 제안 -기본적인 증상= 연상의 이완, 붕괴→조기치매를 조현병이라고 재명명
  연상의 이완(Atony of Association), 양가감정(Ambivalence), 자폐증(Autism), 둔마된 감정(Anergia)= Bleuler의 4A
  Schneider: Schneider- 11가지 '일급 증상(First Rank Symptom)' 제시

나. 조현병(Schizophrenia)

1) 임상적 특성

가) 망상(Delusion)
- (1) 자신과 세상에 대한 잘못된 추론에 근거한 그릇된 신념
- (2) 반증에도 불구하고 견고하게 지속되는 신념
- (3) 망상의 주제는 다양. 내용에 따라 구분
  - (가) 피해망상(Persecutory Delusion)
  - (나) 과대망상(Grandiose Delusion)
  - (다) 관계망상(Delusion of Reference)
  - (라) 애정망상(Erotic Delusion)
  - (마) 신체망상(Somatic Delusion)

나) 환각(Hallucination)
- (1) 아무런 외부 자극이 없음에도 소리, 형상, 냄새, 촉감, 맛 등을 지각
- (2) 환각은 감각 종류에 따라 환청, 환시, 환후, 환촉, 환미
- (3) 혼란스러운 사고와 언어(Disorganized Thoughts and Speech)
  - (가) 초점을 자주 빗나가거나 비논리적으로 횡설수설
  - (나) 다른 생각이 침투하여 초점을 잃고 엉뚱한 방향으로 흘러가거나 논리적으

11가지 일급증상

1. 사고반향(자신의 생각이 크게 말해지는 소리를 들음).
2. 환청과의 대화.
3. 환자의 활동을 간섭하거나 논평하는 환청.
4. 망상적 지각(지각자체는 증상이나 거기에 망상적 해석을 내림).
5. 신체적 피동체험(외적인 힘에 의해 자신이 지배당한다는 믿음).
6. 사고투입(외적인 힘에 의해 이질적인 사고가 자신에게 주입되는 느낌).
7. 사고철수(외적인 힘에 의해 자신의 사고를 빼앗기는 느낌).
8. 사고전파(자신의 사고가 마술적이고 불수의적으로 다른 사람에게 전달된다는 믿음).
9. 만들어진 감정(외부에 힘에 의하여 만들어지고 조정되는 감정의 경험).
10. 만들어진 충동(외부의 힘에 의하여 부여되고 조정되는 충동의 경험).
11. 만들어진 수의적 행동(외부의 힘에 의하여 자신의 행동이 조정당하는 경험)

로 사고를 진행시키지 못하기 때문

(4) 혼란스러운 행동(Grossly Disorganized Behavior)

(가) 나이에 걸맞는 목표 지향적 행동을 하지 못함

(나) 상황에 부적절한 행동

Ex) 계절이나 상황에 맞지 않는 옷, 나이 많은 이에게 반말

다) 긴장증적 행동(Catatonic Behavior)

(1) 마치 근육이 굳은 것처럼 기괴하고 부적절한 자세로 몇시간씩 꼼짝하지 않고 있음

라) 음성증상

(1) 감소된 정서표현(Diminished Emotional Expression)

(2) 무의욕증(Avolition)

(3) 무언어증(Alogia)

(4) 무쾌락증(Anhedonia)

(5) 비사회성(Asociability)

2) 역학

가) 평생 유병률은 0.3~0.7%(미국). 우리나라 평생유병률은 남녀 모두 0.2%,

나) 10대 후반~30대 중반에 발병. 청소년기 이전은 드물다.

다) 남자가 여자보다 더 빨리 발병하는 경향(남자는 15~24세, 여자는 25~34세)

라) 사회계층이 낮은 가정에서 발병률이 높음

마) 문화적 차이에 따른 발병율의 차이는 거의 없음

3) 원인

가) 최근 연구결과는 생물학적 요인과 밀접한 관련성이 있음을 보여주고 있음

(1) 생물학적 요인

(가) 강력한 유전적 요인

(나) 조현병 환자의 부모나 형제자매가 정신분열증에 걸릴 확률은 일반인의 10배

(다) 환자 자녀 → 일반인의 15배

(라) 일란성 쌍둥이의 공병률은 57%, 이란성의 경우 성별이 같으면 12%(다르면 6%)

(마) 양부모보다는 친부모와 공병률이 높음

(2) 뇌의 구조적 이상

(가) 정상인보다 뇌실의 크기가 크고 뇌피질의 양이 적다

(나) 전두엽, 변연계, 기저신경절, 시상, 뇌간, 소뇌에 이상이 있음

(3) 뇌의 기능적 결함

(가) 과제수행시 전두엽 피질의 신진대사가 저하(주변 환경에 빠르고 효율적으로 반응하지 못함)

(나) 좌반구의 과도한 활동

(4) 신경전달물질의 이상

(가) 도파민 과다 가설: 뇌에서 도파민 생성을 자극하는 물질(암페타민, 엘도파, 코카인)을 다량 복용하면 조현병과 유사한 증상을 나타냄. 조현병 환자의 뇌를 부검한 결과→뇌에 도파민 수용기가 증가 확인

(나) 세로토닌-도파민 가설

두 신경전달물질의 수준이 높음 → 조현병의 증상이 나타남

두 물질의 균형을 이루도록 해주는 클로자핀이 효과적

(다) 출생전후의 생물학적 환경(태내조건, 출생시 문제, 출생 직후 문제)→ 유전적 취약성 발현 or 중추신경계를 손상→조현병의 간접원인으로 작용

(5) 심리적 요인

(가) 정신분석적 입장

① 갈등모델(Conflict Model)

② 통합된 자아가 발달하기 이전 단계, 즉, 오이디프스 단계 이전의 심리적 갈등 + 결손→부정, 투사 같은 원시적 방어기제 사용 & 자아기능 발달 초기단계로 퇴행한 장애

③ 결손모델(Deficiency Model)

④ 처음에 갈등으로 시작 → 외부세계로 향해졌던 리비도가 점차 내부로 철수 → 환자의 자기상 or 신체상에 투여 → 과대망상이나 건강염려증적 증상 → 심해지면 외부세계와의 관계가 단절, 자폐적 세계로 철수 → 와해된 사고, 망상, 환각

⑤ 조현병은 자아경계의 붕괴에 기인

⑥ 외부적 자아경계는 세계와 자아의 분리 → 마음의 현상과 외부의 현상을 구별 → 외부적 자아 경계가 손상되어 외부 현실과 심리적 현실을 구분 못하는 환각과 망상이 나타남.

⑦ 내부적 자아경계는 의식경험과 무의식경험을 구분 → 내부적 자아경계가 약화되면 초기의 미숙한 자아상태가 다시 출현

(나) 인지적 입장

① 조현병의 사고장애는 주의(Attention) 기능(수많은 외부 자극 중 적절한 정보를 선택하여 처리하고 부적절한 정보는 억제하는 기능)의 손상에 기인.

② 주의기능이 손상되면 많은 정보가 의식수준에서 홍수를 이루어 심리적 혼란을 경험 → 혼란을 감소시키기 위해 지나치게 단순한 논리로 설명하려고 노력 → 망상을 발달 or 외부 자극에 무감각한 태도, 사회적 관계의 회피, 고립, 비논리적이고 와해된 사고와 언행

⇒ 실제로 주의기능을 요하는 인지과제에서 조현병 환자들은 수행저하

③ 조현병의 하위유형에 따라 주의 패턴이 다름 → 망상형 또는 급성 환자는 주의 폭이 확대 → 외부 자극에 지나치게 예민한 반응

④ 비망상형 또는 만성 환자 → 주의 폭이 협소 → 외부 자극을 잘 포착하지 못함. → 대부분의 인지과제에서 수행저하

⑤ 조현병 환자는 기타 작업기억, 추론, 계획, 집행 등의 다양한 인지적 기능에 결함

(6) 가족관계 및 사회환경적 요인

① 조현병의 발병&경과에 가족요인

② 부모의 양육태도

③ 가족간 의사소통: 표현된 정서(Expressed Emotion)

④ 부모와 자녀의 의사소통방식: 이중구속이론(Double-bind Theory)

⑤ 부모의 부부관계: 편향적 부부관계, 분열적 부부관계

(7) 취약성-스트레스 모델(Diathesis-stress Model)

(가) 취약성을 지닌 사람 + 스트레스 사건이 발생 + 적응부담이 일정 수준 넘으면 → 발병 or 증상 악화.

(나) 취약성을 지닌 사람+ 환경적 스트레스 → 발병 없이 살아가거나 증상 이 감소 + 병전 기능수준으로 회복될 수 있음

(다) 약물치료 + 심리사회적 개입(Ex. 스트레스 대처훈련, 의사소통훈련, 사회적기술 훈련, 가족교육 등) → 환경적 스트레스(Ex. 가족, 대인관계, 직업 등)를 감소 + 스트레스에 대한 대처능력을 향상시키는 것이 중요함

(라) 체질 스트레스 모델을 지지하는 증거

(마) 입양연구: 조현병 부모와 함께 성장하지 않은 입양아들이 정신병과 기타 심한 질환을 가질 비율은 다른 입양아들보다 높다. → 유전적 요인이 발병 증가에 기여함을 시사

(바) 붕괴적 가족 환경에서 자란 입양아 → 건강한 가족 환경에서 자란 입양아보다 조현병 비율이 높다. → 스트레스가 발병 증가에 기여함을 시사

(사) 발병과 증상 악화에서 스트레스가 충분조건은 아님

(8) 스트레스/취약성/대처/능력모델

(Stress/Vulnerability/Coping/Competence Model)

(가) Anthony와 Liberman이 주장
체질 스트레스 모델(Diathesis Stress Model)의 정교화

(나) 개인은 주요 정신질환에 대한 체질을 물려받거나 습득함 + 스트레스 = 뇌 구조 및 과정의 이상발달과 기이한 스트레스 반응을 초래

(다) 보호요인들(Ex. 대처기술, 지지 자원, 생활 활동에서의 유능성, 약물 등)이 급성 에피소드의 발병을 제지 or 증상의 영향을 감소 → 질환의 심도와 성과는 스트레스 사건 발생시 이러한 보호 요인이 있으냐 없느냐와 밀접한 관련이 있음.

Ex) 자원이나 지지가 없거나 대처기술이 충분치 않음→미래 스트레스 요인에 취약, 재발 횟수와 기간도 증가 VS 대처기술이 잘 발달＋지원체계가 신뢰로움→에피소드의 심도도 덜함＋기간도 더 짧고＋횟수도 감소

  (라) 이 모델에 따르면 치료에서 중요한 것은→대처기술＋유능성 개발하도록 돕는 것(사회적 직업적 환경에서 대처능력과 유능성을 증가→스트레스 감소시킬 수 있음)

  (마) (약물 또한 중요 보호 요인이므로) 약물관리

4) 치료

가) 입원치료 – 현실검증력에 손상＋자신과 타인을 해칠 가능성이 있을 때

나) 약물치료 – 양성증상 완화를 위해 처방→최근 음성증상 개선에 도움이 되는 약물이 개발되어 사용되고 있음

다) 행동치료기법: 적응적 행동을 증가시키고 부적응적 행동을 감소시키기

  (1) 체계적 둔감법

  (2) 토큰경제

라) 사회기술훈련 – 다양한 사회적 상황에 대처하는 기술 교육＋사회 상황에서 발생하는 불안을 극복하고 타인과의 상호작용을 증진

마) 인지치료 – 자기지시훈련(Self-instructed Training)

  (1) 일상적 상황에서 무기력하거나 부정적인 자기대화를 하므로 '건강한 자기대화'를 하도록 가르침

  (2) 문제해결상황에서 과제에 주의집중하고 문제해결을 위한 자기대화를 하는 기술을 학습시킴

바) 집단치료

  (1) 동료로부터지지＋사회적 상호작용의 기술 습득의 기회

  (2) 급성보다 만성 환자에게서 더 좋은 치료효과

사) 가족

  (1) 환자의 사회 재적응에 가장 중요 역할

  (2) 가족을 통해 효과적인 의사소통방식＋건강한 감정표현 방식을 교육

아) 낮병원

  (1) 입원치료를 통해 증상이 호전→가정과 사회로 복귀하기보다 저녁에는 가정에서 잠을 자고 아침부터 오후까지 병원에서 사회복귀훈련을 받으며 몇 주간의 적응기간을 보냄

자) 지역사회 기반의 사회복귀 서비스

  (1) 장기간 병원에 입원→사회적 적응능력을 완전히 상실→사회적 복귀가 불가능해짐→지역사회에서 가족과 생활하면서 재활훈련을 받을 수 있는 지역사회 정신건강센터, 그룹홈, 사회복귀시설이 많이 생겨남

다. 망상장애(Delusional Disorder)

1) 임상적 특성

가) 한 가지 이상의 망상을 최소한 1개월 이상 지속적으로 보이지만 망상 이외에의 영역에서는 기능적 손상이 없고 뚜렷하게 이상하거나 기괴한 행동을 나타내지 않음

나) 유형

(1) 색정형(Erotomanic Type)

(가) 자신이 누군가에 의해 사랑받고 있다는 것.

(나) 상대방은 대개 높은 신분으로 유명한 사람 또는 직장의 상사일 때가 흔함

(다) 전혀 모르는 사람일 수도 있음

(라) 상대와 접촉하기 위해 노력 → 전화, 편지, 선물, 방문, 조사, 미행 등.

(마) 이 유형에 속하는 대부분의 환자들은 여성 → 법적으로 문제가 되는 경우는 남성이 대부분이다.

(2) 과대형(Grandiose Type)

(가) 자신이 어떤 위대한 그러나 남들이 모르는 재능이나 통찰력을 가졌거나 중요한 발견을 했거나 그래서 자신이 대통령의 특별 보좌관과 같은 정부의 중요 직책을 맡았다거나 하는 망상

(3) 질투형(Jealous Type)

(가) 오델로 증후군, 결혼 편집증으로도 불림. 의처증, 의부증에 해당된다.

(나) 질투망상은 정당한 이유없이 배우자나 애인을 믿을 수 없다는 망상

(다) 사소한 증거를 가지고 망상을 정당화 & 상대방을 핍박함

(라) 배우자를 외출 못하게 하거나 추적하고 조사하기도 함

(4) 피해형(Persecutory Type)

(가) 가장 흔한 형태

(나) 어떤 사람 또는 다수의 관련된 사람들이 의도적으로 교묘하게 여러 가지 방법으로 자기에게 피해를 주거나 악의적으로 달고 있다는 망상

(다) 계속 소송을 걸기 때문에 고소광이라고도 함

(5) 신체형(Somatic Type)

(가) 자신의 몸, 피부, 입, 항문, 성기 등에서 나쁜 냄새가 난다는 것등

(나) 피부에 벌레가 기어 다닌다는 망상

(다) 몸속에 기생충이 있다는 망상

(라) 신체의 일정부위가 잘못됐거나 추하다는 망상

(6) 혼합형(Mixed Type)

(가) 앞에서 열거한 망상이 2개 이상 혼합되어 있는 경우

(7) 특정형(Unspecified Type)

(가) 망상의 내용이 불명확하거나 특정한 유형에 속하지 않는 형

2) 역학

가) 평생 유병률은 0.3%, 입원환자의 1~2%

나) 주로 성인기 중기나 후기에 발병. 피해형이 가장 많음

    (가) 경과는 매우 다양하고 피해형은 만성화되는 경향

3) 원인

가) 정신분석적 입장

    (1) 동성애적 충동→역전(Reversal)의 방어기제→증오로 전환→투사(Projection)의 방어기제→피해 의식적 망상

나) 인지적 입장

    (1) 동일성의 원리(Principle of Identity)라는 논리적 추론의 오류가 망상 형성에 기여함.

        Ex) "마리아는 처녀이다, 나는 처녀이다. 그러므로 나는 마리아이다" ⇒ 경험적으로 지지되지 않음

    (2) 비정상적 지각경험이 망상형성에 기여

    (3) 환각, 착각에 의한 비정상적 지각경험→당혹스러워 하며 나름 설명하고자 함→가시적인 요인으로 설명되기 어려워 초능력, 우주광선 등이 등장→비정상적 경험을 누가 하게 했는가에 대해서는 충분한 힘과 권력을 지닌 CIA, 정보기관, 종교단체, 하나님, 악마 등 상정→왜 하필 자신이 비정상적 경험을 하게 되었는가에 대해서는 자신이 대단한 존재이거나 또는 대단한 잘못을 저질렀기 때문이라고 해석→과대망상이나 피해망상

    (4) 특이한 사회적 귀인과정이 망상 형성에 기여

    (5) 자존감이 낮고 현실적 자아와 이상적 자아 간 커다란 괴리를 경험→괴리를 최소화하기 위해 부적 생활사건에 대해 극단적 외부귀인(타인의 악의에 의한 발생)→피해망상으로 발전

    (6) 정보처리과정에서의 인지적 편향이 망상 형성+유지에 중요한 역할

    (7) 망상 입증 정보에만 선택적으로 주의+반대되는 증거는 선택적으로 부주의→망상을 지속하고 강화

4) 치료

가) 다른 정신장애에 비해 치료가 어렵다.

    (1) 피해형 망상장애의 경우 치료진을 불신→약물사용에 의심→약물치료 어려움

    (2) 신뢰로운 치료관계 형성이 최우선적으로 중요

    (3) 환자의 분노, 의심, 적대감을 유발할 수 있음→망상에 직접 도전하는 것은 금물

    (4) 망상에 동의하지도 부정하지도 않는 중립적 입장을 취함

    (5) 망상 치료를 설득하기보다 환자의 불안+과민성을 도와줌→치료동기 자극함이 바람직

(6) 치료자는 환자의 투사 대상이 될 수 있음→치료 관계를 손상시키는 행동 자제

(7) 망상 자체보다 수반되는 불안이나 우울을 주된 치료대상

라. 분열정동형 장애(Schizoaffecrtive Disorder)

1) 임상적 특성

가) 조현병 증상 + 기분삽화(주요 우울 또는 조증 삽화)→일정 기간 지속적으로 나타나는 경우

나) 기분삽화가 없는 상태 + 망상 or 환각 적어도 2주 이상 나타나야 함

다) 전형적인 패턴: 처음에 현저한 환청 + 피해망상 2개월 정도→주요 우울증상이 나타남→이후에는 조현병 증상과 + 주요 우울증의 증상 공존→주요 우울증의 증상은 완전히 사라지고→조현병 증상만 1개월 정도 더 지속되다 사라짐

라) 동반하는 기분 삽화에 따라 우울형 & 양극형으로 구분

마) 조현병의 하위유형인가 양극성장애의 하위유형인가 아니면 독립된 장애인가 논란

바) 정신분열 스펙트럼 장애 중에서 조현병과 함께 증상 심각도와 부적응 정도가 가장 심한 장애

사) 사회적 활동이 위축 + 자기관리에 어려움 = 자살의 위험성이 수반됨

2) 역학

가) 발병시기가 빠르고 갑작스런 환경적 스트레스에 의해 급성적으로 시작 심한 정서적 혼란을 나타냄

나) 병전 적응상태가 양호

다) 조현병의 가족력이 없는 대신 기분장애의 가족력이 있음

라) 조현병에 비해 예후 좋음

마) 일반적으로 잔여증상이나 음성증상은 조현병에 비해 심하지 않음 + 덜 만성적

바) 조현성, 조현형, 경계선, 편집성 성격장애가 분열정동장애에 선행된다는 임상적 보고

사) 유병률과 발병률에 대한 정확한 자료가 미비

아) 평생유병률은 1% 이하로 정신분열증보다 드물다.

자) 여자에게 더 흔함

차) 분열정동장애의 양극형→초기 성인기에 흔히 나타남→우울형은 후기 성기에 흔하게 나타남

마. 정신분열형 장애(Schizophreniform Disorder)

1) 임상적 특성

가) 조현병과 유사성

나) 조현병과 구별되는 점

(1) 장애 지속기간이 1개월 이상 ~ 6개월 이하

신경증, 정신증과 성격 장애의 감별

신경증(Neurosis)

- 신경증은 인격의 일부분만 관여
- 대인관계 양상에서 성격장

(2) 대부분 발병 이전에 정서적 스트레스가 선행

(3) 가족 중에 조현병 병력을 지닌 사람이 드물다

(4) 급성적으로 발병

(5) 정서적 반응이 활발

(6) 병전 적응상태가 비교적 양호

(7) 병전 기능상태로 급격하게 완전한 회복을 보임 ⇒ 6개월 이내 쉽게 증상이 호전됨 → 치료나 예후에 있어 조현병과 구별할 필요

(8) 정신분열형 장애로 진단되는 2가지 경우

(가) 조현병 증상이 6개월이 되기 이전에 회복된 경우

(나) 현재 조현병 증상이 지속 + 아직 6개월이 경과지 않은 경우(6개월 이상 되는 시점에서 진단이 조현병으로 바뀜)

2) 역학

가) 평생유병율은 0.2% 정도. 연간 유병률은 0.1%

나) 유병률은 조현병 절반 정도로 추정

다) 청소년에게 흔함

라) 선진국의 경우 양호한 치료환경으로 인해 회복이 빨라 조현병보다 조현형 장애 진단되는 비율이 높음

마) 처음에 조현형 장애로 진단받은 사람의 1/3은 6개월 이내 회복

바) 최종 조현형 장애로 진단을 받고 2/3는 조현병이나 분열정동장애로 진단이 바뀜

바. 단기 정신증적 장애(Brief Psychotic Disorder)

1) 임상적 특성

가) 조현병의 주요 증상(망상, 환각, 혼란스러운 언어, 전반적으로 혼란스럽거나 긴장증적 행동) 중 한가지 이상이 1개월 이내로 짧게 나타나며 병전 상태로 완전 회복

나) 전형적으로 격렬한 감정적인 동요나 혼란을 경험

다) 짧은 기간 동안 개인의 적응기능이 심하게 손상 + 잘못된 판단이나 망상에 의해 위험한 행동을 할 수 있음 → 철저한 보호와 감독이 필요

라) 특히 젊은 층에서 자살의 위험 높음

2) 역학

가) 유병률은 조사된 바가 거의 없음

나) 청소년기나 청년기에 많이 나타남

다) 낮은 사회경제적 계층에서 많이 나타나고 성격장애가 있는 사람에게서 잘 나타남

라) 재발 경향이 적으며 조현병 or 기분장애로 이행하는 경우도 드묾

마) 기분장애와 연관되어 있다는 증거들도 있으나 조현병이나 기분장애와는 전혀 다른 장애임을 시사 하는 증거들이 더 많음

애와 같은 독특하고 일관적인 성질이 없음

- 신경증은 환경에 대해 자신을 변화시키는 자기수식적(Autoplastic) 반응의 결 → 증상이 형성되며 증상을 자아가 용납하지 않는 자아이질적(Ego-dystonic)인 특징 → 환자들이 정신과적 도움을 스스로 받고자 하는 경우가 흔함

- 신경증은 긴장, 불안, 우울을 중심으로 하는 정서증상, 신체화, 전환증을 증상으로 하는 신체증상, 건강염려, 강박사고, 염려와 집착을 중심으로 하는 사고증상, 강박행동, 충동적 행동화, 공포성 회피 등을 중심으로 하는 행동증상 및 주관적인 고통과 호소

정신증(Psychosis)

- 판단력과 현실검증력의 손상, 역할기능의 손상, 감정조절의 혼란, 병식의 결여, 언어, 지각

- 사고, 행동, 감정의 혼란을 나타냄

*정신분열증이 조현병으로 명칭이 바뀌어 성격장애의 명칭도 분열형 → 조현형, 분열성 → 조현성으로 사용하기도 함

3) 원인

가) 이미 성격장애(특히 연극성, 자기애성, 편집성, 분열형, 경계선)가 있을 때 잘 발생

나) 심한 스트레스에 의해 급격히 발병하는 경우가 많음

사. 분열형 성격장애와 약화된 정신증 증후군

(Schizotypal Personality Disorder and Attenuated Psychosis Syndrome)

가) 정신분열 스펙트럼 장애 중에서 가장 심각도가 낮은 장애

나) 분열형 성격장애

(1) 친밀한 인간관계를 불편해 함

(2) 인지적 또는 지각적 왜곡

(3) 기괴한 행동

다) 정신분열 스펙트럼 장애에 속하는 동시에 성격장애에도 속하는 장애

라) 약화된 정신증 증후군

(1) 정신증과 유사한 증상이지만 심각도가 덜하고 지속기간이 짧다.

(2) 조현병의 주된 증상인 망상, 환각, 혼란스러운 언어 중 한 개 이상이 약화된 형태로 나타남

(3) 현실검증력도 비교적 양호 + 임상적 주의를 기울여야할 만큼 증상의 심각도나 빈도가 충분

(4) 조현병이 발병하기 전에 미약하게 나타나는 정신증적 증상들→반드시 조현병으로 발전하는 것은 아님, 조현병의 초기 증후군에 대한 조기 개입의 필요성이 대두→DSM-5에 새롭게 포함

(5) DSM-5에서 좀 더 연구가 필요한 장애의 하나

문 제

1. 다음 중 조현병의 양성증상에 해당하는 것은? (2010 기출)

가. 환각

나. 무욕증

다. 둔마된 정동

라. 빈곤한 언어

2. 다음 사례에서 A씨에 대해 일차적으로 고려 가능한 진단명으로 가장 적합한 것은?

(2010 기출)

> 43세 여자 환자인 A씨는 입원사유에 대해서 "나는 아무 문제없다. 나의 억울함
> 을 증명하고, 남편의 부정을 명백히 밝히기 위해서 왔다."고 말했다. 그녀는 남
> 편이 바람을 피우고 있으며, 적반하장격으로 남편이 오히려 화만 낸다고 했다.
> 남편이 바람을 피운다고 생각하는 증거로 "밤에 발기가 안되는 게 분명 낮에 바
> 람을 피우고 온 것일 것이다."라고 말을 했다. 남편의 보고로는, 부인이 말도 안
> 되는 이유로 의심을 하며, 해명을 해도 계속해서 따지고 수시로 직장에 전화를
> 하거나 퇴근 시간에 맞춰서 회사 앞에서 기다리고 있는 등 피곤해서 못살겠다고
> 호소했다. 이들은 결혼한 지 15년 되었으며 부인은 대학 졸업 후 20여 년간 교
> 사생활을 해왔고 현재 학교 생활상 별 문제는 없다고 했다.

가. 조현병, 편집증적 유형

나. 망상 장애

다. 히스테리성 성격 장애

라. 편집성 성격 장애

3. 다음 중 조현병의 양성증상에 포함되지 않는 것은? (2009 기출)

가. 망상

나. 환각

다. 와해된 언어

라. 감정적 둔마

4. Bleuler가 말하는 조현병(정신분열증)의 4가지 일차증상(Primary Symptom)이 아닌 것은? (2007 기출)

가. 정동성 결함

나. 연상의 결함

다. 망상

라. 양가성

[1. 해설] ㉮

양성 증상은 정상인에게 없는 것이 존재하는 것이고, 음성증상은 정상인에게 있는 것이 없는 경우로서 망상, 환각, 와해된 언어, 와해된 행동이 양성증상이고 둔마된 정동은 음성증상에 속한다.

[2. 해설] ㉯

보통 의처증, 의부증이라고 부르는 이러한 장애를 망상장애라고 한다. 특히 의처증, 의부증과 같은 증상을 질투형 망상장애라고 한다.

[3. 해설] ㉱

감정적 둔마는 음성증상

[4. 해설] ㉱

망상은 브로이어가 말한 조현병 일차증상에 해당되지 않는다.

12 성격장애 (Personality Disorders)

가. 성격장애(Personality Disorders) 개관

- 어린 시절부터 서서히 발전 + 성인기에 굳어짐 → 개인의 내적 경험 + 행동양식이 지속적으로 부적응 양상을 보임
- 진단 기준
  - 인지(자신, 타인, 사건을 지각하는 방식), 정동(정서반응의 범위, 강도, 불안정성, 적절성), 대인관계 기능, 충동조절 4개 영역 중 2개 이상의 영역에서 사회의 문화적 기대에서 심하게 벗어남
  - 고정된 행동양식이 융통성이 없이 개인생활과 사회생활 전반에 넓게 퍼져 있음
  - 고정된 행동양식이 삶의 중요 영역에서 심각한 고통이나 기능장해를 초래
  - 고정된 행동양식이 오랜 기간 지속되어 왔고 발병 시기는 적어도 청소년기나 성인기
- 성격장애는 유형에 따라 변화되는 정도에 차이가 있음
  - 반사회성 성격장애, 경계선 성격장애 → 나이가 많아지면서 호전되는 경향
  - 강박성 성격장애, 분열형 성격장애 → 나이가 많아져도 거의 변화가 없거나 악화

나. A군 성격장애

(이상하고 괴이하며 사회적으로 엉뚱하고 고립되어 있는 특성을 보임)

1) 편집성 성격장애(Paranoid Personality Disorder)

가) 임상적 특성

(1) 의심이 많고 + 주변 사람들의 동기와 의도를 악의에 찬 것으로 왜곡 해석 → 주변사람들과 지속적인 갈등과 불화를 일으킨다.

(2) 친밀한 대인관계를 형성하기 어렵다.

(3) 적대적이고 타인을 믿지 않음 → 어떤 일이든지 혼자 처리하는 경향 → 주위 사람 조종하거나 지배하려는 욕구 강함

(4) 어떤 문제가 생기면 항상 남 탓 + 자신의 책임을 인정하지 않음

(5) 자신을 비판했거나 부당하게 대우했다고 생각되는 사람에 대한 원한 + 오랫동안 풀지 않고 복수를 꾀함

(6) 남을 비난할 때 태도는 적대적이지만 합리적이고 논리적이며 일관성 있고 그럴 듯함

(7) 자신에 대한 타인의 위협 가능성을 지나치게 경계 → 행동이 조심스럽고 비밀이 많음 + 생각이 지나치게 복잡 + 미래의 일을 치밀하게 예상 or 계획하는 경향

(8) 때로는 권력과 연관하여 비현실적인 웅대한 환상을 감추고 있는 경우도 있음

나) 진단기준

(1) A. 타인들의 동기를 악의에 찬 것으로 해석하는 등 광범위한 불신과 의심이

하위장애	핵심증상
A군 성격장애 편집성 성격장애	타인에 대한 강한 불신과 의심, 적대적인 태도, 보복 행동
분열성 성격장애	관계형성에 대한 무관심, 감정표현의 부족, 대인관계의 고립
분열형 성격장애	대인관계 기피, 인지적·지각적 왜곡, 기이한 행동
B군 성격장애 반사회성 성격장애	법과 윤리의 무시, 타인의 권리 침해, 폭력 및 사기 행동
연극성 성격장애	타인의 관심을 끌려는 행동, 과도한 극적인 감정표현
경계선 성격장애	불안정한 대인관계, 격렬한 애증의 감정, 충동적 행동
자기애성 성격장애	웅대한 자기상, 찬사에 대한 욕구, 공감능력의 결여
C군 성격장애 강박성 성격장애	완벽주의, 질서정연함, 절약에 대한 과도한 집착
의존성 성격장애	과도한 의존 욕구, 자기주장의 결여, 굴종적인 행동
회피성 성격장애	부정적 평가에 대한 예민성, 부적절감, 대인관계의 회피

성인기 초기에 시작되어 여러 가지 상황에서 나타나며, 다음 중 4개 이상의
항목을 충족시킨다.

(가) 충분한 근거도 없이 타인들이 자기를 착취하고 속이거나 해를 준다고 의
심함

(나) 친구나 동료의 성실성이나 신용에 대한 부당한 의심에 집착되어 있다.

(다) 정보가 자신에게 부당하게 사용될 것이라는 부당한 공포 때문에 터놓고
이야기하기를 꺼린다.

(라) 사소한 말이나 사건 등을 자기의 품위를 손상시키려 하거나 위협적인 숨겨
진 의도로 해석함

(마) 원한을 오랫동안 풀지 않는다. 예를 들면, 모욕 상해 또는 경멸을 용서하지
않는다.

(바) 타인에게는 그렇게 보이지 않지만 자신의 성격이나 명성이 공격당했다고
느끼고 즉시 화를 내거나 반격함

(사) 이유 없이 배우자나 성적 상대자의 정절에 대해 자꾸 의심함

(2) B. 정신분열증, 정신증적 양상을 보이는 기분장애 혹은 기타 정신증적 장애의
경과 중에만 나타나는 것이 아니고 일반적인 의학적 상태의 직접적, 생리적
효과에 의한 것이 아니어야 함

다) 역학

(1) 유병률은 일반 인구의 0.5~2.5%, 정신과 입원환자의 10~30%, 정신건강 진료
기관 방문자의 2~10%

(2) 임상장면에서 여자 < 남자

(3) 아동기와 청소년기부터 나타나는 징후: 친구관계 빈약 or 외톨이 or 학교와
사회에 대한 불만이 많음 + 과민하며 특이한 생각과 공상을 나타내는 경향

라) 원인

(1) 정신분석적 입장

(가) 무의식적 동성애적 욕구에 대안 불안을 제거하기 위해→부인, 투사, 반동
형성의 방어기제를 사용한 결과

(나) 카메론(Cameron, 1963)

① 어린 시절 부모로부터 가학적 양육을 받은 경험이 있는 아동→자신과 타
인에 대한 가학적 태도를 내면화→자신을 보호하기 위해 타인의 공격,
경멸, 비판에 예민하고 경계

② 자신의 적대감과 비판적 태도를 자각하지 못하는 특성→타인이 자신에게
적대적인 이유를 이해하지 못함→타인은 믿지 못할 악한 존재라는 생각을
강화

(다) 인지적 입장

① 편집성 성격장애자의 신념과 사고과정에 초점, 이들이 지닌 세가지 기본신
념을 제시

- 사람들은 악의적이고 기만적이다.
- 사람들은 기회만 있으면 나를 공격할 것이다.
- 긴장하고 경계해야만 나에게 피해가 없을 것이다.
② 이러한 신념→타인의 행동 속에서 비난, 기만, 적의를 예상→예상과 일치하는 측면만 선택적으로 지각→적대적 반격행동→타인의 부정적 행동 유발→부당한 대우를 받는다는 생각→타인과의 긴밀한 관계와 자기공개는 상처와 손해만 초래할 것이라는 두려움→친밀한 관계를 형성하지 못함

마) 치료
(1) 성격적 문제보다는 대부분 우울증이나 불안장애로 임상가를 찾아옴
(2) 치료자와의 신뢰 관계형성이 매우 중요하지만 어려움
(3) 치료자는 방어적으로 반응하기보다 솔직하고 개방적인 자세로 임하여 신뢰감을 주는 것이 중요
(4) 치료 목표: 문제의 근본 원인이 자신에게 있음을 자각하고 변화를 위한 실제적 노력을 하는 것
(5) 수정과 변화가 어렵고 경험적 연구도 부족한 상태

2) 분열성(조현성) 성격장애(Schizoid Personality Disorder)
가) 임상적 특성
(1) 다른 사람들에게 전혀 관심이 없음 → 다른 사람들과 의사소통하거나 반응할 필요성을 느끼지 못함 → 신경써주면 싫어하고 부담스러워 함
  → 타인의 칭찬이나 비평에 무관심
(2) 직계가족 이외에는 가까운 친구나 마음을 털어놓는 친구가 없음
(3) 혼자 사는 삶을 영위
(4) 거의 항상 혼자서 하는 활동을 선택
(5) 결혼도 않고 혼자 산다 + 성에도 흥미가 없음
(6) 대인관계무관심
  (다) 정서결핍 + 낮은 동기
  ① 단조로운 정서 + 감정표현이 거의 없음→단조롭고 메마른 삶 영위
  ② 동기 낮고 목표 없음. 자신을 변화시키려는 노력 없음 + 환경적 요구에도 관심 없다→무기력하고 표류하는 삶 영위

나) 역학
(1) 유병율은 알려진 바 없음
(2) 여자 < 남자 + 남자가 더 심각한 양상을 보이는 경향
(3) 조현병 or 조현형 성격장애를 지닌 환자의 친척 중 유병율 높음
(4) 아동기나 청소년기 징후(Ex. 사회적 고립, 빈약한 친구관계, 제한된 감정반응, 학교 성적 저하 등)

다) 원인
(1) 정신분석적 입장

(가) 어려서 부모로부터 충분히 수용되지 못함 or 거부 경험 → 내면적 공상세
계속에서 좌절된 욕구를 해소. 때로는 직관적이고 예술적인 재능으로 나
타남
(나) 발린트
① 유아기 양육과정에서 경험한 부적절감 → 타인과 관계 맺는 능력에 결함
(다) 액타
① 외현적 상태와 내현적 상태를 구분. 외현적으로는 대인관계에 무관심 +
정서 메말라 보이나 + 내현적으로는 아주 예민하고 경계적이며 고집스럽
고 창조적
② 자기표상이 쪼개져 통합되지 못한 상태
(2) 인지적 입장
(가) 부정적 자기개념과 대인관계 회피에 관한 사고가 이들의 특징
① 나는 혼자 있는 것이 낫다.
② 아무도 나를 간섭하지 않았으면 좋겠다.
③ 다른 사람들과 관계를 맺으면 문제만 일어난다.
④ 주위에 사람들만 없다면 인생은 별로 복잡하지 않을 것이다.
⑤ 다른 사람들로부터 거리를 유지하는 것이 낫다.
⑥ 나는 사회 속의 무리에 끼어들기에는 부적절한 사람이다.
⇒ 주된 신념은 '상관하지 마라' → 적대적이기보다 사람과 거리를
유지하고자 함
라) 치료
(1) 대부분 주위 사람의 강한 권유 or 다른 문제로 치료를 받게 됨
(2) 치료관계 형성이 매우 어려움
(3) 치료목표
(가) 사회적 상황에서 철수하려는 경향 감소
(나) 생활 속에서 즐거움을 경험하도록 도움
(다) 정서적 경험의 폭과 깊이를 서서히 확대, 심화
(라) 인관관계 형성 및 유지 기술 습득

*분열성(조현성) 성격장애 진단기준
A. 사회적 관계에서의 고립양상과 대인관계 상황에서의 제한된 감정표현이 광범위
한 양상으로 나타나고, 이런 양상이 성인기 초기에 시작되며, 다양한 상황에서
드러나고, 다음 중 4개 혹은 그이상의 항목을 충족시킨다.
(1) 가족의 일원이 되는 것을 포함하여 친밀한 관계를 바라지도 즐기지도 않는다.
(2) 거의 항상 혼자서 하는 활동을 선택함
(3) 다른 사람과 성경험을 갖는 일에 거의 흥미가 없다.
(4) 만약 있다고 하더라도 소수의 활동에서만 즐거움을 얻는다.

(5) 직계가족이외에는 가까운 친구나 마음을 털어놓는 친구가 없다.

(6) 타인의 칭찬이나 비평에 무관심해 보인다.

(7) 냉담, 고립 혹은 단조로운 정동을 보인다.

B. 장해가 정신분열증, 정신증적 양상을 동반하는 기분장애, 기타 정신장애 혹은 광범위성 발달장애의 경과 중에서만 나타나는 것이 아니며, 신경과적(Ex. 측두 엽 간질) 또는 다른 일반적인 의학적 상태의 직접적, 생리적 효과에 의한 것이 아니어야 함

3) 분열형(조현형) 성격장애(Schizotypal Personality Disorder)

가) 임상적 특성

(1) 괴상하고 이상한 사고

(가) 분명한 관계망상은 아니고 관계망상과 유사한 사고

(나) 행동에 영향 미치는 괴이한 믿음이나 마술적 사고

(다) 애매 + 우회적 + 은유적 + 지나치게 상세히 묘사 or 상동증적인 사고와 언 어 의심 or 편집증적인 사고

(라) 주위 사람들에 무관심으로 일관하고 초연함

(마) 친밀한 대인관계에 대한 현저한 불안

(바) 보통과는 다른 기이한 복장과 행동

(사) 부적절 or 메마른 정동

(아) 분열성 성격장애와 차이점

① 과도한 사회적 불안: 편집증적 공포와 연관

② 경미한 사고장애

③ 다소 기괴한 언행

④ 심한 스트레스를 받으면 일시적으로 정신증적 증상을 나타내기도 함

나) 역학

(1) 조현병과 매우 유사한 유전적 소인이 관여하는 것으로 추정

(2) 조현병 환자의 직계가족에서 유병률이 높음 분열형 성격장애 환자의 가족 중 에 조현병 유병률이 높음

다) 원인

(1) 행동주의 입장

(가) 수동적 기질 → 부모의 애정과 관심을 유발하지 못함 → 인간관계에 필요한 기본적 애착행동을 학습하지 못함

(나) 가족 간 정서적 교류가 적고 냉담하여 타인과의 관계형성에 대한 강화를 받지 못하였고 의사소통기술도 제대로 학습하지 못했기 때문

(다) 어린 시절 부모와의 불안정한 애착관계에 기인

(2) 인지적 입장

(가) 분열형 성격장애를 지닌 사람들의 인지적 왜곡

① 나는 결함이 많은 사람이다.

② 사람들과 관계를 맺는 것은 매우 위험하다.

③ 나는 사람들이 나를 좋아하지 않는다는 것을 알고 있다.

④ 나는 다른 사람이 무슨 생각을 하는지 다 안다.

⑤ 내가 느끼는 감정은 앞으로 무슨 일이 벌어질지를 미리 알려주는 신호이다.

(나) 인지적 오류

① 개인화: 자신과 무관한 일을 자신과 연결시켜 생각

② 정서적 추론: 정서적 느낌에 따라 상황의 의미를 판단하는 정서적추론

③ 임의적 추론: 무관한 사건들 간의 인과적 관계를 잘못 파악

라) 치료

(1) 치료결과에 대한 경험적 연구는 매우 드묾

(2) 약물치료와 인지행동치료가 유익

(3) 벡과 프리먼의 네 가지 치료전략

(가) 회적 고립을 줄이는 건전한 치료관계 수립

(나) 사회기술훈련과 적절한 언행의 모방학습을 통해 사회적으로 적절한 행동을 증가

(다) 기이한 사고양식에 의해 방해받지 않도록 치료 회기마다 구조화되고 체계적인 방식으로 진행

(라) 정서적 느낌보다 객관적 증거에 의거하여 자신의 사고를 평가하도록 가르침

* 분열형(조현형) 성격장애 진단기준

A. 친밀한 대인관계에 대한 고통, 그러한 관계를 맺는 제한된 능력에서 드러나는 사회적 대인관계에서의 손상, 인지적. 지각적 왜곡, 기이한 행동 등 광범위한 양상이 성인초기에 시작되며, 여러 가지 상황에서 나타나는데, 다음 중 5개 또는 그 이상의 항목을 충족시킨다.

(1) 관계망상적 사고(관계망상은 제외)

(2) 행동에 영향을 미치는, 하위문화의 기준에 맞지 않는 괴이한 믿음이나 마술적 사고(Ex. 미신, 천리안에 대한 믿음, 텔레파시나 육감, 소아나 청소년에서 보이는 기이한 환상이나 집착)

(3) 신체적 착각을 포함한 유별난 지각 경험

(4) 괴이한 사고와 언어(Ex. 애매하고, 우회적이고, 은유적이고 지나치게 자세하게 묘사되거나 또는 상동증적인)

(5) 의심이나 편집적인 사고

(6) 부적절하거나 메마른 정동

(7) 괴이하고 엉뚱하거나 특이한 행동이나 외모

(8) 직계가족 외에는 가까운 친구나 마음을 털어놓을 수 있는 사람이 없다.

(9) 과도한 사회적 불안이 친밀해져도 줄어들지 않고, 이는 자신에 대한 부정적인 판단 때문 이라기보다는 편집적인 두려움 때문이다.

B. 장애가 정신분열증, 정신증적 양상이 있는 기분장애, 기타 정신증적 장애 또는 광범위성 발달장애의 경과 중에만 나타나는 것이 아니다.

다. B군 성격장애

(극적이고 감정적이며 변덕스러운 특성을 보임)

1) 히스테리성 성격장애(Histrionic Personality Disorder)
   가) 임상적 특성
   (1) 타인의 애정과 관심을 끌기 위한 지나친 노력과 자기중심성
       (가) 자신이 관심의 초점이 되지 못하는 상황에서는 불편감을 느낌
       (나) 관심의 대상이 되는 다른 사람에 대해서는 시기와 질투, 경쟁심, 강한 분노
       (다) 상황에 어울리지 않게 성적으로 유혹적 or 도발 행동
   (2) 지나치게 감정적이고 극적임
       (가) 감정의 기복과 피상적 감정표현
       (나) 자신의 경험과 감정을 과장되고 극적인 형태로 표현
       (다) 지나치게 인상적으로 말함→구체적 내용이 없는 대화 양식
   (3) 외모에 관심
       (가) 원색적인 화려한 외모로 치장
       (나) 관심을 끌기 위해서 지속적으로 육체적 외모를 활용
   (4) 대인관계
       (가) 자신의 요구가 관철될 수 있도록 타인을 조종하는 기술이 뛰어남
       (나) 외향적→대인관계 초기에는 매우 매력적으로 느껴짐→관계가 지속되면 지나치게 요구적→애정과 인정을 바라기 때문에 부담스럽게 느껴짐
       (다) 대인관계를 실제보다 더 친밀한 것으로 지각
       (라) 대인관계에서 거부에 과민
       (마) 자신의 중요한 요구가 좌절되는 상황→자살 위협 or 무모한 행동
   나) 역학
   (1) 성인기 초기에 시작됨
   (2) 유병률은 일반 인구의 2~3%, 정신과 환자의 10~15%
   (3) 임상장면에서는 여성에게 더 흔함→일부 연구에서는 남녀 유병률이 비슷 용모, 감정표현, 대인관계 행동은 문화, 성별, 연령에 따라 다르므로 진단시 감안 필요
   다) 원인
   (1) 정신분석적 입장
       (가) 어린 시절 오이디푸스 갈등에 기인
       (나) 여성의 경우

① 엄마의 애정에 실망→의존욕구를 충족시켜줄 아빠에게 집착→아빠의 주의를 얻기 위해 애교＋유혹적＋과장된 감정표현양식 습득

② 남성의 경우

엄마의 사랑 결핍→아버지에게 애정을 구함→아버지가 없거나 애정을 얻지 못함→어머니와 동일시→수동적이고 여성적인 정체감을 발달 or 여성성에 대한 불안 회피하기 위해 과도한 남성성을 나타냄

(2) 인지적 입장

(가) 독특한 신념과 사고방식에 주목

① 나는 부적절한 존재이며 혼자서 삶을 영위하는 것은 너무 힘들다(핵심 믿음)

② 나를 돌보아줄 사람들을 찾아야 함

③ 모든 사람으로부터 사랑을 받아야 함

④ 내가 행복하려면 다른 사람의 관심과 애정이 절대적으로 필요하다.

⑤ 나는 다른 사람의 사랑을 독점적으로 가장 많이 받아야 함

⑥ 나는 재미있고 다른 사람에게 즐거움을 주는 사람이어야 함

⑦ 다른 사람이 나를 싫어하거나 무시하는 것은 참을 수 없는 일이다.

⑧ 나는 지루한 것을 참을 수 없다.

라) 치료

(1) 대부분의 심리치료는 대인관계에 초점

(가) 애정을 얻기 위해 외모, 성, 유혹, 불평, 위협 등을 사용하여 타인을 조종하는 방식→일시적으로는 효과를 거둘 수 있을지 몰라도 장기적으로는 타인의 애정을 잃는 결과를 초래한다는 점 인식시킴＋애정을 획득하는 현실적이고 적절한 방법을 학습시킴

(나) 인지적 입장

① 모호한 사고양식을 구체적이고 체계적인 문제중심사고로 변화시키려는 노력

② 부적응적 사고를 지적하고 도전하기

③ 사고를 검증하는 행동실험 하기

④ 활동계획 세우기

⑤ 문제해결기술 훈련

⑥ 자기주장훈련

⑦ 기본 신념(나는 부적절한 존재이고 혼자 사는 삶을 영위하기 힘들다, 모든 사람으로부터 사랑을 받아야 함)에 도전

＊ 히스테리성 성격장애의 진단기준

광범위하고 지나친 감정표현 및 관심끌기의 행동양상이 성인기 초기에 시작하여 여러 가지 상황에서 나타나며, 다음의 5개 또는 그 이상 항목을 충족시킨다.

(1) 자신이 관심의 초점이 되지 못하는 상황에서 불편해진다.

(2) 다른 사람과의 행동에서 흔히 상황에 어울리지 않게 성적으로 유혹적이거나 도발적인 행동이 특징적이다.

(3) 빠른 감정의 변화 및 감정표현의 천박성(감정표현이 얕음)을 보인다.

(4) 자신에게 관심을 끌기 위해서 항상 육체적 외모를 사용함

(5) 지나치게 인상적으로 말하면서도 내용은 없는 대화양식을 갖고 있다.

(6) 자기 연극화, 연극조, 과장된 감정표현을 함

(7) 피암시성이 높다(Ex. 타인 또는 환경에 의해 쉽게 영향을 받음)

(8) 대인관계를 실제보다 더 친밀한 것으로 생각함

2) 자기애적 성격장애(Narcissistic Personality Disorder)

가) 임상적 특성

(1) 과대 망상적이고 자기중심적인 행동

(가) 자신에 대한 과장된 평가

(나) 공상이나 행동에서의 웅대성

(다) 과도한 찬사를 요구

(라) 타인을 질투하거나 타인들이 자신을 질투하고 있다고 믿음

(2) 타인에게 착취적이거나 오만한 행동

(가) 감정이입의 결여

(나) 특권의식

(다) 타인에 대한 무시

(3) 타인의 비판과 거부에 과민

(가) 과장된 웅대한 자기상이 현실에서 자주 상처를 입게 될 때 우울, 분노

나) 역학

(1) 유병률은 일반인구에서 1% 미만, 임상환자 중에서는 2~16%

(2) 자기애성 성격장애로 진단된 사람들 중 50~75%가 남자('왕자병')

(3) 자기애적 성향은 사춘기에 흔함→반드시 성격장애로 발전하는 것은 아님

다) 원인

(1) 프로이드

(가) 지기애란 '심리적 에너지가 자신에게로 향함→자신의 신체를 성적 대상으로 취급하는 태도'

(나) 어린 시절에는 정상적인 자기애가 성장하면서 성숙한 형태로 발전하지 못하고 병적 형태를 띰 = 자기애성 성격장애

(2) 코헛

(가) 유아기적 자기애(부모의 전폭적인 애정과 보살핌을 받는 과정에서 형성되는 웅대한 자기상)→성장하면서 부모의 질책, 자신의 한계에 직면하는 등 좌절과 상처를 경험→'세상은 나 중심으로 돌아가지 않으며 나는 그렇게

대단한 존재가 아니다'→성숙하고 현실적 자기애로 발전

⇒ 좌절경험은 성숙하고 현실적 자기애로 발전하는 필수요소.

⇒ 지나친 좌절경험→강한 심리적 충격을 받게 됨→웅대한 자기상에 더욱 집착→타인으로부터 인정과 칭찬을 강렬하게 추구→자기애성 성격장애로 발전

(3) 컨버그

(가) 흔히 특별한 재능을 지니고 있거나 가족 내 중요 위치에 있는 아동→엄마가 칭찬이나 특별대우→엄마의 칭찬 여부에 예민→칭찬받지 못하는 불안을 피하기 위해 엄마가 칭찬해주는 자신의 긍정적 특성, (자신의 긍정적 특성이 크게 부풀려진) 이상적인 자기 모습, (칭찬과 특별대우를 해주며 현실적인 사랑을 베풀어주는) 이상적인 어머니 모습에 대한 상상을 자주 하며 즐김→세 가지가 변별력을 잃고 병리적으로 융합→자기애성 성격장애

(4) 인지적 입장

(가) 독특한 신념과 사고과정에 초점

① 나는 매우 특별한 사람이다.

② 나는 너무나 우월하기 때문에 특별한 대우를 받고 특권을 누릴 자격이 있다.

③ 인정, 칭찬, 존경을 받는 것은 매우 중요한 일이다.

④ 내가 당연히 받아야 할 존경이나 특권을 받지 못하는 것은 참을 수 없는 일이다.

⑤ 사람들은 나를 비판할 자격이 없다.

⑥ 나 정도의 훌륭한 사람만이 나를 이해할 수 있다.

(나) 자기애적 신념→이 신념에 일치하는 정보에만 선택적으로 주의를 기울이고 중요성을 부과하여 긍정적 자기상을 강화, 반면 상치되는 정보는 무시하거나 왜곡→자기애적 신념의 강화→자기애적 성격장애

라) 치료

(1) 정신분석적 치료

(가) 내담자가 치료자와의 관계에서 나타내는 전이현상을 잘 활용

내담자는 과거에 실패했던 부모와의 관계를 치료자와의 관계에서 재현→치료자는 부모에게서 좌절되었던 욕구를 공감하고 이해해줌

(2) 인지행동치료

(가) 핵심적인 세 가지 특성-웅대한 자기상, 평가에 대한 과도한 예민성, 공감의 결여-에 초점

(나) 웅대한 자기상에 대한 개입

웅대한 자기상과 관련된 비현실적 생각을 경험 속에서 찾아내고 부적응성을 스스로 인식하여 현실적 자기신념으로 대체하도록 유도

(다) 평가에 대한 예민성에 대한 개입
① 자신에 대한 타인의 평가에 적당한 관심을 기울이고 감정반응을 조절할 수 있도록 유도
(라) 공감의 결여에 대한 개입
① 역할 연기 등을 통해 타인의 감정에 대한 자각을 증진 + 공감적 감정 활성화 → 이기적 착취행동을 수정하도록 유도

*자기애성 성격장애의 진단기준
과장성(공상에서나 행동에서), 칭찬에 대한 욕구, 감정이입의 결여 등 광범위한 양상이 성인기 초기에 시작되어 다양한 상황에서 나타나며, 다음 중 5개 또는 그 이상의 항목을 충족시킨다.
(1) 자신의 중요성에 대한 과장된 지각을 갖고 있다.
(2) 끝이 없는 성공에 대한 공상과 권력, 탁월함, 아름다움 또는 이상적인 사랑에 대한 공상에 자주 사로잡힌다.
(3) 자신이 특별하고 독특하다고 믿고, 특별한 사람이나 상류층의 사람들만이 자신을 이해할 수 있으며, 또한 그런 사람들(혹은 기관)하고만 어울려야 한다고 믿는다.
(4) 과도한 찬사를 요구함
(5) 특권의식을 가진다. 예를 들면, 특별한 대우를 받을 만한 이유가 없는데도 특별대우나 복종을 바라는 불합리한 기대감을 가진다.
(6) 대인관계가 착취적이다. 예를 들면, 자신의 목적을 달성하기 위해 타인들을 이용함
(7) 감정이입능력이 결여되어 있다. 타인들의 감정이나 요구를 인정하거나 확인하려 들지 않는다.
(8) 자주 타인들을 질투하거나 타인들이 자신에 대해 질투하고 있다고 믿는다.
(9) 거만하고 방자한 행동이나 태도를 보인다.

3) 반사회적 성격장애(Antisocial Personality Disorder)
가) 임상적 특성
(1) 사회적 규칙과 규범, 법을 반복적으로 무시
(가) 자신의 이익이나 쾌락을 위한 반복적 기짓말
(나) 조종과 사기행동
(다) 호전성과 공격성으로 빈번한 싸움과 폭력
(라) 각종 비행 및 범죄 내력과 알코올 및 약물남용
(2) 감정이입 부족과 조종
(가) 타인이나 사회에 큰 해를 끼치고도 죄책감이 결여되어 합리화하는 행동
(3) 충동성 or 무계획 + (자신과 타인의 안전을 무시하는)무모성 + 무책임성
(4) 권위적 인물에 대한 저항

나) 역학
  (1) 18세 이상의 성인에게 진단
    (가) 15세 이전에 품행장애 증거가 있어야 함
    (나) 흔히 아동기나 청소년기부터 폭력, 거짓말, 절도, 결석이나 가출 등의 문제
        행동을 보이는 것이 일반적
    (다) 아동기에 주의력 결핍/과잉행동장애 or 청소년기에 품행장애 진단 경험
  (2) 평생유병률은 남자의 경우 약 3%, 여자의 경우 약 1%
  (3) 대가족 출신의 남자, 도시 빈민층, 약물남용자, 교도소 수감자에게 흔함
다) 원인
  (1) 유전적 요인
    (가) 일란성 쌍둥이의 범죄행위 일치율은 55%, 이란성 쌍둥이는 13%
    (나) 양부모보다는 친부모와의 범죄행위 일치율이 높고 양부모 역시 범죄자일
        경우 일치율 더욱 높아짐
  (2) 어린 시절의 양육경험
    (가) 거칠고 거절을 잘하며 지배적인 양육태도의 부모
    (나) 방임적 양육태도
    (다) 신체적 학대경험, 교사로부터의 낙인경험, 대가족 + 범죄자인 부모나 형
        제, 거칠고 엄격한 부모, 수동적이고 무관심한 부모, 부모간이 갈등이 반사
        회적 성격특성을 증가시킴
  (3) 정신분석적 입장
    (가) 어머니와 유아 간의 관계형성의 문제: 기본적 신뢰가 형성되지 못함→폭
        력적이고 파괴적인 관계 형성
    (나) 초자아가 발달하지 못해 도덕성이 부족 + 타인에 대한 배려의식이 결여
  (4) 인지적 입장
    (가) 반사회성 성격장애를 지닌 사람들의 독특한 신념체계
      ① 우리는 정글에 살고 있고 강한 자만이 살아남는다.
      ② 힘과 주먹이 내가 원하는 것을 얻는 최선의 방법이다.
      ③ 들키지 않는 한 거짓말을 하거나 속여도 상관없다.
      ④ 다른 사람들은 약한 자들이며 당해도 되는 존재들이다.
      ⑤ 내가 원하는 것을 이루기 위해서는 어떠한 행동도 정당화될 수 있다.
      ⑥ 내가 먼저 공격하지 않으면 다른 사람이 먼저 나를 공격할 것이다.
      ⑦ 다른 사람이 나를 어떻게 생각하는지는 중요하지 않다.
라) 치료
  (1) 법원이나 중요한 사람에 의한 강제 의뢰가 대부분
  (2) 치료에 대한 내담자의 진정한 동기가 없어 치료가 어려움
  (3) 치료자는 중립적 + 수용적 태도를 유지해야 하고 치료관계형성이 중요
  (4) 법적 면책이나 현실적 이득을 위해 치료에 적극 임하는 태도를 위장하기도 함

(5) 심층 심리치료보다 구체적인 부적응 행동을 변화시키는 행동치료적 접근이 더 효과적

(6) 근본 치료가 어려움→아동기나 청소년기에 조기개입과 부모교육 등의 예방적 노력이 좋음

* 반사회성 성격장애의 진단기준

A. 15세 이후에 시작되고, 다음에 열거하는 타인의 권리를 무시하거나 침해하는 광범위한 행동양식이 있으며, 다음 중 3개 또는 그 이상 항목을 충족시킨다.

(1) 법에서 정한 사회적 규범을 지키지 못하고 구속당할 행동을 반복하는 양상으로 드러난다.

(2) 개인의 이익이나 쾌락을 위한 반복적인 거짓말, 가명을 사용하거나 타인들을 속이는 것과 같은 사기를 일삼는다.

(3) 충동성 또는 미리 계획을 세우지 못함

(4) 빈번한 육체적 싸움이나 폭력에서 드러나는 과흥분성(자극과민성)과 공격성

(5) 자신이나 타인의 안전을 무시하는 무모성

(6) 일정한 직업을 갖지 못하거나 채무를 청산하지 못하는 행동으로 드러나는 지속적인 무책임성

(7) 자책의 결여, 타인에게 상처를 입히거나 학대하거나 절도행위를 하고도 무관심하거나 합리화하는 양상으로 드러난다.

B. 연령이 적어도 18세 이상이어야 함

C. 15세 이전에 발생한 품행장애의 증거가 있어야 함

D. 반사회적 행동이 정신분열증이나 조증삽화 경과 중에만 나타나는 것이 아니어야 함

4) 경계성(또는 경계선적) 성격장애(Borderline Personality Disorder)

가) 임상적 특성

(1) 강렬한 애정과 분노가 교차하는 불안정한 대인관계

(가) 극단적인 이상화와 평가절하를 반복

(나) 실제적인 또는 가상적인 버림받음을 피하기 위한 필사적인 노력

(2) 자아상이나 자기지각의 심하고 지속적인 불안정성

(3) 현저한 기분변화에 따른 정서의 불안정성

(가) 심한 불쾌감, 과민성, 불안 등이 흔히 몇시간 지속

(나) 만성적 공허감

(다) 부적절하고 심한 분노

(4) 자신을 해칠 수 있는 충동성이 적어도 두 가지 영역에서 나타남(Ex. 낭비, 성, 물질남용, 무모한 운전, 폭식)

나) 역학

(1) 유병률은 일반 인구의 2%, 정신과 외래환자의 10%, 정신과 입원환자의 20%

(2) 75%가 여자

(3) 성인기 초기부터 + 심한 정서적 혼란이나 자해행위로 입원→ 중년기에 들어가며 대인관계나 직업기능이 현저하게 안정된 모습

(4) 반사회적 행동, 공격성, 약물남용, 수차례의 자실기도와 입원경력은 좋은 예후가 아님

(5) 우울장애, 공황장애, 물질남용, 충동통제장애, 섭식장애가 함께 나타남

(6) 우울장애→자살가능성이 높음

다) 원인

(1) 어린 시절 충격적인 외상경험

　(가) 경계선 성격장애자의 72%는 언어적 학대, 76%는 부모의 양육태만, 46%는 신체적 학대, 26%는 성적학대, 74%가 18세 이전에 부모의 상실이나 이별을 경험했다는 연구 있음

　　⇒ 어린 시절 충격적인 외상경험으로 인해 부모나 자신에 대한 긍정적 경험과 부정적 경험을 통합 못함 → 분리, 부인, 투사적 동일시 같은 방어기제를 사용한 결과라는 주장

(2) 정신분석적 입장

　(가) 오이디푸스 갈등 이전의 어린 시절 어머니와 맺었던 독특한 관계경험에 기인

　(나) 컨버그

　　① 유아기 분리-개별화 단계에서 심한 갈등을 경험, 이 단계에 고착되어 있음 → 이 단계에서는 엄마가 사라지면 놀라고 어디있는지에 대해 심하게 걱정하며 극심한 불안 속에서 엄마를 찾음 → 엄마가 사라지고 자신이 버림받는 것에 대한 강렬한 두려움을 경험 → 유아기의 위기를 반복적으로 재경험 → 경계선 성격장애

　(다) 인지적 입장

　　① 세 가지 독특한 내면적 믿음

　　　a. 세상은 위험하며 악의에 가득 차 있다.

　　　b. 나는 힘없고 상처받기 쉬운 존재이다.

　　　　⇒ 힘없고 무기력한 자신이 악의에 찬 위험한 세상에 놓여있다는 생각은 삶에 대한 불안과 두려움을 초래→자신의 약점을 노출시키지 않으려 하고 항상 주위사람을 경계하고 위험신호에 대해 과민하게 됨

　　　　⇒ 편집성 성격장애의 경우 세상이 악의에 차 있다고 믿지만 자신의 힘과 능력을 믿음→ 적극적으로 대처, 경계선 성격장애 → 자신을 약한 존재로 보기 때문에 타인에게 의존하고 매달림

　　　c. 나는 원래부터 환영받지 못할 존재이다.

　　　　⇒ 의존성 성격장애 경우 상대방에게 자신을 충분히 의지, 경계선 성격장애 → 그러지 못하고 불안정한 관계 속에서 거부와 버림을 받을지

　　　　　　　모른다는 두려움 지님
　　　(라) 위 세 가지 기본 신념과 더불어 범하는 특징적 인지적 오류는 흑백논리적 사고
　　　(마) 이러한 사고방식으로 인해 극단적이고 강렬한 감정변화와 극단적 행동을 나타냄
　　　　　Ex1) 타인을 '천사 아니면 악마'로 평가, 극단적으로 이상화 또는 평가절하
　　　　　Ex2) 타인의 언행을 자신에 대한 '수용 아니면 거부'로 해석하므로 애정과 분노의 강렬한 감정을 느끼게 되는 것임
　　　　　Ex3) 자신의 심리상태를 '천국 아니면 지옥'으로 평가
　　　　　Ex4) 자신의 행동을 결정할 때도 다른 사람에 대한 '의존 아니면 공격으로 선택

　라) 치료
　　(1) 일반적 치료방법 → 심리치료 = 강렬하고 불안정한 대인관계 양상이 치료자와의 관계 속에서 나타나 매우 힘든 치료대상
　　(2) 치료자는 내담자의 불안정한 태도에 상관없이 일관성+안정적인 지지적 태도 유지해야 함
　　(3) 정신역동적 치료
　　　(가) 세 가지 치료 목표를 설정
　　　　① 내담자의 자아를 강화, 불안을 잘 인내하고 충동에 대한 통제력을 향상시키도록 함
　　　　② 긍정적 내용과 부정적 내용이 분리되어 있는 내담자의 자기표상과 대상표상을 통합 → 안정된 자기인식과 대인관계를 유도
　　　　③ 긍정적이고 지지적인 내면적 표상을 보다 확고하게 강화, 중요한 사람과의 분리 or 이별을 참아낼 수 있도록 함
　　　(나) 인지행동치료
　　　　① 치료 초기 내담자의 신념 변화보다 치료 관계형성에 주력
　　　　② 강한 감정이 개입된 개인문제보다 구체적인 현실문제 해결에 초점을 맞추면서 신뢰를 형성
　　　　③ 점차적으로 흑백논리적 사고에 초점
　　　　　- 흑백논리적 사고를 자각 → 이것이 자신의 삶에 미치는 영향을 함께 탐색
　　　　　- 연속선상에서 사건의 의미를 해석하는 대안적 사고방식을 소개 → 흑백논리적 사고와 비교 → 어떤 것이 더 현실적이고 적응적인지 평가해 보도록 도움
　　　　　- 경험하는 구체적 문제상황에서 자신의 정서적 반응을 탐색 + 대안적인 대응방식을 탐색 → 보다 적응적인 정서표현 방식을 습득시킴
　　　　④ 자신과 세상에 대한 신념을 자각 + 긍정적인 신념으로 변화시키도록 도움

* 경계성(선)성격장애 진단기준

A. 대인관계, 자아상 및 정동에서의 불안정성, 심한 충동성이 광범위하게 나타나며, 이러한 특징적 양상은 성인기 초기에 시작하여 여러 가지 상황에서 일어난다. 다음 중 5개 또는 그 이상의 항목을 충족시킨다.

(1) 실제적이거나 가상적인 유기를 피하기 위한 필사적 노력

　주의: 진단기준 (5)에 열거한 자살 또는 자해행위는 포함되지 않는다.

(2) 극적인 이상화의 평가절하가 반복되는, 불안정한 자아상 또는 자아 지각

(3) 정체적 혼란: 심각하고 지속적인, 불안정한 자아상 또는 자아 지각

(4) 자신에게 손상을 줄 수 있는 충동성이 적어도 두 가지 영역에서 나타난다.
　(Ex. 낭비, 성관계, 물질남용, 무모한 운전, 폭식)

　주의: 진단기준(5)에 열거한 자살 또는 자해행위는 포함되지 않는다.

(5) 반복적인 자살행동, 자살시늉, 자살위협, 자해행위

(6) 현저한 기분의 변화에 따른 정동의 불안정성(Ex. 간헐적인 심한 불쾌감)

(7) 만성적인 공허감

(8) 부적절하고 심한 분노 또는 분노를 조절하기 어려움(Ex. 자주 울화통을 터뜨림, 항상 화를 내고 있음, 자주 몸싸움을 함)

(9) 일과성으로 스트레스에 의한 망상적 사고 또는 심한 해리증상

라. C군 성격장애

(쉽게 불안해하고 근심이 많으며 무서움을 잘 느끼는 특성을 보임)

1) 회피성 성격장애(Avoidant Personality Disorder)

가) 임상적 특성

(1) 자신을 사회적으로 무능 + 개인적인 매력이 없음 + 열등 하다고 생각

(2) 사회적 상황에 대한 두려움

(가) 부적절감 때문에 새로운 대인관계 상황에서는 위축됨

(나) 집단상황에서 조용하고 보이지 않는 존재로 있는 경향

(다) 창피와 조롱을 당할까 두려움→대인관계를 친밀한 관계에만 제한

(3) 비판이나 거부를 두려워함

(가) 사회적 상황에서 비난당하거나 거부당하는 것에 사로잡혀 있음

(4) 대부분의 사회적 상황을 피함

(가) 다른 사람과의 만남에 대한 불안+두려움→ 사회적 상황을 회피

(나) 당황하는 모습을 보일까 두려움→개인적 위험이 따르는 일이나 새로운 활동에는 관여하지 않으려 함

(다) 비난, 꾸중, 거절이 두려움→대인관계가 요구되는 직업 활동을 회피

(라) 호감을 주고 있다는 확신이 서지 않으면 사람과의 만남을 피함

나) 역학

(1) 유병율은 일반 인구의 0.5~1%, 남녀 성비는 비슷

(2) 정신건강 관련 의료기관 방문자의 약 10%

다) 원인

(1) 정신역동적 입장

(가) 회피성 성격장애를 지닌 사람의 주된 감정은 부정적 자아상과 관련된 수치심 → 수치심으로부터 숨고자 하는 소망 → 대인관계나 자신이 노출되는 상황을 회피

(나) 수치심은 생후 8개월경에 낯선 사람에 대한 불안과 함께 처음 나타남 → 이후 성장과정 관계경험이 축적되어 병리적 수치심으로 발전

(다) 회피성 성격장애 → 부모를 수치심과 죄의식을 유발시키는 비판적이고 거부적인 인물로 기억 → 자기보다 다른 형제를 더 좋아한 것으로 여기는 경향

(2) 인지적 입장

(가) 아동기 경험에서 유래하는 자신에 대한 부정적 신념과 관련 → 자신이 부적절하고 무가치한 사람 + 타인과의 관계에서 거부당하거나 비난당할 것이라고 믿음

① 사람들이 나를 바보로 생각할 거야

② 역시 나는 매력이 없어

③ 다른 사람이 나를 비판할지 몰라

④ 그들은 나를 싫어할 거야

(나) 다른 사람의 반응을 해석 + 평가하는 과정에서 범하는 인지적 오류

① 이분법적 사고

② 타인의 긍정적인 반응은 무시하고 부정적인 언급은 중시하는

③ 의미확대 및 의미축소

④ 부정적인 증거에만 주의를 기울이는 정신적 여과

⇒ 부정적 신념 + 인지적 왜곡 → 사회적 상황에서 항상 부적절감 + 불쾌감 → 사회적 상황을 회피 → 자신의 부정적 신념 + 인지적 왜곡을 수정할 수 있는 기회 박탈 → 회피적 행동이 영속화

라) 치료

(1) 가장 주된 치료 → 개인 심리치료

(2) 정신역동적 치료

(가) 수치심의 기저에 깔려있는 심리적 원인 파악 → 과거 발달과정에서 경험한 일들 관련성을 탐색

(3) 인지행동치료

(가) 불안 + 긴장을 스스로 조절할 수 있는 긴장이완 or 복식호흡 훈련 등을 실시 + 사회적 상황에 대한 점진적 노출을 시도

(나) 사회적 상황에서 자연스럽게 대처할 수 있는 대인관계기술 훈련

(다) 역기능적 신념 + 인지적 왜곡 수정

① 타인의 반응을 부정적으로 평가 + 예상하는 인지적 왜곡 → 자각시킴
② 구체적인 대인관계 경험의 분석 + 행동실험 → 더 현실적이고 긍정적인 사고를 유도
③ 타의 부정적 평가 → 현실적으로 자신에게 어떤 결과를 미치는지에 대해 검토 → 타인의 거부나 비판을 견딜 수 있는 능력을 증대

* 회피성 성격장애의 진단기준

사회활동의 제한, 부적절감 그리고 부정적 평가에 대한 과민성 등이 성인기 초기에 시작되고, 여러 가지 상황에서 나타나며, 다음의 4개 또는 그 이상의 항목을 충족시킨다.

(1) 비난, 꾸중 또는 거절이 두려워서 대인관계가 요구되는 직업활동을 회피함
(2) 호감을 주고 있다는 확신이 서지 않으면 상대방과의 만남을 피함
(3) 창피와 조롱을 당할까 두려워서 친밀한 관계를 제한함
(4) 사회상황에서 비난이나 버림받을 것이라는 생각에 사로잡혀 있다.
(5) 자신이 부적절하다고 느끼기 때문에 새로운 사람과 만날 때는 위축된다.
(6) 스스로를 사회적으로 무능하고, 개인적인 매력이 없으며, 열등하다고 생각함
(7) 쩔쩔매는 모습을 들킬까봐 두려워서 새로운 일이나 활동을 시작하기를 꺼려함

2) 의존성 성격장애(Dependent Personality Disorder)
  가) 임상적 특성
    (1) 타인에게 과도하게 의존 + 보살핌을 받으려는 욕구
      (가) 타인의 많은 충고와 보장 없이 일상적인 결정을 내리지 못함
      (나) 자기 인생의 중요 영역까지 떠맡길 수 있는 타인을 필요로 함
      (다) 일을 혼자 시작하거나 수행하기가 어렵다(동기나 활력 부족보다 판단과 능력에 대한 자신감 부족 때문)
      (라) 스스로를 돌봐야 하는 상황에 버려지는 것에 대한 두려움 → 비현실적으로 집착
      (마) 약한 모습을 나타내어 타인의지지 + 보호를 유도하는 경향
    (2) 수동적 + 순종적 + 비주장적인 태도 + 타인에 대한 예절
    (3) 낮은 자존감, 의존상대로부터 버림받을까 지지를 잃을까 두려워함
      (가) 매달리는 행동 + 이별에 대한 두려움
      (나) 타인의 보살핌 + 지지 → 불쾌한 일까지 자원해서 함
      (다) 친밀한 관계 종결 시 → 좌절감 + 불안 → 적응기능이 현저하게 와해 → 필요한 지지와 보호를 얻기 위해 또 다른 사람을 급하게 찾음
    (4) 의존상대가 착취적인 경우 쉽게 이용당함
  나) 역학
    (1) 유병률은 일반인구 2~48% 등 매우 광범위하게 보고

　　　　(2) 정신건강진료기관 방문자 가운데 가장 빈도가 높은 성격장애

　　　　(3) 임상장면에서 여성 더 많이 진단 그러나 정확한 평가도구를 사용한

　　　　(4) 연구들에서는 남녀 유병률이 유사

　　다) 원인

　　　　(1) 인지적 입장

　　　　　　(가) 의존성 성격장애자의 독특한 신념체계

　　　　　　　　① 나는 근본적으로 무력하고 부적절한 사람이다.

　　　　　　　　② 나는 혼자서는 세상에 대처할 수 없으며 의지할 사람이 필요하다.

　　　　　　(나) 의존하고 보살핌을 얻는 댓가→자신의 권리나 주장을 포기 → 자기주장기술, 문제 해결능력, 의사결정능력 부족 + 의존성 강화

　　　　　　(다) 흔히 범하는 인지적 오류

　　　　　　　　① 흑백논리적 사고

　　　　　　　　　- 삶의 방식은 완전히 의존적 or 독립적인 것 중의 하나

　　　　　　　　　- 독립적인 존재로 혼자 살아가는 것에 대한 두려움→극단적인 의존적 삶 선택하게 함

　　　　　　　　　- 자신의 능력에 대해서 매우 잘하지 못하면 전적으로 잘못한 것으로 판단 →자신을 무능하게 평가→타인에게 의존하거나 보살핌을 받을 수 없다고 생각

　　라) 치료

　　　　(1) 가장 일반적 치료는 심리치료

　　　　(2) 정신역동적 치료의 목표

　　　　　　(가) 의존적 소망을 좌절시킴→독립적으로 생각하고 행동하게 돕는 것

　　　　　　(나) 상실과 독립에 대한 불안에 직면할 수 있도록 돕는 것

　　　　(3) 인지행동치료의 목표

　　　　　　(가) 독립을 목표하기보다 자율을 목표로 함

　　　　　　(나) 생활 속의 여러 문제들을 스스로 해결할 수 있는 문제해결기술이나 의사결정기술을 습득

　　　　　　(다) 자신을 적절하게 표현하는→자기주장훈련이나 의사소통훈련

* 의존성 성격장애 진단기준

　　보호받고 싶어 하는 광범위하게 지나친 욕구로 복종적이 되고, 상대방에게 매달리며, 헤어짐을 두려워함. 성인기 초기에 시작되며, 여러 가지 상황에서 나타나고, 다음 중 5개 또는 그이상의 항목을 충족시킨다.

　　(1) 타인의 많은 충고와 보장 없이는 일상적인 일에서도 결정을 내리지 못함

　　(2) 자신들의 인생의 매우 중요한 영역까지도 떠맡길 수 있는 타인을 필요로 함

　　(3) 지지와 칭찬을 상실할 거라는 두려움이 크기 때문에 타인, 특히 의지하고 있는 사람에게 반대의견을 말하기 어렵다.

⇒ 주의: 현실적인 보복의 두려움은 포함되지 않는다.

(4) 자신의 일을 혼자서 시작하거나 수행하기가 어렵다(동기나 활력이 부족해서라기 보다는 판단과 능력에 대한 자신감이 부족하기 때문이다).

(5) 타인의 보살핌과 지지를 얻기 위해 무슨 행동이든 다 할 수 있다. 심지어는 불쾌한 일도 보호만 얻어낼 수 있다면 자원해서 함

(6) 혼자 있으면 불편하고 무력해지는데, 그 이유는 혼자서 해 나가다가 잘못될 것 같은 심한 두려움을 느끼기 때문이다.

(7) 친밀한 관계가 끝났을 때 필요한 지지와 보호를 얻기 위해 또 다른 사람을 즉시 찾는다.

(8) 스스로를 돌봐야 하는 상황에 처하게 된다는 데 대한 두려움에 비현실적으로 빠지게 된다.

3) 강박성 성격장애(Obsessive–Compulsive Personality Disorder)

　가) 임상적 특성

　　(1) 완벽주의적 + 융통성 없음

　　　(가) 완벽주의로 인하여 과제의 완수가 저해됨

　　(2) 질서 + 통제에 집착

　　　(가) 정리 정돈에 집착

　　　(나) 마음의 통제 + 대인관계의 통제에 집착 + 개방성 부족

　　　(다) 자신의 방식을 그대로 따르지 않으면 타인에게 일을 맡기거나 같이 하려 하지 않음

　　　(라) 감정표현을 억제하는 경향 + 감정표현이 자유로운 사람을 불편해 함

　　(3) 세부사항에 주의하고 실수할까봐 지나치게 점검 → 효율성 부족

　　　(가) 사소한 세부사항, 규칙, 목록, 순서, 시간계획이나 형식에 집착 → 일의 큰 흐름을 잃음

　　(4) 대안마다 문제점을 보기 때문에 의사결정에 큰 어려움을 갖고 우유부단

　　(5) 과도한 성취지향성과 인색함

　　　(가) 일+생산성에만 과도하게 몰두 → 여가활동과 우정을 희생

　　　(나) 자신과 타인 모두에게 구두쇠 → 돈은 미래에 대비하여 저축

　　　(다) 닳고 무가치한 물건을 감상적 가치조차 없어도 버리지 못하고 모아두는 경향

　　(6) 도덕, 윤리, 가치문제 → 지나치게 양심적이고 고지식하며 완고

　나) 역학

　　(1) 성인기 초기에 시작

　　(2) 유병률은 일반인구의 약 1%, 정신건강진료기관 방문자의 3~10%

　　(3) 남자 〉 여자보다 2배 더 많이 진단

　　(4) 강박장애를 함께 나타내는 경우가 있으나 강박장애를 지닌 사람은 강박성 성

격장애를 나타내지 않는 경우가 대부분

다) 원인

(1) 정신분석적 입장

(가) 항문기에 배변훈련과정에서 지나치게 엄격 → 성인기 강박성 성격에 영향

(2) 인지적 입장

(가) 독특한 신념체계

① 나는 나 자신뿐 아니라 내 주변 환경을 완벽하게 통제해야 함

② 나는 실수를 하지 않아야만 가치있는 존재이다.

③ 실수는 곧 실패이다.

④ 모든 행동과 결정에는 옳고 그름이 있다.

⑤ 구체적이고 명확한 규칙 or 절차 없으면 → 나는 아무 것도 할 수 없을 것이다.

(나) 자주 범하는 인지적 오류

① 흑백논리적 사고 → 지연행동, 경직성, 완벽주의적 행동에 영향

② 파국화 → 실패에 대한 강한 두려움

③ 의미확대나 의미축소 → 세부적인 사항에 과도한 중요성을 부여하여

④ 집착 + 실제 중요한 일은 그 의미를 축소하여 전반적 판단에 어려움을 겪음

라) 치료

(1) 정신역동적 치료목표

(가) 지나치게 엄격한 초자아를 수정하는 것

(나) 어린 시절 부모와의 관계 속에서 내담자가 부모의 엄격한 통제에 대한 부정적 감정 + 감정이 표출되는 것에 대한 두려움 + 죄책감 + 이러한 감정을 통제하려는 과도한 노력을 자각하게 하는 것

(다) 분노, 증오, 의존 같이 수용할 수 없는 감정을 배제하려 하기보다 이를 자신의 일부로 통합 → 자신이 불완전한 인간임을 수용하도록 유도

(2) 인지행동치료

(가) 호소하는 현재의 문제에 초점 → 구체적 목표를 세우고 하나씩 해 이러한 과정 → 치료적 관계 증진

(나) 부적응적 신념을 탐색 → 이들의 부정적 결과를 확인 + 이해하도록 함

(다) 좀 더 유연하고 현실적인 신념으로 대체하도록 함

* 강박성 성격장애 진단기준

정리정돈에 몰두하고 완벽주의, 마음의 통제와 대인관계의 통제에 집착하는 광범위한 행동양식으로서 이런 특징은 융통성, 개방성, 효율성이 상실이라는 대가를 치르게 함. 성인기 초기에 시작되고, 여러 상황에서 나타나며, 다음 가운데 4개 또는 그 이상 항목을 충족시킨다.

(1) 사소한 세부사항, 규칙, 목록, 순서, 시간계획이나 형식에 집착하여 일의 큰 흐름

을 잃고 만다.

(2) 일의 완수를 방해하는 완벽주의를 보인다(Ex. 자신의 지나치게 엄격한 표준에 맞지 않기 때문에 계획을 마칠 수가 없다).

(3) 여가활동과 우정을 나눌 시간도 희생하고, 지나치게 일과 생산성에만 몰두함(분명한 경제적 필요성 때문이 아니다)

(4) 도덕, 윤리 또는 가치문제에서 지나치게 양심적이고, 고지식하며, 융통성이 없다 (문화적 또는 종교적 배경에 의해서 설명되지 않는다).

(5) 닳아빠지고 무가치한 물건을 감상적인 가치조차 없을 때라도 버리지 못함

(6) 타인이 자신의 방식을 그대로 따르지 않으면 타인에게 일을 맡기거나 같이 일하기를 꺼린다.

(7) 자신과 타인 모두에게 인색하다. 돈은 미래의 재난에 대비해서 저축해야 한다고 생각함

(8) 경직성과 완고함을 보인다.

문제

1. 분열성 성격장애와 분열형 성격장애의 공통점만을 짝지은 것은? (2010 기출)

| A. 의심이나 편집증적 사고 | B. 괴이한 사고와 언어 |
| C. 메마르거나 제한된 정서표현 | D. 사회적 고립 |

가. A, B
나. B, C
다. C, D
라. B, D

2. 다음 에서 B군 성격장애에 속하지 않는 것은? (2010 기출)

가. 연극성 성격장애

나. 편집성 성격장애

다. 경계선 성격장애

라. 자기애성 성격장애

3. 다음 중 편집성 성격장애의 특징적인 증상은? (2010 기출)

가. 의심
나. 과대 망상
다. 정서의 변동
라. 정서적 무관심

[1. 해설] ④
분열성 성격장애를 가진 사람들은 사회적인 기술이 결여되어 있을 수는 있지만 말이 괴상하지는 않다. 분열성 성격장애의 경우 친밀한 관계를 바라지도 즐기지도 않지만 다른 사람을 의심하거나 편집증적 사고를 하는 것은 아니다.

[2. 해설] ④
편집성 성격장애는 A군 성격장애에 해당된다.

[3. 해설] ②
편집성 성격장애의 특징적인 증상은 의심이다.

4. 다음 중 경계선 성격장애의 임상적 특징이 아닌 것은? (2009 기출, 201 나)

   가. 실제적 또는 가상적 유기를 피하기 위하여 필사적인 노력

   나. 타인에 대한 극단적인 이상화와 평가절하를 번갈아하는 불안정하고 강력한
      대인관계 방식

   다. 반복적인 자살행동과 만성적인 공허감

   라. 자신의 중요성에 대한 과장된 지각과 특권의식 요구

5. '외모가 중요해', '나는 언제나 다른 사람의 주의를 끌어야해', '감정은 즉각적으로
   직접 표현해야 해' 등과 같은 인지 도식을 가진 성격장애는? (2009 기출, 201 가)

   가. 편집성 성격장애

   나. 히스테리성 성격장애

   다. 자기애성 성격장애

   라. 강박성 성격장애

13 급식 및 섭식장애

가. 신경성 식욕부진증(Anorexia Nervosa)

1) 임상적 특성

가) 음식에 대한 지나친 억제 or 통제→자신의 연령 수준에서 요구되는 수준의 매우 낮은 체중 + 신체적 건강이나 발달상의 문제를 야기

나) 살이 찌거나 체중이 느는 것에 대한 강한 두려움→심각한 수준의 낮은 체중에도 불구하고 살이 찌지 않도록 함

다) 자신의 체중 및 체형에 대한 생각과 느낌이 왜곡→스스로를 평가하는데 체중과 체형이 지나치게 영향을 미침→현재의 저체중의 심각성을 부정

라) 절제형과 폭식/하제형이 있다.

(1) 절제형: 지난 3개월 동안 먹는 것을 극단적으로 줄임 + 그리고도 모자라→에너지를 소모하여 몸매를 깡마르게 함

(2) 폭식/하제형: 지난 3개월 동안 식사를 극단적으로 줄임 + 가끔 폭식→먹은 음식을 배설하려고 구토나 하제를 사용

2) 역학

가) 신경성 식욕부진증이 발병되는 연령은 14~18세

나) 평균 초발 연령은 17세

다) 대체로 많이 발생하는 연령→14세와 18세

라) 소녀들에게서 많이 발생, 남자 비율은 10~15%

마) 전체 인구 중에 신경성 식욕 부진증 발병율은 0.5~1%

바) 사회 경제적으로 상류층에 속하는 가계에서 많음

사) 신경성 식욕부진 증 환자의 가족가운데 기분장애의 위험도 높다고 함

아) 일란성 쌍생아의 경우 이란성 쌍생아에 비해 발생 일치율이 높다고 함

3) 원인

가) 정신역동적 이론

(1) 신경성 식욕부진증의 증상→어떠한 기능을 수행하고 있고 그 기능이 필요한 이유에 대해 초점을 맞춤 + 유아기 경험의 역할 및 영향을 중시

(2) Freud: 먹는 행동은 성적인 표현의 대체행위→신경성 식욕부진증을 성적 욕구를 부인하기 위해 음식 먹기를 거부하는 것으로 해석

(3) Crisp: 청소년기에 육체적으로 성숙 + 성적 욕구가 증가→무의식적인 공포를 느낌→음식섭취 거부→육체적 성숙 및 성적 욕구를 억제하려는 시도로 봄.

(4) Bruch: '자기개념의 장애'→음식이나 체중에 집착하게 된 것

(가) 'Anorexigenic Mother': 신경성 식욕부진증 환자의 어머니→유아의 욕구를 고려하기보다 자신의 욕구에 따라 아이를 양육→유아는 어머니에 대하

여 안심하거나 확신할 수 없음→건강한 자기감을 형성하기 어려움 + 음식 섭취를 억제함으로써 자기 효능감을 높이고 부모−자녀관계에서의 자율성 을 쟁취하고자 함

  (나) 식욕부진 환자들은 증상이 드러나면서부터는 이전의 순종적인 성격에서와 달리 반항적인 성격으로 변화하게 됨

  (다) 식욕부진 환자들은 흔히 부모로부터의 심리적 독립이 요구되는 청소년기 에 발생함은 점에서 이 주장은 지지됨

  (5) 치료자는 자신을 돕는 사람이기보다는 다이어트를 중단시키고 살이 찌도록 만드는 위협적인 인물→저항을 다루는 것은 신경성 식욕부진증 심리치료에 서 핵심적인 과제

  (6) 즉각적으로 문제를 규정 + 변화시키려 하면→환자와 신뢰로운 치료적 동맹 을 맺기 어려움. 치료 초기의 목표→섭식문제가 아니라 기저의 정서적 문제 를 이해하는 것이어야 함

  (7) 치료자는 중립적 + 수동적인 자세보다는→어려움을 잘 공감하고 보다 적극적 으로 버텨주는 역할을 해야 함 : 질문과 해석을 위협적인 것으로 인지할 수 있기 때문에, 환자의 치료동기가 있을 때에만 탐색, 해석의 기법이 수행되어야 함

나) 인지행동적 이론

  (1) 체중 및 체형에 대한 잘못된 가정과 태도 그리고 인지적 왜곡에 주목

  (2) 자신의 신체에 대한 왜곡된 지각 : 환자들은 자신의 실제 신체상을 나타내는 카드로 현저하게 뚱뚱한 외양의 카드를 고름→이상적 신체상을 나타내는 카 드로는 지나치게 마른 모습의 카드를 선택

  (3) 체중 및 체형에 따른 자기가치 평가 : 신체적 아름다움 + 자신의 가치를 지나치 게 연결→몸매에 과도한 중요성을 부여 + 타인의 반응을 자신의 몸매와 관련 된 것으로 잘못 해석

  (4) 자신에 대한 부정적 평가 : 체중 및 체형에 대한 역기능적 태도→자신에 대한 부정적 평가가 존재→근본적인 자기평가가 부정적이기→자신의 체중과 체 형에 대하여 부정적으로 평가→불만족하게 됨→날씬함만을 추구하게

  (5) 역기능적 도식

    (가) "뚱뚱하면 혐오감을 주고 무능력해 보일 것이다."

    (나) "뚱뚱한 것은 자신을 통제하지 못했다고 평가받을 것이다."

  (6) 인지적 오류

    (가) 과잉일반화 : 과거에 정상 체중이었을 때 나는 불행하였다. 그러므로 몸무 게가 늘어나는 것은 나를 불행하게 할 것이다.

    (나) 이분법적 사고 : 체중 조절에 실패하면, 내 인생은 실패다.

  (7) 치료시 음식에 대한 혐오감을 제거 + 음식을 먹으면 강화를 줌 = 행동치료적 기법 + 자신의 신체상을 현실적으로 평가 + 신체상과 자기가치의 연결을 이루 고 있는 신념을 수정 = 인지기법 수행

    (8) 치료과정은 쉽지 않음 → 대개 1~2년의 치료기간이 소요

      (가) 신경성 식욕부진증 환자 치료에 참여시키기: 초기 몇 회기를 "섭식장애의 손익목록"을 적는데 할애하는 것이 도움이 될 수 있음 → 환자의 저항을 줄임 + 심리교육의 기회를 확보할 수 있음

      (나) 섭식과 체중 관리하기: 환자와 목표 체중을 설정 → 진전을 규칙적으로 점검 + 지지 + 먹기 싫어도 '기계적으로' 식사를 하도록 격려

    (9) 체중과 음식에 대한 신념 수정하기: 체중과 음식에 대해 가지고 있는 사고와 신념, 정보처리 양식을 스스로 평가 + 타당성을 검증

    (10) 자기에 대한 관점을 수정하기: 점차 치료가 진행됨에 따라서 부분적인 증상에서 환자의 보다 일반적인 성향으로 치료 초점을 변화시킴

  다) 생물학적 이론

    (1) 유전적 요인: 통제집단에 비하여 쌍생아 간의 동시 유병률이 높음. 친척에서 섭식장애의 발병률이 높은 것으로 보고됨

    (2) 시상하부 기능장애: 시상하부는 배고픔, 식욕, 포만감, 섭식행동뿐만 아니라 성적 활동과 월경에 관여 → 시상하부의 이상으로 인하여 적정한 체중수준이 저하 → 식욕을 느끼지 못하고 절식하여 저체중상태가 지속됨

    (3) 자가중독이론: Marrazzi 등은 절식행동 및 과잉행동을 하는 동안 체내의 Endorphin 수준이 증가 → 긍정적 정서를 경험 → 행동이 강화된다고 주장

4) 치료

  가) 심리적 및 내과적 증상이 복합 발생 → 입원치료 및 개인정신치료, 가족치료,

  나) 행동치료가 포함된 포괄적인 치료

  다) 입원치료 → 내과적 상태 + 환자의 협조여부에 따라 결정

  라) 신장에 비해 기대되는 체중보다 20% 이하로 적으면 입원 프로그램에 참여

  마) 30% 이하로 떨어지면 정신과 입원치료 권유

나. 신경성 폭식증(Bulimia Nervosa)

1) 임상적 특성

  가) 반복적인 폭식 삽화는 다음 두 가지 특징을 지닌다.

    (1) 일정한 시간 동안(Ex. 2시간 이내) 대부분의 사람들이 유사한 상황에서 동일한 시간동안 먹는 것보다 분명하게 많은 양의 음식을 먹음

    (2) 삽화 동안 먹는 데 대한 조절 능력의 상실감 (Ex. 먹는 것을 멈출 수 없으며, 무엇을 또는 얼마나 많이 먹어야 할 것인지를 조절할 수 없다는 느낌)

  나) 스스로 유도한 구토 또는 설사제, 이뇨제, 관장약, 기타 약물의 남용 또는 금식이나 과도한 운동과 같은, 체중 증가를 억제하기 위한 반복적이고 부적절한 보상행동이 반복된다.

  다) 폭식 + 부적절한 보상행동 모두 평균적으로 적어도 1주에 2회씩 3개월 동안 일어난다.

라) 체형과 체중이 자아 평가에 과도한 영향 줌

마) 이 장애가 신경성 식욕부진증의 삽화 동안에만 발생되지 않는다.

(1) 비밀로 함→가족들조차 몇 년이고 모를 수 있음→폭식의 명백한 증거(냉장고를 싹 비운다든지)를 남겨 놓기도 함→고통이 너무 심해서 일부러 들켰으면 하는 마음이 크기 때문임

(2) 반복적인 구토는 치아의 법랑질을 영구적으로 손상 + 손가락을 넣어 구토를 하는 경우 치아로 인해 손등에 흉터가 생기기도 함

(3) 성격 특징은 충동적 + 대인관계에서 예민 + 자존감 낮음

(4) 실패감에 의한 부정적 감정상태(Ex. 우울, 불안, 긴장감, 절망감, 외로움, 지루함 등)→음식이라는 외적인 자극에 민감해짐. 대인관계문제→폭식행동의 심각성과 중요하게 관련

(5) 폭식증 환자의 가족들은 가족 서로 간에 의사소통 문제 + 적대감을 보임 + 가족 간의 경계가 명확한 편 + 가족 서로 간에 불일치가 생겨도 회피를 덜하는 것으로 여겨짐

2) 역학

가) 신경성 폭식증 환자의 90%가 여성 → 생물학적인 이유보다 문화적인 압력의 결과라고 알려져 있음

나) 신경성 폭식증과 더불어 섭식장애의 유병률은 패션모델이나 무용가, 여배우, 운동선수같이 날씬함을 강조하는 특정 집단에서 올라감

다) 후기 청소년기나 초기 성인기에 발병→폭식은 다이어트를 할 동안이나 그 후에 시작되는 경우가 빈번함

라) DSM-5(2013)에서는 젊은 여성의 유병율을 1%~1.5%로 봄

마) 남녀비 10:1로 여성이 유의하게 높다고 보고

3) 원인

가) 정신분석적 이론

(1) 불만족스러운 대인관계에서의 갈등→음식에 대한 갈등으로 대치

(2) 폭식→상징적으로 사람들을 파괴 + 통합시키려 함. 중요한 사람인 부모에 대한 무의식적 분노와 공격성→음식으로 대치되어 음식을 파괴하는 것

(3) 대상관계 이론: 어린 시절 부모와의 분리에 심한 어려움 경험한 것으로 봄

(4) 엄마로부터 심리적으로 분리되는 것을 도와주는 담요나 인형과 같은 전이대상을 갖지 못함→대신 신체 자체를 전이대상으로 사용함→음식을 섭취하는 것은 엄마와 합일되고 싶은 소망→음식을 토해내는 것은 엄마와 분리하려는 노력

(5) 신경성 폭식증환자의 가족에서는 관계 맺음보다는 공공연한 갈등, 정서의 잘못된 의사소통, 분노와 적대감의 간접적 표현이 전형적으로 나타남

(6) 폭식증을 보이는 사람들은 종종 어떤 사람들과 관계를 맺으면서 생겨나는 스

트레스에 의해 폭식행동이 촉발된다고 가장 흔한 대상은 어머니, 그 밖에 남자 친구, 아버지, 자매 등과의 관계

(7) 정신역동적 입장에서 폭식증 환자들은 사람의 세계에서 음식의 세계로 퇴각 → 치료목표는 음식에 대한 관심을 최소화하고 진정한 관계를 맺도록 하는 것

　(가) 여러 가지 내적인 측면들을 자유롭게 경험 → 표현적-지지적 정신역동치료가 도움이 됨

　(나) 치료의 초기 목표는 환자가 불안을 회피하지 않고 직면하게 하는 것: 무엇 때문에 스트레스를 받는지 제대로 알게 함

　(다) 폭식증 환자 치료과정에서 불가피하게 전이/역전이 문제가 나타남: 치료자는 환자에게 음식을 매개로 전지전능한 사람이 되고 싶은 유혹도 있고, 환자의 폭식적인 행동이 참기 어려워서 쉽게 비판적인 입장이 되기도 함. 때로는 치료가 가장 잘 되었다고 생각될 때가 환자가 가장 방어적일 때일 수도 있음

　(라) 치료자와 환자간의 단절의 시간: 폭식증 환자들은 자신들이 말하는 내용과 거리를 두며 여러 가지 감정이나 일들에 대해 말하는 능력이 있음. 이런 경우 환자의 혼란함 속에서 무슨 일이 일어나고 있는지를 물어봄

나) 인지행동주의적 이론

(1) 체중/체형에 관한 엄격하고 비현실적인 신념에 의해 생기는 장애

　(가) 체중에 대한 기대: 체중과 체형에 대한 비현실적 기대

　(나) 체중/체형의 의미: 가령 자기가치감과 같은 바람직한 결과를 얻기 위해서는 이상적인 몸무게와 체형을 유지하는 것이 필요하다는 신념을 가지는 것

　(다) 음식/섭식 패턴: 음식과 소화체계 그리고 체중에 미치는 영향에 대한 부정확한 신념을 가지는 것

(2) 역기능적 신념들로 인해 자신의 체중/체형에 대한 불만족이 생겨나며 체중/체형을 바꾸려는 의도로 엄격하고 제한적인 섭식 패턴을 만들게 됨. 이는 심리적인 박탈감을 유발함. 박탈감의 결과로써 음식에 대한 집중, 폭식에 대한 통제 상실 가능성이 커져서 폭식 행동을 하게 됨

(3) 폭식 행동의 뒤에는 체중 증가에 대한 불안과 자기비난감이 뒤따르게 되며 폭식증 환자들은 폭식으로 인해 섭취된 칼로리를 보상하고, 체중증가의 불안감을 감소하고, 자기통제감을 되찾기 위해 먹은 것을 배출하게 됨

(4) 자기통제감의 부족, 실패한 느낌, 그리고 스스로 정한 다이어트 규칙을 어긴 것에 대한 분노는 낮은 자기가치감의 신념을 강화하고 이상적인 체중/체형을 통해 통제감, 자존감, 인정을 얻고자 하는 바람을 강화 – 하제행동 이후에는 식사 억제와 엄격한 규칙에 또 다시 집착하는 결과를 낳음

(5) 이러한 싸이클이 반복되며 수치심, 죄책감에 빠지게 하여 더욱 자존감을 낮추

는 결과를 가지고 옴

(6) 치료시 우선 음식을 먹되 토하는 등의 배출행위를 금지함. 이로써 토하지 않아도 불안이 사라진다는 것을 배우게 됨

(7) 인지적 재구성을 통해 음식과 체중에 대한 비합리적인 신념과 태도를 확인하고 도전하도록 가르침

(8) 신체상(Body Image)을 변화시키는 치료로서 자기 신체의 불만족에 관한 정보를 제공하는 동시에 심상을 통한 신체상 둔감화나 자신의 몸에 대한 긍정적 평가기법 등을 사용할 수 있음

(9) 영양 상담을 통해 건강하고 균형적인 섭식 행동을 유도하거나 신체의 에너지 요구량과 같은 영양학적 정보를 제공

다) 생물학적 이론

(1) 자동중독 모형 – 내생성 아편(Endogenous Opioids)

(가) 섭식 장애 환자들이 부정적인 결과를 가져오는데도 폭식과 심한 운동과 절식을 유지하는 것→ 행동 중독적인 측면 때문

(나) 약물의 남용 + 신경성 폭식증이 서로 연관되어 있음→이는 내생성 아편에 의하여 매개되는 것으로 밝혀짐

(다) 섭식 장애와 관련된 활동들이 내생성 아편 수준이 증가→도취감에 의하여 중독적 행동이 일어날 수 있다는 것을 시사

(2) 세로토닌(Serotonin)

(가) 세로토닌은 배고픔과 배부름의 조절과 관련→ 세로토닌의 감소가 신경성 폭식증을 가져온다는 가설이 제기되고 있음

4) 치료

가) 영양 상담

나) 정신 치료

다) 신체상을 개선 + 스스로의 감정을 이해 + 음식과 관련된 강박행동들을 수정 + 건강한 섭식 행동을 갖도록 유도

라) 심리 상담

마) 항우울제 등의 약물 치료

다. 이식증(Pica)

1) 임상적 특성과 역학

가) 지난 한달 동안 영양이 없거나 음식이 아닌 물질을 지속적으로 섭취함

나) 개인의 발달 수준에서 부적절하게 영양가 없는 음식이나 음식이 아닌 물질을 지속적으로 섭취함

다) DSM-5에서 현재 역학은 불명확한 것으로 보고

2) 원인

가) 구강자극 추구

    (1) 발달 장애 아동의 감각통합의 실패와 연관하여 미각의 자극 처리의 실패가 한 요인으로 고려됨

나) 영양부족

    (1) 미네랄, 아연과 칼슘, 철분 부족 등이 부족하여 그것을 섭취하기 위한 행동 고려됨

3) 치료

가) 정신사회적 스트레스의 완화와 관련된 심리, 가족 치료

나) 혐오치료를 통한 행동치료

라. 반추장애(Rumination Disorder)

1) 임상적 특성과 역학

가) 지난 1개월 동안 음식의 만족적인 역류와 되씹기 행동이 있음

나) 의학적인 질병이 요인이 아님

다) 역학적으로는 아직 연구 중

2) 원인

가) 기질적인 요인 + 환경적인 요인

나) 자극의 부족 or 방임을 비롯한 불만족스러운 모아 관계 or 부모의 심한 스트레스 →반추 행동

다) 보살핌을 받을 수 없음 or 어머니로부터 긴장을 해소하는 반응을 얻지 못하는 상황→영아 자기자극, 자기위안, 긴장해소의 방법으로 반추→영아는 어느 정도 역류에 대한 수의적인 통제를 얻는 것으로 보임→이 생리적 반응을 즐거운 자기자극으로 만드는 것으로 생각됨

라) 우울증, 불안장애, 성격장애, 약물남용, 정신분열병 등이 보고되기도 하지만 어머니의 특성으로 발견되는 특이한 정신병리는 없는 것으로 생각 됨

마) 반추행동에 의해 특별한 관심→반추를 계속하게 되는 일종의 학습된 행동으로 봄

3) 치료

가) 신체적 구조 이상→역류 방지 수술

나) 부적인 강화(아이를 꾸짖고 2분 동안 내려놓기) + 반추하지 않는데 대한 보상(씻기고 함께 놀아주기와 같은 부모의 관심과 사회적 상호작용)을 함께 적용

다) Whitehead등은 반추의 행동 원인을

    (1) 역류에 대한 증가된 관심을 통해 학습된 보상→Time-out을 통한 처벌

    (2) 사회적 박탈→식사 전후와 식사 중에 10~15분 동안 아이를 안아주는 것

라) Richmond와 Eddy는 반추가 모아 관계의 장애로부터 비롯된다는 전제→정신역동적 치료 제안

마) 반추 영아의 어머니가 자신의 개인적인 문제들로 인해 영아와의 관계에서 적절

하게 반응하지 못하는 경우 어머니에 대한 정신치료와 양육을 향상시킬 수 있는
환경 변화가 도움
- 바) 일시적인 입원 + 부모에 대한 격려와 지지, 교육이 불안과 회피를 감소시키고
섭식 과정에서 부모의 편안함을 되찾아 주도록 함

마. 회피적/제한적 음식섭취 장애(Avoidant/Restrictive Food Intake Disorder)

1) 임상적 특성과 역학
- 가) 음식을 먹는 것을 피하거나 제한하는 것과 관련된 섭식의 문제
- 나) 유의한 수준의 체중 감소
- 다) 심각한 수준의 영양결핍
- 라) 사회심리적 기능의 심각한 손상
- 마) 성인보다는 아동에게 많음

2) 원인
- 가) 발달 초기 음식에 대한 적절하며 충분한 관리의 실패 가능성이 청소년기까지
유지됨
- 나) 영유아기의 부모/자녀 관계의 문제
- 다) 아동기 학대나 부모의 심리 정서적 문제

3) 치료
- 가) 급식 및 섭식 장애 치료에 준하는 치료적 접근

바. 폭식장애(Binge-eating Disorder)

1) 임상적 특성과 역학
- 가) 반복적인 폭식행동을 함
- 나) 폭식행동의 진단 기준 2의 5가지 중 3개 이상 관련
- 다) 폭식행동에 대해 뚜렷한 고통을 느낌
- 라) 폭식 행동이 평균적으로 1주일에 1회 이상 3개월 동안 나타남
- 마) 부적절한 보상행동 없는 경우
- 바) 충동적인 폭식행동을 하고 하제를 사용하거나 굶는 행동과 같은 보상행동이 나
타나면→신경성 폭식증으로 진단→아닌 경우 폭식장애

2) 원인
- 가) 생리적 요인-세로토닌 기능 저하, 포만감 장애, 음식중독 가능성
- 나) 심리적 요인-정서적 고통→폭식이 위안을 줌

3) 치료
- 가) 급식 및 섭식 장애 치료에 준하는 치료적 접근
- 나) 약물, 인지행동, 대인관계 심리치료, 집단치료가 효과적

문제

1. 신경성 식욕부진증 환자에게 치료자에게 저항이 생기는 이유에 해당하는 것은?

　가. 치료자와 동맹이 어렵기 때문에 저항이 생긴다.

　나. 치료자를 다이어트를 중단시키고 살이 찌도록 만드는 위협적인 인물로 생각하기 때문이다.

　다. 그냥 치료자를 싫어하는 심리적 구조를 가진다.

　라. 음식에 대한 저항이 치료자에게 투사된다.

2. 배고픔과 배부름의 조절과 연관된 신경전달물질은?

　가. 세로토닌　　　　　　　　　나. 아드레날린

　다. 옥시토신　　　　　　　　　라. 도파민

3. 전혀 영양가 없는 물질을 계속적으로 먹거나 먹으려는 장애를 무엇이라고 하는가?

　가. 조현병　　　　　　　　　　나. 우울증

　다. 이식증　　　　　　　　　　라. 섭식증

4. 신경성 식욕부진증의 정신역동적 치료에 대한 설명으로 틀린 것은?

　가. 치료자는 살이 찌도록 만드는 위협적 인물로 지각될 수 있다.

　나. 환자의 저항을 다루는 것이 중요하다.

　다. 섭식 문제 기저의 정서적 문제를 이해해야 한다.

　라. 치료자는 중립적이고 수동적인 자세를 취해야 한다.

5. 반복적인 폭식 삽화와 부적절한 보상행동을 주요 증상으로 하는 정신장애는?

　가. 신경성 식욕부진증(Anorexia Nervosa)

　나. 신경성 폭식증(Bulimia Nervosa)

　다. 급식 장애(Feeding Disorder)

　라. 경계선 성격장애(Borderline Personality Disorder)

[1. 해설] ④
신경성 식욕부진증 환자는 치료자를 자신의 다이어트를 방해하는 위험한 인물로 여기기 때문에 저항을 하게 된다.

[2. 해설] ㉮
배고픔과 배부름의 조절에 관련된 신경전달물질은 세로토닌이다.

[3. 해설] ④
이식증은 영양가 없는 물질을 먹는 섭식장애이다.

[4. 해설] ㉣
신경성 식욕부진증 환자를 치료할 때, 중립적이고 수동적인 자세보다 치료자가 환자의 어려움을 잘 공감하고 보다 적극적으로 버텨주는 역할을 해야 한다. 또한 질문과 해석은 위협적으로 느낀다.

[5. 해설] ④
신경성 폭식증의 주요 증상이다.

14 수면 각성 장애

가. 불면장애(Insomnia Disorder)

1) 임상적 특성
   가) 수면의 양과 질에 현저한 불만족을 나타냄. 다음 중 1개 이상
      (1) 잠들기 어려움
      (2) 잠 지속시키기 어려움
      (3) 아침 일찍 깨고 다시 잠들기 어려움
      (4) 증상이 일주일에 3일 이상, 3개월 이상

2) 역학
   가) 수면 장애 중 가장 유병률이 높음
   나) 일반인구의 6~10%
   다) 남〈여(1:44)
   라) 독립적인 진단이 가능→다른 의학적 상태나 정신 장애와 동반하여 나타남

3) 원인
   가) 행동주의적 입장: 자극통제모형
      (1) 침대 또는 침실이 많은 잠재적인 반응들(e.g. 수면 도중 깨는 것, 불면에 대한 불안 등)과 조건형성 될 때, 불면증이 발생
   나) 인지행동적 입장: 3요인 모형
      (1) 취약성 요인: 불면증에 취약한 개인의 성격적 특징→ 높은 각성수준
      (2) 촉발요인: 처음으로 불면증을 일으키는 스트레스 사건. 이별, 사별 등의 개인적 상실경험과 관련된 스트레스 사건이 관련성 높음
      (3) 지속요인: 일시적 불면증을 만성불면증으로 발전시키는데 기여하는 주요 요인. 부적응적인 수면습관, 불면에 대한 걱정과 두려움 등이 속함
   다) 생물학적 입장-과잉각성 모형
      (1) 잠자는 동안 상당히 증가된 심리적 활성화를 나타냄
      (2) 불면증 환자는 24시간 내내 신진대사 비율이 증가된 상태→과잉각성 상태불면증의 중요한 지속요인이라 결론

4) 치료
   가) 약물치료
      (1) 벤조디아제핀계 수면제(Benzodiazepines)가 사용됨. 벤조디아제핀계 수면제는 항불안제, 불안완화제, 진정제 등으로 불림
      (2) 단기적으로는 상당한 효과를 가져옴→수면제는 부작용이 많은 편임. 수면제 의존이 일어나기 쉬워 약을 끊기가 쉽지 않음→정상적인 수면단계에 변화→수면의 질을 저하→낮 동안에도 수면제의 약효가 지속→주간활동에 지

장을 초래
나) 행동치료
　(1) 부적응적인 수면습관을 수정 or 불면증 환자들의 만성적으로 높은 각성수준을
　　낮춰주기 위한 긴장이완 훈련을 실시
다) 인지치료
　(1) 수면을 방해하는 부정적인 신념 or 생각→긍정적인 것으로 대체 수면위생교
　　육 실시

나. 과다수면장애(Hypersomnolence Disorder)

1) 임상적 특성
　가) 적어도 본수면 시간이 7시간 임에도 과도한 졸음에 대한 자기보고. 다음 중 1개
　　이상
　(1) 같은 날 잠이나 낮잠이 잠으로 반복되는 주기
　(2) 하루에 본수면 시간이 9시간 이상인 기간이 오래되고 고치기 어려움
　(3) 갑작스럽게 깨어난 이후 충분히 각성상태에 이르지 못함
　(4) 증상이 일주일에 3일 이상, 3개월 이상

2) 역학
　가) 낮에 졸음을 호소하면서 병원을 방문하는 사람의 5~10%
　나) 유럽과 미국 일반인구의 1%
　다) 남여 유병률은 비슷함

다. 수면 발작증(Narcolepsy)

1) 임상적 특성
　가) 억제할 수 없이 잠이 필요하거나 잠에 빠지게 되거나 낮잠에 빠지게 됨
　나) 탈력발작 삽화가 한 달에 몇 번 있음
　다) 증상이 일주일에 3일 이상, 3개월 이상

2) 역학
　가) 일반인구의 0.02~0.04%
　나) 남자가 미세하게 조금 더 많음

3) 원인
　가) 2역치 다중 요인 모델: 유전적 요인 + 환경적 스트레스 = 수면 발작 초래

4) 치료
　가) 각성수준을 증가하는 약물치료: Methyphenidate, Amphetamine, Pemoline
　나) 삼환계 항우울제(탈력발작, 수면마비, 환각증세)
　다) 규칙적인 수면: 각성패턴의 조성, 짧은 낮잠
　라) 자신의 상태를 수용 + 수면 장애에 대한 불안을 극복하고 현실문제에 대처

라. 호흡관련 수면장애(Breathing-related Sleep Disorders)

1) 임상적 특성

가) 수면 중의 호흡장애로 인하여 과도한 졸음 or 불면증이 유발→호흡장애로 인해 수면 중 규칙적인 호흡이 어렵거나 한동안 호흡이 멈춰지는 현상→잠에서 깨게 되는 수면장애

나) 주된 증상은 과도한 졸음

다) 유형

(1) 폐색성 수면 무호흡증 및 호흡저하증: 수면 도중 기도가 막혀 5번 이상의 무호흡증이나 호흡저하증이 반복적으로 나타나는 경우

(2) 중추성 수면 무호흡증: 기도의 막힘은 없으나 신경학적 질환이나 심장질환으로 수면중 5번 이상 호흡정지가 나타나는 경우

(3) 수면관련 환기저하증: 수면 중에 호흡기능이 저하되면서 동맥의 이산화탄소 수준이 증가하는 경우

2) 역학

가) 성인 인구의 1~10%로 추정

나) 남 〉 여

3) 치료

가) 비만이나 기도 구조 이상일 경우 그에 대한 치료

나) 충분한 수면, 흡연, 알코올 섭취, 약물 복용을 감소, 반듯한 수면자세

마. 일주기 리듬 수면-각성 장애(Circadian Rhythm Sleep-wake Disorder)

1) 임상적 특성

가) 수면주기의 변화로 인해 수면 패턴의 혼란

나) 과도한 졸음이나 불면 또는 이 두 가지가 같이 나타남

다) 유형: 지연된 수면 단계형, 조기 수면 단계형, 교대근무형, 불규칙한 수면-각성형, 24시간 수면-각성형

2) 역학

(1) 지연된 수면 단계형은 일반인구의 0.17%, 청소년의 7%

3) 치료

가) 지연된 수면 단계형: 조금씩 앞당기는 수면 계획

나) 교대근무형: 근무 끝나는 아침보다는 정오에 잠을 자기 시작

다) 광노출치료: 2~3일간 7,000~12,000Lux의 밝은 빛에 노출하여 수면 단계에 변화

바. 수면이상증(Parasomnias)

1) 임상적 특성

가) 수면상태에서 일어나는 비정상적인 행동이나 경험

나) 숙면을 방해→낮 시간 동안 졸리거나 피곤함을 느끼는 등 일상생활에 어려움을 초래함

2) 종류

가) 비REM 수면각성 장애

(1) 수면 시간의 첫 1/3에 수면에서 불완전하게 깨어나는 경험을 반복적으로 함

(2) 수면 중 보행형: 잠자리에 일어나 걸어다니는 일이 반복되는 경우

(3) 수면 중 경악형: 자율신경계 흥분(심박수, 호흡수 증가, 진땀)과 공포로 잠을 깸

나) 악몽장애

(1) 수면 중 안전, 자존감에 위협과 같은 여러 가지 꿈을 꾸며 잠에서 깨는 일이 반복

(2) 악몽은 주로 밤의 후반기에 발생

다) REM 수면각성 장애

(1) 수면 중 소리를 내거나 옆 사람을 다치게 할 수 있는 복잡한 동작을 반복적으로 나타냄

(2) REM수면 단계, 수면이 시작된 후 90분 이후 자주 나타나며 후반부에 더 흔함

라) 초조성 다리 증후군

(1) 수면 중 다리의 불쾌한 감각 때문에 다리를 움직이고 싶은 충동을 느끼는 경우

3) 역학

가) 비REM 수면각성 장애

(1) 10~30%의 아동에서 수면 중 보행 삽화가 한번 있고 2-3%는 수면 중 보행 삽화가 자주 있음

(2) 성인의 수면 중 보행의 평생 유병률은 29.2%

(3) 수면 중 경악형은 18개월의 아동의 36.9%, 30개월 아동의 19.7%, 성인의 2.2%

나) 악몽장애

(1) 아동기에서 청소년기로 갈수록 늘어남(1.3%→3.9%)

(2) 10세에서 13세까지 남성, 여성 모두 유병률이 늘어나지만 20~29세까지 지속되는 것은 여자가 더 많음

(3) 유병률은 나이가 들수록 남, 여 모두 감소, 하지만 여전히 성차는 존재

(4) 최소한 1달에 한번 악몽을 꾸는 성인의 유병률은 6%, 자주 악몽을 경험하는 성인의 유병률은 1~2%

다) REM 수면각성 장애

(1) 일반인구의 0.38~0.5%

라) 초조성 다리 증후군

심리학개론

이상심리학

심리검사

임상심리학

심리상담

   (1) 일주일에 3번 이상 중등도 또는 심하게 경험하는 유병률은 1.6%, 일주일에
    한번 정도 약한 정도로 경험하는 사람의 유병률은 4.5%

   (2) 남〈여

 4) 치료

  가) 비REM 수면각성 장애

   (1) 수면중 보행형: Benzodiazepine과 같은 항불안제가 효과적, 이완치료나 최면
    사용

   (2) 수면중 경악형: 청소년까지 지속될 경우 심리적 원인의 탐색과 해결, 항불안
    제나 항우울제 투여

  나) 초조성 다리 증후군

   (1) 도파민 또는 철분 투여 시 증상이 호전

문제

[1. 해설] ㉰
과다 수면 장애는 갑작스럽
게 깨어난 이후 충분한 각성
상태에 이르지 못한다.

1. 과다수면장애의 증상에 해당하지 않는 것은?

 가. 같은 날 잠이나 낮잠이 잠으로 반복되는 주기를 갖는다.

 나. 하루에 본수면 시간이 9시간 이상인 기간이 오래되고 고치기 어려움

 다. 갑작스럽게 깨어난 이후 충분하게 각성 상태에 이른다.

 라. 증상이 일주일에 3일 이상, 3개월 이상

[2. 해설] ㉯
수면 중에 잠자리에서 일어
나서 걸어다니는 일이 반복
되는 경우를 보행형으로 분
류한다.

2. 비REM 수면각성 장애의 증상 중 맞는 것은?

 가. 수면 시간의 첫 1/2에 수면에서 불완전하게 깨어나는 경험을 반복적으로 함

 나. 보행형은 잠자리에서 일어나 걸어다니는 일이 반복되는 경우에 해당한다.

 다. 경악형은 운동 신경계 흥분과 공포로 잠을 깬다.

 라. 악몽을 꾸는 것을 주 증상으로 한다.

[3. 해설] ㉰
악몽장애는 나이가 먹을수
록 유병률이 줄어든다.

3. 악몽장애의 특징이 아닌 것은?

 가. 아동기에서 청소년기로 갈수록 늘어남(1.3%→3.9%)

 나. 10세에서 13세까지 남성, 여성 모두 유병률이 늘어나지만 20~29세까지 지
  속되는 것은 여자가 더 많음

 다. 유병률은 나이가 들수록 남, 여 모두 증가한다.

 라. 최소한 1달에 한번 악몽을 꾸는 성인의 유병률은 6%, 자주 악몽을 경험하는
  성인의 유병률은 1~2%에 해당한다.

4. 수면 장애 가운데 환경이 요구하는 수면-각성 주기와 개인의 일주기 수면 – 각성 패턴의 부조화로 인한 과도한 졸음 또는 불면을 일으키는 장애는?

　가. 과다수면증　　　　　　　　나. 수면발작증
　다. 호흡관련 수면 장애　　　　　라. 일주기 리듬 수면 장애

5. 수면을 시작하고 유지가 어렵거나 잠을 자도 회복되지 않는 수면을 주로 호소하는 장애는?

　가. 불면증　　　　　　　　　　나. 과다수면증
　다. 수면발작증　　　　　　　　라. 호흡관련 수면 장애

심리학개론

이상심리학

심리검사

임상심리학

심리상담

15 물질 관련 및 중독장애

(Substance-Related and Addictive Disorders)

가. 개관

* 물질사용장애의 진단기준과 임상양상
  - 물질 의존(Substance Dependence)
    √ 물질 사용에 관련된 중대한 문제가 있음에도 불구하고 물질을 지속적으로 사용하고 있음을 나타내는 인지적, 행동적, 신체적 증상군
    √ 내성
  - 중독이나 원하는 효과를 얻기 위해 매우 많은 양의 물질이 요구된다.
  - 동일한 양의 물질을 계속 사용할 경우 그 효과가 현저히 감소함
    Ex) 아편류나 각성제는 심한 내성(Ex. 10배) / 펜사이클리딘은 내성이 생기는지 불확실
    √ 금단: 다음 중 하나로 나타난다.
  - 물질에 특징적인 금단 증후군
  - 지속적으로 과다하게 물질을 사용해 온 개인의 혈액이나 조직 내에서 그 물질의 농도가 저하 → 부적응적인 행동적 변화로, 생리적, 인지적 기능장해를 동반함
  - 증상을 완화하거나 피하기 위해 동일(혹은 유사)물질을 사용함
  - 금단 증상은 물질이 주는 급성 효과에 반대되는 것으로 물질의 종류에 따라 다양하며 따라서 각기 구별되는 기준이 세워져 있음
    Ex) 알코올이나 아편류 등에서는 쉽게 측정되는 뚜렷한 금단의 생리적 징후
        → 코카인과 같은 각성제와 니코틴에서는 금단 증상과 징후가 덜 현저함
  - 의도한 것보다 훨씬 많은 양이나 훨씬 오랫동안 물질을 사용함
  - 물질 사용을 중단하거나 조절하려고 계속 노력하지만 뜻대로 되지 않는다.
  - 물질을 구하거나, 사용하거나, 효과에서 벗어나기 위해 많은 시간을 보낸다.
  - 이로 인해 중요한 사회적, 직업적 활동 및 여가 활동을 포기하거나 줄인다.
  - 물질 사용으로 인해 지속적 혹은 반복적인 신체적, 정신적 문제가 생긴다는 것을 알면서도 계속 물질을 사용함
    (Ex. 알코올로 인해 궤양이 악화된다는 것을 알면서도 계속 음주를 함)

* 물질 남용(Substance Abuse)
  √ 내성, 금단, 강박적인 물질 사용의 특징을 포함하지 않음
  √ 반복적인 물질 사용으로 인한 해로운 결과
  √ 다음에 열거한 항목 가운데 1개 이상으로 지난 12개월 동안에 나타난다.
  (1) 반복적인 물질 사용으로 직장, 학교, 가정에서의 중요한 임무를 수행하지 못함
      (Ex. 물질 사용과 관련되어 결석하거나 정학, 퇴학을 당함 등)

(2) 신체적으로 해를 주는 상황에서 반복적으로 물질을 사용함

    (Ex. 물질 사용으로 인해 장해가 초래된 상황에서 차를 운전하거나 기계를 조작함)

(3) 반복적으로 물질 사용과 관련된 법적 문제를 일으킨다.

    (Ex. 물질 사용과 관련된 탈선 행동으로 체포된 경험이 있다)

(4) 물질의 효과로 인해 사회적 문제나 대인 관계 문제가 지속적 또는 반복적으로 야기되거나 악화됨에도 불구하고 계속 물질을 사용함

    (Ex. 중독의 결과에 대한 배우자와의 논쟁, 몸싸움)

나. 알코올 관련 장애(Alcohol-related Disorders)

1) 알코올 사용장애(Alcohol Use Disorder)

가) 알코올은 담배와 더불어 정신 활성 물질 중에서 가장 흔히 사용되고 남용

나) 뇌 중추 억제제로서 심혈관 질환과 암에 이어 3번째로 심각한 공중 보건학적 문제로 부각

다) ICD-10에 의하면 알코올 복용으로 생긴 정신 및 행태장애는 정신활성물질의 복용으로 생긴 정신 및 행태장애 중에서 가장 흔하며, 해로운 복용, 의존 증후군, 급성중독, 금단상태, 섬망이 있는 금단 상태, 정신병적 장애, 건망 증후군, 잔류성 및 만발성 정신병적 장애, 기타 정신 및 행태 장애, 그리고 비특이적 정신 및 행태 장애 등 10가지로 분류하고 있다.

라) DSM-5에서는 아래 11개의 진단기준중 2개 이상에 해당→알코올 사용장애로 진단

마) 이러한 11개 진단기준은 알코올뿐만 아니라 다른 물질의 경우에도 마찬가지로 해당된다. 특정한 물질의 과도한 사용이 11개의 기준 중 2개 이상에 해당되면 그 물질의 사용장애로 진단된다.

2) 임상적 특성

가) 알코올 의존(Acohol Dependence)

(1) 알코올에 대한 생리적 의존으로 인해, 내성의 증거와 금단 증상이 나타남

(2) 알코올 금단은 장기간 동안 많은 양의 음주를 하다가 양을 경감하고 12시간 이상이 경과한 후 금단 증상이 나타나는 것이 특징임

(3) 알코올 금단이 불쾌하고 강렬하기 때문에 알코올 의존 상태에 있는 개인들은 흔히 금단 증상을 피하거나 없애기 위해 (우울증이나 일시적 기억 상실증 등의 해로운 심리적, 신체적 결과가 초래됨에도 불구하고) 알코올을 지속적으로 섭취

(4) 강박적으로 알코올을 사용하는 양상이 형성되면, 알코올을 구하고 섭취하기 위해 상당한 시간을 할애하게 된다.

나) 알코올 남용

(1) 의존보다 적은 증상을 요구하는 알코올 남용은 의존보다 덜 심각→의존이 나타나지 않는 경우에만 진단된다.

(2) 급성 중독이나 음주 후→학업과 직무 수행에 장해＋자녀 양육이나 가사 책임을 태만＋알코올과 관련하여 결석이나 결근을 할 수 있다.

(3) 신체적으로 유해한 환경에서 알코올을 사용할 있음＋알코올 사용으로 인해 법적 문제가 발생될 수 있다.

(4) 지속적인 알코올 섭취로 인해 심각한 사회적 문제나 대인관계문제가 일어난다는 것을 알고 있음에도 불구하고 알코올을 계속해서 소비함

다) 알코올 중독(Alcohol Intoxication)

　A. 최근의 알코올 섭취

　B. 알코올을 섭취하는 동안 또는 그 직후에 임상적으로 심각한 부적응적인 행동 변화 및 심리적인 변화가 발생함(Ex. 부적절한 성적, 공격적 행동, 정서 불안정, 판단력 장해, 사회적, 직업적 기능 손상)

　C. 알코올 사용 중 또는 그 직후에 다음의 징후 중 1개 이상이 나타난다.

　　(1) 불분명한 말투(Slurred Speech)　　(2) 운동 조정 장해(Incoordination)

　　(3) 불안정한 보행(Unsteady Gait)　　(4) 안구 진탕(Nystagmus)

　　(5) 집중력 및 기억력 손상　　　　　　(6) 혼미 또는 혼수

　D. 증상이 일반적인 의학적 상태로 인한 것이 아니며, 다른 정신 장애에 의해 잘 설명되지 않는다.

라) 알코올 금단

　A. 심하게 지속적으로 사용하던 알코올의 중단(또는 감소)

　B. 진단 기준 A 이후, 몇 시간 또는 며칠 이내에 다음 항목 가운데 2개(또는 그 이상)가 나타난다.

　　(1) 자율신경계 기능 항진(발한, 또는 맥박수가 100회 이상 증가)

　　(2) 손 떨림 증가　　(3) 불면증　　(4) 오심 및 구토

　　(5) 일시적인 환시, 환청, 환촉, 또는 착각

　　(6) 정신운동성 초조증(Psychomotor Agitation)　(7) 불안　(8) 대발작

　C. 진단 기준 B의 증상이 사회적, 직업적, 또는 다른 중요한 기능 영역에서 임상적으로 심각한 고통이나 장해를 일으킨다.

　D. 증상이 일반적인 의학적 상태로 인한 것이 아니며, 다른 정신 장애에 의해 잘 설명되지 않는다.

마) DSM-5에 제시된 알코올 사용장애의 11개 진단기준은 DSM-IV의 알코올 의존과 알코올 남용을 모두 통합

바) 그동안 여러 연구에서 알코올 의존과 알코올 남용의 상관이 매우 높음→하나의 진단범주로 통합할 필요성→DSM-5에서는 이러한 연구결과를 수용하여 알코올 의존과 알코올 남용을 알코올 사용장애로 통합→심각도를 세 등급으로 구분하고 있다.

사) DSM-5에서는 11개의 진단기준 중 2개 이상에 해당하면 알코올 사용장애로 진단되는데, 진단기준의 2, 3개에 해당하면 경도 4, 5개에 해당되면 중등도, 6개

이상에 해당하면 중중도로 심각도를 세분하여 진단

3) 역학

가) 미국: 알코올 의존의 평생유병률 8~15%/알코올 남용의 평생유병률 5~10%

나) 한국남성의 경우

    (1) 알코올 의존의 평생유병률 12%/알코올 남용의 평생유병률 13%

    (2) 한국 남성의 $\frac{1}{4}$이 일생 중 한 번 이상 알코올 사용장애를 보임

다) 연령

    (1) 20~34세 사이에 음주비율이 높음

    (2) 알코올 의존은 40세 이상에서 높고 나이에 따라 유병률 증가함

라) 성차

    (1) 남성이 5배 정도 더 흔함

    (2) 여성은 남성에 비해 인생의 후반기에 과도한 음주를 시작하나, 일단 발생하면 매우 급속도로 진행

마) 알코올에 수반되는 문제들

    (가) 사고, 폭력, 자살과의 관련성이 높음

       ① 음주운전은 교통사고의 30%, 남자살인자의 42%, 강간범죄의 76%가 음주 상태

       ② 자제력의 약화, 흥분감 유발로 자살시도 많음

    (나) 직업관련 장해의 유발

       ① 결근, 직업관련 사고, 고용생산성 저하

    (다) 공병하는 장애: 기분장애, 불안장애, 정신분열증, 품행장애 등

    (라) 신체적 질병 유발

       ① 중추신경계의 손상으로 주의력, 기억력, 판단력 등 손상

       ② 코르사코프 증후군: 새로운 기억이 저장되지 않는 심한 기억상실증

       ③ 태아 알코올 증후군: 산모의 과도한 음주로 인해 신생아의 체중미달, 발육 부진, 신체적 기형, 정신지체 등을 초래함

       ④ 내장, 심장혈관, 간 등의 손상: 7.5% 지방간, 27.5% 알콜성 간염, 위염, 위궤양, 십이지장궤양, 위암, 내장의 암 등

4) 원인

가) 생물학적 원인론

    (1) 유전

       (가) 남성 알코올 의존자의 아들은 25%가 알코올 의존을 겪음

       (나) 알코올 중독자가 아닌 사람의 아들보다 알코올 문제를 발현시킬 가능성이 2~4배

       (다) 병원에 입원한 알코올 의존자의 친척 중 80% 이상이 알코올 문제

       (라) 쌍둥이 연구에서도 일란성 쌍둥이가 알코올 장애의 공병률이 훨씬 높음

    (2) 제1형 알코올 의존

(가) 늦게 증상이 발달하며, 신체적 문제는 발생할 확률이 높지만, 반사회적 사회적 직업적 문제는 적음(유전적일 확률이 일반인의 2배)

(3) 제 2형 알코올 의존 - 남자에게만 나타나고 증상이 일찍 발생하며, 반사회적 행동을 비롯하여 사회적 문제를 많이 야기하는 반면 알코올로 인한 신체적 문제는 오히려 적음(유전일 확률이 일반인의 9배)

→ 제 2형 알코올 의존의 경우는 유전의 영향이 매우 크다.

나) 사회문화적 원인

(1) 가족

(가) 긍정적인 부모 - 자녀 간의 유대는 물질 남용의 위험을 감소시키는 반면 부모 - 청소년 간의 심각한 갈등과 가족적 유대의 결핍은 물질 남용의 위험을 높임

(2) 사회문화적 분위기

(가) 또래집단이 음주에 미치는 영향 '친구들과 어울리기 위해서'

(나) 우리나라: 호주가에 대한 긍정적 평가, 배출통로의 제한, 과음으로 인한 실수, 폭행에 너그러운 문화

다) 심리적 원인

(1) 정신분석적 입장

(가) 구강기 고착된 성격: 의존적 + 피학적이며 위장된 우울증

(나) 모든 물질 중독이 심리적 갈등 → 신체화 방어

(2) 행동주의적 입장

(가) 사회학습이론에서는 알코올 의존이 고전적 조건형성 + 조작적 조건형성 + 사회적 모방학습 + 인지적 요인 개입된다고 주장

(나) 술과 즐거운 체험 → 반복적으로 짝지어지는 고전적 조건형성 → 술에 대해 긍정성이 습득됨

(다) 술을 마시면 일시적으로 긴장과 불안이 완화 → 조작적 조건형성을 통해 음주 행위가 강화됨

(라) 부모나 친구들이 즐겁고 멋있게 술 마시는 모습을 보면서 모방학습 → 음주행위를 학습하는 동시에 술에 대한 긍정적인 기대라는 인지적 요인이 개입됨

(3) 인지적 입장

(가) 알코올에 대한 긍정적 기대 + 신념의 중요성 강조

(나) 피험자에게 진짜 술과 가짜 술을 마시게 하고, 그 효과를 보고하게 한 결과, 진짜 술의 섭취 여부보다는 술을 섭취했다는 믿음과 섭취 결과에 대한 기대와 신념 → 술의 효과 지각에 중요하게 작용

(다) 음주자들이 가진 긍정적 기대들의 예

① 긍정적 정서(Ex. 기분이 좋아질 것이다)

② 사교적 촉진(Ex. 사람들과 더 잘 어울릴 것이다)

③ 성적증진(Ex. 성적으로 더 왕성해질 것이다)

라) 치료

(1) 활용할 수 있는 치료장면의 종류

　(가) 입원치료

　　① 알코올이 손에 닿을 수 있는 곳→의존이 있는 사람은 참기 힘듦→금주할 수 있도록 하는 환경 조성 차원에서 입원치료 권장됨

　　② 스트레스 관리 및 대처, 자기주장, 이완훈련, 명상 등이 함께 시행됨

　(나) 약물치료

　　① 금단 증상의 완화, 갈망의 감소

　　② 약물 사용의 강화 효과의 차단, 혐오적 반응의 반대조건형성

　(다) 개인심리치료

　　① 보다 약한 정도의 의존증→반복적인 음주를 하도록 만드는 심리사회적 스트레스를 해소할 수 있는 개입이 필요함

　　② 가족갈등, 외로움, 직장 스트레스의 해소방법

　　③ 금단현상을 다룰 때는 약물치료와 병행하는 것이 효과적

　(라) Self-help Groups

　　① 비슷한 어려움을 겪고 변화를 위한 목적을 공유하는 동료들로 구성

　　② 가장 널리 알려진 자조 집단인 AA(Alcoholic Anonymous)

　　③ 미국과 150여 개 국가에서 96,000여 개의 주간 모임을 갖고 있음

　　④ AA와 같은 12단계 프로그램의 참여자들은 모임에서 경험을 나누고 성공적인 집단원으로부터 후원을 받으며 원리와 단계에 관한 문헌을 읽고 금주와 삶의 의미를 찾기 위해 영적인 초점을 사용함

　　⑤ 회복은 평생에 걸친 과정으로 여겨지며 중독을 다루는 유일한 수단은 완전한 금주(Complete Abstinence)로 삼음

　　⑥ 중독을 지닌 사람들의 친구들과 가족들을 지지하는 집단
　　　(Ex. Al-anon, Adult Children of Alcoholics)

(2) 효과적이라 알려진 심리치료의 기제들

　(가) 동기 고취 Motivational Enhancement Therapy (MET)

　　① 내담자의 변화에 대한 동기를 고취시키기 위한 목적(Miller & Rollnick(1991)

　　② 치료자는 공감적인 자세로 내담자와 협력→내담자의 현재 물질 사용 행동 +개인적인 목표 or 가치 간의 인지 부조화를 발전시키도록 함

　　③ 내담자의 말에 대한 직면을 피하며 목표의 성취를 위한 대안적인 수단을 조사하고 내담자가 개인적인 자원을 동원하도록 격려하는 것 등을 통해 내담자의 자기 효능감이 변화되도록 지지함

　　④ 덜 심각한 알코올 및 니코틴문제의 치료에 있어서 효과적임

　(나) Relapse Prevention (재발방지)

　　① Marlatt과 Gordon(1985)에 의해 개발된 RP는 행동적, 인지적 기술 훈련

을 제공하여 재발을 피하고 최소화하도록 함

② 재발이 일어날 경우 미래를 위한 노력과 전략을 다듬는 학습 경험으로 간주함

③ 균형 잡힌 생활양식을 장려하여 유쾌한 경험을 위한 정신활동성 물질에의 의존을 감소시키려함

(다) 혐오치료

행동주의 이론에 기반하여 술을 마실 때 고통스러운 자극 (Ex. 경미한 전기자극)을 주거나 메스꺼움을 느끼도록 약물을 먹음으로써 술에 대한 혐오감을 형성시키는 방법

다. 타바코 관련 장애(Tobacco-related Disorders)

1) 임상적 특성
(1) 12개월 이내에 다음과 같은 문제를 보인다.
(2) 자신의 의도보다 더 오랜 기간 타바코를 과량으로 흡입함
(3) 타바코 흡입을 줄이거나 통제하려는 노력에 실패함
(4) 타바코를 사용하거나 얻기 위해 매우 많은 노력과 시간을 들인다.
(5) 타바코를 사용하려는 욕구아 매우 강하다.
(6) 사회경제적인 활동에 문제가 생김에도 불구하고 타바코 사용을 지속함
(7) 신체적으로 해로운 상황에서도 지속적으로 타바코를 사용하려고 함
(8) 내성이 생긴다.

2) 역학
가) 미국의 경우 일반 인구의 5% 한국의 경우(2012) 전체 인구의 23.9%

3) 원인
가) 뇌 보상회로의 변화(Positive Reinforcement of Brain Reward System)
(1) 니코틴은 흡입 후 7~10초 내로 뇌에 도달해 니코틴 수용체(Nicotine Receptor)를 자극→흡수된 니코틴 30분 후 절반으로 감소→담배를 피고 싶은 충동을 느끼게 함
(2) 니코틴은 뇌의 쾌감중추라고 불리는 영역(Ventral Tegmental Area)에 결합하여 (대뇌피질과 변연계 자극 〉 도파민계 자극)→니코틴으로 인한 쾌감과 긍정적 기분이 나타남→니코틴의 반응은 마약 투여 시 쾌감신경계의 반응과 유사
나) 니코틴중독으로 인한 금단증상(Negative Reinforcement by Withdrawal)
다) 니코틴중독일 경우 비행기나 회의 등 장시간 담배를 못 피는 상황이 생기면 집중력 감소, 짜증, 안절부절 못함 등 금단증상을 경험하기 때문
라) 특정 조건에서 담배에 대한 갈망(Conditioned Craving)
마) 흡연에 의한 신체변화
(1) 니코틴은 일부 우울한 기분을 호전 + 마음을 안정 + 식욕을 억제 효과 있음

(2) 여성의 경우 체중을 줄이기 위해 담배를 피거나 금연 시 체중이 늘기 때문

4) 치료

가) 다양한 치료 방법들

(1) 니코틴 감량법

(2) 혐오기법

(3) 인지행동 요법

(4) 사회적지지 요법

(5) 최면 요법

(6) 금연침

(7) 자조활동 자료 및 자원

(8) 약물 및 행동요법의 병합치료

라. 기타의 물질 관련 장애

1) 카페인 관련 장애

가) 250mg 이상의 카페인을 과도하게 섭취하는 증상

나) 카페인 섭취 이후 쉬지 못하며, 예민하고 신경질적인 증상, 흥분, 불면, 얼굴이 붉어지거나 소화기의 장애 등의 증상이 관찰됨

2) 카나비스 관련 장애

가) 카나비스에 대한 과도한 남용이나 카나비스를 얻기 위한 중독 행동 등의 증상

3) 환각제 관련 장애

가) 환각을 약기하는 물질에 대한 남용 및 금단 증상 등이 관찰됨

4) 아편류 관련 장애

가) 헤로인, 하이드로코돈, 옥시코돈 등 약물의 남용과 금단 증상이 관찰됨

5) 자극제 관련 장애

가) 의식의 기민함과 운동활동을 높여 줌

나) 암페타민, 메타암페타민, 코카인 등

마. 비물질 관련 장애(Non-substance-related Disorders): 도박장애(Gambling Disorder)

1) 임상적 특성

가) 12개월 내에 다음과 아래와 같은 증상이 있다.

나) 흥분을 목적으로 하여 도박에 많은 돈을 쓴다.

다) 도박을 줄이거나 끊으려는 노력이 불안정하고 변덕스럽다.

라) 도박을 줄이거나, 끊거나 하는 노력이 반복적으로 실패함

마) 도박에 자주 사로잡힌다.

바) 스트레스를 경험 할 때 도박을 함

사) (7)잃어버린 돈을 찾기 위해 차후에 다시 도박을 함

아) (8)도박을 하기 위해 거짓말이나 사기를 친다.

자) (9)직업, 경력, 인간관계 등을 도박 때문에 해친다.

차) (10)도박으로 인해 경제적인 파산으로 타인의 도움을 받는다.

2) 역학

가) 미국의 경우 0.2~0.3%

나) 한국의 경우 성인의 9.3%가 중독으로 알려짐

3) 원인과 치료

가) 개인적 요인

(1) 성장기 외상

(2) 스트레스 대처 방식

나) 생물학적 요인

(1) 유전

(2) 성별

(3) 정신장애

다) 사회적 요인

(1) 가용성/접근성

(2) 사회적 태도

(3) 합법화

(4) 이러한 요인들이 도박행동으로 나타나며 뇌의 보상체계의 활성화로 인한 중독 행동이 나타나는 것으로 설명함

4) 치료

가) 의학적 치료

나) 스트레스 관리

다) 금전문제 해결

라) 대인관계 개선

문제 》

1. 다음 중 물질의존에 대한 설명으로 틀린 것은? (2010 기출)

   가. 내성이 나타난다.

   나. 금단증상이 나타난다.

   다. 물질사용을 중단하거나 조절하려고 해도 뜻대로 되지 않는다.

   라. 물질사용으로 인하여 신체적, 정신적 문제가 생기면 사용을 중지한다.

2. DSM-4에서 알코올 의존과 알코올 남용을 구분하는 기준이 아닌 것은? (2009 기출)

   가. 내성   나. 금단증상

   다. 강박적인 음주패턴   라. 다중 약물중독

3. 알코올 중독과 비타민 B1(티아민) 결핍이 결합되어 만성 알콜 중독자에게 발생하는 장애로, 최근 및 과거 기억을 상실하고 새롭게 기억을 형성하지 못하는 인지손상 장애는? (2009 기출)

   가. 간질   나. 혈관성 치매

   다. 헌팅턴 질환   라. 코르사코프 증후군

4. 55세의 A씨는 알코올 중독으로 입원한 후 이틀째에 혼돈, 망상, 환각, 진전, 초조, 불면, 발한 등의 증상을 보였다. (2007 기출)

   가. 알코올로 인한 금단 증상이다.

   나. 알코올로 인한 중독 증상이다.

   다. 알코올을 까맣게 잊어버리는(Black Out) 증상이다.

   라. 알코올로 인한 치매 증상이다.

5. Jellinek이 제시한 알콜중독이 되는 4단계에 관한 설명으로 틀린 것은? (201 나)

   가. 전알콜 증상단계(Prealcoholic Phase)에서는 반복적으로 술을 마심으로써 긴장이 해소된다.

   나. 전조단계(Prodromal Phase)에서는 음주에 대해 죄의식을 갖지만 음주 동안 일어난 일에 대해서는 기억한다.

   다. 결정적 단계(Crucial Phase)에서는 음주에 대한 통제력이 상실되어 가족과의 문제를 일으킨다.

   라. 만성단계(Chronic Phase)에서는 알콜에 대해 내성과 금단반응이 나타난다.

[1. 해설] ㉱
물질의존의 진단기준은 가 내성이 나타난다. 나금단현상이 나타난다. 다물질은 종종 의도되었던 것보다도 더 많은 양이 사용되거나 보다 장기간 사용된다. 라물질사용을 조절하거나 그만두려는 지속적인 소망이 있거나 노력을 하지만 실패하는 경우가 있다. ⑤물질을 얻기 위한 활동, 물질의 사용 또는 물질의 효과로부터 회복하는 데 많은 시간이 허비된다. ⑥주요한 사회적, 직업적, 여가활동이 물질사용으로 인해 포기되거나 줄어든다. ⑦물질에 의해 심리적, 신체적 문제들이 생겨나고 악화될 수 있다는 것을 잘 알고 있음에도 불구하고 물질사용을 계속한다.

[2. 해설] ㉱
다중 약물중독은 알코올 의존이나 알코올 남용을 구분하는 기준이 아니다.

[3. 해설] ㉱
코르사코프증후군 [Korsakov's Syndrome]은 과도한 알코올 섭취로 인해 기억력의 장애, 시간적·공간적인 짐작이 곤란한 짐작의식의 장애, 건망·작어증 등의 여러 증세를 나타내는 증후군을 말한다.
기억장애 증후군(Amnestic Syndrome)은 만성적으로 최근 기억에 현저한 장애가 있는 증후군이며 'Korsakoff 증후군'이라고도 한다.

[4. 해설] ㉑

알코올 금단은 지속적으로 사용하던 알코올을 중단했을 때 여러 가지 신체생리적 또는 심리적 증상이 나타나는 상태를 말한다. 알코올 금단은 알코올 섭취를 중단한 이후 몇시간 또는 며칠 이내에 다음 중 2개 이상의 증상이 나타날 때 해당된다.

가자율신경계 기능 항진(발한 또는 맥박수가 100회이상 증가) 나손떨림 증가 다불면증 라오심 및 구토 ⑤일시적인 환시, 환청, 환촉 또는 착각 ⑥정신운동성 초조증 ⑦불안 ⑧대발작 이러한 증상으로 인해 직업적 또는 다른 중요한 기능영역에서 임상적으로 심각한 고통이나 장해를 나타내면 알코올 금단으로 진단될 수 있다.

[5. 해설] ㉣

Jellinek(1952년)은 알콜 의존이 단계적으로 발전하는 장애라고 주장하면서 4단계 발전과정을 제시하였다. 1단계는 전알콜 증상단계(Prealcoholic Phase)로 사교적 목적으로 음주를 시작하여 즐기는 단계이다. 술을 마심으로써 긴장이 해소되고 대인관계가 원활해지는 등의 알코올에 대한 긍정적인 효과를 경험하게 된다. 2단계는 전조단계(Prodromal Phase)에서는 술에 대한 매력이 증가하면서 점차로 음주량과 빈도가 증가하는 시기이다. 이 시기에는 자주 과음을 하게 되며 종종 음주동안에 일어났던 일을 기억하지 못하는 망각현상이 생겨난다. 3단계 결정적 단계(Crucial Phase)에서는 음주에 대한 통제력이 상실되고 술을 아침에도 마시고 혼자 술을 마시기도 하고 때로는 식사를 거르면서 술을 마시기도 한다. 빈번한 과음으로 인해 여러 가지 부적응적 문제가 발생한다.

4단계 만성단계(Chronic Phase)에서는 알콜에 대해 내성과 금단반응이 나타난다. 알코올에 대한 통제력을 완전히 상실하게 되어 며칠간 지속적으로 술을 마시기도 하고 외모나 사회적 적응에 무관심해지며 마치 술을 마시기 위해 사는 사람처럼 살아간다.

16 신경발달장애 (Neurodevelopmental Disorders)

가. 지적장애(Intellectual Disability)
- 전반적인 지적 능력이 IQ 70 미만으로 저조
- 학업을 비롯한 대부분의 적응활동에서 부진함
- 이상행동의 판정기준 중 통계적 기준이 적용되는 대표적인 경우
- 대부분의 표준화된 지능검사에서 산출되는 지능지수는 평균이 100점이고 표준편차가 15점으로 구성→70점이라는 지능지수는 평균점수로부터 2배의 표준편차만큼 낮은 점수에 해당하는 지능수준

* 지적장애는 그 심각도에 따라 4가지 등급 경도, 중등도, 중증도, 고중증도로 나뉘어 진다.

1) 경도 지적장애(지능지수 50~55에서 약 68까지)
   가) 정신지체자의 약 85%로 추정되고 있다.
   나) 운동능력과 지적학습능력(개념형성능력, 기억력, 언어능력, 계산능력)에서 어려움을 보인다.
   다) 10대 후반이 되면 이런 아동은 거의 초등학교 6학년 정도의 지적 수준을 습득할 수 있다.
   라) 지역사회에서 독립적으로 또는 도움을 받으며 평범하게 살아갈 수 있음

2) 중등도 지적장애(지능지수 35~40에서 50~55까지)
   가) 정신지체자의 약 10%를 차지하고 있다.
   나) 의사소통의 기술 습득이 가능하다.
   다) 초등학교 2학년 정도의 지적 수준
   라) 단순 작업 또는 감독하에 직업훈련이 가능하다.
   마) 다운증후군 아동은 대체로 중간 정도의 지체를 보인다.

3) 중증도 지적장애 (지능지수 20~25에서 35~40 정도까지)
   가) 정신지체자의 약 3~5%
   나) 매우 초보적인 언어 습득과 기본적인 자기 보살핌 행동 가능
   다) 성인기에도 매우 집중적인 지도감독 하에서 비숙련 단순작업 수행 가능

4) 고중증도 지적장애 (지능지수 20에서 약 25 이하)
   가) 정신지체자의 약 1~2%
   나) 현저한 발달지체와 열등한 신체적 조건, 걸음걸이나 운동기능에 이상을 나타냄
   다) 유아기나 아동기 초기에 판별이 가능
   라) 지적 학습이 거의 불가능

정신지체
(Mental Retardation) ➜
지적장애
(Intellectual Disability)
- Mild / Moderate / Severe
/ Profound 지능, SMS ➜
개념적, 사회적, 실행적
(Conceptual, Social,
Practical Domain) 특성

심리학개론
이상심리학
심리검사
임상심리학
심리상담

마) 인간관계를 비롯한 사회적 적응이 거의 불가능

바) 초기 아동기부터 지속적인 보살핌과 지도감독이 필요

5) 원인

가) 대부분이 생물학적 원인이고, 열악한 환경도 일부 요인임

나) 유전자 이상: 정신지체의 5%

(1) 돌연변이, 방사선, 약제 및 화학물질, 바이러스에 의한 염색체 이상 등

(2) 대표적인 염색체 이상은 다운증후군의 경우 정상적으로 한 쌍, 즉 2개 존재해야 하는 21번 염색체가 3개 존재하는 것이 원인

(3) Klinerfelter 증후군(XXY), Toner 증후군 (XO)

다) 임신 중 태내 환경의 이상: 정신지체의 30%

(1) 엄마의 임신중 약물복용, 감염성 질환, 과도한 알코올 섭취 등

라) 임신 및 출산과정의 이상: 정신지체의 10%

(1) 출산 시 두개골절, 조산, 난산, 출산 시의 무산소증 등이 유발

마) 후천성 아동기 질환: 정신지체의 5%

(1) 각종 사고, 감염질환, 납과 같은 독성물질 섭취

바) 열악한 환경적 요인

(1) 사회경제적 지위가 낮고 빈곤한 가정에서 지적 자극을 제공받지 못한 경우

6) 치료

가) 수준에 따라 목표와 방법이 달라짐

나) 일반적으로 일상생활에 필요한 다양한 적응기술을 학습시키고 유지되도록 하는 것이 목표로 함

다) 여러 가지 신체적 이상에 기인→신경학적 평가와 더불어 지능을 비롯한 심리평가가 필요함

라) 적절한 교육과 재활 프로그램

(1) 사회기술훈련, 직업재활 훈련, 자기보호와 자기주장 훈련 등

(2) 인지기술 훈련, 놀이치료 등

마) 정신지체아 아동의 어머니에 대한 교육

나. 의사소통장애(Communication Disorders)

의사소통장애에는 4가지 하위유형 즉 언어장애, 발화음장애, 아동기-발생유창성장애, 사회적 의사소통 장애가 있다.

1) 언어장애(Language Disorder)

가) 단어나 말의 사용이 제한된다.

나) 제한된 문장 구조

다) 대화에서의 손상

라) 언어적 능력이 연령 수준에서 기대되는 정도에서 빈약하여 사회적 관계, 학업

성취 직업적 수행 등에서 제한된다.

마) 상기의 증상이 매우 어린 시절부터 시작됨

바) 다른 감각의 손상이나 전반적인 발달 지연 등으로 설명되지 않는다.

2) 발화음 장애(Speech Sound Disorder)

가) 의사소통에 요구되는 언어적 표현과 발음에 어려움을 보임

나) 직업적 사회적 활동에서 언어적 제한을 야기함

다) 상기 증상이 매우 어린 시절부터 시작됨

라) 원인

(1) 신체적 요인으로는 구개파열, 구어 근육의 마비, 치아 손실, 비정상적인 두개골 및 안면, 외상성 뇌손상이 있다.

3) 아동기 발생 유창성 장애(Childhood-onset Fluency Disorder, Suttering)

가) 연령 수준에서 정상적인 말의 유창성이나 흐름의 표현에 어려움을 보임

(1) 소리나 음소를 반복해서 말함

(2) 말을 끊어서 말함

(3) 문제가 되는 단어를 표현하지 않고 둘러서 말함

(4) 신체적인 긴장을 과도하게 가지고 단어들을 말함

(5) 단일 음소를 반복적으로 말함

4) 사회적 의사소통 장애(Social Communication Disorder)

가) 사회적인 목적을 위한 의사소통에 손상이 있음

나) 장소에 따라 적절한 사회적 의사표현에 어려움이 있음

다) 사회적 상황에서 대화를 나누는 규칙들을 잘 지키지 못함

라) 은유적 표현이나 외현적으로 표현되지 않는 의미들을 잘 이해하지 못함

다. 자폐스펙트럼 장애(Autism Spectrum Disorder)

A. 다음과 같은 증상이 분명히, 현재 혹은 과거에, 다양한 맥락에 따른 사회적 의사소통 및 사회적 상호작용에 지속적인 결함이 있다.

- 비정상적인 사회적 접근 및 정상적인 상호 대화의 실패에서부터 흥미, 정서, 애정의 공유 감소, 사회적 상호작용을 시작하거나 반응하기의 실패에 이르기까지 사회-정서적 상호성에서의 결함

- 언어적 및 비언어적 의사소통의 통합 부족에서부터 비정상적인 눈맞춤과 몸짓언어 혹은 몸짓의 이해와 사용의 결함, 얼굴표정의 부족 및 비언어적 의사소통에 이르기까지 사회적 상호작용을 위해 사용되는 비언어적 의사소통 행동의 결함

- 다양한 사회적 맥락에 맞는 적응 행동의 곤란에서부터 상상놀이를 하거나 친구사귀기의 곤란, 또래에 대한 관심 부재에 이르기까지 관계를 맺고, 유지하고, 이해하기 등의 결함

B. 다음과 같은 증상 중 2개 이상이 분명히, 현재 혹은 과거에, 제한되고 반복적인 행동, 흥미 혹은 활동을 보인다.
- 상동적이거나 반복적인 근육운동, 물건 사용, 혹은 말(Ex. 단순 운동적 상동행동, 장난감 일렬로 늘어놓기나 물건 뒤집기, 반향어, 특이한 구 등)
- 동일성 고집, 융통성 없이 틀에 박힌 일의 집착, 혹은 언어적/비언어적 의식화 된 행동(Ex. 사소한 변화에 극도의 고통, 전환 곤란, 엄격한 사고, 의식적인 인사, 같은 길로 가려고 하거나 매일 같은 음식을 먹으려는 욕구)
- 관심사의 강도나 세기가 비정상적이고 아주 제한되어 있거나 고정되어 있음
  (Ex. 유별난 물건에 대한 강한 애착이나 몰입, 과도하게 고집스런 관심)
- 감각자극에 대한 과잉행동 혹은 과소행동 혹은 그 환경의 감각적인 면에 유별난 관심
  (Ex. 통증/온도에 대한 무관심, 특정 소리나 옷감에 대한 혐오 반응, 과도하게 물건 냄새 맡기와 만지기, 불빛이나 움직이는 것에 대한 시각적 매료)

C. 이런 증상들이 초기 발달기에 나타난다.(그러나 사회적 의사소통 요구가 개인의 제한능력보다 커야 비로소 증상이 나타날 수 있고, 혹은 나중에 학습된 전략으로 증상이 감춰질 수 있다.)

D. 이런 증상들이 사회, 직업 혹은 기타 중요한 현 기능에서 임상적으로 커다란 손상을 일으킨다.

E. 이런 문제들은 지적장애나 광범위성 발달지연으로 설명할 수 없다. 지적장애와 자폐스펙트럼장애는 흔히 동시에 나타나며, 지적장애와 자폐스펙트럼장애의 공존 장애 진단을 위해서는 사회적 의사소통이 일반 발달수준의 기대치보다 저하되어야 한다.

5) 원인과 치료
가) 유전적 원인
나) 일란성 쌍둥이 연구결과, 한 쪽이 자폐증일 경우, 나머지 한 쪽은 30% 정도가 자폐증을 보임 ⇒ 정상인 형제의 50~100배
다) 뇌의 신경학적 손상
  (1) 소뇌가 작음
라) 대부분은 생물학적 원인이나, 환경적 요인에 의해 유발된다고 보기도 함
  (1) 외부대상을 인식하지 못하는 정상적 자폐증 단계에서 어머니와의 상호작용에 심각한 문제가 생길 경우, 독립된 개체로 인식하지 못함
마) 효과적인 치료법은 없음
바) 조건형성이나 모방학습 등을 집중적으로 할 경우, 기능이 약간 좋아지기도 한다는 연구결과는 있음

라. 주의력 결핍 및 과잉행동장애(Attention Deficit Hyperactivity Disorder)

✔ 공부 Tip

특히 실기 시험에 증상을 진단하는 문제가 자주 출제되니 증상에 대해 잘 정리해두기 바람

1) 임상적 특성

A. (1)이나 (2) 중의 한 가지가 해당되어야 함

(1) 부주의에 관한 다음 증상 가운데 6가지(또는 그 이상) 증상이 최소한 6개월 이상 부적응적이고 발달 수준에 맞지 않는 정도로 지속된다.

〈부주의〉

a) 흔히 세부적인 면에 대해 면밀한 주의를 기울이지 못하거나, 학업·작업 또는 다른 활동에서 조심성 없는 실수를 저지른다.

b) 흔히 과제나 놀이활동에서 주의를 지속하는 데 어려움이 있다.

c) 흔히 다른 사람이 직접 말을 할 때, 경청하지 않는 것으로 보인다.

d) 흔히 지시를 완수하지 못하고, 학업·잡일·작업장에서의 임무를 끝내지 못함 (반항적 행동이나 지시를 이해하지 못해서가 아님)

e) 흔히 과업이나 활동을 조직화하는데 어려움이 있다.

f) 흔히 지속적인 노력을 요구하는 과제(학업 또는 숙제 같은)에 참여하기를 피하고, 싫어하고, 저항함

g) 흔히 과제나 활동에 필요한 물건들(Ex. 장난감, 학교 숙제, 연필, 책 또는 도구)을 잃어버린다.

i) 일상적인 활동을 잊어버리는 일이 흔하다.

(2) 과잉행동−충동에 관한 다음 증상 가운데 6가지(또는 그 이상) 증상이 최소한 6개월 이상 부적응적이고 발달 수준에 맞지 않는 정도로 지속되어 왔다.

〈과잉행동〉

a) 흔히 손발을 가만히 두지 못하거나 의자에 앉아서도 몸을 움직인다.

b) 흔히 앉아 있도록 요구되는 교실이나 다른 상황에서 자리를 떠난다.

c) 흔히 부적절한 상황에서 지나치게 뛰어 다니거나 기어오른다(청소년 또는 성인에서는 주관적인 느낌의 좌불안석으로 제한될 수 있다).

d) 흔히 조용히 여가 활동에 참여하거나 놀지 못함

e) 흔히 "끊임없이 활동하거나" 마치 "모터로 움직이는 것"처럼 행동함.

f) 흔히 지나치게 말을 많이 함

〈충동성〉

a) 흔히 질문이 끝나기도 전에 성급하게 대답함

b) 흔히 차례를 기다리는 것이 어렵다.

c) 흔히 다른 사람의 활동을 방해하고 간섭함(Ex. 대화나 게임에 참견함)

B. 결함이 있는 일부 과잉행동−추동 또는 주의결핍 증상이 7세 이전에 있었다.

C. 증상에서 오는 결함이 두 가지 또는 그 이상의 장면에서 나타난다.

D. 사회적, 학업적, 직업적 기능에 임상적으로 심각한 결함의 증거가 분명하게 나타난다.

2) 임상양상
가) 부주의
(1) 자신이 즐기는 일에는 자동적으로 주의를 기울일 수 있지만, 자신이 덜 즐기는 과제를 완성하거나 혹은 새로운 것을 학습하도록 요구될 때 다른 아동들보다 훨씬 더 많은 어려움이 있다.
나) 부주의 유형
(1) 선택적 주의: 관련된 자극에만 집중하고, "소음"에 산만해지지 않는 능력
(2) 주의용량: 주의를 기울일 수 있는 단기 기억 속에 있는 정보의 양
(3) 주의 지속: 시간이 지나면서, 피곤할 때 지속적으로 관심의 초점을 유지하는 능력
(4) ADHD아동에게 모든 자극은 동일한 효력(Potency)을 가지고 그들의 감각에 영향을 미친다. 작업에 빠르게 몰두하기는 하나, 그들은 모든 자극에 의해 쉽게 산만해지기 때문에, 종종 작업을 그만둔다.
다) 충동성
(1) 핵심 특징은 전반적인 통제의 부족을 반영함
(2) 행동한 후까지, 생각하지 않음
(3) 특징적으로 성급하고, 폭발적인 분노 표출도 가짐
(4) 지침을 받기 전에 과제를 시작하고, 끊임없는 실수를 만들며 작업을 급하게 함
(5) 행동이 주로 반사적(Reflexive)이기 때문에, 자각이 없음
라) 과잉행동
(1) 자가-자극의 역할을 함: 허밍이나 소리 내기, 교실 주변을 뛰어다니기
마) 학습 및 인지
(1) 인지능력의 결손이 보고되기도 함
(2) 실제 지적 능력에 비해 학업성취도가 저조함
바) 대인관계 문제
(1) 적대적이며 반항적이고 따지기를 좋아하며 예측할 수 없고 폭발적임
(2) 어른 및 다른 아이들과 자주 갈등을 겪음
(3) 규칙을 따르지 않고 과거의 실수로부터 배우지 않는 것처럼 보임
(4) 사회적으로 활동적이긴 하지만 시기, 내용이 목표를 벗어남
(5) 행동이 분별력이 없지만 고의는 아닌 것처럼 보임
사) 가정에서의 문제
(1) 부정성, 아동 불복종, 부모의 지나친 통제, 형제간의 갈등
(2) 어머니의 우울과 아버지의 반사회적 행동이 있는 경향
(3) ADHD 아동 가족은 보다 큰 양육 스트레스, 낮은 양육 능력, 어머니의 심각한 우울증, 대가족 구성원과의 적은 접촉, 부부간의 갈등, 별거, 이혼율이 높음

3) 역학적 특징

가) 학령기 아동의 5%정도

나) 학령기 아동의 최대 80%가 청소년기에도 계속해서 증상을 나타내고, 30~65%는 성인기에도 계속해서 증상을 보임

다) 10대들의 많은 수는 유사한 문제를 가진 또래와 연합하는 경향

   (1) 종종 위험-추구 행동 증가

   (2) 품행장애로 이어질 가능성이 높음

   (3) ADHD을 가진 10대들은 분명하게 알코올의 사용이 많음

라) ADHD 성인은 침착하지 못하고 쉽게 싫증내며 늘 새롭고 흥미로운 것을 찾음 손상된 사회적 관계를 경험하고 주요 우울증으로 고통 받으며 자기-개념이 낮고 약물을 남용할 수도 있음

4) ADHD의 원인론

가) 생물학적 원인

   (1) 유전적 요인

      (가) 형제자매의 32%를 포함해서 ADHD가 있는 아동의 방계와 직계 가족의 35%가 ADHD를 가질 가능성이 있음

      (나) ADHD 일치 비율이 이란성 쌍둥이는 29% / 일란성 쌍둥이는 65%

   (2) 신경생물학적 요인

      (가) 대뇌이상: 전뇌선조체, 기저핵, 뇌량의 축소(집행기능, 충동성과 관련된 부위)

      (나) 도파민, 모노아민, 노어에피네프린, 에피네프린 세로토닌을 포함한 중재적 신경전달물질과 관련

   (3) 출산 및 임신시의 문제

      (가) 출산 시 저체중, 유아의 질환, 임신 동안 모체의 흡연, 초기 신경학적 충격이나 외상, 영향실조→신경계 발달에 영향

      (나) 임신 동안 모체의 흡연, 음주 또는 기타 약물 사용→태아에게 손상

나) 가족의 영향

   (1) 과잉활동적인 기질이 부모의 잘못된 양육방식과 결합한 결과

      (가) 어머니의 간섭적이고 민감하지 않은 초기 양육

      (나) 빈곤가정에서 양육된 하위 집단의 아동

      (다) 가족 간의 갈등은 생물학적 취약성의 심각성을 더 높이는 역할.

   (2) 아동의 초기 기질과 부모의 상호작용 방식이 서로 조화를 잘 이루는가?

      (가) 가족 문제는, 이러한 행동이 원인이라기보다는 충동적이고 다루기 어려운 아동과 상호작용한 결과일 수 있다.

      (나) 가족의 영향은 비록 ADHD 일차적 원인은 아닐지라도 ADHD 및 그와 연관된 문제의 결과를 결정하는 데 주된 역할을 할 수 있다.

5) ADHD의 치료

가) 약물치료

(1) 흥분제

(가) 약물 치료를 위한 첫 번째 선택. 매우 효과적

(나) 70~96%에 이르는 대부분의 ADHD아동들이 흥분제에 의해 개선. 약효가 빠르며 부작용은 약함

(다) 메틸페니데이트, 암페타민, 페몰린

(라) 어머니-아동 상호작용과 가족 상호작용을 개선 / 공격성 감소

(마) 학업과 인지능력도 증가

(2) 삼환계 항우울제

(가) 흥분제에 반응하지 않는 아동이나 부작용이 있는 아동들에게 사용됨

(나) 불안장애, 우울증, 틱장애의 공병이 있는 아동은 흥분제보다 삼환계 항우울제에 더잘 반응함

(다) 심장부작용 등의 부작용 / 약물의 효과가 시간에 따라 감소할 가능성이 있음

나) 주의력훈련과 사회기술훈련

(1) 학업기술 훈련 / 주의력 훈련

(가) 아동이 지시에 따르고, 체계적이 되도록 하며, 시간을 효율적 사용, 자신의 일을 검토해 보도록 하고 받아 적고, 효율적으로 공부할 수 있도록 가르치는 전문화된 개인지도와 집단지도를 포함

(나) 주의력 훈련은 특별한 주의력 과제들을 수행하도록 하는 것

(2) 사회적 기술 훈련

(가) 사회적 기술 훈련: 또래들과 긍정적 상호작용을 할 수 있는 기술을 가르치고 성공적이지 못한 정면 대처 방법을 제거해줌

(나) 이 훈련은 표적 행동이 자연스럽게 일어나는 집단 속에서 행해질 때 효과적이며 모델링, 연습, 피드백, 유관적 강화를 통해 이루어짐

다) 부모교육

(1) 부모와의 상호작용이 부모를 지치게 하는 측면이 있음

(가) 부적응적인 상호작용이 이루어지기 쉬움

(2) 목표

(가) 부모들이 자녀를 다루는 부적응적 방식을 적응적인 방식으로 대체시켜 주는 데 목표를 둠

(나) 부모들은 특수한 행동문제에 초점을 맞추도록 훈련, 그 문제행동들을 변화시키기 위한 전략을 고안하도록 훈련함

마. 특정 학습장애(Specific Learning Disabilities)

1) 임상적 양상

가) 부정확 하거나 느린 읽기

　　나) 읽은 것을 잘 이해하지 못함

　　다) 철자를 잘 모름

　　라) 작문을 못함

　　마) 숫자나 계산에 어려움을 보임

　　바) 수학적 추론의 어려움을 보임

　　사) 자신의 연령 수준에서 기대 이하의 학업적 직업적인 수행을 보임

　　아) 학년기 동안 학습에 어려움을 보임

　　자) 다른 지적, 발달적인 손상이 없으며 사회경제적 취약성이나 신경학적인 손상으로 설명되지 않음

　2) 역학

　　가)　아동의 경우 5~15%(미국)

　　나)　성인의 경우 약 4%(미국)

바. 운동 장애(Motor Disorder)

　1) 틱 장애(Tic Disorder)

　　가) 뚜렷한 목적 없이 특정한 근육에 일어나는 불수의적(不隨意的)인 운동을 함

　　　(1) 머리를 흔든다.

　　　(2) 얼굴을 찡그린다.

　　　(3) 눈을 깜박거린다.

　　　(4) 코를 킁킁거린다.

　　　(5) 헛기침을 함

　　　(6) 어깨나 팔·다리 등을 움찔거린다.

　　　(7) 한숨을 쉰다.

　　　(8) 이상한 소리를 말함

　2) 뚜렛 장애(Tourett's Disorder)

　　가) 하나 이상의 틱 증상이 나타남

　　나) 18세 이전에 발병

　　다) 물질이나 다른 의학적인 원인에 의해 설명되지 않음

　3) 발달성 운동조정 장애(Development Coordination Disorder)

　　가) 연령 수준에 어울리는 통합적인 운동의 어려움을 보임

　　나) 사물을 잡거나 던지는 운동, 가위질, 글쓰기, 자전거 타기 등의 운동을 수행하지 못함

　　다) 연령 수준에서 요구되는 사회적인 활동의 수행에 곤란을 보임

　　라) 초기 발달 단계에 발병함

　　마) 신경학적 손상, 지적 장애 등으로 설명되지 않음

4) 상동증적 운동장애(Streotyptic Mevement Disorder)

　가) 반복적으로 목적없는 행동을 함(손 흔들기, 머리 흔들기, 자신을 깨물기, 자기 몸을 때리기 등)

　나) 사회적, 학업적, 직업적인 활동에 문제를 야기하는 운동장애 증상을 보임

　다) 초기 발달 단계에 발병함

　라) 물질이나, 생물학적, 신경학적인 손상으로 설명되지 않음

문제))

[1. 해설] ㉮
자폐성 장애는 첫째 사회적 상호작용의 심각한 곤란으로서 대인관계에 필요한 눈 마주치기, 얼굴표정, 몸짓 등이 매우 부적절하여 부모나 친구와 친밀한 관계를 형성하지 못한다. 둘째, 의사소통에도 심각한 어려움이 나타나며 적절한 언어발달이 이루어지지 못하거나 괴상한 단어나 언어행동을 나타낸다. 셋째 특정한 패턴의 기이한 행동을 똑같이 반복하게 되며 특정한 대상이나 일에 비정상적으로 고집스럽게 집착하는 행동을 나타낸다.

1. 4세 아동 A는 어머니와 애정적 관계를 형성하지 못하며, 장난감을 가지고 노는 데는 흥미가 없고 사물을 일렬로 배열하거나 자신의 몸을 앞뒤로 흔들면서 알 수 없는 말을 한다. 아동 A에게 진단할 수 있는 가장 가능성이 높은 장애는?

(2003, 2008, 2010 기출)

가. 자폐성 장애　　　　　　　　나. 정신지체
다. 틱 장애　　　　　　　　　　라. 학습장애

[2. 해설] ㉯
운동성 틱과 현재 하나 이상의 음성 틱을 가지고 있거나 과거부터 있어온 장애를 뚜렛장애라 한다.

2. 운동성 틱과 현재 하나 이상의 음성 틱을 가지고 있거나 과거부터 있어온 장애를 무엇이라고 하는가? (2008 기출)

가. 레트장애　　　　　　　　　나. 뚜렛장애
다. 이식증　　　　　　　　　　라. 아스퍼거장애

[3. 해설] ㉱
주의력 결핍 및 과잉행동장애로 진단되기 위해서는 증상으로 인한 장애가 2가지 이상의 장면(Ex. 학교, 작업장, 집)에서 존재한다.)

3. 다음 중 주의력결핍 및 과잉행동장애(Attention Deficit Hyperactivity Disorder: ADHD) 아동의 진단에 관한 설명으로 틀린 것은? (2007 기출)

가. 관계없는 자극에 쉽게 주의가 분산되고 하던 일을 방해받는다.
나. 지속적인 정신적 노력을 요하는 과제를 싫어하고 피하려 한다.
다. 면밀한 감독이 없는 경우에 지시를 따르기가　어렵다.
라. 집이나 학교장면 어느 한 곳에서만 손상된 행동을 보인다.

4. 주의력결핍과잉행동장애(ADHD)의 특징이 아닌 것은? (200 라)

  가. 수업수행능력의 결핍

  나. 또래관계 형성의 어려움

  다. 부끄러움

  라. 과잉행동성

5. 다음은 무엇에 관한 설명인가? (2009 기출)

> IQ 점수가 70보다 낮은 사람들 중 약 85%가 해당한다. 이들은 학교에 입학할 때까지는 정상아동과 반드시 구분되지는 않는다. 10대 후반이 되면 통상적으로 6학년 수준의 학업능력을 학습할 수 있다. 성인이 되면 사회적, 경제적인 문제가 있어서 도움이 필요하더라도, 숙련을 요하지 않는 작업장이나 보호받는 작업장에서는 자활할 수 있으며, 결혼을 해서 아이를 낳아 기를 수 있다.

  가. 가벼운 지적장애

  나. 중간 정도의 지적장애

  다. 심한 정도의 지적장애

  라. 아주심한 정도의 지적장애

17 파괴적, 충동통제 및 품행장애

(Disruptive, Impulsive Control, and Conduct Disorders)

가. 품행장애(Conduct Disorder)

〈DSM-5 진단기준〉

A. 다른 사람의 기본적 권리나 사회적 규범을 위배하는 행동패턴이 지난 12개월 동안 다음의 15개 기준 중 3개 이상으로 나타나야 함. 그중 1개 이상의 기준은 지난 6개월 이내에 나타나야 함

〈사람과 동물에 대한 공격성〉

(1) 자주 다른 사람을 괴롭히거나 위협하거나 겁먹게 함

(2) 자주 싸움을 건다.

(3) 다른 사람에게 심각한 신체적 손상을 일으킬 수 있는 무기를 사용함(Ex. 곤봉, 벽돌, 깨진 병, 칼 또는 총)

(4) 사람에게 신체적으로 잔혹하게 대함

(5) 동물에게 신체적으로 잔혹하게 대함

(6) 피해자와 대면한 상태에서 도둑질을 함(Ex. 노상강도, 날치기, 강탈, 무장강도)

(7) 다른 사람으로 하여금 강제로 성행위를 하게 함

〈재산의 파괴〉

(1) 심각한 손상을 입히려는 의도로 고의로 불을 지른다.

(2) 다른 사람의 재산을 고의로 파괴함(방화는 제외)

〈사기 또는 도둑질〉

(1) 다른 사람들의 집, 건물, 차를 파괴함

(2) 물건이나 호감을 얻기 위해 또는 의무를 회피하기 위해 자주 거짓말을 함

(3) 피해자와 대면하지 않은 상황에서 귀중품을 훔친다(Ex. 파괴와 침입이 없는 도둑질, 위조 문서)

〈중대한 규칙위반〉

(1) 부모가 금지하는 데도 자주 외박을 하며, 이는 13세 이전부터 시작되었다.

(2) 친부모 또는 양부모와 같이 사는 동안 적어도 2번 이상 가출함(또는 오랫동안 돌아오지 않는 1번의 가출)

(3) 13세 이전에 시작되는 무단결석

B. 행동의 장해가 사회적, 학업적, 직업적 기능에 임상적으로 심각한 장해를 일으킨다.

C. 18세 이상일 경우, 반사회성 인격장애의 진단기준에 맞지 않아야 함

〈발병 연령에 따라 유형을 세분함〉

아기 발병형: 10세 이전에 품행장애 특유의 진단 기준 가운데 적어도 1가지가 발생경우

청소년기 발병형: 10세 이전에는 품행장애의 어떠한 진단 기준도 충족시키지 않는다.

〈심각도의 세부진단〉

가벼운 정도: 진단을 내리기 위해 요구되는 정도를 초과하여 나타나는 문제가 매우 적고, 그리고 다른 사람에게 단지 가벼운 해를 끼친다.

중간 정도: 품행 문제의 수와 다른 사람에게 끼치는 영향의 정도가 "가벼운 정도"와 "심한 정도"의 중간이다.

심한 정도: 진단을 내리기 위해 요구되는 정도를 초과하여 나타나는 품행문제가 많거나 또는 다른 사람에게 심각한 해를 끼친다.

A. 사람이나 동물에 대한 공격성

  (1) 다른 사람을 괴롭히거나, 위협하거나, 협박함

  (2) 치고받는 싸움을 도발함

  (3) 총, 칼, 각목, 곤봉, 벽돌, 깨진 유리병 등으로 다른 사람을 위협하거나 심각한 신체적 손상을 입힌다.

  (4) 사람을 학대 또는 신체적 손상을 입힌다.

  (5) 동물을 학대하거나 신체적 손상을 입힌다.

  (6) 노상강도, 날치기, 강탈, 무장 강도 등 피해자에게 직접적인 불법행위를 저지른다.

  (7) 강간 또는 강제적 성행위를 함

B. 재산 및 기물파괴

  (1) 신체적 손상을 목적으로 하는 의도적인 방화를 저지른다.

  (2) 다른 사람의 재산을 의도적으로 파괴함

C. 절도 또는 기만행위

  (1) 남의 집, 건물, 차를 털거나 침입함

  (2) 거짓말이나 속임수로 다른 사람의 물건을 얻어내거나 환심을 사거나 또는 자신의 책무를 회피하고자 함

  (3) 백화점, 가게 등에서 값이 싼 물건들을 슬쩍 슬쩍 훔친다.

D. 지속적, 반복적 규칙위반

  (1) 13살 이전에 부모의 금지에도 불구하고 밤늦게까지 집에 들어오지 않는다.

  (2) 친부모 또는 양부모와 함께 살면서 최소한 2번 밤을 새우는 무단가출을 하거나 또는 외출에서 오랫동안 돌아오지 않는다.

  (3) 13세 이전에 부모 몰래 무단으로 결석함

1) 역학

가) 18세 이하 남자 6~16%

나) 18세 이하 여자 2~9%

다) 사회경제적 요인과 밀접하게 관련

2) 원인

가) 생물학적 요인

(1) 혈중 세로토닌 수치가 높다는 보고

나) 정신 사회적요인

(1) 부모요인

(가) 문제 많은 부모의 태도 + 잘못된 육아 방법

(나) 무질서한 가정 환경

(다) 부모 사이의 지속적인 불화

다) 정신적 요인

(1) 좌절감에 대한 내인력을 형성하지 못함

(2) Role 모델의 부재

라) 사회문화적요인

(1) 낮은 사회경제수준

(2) 물질남용에 쉽게 노출됨

(3) 치료

(라) 다각적인 치료 프로그램

(마) 환경적으로 일관성 있는 규칙을 제정

(바) 무질서한 가정으로부터 분리

(사) 개인정신치료

(아) 약물치료: SSRI 계열의 약물 활용

나. 적대적 반항장애(Oppositional Defiant Disorder)

1) 임상적 특성(DSM-5)

가) 거부적, 적대적, 그리고 반항적인 행동 양상이 최소한 6개월 이상 지속되며 아래의 증상 중에서 최소한 4가지 또는 그 이상이 이 기간 동안 나타나고 있음

(1) 버럭 쉽게 화를 낸다.

(2) 학교선생, 부모, 또는 다른 어른들과 말 실랑이 함

(3) 학교선생, 부모, 또는 다른 어른의 요구에 순순히 응하지 않거나 규칙에 따르지 않고 거부내지는 반항함

(4) 급우, 친구, 형제, 자매 등 주변사람들을 짜증스럽게 만든다.

(5) 자신의 실수나 잘못된 행동을 다른 사람 탓으로 돌린다.

(6) 타인에 의해 기분이 상하거나 쉽게 신경질을 낸다.

(7) 화를 내고 원망함

(8) 적개심 또는 앙심을 품는다.

(9) 나이 또래에 비교하여서 위의 행동들이 더욱 빈번하게 나타나고 또 이로 인하여 사회생활환경, 학교공부, 그리고 주어진 과제물처리에 심각한 지장이 발생할 때 반항장애의 진단기준을 적용할 함

(10) 우울증이나 기타 정신과 장애가 있을 때 위의 행동이 함께 나타나고 있다면 우울증 또는 다른 정신과 장애의 진단이 우선함

(11) 품행장애의 진단기준에 부합하지 않아야 하며, 18세 이상일 경우 반사회성격 장애의 진단기준에 부합하지 않아야 함

2) 역학

가) 2~16%의 발생 빈도

나) 빠르면 3세부터 시작되며 전형적으로 8세 이전에 시작

다) 13세 이전에는 남자가 많으나 이후 남녀가 비슷해짐

3) 원인

가) 유전적인 요소

나) DHEA-S 증가

다) 가족력은 명백하지 않음

라) 적대적 반항장애아 들의 부모는 대부분 권력, 지배, 자율에 지나치게 관심이 많다고 함

마) 후기 소아기의 환경적인 외상, 질병, 정신지체, 무력감 불안, 자존감 손상의 방어로 적대적인 행동이 나오는 것으로 봄

바) 정신분석에서는 항문기의 문제로 봄

4) 치료

가) 개인치료를 우선 시행

나) 자존감 및 자신의 파괴적 행동의 위험성을 인식 시켜 줌

다) 행동치료 – 선택적 칭찬과 격려

다. 간헐적 폭발성 장애(Intermittent Explosive Disorder)

1) 임상적 특성

가) 수회에 걸친 공격적 폭발

나) 발작적인 증상이 몇 분이나 몇 시간 지속

다) 자신의 행동에 대한 진정한 후회감이나 자책감이 있음

라) 위법 행동 때문에 곤란에 처하는 수가 많음

2) 역학

가) 주로 여성보다 남성에게 나타남

나) 가족 중 이러한 장애를 가진 사람이 있는 경우 발생 빈도 높음

3) 원인

　가) 변연계 장애: 출산 때의 뇌손상, 유아기 경련, 두부손상, 독성물질

　나) 낮은 세로토닌 수치

　다) 아동기에 알코올 중독, 구타, 생명의 위협, 성적 문란이 많았던 환경에서 성장

　라) 공격적인 부모 상에 동일시

4) 치료

　가) 정해진 치료법은 없음

　나) 약물과 정신 치료를 겸하여 적용함

　다) 역전이 문제가 많아 집단치료나 가족치료가 도움이 될 수 있음

라. 도벽증(Kleptomania)

1) 임상적 특성

　가) 당장 필요하지도 않은 하찮은 물건을 충동적으로 훔침

　나) 즉흥적으로 언제나 혼자서 저지름

　다) 훔치고 나면 쾌감과 만족을 느끼고 긴장도 풀림

　라) 다른 정신의학적 증상이 동반됨

　마) 자신의 집에서 물건을 훔치는 경우도 있으며 성격장애도 동반되는 경우도 있음

2) 역학

　가) 미국의 경우 3.8~24%가 절도광으로 보고

　나) 아동기부터 있을 수 있음

　다) 1:3으로 여자가 많다

3) 원인

　가) 뇌질환이나 지적 장애

　나) 상실, 이별, 중요한 관계의 중단 등의 스트레스

　다) 훔치는 물건이 여성 성기를 상징한다는 견해가 있음

4) 치료

　가) 특별한 치료 방법은 알려진 바 없음

　니) 행동치료

　다) 약물치료

마. 방화증(Pyromania)

1) 임상적 특성

　가) 불지르기 전에 점차 긴장이 고조→불을 지르면 강렬한 쾌감이나 긴장완화를 느낌

　나) 지르기 전에 미리 준비와 계획을 하여 방화에 대한 뚜렷한 단서를 남기기도 함

다) 불이 난 후 반드시 불구경을 함

라) 소방활동이나 소방 관련 장비에 편집적인 흥미를 보이기도 함

2) 역학

가) 유병률 알려진바 없음

나) 여성보다 남성이 훨씬 많은 것으로 보고 있음

3) 원인

가) 정신분석적으로 불은 성을 상징→불을 통한 강한 성적 흥분과 관계되는 것으로 보고 됨.

나) 방화가 힘 + 우위의 추구→성적 열등감에 의한 좌절감에 대한 분노의 축척을 해소하기 위한 방편이라 함

다) 방화자들은 아동기에 이미 반사회적 경향의 기왕력이 보고 됨

라) 소방관과의 동일시를 통해 불을 끄는 것에 대한 사회적 욕망과 비정상적인 욕망이 원인이라고 보는 시각도 있음

4) 치료

가) 특별한 치료 방법은 알려진 바 없음

나) 감금이 유일한 방법으로 알려져 있음

다) 소아의 경우 처벌보다는 예방차원의 관리가 더 중요

문제))

1. 아동 및 청소년기 장애로서, 다른 사람의 기본 권리나 나이에 적합한 사회규범이나 규율을 위반하는 행동양상이 반복이고 지속적으로 나타나는 것은? (2005 기출)

　가. 품행장애　　　　　　　　나. 반항성장애

　다. 반사회성 성격장애　　　　라. 주의력결핍 및 과잉행동장애

2. 다음중 반항성장애(Oppositional Defiant Disorder)로 진단 받은 아동에게서 관찰할 수 있는 행동은? (201 가)

　가. 자신도 모르게 쉴 사이 없이 눈을 깜빡거리거나 일정한 몸짓을 하며 때로는 괴상한 소리를 내기도 한다.

　나. 엄마와 떨어지는 것에 대한 불안으로 학교 가기를 거부한다.

　다. 사회적으로 정해진 규칙을 위반하거나 타인의 권리를 침해한다.

　라. 어른들과 논쟁을 하고 쉽게 화를 낸다.

[1. 해설] ㉯
품행장애는 청소년기에 반사회적 행동을 지속적으로 보이는 증상을 가진다.

[2. 해설] ㉭
반항성 장애는 품행 보다 심하지 않으며 어른과 논쟁을 벌이거나 사소한 일탈을 보이는 증상을 가진다.

[3. 해설] ㉣
정상아동들에 비해 더 낮은 각성수준을 가져 각성을 높이는 방향으로 행동하는 성향이 있다.

3. 반항성장애의 병인론에 관한 설명으로 틀린 것은? (201 나)

　가. 최근에는 XYY증후군과 행동 문제 간의 원인에 대해서 지지 연구가 부족한 편이다.

　나. 테스토스테론과 같은 호르몬과 관련 있다는 설명이 있다.

　다. 정신분석학적으로는 초자아의 결함으로 이 장애를 설명한다.

　라. 정상 아동에 비해서 반항성장애 아동들은 더 높은 각성수준을 지니고 있다.

[4. 해설] ㉣
병적 도벽은 분노나 복수를 위해 훔치는 것을 말하지는 않는다.

4. 병적 도벽에 관한 설명으로 틀린 것은? (201 나)

　가. 개인적으로 쓸모가 없거나 금전적으로 가치가 없는 물건을 훔치려는 충동을 저지하는데 반복적으로 실패한다.

　나. 훔치기 전에 고조되는 긴장감을 경험한다.

　다. 훔친 후에 기쁨, 충족감, 안도감을 느낀다.

　라. 분노나 복수를 하기 위해서 훔친다.

[5. 해설] ㉯
병적도벽에 대한 설명이다.

5. 당장 필요하지도 않은 하찮은 물건을 충동적으로 훔침는 증상을 가진 장애는?

　가. 품행장애　　　　　　　　　　나. 도벽증

　다. 병적도박　　　　　　　　　　라. 방화증

18 배설장애 및 신경인지장애와 기타정신증적 장애

가. 유뇨증(Enuresis)

1) 임상적 특성

가) 반복적으로 침구나 옷에 소변을 봄

나) 불수의적이나 의도적인 경우도 있음

다) 참지 못하거나 화장실에 가지 않아서 그냥 소변을 배설하기도 함

2) 역학

가) 나이가 들수록 감소

나) 5세 때 남아 7%, 여아 3%, 10세 때 남아 3%, 여아 2%로 감소

다) 성인은 1%

3) 원인

가) 명확한 원인은 밝혀져 있지 않음

나) 유전적요인, 중추신경계 미성숙, 방광의 부분적인 기능장애

다) 사회정신적 스트레스

라) 심리적 갈등

마) 부적절한 대소변 가리기 훈련

4) 치료

가) 행동치료: 전자식 경보장치, 방광훈련

나) 약물치료: Imipramine 등

다) 정신치료: 놀이치료 및 부모와의 정신치료

나. 유분증(Encopresis)

1) 임상적특성

가) 3개월간 적어도 한 달에 한번 이상 적절한 장소가 아닌 곳에서 대변을 볼 때 진단

나) 증상이나 냄새 때문에 가족이나 사람들이 싫어하며 친구가 놀림

다) 지적 장애나 행동장애, 유뇨증이 동반되는 수가 많음

2) 역학

가) 16세가 되면 거의 사라짐

나) 모든 나이에서 여아 보다 남아가 3~4배 더 많음

3) 원인

가) 신경발달적 지연 및 심리적 스트레스가 원인으로 추정

나) 주의가 산만하고 집중력이 낮고, 과다 활동이 있음

배설장애

- 어린 아동은 대소변을 가리는 자기조절 능력을 배우는 것이 중요
- 대부분의 아동은 4-5세가 되면 대소변을 스스로 가릴 수 있음
- 대소변을 가릴 충분한 나이가 되었음에도 이를 가리지 못하고 옷이나 적절치 못한 장소에서 배설하는 경우를 배설장애
- 유뇨증과 유분증으로 구분된다.

심리학개론

이상심리학

심리검사

임상심리학

심리상담

다) 적절한 시기의 대소변 훈련을 시키지 않아서거나 지나치게 강압적인 훈련의 경우

라) 대부분의 소아에서 행동문제는 보고되지 않음

4) 치료

가) 대변 가리기 훈련

나) 행동치료, 정신치료

다) 가정파탄이 있는 경우 가족치료

라) 정서나 행동 문제의 경우 심리치료

마) 바이오 피드백도 활용

다. 신경인지장애(Neurocognitive Disorders)

1) 주요 및 경도 신경인지장애(Major and Mild Neurocognitive Disorder)

가) 임상적 특성

(1) 주의집중, 실행기능, 학습, 기억, 언어 지각-운동, 사회인지 등의 영역에서 이전에 비해 기능이 유의하게 저하되는 증상을 보임

(2) 독립된 일상의 활동에 지장을 받는 수준의 인지기능의 저하

(3) 섬망에 의해 설명되지 않음

(4) 알츠하이머형, 전측두엽퇴행, 혈관성 질병, 외상적 뇌 손상, 파킨슨, 헌팅톤 질병 등의 유형이 있을 수 있음

(가) 츠하이머씨 질환

(나) 뇌혈관성-다발 뇌경색성 치매, Binswanger씨 질환

(다) 신경퇴행성-Pick씨 질환, Huntington씨 질환, 파킨슨씨 질환

(라) 감염성-Creutzfeld-Jakob씨 질환, HIV감염증, 바이러스성 뇌염, 점진적 다발성 백질뇌병증(PML)

(마) 정상뇌압 수두증(NPH)

(바) 영양성-Wernicke-Koraskoff씨 증후군, 비타민 B12 부족증, 엽산 부족증

(사) 대사성-간장질환, 갑상선 질환, 부갑상선 질환, Cushing씨 질환

(아) 만성 염증성-교원성 질환 및 혈관 염증, 다발성 경화증

(자) 외상-두부손상, 타격혼란 증후군

(차) 뇌종양-전두엽하 수막종

(5) 병변위치에 따른 분류

(가) 앞쪽 병변(전두엽 특히 전 전두엽): 행동의 변화, 억제 능력상실, 비사회적 행동-책임감이 없으며 경솔함→정상뇌압 수두증(NPH), 대사성 원인, Huntington씨 질환.

(나) 뒤쪽 병변(두정엽 및 측두엽): 인지기능장애로 기억력 및 언어장애 (행동변화는 뚜렷하지 않음)→알츠하이머씨 질환

(다) 피질하 병변: 무감정적이며, 쉽게 망각하며, 아는 지식을 잘 사용하지 못하

거나 매우 느리며, 다른 신경학적 이상이나 운동장애를 보일 경우→파킨
슨씨 질환, AIDS치매 복합증

　(라) 피질 병변: 고위중추기능장애(실어증, 실인증, 실행증)가 뚜렷한 경우→
알츠하이머씨 질환

나) 역학

　(1) 65세 이상 5~10% 내외

　(2) 80세 20~30%가 발병

다) 원인

　(1) 70가지 이상의 질환이 연관됨

　(2) 뇌조직의 변성, 퇴행, 노화

　(3) 중추신경감염

　(4) 뇌 손상, 독성대사 장애

　(5) 신경계 질환

　(6) 산소결핍 등

라) 치료

　(1) 정신사회적 치료

　(2) 약물치료

라. 기타 정신장애(Other Psychotic Disorders)

1) 기타 정신장애(Other Mental Disorder)

　가) 완화된 정신증 증후군: 경미한 정신증적 증상

　나) 단기 경조증을 지닌 우울삽화: 경조증 삽화에 해당되지 않을 만큼 짧은 기간 동
안만 경조증 증상

　다) 지속성 복합사별장애: 친밀한 사람과의 사별 후에 12개월 이상(자녀와의 사별인
경우는 6개월 이상) 지속적으로 다양한 사별증상

　라) 카페인 사용장애: 카페인의 과도한 사용으로 인해 나타날 수 있음

　마) 인터넷 게임장애: 게임을 하기 위해 과도하게 인터넷을 지속적으로 사용하여 다
양한 부적응 증상

　바) 출생 전 알코올 노출과 연관된 신경행동장애: 임신 중의 알코올 섭취로 인해 아
동기에 신경인지적 기능과 적응기능의 손상

　사) 자살행동장애: 반복적인 자살시도

　아) 비자살 자기손상: 자살할 의도는 아니지만 자신의 신체에 손상적 행동을 반복적
으로 나타냄

　- 다른 의학적 상태로 인한 기타 특이 정신 장애

　- 다른 의학적 상태로 인한 비특이 정신 장애

　- 기타 특이 정신장애

　- 비특이 정신장애

기타 정신장애
- DSM-5에는 기타 정신장
애라는 마지막 장애범주
- 다른 정신장애의 진단기준
에는 미치지 못함 → 현저
한 고통을 유발하거나 사회
적 적응에 손상을 초래하는
증상들을 나타내는 경우
- 특정한 정신장애라고 할 수
는 없지만 부적응적 증상을
나타내는 경우에 기타 정신
장애로 진단될 수 있다.
- DSM-5에는 공식적인 진단
범주에 포함되지 못했지만
앞으로 고려되어야 할 장애
들을 추가적 연구를 위한
장애 → 3부에 포함

문제

[1. 해설] ㉮
유뇨증은 배변훈련이 끝나게 되는 5세 이상의 아동이 신체적인 이상이 없음에도 불구하고 옷이나 침구에 반복적으로 소변을 보는 경우를 말한다. 특히 연속적으로 3개월이상 매주 2회 이상 부적절하게 소변을 볼 경우에 유뇨증으로 진단된다. 유뇨증을 지니는 대부분의 아동은 청소년기에 소변을 가릴 수 있게 되지만 약 1%는 성인기까지 장애가 지속된다.

[2. 해설] ㉯
'섬망을 동반한 금단 상태(Withdrawal State With Delirium)로 지칭한다. 진전 섬망(Delirium Tremens)이 여기에 해당된다. 진전 섬망은 짧게 지속 되지만 때로는 생명을 위협하는 의학적 응급 상황이며, 신체적 장애를 동반하는 독성 혼동 상태이다. 전통적으로 다음 3가지 특징적 증상을 보인다. 의식 혼탁 및 혼동, 여러 형태의 지각 장애로 나타나는 생생한 환각이나 착각, 그리고 조잡하고 불규칙적인 진전을 볼 수 있다. 그 밖에도 망상, 초조증, 불면 또는 수면 주기 반전과 자율 신경계 항진 증상 등이 있다. 섬망을 동반한 금단 상태는 금단 증후군 중 가장 심한 형태로서, 과음을 하다 금주를 하거나 줄일 때 대개 1 주내에 섬망 상태를 보인다.

1. 어떤 장애를 가진 아동이 성인이 되었을 때 장애의 증상을 나타낼 가능성이 가장 낮은 것은? (2010 기출)

가. 기능적 유뇨증
나. 지능이 낮은 자폐증
다. 어린 나이에 시작된 품행장애
라. 주의력결핍/과잉행동장애

2. 다음 진전섬망(Delirium Tremens:DT)에 대한 설명 중 맞는 것은? (200 다)

> 1. 음주를 중단하면 증상이 나타난다.
> 2. 알콜로 인해 뉴런의 대사활동이 지속적으로 방해받은 데서 기인한다.
> 3. 느린 뇌파 패턴이 전형적으로 나타난다.

가. 1   나. 1,2
다. 1,3   라. 1,2,3

3. 알츠하이머 질환에 대한 설명으로 옳지 않은 것은? (2005 기출)

가. 알츠하이머 환자는 호전적이거나 공격적 행동은 하지 않는다.
나. 정상인의 뇌보다 알츠하이머 환자의 뇌에서는 아세틸콜린 세포의 상실이 발견된다.
다. 알츠하이머 질환은 가족력이 있고 남성보다 여성에서 빈번하게 나타난다.
라. 알츠하이머 질환은 완치될 수 있는 질환이 아니다.

4. 다음 중 알츠하이머형 치매에 대한 설명으로 틀린 것은? (2009 기출)

가. 기억착오와 혼돈이 뚜렷한 특징이다.
나. 알츠하이머형 치매와 밀접한 관련이 있다고 밝혀진 신경전달물질은 도파민이다.
다. 가계에 따라 전달되는 경향이 있으며, 남성보다는 여성에게서 더 빈번히 발생한다.
라. 뇌혈관 질환이나 비타민 B12 부족으로 인해 점진적인 기억과 인지장해를 보이는 경우에는 진단을 배제한다.

5. 다음 중 치매의 진단적 특징이 아닌 것은? (2008)

　가. 기억장해

　나. 언어기능장해

　다. 의식장해

　라. 실행장해

[3. 해설] ㉮

전두엽과 측두엽에 장애를 가지고 있는 환자들은 성격의 변화가 현저하고 폭발적이거나 자극과민적이다. 알츠하이머 치매 환자의 20%~30%는 환각증상을 보이고 30~40%는 망상을 갖는다. 이때 망상은 주로 체계적이지 못한, 편집성 혹은 피해망상이 주를 이루고 있다. 완전한 우울증후군은 치매환자들의 10~20%정도에서만 보고되지만 우울증과 불안은 치매환자들의 40~50%에서 나타나는 중요한 증상이다.

[4. 해설] ㉯

알츠하이머형 치매는 1907년 독일의 정신과 의사 알츠하이머가 처음으로 보고하였기 때문에 그의 이름을 따서 명명한 치매의 한 유형이다. 대체로 초기에는 미세한 기억장애와 언어장애로 시작되어 점차 다양한 치매증세가 나타나고 말기에는 매우 심각한 치매상태로 발전하게 된다. 알츠하이머형 치매는 가장 전형적인 치매유형으로서 우리나라 치매환자의 50%이상이 이 유형에 속하는 것으로 추정된다. 뇌세포가 점진적으로 파괴되는 근본적인 원인은 아직 확실하게 알려져 있지 않으나, 뇌에서 발견되는 베타아밀로이드 라는 독성물질이 뇌세포를 파괴한다는 주장이 제기되고 있으며 이러한 독성물질을 유전, 심리적 스트레스, 환경오염과 가공식품의 섭취 등에 의해 생성될 수 있다고 주장되고 있다. 알츠하이머형 치매는 나이가 65세 이상으로 고령이며, 여성이고, 가까운 가족 중에 치매에 걸린 사람이 있으며, 과거에 뇌손상을 당한 경험이 있는 사람들이 치매에 걸릴 가능성이 높은 것으로 알려져 있다. 치매에는 알츠하이머 치매처럼 뇌세포 손상의 원인이 밝혀지지 않는 경우가 많다. 그러나 치매증세를 나타나게 한 뇌손상의 원인이 분명하게 밝혀진 경우도 있는데 혈관성 치매가 그 대표적인 경우이다. 혈관성 치매는 뇌출혈이나 뇌졸중 등에 의한 뇌혈관의 파열로 인해 뇌세포가 손상되어 치매증상이 나타나는 경우를 뜻한다. 혈관성 치매는 일반적으로 뇌혈관 장애와 더불어 급격하게 증상이 나타나게 되며 뇌혈관 장애의 치료와 더불어 증상이 호전될 수 있다.

[5. 해설] ㉰

치매에서 가장 먼저 그리고 가장 흔히 나타나는 인지적 증상이 기억장애이다. 치매환자는 초기에 단기기억의 저하로 금방 들은 말을 기억하지 못하는 형태로 시작되지만 치매가 진행되면 오래전에 있었던 일에 대해서도 기억을 못하는 등 장기기억에도 장애가 나타날 뿐 아니라 자녀의 이름은 물론 심지어 자신의 이름까지도 망각하게 된다. 사람과 사물의 이름을 말하는 데 어려움을 나타내는 실어증, 사물을 인지하지 못하거나 그 의미를 파악하지 못하는 실인증, 동작을 통해 어떤 일을 실행하는 능력에 장애가 나타나는 실행증, 과제수행에 필요한 여러 인지 기능들 과제를 하위과제로 쪼개기, 순서별로 배열하기, 계획하기, 시작하기, 결과 점검하기, 중단하기 등의 기능을 수행하지 못하는 실행기능의 장애가 나타난다.

(19) 성기능장애 (Sexual Dysfunctions Disorders)

* 성반응 단계와 성기능 장애

성행위 과정 → 4단계의 변화 = 성반응주기

(1)단계: 성욕구단계로서 성행위를 하고자 하는 욕구를 느끼며 서서히 성적흥분이 시작되는 단계

(2)단계: 성적인 흥분의 고조단계로서 성적인 쾌감이 서서히 증가하고 신체생리적인 변화→ 남성의 경우 음경이 발기 + 여성의 경우는 질에서 분비물이 나오며 성기부분이 부풀어 오름

(3)단계: 절정단계로서 성적인 쾌감이 절정에 달하는 극치감을 경험

(4)단계: 해소단계로서 성행동과 관련된 생리적 반응이 사라지면서 전신이 평상시 상태로 돌아감

- 성반응 주기의 4단계에서 마지막 해소단계를 제외한 어느 한 과정에서 문제가 발생하게 되는 것이 성기능 장애

가. 남성 성기능장애(Male Sexual Dysfuctions disorder)

1) 남성 성욕감퇴 장애(Male Hypoactive Sexual Desire Disorder)

가) 만성적 성욕 감퇴

나) 성적 혹은 에로틱한 환상과 성활동에 대한 욕망이 없음

다) 최소 6개월의 기간

라) 남성호르몬 생산이 부족하여 발생하는 성욕감퇴는 성욕감퇴와 함께 남성호르몬 결핍에 따른 여러 가지 신체증상(Ex. 근육이 약화, 쉽게 피로감을 느낌, 식은땀 등)

마) 스트레스와 권태감 때문에 삶의 목표를 상실한 채 살아가는 '가성 우울증' 증상의 경우

바) 부부 간에 갈등이 있거나 공동관심사가 사라지고 애정 또한 약해져서 다른 곳에서 성적 만족을 구하는 경우 부부관계의 회피로 나타나기도 함

사) 관계 자체에 관심이 없는 남성들. '섹스리스(Sexless) 증후군'

아) 치료

(1) 성욕감퇴가 남성호르몬의 부족이 원인이면 남성호르몬 보충

(2) 부부 성 치료 및 부부 치료

2) 남성발기장애(Erectile Disorder)

가) 성행위 동안 발기를 유지하지 못함

나) 발기의 강직도가 성행위 동안 유지되지 못함

다) 최소 6개월의 기간

라) 질적 원인이 약 30~40%, 나머지는 심리적 문제가 원인

마) 기질성 원인은 유전적 질환감염, 당뇨, 영양장애, 알코올이나 약물 남용, 음경혈관계 장애, 뇌종양, 파킨슨씨병, 다발성 경화증 같은 신경계장애, 비뇨기계 장애, 척수손상, 테스토스테론 호르몬 부족 등

바) 심리적 원인은 성행위에 대한 예기불안과 성행위에 대한 강박적 불안이 가장 중요한 원인

사) 치료

(1) 1970년까지의 치료는 정신분석학적 이론에 근거한 무의식이나 성장과정, 동기, 공상, 대인

(2) 관계의 갈등을 주로 다루는 개인 정신 치료. 마스터스와 존슨이 성생리학을 연구하여 발표한 이후→환자의 성행위 지침을 치료방법으로 이용

(3) 현재 널리 사용하고 있는 심인성 성기능장애의 치료법으로 부부-섹스 치료(Dual-sex Therapy)와 정신역동적 성치료가 가장 유용

(4) 부부-섹스 치료

   (가) 마스터스(Masters)와 존슨(Johnson)이 1970년 성생리 연구 결과를 토대로 행동 치료 이론에 기초하여 지도적 성치료를 고안

   (나) 치료 대상을 부부로 하고, 남녀 치료자가 공동 치료 팀으로서 모델이 됨

   (다) 신체적 검사와 정신. 사회적 평가를 함께 시행, 보통 2주의 단기적이고 적극적인 치료방법을 시행 + 무의식적 역동보다 행동주의 이론에 기초하여 특정 연습이 처방되고 시행되는 치료법

  (5) 정신역동적 성치료

   (가) 마스터스와 존슨의 성치료와 정신분석적 치료 개념을 병용한 카플란의 치료법. 치료자 의 수, 치료시간, 횟수, 장소, 성적 과제 등이 매우 융통성이 있는 치료법

  (6) 기타 정신 치료 기법

   (가) 최면 치료 + 행동 치료 → 행동 치료에는 긴장이완 상태를 연습 + 긴장이완 상태를 성행위와 연결 짓는 이완기법 + 단계적으로 성행위에 대한 불안을 완화시켜 나가는 체계적 탈감작법과 자기주장훈련 등이 있음

3) 조루증(Premature Ejaculation)

  가) 성행위 동안 약 1분 이내에 사정함

  나) 최소 6개월간 지속됨

  다) 남성 발기 장애와 유사한 치료 방법의 적용

4) 지루증(Delayed Ejaculation)

  가) 성행위 동안 사정이 지연되거나 비정기적으로 사정이 없음

  나) 최소 6개월간 지속됨

  다) 원인은 정신적인 것과 신체적인 것이 있으나 대부분 정신적인 것에 기인

  라) 정신적으로는 불안과 죄책감이 그 주된 원인. 사정으로 정액을 몸 밖으로 내보냄으로 해서 무기력해지고 죽지나 않을까 두려움 + 사정으로 병을 옮기지나 않을까 하는 불안감 or 거꾸로 불결한 여성 성기에 대한 혐오감 + 사랑의 표시를 나타내기 싫을 때 + 여성에게 성적 매력이 없을 때 + 부인에 대한 불만 or 적개심 + 자신은 마음이 내키지 않지만 여성이 결혼을 강요 or 임신하겠다고 조를 때 + 엄격한 종교적 교육 → 성에 대한 죄책감 + 여성을 어머니로 생각하고 어머니에게 사정을 해서는 안 된다는 생각을 할 때 등의 가능성

  마) 신체적으로는 척수의 손상과 질환, 교감신경계의 손상, 당뇨병, 약물 등이 원인

  바) 지루증을 일으키는 약물 = 아편 등의 최면제, 알코올 등의 진정제. 항남성호르몬제, 교감신경 차단제. 항정신병약물, 항우울제, 신경안정제 등이 있을 수 있음

나. 여성 성기능장애(Female Sexual Dysfuctions disorders)

1) 여성 성적 관심/각성 장애(Female Sexual Interest/Arousal Disorder)

가) 성적활동의 감소

나) 성에 대한 환상이나 사고의 부재나 줄어듦

다) 최소 6개월 지속됨

라) 원인

 (1) 아동기 성적 학대

 (2) 개인적인 요소 - 피로, 체력 저하, 성정체감, 낮은 자존감 등

 (3) 사회적 맥락

 (4) 생리적 요인

마) 치료

 (1) 약물치료가 중심

2) 여성 절정감 장애(Female Orgasmic Disorder)

가) 성행위시 성적인 절정감을 거의 혹은 전혀 경험하지 못함

나) 성극치감의 감각이 확연히 줄어듦

다) 최소 6개월 지속됨

3) 생식기/골반 통증 장애(Genito-Pelvic Pain/Penetration Disorder)

가) 성행위 동안 질 삽입의 어려움

나) 삽입 시 골반이나 질에서의 통증

다) 삽입으로 인한 통증에 대한 예기 불안

라) 삽입 시도 시 과도한 질근육의 경직과 긴장

마) 최소 6개월 지속됨

다. 성도착 장애(Paraphilic Disorders)

1) 관음장애(Voyeuristic Disorder)

가) 성적인 행위를 하거나 하려고 벌거벗은 사람의 모습을 관찰하는 것으로 통해 성적인 각성을 반복적으로 경험하는 것

나) 직업적 사회적 기능의 손상을 야기하는 수준의 성적인 욕구

다) 최소 6개월의 기간

라) 남성의 경우 "Peeping Tom"이라고도 함

마) 한 연구에 따르면 남성의 65%가 증상을 가지고 있다고 함

바) 관음증의 63%가 노출증 증상을 가지고 있다는 연구도 있음

사) 치료: 정신분석, 집단정신분석, 쇼크치료 등

2) 노출장애(Exhibitionistic Disorder)

가) 타인에게 자신의 생식기를 노출하는 것을 통해 성적인 만족감을 얻는 행동을 함

나) 직업적 사회적 기능의 손상을 야기하는 수준의 성적인 욕구

다) 최소 6개월의 기간

3) 접촉마찰장애(Frotteuristic Disorder)
   가) 타인에게 동의하지 않은 상황에서 타인을 만지거나 비비는 행위
   나) 직업적 사회적 기능의 손상을 야기하는 수준의 성적인 욕구
   다) 최소 6개월의 기간

4) 성적 피학 장애(Sexual Masochism Disorder)
   가) 성적인 만족감을 위해 타인으로부터 성적으로 묶이거나 맞거나 신체적 고통을 당하는 행위
   나) 직업적 사회적 기능의 손상을 야기하는 수준의 성적인 욕구
   다) 최소 6개월의 기간
   라) 남성의 2.2% 여성의 1.3%

5) 성적 가학 장애(Sexual Sadism Disorder)
   가) 성적인 만족감을 위해 타인을 성적으로 신체적 고통을 가하는 행위
   나) 직업적 사회적 기능의 손상을 야기하는 수준의 성적인 욕구
   다) 최소 6개월의 기간

6) 아동성애장애(Pedophilic Disorder)
   가) 사춘기 이전(13세)의 아동에 대해 성행위를 포함한 성적인 욕구나 행동을 하는 행위
   나) 직업적 사회적 기능의 손상을 야기하는 수준의 성적인 욕구
   다) 최소 6개월의 기간
   라) 원인 - 낮은 지능, 낮은 학력, 아동기 뇌 손상 등
   마) 치료 - 지 행동 치료, 행동 치료, 약물치료 등이 있으나 효과는 제한적인 편

7) 성애물장애(Fetishistic Disorder)
   가) 사물이나 비성기적 신체 부위에 대해 성적인 환상이나 욕구, 행동을 하는 행동
   나) 직업적 사회적 기능의 손상을 야기하는 수준의 성적인 욕구
   다) 최소 6개월의 기간

8) 의상전환 장애(Transvestic Disorder)
   가) 성적인 욕구 충족을 위해 자신의 성에 반대되는 옷을 바꿔 입는 행위
   나) 직업적 사회적 기능의 손상을 야기하는 수준의 성적인 욕구
   다) 최소 6개월의 기간

9) 기타의 성도착 장애
   가) 임상적인 진단 시스템에는 해당하지 않으나 성적인 문제로 인해 정신의학적 장애

라. 성불편증(Gender Dysphoria)

1) 임상적 특성
   가) 스스로 경험하는 성과 자신의 주어진 성의 불일치감을 높게 경험함

나) 자신과 반대되는 성을 강력하게 갈구함

다) 소년의 경우 소녀의 옷을 입으려고 하며 여성적인 것에 자극 받음

라) 소녀의 경우 남성성과 연관된 옷만을 입으려고 하며 여성적인 옷을 거부함

마) 반대성의 장난감이나 게임, 전형적인 활동 등에 강한 욕구를 느낌

2) 역학

가) 남자에서 빈도가 매우 높음

나) 남성이 성 성체성 장애에 더 취약한 것으로 보임

3) 원인

가) 생물학적 원인

(1) 성호르몬: 테스토스테론의 영향

(2) 명확한 이유는 아직 모름

나) 정신사회적 원인

(1) 양육 시 자라나게 되는 성의 영향

(2) 분석에선 이성부모에 대한 과도한 동일시가 요인으로 작용한다고 봄

4) 치료

가) 복잡하며 완치률이 낮음

나) 행동수정 기법

다) 변화 보다는 적응에 더 초점을 둠

라) 성전환 수줄

마) 호르몬 치료

문 제

[1. 해설] ㉯
관음증은 옷 벗는 것과 같은 사적인 행동이나 성적인 행위를 하고 있는 사람들을 엿보는 반복적 혹은 지속적 경향을 말한다.

1. 성도착증의 유형에 관한 설명이 옳게 연결된 것은? (2009 기출)

가. 노출증-다른 사람이 옷을 벗고 있는 모습을 몰래 훔쳐봄으로서 성적 흥분을 느끼는 경우

나. 관음증-동의하지 않는 사람에게 자신의 성기나 신체 일부를 접촉하거나 문지르는 행위를 반복적으로 나타내는 경우

다. 소아애호증-사춘기 이전의 소아를 대상으로 하여 성적 공상이나 성행위를 반복적으로 나타나는 경우

라. 성적 가학증-굴욕을 당하거나 매질을 당하거나 묶이는 등 고통을 당하는 행위를 중심으로 성적 흥분을 느끼거나 성적행위를 반복

2. 다음중 성기능 장애에 해당되지 않는 것은? (2008 기출)

　가. 조루증　　　　　　　　　　나. 남성발기장애

　다. 성욕감퇴장애　　　　　　　라. 성정체감장애

3. 다음 중 노출증(Exhibitionism)에 관한 설명으로 틀린 것은? (201 가)

　가. 성도착적 초점은 낯선 사람에게 성기를 노출시키는 것이다.

　나. 성기를 노출시켰다는 상상을 하면서 자위행위를 하기도 한다.

　다. 보통 18세 이전에 발생하며, 40세 이후에는 상태가 완화되는 것으로 보인다.

　라. 노출증적 행동을 나타내는 경우에 대개 낯선 사람과 성행위를 하려고 시도한다.

4. 성기능 장애의 하나로서 남성이 사정에 어려움을 겪으며 성적 절정감을 느끼지 못하는 장애는? (201 가)

　가. 조루증　　　　　　　　　　나. 지루증

　다. 남성 발기장애　　　　　　라. 성교 통증장애

5. 성적 만족감을 얻기 위해 타인으로부터 고통을 받으려는 증상을 가지는 장애는 무엇인가?

　가. 성적 가학 장애　　　　　　나. 의상도착증

　다. 성변태 장애　　　　　　　라. 성적 피학 장애

[2. 해설] ④
성기능 장애에는 성정체감 장애가 포함되지 않는다.

[3. 해설] ④
노출증적 행동이 직접적인 성행위와는 큰 연관이 없다.

[4. 해설] ④
사정의 어려움을 경험하는 것은 지루증이다.

[5. 해설] ④
성적 만족감을 얻기 위해 고통받는 증상을 보이는 장애는 성적피학장애이다.

심리학개론

이상심리학

심리검사

임상심리학

심리상담

20 스트레스와 건강

가. 스트레스에 대한 정의

1) 정의
   가) 일반적 적응증후군
      (1) 경고반응
      (2) 저항단계
      (3) 소진단계
   나) 자극으로써의 스트레스
      (1) 주변의 모든 자극들을 스트레스로 봄
      (2) 주된 자극과 부수적인 자극으로 나뉨

2) 건강과의 관련성
   가) 스트레스와 호흡기 감염 사이에 관계가 있음을 확인
   나) 일상적 경험 평가 척도를 사용한 연구
      (1) 호흡기 감염과 연관성 높음
      (2) 감기와도 연관성 높음
      (3) 대인관계 문제와 직장에서의 어려움이 주요한 스트레스 자극으로 고려됨

나. 개인적 강점 및 환경적 자원과 건강

1) 대처유형과 건강과의 관련성: 대처란 사람들이 어떤 문제에 대해 대처하는 방식을 말함
   가) 문제 중심 대처-문제를 해결하기 위해 어떤 직접적 조치를 취하거나 문제 해결에 도움이 될 만한 정보를 찾는 것
   나) 정서중심 대처-스트레스에 대한 부정적인 정서 반응을 줄이려는 노력을 지칭
   다) 회피 대처-문제중심 대처와 정서 중심 대처의 양측면을 포함하는 대처
   라) 해결할 문제가 있다는 사실을 인정하지 않음. 문제를 다루는데 제일 비효적인 방법이라고 함

2) 사회적지지 유형과 건강과의 관련성
   가) 구조적 사회적지지: 기본적인 대인관계 망으로 결혼 여부, 친구의 수
   나) 기능적 사회적지지: 대인관계의 질적 부분. 필요할 때 부를 친구가 있는지 없는지에 대한 믿음
   다) 사회적 지지가 생리적 과정에 직접적으로 영향을 미칠 수도 있다고 함

다. 스트레스와 질병과의 연결고리

1) 신경생물학적 관점

가) 스트레스의 주요한 생물학적 반응은 교감신경계와 HPA 축의 활성화

나) 스트레스성 부수물: 몸이 스트레스에 계속 적응해야만 할 경우의 대가

다) 높은 스트레스성 호르몬(Ex. 코르티솔)은 면역계통의 작동방식을 변형시켜 질병에 걸리기 쉽게 된다.

라) 스트레스와 면역계통: 스트레스가 면역 계통에 미치는 효과는 직접적인 것이며, 아주 어릴 적부터 영향을 미칠 수 있음

2) 정신분석적 관점

가) 분노유보 이론: 억압된 정서적 충동이 만성적인 부정적인 정서 상태를 유발하고 건강에 악영향을 미친다.(Franz Alexander, 1950)

3) 인지 및 성격의 관점

가) 인지: 자신이 경험하는 스트레스를 스스로 감당하지 못한다고 판단하는 경우 건강에 더 부정적인 영향을 미침

나) 성격특질: 낙관주의가 면역에 긍정적인 영향을 미친다고 봄

라. 스트레스성 질환

1) 심장혈관계 장애

가) 본태성 고혈압의 임상적 특징과 원인론

(1) 명백한 기질적인 원인을 찾을 수 없는 고혈압, 또는 1차 고혈압

(2) 전체 사례 중 90% 차지

(3) 수축기 140 이상 확장기 90 이상

(4) 원인: 이질적 스트레스가 혈압에 영향을 미침

(5) 분노: 그 자체가 심장혈관계통에 나쁜 것이 아님
분노가 과도하거나 부적절한 것이 건강에 문제임

(6) A형 행동유형: 시간의 압박감/조급성, 적대감

(7) 심장 혈관계반응성: 스트레스에 대한 반응으로 혈압과 심장박동률이 높아지는 정도 → 고혈압의 중요한 예측 인자

나) 관상심장질환

(1) 협심증: 주기적인 가슴의 고통, 흉골 뒤에 위치, 등쪽으로 퍼져 심장에 대한 산소 공급이 불충분하기 때문임.

(2) 심근경색: 심장발작으로 알려짐 → 심장에 산소 공급이 불충분하기 때문임.

(가) 신진대사 증후군 - 관상심장질환을 발생시키는 위험요인들의 결합

(나) 스트레스

(다) 심리적 위험요인: A형 행동유형, 분노와 적대감, 냉소주의, 우울과 불안

2) 천식

가) 호흡기 질환

나) 천식 발작: 폐 속의 기도가 좁아져서 숨쉬기 힘들어져서 휘파람 소리가 나는 것

다) 간헐적으로 발생하며 때로는 거의 매일 또는 몇 주나 몇 개월 간격을 두기도 함

라) 원인

(1) 생물학적 요인

(2) 알레르기를 가지고 있거나 사전 경향성 소질이 있는 경우

(3) 스트레스 생활환경과 부정적 정서 불안, 좌절에 의한 긴장, 분노, 우울, 즐거운 일이 생길 것 같은 기대감

마. 인구학적 특성과 건강

1) 남자와 여자가 사망률과 질환률이 다른 이유

가) 대부분의 나이에서 남자가 여자보다 사망률이 높음

나) 원인: 생명위협 질병으로 여자를 보호하는 생물학적 기제 그러나 현재 논의 중

2) 남자와 여자가 발병률이 다른 이유-여자가 더 잘 병에 걸림

가) 여성이 남성보다 오래 산다.

나) 여성이 남성보다 건강에 더 관심이 많아 의사를 더 잘 찾아간다.

다) 여성이 남성보다 더 많은 스트레스에 걸린다.

라) 의사들은 여성의 건강관련 호소를 덜 심각하게 여긴다.

마) 수입, 학력 및 인종과 같은 사회경제적 및 인구통계적 변인들에 따라 달라짐

3) 사회 경제적 수준, 인종, 그리고 건강 간의 연결고리

가) 사회 경제적 수준이 낮은 것이 건강문제의 발생률이 높고 사망률이 높은 것과 연관

나) 인종: 차별과 편견으로 인한 인종간의 발병률과 사망률의 차이

바. 건강과 심리적 요인에 대한 치료

1) 고혈압 치료하기

가) 약물치료

나) 불특정적인 지지적 심리치료

다) 체중감소

라) 소금 섭취량 줄이기

마) 금연

바) 규칙적인 운동

사) 알코올 소비 줄이기

2) 관상동맥질환의 위험 줄이기

가) 약물치료

나) 체중 줄이기

다) 소금 섭취량 줄이기

라) 운동

3) 분노와 적대감, 우울증 그리고 사회적 고립 줄이기

4) 스트레스 줄이기

　가) 점진적 이완훈련

　나) 인지재구조화

　다) 행동기술훈련: 자기 주장 훈련

　라) 환경변화

5) 인지행동적 개입: 집단 인지 행동 치료 등

문제 》

1. 주기적인 가슴의 고통, 흉골 뒤에 위치, 등쪽으로 퍼져 가는 증상을 보이며 심장에 대한 산소 공급이 불충분하기 때문에 생기는 병은?

　가. 근육통　　　　　　　　　나. 스트레스

　다. 천식　　　　　　　　　　라. 협심증

2. 관상동맥질환의 위험 줄이기 위한 치료 방법이 아닌 것은?

　가. 약물치료　　　　　　　　나. 체중 줄이기

　다. 소금 섭취량 줄이기　　　라. 정신분석

3. 스트레스에 대한 반응 단계에 포함되지 않는 것은

　가. 경고반응　　　　　　　　나. 대처반응

　다. 저항단계　　　　　　　　라. 소진단계

4. 관상동맥질환의 위험을 줄이는 방법이 아닌 것은?

　가. 약물치료　　　　　　　　나. 체중 줄이기

　다. 소금 섭취량 줄이기　　　라. 대화

5. 스트레스를 줄이는 방법에 해당하지 않는 것은?

　가. 점진적 이완훈련　　　　나. 인지재구조화

　다. 자기 주장 훈련　　　　　라. 음주

[1. 해설] 라
협심증은 상기의 증상을 보인다.

[2. 해설] 라
정신분석은 정신치료이다.

[3. 해설] 나
대처 반응은 없다.

[4. 해설] 라
대화는 관련 없다.

[5. 해설] 라
음주는 오히려 스트레스를 늘릴 수 있다.

심리학개론
이상심리학
심리검사
임상심리학
심리상담

㉑ 심리치료

가. 심리치료의 유형별 특성

1) 정신역동

(1) 프로이트와 그 동료들에 의해 개발됨

(2) 무의식적 갈등에 의해 증상이 유발된다고 봄

(3) 통찰 지향의 치료이며 비교적 긴 시간이 걸림

(4) 정신역동적 치료법은 정신분석의 치료 시간을 상대적으로 단축시킨 치료임

(5) 자유연상을 통해 어린 시절의 갈등이나 정서적 문제에 대한 증상을 해석함

(6) 정신분석은 대략 4개의 학파로 구분할 수 있음

    (가) 고전정신분석 학파: 프로이트의 욕동 이론을 발전시킴

    (나) 대상관계 이론 학파: 멜라닌 클라인의 대상관계 이론을 발전시킨 학파

    (다) 중도파: 고전정신분석과 대상관계 이론을 현실적으로 통합하여 이론을 적용시키려던 학파

    (라) 사파: 정신분석이론에서 떨어져 나와 자신의 이론을 구축한 학파, 융, 아들러 등이 있음

2) 경험치료

선택의 자유, 인간적 성숙, 개인적 책임감, 정서적 자각을 강조함

가) 내담자 중심 요법

(1) Carl Rogers에 의해 개발됨

(2) 가정

    (가) 인간은 그 자신의 지각내용과 감정에서 볼 때만 이해될 수 있다.

    (나) 인간은 원래 선하고, 유능하며 자기 지향적이며 자기 실현 욕구를 가지고 있다.

    (다) 인간의 타고난 선한 속성과 유능성은 타인 및 사회로부터 비롯된 너무나 많은 내면화된 요구와 편파적 영향으로 인해 위축되어 있다.

(3) 무조건적인 긍정적 존중으로 내적인 성숙을 촉진

(4) 치료 목표: 자신의 감정과 욕구를 경청하도록 도와준다.

나) 게슈탈트 치료

(1) 목표: 내담자가 자신의 정서를 경험하고 자신의 욕구를 충만시키는 것을 어떻게 해서 스스로 막게 되는지를 자각하도록 돕는 것

(2) 여기 지금 무엇을 하고 있는지에 초점을 둔다.

(3) 기법: 언어, 빈의자, 비언어 단서와 유사언어 단서에 대한 주목

(4) 인간은 어느 때라도 다른 실존적 선택을 내릴 수 있다는 것과 치료자는 침체상태를 감내해 줄 것이라는 메시지를 강력하게 전달

다) 정서 중심 치료
(1) Greenberg가 개발한 치료로 내담자 중심치료 + 게슈탈트 기법을 합침
(2) 적응적인 정서와 부적응적인 정서의 구분
(3) 부적응적인 정서를 더 빨리 알아차리고 감정의 원천을 이해하여 정서를 조절하는 것
(4) 정서의 이면에 존재하는 일차 정서를 찾아내서 해결하려고 함
(5) 정서가 1차적인가? 2차적인가? 적응적인가? 부적응적인가?
(6) 목표는 1차적 정서를 찾는 것. 1차적 정서가 적응적이라면 그것을 사용해서 문제해결(욕구)하도록 하면 될 것이고 1차적 정서가 부적응적일 때에는 잘못된 정서의 변화를 가져와야 문제해결이 된다고 봄
(7) 2차적 정서만이 표현된다면, 방어적인 면이 많은 것으로 1차적 정서를 모색해야 함
(8) 정서변화과정의 4단계
  (가) 1단계 원리: 정서적인 알아차림을 증진시킨다. 정서적 경험을 알며 의미를 부여하는 상징화, Gestalt Therapy
  (나) 2단계 원리: 정서조절을 증진시킨다. 정서는 가질 뿐 아니라 조절 가능해야 함. 불안할 때 호흡 멈춤 또는 과호흡으로 조절과 통제를 해야 함
  (다) 3단계 원리: 정서를 변화시킨다.(부적응적 정서→적응적 정서)
  (라) EFT에서는 내담자 안의 있는 내적자원과 적응적 정서사용으로 부적응적 정서를 다른 정서로 대체하여 변화를 가져오게 하는 것이다.
  (마) 4단계 원리: 정서를 반영함. 정서공감 기법을 통해 정서로부터 도망치는 것이 아니라 더 안으로 들어감으로 써 내담자의 욕구(필요)를 활성화시키고 자기를 재조직하는데 접근하여 회복된 정서를 반영하는 것. 남에게 침범 당했을 때 '화'를 내고 무언가 상실했을 때 '슬픔'은 건강한 자기구성을 도와 줌

3) 행동치료법
 가) 노출기법: 병리적 반응을 이끌었던 상황에 대한 회피를 하지 못하게 한 상태에서 해결적인 학습하도록 노출하는 것

4) 변증법적 행동치료
  경계선 성격장애 환자들의 자살충동을 조절하기 위해 개발된 치료법
 가) 개인치료 – 개인적 교습
 나) 대처 모임 – 유념하기, 대인관계 효율성, 감정조절, 고통인내
 다) 전화지도

5) 조작적 조건형성
 가) 파브로프의 고전적 조건화 기법과 스키너의 조작적 조건화 원리를 활용한 치료 접근

나) 광범위한 아동기 문제들에 적용됨

다) 행동 활성화 요법: 행동의 변화를 통해 감정을 변화 시키는 기법

라) 우울증의 치료에 많이 활용됨

마) 조작적 기법

바) 토큰 이코노미: 긍정적인 행동에 대해 강화물과 교환할 수 있는 토큰을 활용하여 긍정적인 행동을 이끌어냄

사) 부모교육

아) 강화계획: 조작적 조건화의 원리를 이용한 것으로 강화물의 제시 방식을 행동의 횟수 강화의 제시 간격 등을 조절하여 최적의 행동을 이끌어 내는 방법

5) 인지요법

가) 자신과 세상을 보는 관점이 중요한 결정요인임을 강조

나) 부적응적인 관점을 알아차릴 수 있도록 도와주는 것

다) 지정행동요법(REBT): 사고방식의 변화를 통해 정서와 행동을 변화 시키려는 접근

라) 마음 챙김 기반인지치료(MBCT): 자신의 정서와 행동에 대한 알아차림을 통해 충동적인 반응을 조절 관리하도록 하는 접근 법

마) 인지행동치료(CBT): 핵심적인 신념에 대한 변화를 통해 문제 행동을 변화 시키려는 치료 접근

바) 공통된 주제는 수용과 정서적 회피를 극소화하기 위한 전략을 구사

6) 부부요법

가) 대부분의 이혼이 7년 내에 일어남

(1) 파괴적 상호작용 패턴 중 하나가 순환적인 요구-철회 패턴

(2) 배우자 중 한 사람이 문제를 이야기하려고 하면 나머지 배우자는 이러한 노력을 하는 것을 거두어들임 → 이러한 철회는 처음에 이야기를 꺼낸 배우자로 하여금 요구를 더 많이 하게 만듦 → 이 배우자는 나머지 배우자를 끌어들이려고 더 애를 쓰게 되고 더 강한 회피행동을 야기 → 악순환

(3) 담쌓기: 요구-철회 패턴에서 역전되어 한 사람이 입을 다무는 것

(4) 대부분의 부부치료는 의사소통, 문제해결, 만족감, 신뢰감, 긍정적 감정을 증진시키는 데 초점을 맞춤

나) 유형

(1) 정신역동적 통찰지향의 부부치료: 부부 개인의 대인관계적 역동과 그에 대한 정서적 반응에 어떤 관계인지를 성찰하게 함

(2) 행동적 부부치료: 유쾌한 상호작용의 비율을 높이고 불쾌한 상호작용의 비율을 줄이는 것

(3) 인지 행동적 부부치료: 상대방의 행동에 대해 부정적인 해석을 덜 하도록 고안된 절차를 이용하여 행동적 접근법을 보완

(4) 통합적 행동 부부치료: 배우자를 수용하는 것을 높이도록 고안된 절차를 이용

하여 행동적 접근법을 보완

    (5) 정서 중심 치료: 상대 배우자에 대한 정서적인 연대와 요구에 대한 반응성을 높이는 것

7) 가족치료

가) 가족의 문제가 각 구성원에 영향을 미친다는 것과 구성원의 문제가 가족 전체에 영향을 미친다는 생각에 토대를 두고 있음

나) 아동기의 문제를 치료하는데 사용되기도 함

다) 심리교육

    (1) 해당 장애에 대한 이해를 높이고 가족 간의 헐뜯기와 적대감의 표현을 줄여줌

    (2) 가족들의 증상을 관리하기 위한 기술을 학습하는 것에 초점

나. 심리치료의 성과 연구

1) 치료가 효과가 있는가?

가) 300개 이상의 연구 결과에 대한 메타 분석에서 연구자들은 중간수준으로 긍정적인 수준으로 치료 효과가 있는 것을 발견함

나) 치료가 항상 효과 있는 것은 아니다. 내담자들 중 약 30%는 치료를 받아도 증세가 호전 되지 않는다.

다) 1995년 경험적으로 지지받는 치료법으로 경험적 지지에 대한 연구 발표

라) 처치연구의 기준

    (1) 연구하려는 표본에 대한 명확한 정의(Ex. 진단에 대한 기술)

    (2) 처치 매뉴얼에서처럼, 제공하려는 처치에 대한 명료한 기술

    (3) 신뢰롭고 타당한 성과 척도

    (4) 통제 조건 또는 대조 처치 조건이 포함된 것

    (5) 내담자를 처치 조건이나 대조 조건에 무선배정

    (6) 통계 검증을 하기에 충분한 크기의 표본

2) 성과 연구에서 쟁점

가) 치료가 해를 끼칠 수 있을까?

    (1) 10% 정도 치료 전보다 증상이 많아짐을 보고 연구 중

나) 치료 교본의 활용

    (1) 치료 교본: 특정 치료법을 시행할 때 단계별로 취해야할 절차가 상세히 소개된 지침서

    (2) 덕분에 심리치료에 관한 연구논문을 읽는 독자는 치료 회기 중에 실제로 일어난 일이 무엇인지를 알 수 있게 되었다.

    (3) 유능한 치료자에겐 교본이 너무 많은 제한을 가하게 될 것임을 주장함

다) 표본에 대한 정의 내리기

    (1) 표본 정의의 부정확성은 연구를 질적 양적으로 저하시킬 수 있다.

(2) 치료 연구에서 배제된 사람들에 대한 수효도 관심을 두어야 함

라) 현실세계에서 장애의 치료

    (1) 무선화된 통제 시행은 치료의 효율성을 파악하기 위해 설계된 것임. 어떤 치료법이 가장 명확한 조건하에서 효과가 있는지의 여부를 파악하려는 것

    (2) 효율성뿐만이 아니라 효과성, 즉 치료가 현실에서 얼마나 효과를 잘 가져다 줄 것인지에 대해서 파악할 필요가 있음

    (3) 효과성에 대한 연구를 위해

마) 보다 광범위한 문제를 가진 사람들을 포함시킨다.

바) 치료자에 대한 지도 감독을 강하게 하지 않는다.

사) 광범위한 성과 지표를 조사함. 이를테면, 내담자가 자기에게 도움이 된다고 여기는지의 여부와 치료가 끝날 무렵에 자신의 삶에 만족해하는지의 여부도 조사함

아) 가급적 간단한 평가도구를 사용함

3) 실험연구를 통해 얻어진 연구결과 요약

가) 전통적인 정신분석치료

    (1) 정신병리가 심한 환자는 불안장애 환자의 경우와 달리 효과가 적다.

    (2) 내담자의 교육수준이 높을수록 정신분석을 더 좋아할 가능성이 높다.

    (3) 치료자가 전이 반응에 대해 해석을 자주 해 줄 경우 성과가 나쁘기 쉽다.

    (4) 정신분석치료를 연구에는 통제집단이 결여되어 있다는 방법론적인 의미가 있다.

나) 단기 정신역동 요법

    (1) 사별, 직무 관련 스트레스, 불안장애, 외상후 스트레스장애, 정신병질에 효과가 있다.

    (2) 치료가 20회기 이상 지속될 때, 치료자가 치료 교본을 사용하고 특별훈련을 받았을 경우 효과가 있다.

다) 경험치료

    (1) 조현병과 같은 좀 더 심각한 문제보다는 불안과 우울과 같은 덜 심각한 문제에 효과적이다.

    (2) 정서중심치료가 가장 강력한 효과가 있다.

라) 인지행동치료

    (1) 단순공포증, 외상 후 스트레스 장애, 강박장애, 공황장애, 광장공포증 등에 효과적이다.

    (2) 성인뿐만 아니라 아동에게도 효과적이다.

마) 부부치료

    (1) 163개 이상의 연구결과에 대한 메타분석에서는 부부치료가 효과가 있다고 입증하였다.

    (2) 부부치료는 부부 사이의 고통을 감소시키는데 개인치료보다 성공적이다.

    (3) 의사소통 기술에 대한 결혼 전의 단기 훈련은 장차 부부 관계상의 만족을 높여

주고 이혼율을 줄일 수 있다.

바) 가족치료

(1) 광장공포증, 물질남용, 정신분열증, 양극성장애와 같은 광범위한 장애의 증상을 완화시키는데 효과적이다.

(2) 조현병에 대한 가족치료는 재발률을 상당히 낮추며 심지어 치료 후 2년 동안 효과가 지속되었다.

다. 심리치료의 과정에 관한 연구

1) 공통요인에 관한 연구

가) 공통요인에 관한 연구의 연구자들은 모든 유형의 치료법이 성공을 거두게 도와주는 공통된 요소를 이해하려고 노력함

나) 치료가 어떻게 효과를 가져다 줄 것인지에 강력한 이론적 근거, 치료자의 변화에 대한 기대, 강력한 치료적 관계가 포함된다.

다) 공통요인에 관한 연구를 치료적 관계에 초점을 지어 설명하면, 치료적 동맹은 치료자와 내담자의 협력관계를 말하는데, 이런 관계 속에서 정서적 유대감을 공유하며 치료 목표에 동의하게 되는 것이다.

라) 내담자 중심 치료에서 치료적 동맹은 좋은 관계는 변화를 위한 결정적인 요소 중의 하나로 가정되고, 정신분석적 치료에서는 좋은 관계 덕분에 해석이 더 효과를 나타내는 것일 수 있다.

마) 좋은 치료적 동맹은 공감, 긍정적 존중, 비언적 행동을 구사, 융통성 있지만 치료 목표를 일관되게 설정하는 치료자들이 더 잘 형성할 수 있다.

2) 변화기제에 관한 연구

가) 변화기제에 관한 연구의 연구자들은 특정한 형태의 치료법이 성공할 때 작용했을 독특한 과정을 이해하려고 노력함

나) 치료를 통해 성공적으로 변화를 시킬 수 있는 기제에 초점을 맞추고 이런 기제에 대해 언제 개입하는 것이 가장 도움이 많이 될 것인지를 파악해야 함

3) 치료개입과 재활개입의 차이

가) 치료 개입은 병리에 대한 치료를 중심으로 한 접근이다.

나) 재활개입은 병리를 치료하는 것에 중점을 두기보다는 전반적인 증상의 관리 및 사회적 적응을 중심으로 함

4) 재활개입

가) 임상적인 장면에서 정신사회 재활이란 정신장애 환자에게 사회기술을 가르치고 생활환경을 지지적으로 변화시킴으로써 자신이 선택한 구체적인 역할을 보다 잘할 수 있도록 돕는 것이다.

나) 자기관리, 약물관리, 증상관리, 가족관계 호전, 우정관계 지속, 취미행활과 직장유지, 돈관리, 자기 옹호, 주거 생활, 오락활동, 교통수단 이용, 식사준비, 공공

기관 이용 등이 포함된다.

5) 정신사회재활개입의 성과에 대한 요약

　가) 만성정신질환에 대한 정신사회재활치료는 약물치료와 재활치료를 함께 할 경우 재발과 재입원율이 현저히 감소된다.

　나) 환자가 사회생활을 해 나가는데 필요한 사회기술이나 직업기술을 배우기 때문에 자신감을 회복하게 되고 나아가 사회적인 역할을 잘 해 나감으로써 사회적응 및 생존율이 향상되고 삶의 질이 높아진다.

　다) 가족 역시 교육을 통해 병에 대한 지식을 가짐으로서 고통이 현저하게 줄어든다.

문 제

[1. 해설] ㉮
노출과 조작적 조작적 조건화를 활용한 치료는 행동치료이다.

1. 노출치료와 조작적 원리에 근거한 치료는?

　가. 행동치료　　　　　　　　　　나. 정신건강치료

　다. 인지행동치료　　　　　　　　라. 정신분석치료

[2. 해설] ㉯
가족관계 부부치료란 없다.

2. 부부치료 기법에 해당하지 않는 것은?

　가. 행동부부치료　　　　　　　　나. 통합적 행동부부치료

　다. 정서중심 부부치료　　　　　　라. 가족관계 부부치료

[3. 해설] ㉯
행동치료 경험적 심리치료가 아니다.

3. 경험적 심리치료에 해당하지 않는 것은?

　가. 내담자 중심요법　　　　　　　나. 행동치료

　다. 정서중심치료　　　　　　　　라. 게슈탈트 요법

[4. 해설] ㉮
대인관계의 역동을 중심으로 접근하는 치료법은 정신역동적 통찰지향 부부지료이다.

4. 부부 개인의 대인관계적 역동과 그에 대한 정서적 반응에 어떤 관계인지를 성찰하게 하는 부부치료는?

　가. 정신역동적 통찰지향 부부치료　　나. 행동적 부부치료

　다. 인지 행동적 부부치료　　　　　　라. 통합적 행동 부부치료

[5. 해설] ㉮
인지행동적 부부치료는 부정적 해석을 줄이는 접근이다.

5. 상대방의 행동에 대해 부정적인 해석을 덜 하도록 고안된 절차를 이용하여 행동적 접근법을 보완하는 부부치료 방법은?

　가. 정신역동적 통찰지향 부부치료　　나. 행동적 부부치료

　다. 인지 행동적 부부치료　　　　　　라. 통합적 행동 부부치료

22 정신질환에 대한 오명

가. 정신질환 오명의 세 가지 구성요소

1) 고정관념
  가) 반항적인 자유주의자로 보는 고정관념
     "정신질환자들은 기본의 틀을 깨는 행동을 한다."
     "기존의 틀을 깨는 행동을 하는 사람은 기본적으로 좀 이상한 사람이다."
  나) 살인광: 정신질환자가 매우 위험스럽다는 믿음을 영속시키게끔 함
     "연쇄살인을 저지르는 사람은 기본적으로 정신질환자이다."
  다) 유혹하는 여자
     "정신질환이 있는 여자는 성적으로 방종적이며 문란하다."
  라) 자기애적 이기주의
     "정신질환자들은 자신만을 생각하고 주변의 가족이나 친구, 사회는 생각하
        지 않는다."
  마) 동물원의 표본: 조롱의 대상이나 정상인의 놀이감으로 취급
     "정신질환자는 이상하고 신기한 존재이다. 광대와 다를 바 없다."
  바) 정신장애 원인론에 대한 고정관념
  사) 외상성 원인론: 어린 시절 외상성 사건이 정신질환을 겪게 함
  아) 조현병을 만드는 부모(Schizophrenogenic): 부모가 자녀들의 심한 정신질환에
     책임이 있다→연구에 따르면 꼭 그렇지 않다고 함
  자) 엉뚱한 행동이 정신장애로 낙인찍히고 부당하게 취급당함

2) 편견
  가) 위험하고 사고를 일으킨다.
     일반인들에 비해 정신질환자들이 사고를 일으키는 비율은 매우 적다.
  나) 격리 수용해야 한다.
     자해 및 타인에 대해 공격하려는 특별한 상황 가능성이 아니라면 꼭 입원이
     나 격리 치료를 할 필요가 없다. 낮병원 형태의 재활 치료 프로그램도 매우
     효과적이다.
  다) 낮지 않는 병이다
     정신질환 중 대부분의 장애가 치료 가능하며 더 악화되지 않도록 관리가 가
     능하다.
  라) 유전된다.
     유전에 직접적으로 연관되는 정신질환은 많지 않으며 가족력이 있다고 하여
     도 환경요소를 어떻게 관리하는가에 따라 발병을 막을 수 있다.
  마) 특별한 사람이 걸리는 병이다.

정신질환은 누구나 걸리는 병이다. 우울증과 같은 병은 약 80% 이상의 사람
이 일생에 한 번 이상은 경험함

바) 이상한 행동만 함

정신질환자의 경우 눈에 띄게 병리적인 모습을 보이는 경우는 증상이 심하게
나타나는 경우이며 대체로 경미하며 어떤 경우에는 일반인들보다 더 뛰어난
기능을 보인다. 이상한 행동에 연관된 정신질환은 협소하며 국한되어 있다.

사) 대인관계가 어렵다.

적절한 상호작용이 가능하며 결혼과 육아 등의 대인관계의 한 측면을 잘 수
행할 수 있다.

아) 직장생활을 못한다.

정신질환을 가지고 있으면서도 정신과 의사 등의 전문직종을 매우 성공적으
로 수행하는 경우도 있다.

자) 자동차 운전이나 운동을 못한다.

매우 특별한 경우를 제외하고는 운전, 운동 등 전반적인 신체적 활동에 문제
가 전혀 없다.

3) 차별

가) 정신질환을 앓고 있거나 과거 알았던 경우 다양한 형태의 차별을 받음

나) 특별한 사유 없이 보험가입, 취직, 결혼, 거주 및 이동의 자유가 제한됨

나. 정신질환에 대한 오명의 발생

1) 정서적 설명

가) 고전적 조건형성

나) 오귀인: 사회 문화적 갈등이나 내적 갈등의 원인을 잘못 돌림

다) 공격성의 전위: 자신이 받아들이기 힘든 것을 다른 대상으로 대치하는 것

2) 동기적 설명

가) 공정한 세상 가설: 공정한 세상에 대한 막연한 믿음으로 멜빈 러너가 처음으로
설명. 사람들은 세상은 예측 가능하며 이해 할 수 있다고 믿음

나) 권위주의 및 사회적 지배론

나) 사회적 정체성 이론

(1) 사회정체성이란 성인이 사회적인 관계 속에서 자신의 역할과 지위에 대해 갖
는 주관적 인식

(2) 개인들은 긍정적인 사회적 정체성을 성취하고자 하며, 그것은 부분적으로 내
집단과 외집단의 긍정적 비교를 통해서 성취된다.

(3) 그들은 관련된 외집단을 손상시키고 내집단을 더욱 긍정적인 것으로 만듦으로
써 그러한 자존감을 획득

(4) 사회정체성 이론의 세 가지 요소

라) 범주화

마) 동일시

바) 비교

3) 인지적 설명

가) 상관 착각: 상관관계가 없는 것을 있는 것으로 착각

어떤 범죄 행위를 한 사람이 정신장애자라는 방송을 보고 정신장애가 있기 때문에 범죄를 저질렀다고 잘못 연관관계를 만들어 냄

나) 기대확증 편파: 자신이 원하는 것만을 찾음. 일종의 자기기만으로 자신의 신념에서 벗어나는 사실은 고려 대상에서 제외시킴. "정신장애는 분명 다양한 다른 범죄와 문제를 일으킬 것이다."

다) 자기충족적 예언: 자신이 예언 혹은 예상하는 것을 실천함

라) 인지적 효율성 추구: 군더더기 없이 간단하게 세상을 설명하려 함

마) 양가성: 정신장애에 대해 모순된 두 감정과 사고방식을 경험하고 있어 때로 행동과 표현에서의 불일치를 노출함

바) 고정관념의 억압: 고정관념을 유지하고 있으나 이를 억압하여 자신이 실제로 그렇게 인식하고 있는지 알지 못하고 억압된 행동을 반복함

사) 투사: 자신의 내적 문제에 대해 타인에게 있다고 생각하는 무의식적 방어 기제 중 하나. 가족 중 혹은 자신이 정신장애를 가지고 있지 모른다는 불안감을 외부의 정신적 어려움을 경험하는 사람에게 투사하여 자신의 불안감을 해결하려는 태도를 야기함

4) 정신질환에 대한 오명을 변화시키기 위한 전략

가) 항의: 오해나 잘못된 정신질환의 편견에 대해 직접적으로 항의

(1) 편견을 가지고 있는 사람들 특히 유명 인사들에 대해 e-mail이나 서한, 전화 등을 통해 직접적으로 수정하도록 요구하기

(2) 오해에 대한 부분에 대해서도 잘못된 부분에 대한 수정 및 사과 받기

나) 교육적 접근: 제대로 된 정신질환의 이해를 돕기 위해 다양한 질환들에 대한 실질적인 교육을 시행 함

(1) 방송, 신문기사, 인터넷, 공익광고 등을 통해 제대로 된 정신질환에 대한 교육을 하여 올바른 인식을 심어준다.

다) 접촉: 환자와 비환자의 실질적인 접촉, 견학, 마니또 및 멘토, 집단 프로그램을 통해 실제 정신질환자들과의 만남을 통해 편견을 해소

라) 문화적 살포: 다양한 방송매체, 영화, 다큐멘터리 등을 통해 왜곡된 환자에 대한 시선을 교정

마) 명분 마케팅: 정신건강 및 정신질환자의 정신 건강과 재활 성공 사례들을 통해 관심을 이끌고 실질적으로 왜곡된 사고 방식을 교정

문제

[1. 해설] ㉑
정신질환은 꼭 격리를 해야
하는 것은 아니다.

1. 다음 중 정신질환에 대한 편견이 아닌 것은?
　가. 낫지 않는 병이다.　　　　나. 특별한 사람이 걸린다.
　다. 이상한 행동만 한다.　　　라. 격리만이 해결책은 아니다.

[2. 해설] ㉮
정신질환의 오명에 대한 정
서적 설명은 귀인이 아닌 오
귀인이다.

2. 정신질환의 오명에 대한 정서적 설명이 아닌 것은 어는 것인가?
　가. 귀인　　　　　　　　　　나. 고전적 조건형성
　다. 공격성의 전위　　　　　　라. 오귀인

[3. 해설] ㉯
공격성의 전위는 정서적 설
명에 해당된다.

3. 정신질환의 인지적 설명에 해당하지 않는 것은?
　: 상관관계가 없는 것을 있는 것으로 착각
　가. 상관 착각　　　　　　　　나. 공격성의 전위
　다. 자기충족적 예언　　　　　라. 기대확증 편파

[4. 해설] ㉮
상관착각에 해당하는 설명
이다.

4. 상관관계가 없는 것을 있는 것으로 착각하는 것으로 어떤 범죄 행위를 한 사람이
　정신 장애자라는 방송을 보고 정신장애가 있기 때문에 범죄를 저질렀다고 잘못 연
　관관계를 만들어 내는 것과 연관된 것은?
　가. 상관착각　　　　　　　　나. 기대확증편파
　다. 자기충족적 예언　　　　　라. 인지적 효율성 추구

[5. 해설] ㉰
자기 충족적 예언은 자신이
예언한 것이나 예상한 것을
실천하는 것이다.

5. 자신이 예언 혹은 예상하는 것을 실천함과 연관된 것은?
　가. 상관착각　　　　　　　　나. 기대확증편파
　다. 자기충족적 예언　　　　　라. 인지적 효율성 추구

PART 03 심리검사

1 심리검사와 심리평가

가. 심리검사

1) 심리검사란?

가) 인간의 심리적 특성을 측정하기 위한 객관적이고 체계적인 과정

나) 인간의 성격, 능력 및 그 밖의 사람이 갖고 있는 심리적 특성의 내용과 그 정도를 밝힐 목적 → 일정한 조건하에 이미 마련된 문제나 혹은 작업을 제시 → 행동, 행동의 결과를 어떤 가정의 표준적 관점에 비추어 질적 혹은 양적으로 기술하는 조작적 절차를 의미

2) 심리검사의 사용 목적

가) 검사의 선택은 검사의 사용 목적에 적합해야 하며, 사용 목적에 적합한 검사인가의 판단은 검사의 타당도를 검토함으로써 가능함

나) 검사 목적에 따라 개인검사와 집단검사가 차별적으로 선택되어야 함

다) 사용 목적에 따라 검사 유형이 달라져야 함

3) 핵심단어 정리

가) 측정: 주어진 특성을 질적으로 분류하거나 수량화 하는 과정

나) 심리적 구성개념: 인간의 행동이나 심리적 속성을 설명하기 위한 이론을 만드는 과정에서 사회 과학자들이 만들어낸 추상적이고 가설적 개념

다) 조작적 정의: 심리적 구성개념을 측정할 수 있는 구체적인 행동용어로 정의하는 것

라) 표준화: 검사를 시행하고 채점하는 과정이 일정한 방식에 따라 진행되는 것을 의미

마) 규준(Norm): 개인의 점수를 다른 사람들의 점수와 비교해서 해석 할 때, 비교가 되는 점수

바) 규준집단(Norm Group): 개인의 점수를 다른 사람들의 점수와 비교해서 해석 할 때, 비교가 되는 집단

4) 임상가의 역할과 심리평가

가) 임상가의 역할

(1) 내담자에게 어떤 문제가 있는지 밝히고 어떠한 치료와 중재가 적합한지 알아냄

(2) 검사 자체 외에도 내담자에 대한 다양한 자료를 모으고 이해해야 할 필요가 있음

(3) 최근에는 검사에 20% 정도의 업무 시간을 할애하고 경영, 자문, 조직의 발달, 직접적 처치로 그 역할이 확대되었음

나) 임상가로서 심리평가에 대해 염두에 두어야 할 사항

(1) 심리검사는 내담자에 대한 자료를 모으는 한 방법일 뿐임

(2) 여러 검사를 통해 더 포괄적으로 이해하기 위해 검사 총집(Test Battery) 사용을 고려해 볼 수 있음

(3) 검사 결과는 개인사, 맥락을 토대로 타당화되어야 함

(4) 기초 통계 및 다양한 심리학에 대해 이해하고 있어야 함

(5) 심리적 개념에 대한 조작 전 준거까지 이해해야 함

※ 즉, 문제상황에 처한 개인을 의사결정에 초점을 맞추어 종합적으로 평가

나. 심리평가

1) 심리평가란?

가) 개인의 심리적 특성을 이해하기 위한 일련의 전문적 과정

나) 심리검사와 상담(면담), 행동관찰, 전문지식 등 여러 방법을 토대로 자료를 수집 →이를 토대로 종합적인 평가를 내리는 전문적인 과정→이는 문제해결과정이라고도 할 수 있음

다) 인간에 대한 심리학적 지식, 정신 병리에 대한 지식, 진단 분류에 대한 지식, 그리고 임상적 경험을 갖추고 있어야 함

> 심리평가 = 심리검사 + 행동관찰 + 면담

2) 심리검사 평가 시 고려 사항

가) 내담자의 교육 수준(특히 독해력)

나) 검사의 길이(지나치게 길면 라포 형성에 방해됨)

다) 검사 실시 전에 임상가의 훈련 가능 기간

라) 표준화 검사 사용 시

(1) 표준화 집단과 검사대상 모집단의 대표성

(2) 표준화 집단의 크기(충분히 큰가?)

(3) 세부 하위 집단 규준(성별, 교육, 거주지)

3) 심리평가의 단계

가) 제1단계: 내담자의 문제가 어떤 것인지 정확하게 파악하고 그 문제 해결에 도움을 줄 수 있는 심리검사를 선택

나) 제2단계: 선택된 심리검사를 표준 절차에 따라 시행

다) 제3단계: 심리검사를 마친 다음 면담을 통해 정보를 수집(행동관찰, 가족 면담, 학교 기록부 등 다양한 자료 수집)

라) 제4단계: 심리검사, 면담, 행동관찰, 기타방법에 의해 얻어진 정보와 자료를

연결하여 종합하는 과정을 거친 후 종합된 정보를 바탕으로 심리평가보고서를 작성

다. 심리평가를 위한 면담

1) 개요
면담은 환자 또는 내담자의 의식적 관점, 느낌 및 문제를 직접 탐색하는 중요한 임상적 수단이며 가장 기본이 되는 임상 평가법

2) 평가면담의 형식(구조화된 정도에 따라 구분)
가) 비구조적 면담(개방적 면담)
- (1) 특별한 형식이나 절차를 미리 정해 두지 않고 면담 시의 상황과 내담자의 반응에 대한 심리평가자의 판단에 따라 유연성 있게 진행되는 면담 절차
- (2) 융통성이 있음
- (3) 때로는 내담자의 진술을 따라가면서도 또 때로는 심리평가자가 특정한 내용에 초점을 맞추어 중요한 정보를 집중적으로 탐색할 수 있음
- (4) 비구조적 면담을 통해서는 다량의 자료를 수집하기 어려움
- (5) 수집된 자료를 객관적으로 수량화하기 어려움→다량의 자료 수집 및 분석해야 하는 연구 장면에서는 사용 어려움

나) 구조적 면담
- (1) 내담자의 다양한 문제, 심리평가자들 간의 개인차 등을 극복하기 위해 수집되어야 할 내용, 질문 및 진행방법, 반응을 기록하고 분류하는 방법 등을 구체적으로 상술→표준화된 방식의 자료수집이 가능
- (2) 표준화된 실시는 신뢰도, 면담자 간의 일치도를 높여줌
- (3) 해석에 도움이 되는 규준값을 제공할 수 있음
- (4) 면담 절차와 질문이 구체적으로 만들어져 있음→전문가가 아니라도 단기간의 훈련을 가친 후 실시할 수 있음
- (5) 구조적 면담은 미리 준비된 질문의 범위를 벗어나는 정보를 얻을 수 없음
- (6) 실시절차상 면담의 상황이나 내담자의 문제와 상태에 따른 융통성을 발휘할 수 없음
- (7) 면담과정에서 내담자의 자발성이 억제되기 때문→구체적인 개개인에 초점을 맞춘 임상심리평가의 일환으로 사용하는 데는 한계→임상실제에 직접 사용하기보다는 일차적인 검색 목적 또는 연구 목적으로 더 흔히 사용됨

가) 반구조적 면담: 구조적 면담과 비구조적 면담의 장점을 동시에 살린 것

3) 평가면담의 내용
가) 심리평가의 사유: 면담을 시작하면서 먼저 확인해야 할 내용은 심리평가를 받게 된 직접적인 이유, 즉 '주문제' 또는 '증상'
나) 발달사적 정보: 주 문제와 함께 그러한 문제의 경과 및 생활에 미친 영향 등에

관한 정보가 수집된 후→내담자의 발달사, 내담자가 속해 있었던 사회적 환경의 초기 상태와 변천사에 관한 자료 수집

다) 정신상태평가

(1) 정신상태평가는 내담자 혹은 환자를 관찰하고 자기진술을 이끌어 냄

(2) 질문을 통해 내담자의 심리적 및 행동적 기능을 평가하는 과정

(3) 정신상태평가 검사의 주요 항목

(가) 일반적 외모와 면담행동(복장, 얼굴표정, 자세와 동작 등)

(나) 면담자에 대한 태도(협조적인지, 적대적인지, 거부적인지, 양가적인지 등)

(다) 정신운동 기능(초조, 과잉활동성, 지체, 둔화 등)

(라) 감정과 정서(적대적인지, 가변적인지, 둔화, 지체 등/유쾌, 불쾌, 우울, 고양, 초조, 불안 등)

(마) 언어와 사고(사고의 형식과 흐름: 횡설수설, 우원성, 이탈, 비약, 신조어, 보속성, 작화증 등)

(바) 지각의 혼란(환각과 착각)

(사) 감각과 지각(지남력, 주의력, 집중력, 비현실감, 이인감 등)

(아) 기억(저하된 기억, 허구적 회상, 작화, 병적 거짓말 등)

(자) 지능

(차) 판단력과 병식

라. 심리검사의 유형

1) 측정 내용에 따라

가) 최대능력검사: 주로 지능, 적성, 학력 등의 지적영역검사들(조작이 어려움)

나) 대표적 행동표현검사: 성격, 흥미, 가치관 등 정의적 영역검사들(조작 가능)

2) 검사의 대상이 따라

가) 개별검사: 한 사람의 검사 실시자가 한 번에 한 명의 피검자를 상대로 실시할 수 있는 검사(웩슬러 지능검사, 로르샤하 검사, 주제통각 검사 등)

나) 집단검사: 검사 실시자가 한꺼번에 두 명 이상의 피검자를 대상으로 실시할 수 있는 검사(지필 검사 형태로 제작된 지능검사, 설문지 형식의 검사 등)

3) 측정 수단에 따라

가) 언어성 검사: 인쇄된 문자나 말로 자극 또는 문항을 제시하고 글이나 말로 대답하게 하는 검사

나) 비언어성 검사: 검사문항을 추상적 도형 혹은 그림으로 제시하거나 토막 쌓기, 그림 맞추기 등과 같은 자료들을 주고 답도 문자나 말을 쓰지 않고 간단한 기호 또는 동작으로 반응하게 하는 검사

4) 검사내용(자극)의 구체화 정도(검사의 질문내용 명료화 정도)에 따라

가) 구조화 검사: 일반적인 지필검사

나) 반구조화 검사: TAT, 문장완성 검사⇒투사검사

다) 무구조화 검사: 로르샤하 검사⇒투사검사

5) 시간제한 여부에 따라

가) 속도검사(시간제한): 주어진 시간 안에 어느 정도의 바른 답을 많이 반응했는가를 재는 검사

나) 역량검사(시간 무제한): 검사 시간제한은 전혀 없으며, 어려운 문제를 어느 정도 풀 수 있는가를 측정. 작업 제한 검사라고도 함

6) 표준화 여부에 따라

가) 표준화 검사

(1) 언제, 어디서, 누가 실시하더라도 검사의 내용, 실시 방법이 동일→채점 결과 같은 점수가 나옴→해석이 동일하도록 표준화된 절차를 거쳐 제작한 검사

(2) 검사를 실시할 때는 실시 요강에 따라 모든 과정이 엄격하게 통제되어야 함

(3) 일반적으로 표준화 검사는 검사 제작 전문가에 의해서 제작되고 시판되며 검사의 규준(Norm), 신뢰도(Reliability), 타당도(Validity)와 같은 통계적인 자료가 제시되어 있음. 형식적 검사라고도 함

나) 비표준화 검사: 엄격하고 체계적인 표준화 절차를 거쳐 제작되지 않고 연구자들이 비공식적으로 제작한 척도나 설문지 등을 지칭. 흔히 비형식적 검사라고 함

문제

1. 표준화 검사가 다른 검사에 비하여 객관적인 해석을 가능하게 해주는 이유는?

(2003, 2006 기출)

가. 타당도가 높기 때문이다.

나. 규준이 확보되어 있기 때문이다.

다. 신뢰도가 높기 때문이다.

라. 실시가 용이하기 때문이다.

[1. 해설] ④
표준화 검사가 다른 검사에 비하여 객관적 해석이 가능한 이유는 규준이 확보되어 있기 때문이다.

2. 다음 중 표준화 검사의 특징에 들지 않는 것은? (2004, 2008 기출)

가. 검사 실시의 절차가 엄격히 통제된다.

나. 모든 표준화 검사는 규준을 갖고 있다.

다. 반응의 자유도를 최대한으로 넓힌다.

라. 두 가지 이상의 동등형을 만들어 활용한다.

[2. 해설] ④
표준화 검사는 검사를 실시할 때는 실시 요강에 따라 모든 과정을 엄격하게 통제해야 하므로 실시/반응에 있어 자유도를 넓힐 수 없다.

3. 심리평가를 위한 면담기법 중 비구조화된 면담 방식의 장점으로 볼 수 있는 것은?

가. 면담자 간의 진단 신뢰도를 높일 수 있다.
나. 연구 장면에서 활용하기가 용이하다.
다. 중요한 정보를 깊이 있게 탐색할 수 있다.
라. 점수화하기에 용이하다.

4. 심리평가를 위한 면담에 관한 설명으로 틀린 것은? (2012 기출)

가. 피검자뿐 아니라 필요하다면 보호자와 같은 주변 사람으로부터 정보를 얻을 수 있다.
나. 라포를 유지한 상태에서 피검자의 자발성을 최대한 이끌어내는 것이 필요하다.
다. 피검자의 진술에서 객관적 현실에 부합되지 않는 경우는 직면이 필요하다.
라. 폐쇄형 질문보다는 개방형 질문을 우선적으로 사용한다.

5. 행동관찰을 통한 객관적 방법의 설명이 아닌 것은? (2008 기출)

가. 검사 목적이 피검자에게 알려지지 않기 때문에 실제 임상장면에서 적절하게 사용될 수 있다.
나. Kline은 현재 널리 사용되고 있는 행동관찰법이 투사적 검사와 객관적 검사의 장점을 최대한 활용한 최상의 성격측정법이라고 제안한다.
다. 질문지법에서와 같은 피검자의 반응경향성이 방지될 수 있다.
라. 신체반응 측정과 같은 방법은 성격의 횡문화적 연구에 널리 사용될 수 있다.

[3. 해설] ④
비구조화된 면담 방식의 장점은 중요한 정보를 깊이 있게 탐색할 수 있다는 점이다.

[4. 해설] ④
면담은 심리평가의 사유, 발달사적 정보, 정신상태 평가를 주 내용으로 하며 면담을 통해 피검자 자신이 인식 또는 인정하는 현재의 주요 문제를 상세하게 확인하고, 그러한 문제에 대한 자신 및 주변 사람들의 인식과 입장, 역할 등을 검토하고 비교해 볼 수 있다. 또 현재의 역할수행 수준, 처해 있는 생활 상황, 의미 있는 대인관계, 자신 및 주변 환경에 대한 태도 등에 관한 정보를 얻을 수 있다.

[5. 해설] ④
행동관찰을 통한 객관적 방법의 장점
- Cattell(1973)은 정보제공 출처를 a. 면을 통한 생활사, b. 질문지 통한 검사 결과, c. 실제적인 행동관찰 자료로 보았다.
- Kline은 행동관찰로 투사적 검사, 질문지 검사의 단점을 보완할 수 있다고 제안하였다.
- 행동관찰의 장점
a. 행동관찰의 목적이 피검자에게 알려지지 않기에 임상장면에서 적절히 사용
b. 객관적 검사에서 피검자의 반응경향성 방지
c. 신체 반응 측정 같은 방법은 성격의 횡문화적 연구에 널리 사용될 수 있다.

② 심리검사의 역사적 배경 및 제작

가. 심리검사의 역사적 배경

1) 심리검사의 역사

✔ 공부 Tip

* 검사의 역사 중 Army 알파 검사와 Army 베타 검사는 잘 정리해 두어야 한다. 알파는 언어성 지능검사이며 베타 검사는 비언어성 지능검사와 유사하다.

〈표〉 심리검사의 역사

1880년 이전	1800년대 중엽	1914년 1차 대전	1930년 미국의 경제공항
개인차 인정 않음: 게으름과 의지력의 차이로 봄	· 영국: 갈톤(개인차 연구, 통계학의 발달) · 독일: 분트의 실험심리학 · 프랑스: 비정상에 대한 국민적 관심 1905년: 비네검사(오늘날 심리검사의 모태)	· 지능수준을 고려한 장교의 선발 · 집단용 지능검사, 성격검사 개발	· 실직자와 구직자 적재 적소에 배치 위한 직업 적성검사 개발 · 1930년대 이후는 심리 검사 발전의 정체기

1941년 2차 세계대전	1957년 소련 인공위성 발사	1970년대	1980년대 이후
· 군인의 설발과 배치에 심리검사 필요(여러 형태의 심리검사 개발 원동력) · cf. 1950년 검사종류 1,300여종 (저질검사로 사회적 물의 ⇒ 사회적, 전문적 제재 요청됨) ⇒ 1954년 미국심리학회, 교육연구협회, 교육측정협회 공동으로 기준지침서 출간)	· 학생들의 재능 조기발견: 학교심리 검사 프로그램 강 조됨 · 1941~1960초 반: 심리검사 발 전의 극성기	· 인본주의 사상 확 산으로 심리검사 에 회의감 확산 · 칼 로저스의 이 론: 내담자의 의존 성 유발 지적	· 심리검사 타당성 에 대한 흑백논리 에서 벗어남 · 주어진 상황에 따 라 적절한 사용 및 유의점 강조

가) 과거: Freud, Jung, Adler와 같은 이론가들이 만들어 놓은 비구조화된 임상면 담을 통해 내담자의 과거력, 기본 성격을 진단함 (라포의 중요성)

나) 1960~1970년대

   (1) 경험적 타당도를 극복하기 위해 다양한 검사도구가 개발됨

   (2) 생리심리적 평가의 등장으로 기질적 손상, 기능적 손상 등을 측정하기 시작함

   (3) 행동치료의 증가: 행동(행동목록표, 행동분석), 생리적 반응, 또는 자기보고를 포함

다) 1980년대 이후: 성격장애, 개인과 환경 간의 관계, 행동장애의 인지적 과정, 개인 적 통제의 수준 등 포함

2) 행동평가법의 역사와 발달

가) 1960년대 중·후반까지

   (1) 산업 및 조직 장면에서 일찍부터 공식적으로 적용되었으나(Hartshorne &

May, 1928) 임상장면에서는 자주 활용되지 않음

(2) 행동의 진정한 원인을 무의식에서 찾고자 하는 정신역동적 접근법에 대한 비판으로 관찰할 수 있는 행동에만 초점을 두었음

(3) 조작적 조건화 패러다임을 따름: 특정한 행동을 변화 시킬 수 있는 구체적 행동반응, 목표행동, 강화제를 확인하는 데 초점을 둠. 행동의 빈도, 비율, 지속 시간을 수량화하여 보고

(4) 행동평가법과 전통적 평가법의 목적, 가정, 적용

		행동적 접근	전통적 접근
목적		· 문제행동과 그것을 유지하는 **조건** 확인 · 적절한 처치를 선별 · 처치효과를 평가 · 처치를 수정	· 문제의 조건을 진단하고 분류 · 병인론(病因論)적 요인을 확인 · 예측을 도와줌
가정	행동의 원인	· **상황**변인 또는 상황과 개인 간 변의의 상호작용의 함수로 봄	· 개인의 심리적 변의의 함수로 봄
	행동의 의미	· 특정한 **상황**에서 개인이 할 수 있는 여러 행동의 표집으로 봄	· 지속적·근본적인 특질 또는 개인 변의의 증후로 봄
적용	도구의 구성	· 관련된 **상황**의 맥락적 특성 강조 · 행동의 대표성을 강조	· 맥락적 특성을 강조하지 않음 · 특질을 강조
	평가 범위	· 광범위함: 문제행동, 유지시키는 조건, 치료의 선행조건, 치료의 시행, 치료의 결과까지 포함시킴	· 협소함: 문제를 일으키는 조건에 국한하여 평가함
	평가 계획	· 평가를 반복함: 치료과정 중 중요한 시점이나 치료하는 동안 내내 평가를 계속함	· 평가를 자주하지 않음: 대개 치료 전과 후에 함
	평가 방법	· 직접적 측정 방법	· 간접적 측정 방법

(5) Mischel (1968)의 전통적 심리학 비판

(가) "전통적 심리학에서 강조하는 특질(trait)은 언어의 왜곡에 근거한 허구이며 개인의 역할과 일시적 상황에 부합된 결과이고 예측하고 싶은 욕구에 근거한 편파이다."

(나) "DSM-II의 진단이 신뢰도와 타당도가 낮고 내담자의 실생활이나 치료의 유용성과 무관하다."

나) 1970년대: 행동평가의 광범위한 활용

(1) 단일사례연구: 학교, 직업, 가족, 다양한 사회문화적 틀과 같은 보다 큰 맥락으로 확대

(2) 병원과 같이 통제된 상황에서는 엄격한 조작적 패러다임이 효과적이지만 장기

적 임상효과를 위해서는 광범위한 환경이 개인에게 끼치는 큰 영향력을 고려해야 함

(3) 개인의 행동을 효과적으로 변화시키려면 환경을 변화시켜야 한다는 인식

(4) 인간의 객관적 행동뿐만 아니라 느낌, 감각, 상상, 인지, 대인관계, 심리생리적 기능과 같은 다양한 측면으로 확대(Lazarus, 1973)

(5) 내담자의 자기보고, 중요한 인물의 평가, 인지와 같은 간접적 측정을 수용

다) 1980년대와 1990년대: 재검토 및 확대기

(1) 행동평가의 기본 가정과 다른 분야와의 통합에 대한 전면적인 재검토

(2) 정신의학의 행동평가 방법 도입: 정신치료 장면에서 진단 및 치료가 개선

(3) Problem Oriented Record(Weed, 1968): 구체적인 행동자료, 문제목록, 치료계획 및 추수자료 구축

(4) DSM-III-R과 DSM-IV에서 각 진단준거에 대한 구체적인 행동기술을 발달시킴

(5) 행동평가를 전통적인 정신의학의 진단과 통합시키기 위한 노력: 우울증 및 아동기 장애의 진단에 대한 연구

(6) 'Journal of Behavior Therapy and Psychiatry'에 정신치료와 행동평가 관점의 폭넓은 통합 내용을 출판함

나. 심리검사의 제작

1) 심리검사의 제작 절차

가) 검사 목적의 구체화

나) 측정 방법 검토

다) 검사제작 계획서 작성

라) 예비문항 제작, 문항 검토

마) 예비검사 시행

바) 문항수정, 본 검사 제작

사) 본 검사 시행

아) 검사와 문항분석

자) 검사사용설명서 제작

2) 측정방법의 검토

가) 측정수준이란 측정결과로 얻어진 상이한 숫자들이 가지는 성질

나) 수량척도수준과 비수량척도 수준으로 나눔

다) 수량척도수준: 비율척도수준과 등간척도수준

라) 비수량 척도 수준: 순서(서열) 척도수준과 구분(명명)척도수준이 있음

마) 척도의 종류

(1) 구분(명명)척도(Nominal Scale)

(가) 가장 낮은 수준의 측정

(나) 대상 자체 또는 그 특징에 대해 명목상의 이름을 부여 하는 것

(다) 검사반응을 인위적으로 정의한 범주에 따라 분류하는 것으로 이때 범주는 수량화하는 특징을 지니지 않으며 사물을 구분하는 특징을 지님

(2) 순서(서열)척도(Ordinal Scale)

(가) 어떤 기저의 차원에 따라 반응을 서열화하는 척도

(나) 대부분의 Likert척도

(다) 명목수준의 측정에서처럼 측정대상인 사물이나 현실을 분류하고 명칭을 부여 + 순서 또는 서열까지 부여함

(3) 등간척도(Interval Scale)

(가) 명목척도와 서열 척도의 속성을 모두 포함

(나) 측정대상의 특징 및 속성에 따라 서열화하는 것 + 서열 간의 간격이 일정하도록 연속선상에 수치를 부여하는 것

(4) 비율척도(Ratio Scale)

(가) 측정대상의 특징 및 속성에 절대적인 영점을 가진 척도로 수치를 부여하는 것

(나) 가장 세련된 측정수준으로 가감 같은 수학적 조작을 할 수 있음 + 승제와 같은 수학적 조작까지 가능 → 가장 고차원적인 측정

〈그림〉 4가지 척도의 특성

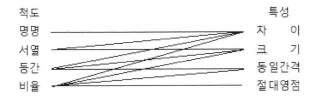

3) 초기(예비) 문항 선정

심리검사 제작의 첫 단계. 검사가 평가하고자 하는 목적을 분명히 함 → 그 목적에 맞게 구성개념을 선정 → 그 구성개념을 대표하거나 검사영역을 정의해 주는 행동을 찾아내어 예비문항을 선정

4) 문항분석

가) 문항의 난이도

(1) 각 문항의 어렵고 쉬운 정도를 알려주며 문항의 난이도 지수는 0.0에서 1.0의 범위를 가짐

(2) 1.0은 모든 피검자가 문항의 답을 맞힌 쉬운 문제를 나타내며 0.0은 모든 피검자가 답을 알아맞히지 못한 어려운 문항을 나타냄

나) 문항의 변별도

(1) 변별도 지수 = 상위점수 받은 피검자 수 - 하위점수 받은 피검자 수/양 집단의

척도의 종류

1. 구분(명명)척도
   (nominal scale)
2. 순서(서열)척도
   (ordinal scale)
3. 등간척도(interval scale)
4. 비율척도(ratio scale)

✔ **공부 Tip**

개론의 연구방법과 중첩이 되지만 척도의 종류는 중요한 개념임으로 꼭 정리해 두어야 한다.

✔ **공부 Tip**

심리학의 척도에는 비율척도는 거의 사용되지 않는다. 왜냐하면 인간의 심리에 절대 0값을 가지는 것은 없다고 볼 수 있기 때문이다.

피검자수

(2) 문항의 변별도 지수는 높은 점수를 얻는 사람과 낮은 점수를 얻는 사람을 구별해 줌

다) 문항의 반응분포

(1) 정답이 있는 선다형의 문항에서 각각의 선택지를 택한 사람들이 몇 명인지를 분석하는 것

(2) 바람직한 문항이라면 응답자들이 정답 이외에 다른 선택지를 택할 확률이 비슷해야 함

라) 검사점수의 분포

(1) 피검자들이 보이는 속성수준의 분포는 정규분포를 따를 것으로 기대

(2) 모든 피검자들이 검사점수 분포를 검토할 때 검사점수가 정규분포에서 벗어난다면 그 검사에는 문제가 있음을 나타냄

마) 요인분석: 측정변수 속에 숨어있는 이론변수를 추출해 내는 과정으로 문항들을 분석하여 외관상 보이지 않지만 이들을 구성하고 대표하는 이론변수를 추출해 내는 과정임

바) 문항의 파편성: 문항들이 어떤 특정 집단에 불리하거나 유리하게 편파적으로 분포되어 있는 것

5) 실시과정의 표준화

가) 예비문항을 선정하는 단계

(1) 표준실시 방식

(2) 표준 채점 방식

나) 문항 형식

(1) 강제 선택형

(2) 선다형

(3) 개방식 문항 → 표준 실시가 어려움 → 표준 실시의 경우 → 가능한 한 표준 지시방식에 따라 기본 사항만을 말하도록 요구

다) 두 가지 경우에 문제가 발생

(1) 채점할 수 있는 반응을 얻어내고 난 다음 검사자가 반응과정에 대해 더 많은 정보를 얻어내고자 하는 경우

→ 검사자는 표준지시에 적혀 있지 않는 방식을 추가하면서 채점이 가능하도록 새롭게 질문하고 검사에 지시를 내려야 함

(2) 심리측정은 개인의 대표적 행동을 표준 절차에 따라 표집하고 이러한 결과를 일반화하는 과정이기 때문에 임상장면에서 검사자가 시행하는데 문제가 없도록 표준절차가 마련되어야 함

문제

1. 표준화 검사 개발과정이 맞는 것은? (2007)

가. 검사목적의 구체화 → 측정방법 검토 → 예비검사 시행 → 문항수정 → 본 검사 제작 → 검사문항 분석 → 검사사용 설명서 제작

나. 측정방법 검토 → 검사목적 구체화 → 예비검사 시행 → 문항수정 → 검사 문항 분석 → 본검사 제작 → 검사사용 설명서 제작

다. 검사목적 구체화 → 예비검사 시행 → 측정방법 검토 → 본검사 제작 → 문 항 수정 → 검사문항 분석 → 검사사용설명서 제작

라. 검사목적의 구체화 → 측정방법 검토 → 예비검사 시행 → 검사문항 분석 → 문항 수정 → 본검사 제작 → 검사사용 설명서 제작

2. 심리검사의 역사적 배경에 대한 설명으로 틀린 것은?

가. 1880년 이전에는 개인차를 인정하지 않았다.

나. 1914년 세계 1차 대전이 있을 때 지능수준을 고려하여 장교를 선발하였다.

다. 1941년 세계 2차 대전이 있을 때 집단용 지능검사와 성격검사를 개발하였다.

라. 1970년대에는 인본주의 사상의 확산으로 심리검사의 회의감이 확산되었다.

3. 측정대상의 특징 및 속성에 따라 서열화하는 것은 물론 서열간의 간격이 일정하도록 연속선상에 수치를 부여하는 척도는 어떤 척도인가?

가. 명명척도(Nominal Scale) 나. 서열척도(Ordinal Scale)

다. 등간척도(Interval Scale) 라. 비율척도(Ratio Scale)

4. 다음 중 비수량척도를 모두 고르시오.

a. 명명척도(Nominal Scale)b	b. 서열척도(Ordinal Scale)
c. 등간척도(Interval Scale)	d. 비율척도(Ratio Scale)

가. a 나. a, b 다. a, c 라. c, d

5. 다음 중 비율척도를 고르시오.

가. 소득 수준 나. 성별 다. IQ 라. 종교

[4. 해설] ④
수량척도 수준이라면 보통 비율척도수준과 등간척도수준에 대해서 이야기하며 비수량척도 수준이라면 순서척도 수준과 구분(명명)척도 수준에 대해서 이야기한다.

[5. 해설] ㉮
비율척도는 측정대상의 특징 및 속성에 절대적인 영점을 가진 척도로 수치를 부여하는 것이다. 명목수준의 측정에서처럼 사물이나 현상을 분류하고, 서열수준의 측정에서처럼 서열을 정할 수 있을 뿐만 아니라, 등간수준의 측정에서처럼 이들 분류된 부분(카테고리) 간의 간격까지 측정할 수 있다. 가감 같은 수학적 조작을 할 수 있을 뿐만 아니라 승제와 같은 수학적 조작까지 가능하므로 가장 고차원적인 측정이라고 할 수 있다.

[1. 해설] ㉮
심리검사의 제작 절차는 다음과 같다.
① 검사목적의 구체화: 다양한 스트레스 이론 비교 후 검사의 기초이론 선정 선정된 기초이론과 임상경험을 종합하여 스트레스 정의.
② 측정방법 검토: 스트레스 척도 규명, 질문지 법 혹은 면담법 결정
③ 검사제작계획서 작성: 검사 소요시간, 문항유형 문항수, 지시사항, 시행절차, 채점방법 등 계획 결정
④ 예비문항 제작, 문항 검토: 예비문항의 내용 타당도 분석 및 문항의 문제점 검토
⑤ 예비검사 시행: 문항분석, 타당도, 신뢰도
⑥ 문항수정, 본 검사 제작
⑦ 본 검사 시행: 표집, 본 검사 시행
⑧ 검사와 문항분석: 타당도와 신뢰도 검증, 규준의 설정
⑨ 검사사용설명서 제작

[2. 해설] ④
집단용 지능검사, 성격검사는 1914년 세계 1차 대전이 있을 당시 개발되었다.

[3. 해설] ④
등간척도란 서열화 될 뿐만 아니라 각 측정단위의 차이가 동등한 경우이다. 측정대상의 특징 및 속성에 따라 서열화하는 것은 물론 서열간의 간격이 일정하도록 연속선상에 수치를 부여하는 것이다. 측정의 대상인 사물이나 현상을 분류하고 서열을 정하며, 나아가 이들 분류된 부분(카테고리) 간의 간격까지도 측정한다.

③ 심리검사의 기본 개념

가. 검사의 신뢰도

1) 신뢰도의 정의
 가) 한 검사가 측정하고자 하는 내용을 어느 정도 일관성(Consistency)있게 측정하고 있는지를 말해 주는 검사의 정확성을 뜻함
 나) 안정성, 일관성, 예측력, 정확성이라고 바꾸어 말하기도 함

2) 신뢰도의 종류
 가) 검사-재검사 신뢰도(Test-retest Reliability)
  (1) 측정변인이 비교적 안정적일 경우
  (2) 동일한 시험을 동일한 대상에게 일정한 시간 간격을 두고 두 번 실시했을 때 두 번 실시 한 시험 점수가 일치되는 정도를 의미
  (3) 동일한 시험 또는 검사를 두 번 실시 한 점수가 일치되는 정도를 뜻하기 때문에 흔히 안정성 계수(Coefficient of Stability) 라고 부르기도 함
 나) 반분신뢰도(Split Half Reliability)
  (1) 실시한 검사 문항을 반씩 나누어 두 파트의 상관관계를 파악하여 내적 일관성 파악
  (2) 검사 또는 시험을 한 개의 집단에 실시한 다음→그 검사의 문항을 동형이 되도록 두 개의 검사로 나눈 다음 두 부분에서 얻은 점수들이 어는 정도 일치하는가를 상관 계수를 통해 추정하는 방법
  (3) 가장 일반적으로 사용되는 방법에는 전·후 절반법, 기·우 절반법, 그리고 짝진임의 배치법이 있음
 다) 동형검사 신뢰도(Alternate Forms Reliability)
  (1) 한 사람에게 동형의 검사를 차례로 실시
  (2) 검사-재검사 신뢰도의 한계를 해결하기 위한 방법 → 그 검사의 동형을 이용하는 것
  (3) 동일한 사람에게 첫 번째 시행한 종류의 검사와 동등한 유형의 검사로 두 번째 검사를 시행해서 그 두 검사의 점수들 간의 상관정도를 알아보는 것
 라) 문항 내적 합치도(Inter-item Consistency)
  (1) 검사 내(Within Test)에 있는 문항 하나하나를 각각 독립된 별개의 검사로 간주→문항 간 일관성 또는 합치성을 신뢰도로 규정한 것임
  (2) 한 검사에 포함된 문항 간 반응의 일관성은 문항의 동질성 여부에 의해 결정되므로 문항내적 합치도를 흔히 동질성 계수(Coefficient of Homogeneity)라고 하기도 함

나. 검사의 타당도

1) 타당도의 종류

가) 내용타당도(Content Related Validity):

한 심리 검사를 구성하고 있는 검사 문항들이 그 검사가 측정하고자 하는 내용을 측정하기 위해 만들어질 수 있는 문항 모집단(Item Universe)을 대표할 수 있도록 문항들이 표집 되어 있는 정도를 말함

(1) 안면타당도(Face Validity)

(가) 내용타당도의 일종 → 검사 사용자나 수검자가 검사문항을 보고 그 문항이 무엇을 재고 있는 것 같다는 주관적인 관점을 중심으로 기술한 것 → 검사자나 수검자의 수준이나 관점에서 검사내용을 외형적으로 보고 말하는 타당도 → 외형에 의한 타당도라고 말하기도 함

(나) 일반인의 입장에서 검사의 안면타당도가 높다는 것은 대단히 중요할 수 있지만 → 수검자의 입장에서 보면 검사에 대한 불만을 가지고 의도적으로 반응을 왜곡시켜 검사의 타당도를 위협 할 수도 있음 → 이럴 경우 안면타당도가 높은 것은 오히려 성격특성을 측정하는 검사의 타당도를 위협하는 요인이 될 수 있음

(2) 내용타당도와 안면타당도

(가) 검사의 구성내용이 무엇을 어느 정도 재고 있는지를 말한다는 점 → 내용타당도와 거의 같은 의미를 가지고 있음

(나) 내용 타당도는 전문가의 입장에서 그 감사와 관련된 정의, 전제, 가설 등을 기초로 하여 검사 내용의 타당성을 논리적으로 설명하고 있다는 점에서 안면타당도와 다름

나) 준거관련 타당도(Criterion-related Validity)

심리검사를 실시하여 얻어진 정보를 이용하여 한 개인의 다른 어떤 특정한 행동을 예언하는 정도를 말함

(1) 예언타당도(Predictive Validity): 얻어진 점수로부터 피험자의 현재 행동이 아닌 장차 어느 시점에서 관찰될 수 있는 행동을 예측하기 위한 목적 → 심리검사를 하여 얻어진 점수로부터 장차 관찰될 수 있는 어떤 행동을 예측할 수 있는 정도를 말함

(2) 공인타당도(Concurrent Validity): 심리검사 득점과 외적 준거 측정치간의 상관계수를 공인타당도 계수로 하고 있다는 점 → 공인타당도는 예언타당도와 유사함

(3) 예언타당도와 공인타당도: 예언타당도는 심리검사 득점을 통하여 장차 어떤 행동의 수준을 예언하려는 반면, 공인타당도는 예언에는 관심이 없고 어떤 심리검사 점수가 '현재' 시점에서 다른 검사 점수와 어는 정도 일치되느냐를 따짐

다) 구인타당도(Construct Validity)

신뢰도
1. 검사-재검사 신뢰도 (Test-retest Reliability)
2. 반분신뢰도 (Split Half Reliability)
3. 동형검사 신뢰도 (Alternate Forms Reliability)
4. 문항 내적 합치도 (Inter-Item Consistency)

(1) 구인(構因: Construct)이란 지능, 동기, 태도, 학력 등과 같이 직접 관찰하거나 측정할 수 없는 특성 또는 현상을 이론적으로 개념화한 일종의 구성개념

(2) 구인 타당도란 특정 심리검사가 조작적으로 정의된 구인을 실제로 측정하고 있는지를 검증하는 것

다. 타당도와 신뢰도의 예

〈그림〉 타당도와 신뢰도

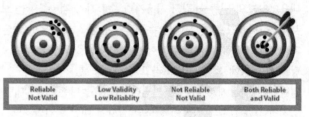

라. **심리검사의 선정**

1) 면담법

　가) 개요

　　(1) 면담(Interview)은 심리평가 과정에서 자료를 모으는 한 수단

　　(2) 내담자의 행동과 개별 특징, 현 상황에 대한 반응 등을 알 수 있고, 특히 라포 (Rapport)를 형성할 수 있어 임상가에게 필수적인 과정임

　　(3) 면담 vs. 일상대화

　　　(가) 일정한 순서

　　　(나) 뚜렷한 목표

　　　(다) 구체적 주제

　　　(라) 불유쾌한 사실이나 기분 등에 대해 언급

　　(4) 면담의 일반 목표

　　　(가) 다른 방법으로 알기 어려운 정보 수집

　　　(나) 정보 수집에 도움이 되는 관계 형성

　　　(다) 면담자와 내담자 모두 문제 행동에 대한 이해를 높임

　　　(라) 문제 행동에 도움이 되는 지침과 지지를 내담자에게 제공

　　　　※ 면담자는 목표를 성취하기 위해 상호작용 방향을 설정하고 통제하며 면담 결과에 나타난 영역을 이해해야 함

　나) 면담법의 역사와 발달

　　(1) 임상가의 역할: 임상가는 일반적인 심리학자들과 여러 가지 측면에서 매우 다른 역할을 담당하게 됨

　　(2) 임상가의 역할과 심리평가

타당도

1. 내용타당도
   (Content Related Validity):
   안면타당도(Face Validity)
   내용타당도

2. 준거관련 타당도
   (Criterion-related Validity):
   예언타당도(predictive Validity),
   공인타당도
   (Concurrent Validity),
   구인타당도
   (Construct Validity)

✔ **공부 Tip**

* 신뢰도와 타당도는 간접적인 형태로도 출제되기 때문에 잘 파악해 두어야 한다.

(가) 초기 임상적 면담

① 질의 응답식 의학적 형식

② 정신분석학의 영향으로 개방적이고 자유로운 방식으로 발전

③ 초기 면담법의 주요 목적: 심리적 특성과 문제 알아내기, 문제의 원인 규명하고 진단하기, 치료계획 수립

④ 초기 비구조화된 면담법의 단점을 보완하기 위해 표준화된 심리검사가 개발됨

(나) 정신상태평가(Adolf Meyer)

① 주로 외관, 행동, 사고과정, 사고내용, 기억, 주의, 말투, 통찰, 판단과 같은 내담자의 현재 기능을 평가

② 내담자의 전기적 자료와 직업적 성공 예측, 정신질환의 예후에 관심을 가짐

(다) 1940~50년대

① 연구자와 임상가들의 핵심 면담 평가 항목 작성: 내용 대 과정, 목표지향(문제해결)대 표현적 요소, 지시 정도, 구조화 수준, 내담자가 표현한 활동의 상대적 정도

② 비지시적 접근, 면담자의 경험이 성패를 가름함

(라) 1960년대

① 적절한 대인관계 형성의 중요성 강조

② 5점척도 개발(Truax & Carkhuff, 1967)

③ 행동평가의 발달: 성취가능한 표적행동을 설정하고 내담자의 문제행동을 유지시키는 현재 및 과거의 강화를 이해하는데 초점을 맞춘 목적 지향적 면담.

A(Activating event) → B(Behavior) → C(Consequence)

④ 자기평가 도구 및 자기보고의 발달: 우울증, 주장성, 공포 등 문제 행동에 대한 평가

⑤ 부모와의 구조화된 면담을 통한 아동평가 발달하였으나 대부분 적응반응이라는 진단으로 귀결됨

(마) 1970년대

① 구조화된 면담의 강화: 성인에게 성공적으로 적용하여 아동에게도 적용하려는 관심 증가

② 부모와의 면담보다는 아동 자신의 경험에 관심을 갖게 됨: 아동에게 직접 질문 + 부모와의 구조화된 면담 병행

③ Kanfer & Grimm(1972) 면담의 고려사항: 과소행동, 과다행동, 부적절한 환경자극의 통제, 부적절한 자생적 자극, 문제가 있는 우발적 사건(Contingencies)

④ Lazarus(1973) BASIC-ID 모델: 평가에 포함되어야 할 요인으로 행동

(Behavior), 감정(Affect), 감각(Sensation), 심상(Imagery), 인지(Cognition), 대인관계(Interpersonal Relations), 약물복용/약물에 대한 욕구(Drugs)를 꼽음

⑤ 전기적 자료, 컴퓨터 기술, 면담자의 훈련에 대한 관심 증폭

⑥ 대부분 구조화된 면담법을 강조하나 가족치료자들은 집단과정을 중요시

(바) 1980년대

① 아동기 문제가 세분화되어 구체적 진단 준거 필요: 정신과 질병분류기준 DSM-III(Diagnostic and Statistical Manual of Mental Disorders third condition)I와 DSM-III-R 도구 고안하고자 함

(사) 1990년대: 건강정보의 관리와 억압된 기억의 타당성 논쟁

다) 면담에 대한 신뢰도와 타당도에 대한 문제들

표준화 검사와 마찬가지로 면담에서도 심리측정적 측면인 신뢰도와 타당도를 고려해야 함

(1) 신뢰도

(가) 면담자 간의 신뢰도 = 평가자 간의 합의도

① 개인적 특질의 평가: 0.25~0.97(mdn = 0.57)

② 전반적인 능력에 대한 평가: -0.20~0.85(mdn = 0.53)

〈표〉 Cronbach's alpha 값에 따른 신뢰도 정도

Cronbach's alpha	Internal consistency
$\alpha \geq 0.9$	Excellent (High-Stakes testing)
$0.8 \leq \alpha < 0.9$	Good (Low-Stakes testing)
$0.7 \leq \alpha < 0.8$	Acceptable (Surveys)
$0.6 \leq \alpha < 0.7$	Questionable
$0.5 \leq \alpha < 0.6$	Poor
$\alpha < 0.5$	Unacceptable

(2) 타당도 저해 요인

(가) 할로 효과(Halo Effect): 면담자가 내담자에 대해 전반적인 인상을 먼저 형성한 후 그것에 준해 다른 관련된 특성을 추론하는 경향

예) 면담자는 상냥한 내담자를 실제보다 더 유능하고 정신적으로 건강하다고 생각함

(나) 확인 편파(Confirmatory Bias): 면담자가 이미 내담자에 대해 추론을 한 상태에서 그 추론을 입증하는 정보를 이끌어 내는 방향을 면담을 이끌어 감

예) 정신분석을 지향하는 면담자는 내담자의 현재 행동보다는 과거의 외상에 초점을 맞추어 자신의 추론을 확인해 나감

(다) 내담자의 외모, 교육 수준의 영향: 멋진 외모의 내담자를 면담할 때 병리를 과소평가 또는 과대평가할 수 있음

(라) 심리검사 결과에 대한 지나친 의존: 상황적 결정요인보다 특질을 강조함으로써 행동을 잘못 해석함

(마) 비구조화된 면담의 경우 타당도의 변산 폭이 크므로 거기서 파악한 정보로 잠정적 가설을 전개하기 위해서는 다른 지지 자료가 필요함

(바) 내담자가 반응을 왜곡하는 경우

① 실제보다 더 멋있게 보이려는 경향 때문에 문제를 숨김

② 성과 관련된 민감한 문제에서는 왜곡이 더 심함

③ 의식적 거짓말, 망상, 작화, 병적 거짓말

④ 심리 사회적 정보에 대한 회고의 부정확성: 가족 간 갈등, 정신병적 증후의 발병 시기

2) 검사계획과 심리검사의 선정

가) 개요

(1) 심리검사 계획과 선정을 위해서는 검사 실시 목적 확인 → 어떤 내용의 검사를 시행할 것인가를 결정 → 적절한 심리검사를 선정

(2) 구체적으로 심리검사를 선택하는 과정은 2단계로 진행

(가) 검사의 내용을 중심으로 검사 목적에 가장 만족스러운 해답을 줄 수 있는 심리검사를 선택

(나) 검사의 심리 측정적 요건을 중심으로 선택함

나) 검사내용에 따른 심리검사의 선정

(1) 수검자가 겪고 있는 불안이나 우울이 어는 정도 심각한지, 어떤 정신병리적 상태에 있는지를 알아보고자 하는 진단목적으로 검사가 의뢰된 경우 → 진단용 심리검사를 실시해야 함

(2) 정신장애 진단용 심리검사에는 다면적 인성검사, 간이정신진단검사(SCL-90), 정신 병리와 성격을 평가해주는 성격평가질문지(PAI: Personality Assesment Inventory) 등이 있는데 이런 진단용 검사의 구성 내용 및 특징을 검토하여 선정함

(3) 검사의 내용을 중심으로 분류하는 심리검사 유형은 다음과 같음.

(가) 지능검사

(나) 성취 및 적성, 흥미검사

(다) 성격검사

(라) 적응검사

(마) 정신장애 진단검사

(바) 신경심리검사

(4) 검사내용을 중심으로 분류되는 심리검사 유형은 연구하는 사람마다 차이가 있음. 검사 전문가가 심리검사의 내용에 대해 알아야 하는 이유 → 검사자가 검사의 목적을 검토하면서 검사를 통해 제공해주어야 할 내용이 무엇인지, 검사 목적을 달성함에 있어서 어떤 검사가 가장 적절한지를 판단할 수 있어야

하기 때문

다) 검사요건에 따른 심리검사의 선정

(1) 효율적인 심리평가를 수행하기 위해→각 사례에 적절하고 유용한 심리검사를 선정할 수 있어야 함

(2) 이와 같은 심리검사 선정을 위해서는 각 심리 검사가 지니고 있는 검사로서의 기본조건과 특징, 장단점을 이해하는 것이 요구됨

(3) 심리검사를 적절하게 시행할 수 있도록 검사의 표준절차에 따라야 하며 피검자의 정서적 안정과 심리검사의 시행과정이 심리평가 결과에 직접적인 영향을 미치지 않을 것이라고 판단하여 이 과정을 소홀히 한다면 중요한 오류를 범하게 됨

(4) 심리검사를 선정하려고 하는 경우: 심리검사의 목적을 분명히 + 이런 목적 달성에 적절한 검사를 선정해야 함

예) 심리검사의 목적이 전반적인 지능평가인 경우 → 전체 지능수준이 평가될 수 있을 정도의 단순형 지능검사라도 적절할 것임. → 전체 지능평가보다는 특정 기능들의 효율적 발휘나 장애에 관심이 있는 경우라면 개별 척도들의 점수의 비교가 가능한 개인용 지능검사가 선정되어야 함

(5) 표준화된 검사를 사용하는 경우: 검사의 신뢰도를 검토해 보아야 할 것임 → 표준화된 검사일 경우 검사 요강에 각 신뢰도 계수가 제시되어 있기 때문에 이러한 검토가 가능(어떤 심리검사의 신뢰도 계수가 1.0인 경우 그 검사의 신뢰도는 완벽한 것. 그러나 신뢰도 1.0인 심리검사는 존재하지 않음) − 이상적으로 심리검사의 신뢰도 계수는 .80 이상이 요구 → 재검사 신뢰도가 신중하게 검토되어야 함 → 현실적으로는 신뢰도 계수가 .70 이상인 경우라도 실제로 검사를 선정하는 데는 큰 무리가 없음

(6) 표준화된 검사일지라도 검사의 타당도는 검사 요강에 제시되지 않는 경우: 신뢰도 측정에 비해 타당도 검증이 쉽지 않기 때문에 타당도 검증을 거치지 않고 표준화 검사로 사용되기 때문 → 검사의 타당도가 충분하지 않더라도 신뢰도가 적절하면 어떤 특성이건 간에 신뢰 롭게 측정하고 있으므로 검사의 충분조건이라는 의견도 있음 → 사실은 그렇지 않음

(7) 검사의 타당도는 타당도 검증이 가능한 방식으로 검사의 결과를 다각적으로 검토함으로써 검증될 수 있음 → 타당도 조건이 충족되는 심리 검사는 매우 드물음 → 신뢰도보다 더 중요한 조건은 타당도라고 볼 수 있음

(8) 심리검사의 실용성을 고려: 검사의 시행과 채점의 간편성, 시행시간, 심리검사지의 경제성 등이 검토 → 가능하면 시행과 채점이 간편하고 시행시간 적절 + 검사지 비용도 지나치게 부담이 되지 않는 검사가 선정되어야 함

3) 투사적 검사와 객관적 검사

가) 투사적 검사와 객관적 검사의 구별

(1) 투사적 검사(Projective Tests)

타당도 저해 요인

1. 할로 효과(Halo Effect)
2. 확인 편파
   (Confirmatory Bias)
3. 내담자의 외모, 교육 수준의 영향
4. 심리검사 결과에 대한 지나친 의존
5. 비구조화된 면담의 경우 타당도의 변산 폭이 큼
6. 내담자가 반응을 왜곡하는 경우

(가) 투사적 지각과정 → "무의식에 있는 것은 무엇이나 밖으로 투사될 수 있고, 이에 따라 내가 가지고 있으나 모르고 있는 마음의 부분은 밖에서 지각되는 것

(나) 투사는 안에 있으나 밖에 있는 것처럼 보이는 경우 & 내 마음속에 있는데 그것을 모르고 있으면 밖으로 투사되어 밖에 있는 것처럼 보이는 경우 & 밖으로 투사되어 밖에 있는 사람이나 사물에서 자기 마음의 일부를 보게 되는 것 → 정신분석에서는 무의식에 있는 것은 무엇이나 밖으로 투사될 수 있다고 봄 → 내가 가지고 있으나 모르고 있는 마음의 부분은 대체로 밖에서 지각된다는 것

(다) 비구조적 검사 혹은 개체 특징 기술적 검사라고 불릴 수 있음

(라) Exner: 투사적 검사의 특징 → 상대적으로 구조화된 그러나 표준화된 상황에서 피검사자가 반응하도록 요청 → 이에 따라 피검사자의 반응은 거의 제한 없이 자유롭게 일어난다고 함

(마) 방어가 어렵다는 장점

(바) 반응이 풍부하다는 장점

(사) 독특하고 다양하고 풍부한 반응이 드러나기 쉽다. → 개인의 심리적 특성을 잘 반영

(아) 개인의 무의식적 내용이 반영

(2) 객관적 검사(Objective Tests)

(가) 검사 과제가 구조화 되어 있음

(나) 내용이 검사의 목적에 따라 일정하게 준비되어 있고 일정한 형식에 따라 반응됨

(다) 개인의 독특성보다는 개인마다 공통적으로 지니고 있는 특성이나 차원을 기준. 개인들을 상대적으로 비교하려는 목적을 지닌 구조적 검사
⇒ 발견 법칙적 검사

(라) 검사의 문항을 읽으면서 그 내용을 이해할 수 있고 이에 따라 방어를 할 수 있음

나) 투사적 검사의 장단점

(1) 투사적 검사의 장점

(가) 반응의 독특성: 임상장면에서 보면 투사적 검사반응은 면담이나 행동관찰, 객관적 검사 반응과는 다르게 매우 독특한 반응을 제시 줌 → 반응이 개인을 이해하는 데 매우 용이함

(나) 방어의 어려움: 반응과정에서 피검사자는 불분명 + 모호 → 신기한 검사자극에 부딪쳐서 적절한 방어를 하기 어려움 → 객관적 검사와는 다르게 자극의 내용이 불분명 → 피검사자가 자신의 반응내용을 검토 + 자신의 의도에 맞추어 방어적으로 반응하는 것이 어려움

(다) 반응이 풍부함: 검사자극이 모호 + 검사 지시 방법이 제한되어 있지 않음

✔ **공부 Tip**

검사에서의 투사의 개념과 정신분석에서의 투사 개념은 다소 다른 측면이 있다. 다만, 피검자 혹은 환자나 내담자의 내적 요소가 외부 투영된다는 점은 동일하다.

로샤 검사에서의 투사는 모호한 자극을 피검자가 자신의 내적 경험에 따라서 임의적으로 구성하는 지각적인 측면의 투사 개념에 좀더 가깝다.

✔ **공부 Tip**

투사검사와 객관화 검사의 장단점은 자주 출제되는 내용이다. 반드시 정리해야 한다.

투사적 검사의 장점

1. 반응의 독특성
2. 방어의 어려움
3. 반응이 풍부함: 검사자극이 모호 + 검사 지시 방법이 제한되어 있지 않음
4. 무의식적 반응의 내용

=>개인 반응이 다양하게 표현됨 → 이러한 반응의 다양성이 개인의 독특한 심리적 특성을 반영함

(라) 무의식적 반응의 내용: 실제 투사적 검사는 자극적 성질이 매우 강렬 → 평소에는 의식화되지 않던 사고나 감정이 자극됨 → 이러한 전의식적 or 무의식적인 심리적인 특성이 반응

(2) 투사적 검사의 단점

(가) 검사의 신뢰도: 투사적 검사는 검사자간 신뢰도, 반분신뢰도, 재검사신뢰도 등의 검증 → 전반적으로 신뢰도가 부족하다는 연구 결과 → 특히 재검사 신뢰도는 매우 낮게 평가

(나) 검사의 타당도: 대부분의 투사적 검사의 경우 타당도 검증이 매우 빈약 → 결과는 매우 부정적 → 투사 검사를 통해서 내려진 해석의 타당성은 대부분 객관적으로 입증되는 자료가 아닌 임상적인 증거를 근거로 함

(다) 반응에 대한 상황적 요인의 영향력: 투사적 검사는 여러 상황적 요인에 의해 강한 영향을 받는 것으로 나타나고 있음 → 검사자의 인종, 성, 검사자의 태도, 검사자에 대한 피검사자의 선입견 등이 검사반응에 강한 영향을 미침

다) 객관적 검사의 장단점

(1) 객관적 검사의 장점

(가) 검사 실시의 간편성: 객관적 검사는 시행과 채점, 해석의 간편성 → 임상가들에게 선호 → 일반적으로 실시 기간이 비교적 짧음.

(나) 검사의 신뢰도 및 타당도: 검사 제작과정에서 신뢰도와 타당도 검증 이루어짐 → 신뢰도와 타당도가 충분한 검사가 표준화 → 검사 신뢰도 + 타당도가 높음

(다) 객관성의 증대: 검사자 변인 or 검사 상황변인에 따라 영향을 적게 받음 + 개인 간 비교가 객관적으로 제시될 수 있음 → 객관성이 보장

(2) 객관적 검사의 단점

(가) 사회적 바람직성: 문항의 내용이 사회적으로 바람직한 내용인가에 따라 문항에 대한 응답 결과가 영향 받음

(나) 반응 경향성: 개인의 응답하는 방식에 있어서 일정한 흐름이 있어서 이러한 방식에 따라 결과가 영향 받음

(다) 문항 내용의 제한성: 객관적 검사문항이 특성 중심적 문항에 머무르기 때문에 특정 상황에서의 특성–상황 상호작용 내용이 밝혀지기 어려움 → 특성–상황 상호작용입장에서 성격 기술이 어렵고 사태 변인을 고려하는데 실패함 → 검사 결과가 지나치게 단순화 되는 경향 + 문항 내용으로 행동을 주로 다루는 한편 감정이나 신념을 문항으로 다루지 않는 경향이 있음

마. 심리검사의 실시

1) 검사환경의 조성과 심리검사의 실시

가) 검사자의 자격 요건 (검사자의 변인)

(1) 자격을 갖춘 검사자

(2) 검사자는 선정된 검사에 관한 많은 지식 + 규준, 신뢰도, 타당도 등에 관한 기술적 가치를 평가할 수 있어야 함

나) 사전 준비

(1) 표준화된 심리 검사를 실시할 경우에는 반드시 표준화된 절차에 따라 실시

(2) 대부분의 집단 심리검사는 검사 결과에 영향을 미칠 수 있는 여러 가지 잡변인 (시험불안, 소음, 시간 등)을 통제→표준화된 절차를 명시하고 있음→절차에 따라 검사를 실시하고 그 결과를 규준(Norm)에 의해 해석해야만 정확한 검사 결과를 얻을 수 있음

다) 검사환경의 조성

(1) 실시 요강 숙독: 집단검사 실시 시→실시 요강, 검사 도구, 답안지를 숙독 + 검사 절차를 정확히 파악해야 함

(2) 안정되고 아늑한 검사 장소: 안정된 분위기 + 마음 놓고 편안히 검사를 받을 수 있는 곳→너무 넓거나 좁지 않은 아늑한 곳→채광과 통풍, 온도 등의 조건도 적당 + 소음이 차단된 곳이어야 함→탁자나 소파 등 너무 안락한 의자 보다는 책상과 의자를 사용해야 함

(3) 라포 형성과 검사 목적 설정

(가) 라포는 상호간에 신뢰 + 감정적으로 친밀감을 느끼는 인간관계를 의미 ⇒ 심리적 융합, 감정적 유대, 작업(치료) 동맹

(나) 심리 검사 실시→검사자와 피검사자 사이에 매우 중요한 요인이 됨.

(다) 심리검사 실시과정에서 라포형성→심리검사에 대한 피검사자의 관심을 불러일으키고 협조적인 태도를 강화→피검사자가 표준검사 지시에 따르고 있음을 알려주는 검사자의 개입으로 이루어짐

2) 심리검사의 실시

가) 심리검사 배터리로 실시되는 경우→ 시행될 심리검사의 순서 먼저. → 검사의 순서에 따라 심리검사 반응이 달라진다는 연구 있음

나) Castel(1946): 검사 시행 순서가 로샤검사의 인간반응의 수를 변화시킨다고 보고함→Grisso와 Meadow(1967): 웩슬러 지능검사가 로샤검사의 앞이나 뒤에 시행될 때 결과가 달라진다고 보고함→Exner와 Hark(1980): 이전 심리검사를 시행한 후 얼마정도 시간이 경과하고 로샤검사를 시행했느냐에 따라 반응 수가 달라진다고 보고함→로샤검사는 어떤 검사에 의해서도 영향을 받고 특히 감정적으로 압력이 가해지는 심리검사 시행 이후 로샤검사를 시행하는 것은 바람직하지 못하다고 지적→MMPI 검사 시행 직후 로샤검사를 시행하게 되면 로샤검

사의 반응을 감소시키게 됨
- 다) 풀 배터리(Full Battery) 검사 시행 순서
  - (1) 벤더-게슈탈트검사 or 인물화 검사 → 간단하면서 검사자와 수검자 사이에 거리가 유지되는 검사를 시행
  - (2) 최대의 능력이 요구되는 지능검사나 신경심리검사 등이 시행
  - (3) 로샤검사나 주체통각검사 등 투사적 검사가 시행됨
  - (4) 자기보고식 MMPI or 문장완성검사 → 배터리 검사가 시행되기 전 실시 or 배터리 검사가 시행되고 난 다음에 시행 → 임상경험에 의하면 검사 시행 제1일에 지능검사가 시행 → MMPI와 문장완성검사가 과제로 주어지고 난 다음 검사 채점한 결과를 보면서 → 로샤검사나 주제통각검사의 투사적 검사가 시행되는 것이 비교적 효율적인 방법 → 수검자가 이틀에 걸쳐서 보아야 한다는 부담감이 있다는 단점
  - (5) 실제로 동일한 수검자를 두 번에 걸쳐 면담하고 행동관찰하면서 심리검사를 나누어 시행하는 것은 수검자를 자세하고 정확하게 이해할 수 있게 해 준다는 장점

3) 심리검사의 실시와 행동관찰
- 가) 심리검사: 간접적 평가. 심리검사는 측정하고자 하는 개념을 정의하고 이론적 배경에 따라 문항을 개발한 다음 그 문항들을 통해 개인의 심리적 특성을 평가한다는 점에서 간접적 평가
- 나) 행동평가: 직접적 평가
  - 예) 행동관찰은 '사교성'을 행동을 통해 직접 관찰 → 심리검사는 사교성을 이론적 근거에 따라 정의한 다음 → 관련되는 문항들을 선정 → 일정한 절차에 따라 제작된 검사를 사용 → 개인의 사교성을 평가
- 다) 심리검사 과정에서 행동관찰은 검사를 시작하면서부터 마칠 때까지 검사자가 수검자를 관찰하면서 이루어짐 → 실제적으로 검사 과정에서 관찰되는 수검자의 행동 특징 → 검사결과를 해석함에 있어서 중요한 정보를 제공
- 라) 검사를 진행하면서 어떤 점에 대해 행동관찰을 할 것인가? → 수검자의 체격이나 옷차림새, 외모, 행동방식, 검사자와의 상호작용방식-협조성, 검사자와 관계 맺는 능력, 순종성 등을 관찰 → 그 결과를 요약하도록 제안하고 → 세부적으로 보면, 행동관찰을 하게 됨
- 마) 행동평가 내용
  - (1) 심리검사에 대한 정서적 반응을 보이는지 관찰해 봄 → 그 이유는 상당수 수검자들은 검사를 시작하면서 긴장하거나 불안을 보이는 등 정서적 반응을 보이는 경향이 있기 때문 → 수검자가 정서적 반응을 보일 경우 정서적 반응이 지속되는지, 아니면 어느 정도 시간이 지나면서 안정되고 편안해지는지를 관찰해 보아야 함
  - (2) 검사에 대한 수검자의 태도를 관찰해 봄 → 심리검사에 대해 방어적, 솔직한

지, 진지하고 협조적인지, 무성의하거나 불성실한지 등을 관찰
(3) 그 외 검사가 진행되면서 나타나는 수검자의 전반적인 행동 특징을 관찰함

바. 심리검사의 채점 및 해석

1) 주의할 점
검사 점수의 해석은 검사 제작자의 목적을 분명히 알고 제작자가 제시하는 규준에 의거하여 해석해야 함

2) 원점수(Raw Score)
어떤 검사에서 피검사자가 바르게 반응한 수 또는 검사에 의해 피검사자에 의해 직접 얻은 최초의 점수
가) 기준점이 없기 때문에 어떤 일정한 점수가 어떤 속성의 일정한 크기를 절대적으로 지시해 주지 못함
나) 원점수는 서로 다른 검사의 결과를 동등하게 비교할 수 없음
다) 원점수 척도에는 단위의 등간성이 없음
(1) 원점수 척도는 측정척도의 종류 중 대개 서열척도→가장 조잡한 것
(2) 한 검사에서 90~70점의 능력의 차이와 50~30점의 능력의 차이가 동일하지 않으리라는 것은 쉽게 짐작할 수 있음

3) 백분위 점수(Percentile Rank)
가) 검사에 의해 얻어진 자료를 크기순으로 늘어놓은 후 100등분한 값을 말함
나) 백분위가 20이라는 것→낮은 점수에서 높은 점수까지 순서대로 배열했을 때 하위 20%에 위치한다는 것을 의미

4) 표준 점수(Standard Score)
가) 점수가 표준으로부터 떨어진 정도를 표준 편차의 단위로 재어 나타낸 점수
나) 표준점수의 종류
(1) Z점수(Z-score)
(가) 존재하는 모든 것의 속성이 정규 분포라는 가정 아래 원점수의 평균을 0으로 하고 표준편차를 1로 해서 개인이 얻은 점수가 평균으로부터 떨어진 거리(편차: deviation)를 표준 편차로 나눈 값
(나) Z점수는 대부분의 점수가 +3~-3 사이에 분포되어 있고, -1~+1점 사이에 전체 점수의 약 68%, -2~+2 사이에 약 95%의 검사 점수가 분포됨
(다) Z점수는 모든 표준 점수의 기본이 됨
(2) T점수(T-score)
(가) Z점수를 일반인이 쉽게 이해할 수 있도록 평균 50, 표준 편차 10인 단위로 변환한 점수
(나) T점수는 대부분의 점수가 최대 80점, 최소 20 사이에 분포되어 있음→40~60점 사이에 전체 점수의 약 68%가→30~70점 사이에 약 95%가

표준점수의 종류
1. Z점수(Z-score)
2. T점수(T-score)
3. IQ점수(IQ score)

Z 점수 = 원점수-평균/표준편차

T점수=10×Z점수+50

✔ 공부 Tip
*z, T 점수는 출제와 상관없이 객관적 검사 해석에서 중요한 개념이니 잘 정리해 둬야 한다.

분포되어 있음

    (3) IQ점수(IQ Score)

       (가) 평균 100, 표준 편차 15로 만든 표준 점수

       (나) IQ점수가 145 이상일 확률은 0.14% 이며, 130 이상일 확률은 2.5%이고, 85점에서 115점 사이에 68%의 점수가 분포함

사. 임상적 판단

1) 자료의 수집과 정확성을 저해하는 요인

가) 적절한 라포 형성을 통해 내담자의 상태를 정확히 기술해야 함

나) 정보의 출처: 심리검사자료, 사례사, 의학적 기록, 언어적 혹은 비언어적 행동 관찰

다) 편견 배제: 질문 유형, 첫 인상, 라포의 수준, 이론적 관점 등에 따라 편견이 작용할 수 있음

2) 임상적 판단의 정확성을 저해하는 요인

가) 기초비율: 특정 행동과 특질, 진단이 일반적 모집단에서 발생하는 비율

나) 초두효과(Primary Effect): 처음 얻은 정보를 나중에 얻은 정보보다 더 중요시함

다) 확인적 편파(Confirmatory Bias): 초기 정보를 바탕으로 가설을 만들어 가설에 부합하는 정보에 집중

라) 내담자의 행동을 임의로 해석한 후 내담자를 설득

3) 임상적 판단의 정확성을 높이는 방법

가) 포괄적이고 구조화 혹은 반구조화된 면담법 사용

나) 자신의 가설과 상관 없이 다양한 자료를 참고할 것

다) 진단은 DSM-5[1] 또는 ICD-10[2]의 구체적 준거를 주의 깊게 살펴본 후 이루어져야 함

라) 기억은 편견이 작용하는 재구성적 과정이기 때문에 기억에만 의존하지 말고 자료를 가능한 상세하게 기록해 두어야 함

마) 예측할 때 가능한 한 기초비율에 주의를 기울여야 함

바) 자신의 판단의 정확성과 유용성에 대해 피드백을 받음

시) 평가하고자 하는 개인이나 집단에 대한 이론적, 경험적 자료를 가능한 한 많이 참고해야 함

아) 임상적 판단의 새로운 경향을 파악해야 함

4) 임상적 평가의 단계

가) 의뢰받은 문제의 검토

---

1) DSM-5: Diagnostic and Statistical Manual of Mental Disorders(정신장애에 대한 진단 및 통계 편람). 미국정신의학협회(APA)에서 발행

2) ICD-10: International Statistical Classification of Diseases and Related Health Problems(질병 및 관련 건강 문제의 국제 통계 분류). 세계 보건 기구 발행

나) 문제의 내용 파악: 당면 문제가 무엇인지, 사용하려는 검사가 내담자의 문제 파악 및 해결에 적절한지(연령, 인종, 교육수준, 검사동기, 예기된 저항 수준, 사회적 환경, 대인관계 등에 비추어 볼 때) 평가

다) 자료의 수집: 심리검사 점수, 과거력, 행동관찰, 면담, 이전의 심리적 관찰, 의학적 기록, 부모 및 교사와의 면담, 발달사

라) 자료의 해석: 내담자의 현 상태를 기술하고 원인, 예후, 권고할 처치법 등을 포함함

5) 평가자료 해석을 위한 개념적 모델

〈그림〉 평가자료 해석을 위한 개념적 모델

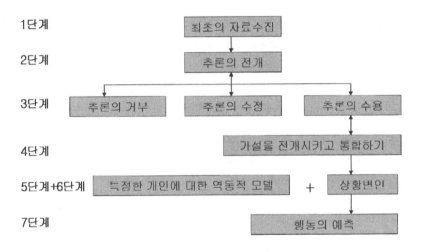

문제 》》

1. 국어시험에서 독해력을 측정하려다가 암기력을 측정했다면 다음 무엇이 잘못되었다고 할 수 있는가? (2003 기출)

   가. 신뢰도　　　　　　　　　　　나. 타당도
   다. 객관도　　　　　　　　　　　라. 실용도

2. 다음중 동일한 검사를 동일한 피검자 집단에 일정 시간간격을 두고 두 번 실시하여 얻은 두 검사 점수의 상관계수에 의하여 신뢰도를 측정하는 방법은 무엇인가?

   (2003, 2008 기출)

   가. 동형검사 신뢰도　　　　　　　나. 재검사 신뢰도
   다. 반분검사 신뢰도　　　　　　　라. 문항 내적 일관성 신뢰도

[1. 해설] 나
타당도란 검사가 측정하려는 것을 제대로 측정하고 있는가 하는 것인데, 독해력을 측정하려다가 암기력을 측정했다면 타당도에 문제가 있다

[2. 해설] 나
재검사 신뢰도는 동일한 검사를 동일한 대상에게 일정한 시간 간격을 두고 두 번 실시했을 때 두 번 실시한 검사점수가 일치되는 정도를 의미한다.

3. 검사-재검사 신뢰도 방법으로 심리검사의 신뢰도를 구할 때의 단점에 관한 설명으로 틀린 것은? (2009 기출)

　가. 두 검사 사이의 시간 간격이 너무 길면 측정대상의 속성이나 특성이 변할 가능성이 있다.

　나. 반응민감성에 의해 검사를 치르는 경험이 개인의 진점수를 변화시킬 가능성이 적다.

　다. 두 검사 사이의 시간 간격이 너무 짧으면 첫 번째 검사 때 응답했던 것을 기억해서 그대로 쓰는 이월효과가 있다.

　라. 경비가 절감되나 시간이 너무 오래 걸린다.

4. 동일한 검사를 가지고 동일한 학생을 대상으로 시간차를 두고 두 번 시험을 실시하였는데 똑같은 결과를 나타내었다면, 평가도구의 어느 기준에 해당하는가?

(2004 기출)

　가. 타당도　　　　나. 신뢰도　　　　다. 객관도　　　　라. 실용도

5. 다음 중 동일한 검사를 통일한 피검자 집단에 일정 시간 간격을 두고 두 번 실시하여 얻은 두 검사 점수의 상관계수에 의하여 신뢰도를 측정하는 방법은? (2005 기출)

　가. 동형검사 신뢰도　　　　　　　나. 재검사 신뢰도

　다. 반분검사 신뢰도　　　　　　　라. 문항내적일관성 신뢰도

6. 투사적 검사의 설명으로 바르지 않은 것은? (2008 기출)

　가. 반응이 풍부하고 방어에 어려움이 있다는 장점이 있다.

　나. 여러 상황적 요인에 의한 강한 영향을 받는다.

　다. 투사적 검사는 비표준화 검사라서 채점에 어려움이 있다.

　라. 비구조적 검사 혹은 개체특성 기술적 검사라 불린다.

7. 투사적 성격검사와 비교할 때 객관적 성격검사의 장점은? (2006, 2008 기출)

　가. 객관성의 증대　　　　　　　　나. 반응의 다양성

　다. 방어의 곤란　　　　　　　　　라. 무의식적 내용의 반응

8. 다음 중 객관적 성격 검사의 단점이 아닌 것은? (2005 기출)

　가. 신뢰도, 타당도를 검증하기가 어렵다.

　나. 피검자가 자신의 의견을 자유롭게 표현할 수 없다.

　다. 사회적 바람직성 요인에 의해 영향을 많이 받는다.

　라. 무의식적 요인을 평가하기 어렵다.

9. 다음중 객관적 검사의 설명으로 틀린 것은?

　가 객관적 검사는 시행과 채점, 해석의 간편성이 있다.

　나. 객관적 검사는 방어가 어렵다.

　다. 개인의 응답하는 방식에 있어서 일정한 흐름이 있어서 이러한 방식에 따라 결과가 영향을 받는다.

　라. 검사문항이 특성 중심적 문항에 머무르기 때문에 특정상황에서의 특성-상황 상호작용 내용이 밝혀지기 어렵다.

10. 투사적 성격검사와 비교하여 볼 때, 객관적 성격검사의 장점은? (2004 기출)

　가. 객관성의 증대　　　　　　나. 반응의 다양성

　다. 방어의 곤란　　　　　　　라. 무의식적 내용의 반응

11. 검사해석 시 자주 사용하는 T점수는 Z점수와 밀접한 관련이 있다. T점수가 60이라면 이에 해당하는 Z점수는? (2005, 2012 기출)

　가. 0　　　　　　　　　　　나. 1

　다. 2　　　　　　　　　　　라. -1

[11. 해설] ④

Z점수	T점수	백분위점 수	Z점수	T점수	백분위점 수	Z점수	T점수	백분위점 수
3.0	80	99.9	2.0	70	98	1.0	60	84
2.9	79	99.8	1.9	69	97	0.9	59	82
2.8	78	99.7	1.8	68	96	0.8	58	79
2.7	77	99.6	1.7	67	96	0.7	57	76
2.6	76	99.5	1.6	66	95	0.6	56	73
2.5	75	99.4	1.5	65	93	0.5	55	69
2.4	74	99.2	1.4	64	92	0.4	54	66
2.3	73	99	1.3	63	90	0.3	53	62
2.2	72	99	1.2	62	88	0.2	52	58
2.1	71	98	1.1	61	86	0.1	51	54

12. 심리검사에서 원점수란 실시한 심리검사를 채점해서 얻는 최초의 점수를 말하는데, 이 원 점수에 대한 설명이 틀린 것은? (2003, 2005 기출)

　가. 원점수는 그 자체로는 거의 아무런 정보를 주지 못한다.

　나. 원점수는 기준점이 없기 때문에 특정 점수의 크기를 표현하기 어렵다.

　다. 원점수는 척도의 종류로 볼 때 등간척도에 불과할 뿐 사실상 서열척도가 아니다.

　라. 원점수는 서로 다른 검사의 결과를 동등하게 비교할 수 없다.

[9. 해설] ④
객관적 검사는 문항의 내용이 사회적으로 바람직한 내용인가에 따라 문항에 대한 응답결과가 영향을 받는다. 피검자들은 문항내용이 표면적으로 드러나는 객관적 검사에서 바람직한 문항에 대해 긍정적으로 반응하는 경향이 있다. 즉, 내용에 따라 방어가 쉽게 일어날 수 있다.

[10. 해설] ⑦
객관적 검사는 투사적 검사에 비해 검사자 변인이나 검사 상황변인에 따라 영향을 적게 받기 때문에 그리고 개인 간 비교가 객관적으로 제시될 수 있기 때문에 객관성이 보장될 수 있다.

[12. 해설] ④
원점수란 어떤 검사에서 피검사자가 바르게 반응한 수 또는 검사에 의해 피검사자에 의해 직접 얻은 최초의 점수를 말한다. 원점수는 기준점이 없기 때문에 어떤 일정한 점수가 어떤 속성의 일정한 크기를 절대적으로 지시해 주지 못하며 서로 다른 검사의 결과를 동등하게 비교할 수 없다. 원 점수 척도에는 단위의 등간성이 없다.

[13. 해설] ㉸
IQ 점수는 평균이 100, 표준편차를 15로 한다.

13. 평균이 100, 표준편차를 15로 점수는 어떤 점수인가?

　가. 백분위 점수　　　　　　　　　나. z점수

　다. 원점수　　　　　　　　　　　라. IQ 점수

[14. 해설] ㉮
백분위 점수는 검사에 의해 얻어진 자료를 크기순으로 늘어놓은 후 100등분한 값을 말한다.

14. 점수가 평균으로부터 떨어진 정도를 표준 편차의 단위로 재어 나타낸 점수가 아닌 것은?

　가. IQ 점수　　　　　　　　　　나. z점수

　다. 스테나인 점수　　　　　　　　라. 백분위 점수

[15. 해설] ㉠
임상가의 가설과 상관없이 다양한 자료를 참고해야만 하며 임상가의 판단의 정확성과 유용성에 대해 피드백을 받아야 한다.

15. 임상적 판단의 정확성을 높이는 방법이 아닌 것은?

　가. 임상가의 가설을 기반으로 자료를 수집하고 참고한다.

　나. 포괄적이고 구조화 혹은 반구조화된 면담법 사용한다.

　다. 예측할 때 가능한 한 기초비율에 주의를 기울여야 한다.

　라. 임상적 판단의 새로운 경향을 파악해야 한다.

4 지능

가. 지능의 정의

1) 일정한 방향을 설정하고, 그것을 유지하는 능력

2) 목표달성을 위해 일하는 능력

3) 행동의 결과에 대해서 수정하는 능력

4) Wechsler

합목적적으로 행동하고, 합리적으로 사고하며, 능률적으로 환경을 처리하는 개인의 총합적, 전체적 능력이며 의욕이나 성격 등과 같은 비(非)지적 요인도 포함된 다면적 구성체라고 정의

5) "지능이란 추상적 사고능력이다."

가) L.M.Terman이나 L.L.Thurstone에 의한 정의.

나) 수학을 잘하는 사람은 머리가 좋다→고등기능정신에 한정
⇒ 유아나 동물에게서 찾아볼 수 있는 지적행동을 설명할 수 없는 난점

6) "지능이란 학습능력이다."

가) A.I.Gates나 W.F.Dearbone 등의 주장

나) 사람의 주장으로 교육과 관련지어 보면 타당한 주장→학습능력을 넓게 해석하게 되면 적응능력과 구별할 수 없게 됨→좁게 해석하게 되면 학습의 빠르기로 생각해 버리는 문제가 남아 있음

7) "지능은 적응력이다."

가) S.S.Colvin, R.Pintner 등의 주장

나) 적응능력에는 지적 능력이외의 많은 요인이 포함되고 있다는 점에서 문제가 있다고 볼 수 있음

8) "지능은 총합적. 전체적 능력이다."

가) Wechsler의 정의는 이 유형의 대표적인 것

나) 지능이란 곤란성·복잡성·추상성·경제성·순응성·사회적 가치·독창성의 발현을 특징으로 하는 제 활동을 수행하며 정력의 집중과 적극적인 저항을 필요로 하는 조건하에서도 상기 제 활동을 지속할 수 있는 능력임

나. 지능의 분류

1) Thorndike의 분류

가) 추상적 지능: 언어나 수 등의 상징적 기호를 처리하는 능력

나) 구체적 지능: 동작에 의해서 사물을 조작하는 능력

다) 사회적 지능: 사람을 이해하거나 사람과 협력하는 능력

2) Hebb의 분류

가) 지능 A

(1) 사람이 태어나면서 지니고 있으며 경험에 의해서 개체가 어떠한 지식이나 기술을 획득하는가 하는 문제는 전혀 관계가 없는 뇌기능의 선천적 성질

(2) 지적 기능 발달의 선천적 잠재력→지능검사로써는 측정할 수 없으며→어떤 종류의 상황에서는 대강 추정할 수는 있음

나) 지능 B

(1) 이해력, 과제 해결력 또는 지적 기능 일반의 평균적 수준

(2) 지적 잠재능력이 그 후의 발달에 있어서 실현되는 정도→지능검사에 의해서 측정 가능함. 따라서 지능검사로 실제 측정되는 지능은 지능B 수준의 것이며 지능A 수준을 반영하는 것은 아님

3) Cattell과 Horn의 분류

가) 유동성 지능(Fluid Intelligence)

(1) 선천적으로 타고나고 문화와 환경에 따라 변화되지 않는 일반적인 지적능력

(2) 지능은 초기에 비교적 급속히 발달하여 10대 후반에서 20대 초반에 정점에 도달한 다음 서서히 감퇴하여 55~60세 이후에는 급격히 감퇴.

(3) 웩슬러 지능검사에서 숫자, 공통성 문제, 빠진 곳 찾기, 차례 맞추기, 토막 짜기, 모양 맞추기가 여기에 해당

나) 결정성 지능(Crystalized Intelligence)

(1) 유아기에서 성인에 이르기까지 서서히 계속 증가하여 60~70세까지도 비교적 감퇴하는 비율이 낮음

(2) 결정성 지능은 유아기부터 노년기까지 새로운 경험과 훈련의 기회가 주어지는 한 계속 증가→유동성지능이 감퇴하는 시기에는 비교적 완만하게 증가함

(3) 웩슬러 지능검사에서 기본지식, 어휘, 이해문제, 공통성문제가 여기에 해당

다. 지능이론

1) Spearman: 2요인설

가) 지능검사가 활발히 연구되던 20세기 초에는 지능의 구조에 대한 Spearman의 생각이 주류를 이루고 있는 시기

나) Spearman은 지능의 본질을 규명하기 위하여 자신이 개발한 요인분석이라는 통계적 절차를 사용

다) 요인분석은 여러 변인들 간의 상관을 분석하여 밀접하게 관련된 변인군을 찾아내는 방법

라) 만일 변인들 간의 상관이 높다면 하나의 잠재요인인 그 변인들 모두에 영향을 미치고 있다고 판단할 수 있음.

✔ 공부 Tip

* 유동성 지능과 결정성 지능의 의미를 반대로 이해하기 쉽다. 유동성이란 나이를 따라 유동하면서 쉽게 변화되지 않는 지능으로 결정성 지능은 그때그때 결정(Crystal)이 만들어지듯이 훈련해야 하는 지능으로 기억해 두면 혼동이 덜하다.

마) 요인분석은 이러한 숨겨진 요인을 찾아내는데 사용

바) Spearman의 지능이론을 일반지능요인이론 or 2요인이론

  (1) 일반지능요인 g: 모든 인지능력검사들은 하나의 핵심적인 잠재요인을 공유하고 있다고 결론짓고 그 요인을 일컬음

  (2) 특수요인 s': 수리추리력, 언어이해력 등 각 인지능력검사만이 공유하는 존재함을 인정 → 어떤 특정 능력검사에서의 수행은 대체로 개인의 일반지능요인에 의해 결정된다고 생각

2) Thurstone: 7가지 기본정신능력

가) 미국에서는 지능의 구조에 대한 Spearman의 생각과 다른 견해가 1940년대부터 나오기 시작

나) Thurstone은 지능이 서로 독립적인 다양한 능력들로 구성되어 있다고 주장

다) Thurstone은 Spearman과는 다른 형태의 요인분석을 사용 → 언어 유창성, 언어 이해력, 공간 능력, 지각속도, 수리능력, 귀납적 추리 능력, 기억력 등 지능을 구성하는 일곱 가지의 기본정신능력 요인 발견

3) Guilford: 지적 구조모형(Structure of Intelect)

가) Guilford는 지능이 다수의 요인들로 구성된다는 견해에 동의 → Thurstone이 제안한 7요인으로는 지능의 구조를 설명하기에 부족하다고 생각

나) 세 가지의 주요차원

  (1) 조작(평가, 수렴, 확산, 기억파지, 기억저장, 인지)

  (2) 내용(시각, 청각, 상징, 의미, 행동)

  (3) 산출(단위, 분류, 관계, 체제, 전환, 함축)의 차원임

  (4) 세 가지 주요차원을 바탕으로 한 Guilford의 모형에서는 총 180개의 요인들이 지능을 구성함

4) Cattell: 유동지능과 결정지능

가) Cattell은 다른 연구자와 마찬가지로 요인분석을 사용하여 지능이 유동지능과 결정지능으로 구분된다는 사실을 발견

나) 유동지능은 주로 비언어적이며 비교적 특정한 문화적 환경에 국한되지 않는 형태의 정신능력 → 선천적으로 타고난 학습능력+문제해결능력이 포함 → 새로운 상황에 적응하는 것을 요구하는 과제에서 유동지능이 사용됨

다) 결정지능은 유동지능을 사용하여 학습된 것을 기반으로 하기 때문에 학습된 반응을 요구하는 과제에 사용됨

5) Sternberg: 삼위일체 지능이론

지능의 개인차를 단순한 지능검사의 점수 차이로 보지 않고 상호작용하는 많은 심리적 과정이 문제를 해결하는 데 걸리는 시간이라고 규정

가) 요소 하위이론(Componential Subtheory): 새로운 지식을 획득하고 이를 논리적 과제 해결에 적용하는 능력으로서 이것의 결과가 분석적 능력임을 제안

(1) 메타요소: 고차적 집행과정으로서 활동계획을 세우고 결정한 일의 진행과정을 감독. 조정하고 진행결과를 평가하는 데 관여

(2) 수행요소: 과제 수행에 실제로 이용하는 과정으로서 정보를 부호화하고 기억 및 추리하는 것에 관여

(3) 지식획득요소: 새로운 정보의 획득에 이용하는 과정으로서 선택적 부호화, 선택적 조합, 선택적 비교 등에 관여

나) 경험 하위이론(Experiential Subtheory): 새로운 생각을 형성하고 관련되어 있지 않은 사실들을 조합하는 능력 → 이것의 결과가 창의적 능력임을 제안

(1) 신기성을 다루는 능력: 새로운 상황을 효과적으로 다루는 능력(통찰력, 창의력을 의미)

(2) 정보처리를 자동화하는 능력: 익숙한 과제에 대한 효율적이고 자동적인 문제 해결 능력(사고력을 의미)

다) 상황 하위이론(Contextual Subtheory): 변화하는 환경에 적응하고 기회를 최적화하는 능력으로서 이것의 결과가 실제적 능력임을 제안

(1) 적응: 기존 환경에 자신을 맞추는 것

(2) 조성: 기존 환경을 자신에게 맞도록 변형시키는 것

(3) 선택: 적응이 가능하지 않거나 조성이 적절하지 않을 때 새로운 환경을 선택하는 것

6) Gardner: 다중 지능이론(Multiple Intelligence)

가) 인간의 지적능력은 일상생활 속에서 다양한 방식으로 작용하는 기능적 개념으로서 일반지능과 달리 다수의 능력으로 구성 → 능력들의 상대적 중요성은 동일하다고 주장

나) 언어지능, 논리-수학지능, 음악지능, 공간지능, 신체운동지능, 대인관계지능, 내성지능, 자연탐구지능, 실존지능이 있음

문제

[1. 해설] ㉐
지능이란 문자나 숫자를 기억하는 능력이다.

1. 지능에 관한 일반적인 정의로 적합하지 않은 것은? (2005 기출)

가. 지능이란 학습능력이다.

나. 지능이란 적응력이다.

다. 지능은 총합적 · 전체적이다.

라. 지능이란 단순한 사고능력이다.

2. 인간의 지능에 관한 설명 중 잘못된 것은? (2004 기출)

가. 지능검사는 결코 생득적인 선천적 능력만을 재는 것은 아니다.

나. 지능에는 환경의 영향이 보다 강하다는 증거가 많다.

다. 개인의 지능은 연령에 따라 상당한 항상성이 있다.

라. 지적 교과나 추상적인 교과는 지능과의 상관이 높다.

3. 다음 중 지능검사의 시행목적이 아닌 것은? (2007 기출)

가. 개인의 지적인 능력수준을 평가한다.

나. 지능검사 결과를 기초로 하여 임상적 진단을 명료화 한다.

다. 피검자의 행동특징 이면의 역동적인 평가에 필요한 정보를 주로 제공한다.

라. 치료계획을 세우는 과정에서 합리적 치료목표 설정에 도움을 준다.

4. 지능지수에 대한 설명으로 거리가 먼 것은? (2007 기출)

가. 지능지수는 고정 불변적이기 보다는 환경에 의해 영향을 받으며, 성인보다도 아동의 경우에 더욱 그렇다.

나. 상대적으로 높은 지능지수는 높은 학업성취에 대한 충분조건이지만, 낮은 지능지수는 낮은 학업성취에 대한 필요조건이다.

다. 일반적으로 남녀 간에 지능지수의 총점에서는 의미 있는 차이는 없지만, 공간능력과 같은 특수한 능력의 경우에는 차이가 있다.

라. 개인의 지능지수는 그 개인의 지적 기능에 대한 정확한 측정 결과이기 보다는 그 시점에서의 개인의 지적 기능 수준을 나타내 줄 뿐이다.

5. 지능이란 기본적 능력으로서 판단력, 이해력, 논리력, 추리력, 기억력이 그 주요소라고 정의하고, 정상아동과 정신지체 아동을 감별하기 위한 목적으로 최초의 실용적인 지능검사를 제작하여 지능검사 발달에 공헌한 사람은? (2010 기출)

가. Galton

나. Binet

다. Spearman

라. Wechsler

[2. 해설] ④
인간의 지능이 생득적이기도 하고 선천적이기도 하지만, 생득적 또는 선천적인 것 어떤 것의 영향이 다른 것 보다 더 강하다는 증거는 없다.

[3. 해설] ④
심리평가에서 면담은 피검자의 행동특징 이면의 역동적인 평가에 필요한 정보를 주로 제공한다.

[4. 해설] ④
상대적으로 높은 지능지수는 높은 학업성취에 대한 충분조건도 필요조건도 아니고 낮은 지능지수는 낮은 학업성취의 충분조건도 필요조건도 아니다.

[5. 해설] ④
A.Binet는 1905년 의사 T.Simon의 도움을 받아 정신지체를 판정하기 위한 검사를 작성하였다. 이것이 지능검사의 시초라고 일컬어지고 있고 이 때문에 Binet는 지능검사의 아버지라고 불리고 있다.

⑤ 지능검사

가. 지능검사 개요

1) Wechsler의 지능에 대한 정의
   가) 합목적적으로 행동하고, 합리적으로 사고하며, 능률적으로 환경을 처리하는 개인의 총합적, 전체적 능력
   나) 의욕이나 성격 등과 같은 비(非)지적 요인도 포함된 다면적 구성체로 정의

2) 우리나라에서 사용하는 웩슬러 지능검사의 종류
   가) K-WAIS(Korean Wechsler Adult Intelligence Scale): 만 16세~64세 성인 대상
      (1) 언어성 검사: 기본지식, 이해, 산수, 공통성, 숫자, 어휘
      (2) 동작성 검사: 빠진 곳 찾기, 차례 맞추기, 토막 짜기, 모양 맞추기, 바꿔 쓰기
   나) K-WAIS-Ⅳ(Korean Wechsler Adult Intelligence ScaleⅣ): 만 16세~64세 성인대상
      (1) 언어이해 지표(Verbal Comprehention Index): 공통성, 어휘, 상식, 이해
      (2) 지각추론 지표(Perceptual Reasoning Index): 토막 짜기, 행렬추론, 퍼즐, 무게비교, 빠진 곳 찾기
      (3) 작업기억 지표(Working Memory Index): 숫자, 산수, 순서화
      (4) 처리속도 지표(Processing Speed Index): 동형 찾기, 기호쓰기, 지우기
   다) K-WISC-Ⅲ(Korean Wechsler Intelligence Scale for ChildrenⅢ): 만 5세~15세 대상
      (1) 언어성 검사(6개 소검사): 기본지식, 이해, 산수, 공통성, 어휘, 숫자(보충소검사)
      (2) 동작성 검사(7개 소검사): 빠진 곳 찾기, 차례 맞추기, 토막 짜기, 모양 맞추기, 바꿔 쓰기, 동형 찾기(보충소검사), 미로 찾기(보충소검사)
   라) K-WISC-Ⅳ(Korean Wechsler Intelligence Scale for ChildrenⅣ): 만 5세~16세
      (1) 언어이해 지표(Verbal Comprehention Index): 공동성, 어휘, 이해, 상식, 단어추리
      (2) 지각추론 지표(Perceptual Reasoning Index): 토막 짜기, 공통그림 찾기, 행렬추리, 빠진 곳 찾기
      (3) 작업기억 지표(Working Memory Index): 숫자, 순차연결, 산수
      (4) 처리속도 지표(Processing Speed Index): 기호 쓰기, 동형 찾기, 선택
   마) K-WPPSI-Ⅳ(Korean Wechsler Preschool and Primary Scale of intelligence Ⅳ): 만 3세~7세 대상

3) 2세 6개월~3세 11개월 검사체계

가) 기본지표

   (1) 언어이해지표(Verbal Comprehension Index): 상식, 수용어휘

   (2) 시공간지표(Visual Spatial Index): 토막짜기, 모양맞추기

   (3) 작업기억지표(Working Memory Index): 그림기억, 위치찾기

나) 추가지표

   (1) 어휘습득지표(Vocabulary Acquisition Index): 수용어휘, 그림명명

   (2) 비언어지표(Nonverbal Index): 토막짜기, 모양맞추기, 그림기억, 위치찾기

   (3) 일반능력지표(General Ability Index): 상식, 수용어휘, 그림명명, 토막짜기

(4) 4세~7세 7개월 검사체계

가) 기본지표

   (1) 언어이해지표(Verbal Comprehension Index): 상식, 공통성

   (2) 시공간지표(Visual Spatial Index): 토막짜기, 모양맞추기

   (3) 유동추론지표(Fluid Reasoning Index): 행렬추리, 공통그림찾기

   (4) 작업기억지표(Working Memory Index): 그림기억, 위치찾기

   (5) 처리속도지표(Processing Speed Index): 동형찾기, 선택

나) 추가지표

   (1) 어휘습득지표(Vocabulary Acquisition Index): 수용어휘, 그림명명

   (2) 비언어지표(Nonverbal Index): 토막짜기, 모양맞추기, 행렬추리, 공통그림찾기, 그림기억, 위치찾기, 동형찾기, 선택, 동물짝짓기

   (3) 일반능력지표(General Ability Index): 상식, 공통성, 어휘, 이해, 토막짜기, 모양맞추기, 행렬추리, 공통그림찾기

   (4) 인지효율성지표(Cognitive Proficiency Index): 그림기억, 위치찾기, 처리속도, 동형찾기, 선택, 동물짝짓기

나. K-WAIS

1) K-WAIS 개요

가) 현재 가장 널리 사용되고 있는 지능검사

나) 개인의 복잡한 인지구조→개인의 성격적, 정서적 측면을 해석하고자 하는 종합적, 역동적 입장→실제 임상 장면에서 유용한 자료를 제공하여 옴

다) 신경심리 연구 결과가 축적됨에 따라 신경심리학적 진단에도 도움을 주고 있음 →지능개념과 지능검사의 한계점이 있다 하더라도 이러한 한계점 내에서 축적된 연구결과와 임상가의 임상적 해석을 종합한다면 웩슬러 지능검사를 통하여 개인의 인지적 기능과 구조, 특성 및 인지적 장애를 충분히 밝힐 수 있을 것으로 기대됨

2) K-WAIS 특징

가) 성인용 지능검사이나 중·고등학생뿐만 아니라, 대학생에게도 사용할 수 있음

K-WAIS-IV & K-WISC-IV 하위 지표
1언어이해 지표(Verbal Comprehention Index): 공통성, 어휘, 상식, 이해
2지각추론 지표(Perceptual Reasoning Index): 토막 짜기, 행렬추론, 퍼즐, 무게비교, 빠진 곳 찾기
3작업기억 지표(Working Memory Index): 숫자, 산수, 순서화
4처리속도 지표(Processing Speed Index): 동형 찾기, 기호쓰기, 지우기

✔ 공부 Tip
* 하위 지표는 필기, 실기에 자주 출제되니 꼭 기억해 두어야 한다.

나) 편차지능계수(Deviation IQ)를 사용. 종래의 생활연령과 정신연령을 비교한 IQ 산출법은 연령 집단별 지능지수에 차이가 있을 수 있어 IQ의 항상성이 상실→ 연령집단 평균치에서 이탈된 상대적 위치로 지능을 정확히 표현할 수 있는 편차 IQ 개념을 도입하였음

다) 개인검사이기 때문에 검사자와 피검자 사이에 바람직한 라포(rapport)를 조성하기가 쉬움→ 검사과정에 있어서 주의 깊은 관찰이 가능→ 검사를 보다 정확히 할 수 있을 뿐만 아니라 나아가서는 피검사자의 성격적인 특성을 알아볼 수 있어 진단적인 단서를 얻을 수가 있음

라) 언어성검사와 동작성검사가 포함→ 언어성검사에는 6개의 소검사가, 동작성검사에는 5개의 소검사가 포함→ 인지기능 전반을 평가할 수 있는 정신상태검사 → 언어성 IQ와 동작성 IQ를 통해서 전체 IQ를 측정할 수 있게 되어 있음

마) 모든 문제를 구두나 동작으로 제시해 주고 결과도 직접 기록하므로 문맹자에게도 검사를 해 줄 수 있음

3) 각 소검사의 구성과 측정내용

가) 언어성검사

(1) 기본지식문제: 일반상식범위, 일반상식에 대한 장기기억력 측정

(2) 숫자외우기: 청각적 자극에 대한 주의력, 단기기억력 측정, 기질적 결함 유무 측정

(3) 어휘문제: 단어를 사용하는 언어표현능력을 본다. 피검자의 사고방식과 내용의 질적 특수성을 파악함

(4) 산수문제: 복잡한 자극에 대한 주의집중력과 계산능력을 봄. 측정 점수가 낮으면 정서적 불안증 또는 불안으로 인한 주의집중의 곤란이 예상됨. 시간제한이 있음

(5) 이해문제: 판단력, 현실적인 문제들에 대한 이해력과 판단능력, 사물에 대한 판단력, 현실검증 능력을 알아보는 검사

(6) 공통성문제: 일반지능을 가장 잘 나타내는 소검사로 알려짐. 개념형성이나 추상적, 논리적 사고능력을 측정함

나) 동작성검사: 언어성 검사와 달리 모두 시간제한이 있고 피검자의 반응이 빠르고 정확할수록 가산 점수를 더해 주도록 되어 있음

(1) 빠진 곳 찾기: 시각적 주의집중과 판단력이 요구되며 지각과 개념형성의 기초적인 능력을 측정 논리성이 결여되어 있는 조현병의 경우 점수가 낮음

(2) 그림 차례 맞추기: 어떤 사회적 장면의 전체를 이해하고 파악하는 능력 및 결과를 예기하고 효과적으로 계획하는 능력을 파악. 대인관계의 예민성 혹은 대인관계에서의 장애 여부를 보여주기도 함

(3) 토막 짜기: 사물에 대한 분석능력뿐 아니라 동시에 통합능력을 측정하며, 공간적 표상능력 및 시각-근육운동의 통합능력을 잼

(4) 모양 맞추기: 시각-근육운동의 협응 및 전체적인 연관성을 파악하는 능력을 측정

(5) 바꿔 쓰기: 기호와 숫자와의 연합학습능력, 정신운동속도 및 대치능력(정확성)을 평가

4) K-WAIS 실시방법

가) K-WAIS는 언어성 검사의 1개 소검사와 동작성검사의 1개 소검사를 번갈아가며 실시
나) 이는 피검자가 흥미를 잃지 않고 관심을 지속적으로 유지하며 검사를 받도록 하기 위한 것임

5) K-WAIS의 진단기능

가) 개인의 지적 기능 평가: 현재의 지능수준 + 병전의 지능수준 + 발달 가능성의 정도를 양적으로 알 수 있음 → 각각 다른 기능을 재는 11개의 소검사로 구성되어 있음 → 개인내적 기능간의 비교도 가능
나) 개인의 성격특성 + 동기 + 정신병리 파악: 실시기간이 길고(1~2시간) 시간제한이 있는 소검사들 + 투사적 함축성을 지닌 문항들이 포함 → 피검자의 반응 내용, 양상, 속도, 검사에 임하는 태도 및 표정, 검사 시의 행동 등의 분석함으로써 개인의 특성과 문제를 파악할 수 있음
다) 특수한 장애나 능력평가: 언어능력장애, 독서능력장애, 기억장애, 뇌손상에 따른 기능장애 및 계산이나 추리력에서의 특이한 기술과 신속성, 풍부한 어휘력 등 개인의 단점 + 독특한 능력과 잠재력 등에 대한 정도도 얻을 수 있음

6) K-WAIS의 해석방법

최대능력검사 → 피검지가 현재의 상태에서 자신의 능력을 최대한 발휘했다는 전제 + 상황적 조건, 피검자 조건, 그리고 평가자조건(피검자에 대한 호감도, 검사에 대한 숙련도)등을 고려하여 해석

가) 양적 분석
 (1) 현재 지능수준 평가 및 병적 지능수준 추정: 대답 가능한 수준을 정하고 피검자의 연령, 교육 정도, 직업, 학교성적 등을 고려하여 추정함
 (2) 분산도 분석
  (가) 어휘 분산도: 11개의 소검사 중 안전성이 가장 큰 어휘문제점수를 기준으로 다른 검사들의 이탈 정도로 판단
  (나) 평균치 분산도: 전체 평가치 평균에서 점수가 얼마나 이탈하는가 보는 것
 (3) 특정 소검사 평가치 비교: 둘 또는 세 개의 소검사 점수들을 비교함으로써 파악
나) 질적 분석: 이에 해당되는 경우는 무수히 많음 → 피검자가 검사 시에 보이는 갖가지 행동 또는 이상에서 기술한 것 못지않게 진단에 중요한 단서가 됨

7) 웩슬러 지능의 진단적 분류

점수	서술적 분류	비율	점수	서술적 분류	비율
130 이상	최우수	2.2%	80~89	평균 하	16.1%
120~129	우수	6.7%	70~79	경계선	6.7%
110~119	평균 상	16.1%	69 이하	매우 낮음	2.2%
90~109	평균	50.0%			

가) 지적장애 분류

(1) 경도 50~55부터 69까지

(2) 중등도 35~40부터 50~55까지

(3) 중증 20~25부터 35~40까지

(4) 극심 20~25 이하

나) 지적장애: 영양부족, 의료보호의 결여, 지적 자극의 결핍, 부모의 무관심 등 나쁜 환경요인→지적발달에 장애 + 뇌손상이나 신경계 구조의 결함으로 인해 지적장애가 되기도 함

다. K-WAIS-IV

1) K-WAIS-IV의 내용과 구조

가) WAIS-IV가 이전 판에 비해 현저하게 다른 점

(1) 검사의 구조를 단순화하고 인지능력에서 좀 더 독립적인 영역에 관한 수행을 나타내 줄 수 있는 지수점수를 강조

(2) K-WAIS-IV는 15개의 소검사로 구성되어 있음. 그 중 12개의 소검사는 WAIS-III에 포함되었던 것임. 즉, 토막 짜기, 공통성, 숫자, 행렬추론, 어휘, 산수, 동형 찾기, 상식, 기호쓰기, 순서화, 이해, 빠진 곳 찾기, 새로운 세 개의 소검사는 퍼즐, 무게 비교, 지우기로 이는 WISC-4에서 차용해 온 것임

나) K-WAIS-IV

소검사	설 명
토막 짜기	수검자는 제한시간 내에 작업해야 하고 제시된 그림과 모형을 또는 그림만 보고 빨간색과 흰색으로 이루어진 토막을 사용하여 똑같은 모양을 만들어야 한다.
공통성	공통적인 사물이나 개념을 나타내는 두 개의 단어가 제시되면 수검자는 그 둘이 어떠한 유사점이 있는지를 기술해야 한다.
숫자	숫자 바로 따라 하기에서 수검자는 검사자가 읽어준 일련의 숫자를 동일한 순서로 기억해내야 한다. 숫자 거꾸로 따라 하기에서는 검사자 읽어준 일련의 숫자를 역순으로 기억해 내야한다. 숫자 순서대로 따라 하기에서는 검사자 읽어준 일련의 숫자를 작은 숫자부터 차례로 기억해 내야 한다.
행렬추론	수검자는 일부가 빠져 있는 행렬 매트릭스를 보고 행렬 매트릭스를 완성할 수 있는 반응선택지를 골라야 한다.
어휘	그림 문항의 경우 수검자는 시각적으로 제시되는 물체의 이름을 말해야 한다. 언어적 문항의 경우 인쇄된 글자와 동시에 구두로 제시되는 단어의 뜻을 말해야 한다.
산수	수검자는 제한시간 내에 일련의 산수 문제를 암산으로 풀어야 한다.
동형 찾기	수검자는 제한시간 내에 탐색 집단에서 표적기호와 동일한 것을 찾아야 한다.
퍼즐	수검자는 제한시간 내에 완성된 퍼즐을 보고 그 퍼즐을 만들 수 있는 세 개의 반응을 찾아야 한다.

✔ **공부 Tip**

보충검사는 2가지 경우 시행될 수 있다

1. 주요 소검사 외에 추가로 더 지적 요소를 파악하고 싶을 때 → 이 경우 지표 점수에 포함되지 않는다

2. 핵심 소검사 중 사정상 실시하지 못할 경우 해당 지표에 속하는 보충 소검사를 실시한다. → 이 경우에 지표 점수에 포함되어야 지표를 산출할 수 있다.

소검사	설 명
상식	수검자는 폭넓은 영역의 상식에 관한 질문에 대답해야 한다.
기호쓰기	수검자는 제한시간 내에 숫자와 짝지어진 기호를 옮겨 써야 한다.
순서화*	검사자가 수검자에게 일련의 숫자와 글자를 읽어주면 수검자는 숫자와 글자를 순서대로 회상해야 한다.
무게비교*	수검자는 제한시간 내에 양쪽 무게가 달라 균형이 맞지 않는 저울 그림을 보고 균형을 맞추는데 필요한 반응을 찾는다.
이해*	수검자는 사회적 상황에 대한 일반적 원리와 이해 근거해서 질문에 답해야 한다.
지우기*	수검자는 제한 시간 내에서 조직적으로 배열되어 있는 도형들 속에서 표적모양을 찾아 표시해야 한다.
빠진 곳 찾기*	수검자는 제한 시간 내에 중요한 부분이 빠져 있는 그림을 보고 빠진 부분을 찾아야 한다.

*은 보충검사이다.

다) K-WAIS-IV하위 지표

(1) 언어이해 지표(Verbal Comprehention Index): 공통성, 어휘, 상식-이해

(2) 지각추론 지표(Perceptual Reasoning Index): 토막짜기, 행렬추론, 퍼즐-무게비교, 빠진 곳 찾기

(3) 작업기억 지표(Working Memory Index): 숫자, 산수-순서화

(4) 처리속도 지표(Processing Speed Index): 동형 찾기, 기호쓰기-지우기

라. K-WISC-IV

1) 언어이해 지표(Verbal Comprehension Index)

가) 개요

(1) 소검사: 공통성, 어휘-이해, 상식, 단어추리

(2) 언어이해 지표는 추론, 이해, 개념화를 사용하는 언어능력을 측정하는 소검사로 이루어져 있음

(3) 언어이해 지표를 단일한 지표점수로 해석하기 위해서는 언어지표점수에 포함된 각 소검사 점수를 언어이해 지표 소검사 점수들의 평균값과 비교→차이의 유의미성과 빈도를 전문가 지침서를 사용하여 분석하는 것이 기본 전략

나) 소검사 내용

(1) 상식

(가) 주로 결정화된 지식을 측정하는데 현재는 보충 소검사에 해당됨

(나) '단어 추리'라고 하는 새로운 보충 소검사는 언어추론능력을 측정

(다) 언어추론에는 항상 어느 정도의 결정화된 지식이 기초적으로 필요함

(2) 어휘

(가) 어휘의 뜻을 배우고 그것을 기억하여 분명하게 표현하는 것이 필요

✔ 공부 Tip
언어이해 지표는 실기에서도 잘 나오는 내용인 꼭 숙지해야 한다.

(나) 추론이 명백하게 요구되는 것은 아니고 그 단어를 아는 것이 중요

(다) 어휘는 일반지능을 대표하는 소검사

(라) 전체지능을 가장 잘 예측하는 값 중 하나

(마) 어휘력이 뛰어난 사람은 여러 개념들을 한 단어로 잘 묶고 인지적으로 풍부한 환경을 즐기며 지식을 좀 더 적절하게 적용할 수 있음

(3) 공통성

(가) 단어가 개념적으로 어떻게 비슷한지에 대해 물어봄

(나) 개념이 습득→장기기억에 저장→정보가 요구될 때 언어기억의 지식에 접근해야 함→단어들을 기억하고 나서 어떻게 비슷한지 추론하기 시작

(다) 추론과정은 일시적인 작업기억에서 이루어짐→추론능력은 작업기억 용량 및 정보가 사라지기 전에 작업기억에서 사고가 처리되는 효율성과 관련됨. 어휘와 이해에서도 비슷한 과정이 일어남

(4) '공통성', '이해', '단어추리' 소검사는 어휘나 상식소검사보다 높은 수준의 추론을 요구함→결정화된 지식이전에 습득한 정보를 장기기억에서 인출하는데 결함이 있는 아동은 적절한 언어추론 능력을 가지고 있을 경우 공통성, 이해, 단어추리 점수가 상식, 어휘 점수보다 높을 것임→연령에 적절한 지식을 습득하고 이 지식에 쉽게 접근→추상적인 언어개념의 고차적인 조직화에 결함을 보이는 아동→반대의 점수패턴을 보이게 됨

다) 지각추론지표(Perceptual Reasoning Index)

(1) 소검사: 토막 짜기, 공통그림 찾기, 행렬 추리-빠진 곳 찾기

(2) 지각추론 지표의 구성요소→새로운 유동적 추론 소검사가 들어가기 위해서 '차례 맞추기'와 '모양 맞추기'가 생략됨, '빠진 곳 찾기'가 보충 소검사로 들어감. '토막 짜기'와 함께 유동적 추론을 주로 평가하는 '행렬추리'와 '공통그림 찾기'가 두 개의 새로운 소검사로 들어감

라) 작업기억지표(Working Memory Index)

(1) 소검사: 숫자, 순차연결-산수

(2) 작업기억 지표는 주의력, 집중력과 작업기억력을 측정하는 소검사→'숫자 따라하기', '순차연결'과 보충소검사인 '산수'로 구성→산수문제를 보충 소검사로 수정하면서 작업기억 지표에 산수문제가 포함되는 것에 대한 논쟁은 줄어 듬→지시문의 어휘에서 미세한 변화가 과제의 청각적 처리요소와 언어 요인의 영향을 감소시키기 때문임→작업기억은 암송과 같이 정보를 조작하는 과제나 방해 과제를 수행하면서 일시적으로 머릿속에 정보를 담아두고 정보를 정확하게 산출하고 반응하는 능력.

(3) 작업기억은 단기간에 적은 양의 정보를 저장하고 규칙과 책략에 따라 정보를 변형→그 정보에 빠르게 접근하고 이용할 수 있도록 유지하는 것→이런 과정을 계속적으로 새롭게 수행하는 것임

(4) 작업기억 영역에서 낮은 점수는 여러 가지 이유에서 생길 수 있음→수행에

영향을 미치는 주요한 요소는 청각 및 시각적 변별, 주의력, 정신적인 배열, 기본적인 문자와 숫자처리의 자동화, 실행기능의 통제임

마) 처리속도지표(Processing Speed Index)
　(1) 소검사: 기호쓰기, 동형 찾기-선택
　(2) 비언어적 문제를 해결할 때 요구되는 정신적 속도 및 운동속도, 주의력, 의사 결정능력 등을 측정

문제

1. 어느 임상환자들의 WAIS검사 반응 특징으로 평균에서의 이탈도가 다음과 같이 나타났을 때 이에 대해 바른 설명은? (2003 기출)

상식문제 +~++	차례맞추기 －~0
이해문제 +~－	빠진곳찾기 0~－－
산수문제 0~－	모양맞추기 －
숫자문제 +~0	토막짜기 0~+
공통성문제 +~－－	바꿔쓰기 －
어휘문제 ++	

가. 언어성 검사는 동작성 검사보다 일반적으로 낮다.
나. 정신분열증 환자들의 특징이다.
다. 모양 맞추기는 토막 짜기보다 훨씬 높다.
라. 대부분의 경우 동작성 소검사보다 언어성 소검사 쪽이 낮다.

2. K-WAIS검사에서 동작성 검사의 측정내용이 아닌 것은? (2004 기출)
가. 숫자 외우기　　나. 빠진 곳 찾기
다. 차례 맞추기　　라. 토막 짜기

3. 22세 여대생이 수업시간에 집중이 잘 안되고 수업내용을 따라가기 어렵다는 이유로 지능검사를 받았고 그 결과는 다음과 같다. 이 결과에 대한 해석으로 틀린 것은? (2006 기출)

전체지능: 123		
동작성지능: 117	언어성지능: 124	공통성문제: 12
상식문제: 14	어휘문제:19	산수문제: 14
기호쓰기: 11	숫자문제: 10	토막짜기: 12
빠진곳찾기: 15	모양맞추기: 10	차례맞추기: 11

[1. 해설] ④
평균에서의 이탈도

++	평균평가치보다 3점 이상인 경우
+	평균 평가치 보다 1.5-2.9점 높은 경우
0	평균평가치의 +-1.5점 이내인 경우
-	평균 평가치 보다 1.5-2.9점 적은 경우
--	평균평가치보다 3점 이상 적은 경우

평균이탈도에서 아래와 같이 보이는 경우 정신분열증 환자들의 검사반응의 특징이다.
상식문제 +~++ 차례 맞추기 －~0
이해문제 +~ － 빠진 곳 찾기 0~－ －
산수문제 0~ － 모양 맞추기 －
숫자문제 +~0 토막 짜기 0~+
공통성문제 +~－ － 바꿔쓰기 －
어휘문제 ++
위의 경우 언어성 검사는 동작성 검사보다 일반적으로 높다.

[2. 해설] ㉮
숫자 외우기는 언어성 검사이다.

[3. 해설] ㉱
이 여대생의 언어성 지능이 동작성 지능보다 높다는 것은 낮은 동기로 정신운동성 지연을 나타낸다. 즉, 기민한 모습을 보인다. 틀린 지문이다.

가. 긴 자료를 암기해야 할 경우 이를 나누어서 암기하는 방식이 도움이 될 수 있다.

나. 피검자는 학습할 내용이나 자신의 생각을 말로 표현함으로써 학습을 증진시킬 수 있다.

다. 피검자는 습득된 지식 잠재력은 강점을 보인다.

라. 피검자는 학습의 열의가 높고, 수행속도가 빨라 자신의 능력을 발휘하는데 기민한 모습을 보인다.

[4. 해설] ㉯
학업부진을 보이는 아동이나 청소년들이 가장 낮은 점수를 보이는 범주와 그 범주에 속하는 소검사들이 바르게 짝지어진 것은 연속적 능력 – 산수문제, 숫자문제 바꿔 쓰기이다.

4. Bannatyne의 분류에 따르면 웩슬러 지능검사는 4가지 범주(언어적 개념화 능력, 공간적 능력, 연속적 능력, 획득된 지식)로 분류될 수 있다. 지능은 우수하지만 근본적으로 주의력결핍장애가 있어 학업부진을 보이는 아동이나 청소년들이 가장 낮은 점수를 보이는 범주와 그 범주에 속하는 소검사들이 바르게 짝지어진 것은?

(2005, 2008 기출)

가. 획득된 지식 – 기본지식, 산수문제, 어휘문제

나. 연속적 능력 – 산수문제, 숫자문제, 차례 맞추기

다. 연속적 능력 – 산수문제, 숫자문제, 바꿔 쓰기

라. 획득된 지식 – 기본지식, 산수문제, 이해문제

[5. 해설] ㉰
웩슬러 지능검사는 개인검사이다.

5. 한국판 웩슬러 지능검사(K-WAIS)의 특징에 대한 설명으로 틀린 것은? (2007 기출)

가. 성인용 지능검사이나 중, 고, 대학생에게도 사용할 수 있다.

나. 편차지능지수(Diviation IQ)를 사용하였다.

다. 개인 검사가 아니라 집단검사이다.

라. 모든 문제를 구두나 동작으로 제시해 주고 결과도 검사자가 직접 기록함으로써 문맹에게도 검사를 해 줄 수 있다.

6 성격검사

가. 성격검사 일반

1) 성격검사 일반

가) 성격이나 적응력을 평가하는 기법들은 검사자료와 실시절차가 각기 다를 뿐만 아니라 근거를 두고 있는 성격에 대한 기본개념도 상이함

나) 모든 성격평가기법이 어떤 분명한 성격이론에서 출발했다고 보기는 어려움→ 대부분의 성격평가기법은 성격이론에 대한 기본가정과 관련되어 있음

다) 어떤 평가기법은 개인의 성격을 보다 포괄적으로 평가하려고 시도

라) 어떤 평가기법은 성격 또는 적응력의 특정 영역을 평가하는데 초점 둠

마) 평가기법에 따라 외현적으로 나타나는 행동, 자신의 행동이나 감정 및 태도에 관한 내성적 분석, 개인이 의식하기 어려운 성격적 구성요소와 같이 초점을 두고 평가하는 영역이 각기 다름

바) 성격이란 개인의 독특한 행동특징을 기술하는 용어

사) 성격검사에서 성격이라는 용어→ 보통 개인의 비(非)지적 측면을 지칭.

아) 비(非지)적 측면이라고 하더라도 성격에 지적인 요소가 전혀 없다고 말하기는 어려움→비(非)지적 측면이란 사회적 상황에 따른 반응유형, 다른 사람과 관계하는 방식, 긴장의 정도, 사회적 관계로부터 철수하려는 경향, 공격적인 경향, 자신에 대한 관점등과 같은 다양한 행동적 특징을 포함

2) 성격검사의 역사

가) 성격검사의 선구는 정신과 환자를 대상으로 한 Kraepelin(1892)의 자유연상검사를 들 수 있음→이 검사는 수검자에게 자극단어를 제시→제일 먼저 떠오르는 단어를 말하게 하는 방식→그는 이 검사를 이용하여 피로, 배고픔 및 약물 등의 심리적 작용을 연구

나) 이 후 Sommer는 자유연상기법을 이용하면 여러 유형의 정신장애자를 구분할 수 있다고 하였음

다) Jung이 1903년에 시작하여 1908년에 완성한 단어연상검사로 발전

라) 그 후 1928년 Allport는 일상적 사회관계에서 지배적 또는 복종적 경향을 측정하기 위한 검사 개발

마) 1931년 Bernreuter는 신경증, 자기충족, 내향성–외향성, 지배성–복종성, 사회성 ,자신감을 측정하기 위해 125문항으로 구성된 성격검사 만듦.

바) 문항선정분석을 통해 검사를 개발

사) Hathaway와 Mckinley(1943)가 만든 MMPI는 문항의 경험적 변별력에 따라 문항을 선정한 대표적인 진단용 성격검사임

나. 성격유형검사(MBTI, MMTIC)

1) MBTI(Myers-Briggs Type Indicator)

가) MBTI란?

(1) Myers-Briggs Type Indicator(MBTI)는 융의 심리유형이론을 토대로 마이어스와 브릭스가 제작한 객관적 검사 또는 자기보고형 검사

(2) MBTI는 인간의 건강한 심리에 기초를 두어 만들어진 심리검사도구임

나) MBTI의 특징

(1) 개인이 비교적 쉽게 응답할 수 있는 자기보고식 문항들을 통해 선호경향들을 추출한 다음 그러한 경향들이 행동에 어떠한 영향을 미치는지 파악

(2) MBTI검사는 총 95개 문항으로 구성되어 있으며, 검사에만 약 30분 정도의 시간이 소요됨

(3) MBTI는 외향-내향, 감각-직관, 사고-감정, 판단-인식이라는 측면에서 성격유형을 총 16가지로 분류, 제시하여 자신과 가족, 타인의 이해에 깊이 있는 통찰력을 제공

에너지 방향 외향(E)/내향(I)	- 인식과 판단이 외부세계 및 내부세계 중 주로 어느 곳에 초점을 두는지 확인. - E: 폭넓은 활동력, 적극성, 정열, 말로 표현, 경험 우선 등 - I: 깊이와 집중력, 신중함, 조용함, 글로 표현, 이해 우선 등
인식기능 감각(S)/직관(N)	- 인식과정에서 감각 및 직관 중 주로 어떤 방식을 선호하는지 확인 - S: 실용적 현실감각, 실제 경험 강조, 정확한 일처리, 나무를 보려는 경향 - N: 미래가능성포착, 아이디어, 신속한 일처리, 숲을 보려는 경향
판단기능 사고(T)/감정(F)	- 의사결정과정에서 사고 및 감정중 주로 어떤 종류의 판단을 더욱 신뢰하는지 확인한다. - T: 논리와 분석력, 원리와 원칙, 옳고 그름, 지적 비평 등 - F: 온화함과 인정, 의미와 영향, 좋고 나쁨, 우호적 협력 등
생활양식 판단(J)/인식(P)	- 외부세계에 대한 대처방식에 있어서 주로 판단적 태도를 취하는지 인식적 태도를 취하는지 확인함 - J: 조직력과 계획성, 통제성, 명확한 목적의식, 확고한 자기의사 등 - P: 적응성과 융통성, 수용성, 개방성, 재량에 의한 포용성 등

다) MBTI에 의한 16가지 성격유형

ISTJ (세상의 소금)	ISFJ (임금님 뒤편)	INFJ (예언자)	INTJ (과학자)
ISTP (백과사전)	ISFP (성인군자)	INFP (잔다르크)	INTP (아이디어뱅크)
ESTP (수완좋은 활동가)	ESFP (사교적 유형)	ENFP (스파크형)	ENTP (발명가)
ESTJ (사업가형)	ESFJ (친선도모형)	ENFJ (언변능숙형)	ENTJ (지도자형)

2) MMTIC(Murphy-Meisgeier Type Indicator for Children)

가) MMTIC는 Jung의 심리유형이론에 바탕을 두고 성인용 성격유형검사인 MBTI에 대한 연구 결과를 참고하여 미국의 Murphy와 Meisgeier에 의해 연구 개발된 어린이 및 청소년 성격유형검사(Murphy-Meisgeier Type Indicator for Children: MMTIC)임

나) 이론적 틀과 문항구성에 있어서 MBTI의 저자 Brigger와 Myers의 선호지표 (E-I, S-N, T-F, J-P)를 그대로 적용

다) 한국에서는 1993년 김정택, 심혜숙이 초등학교 2학년부터 중학교 2학년까지(만 8세에서 만 13세)의 아동을 대상으로 적용할 수 있도록 표준화함

다. 16성격 요인검사(16PF; 16 Personality. Factor Questionnaire)

1) 16PF란

가) 1949년 Cattell이 자신의 성격이론을 입증하기 위해 고안한 검사도구.

나) 16PF는 인간의 행동을 기술하는 수많은 형용사들에서 최소한의 공통요인을 추출한 요인분석방법에 해당함

다) Cattell은 성격 특성과 연관된 4,500개의 개념들에서 160여 개의 상반된 단어들을 선정하고 여기에 11개의 개념을 추가하여 171개를 선정. 이후 질문지법을 동원하여 결과를 상관분석한 후 최종적으로 16개의 요인을 발견함

라) Cattell은 개인의 행동을 이해하고 예측하기 위해 개인이 처한 상황을 함께 고려해야 한다고 강조하였음

마) 개인의 행동은 상황적 특성과 잠재적 특성으로 구분되는 것으로서 상황적 특성은 상태, 역할, 기분 등과 관련하여 일시적으로 작용하는 것인 반면 잠재적 특성은 상황과 독립적으로 항상 작용함

2) 16PF의 특징

가) 16PF는 지필검사로서 '아주 그렇다'에서 '전혀 아니다'에 이르는 5단계의 응답범주들로 이루어져 있음

나) 14개 성격척도와 2개의 특수척도로 구성되며, 특수척도는 타당도용 척도에 해당함

다) 16개 PF는 거의 모든 성격범주를 포괄하고 있으므로 일반인의 성격을 이해하는 데 적합할 뿐만 아니라 환자의 근본적인 특징을 이해하고 문제를 진단하는 데도 유효함

3) 척도의 구성 및 내용(한국판 16PF)

요인명	내용	요인명	내용
A요인	온정성 척도(냉정/온정)	M요인	공상성 척도(실제/공상)
C요인	자아강도 척도(약함/강함)	N요인	실리성 척도(순진/실리)

요인명	내용	요인명	내용
E요인	지배성 척도(복종/지배)	O요인	자책성 척도(편안/자책)
F요인	정열성 척도(신중/정열)	Q1요인	진보성 척도(보수/진보)
G요인	도덕성 척도(약함/강함)	Q2요인	자기결정척도(집단의존/자기결정)
H요인	대담성 척도(소심/대담)	Q3요인	자기통제성(약함/강함)
I요인	예민성 척도(둔감/민감)	Q4요인	불안성 척도(이완/불안)

라. 성격평가질문지(PAI; Personality Assessment Inventory)

1) PAI란?

가) PAI는 미국의 심리학자 Morey(1991)가 개발한 성인용 성격검사로서 자기보고형 질문지임

나) 한국에서는 김영환, 김지혜, 오상우, 임영란, 홍상황(2001)이 표준화.

다) 총 344문항, 총 22개 척도, 4점 척도 ("전혀 그렇지 않다(⓪)", "약간 그렇다(①)", "중간 정도이다(②)", "매우 그렇다(③)") 로 구성 되어 있음.

라) 4개의 타당성 척도, 11개의 임상척도, 5개의 치료척도, 2개의 대인관계 척도로 구성되어 있으며, 이 중 10개의 척도는 3~4개의 하위 척도를 포함함

✔ 공부 Tip

* MMPI와 PAI는 성격이라는 용어가 들어가 있으나 실제 임상 증상을 평가하는 대표적으로 주요한 객관적 검사이다.

2) 4개의 타당성 척도

가) 비일관성(ICN/10문항): 문항에 대한 반응과정에서 수검자의 일관성 있는 반응태도를 알아보기 위한 정적 또는 부적 상관이 높은 문항

나) 저빈도(INF/8문항): 부주의하거나 무선적인 반응태도를 확인하기 위하여 정신병적 측면에서 중립적이고 대부분의 사람들이 극단적으로 인정하거나 인정하지 않는 문항들

다) 부정적인 인상(NIM/9문항): 지나치게 나쁜 인상을 주거나 꾀병을 부리는 태도와 관련이 있으나 임상집단에서 이렇게 반응할 비율이 매우 낮음.

라) 긍정적 인상(PIM/9문항): 자신을 지나치게 좋게 보이려 하며 사소한 결점도 부인하려는 태도

3) 임상척도

가) 신체적 호소(SOM/24문항): 건강과 관련된 문제의 집착과 신체화장애 및 전환증상 등의 구체적인 신체적 불편감을 의미하는 문항들, 전환(SOM-C/8), 신체화(SOM-S/8), 건강염려 (SOM-H/8) 등 3개의 하위척도가 있음

나) 불안(ANX/24문항): 불안의 상이한 여러 특징을 평가하기 위해 불안현상과 객관적인 징후에 초점을 둔 문항들, 인지적(ANX-C/8) 정서적(ANX -A/8) 생리적(ANX -P/8)불안 등 3개의 하위척도가 있음

다) 불안관련 장애(ARD/24문항): 구체적인 불안과 관련이 있는 증상과 행동에 초점

을 둔 문항들, 강박장애(ARD-O/8), 공포증(ARD-P/8), 외상후 스트레스 (ARD-T/8) 등 3개의 하위척도가 있음

라) 우울(DEP/24문항): 우울의 증상과 현상에 초점을 둔 문항들 인지적(DEP-C/8), 정서적(DEP-A/8), 생리적(DEP-P/8)우울 등 3개의 하위척도가 있음

마) 조증(MAN/24문항): 조증과 경조증의 정서적, 인지적, 행동적 증상에 초점을 둔 문항들. 활동수준(MAN-A/8), 과대성(MAN-G/8), 초조성 (MAN-I/8) 등 3개의 하위척도가 있음

바) 망상(PAR/24문항)

사) 망상의 증상과 망상형 성격장애에 초점을 둔 문항들, 과경계(PAR-H/8), 피해망상(PAR-P/8),원한 (PAR-R/8)등 3개의 하위척도가 있음

아) 정신분열병(SCZ/24문항): 광범위한 정신분열병의 증상에 초점을 둔 문항들. 정신병적 경험(SCZ-P/8), 사회적 위축(SCZ-S/8), 사고장애(SCZ-T/8) 등 3개의 하위척도가 있음

자) 경계선적 특징(BOR/24문항): 불안정하고 유동적인 대인관계, 충동성, 정서적 가변성과 불안정, 통제할 수 없는 분노 등을 시사하는 경계선적 성격장애의 특징에 관한 문항들, 정서적 불안정(BOR-A/6), 정체감 문제(BOR-I/6),부정적 관계(BOR-N/6), 자기 손상(BOR-S/6)등 4개의 하위척도가 있음

차) 반사회적 특징(ANT/24문항): 범죄행위, 권위적 인물과의 갈등, 자기중심성, 공감과 성실성의 부족, 불안정, 자극추구 등에 초점을 둔 문항들, 반사회적 행동(ANT-A/8), 자기중심성(ANT-E/8), 자극추구(ANT-S/8)등 3개의 하위척도가 있음

카) 알코올 문제(ALC/12문항): 문제적 음주와 알코올 의존적 특징에 초점을 둔 문항들

타) 약물 문제(DRG/12문항): 약물 사용에 따른 문제와 약물 의존적 특징에 초점을 둔 문항들

4) 치료척도

가) 공격성(AGG/18문항): 언어적 및 신체적 공격행동이나 공격적 행동을 자극하려는 태도와 관련된 분노 적대감 및 공격성과 관련된 특징과 태도에 관한 문항들, 공격적 태도(AGG-A/6), 언어적 공격(AGG-V/6), 신체적 공격(AGG-P/6)등 3개의 하위척도가 있음

나) 자살관련(SUI/12문항): 무력감과 자살에 대한 일반적이고 모호한 생각에서부터 자살에 관한 구체적인 계획에 이르기까지 자살하려는 관념에 초점을 둔 문항들.

다) 스트레스(STR/8문항): 가족, 건강, 직장, 경제 및 다른 중요한 일상생활에서 현재 또는 최근에 경험하는 스트레스와 관련된 문항들

라) 비지지(NON/8문항): 접근이 가능한 지지의 수준과 질을 고려하여 지각된 사회적 지지의 부족에 관한 내용

마) 치료거부(RXR/8문항): 심리적, 정서적 측면의 변화에 대한 관심과 동기를 예언

하기 위한 척도로 불편감과 불만, 치료에 참여하려는 동기, 변화의 필요성에 대한 인식, 새로운 아이디어에 대한 개방성 및 책임을 수용하려는 의지 등에 관한 문항들

5) 대인관계척도

가) 지배성(DOM/12문항): 대인관계에서 개인적 통제와 독립성을 유지하는 정도를 평가하기 위한 대인관계척도로 대인관계적 행동방식을 지배와 복종이라는 차원으로 개념화, 점수가 높은 사람은 지배적이고 낮은 사람은 복종적임

나) 온정성(WRM/12문항): 대인관계에서 지지적이고 공감적인 정도를 평가하기 위한 척도로 대인관계를 온정과 냉담 차원으로 개념화. 점수가 높은 사람은 온정적이고 외향적이지만 낮은 사람은 냉정하고 거절적임

마. 기질 및 성격검사(TCI: Temperament and Character Inventory)

1) TCI의 개념

가) 타고난 부분인 기질 + 후천적으로 형성된 성격을 구분

나) 기질과 성격의 분리로 인해서 인성발달에 영향을 미친 유전적 영향과 환경적 영향을 구분하여 인성발달과정을 이해할 수 있게 하는 장점

다) TCI에서 기질은 자극에 대해 자동적으로 일어나는 정서적 반응성향으로 정의됨 → 기질은 다분히 유전적인 것 + 일생동안 비교적 안정적인 속성 → 기질은 인성발달의 기본 틀이 됨

라) 성격은 체험한 것에 대한 개인적 해석에 의해 형성 → 개인적 해석은 개인이 추구하는 가치와 목표, 자신을 어떤 사람으로 이해하고 동일시하는가를 포함하는 자기개념과 관련 됨

마) 성격의 형성은 기질이 환경과 상호작용함으로써 이루어지는 것 + 사회문화적 학습의 영향을 받으며 일생동안 지속적으로 발달 → 성격의 형성은 타고난 기질의 영향을 받음 → 기질에 의한 자동적인 정서반응을 조절함

바) 성격이 성숙할수록 개인의 기질적 반응특성은 얼마든지 조절되어 표현될 수 있음

2) TCI 개발사

가) Cloninger의 심리생물학적인 인성모델의 발달에서 비롯됨.

나) Cloninger는 미국 워싱턴 대학교의 교수 → '심리생물학 및 성격심리연구소'를 운영 → 정신질환의 생성과정을 설명하기 위한 연구에 종사함

다) Gray(1982)의 행동 활성화 및 행동억제 체계이론이 Cloninger에 수용 → 인간이 환경에 적응하기 위해 발달시켜온 적응 체계들 기저의 신경생물학적 구조와 일치하는 인성특질 즉 기질의 차원을 발견하는데 주력

라) 기질이란 다양한 환경자극유형에 대한 반응에 관여하는 적응체계에서의 개인차를 의미 → 그가 신경생물학적 체계에서 구분한 유전적으로 서로 독립적인 세

가지 기질차원은 인간행동의 세 가지 근본적인 기능인 행동 활성화, 행동억제, 그리고 행동유지를 조절하는 것에 해당→이러한 기능들에 관련되는 세 가지 기질차원을 각각 자극추구, 위험회피, 보상의존성으로 명명함

마) 보상의존성이 사회적 민감성과 인내력의 두 독립적인 차원으로 분리됨

바) 자극추구, 위험회피, 사회적 민감성, 인내력 4가지의 독립적인 기질차원을 포함하는 4차원 기질모델이 발달

사) 이외에 기질로 설명될 수 없는 자기개념의 발달과 관련된 자율성, 연대감, 자기초월의 3가지를 성격차원으로 하여 TCI검사가 개발됨

바. MMPI(Minnesota Multiphasic Personality Inventory)

1) MMPI

가) MMPI의 역사와 발달

(1) MMPI란?

(가) 다면적 인성검사로 총 556문항으로 구성되어 있다. 중복된 문항이 많은데, 이것은 신뢰도를 측정하기 위한 것

(나) 검사 시간은 1시간 30분 정도 소요

(다) 자기보식의 객관적 성격검사

(라) 경험적 검사제작 방식으로 제작된 대표적 검사

(마) MMPI는 주로 임상진단용으로 정신장애자를 평가하는 도구로 출발하였지만 실제 임상장면에서는 개인의 성격과 행동을 이해하는 도구로 활용 하고 있음

(2) 개발 과정

(가) Hathaway와 Mckinley가 정신과 병동에서 환자를 평가하고 장애의 정도를 정확히 판단하며, 심리치료에 따른 변화를 객관적으로 평가하기 위해 개발함

(나) 기존검사, 임상보고서, 사례사, 정신의학적 면담, 임상 경험을 통해 1,000개 문항풀 구성

(다) 504문항으로 추리고 선별

(라) 정신과 집단과 정상인 집단에게 실시한 후 두 집단을 구분하는 문항을 가려내어 임상척도를 구성

(마) 남성성-여성성 척도는 동성애 남성과 이성애 남성을 구분하려고 개발되었으나 남성성과 여성성의 성향을 구분하는 것으로 쓰임

(바) 검사태도에 관련된 문항으로 Hathaway와 Mckinley는 무응답척도, 거짓말척도, 비전형척도, 교정척도라는 타당도 척도를 개발

(사) 한국판 MMPI – 정범모, 이정균, 진위교가 1963년 표준화(전체종합규준집단 1,057명). 1989년 임상심리학회에서 문항 수정작업을 거쳐 신판 MMPI 재표준화(규준집단 4,149명). 2005년 한국판 MMPI-2, MMPI-A(13~18

✔ 공부 Tip
MMPI 검사는 매우 많이 출제되는 개념이다 잘 정리해 두어야 한다

심리학개론

이상심리학

심리검사

임상심리학

심리상담

세, 규준집단 1,534명) 발표

나) MMPI의 신뢰도와 타당도

(1) Hunsley(1988) 메타 분석에서 모든 척도가 신뢰롭지만 Mauger(1972) 같은 학자는 일부 척도에서 변동이 심하다고 주장

(2) Graham et al(1986) 정신과 모집단의 경우 치료효과와 안정으로 척도의 변동이 있을 수 있다고 주장

(3) 여러 척도들이 서로 중복되어서 상관관계가 매우 높게 구성되어 있음→구성개념 자체의 성격특성

(4) 신뢰도와 척도 구성의 문제는 타당도의 문제를 야기→프로파일 패턴을 연구하여 극복

다) MMPI의 실시 방식

(1) 일반적 주의

(가) 결과의 해석 및 활용에 비하여 실시방법은 비교적 간단하며 피검자들 자신이 검사지 책자 표지에 있는 지시를 읽고서 스스로가 할 수 있게 되어 있음

(나) 능력검사가 아니기 때문에 시간제한이나 그밖에 까다로운 제한은 많지 않다. 그러나 다른 표준화검사와 마찬가지로 세심한 주의가 필요 함

(다) MMPI를 검사자가 피검사자에게 건네주는 순간부터 MMPI 검사과정은 시작된다고 볼 수 있음

(라) MMPI를 주고받으면서 검사자와 피검자 사이에 형성되는 관계는 MMPI 결과에 영향을 미치고, 역으로 이러한 관계에서 관찰되는 행동은 해석의 자료를 제공해 줌

(마) 피검자가 너무 길게 시간을 끌거나 곧바로 검사를 끝내는 경우가 있는데, 이렇게 매우 간단한 검사수행 과정에서 관찰되는 피검자의 행동이 의외로 많은 정보를 제공해줄 수 있으므로 검사수행 과정에서 면밀한 행동관찰을 하도록 해야 함

(2) 피검자에 대해 고려할 점

(가) 독해력: 6~8년의 정규교육 필요. 교육 수준이 낮아도 독해력만 충분하다면 검사 가능함

(나) 연령: MMPI의 경우 만 16세가 하한선. MMPI-2는 성인용, 청소년용 구분

(다) 지능: 언어성 지능 80 이하 어려움. 정신과적 질환으로 인한 언어성 지능 저하의 경우(우울증, 심한 불안장애, 정신분열증 등)에는 가능(감별 필요)

(라) 피검자의 정신상태: 심하게 혼란되어 있거나 동요되어 있는 경우를 제외하면 정신적인 손상이 수행에 방해가 되는 것은 아님. 그러나 피검자의 인지적, 심리적 상태에 따라 검사수행에 걸리는 시간이 달라질 수 있으므로 검사소요시간을 기록하는 것이 필요함

(3) 검사 장소 및 실시 방법

  (가) 충분히 밝은 조명과 공간이 확보되어 있고 환기가 잘 되며 조용한 곳

  (나) 피검자가 혼자 집에서 실시하게 할 수도 있으나, 가능하면 검사자가 지정하는 곳에서 감독항 실시하는 것이 좋음

  (다) 개인 혹은 집단 검사 가능하며, 보통 60~90분 소요

(4) 검사자의 질문에 대한 반응

  (가) 현재의 상태(혹은 기분)를 기준으로 하는가, 이전의 상태를 기준으로 하는가→현재의 상태를 기준으로 한다고 말해줌

  (나) 자기에게는 해당되지 않는다고 말하는 경우(가령 미혼자에게 성생활에 관한 문항) →어떤 사실 자체보다 그가 어떻게 생각하는가 하는 것이 더 중요하다고 말해줌

  (다) 문항 내용에 대해 너무 자주 설명을 요구하거나 비판적인 의견을 제시하는 경우→검사 결과는 철저히 비밀이 보장되며 각 문항별 답변보다는 여러 문항에 대한 집단 적인 대답이 더 중요함을 설명함

  (라) '그렇다', '아니다'로 대답하기 어려울 경우 가장 비슷하다고 느껴지는 방향으로 응답하라고 설명

  (마) 빠뜨린 문항이 너무 많거나(10개 이상) 거부적인 태도를 보일 때에는 다른 성격 검사를 시행하는 것이 필요하며, 그와 같은 행동이나 태도 자체가 임상적으로 가치있는 관심의 대상이 될 수 있음

(5) 실시방법

  (가) 검사지 배부 전에 검사 실시 취지를 간단히 설명함

  (나) 검사지를 배부하면 피검자 자신이 표지에 있는 지시를 읽고 답하는 예를 보게 함

  (다) 지시에 대한 질문을 받고 피검사자가 이해하고 있음을 확인한 다음 답안지에 이름, 연령, 성별, 직업, 교육정도 등 필요한 사항을 기입하게 한다. 특히 검사지의 문항번호와 답안지의 번호를 잘 맞추어 나가도록 주의를 환기함

  (라) 검사문항에 답함에 있어 현재의 심정, 느낌, 생각 등을 대답하되 문항 문장 내용이 과거형으로 되어 있는 경우 과거의 경험을 상기하여 응답하게 함

  (마) 검사시간에는 제한이 없음. 이 검사는 많은 문항을 수록하고 있는 방대한 검사이기 때문에 될 수 있는 대로 빨리 답해 나가도록 함

  (바) 될 수 있는 대로 무반응 점수가 최소한도가 되도록 노력해야 함

라) 검사의 해석

 (1) MMPI의 타당도 척도와 임상척도

  (가) MMPI 타당도 척도

척도	척도내용과 행동기술
? (무응답 척도)	응답하지 않은 문항, 원점수가 30점 이상이면 신뢰할 수 없음.
L (LIE)	• 점수가 높으면 - 자신을 비현실적으로 모범적이고 이상적인 모습으로 보이게 하려는 시도 - 자신을 아주 긍정적으로 나타내려는 방어적 태도.
F (INFREQUENCY)	• 점수가 높으면 - 증상을 지나치게 과장되게 표현 - 정신장애에 의한 혼란 - 해체화의 지표
K (DEFENSIVENESS)	• 점수가 높으면 - 자기 정보를 노출시키지 않으려는 비협조적 태도 • 점수가 낮으면 - 솔직함, 자신의 문제를 공개함을 나타내는 것 ※ K는 지능, 교육수준과 정적 상관을 보이니까 해석!

(나) MMPI 임상척도
① 평균 50±10점이면 정상 범위이다.
② 평균 70이상과 30이하는 정상범위를 많이 이탈한 것임

척도	척도내용과 행동기술
1. Hs (Hypochondriasis) (건강염려증)	• 높은 점수 - 만성적인 모호한 신체증상 나타낸다
2. D (Depression) (우울증)	타인에 대해 지나치게 예민한 경향성(4번과 반대) 자신에 대한 과소평가(열등감 반영) • 높은점수: 심리적 고통, 우울, 풀이 죽어있고, 비관적, 무기력
3. Hy (Hysteria) (히스테리)	• 높은 점수 - 억압과 부정과 같은 신경증적 방어를 사용하여 스트레스를 처리 - **의존적,** 순진, 유아적, 자기도취적 - 본인 문제에 대한 통찰력 부족 ⇒ 자신의 심리과정에 관심부족
4. Pd (Psychopathic Deviate) (반사회성)	타인의 감정이나 욕구에 대한 무관심(2번과 반대) 반항, 가족관계 문제, 충동성, 학업문제, 직업문제, 범죄행위 등 반사회적 행동을 나타낸다 • 높은 점수: 반사회적 인경장애 흔함 - 미성숙, 적대적이다. - 공격적행위 판단장애를 쉽게 보임
5. Mf (Masculinity-Feminity) (남자다움-여자다움)	점수가 높을수록 자신의 성 역할에서 벗어난다. 남자가 점수 높으면 예민, 탐미적, 수동적, 여성적 남자가 점수 낮으면 남성적, 공격적, 거칠고, 모험적 여자가 점수 높으면 남성적 공격적, 거칠고, 자신감 여자가 점수 낮으면 수동적, 복종적, 호소적, 과민

척도	척도내용과 행동기술
6. Pa (Paranoia) (편집증)	• 높은점수 - 의심 많음, 사람들과 거리 있음, 피해를 받고 있다고 생각 - 방어기제로 **투사를 주로 사용**하여 남을 비난하며 원망한다. - 적대적 → 따지기 좋아해 - 신뢰의 부족, 불신감 팽배
7. Pt (Psychasthenia) (강박증)	• 높은 점수 - 긴장, 불안, 강박적(생각에 집착), 공포, 융통성 결여 - 자기비난 → 쉽게 죄의식에 빠짐, 열등감, 부족감
8. Sc (Schizophrenia) (정신분열병)	• 높은 점수 - 정신분열성 생활방식을 나타낸다 • 매우 높은 점수 - 현실검증 장애, 기괴한 지각장애, 망각, 환각
9. Ma (경조증)	• 높은 점수 - 외향적, 충동적, 과장된 자기평가, 정서 불안정 • 너무 낮음 점수 - 기운이 없는 것을 반영하며 우울증을 추측할 수 있다.
0. Si (내향성)	• 높은 점수: 내향적, 수줍어하고 위축, 보수적, 순종적, 억제적, 무기력 • 낮은 점수: 외향적, 쾌활

(2) MMPI 해석 방식

(가) 형태분석은 T점수가 70점 이상으로 상승된 임상척도들을 하나의 프로파일로 간주한다.

① 2-코드 방식: 상승척도쌍분석법(2개의 척도를 가지고 분석하는 것)

② 3-코드 방식: 상승척도세쌍분석법(3개의 척도를 가지고 분석하는 것)

③ 2번 척도와 3번 척도의 T 점수가 70점 이상이어서 두 개의 프로파일을 분석한다면 2-7코드형(2-7상승척도쌍 형태분석)이 됨

(3) MMPI 해석 전략

(가) MMPI는 피검자에 대한 가설을 제공할 뿐이지 확실하고 완전한 해석을 제공하는 것은 아니다. 따라서 검사자는 결과에 대한 해석을 내릴 때 이러한 해석이 개인에게 해당될 가능성이 있다는 정도로 받아들여야 함

(나) 이차적으로 다른 검사 자료나, 검사 외적인 다른 자료와 비교하여 MMPI 해석의 타당성이 검토되어야 함

(다) 검사수행 태도 – 피검자가 검사에 응답한 태도를 의미

① MMPI 수행태도는 응답결과에 영향을 미치므로 신중하게 검토해야 함

② 수행태도가 일반적인 상황에서도 반복될 수 있기 때문에 수행태도를 통해서 일반적인 행동을 예견할 수도 있다는 측면도 검토해야 함

③ 시간소요가 1시간 30분보다 길게 소요된다면→정신성 운동지연, 혼란, 수동적 저항, 우유부단함

④ 지나치게 짧은 소요시간→검사 문항을 전혀 읽지 않거나 자세히 읽지 않

은 것, 무성의하거나 충동적으로 응답한 것

⑤ 일차적으로 검사수행 태도는 타당도 척도인 ?, L, F, K 점수를 기초로 하여 검토해야 함

⑥ 무응답(?): 무응답 점수가 높으면 우유부단, 양가적이거나 부정적인 점을 감추고자 하는 경우

⑦ L: 자신을 지나치게 바람직하고 모범적인 모습으로 나타내고자 하는 정도. 이 척도에서 점수가 높은 사람은 사소한 단점마저도 부인한다.

⑧ F: 점수가 높다면 '대부분의 사람들이 응답하지 않는 방향'으로 응답한 것

(라) 적응수준

① F 척도는 정신 병리의 지표로서 간접적으로 피검자의 적응수준을 알려줌

② F 척도의 상승은 정서적인 혼란과 피검자의 기능 손상을 나타냄
(유의점: 지나치게 F 점수가 높은 경우 문항들에 무작위로 응답하고 있거나, MMPI를 어떤 수단으로 이용하고 있을 가능성이 있음)

③ 척도 5(Mf, 남자다움-여자다움)와 0(Si사회적 내향성)을 제외한 8개 임상 척도의 T 점수가 정신병리의 대략적인 지표로 사용됨

④ 정적 기울기(왼편의 신경증적 척도 점수가 낮고, 오른편의 정신증적 척도들의 점수가 높은 것): 심각한 정신병리와 신경증적 상태 시사

⑤ 부적 기울기(왼편의 신경증적 척도 점수가 높고, 오른편의 정신증적 척도 점수가 낮은 것): 신경증적 상태에 있거나, 내적으로 갈등을 겪고 있으나 심리적 기능 수준이 유지되는 상태

(4) 성격적, 행동적 특성

(가) 환자의 성격과 행동특징은 타당도 척도(?, L, F, K), 각 임상척도, 전체 척도형태에 관한 분석을 통해 추론 할 수 있음

(나) 성격 및 행동 특성들을 추론하기 위해서 특히 MMPI 해석의 초보자는 다음 과 같은 절차를 밟아 나가면서 가설을 설정하고 타당성을 검토해야 한다.

(다) 타당도 척도 및 임상척도들의 점수가 높거나 낮은 결과에 대한 해석

(라) 형태분석에 대한 해석을 종합하여 제시할 수 있는 가설을 모음

(마) 가설을 모았는데, 서로 모순되는 내용이 존재할 경우가 있음
예) 척도 2와 척도 4의 동시 상승. (척도2와 척도 4는 서로 다른 내용을 담고 있음. 타인에 대한 예민 vs 타인에 대한 무관심). 이러한 경우, 이러한 성향을 피검자가 모두 지니고 있을 가능성이 있음. 즉, 상황에 따라 지나치게 과민하거나 지나치게 무관심할 수 있는 것

(바) 모순되는 가설들은 일차적으로 개인의 다른 측면을 나타내고 있을 가능성을 검토하고, 그렇지 않다면 어떤 가설이 보다 타당할 수 있는 가는 다른 자료를 근거로 검토해야 함

(5) 역동적 진단

(가) 임상심리평가에서 피검자의 행동기술에 그치지 않고 행동특징 이면의 역
동적인 평가를 내리게 된다면, 임상가는 피검자의 행동을 직접적으로 이해
하고 치료적 계획을 잘 세울 수 있음

(나) 역동적 평가는 MMPI 해석만으로는 할 수 없으며 환자의 심리적 특징에
관한 다양한 정보를 가지고 추론할 수 있음

(다) 심리적 특징에 관한 다양한 정보는 임상가의 성격, 행동, 정신병리에 관한
이론적 지식과 경험을 바탕으로 얻을 수 있음

(6) 치료적 제언

(가) 심리평가의 궁극적인 목적이 개인에 대해서 깊은 이해를 하고, 이런 이해
를 바탕으로 효율적인 치료 목표와 방향을 설정하는 것이라고 봤을 때,
MMPI를 해석하여 치료적 제언을 하는 것은 매우 유용한 정보를 제공하
는 것

(나) 치료적 제언은 개별적인 타당도 척도, 임상척도, 각 프로파일 유형을 해석
함으로써 추론할 수 있음

(다) L, K 척도가 상승하고 F척도가 낮은 경우는 피검자가 자신의 문제를 방어
하려는 동기가 강하여 치료관계 형성이 어려움. 하지만 L, K 척도 점수가
낮고 F척도가 상승되는 경우는 치료적 동기가 높고 예후가 밝을 가능성이
높으므로 적절한 치료적 제언을 할 수 있을 것

(7) 임상척도별 분석

(가) 척도 1(Hs, 건강염려증)이 높은 경우

① 과도한 신체적 염려가 있음

② 전환장애(Conversion Disorder) 혹은 신체망상(Somatic Delusion)이
있음

③ 신체적 고통을 호소하나 대개는 모호함

④ 심리적 요인이 신체적 장애에 강하게 작용할 가능성이 있음

⑤ 흔히 신체형 장애, 우울장애, 불안장애 진단이 내려짐

⑥ 반사회적 방식으로 행동화하는 일은 드묾(불안증이 높기 때문에)

⑦ 신체적 호소는 이차적 이득을 얻기 위한 것일 수도 있다. 따라서 남에게
요구가 많고 비난을 많이 함

(나) 척도 1(Hs, 건강염려증)이 낮은 경우

① 기민하고 지각력이 있으며 통찰력이 있음

② 일상생활이 효율적

(다) 척도 2(D, 우울증)가 높은 경우

① 우울증상 → 즐거움을 못 느낌(무쾌감)

② 미래에 대해 비관적

③ 자신을 과소평가하고 죄의식을 느낌

④ 잘 운다.

심리학개론 이상심리학 심리검사 임상심리학 심리상담

⑤ 악몽을 꿈

⑥ 쉽게 포기함

⑦ 생활방식 위축

⑧ 매사에 흥미가 없으니 다른 사람과 거리를 둠

⑨ 결정을 잘 못 내림

(라) 척도 3(Hy, 히스테리)이 높은 경우

① 신체증상이 나타난다(스트레스를 받거나, 임무가 주어질 때)

② 증상의 원인에 대한 통찰력이 부족하다.

③ 심리적으로 미성숙, 유치하다.

④ (유아적이므로) 자기중심적이고 자아도취적

⑤ 애정을 바란다. → 의존적

　예) 히스테리 성격장애의 경우, 특히 여자의 경우 "남자들이 자신에게 관심을 안 보여 주면 열라 짜증낸다는 것을 들은 적이 있어요. 그래서 옷도 되게 예쁘게 하고 다니려고 노력한데요." 위에서 언급된 유치하고 자아도취적인 것과 연결이 된다.

⑥ 자신을 멋져 보이게 하는 데 관심이 쏠려 있으니 대인 관계는 피상적

(마) 척도 4(Pd, 반사회성)가 높은 경우

① 사회적 가치관과 규범을 내면화하는 데 어려움이 있음

② 거짓말, 사기, 절도, 성적행동화

③ 범죄자들이 특히 반사회성 성격장애인 경우가 많음

　예) 배트맨에 나오는 악당 '조커'

④ 권위적 인물에 대해 반항적

⑤ 충동적이고 즉각적인 충족을 구함

⑥ 행동을 잘 계획하지 못함

⑦ 행위의 결과를 생각하지 못하고 행동하는 경향

⑧ 참을성이 부족하고 인내력이 제한적

⑨ 다른 사람 눈에 미성숙하고 어린애 같다고 보임

⑩ 외향적이고 활발

(바) 척도 5(Mf, 남자다움-여자다움)가 높은 경우: 남성

① 심미적이고 예술적인 관심을 가지고 있음

② 양성적인 경향성(특히 높은 교육을 받은 사람들)

③ 영리하고 명석한 사고를 하고 체계적이며 논리적

④ 지나치게 점수가 높을 경우, 수동적이고 의존적으로 보임

(사) 척도 5(Mf, 남자다움-여자다움)가 낮은 경우: 남성

① 극단적으로 남성적으로 표현함 → 거칠고 노골적이고 저속한 언행 사용

② 관심의 범위가 좁음

③ 융통성과 독창성이 결여되어 있음

(아) 척도 5(Mf, 남자다움–여자다움)가 높은 경우: 여성

① 전통적인 여성적 역할을 거부

② 능동적이고 활발하고 자기주장이 강하고 경쟁적이고 지배적

(자) 척도 5(Mf, 남자다움–여자다움)가 낮은 경우: 교육수준이 비교적 낮은 여성

① 수동적이고 복종적이며 유순함

(차) 척도 6(Pa, 편집증)이 극단적으로 높은 경우: T 점수 70점 이상

① 사고장애, 피해망상, 과대망상, 관계망상

② 잘못 대우받고 있고 피해를 입고 있다고 생각함

③ 분노와 적개심을 느낌

④ 방어기제로 투사기제를 주로 사용함

⑤ 신뢰의 부족, 불신감이 팽배

(카) 척도 6(Pa, 편집증)이 극단적으로 낮은 경우: T 점수 35점 이하

점수가 극단적으로 낮은 경우에는, 피검자가 자신의 부정적인 특성을 숨기려는 의도가 있다고 추론해볼 수 있음. 따라서 극단적으로 높은 사람의 경우와 증상이 비슷할 수도 있음

① 망상, 의심, 관계망상을 지니고 있음

② 회피적이고 방어적이며 경계적(자신의 특성을 숨기는 것)

(타) 척도 7(Pt, 강박증)이 높은 경우

① 불안, 긴장, 초조감을 느낌

② 걱정이 많고 두려워하며 과민하고 신경질적

③ 내성적인 경향이 있다.

④ 매우 엄격하고 도덕적

⑤ 완벽주의적

(파) 척도 8(Sc, 정신분열병)이 높은 경우

① T 점수가 75~90일 경우 정신증적 진단을 내림

② 혼란되고 와해되고 지남력이 상실되어 있음

③ 심한 판단력 장애

④ 급성적인 정신증적 혼란상태에 있음

⑤ 고립되어 있고 소외되어 있고 이해받고 있지 못하며 수용받지 못함

⑥ 철수되어 있고 은둔적이라서 접근하기 힘듦

⑦ 분노, 적개심, 공격적 충동을 부적절하게 느낌

⑧ 스트레스 상황이 발생하면 백일몽이나 공상으로 대피함

⑨ 성적인 집착과 성적 역학의 혼란을 경험함(본능적 인지에 집착하는 퇴행을 보임)

(하) 척도 8(Sc, 정신분열병)이 낮은 경우

① 사고가 구체적(concrete)이다.

(거) 척도 9(Ma, 경조증)가 높은 경우

① T 점수가 80점 이상이면 조증 에피소드의 행동특징이 나타남: 말이 많아짐. 환각, 과대망상이 나타남

② 비현실적으로 과도한 자기평가를 함

③ 주기적으로 초조감, 적개심, 공격적 충동이 폭발함

④ 외향적이고 사교적이며 쾌활함

(너) 척도 9(Ma, 경조증)이 낮은 경우

① 낮은 에너지와 활동 수준이 특징적

② 만성적인 피로감을 동반

③ 우울한 기분을 보고

(더) 척도 0(Si, 내향성)이 높은 경우 ⇒ 대인관계에서 문제가 있을 수 있음

① 사회적으로 내향적

② 사회적 상황에서 매우 불안하며 불편해 함

③ 수줍어하고 소심함

④ 많은 사람들 보다 한두 명의 친구와 있는 것에 편안함을 느낌

⑤ 특히 이성관계에서 불편해 함

⑥ 지나치게 억제적이고 감정을 전혀 공개적으로 표현하지 않음

(러) 척도 0(Si, 내향성)이 낮은 경우

① 사교적, 외향적

② 활발, 유쾌

③ 충동 조절에 문제가 있어서 행동의 결과를 생각해보지 않고 행동하는 경향이 있음(T 점수가 너무 낮은 경우)

④ 사람과의 관계는 피상적이고 진지하지 못함

(8) 상승척도쌍분석; 2개 척도 상승 형태 분석

(가) 1(Hs, 건강염려증) – 2(D, 우울증) / 2-1

① 신체적 불편감과 통증, 건강에 대한 지나친 집착, 신체적 고통에 대한 호소(Hs)

② 우울증이 동반되는 경우는 드물지만 불행감, 기쁨의 상실, 의욕상실 호소(D)

③ 내향적이고 사회적 관계에 있어서 수줍어하고 특이 이성관계에서 그러함

④ 생활방식이 위축되어 있고 은둔적인 경향이 있음

⑤ 대인관계는 수동–의존적: 상대방의 눈치를 많이 보며 자기에게 잘해주기를 바람

(나) 1(Hs, 건강염려증) – 3(Hy, 히스테리) / 3-1

① 주요 증상은 고전적인 전환증상(심리적 문제가 신체적 문제로 전환됨)

② 신체 증상은 두통, 흉통, 요통, 사지떨림, 사지마비

③ 불안과 우울이 동반되지 않는 것이 특징적이지만 대로는 긴장감을 호소

④ 부정, 투사, 합리화 방어기제 사용

⑤ 성격특징: 미성숙, 자기중심적, 관심과 애정에 대한 강한 욕구 → 의존적

⑥ 대인관계는 피상적, 외향적이고 친밀하지만 감정의 깊이가 결여

⑦ 관심과 욕구 충족 좌절로 인해 분노감을 느끼지만 이러한 감정을 지나치게 통제

⑧ 때로는 갑자기 정서가 폭발하기도 함

(다) 1(Hs, 건강염려증) – 8(Sc, 정신분열병) / 8-1

① 정신병적으로 신체장애에 대한 집착

② 이러한 집착이 너무 강하여 거의 망상적인 수준에 이르기까지 함

③ 공격적이고 적대적인 정서를 적절한 방식으로 직접적으로 표현하지 못하여 감정을 완전히 억누름

(라) 1(Hs, 건강염려증) – 9(Ma, 경조증) / 9-1

① 표면적으로는 외향적이고 공격적이며 호전적이며 언어적 표현을 잘 함

② 실제로는 수동-의존적

(마) 2(D, 우울증) – 3(Hy, 히스테리) / 3-2

① 의욕저하(우울증)가 두드러지기도 함(2번)

② 표면적으로 성취와 명예, 권력에 매우 관심이 높고 경쟁적인 것처럼 보임

③ 실제로는 스트레스와 실패를 두려워하기 때문에 경쟁적 상황을 피함.

④ 감정 통제 엄격하여 정서표현 하지 않고 억누름

(바) 2(D, 우울증) – 4(Pd, 반사회성)

① 만성화된 심리적인 문제를 시사한다. → 어렸을 때부터 스트레스에 노출되었을 가능성이 많다.

(사) 2(D, 우울증) – 7(Pt, 강박증)

① 불안, 우울정서, 신체적 증상

② 성취욕구가 강하고, 타인이 자신의 성취를 인정해주기 바람

③ 목표 설정은 너무 높다, 목표 달성 실패하면 죄의식

④ 우유부단하며 늘 마음속으로 부적절감, 열등감, 불안정감을 느낌

(아) 2(D, 우울증) – 8(Sc, 정신분열병) / 8-2

① 근본적으로 의존적이며 무기력하며 자기주장을 하지 못함

② 바람직하지 못한 충동을 부정하며 이러한 감정이 표출되는 동안 일어나는 해리현상을 부정함

③ 친밀한 인간관계를 맺는 것을 피하고 타인과 정서적으로 거리감을 둠

(자) 2(D, 우울증) – 9(Ma, 경조증)

① 표면적으로 자아도취적이고 지나치게 자신의 가치를 과대평가 함

② 내면적으로 자아부적절감과 무가치감을 부정하며 지나친 활동으로 내면적인 우울감을 방어

(차) 3(Hy, 히스테리) – 4(Pd, 반사회성)

① 공격적인 충동을 마음속으로 품고 있으나 적절하게 표현하지 못한다.

② 3>4: 분노가 수동적으로 간접적으로 표현

③ 3<4: 지나친 통제상태에 있다가 갑자기 분노 폭발

(카) 3(Hy, 히스테리) – 6(Pa, 편집증) / 6-3

① 가족관계에서 경험하였던 뿌리 깊은 만성적인 분노감이 주요 원인

② 분노감정을 인식하게 되면 이러한 감정을 인정하기 보다는 타인의 행동을 비난함으로써 자신의 행동을 정당화하고자 함

(타) 3(Hy, 히스테리) – 8(Sc, 정신분열병) / 8-3

① 사고장애가 암시되며 집중력 장애와 기억력 장애가 있음

② 흔치 않은 비관습적인 사고를 표현하며 연상과정은 산만하고 흐트러져 있음

(파) 4(Pd, 반사회성) – 5(Mf, 남자다움–여자다움) / 5-4

① 미성숙하고 자아도취적

② 여성이 4가 높고 5가 낮으면 수동공격적

(하) 4(Pd, 반사회성) – 9(Ma, 경조증) / 9-4

① 반사회적 인격장애 특징을 나타낸다.

② 나쁜 생각이 그대로 행동화

(거) 6(Pa, 편집증) – 8(Sc, 정신분열병) / 8-6

① 명백한 정신증적 증상

② 피해망상

③ 현실검증력 장애가 있으므로 현실과 공상을 구별하지 못함

(너) 6(Pa, 편집증) – 9(Ma, 경조증)

① 사고장애 및 전반적인 정신증적 증상

(9) 3개척도 형태분석

(가) 1-2-3 / 2-1-3 / 2-3-1

① 신체형장애, 불안장애, 우울장애가 흔히 내려짐

(나) 1-3-2 / 3-1-2

① 척도 1과 3이 2에 비해 유의하게 상승하는 경우 이러한 형태는 "전환증 V 프로파일"이라고 부름

② 전형적인 전화증상을 보임

③ 부정과 억압을 강하게 사용하여 증상의 심리적 원인에 대한 통찰력이 결여되어 있음

(다) 1-3-8

① 임상진단은 정신분열증장애 망상형 혹은 망상형 인격장애가 내려짐

② 기괴한 신체증상을 호소

(라) 1-3-9

① 임상진단은 신체형장애, 기질성장애가 내려진다. 기질성 장애의 경우 공

격행동이나 분노폭발

(마) 2-7-8 / 7-2-8

　① 심한 정서적 혼란과 정신분열성 생활방식이 혼합된 특징

(바) 6-8-7 / 8-6-7

　① 척도 6과 척도 8이 척도 7보다 상승되어 있는 경우 "정신증 V형"이라고
부름

　② 심한 정신병리를 암시함

사. MMPI-2 (MMPI와 MMPI-2의 차이를 중심으로)

1) MMPI-2의 발달

　가) MMPI의 한계

　　(1) 1940년 이후 1989년까지 개정이 없었음
　　　-표준화 집단의 적절성 우려

　　(2) 문항 내용이 너무 구식

　　(3) 새로운 내용의 추가 필요성 증가
　　　-자살시도, 약물 사용, 부부문제 등

　　(4) 새로운 규준의 필요

　　(5) MMPI가 개발된 이후 재표준화가 요구되는 정도의 시간 경과

　나) MMPI-2의 일반적 특징

　　(1) 18세 이하는 MMPI-A를 활용함

　　(2) 한국은 2005년 한국판 MMPI-2가 개발됨

　　(가) 대표성 있는 동시대 규준 확보

　　(나) 타당도 척도 개발

　　(다) 재구성 임상척도 개발

　　(라) 새로운 내용척도 개발

　　(마) 새로운 보충척도 개발

　　(바) 성격병리 5요인척도의 개발

　　(3) 검사문항의 특징

　　(가) 구식표현, 성차별적 문항, 부적절 문항 개선

　　(나) 약물남용, 자살, 부부문에, A형 행동패턴, 직업에 대한 태도, 치료순응에
관한 문항 추가

　　(다) 임상척도 중 13개 문항 삭제

　　(라) 중복문항 수정

　　(4) 동형 T 점수의 활용

　　(가) 분포의 형태가 정규분포가 아닌 특성을 보완

　　(나) 8개 임상척도, 재구성 임상척도, 내용척도, 내용소척도, 성격병리 5요일
척도에 사용

✔ 공부 Tip
시험에 아주 잘 나오는 부분
이다. 반드시 정리해둘 것

MMPI-2 타당도 척도
1. 무응답 척도
2. 무선반응비일관성 척도
   (VRIN)
3. 고정반응비일관성척도
   (TRIN)
4. 비전형후반부척도
   (F-B)
5. 비전형정신병리척도
   (F-P)
6. 과장된 자기제시 척도
   (S)

2) MMPI-2 타당도 척도의 특성

가) 무응답 척도: 30개 해석 무효화, 370번 이전의 무응답에 대한 확인 필요

나) 무선반응비일관성 척도(VRIN): 무선적인 반응을 확인하는 척도. 79점 이상이면 해석 무효화

다) 고정반응비일관성척도(TRIN): 모든 반응을 "그렇다"나 "아니다"로 반응한 경우를 확인, 79점 이상이면 무효화

라) 비전형후반부척도(F-B): 검사 후반부에 비전형반응을 알아봄. 태도변화를 확인함. 총 40문항

마) 비전형정신병리척도(F-P): 규준 및 오래환자 모두에게 잘 나오지 않는 비전형적 반응. 총 27문항. F척도에 비해 정신병리에 덜 민감

바) 과장된 자기제시 척도(S): 자신을 매우 정직하고, 책임감 있고, 심리적 문제가 없고, 원만한 사람으로 보이기를 바라는 경향성을 측정

3) MMPI-2 개정된 내용 척도의 특성

내용척도-내적 일관성 있고 상대적으로 독립적인 15개를 개발

MMPI-2	MMPI-A	척도명
ANX	A-anx	불안
FRS		공포
OBS	A-obs	강박성
DEP	A-dep	우울
HEA	A-hea	건강염려
	A-aln	소외
BIZ	A-biz	기태적 정신상태
ANG	A-ang	분노
CYN	A-cyn	냉소적 태도
ASP		반사회적 특성
	A-con	품행문제
TPA		A유형행동
LSE	A-lse	낮은 자존감
	A-las	낮은 포부
SOD	A-sod	사회적 불편감(내향적)
FAM	A-fam	가정문제
WRK		직업적 곤란
	A-sch	학교문제
TRT	A-trt	부정적 치료 지표

4) MMPI-2 개정된 재구성 임상척도의 특성

1. RCd: 의기소침	2. RC1: 신체 증상 호소
3. RC2: 낮은 긍정 정서	4. RC3: 냉소적 태도
5. RC4: 반사회적 행동	6. RC6: 피해의식
7. RC7: 역기능적 부정 정서	8. RC8: 기태적 경험
9. RC9: 경조증적 상태	

5) MMPI-2 보충 척도 및 성격병리5요인 척도(PSY-5)

가) MMPI-2 보충척도: MMPI-2의 문항군집을 문항분석, 요인분석, 직관적 절차를 통해 다양하게 재조합하여 새로운 척도를 개발

(1) 불안(Anxiety) 척도

(가) 문항내용: 생각 및 사고과정, 부정적인 정서 색조 및 기분 부전, 비관주의 및 낮은 활력, 악성 심리상태 등

(나) 불안 척도의 점수가 높을수록 정신병리가 심한 쪽으로 채점되게 됨.

(다) 사회적으로 바람직하지 않은 문항도 서슴없이 시인하는 수검자의 태도를 반영

(라) 높은 점수 해석: 생활리듬이 느리고, 비관적이고, 주저하고 머뭇거리며 억제 됨, 평가장면에서 좀 더 자신에 대해 회의적임

(마) 정상인 집단: 다소 슬프고 불행해 함

(바) 정신과 장면: 신경증적, 부적응적, 복종적, 다른 사람에게 쉽게 휘둘리며, 이전 심리치료를 받은 과거력이 있을 수 있음

(사) 불편감: 대개 상담이나 심리치료를 받으려는 동기가 강함

(2) 억압(Repression) 척도

(가) 문항내용: 건강 및 신체증상, 정서성과 폭력 및 활동성, 사회적 상황에서의 타인에 대한 반응, 사회적 주도성과 개인이 느끼는 적절감 및 외모, 개인적인 흥미와 직업적 흥미 등

(나) 수검자가 여러 가지 정서적인 어려움이 있음을 검사 상에서 인정하지 않으려는 정도 시사

(다) 높은 점수 해석: 신중하고 조심스러운 생활양식을 택하는 사람들로 내향적이고, 내현화하는 사람

(3) 자아강도(ES: Ego Strength Scale) 척도

(가) 문항내용: 신체기능, 은둔성, 도덕적 태도, 개인이 느끼는 적절감, 대처능력, 공포증, 불안 등

(나) 높은 점수 해석: 높은 점수는 낮은 점수보다 치료기간 동안 좀 더 긍정적인 성격변화를 보이는 경향, 심리적으로 더 잘 적응하려는 경향, 일상생활에서 생기는 어려움 또는 스트레스에 더 잘 대처할 수 있음, 정서적으로 잘 균형 잡혀 있는 것 같음

MMPI와 PAI검사의 대표적 차이점

MMPI는 검사 문항 중에는 임상 척도를 평가하는데 서로 공통으로 채점이 되기도 한다. PAI는 문항이 특정 임상 척도를 평가하는 데만 사용되기 때문에 임상척도간의 상호 채점이 되지 않는다. 이러한 특성 때문에 MMPI는 임상점수 반응에 따라 공통적으로 상승하는 경향이 있어서 MMPI 2에서는 재구성 임상척도를 만들어 임상 증상만을 측정하는 문항만을 뽑아서 새로운 임상척도로 만들었다.

MMPI 2 재구성 임상 척도

1. RCd: 의기소침
2. RC1: 신체 증상 호소
3. RC2: 낮은 긍정 정서
4. RC3: 냉소적 태도
5. RC4: 반사회적 행동
6. RC6: 피해의식
7. RC7: 역기능적 부정 정서
8. RC8: 기태적 경험
9. RC9: 경조증적 상태

MMPI-2 보충 척도

1. 불안(Anxiety) 척도
2. 억압(Repression) 척도
3. 자아강도(ES: Ego Strength Scale) 척도
4. 지배성(Do: Cominance) 척도
5. 사회적 책임감(Re: Social Responsibility) 척도
6. 대학생활 부적응(Mt: College Maladjustment) 척도
7. 외상 후 스트레스 장애(Pk) 척도
8. 결혼생활 부적응(MDS: Marital Distress) 척도
9. 적대감(Ho: Hostility) 척도
10. 적대감-과잉통제(O-H: Overcontrolled-hostility) 척도
11. MacAndrew의 알코올

(다) 정서적 문제: 문제가 만성적이라기보다는 상황적인 면이 있음, 개인이 문제 해결에 도움이 될 수 있는 심리적 자원을 가지고 있음, 상담이나 심리치료에서의 긍정적 변화에 예후가 좋다고 시사

(라) 낮은 점수 해석: 높은 사람에 상반, 상황적 요인이 좀 더 심각한 문제를 지닌 경향, 스트레스 대처 심리자원을 가지지 않은 듯, 치료적 변화에 대한 예후도 좋지 않음

(4) 지배성(Do: Dominance) 척도

(가) 문항내용: 주의집중력, 강박사고 및 행동, 자신감, 사회적 상황에서 불편감, 신체적 용모에 대한 관심, 인내력 및 정치적 견해 등

(나) 높은 점수의 해석: 대면 상황에서 강하고, 쉽게 겁먹지 않고, 안전감, 안정감 및 자신감이 있음, 일상에서의 문제 또는 스트레스에 대처할 수 있는 능력이 있고, 확신하는 사람

(다) 정신과 환자: 불안, 우울, 신체증상 호소 등의 증상 수가 적은 편

(5) 사회적 책임감(Re: Social Responsibility) 척도

(가) 문항내용: 사회적·도덕적 논점에 대한 관심으로 구성, 특권 및 청탁에 반대하는 것, 의무 및 극기에 대한 강조, 관습 대 저항, 일반적인 세상에 대한 신뢰 및 자신감, 마음의 평정, 확신 및 개인적 안정감 등

(나) 높은 점수의 해석: 사회적·문화적 가치를 잘 받아들이고 부응하는 방식으로 행동, 정직 및 정의에 높은 가치를 두며, 확신에 차 있고 안정적인 사람

(다) 정신과 환자: 불안, 우울 및 신체증상 호소를 포함한 증상 수가 적음

(6) 대학생활 부적응(Mt: College Maladjustment) 척도

(가) Mt 척도 문항 요인분석

(나) 낮은 자존감: 자신감이 부족하며 자신을 다른 사람과 부정적인 쪽으로 비교하는 문항

(다) 활력 부족: 피로감을 느끼고 뭔가를 시작하는데 어려움이 있음을 나타내는 문항

(라) 냉소적 태도/안절부절못함: 타인에 대한 부정적인 표현, 흥분 및 입 밖으로 꺼내기 어려운 나쁜 생각들과 관련된 문항

(마) 높은 점수의 해석: 점수가 높은 대학생들은 일반적인 부적응을 나타냄, 정서적 혼란감에 민감

(7) 외상 후 스트레스 장애(Pk) 척도

(가) 문항내용: 상당한 정서적 혼란을 시사, 불안, 걱정 및 수면장애를 다루는 문항, 죄책감과 우울을 시사하는 문항

(나) PTSD 환자와 다른 진단을 받은 환자를 구분하는 것 보다는 PTSD 환자와 정상인을 구별해 내는 데 더 효과적.

(다) 높은 점수의 해석: PTSD에서 전형적으로 보이는 증상 및 행동을 많이 나타내는 경향이 있음

(8) 결혼생활 부적응(MDS: Marital Distress) 척도

(가) 긍정적인 결혼생활 적응이 어렵다고 하는 사람들이 선택하는 방향으로
채점

(나) 높은 점수: 불안이나 우울과 같은 다른 증상의 기저에 결혼생활 문제가 있
는지 주의해서 살펴봐야 함

(9) 적대감(Ho: Hostility) 척도

(가) 문항내용: 냉소주의, 적대감, 공격적 반응, 적대적 귀인, 사회적 회피, 기
타 등

(나) 점수가 높은 사람: 타인을 별로 신뢰하지 않을 뿐만 아니라 사람들은 부정
직하고 사교적이지 않고 부도덕하고 난폭하며 비열하다고 보며, 타인들은
죄값에 응당한 고통을 받아야 한다고 믿음

(다) 신경증 성향 요소가 크며, 불안 및 우울감이 크고 신체증상을 더 호소하며
자신감도 낮다는 점

(라) 높은 점수의 해석: 냉소적인 경향이 있고, 분노를 경험하고 외현적으로 적
대적 행동을 드러내는 일이 더 많으며, 관상동맥성 심장질환처럼 심각한
건강상의 문제

(10) 적대감-과잉통제(O-H: Overcontrolled-hostility)척도

(가) 높은 점수의 해석

– 교정장면: 공격 및 폭력적 행동과 연관

– 다른장면: 사람들이 화가 났을 때 반응하는 전형적인 방식에 대해 어느
정도의 정보 제공

(나) 낮은 점수의 해석: 만성적으로 공격적인 사람들이거나 적절하게 공격성을
표현하는 사람일 수 있음

(11) MacAndrew의 알코올중독 척도(MAC-R)

(가) 점수 해석: 척도해석은 원래 MAC 척도해석과 비슷할 수 있음

(나) 높은 점수: 알코올이나 다른 물질남용 문제가 있을 수 있음

(12) 중독 인정(AAS: Addiction Acknowledgement Scale) 척도

(가) 척도가 높은 사람: 과도하게 술을 마실 뿐만 아니라 처방전 없이 약을 복
용함

(나) T>60점: 물질남용 문제를 솔직하게 인정

(다) 낮은 점수: 물질남용 문제를 드러내고 싶지 않은 사람

(13) 중독 가능성(APS: Addiction Potential Scale) 척도

(가) 점수 해석: 현재 남용 문제가 있나 없나를 떠나서 물질남용의 가능성 혹은
취약성을 측정, 현재 물질남용을 하고 있거나 과거에 그랬던 사람을 가려
낼 수 있음

(14) 남성적 성역할(GM) 및 여성적 성역할(GF) 척도

(가) GM: 두려움, 불안 및 신체증상의 부인을 다루며, 극단적인 감수성을 부인

하면서 자신을 독립적이고 단호하며 자신 있는 사람으로 나타내는 면과
연관

(나) GF: 비사회적이거나 반사회적인 행동의 부인과 연관, 과도한 감수성을 인
정하는 문항으로 이뤄짐

(다) 남녀 모두 GM척도 점수가 높은 경우 이 척도 점수가 낮은 사람들보다 더
잘 적응하는 경향

(15) 모호-명백 소척도(Subtle-obvious Subscales): 모호 문항이 임상척도에 포
함된 이유는 문항분석을 교차타당화하지 않았기 때문

(가) 검사 외 요인 행동과 가장 관련된 것은 명백 문항이지 모호 문항이 아님

(나) 정신병리를 최소화하거나 가장하는 것을 목적

나) 성격병리 5요인 척도(PSY-5)

성격병리 5요인 척도
(PSY-5)
공격성 척도(AGGR)
정신증 척도(PSYC)
통제결여척도(DISC)
부정적 정서성/신경증 척도
(NEGE)
내향성/낮은 긍정성 척도
(INTR)

> 공격성 척도(AGGR)
> 정신증 척도(PSYC)
> 통제결여척도(DISC)
> 부정적 정서성/신경증 척도(NEGE)
> 내향성/낮은 긍정성 척도(INTR)

아. MMPI-A

1) 문항의 내용

가) 성인의 관점으로 개발되어 청소년에게 맞지 않음

나) 청소년을 위한 척도의 부족

다) 극단적인 반응 경향: F 반응이 70 이상 나오는 경우를 흔히 볼 수 있음

라) 청소년의 소외감과 정체감 혼란을 반영

마) 청소년 중심의 규준 필요성

2) MMPI-A 척도

가) 타당도 척도

(1) 무응답

(2) 거짓말 척도, L

(3) 비전형척도, F, F1, F2

(4) 방어성, K

(5) 무선반응비일관성척도, 고정반응비일관성척도

나) 임상척도

(1) MMPI-2와 10개 척도가 같고 소척도는 사용되지 않음

(2) 65점 이상이면 유의미하며 65 이하 60 사이는 약간 높은 것으로 해석한다.

다) 내용척도: MMPI-2의 11개 척도 이외에 4개 척도 추가

MMPI-2	MMPI-A	척도명
ANX	A-anx	불안
FRS		공포
OBS	A-obs	강박성
DEP	A-dep	우울
HEA	A-hea	건강염려
	A-aln	소외
BIZ	A-biz	기태적 정신상태
ANG	A-ang	분노
CYN	A-cyn	냉소적 태도
ASP		반사회적 특성
	A-con	품행문제
TPA		A유형행동
LSE	A-lse	낮은 자존감
	A-las	낮은 포부
SOD	A-sod	사회적 불편감(내향적)
FAM	A-fam	가정문제
WRK		직업적 곤란
	A-sch	학교문제
TRT	A-trt	부정적 치료 지표

라) MMPI-A 보충척도

MMPI-2의 3개 척도(불안척도, 억압척도, MacAndrew의 알콜중독척도 개정판) 이외에 추가된 항목

(1) 술/약물문제 인정척도

(2) 술/마약문제 가능성척도

(3) 미성숙 척도

마) 성격병리 5요인척도

> 공격성 척도(AGGR)
> 정신증 척도(PSYC)
> 통제결여척도(DISC)
> 부정적 정서성/신경증 척도(NEGE)
> 내향성/낮은 긍정성 척도(INTR)

문제

[1. 해설] ㉮
감각형은 실용적 현실감각, 실제 경험 강조, 정확한 일처리, 나무를 보려는 경향이 있다.

1. 성격유형검사(MBTI)의 선호지표에 대한 설명으로 적절한 것은? (2004 기출)

가. 감각형은 사람들의 모든 정보를 자신의 오관에 의존하여 받아들이는 경향이 있다.

나. 판단형은 삶을 통제하고 조절하기보다는 상황에 맞추어 자율적으로 살아가기를 원한다.

다. 감정형은 객관적인 기준을 바탕으로 정보를 비교 분석하고 논리적 결과를 바탕으로 판단한다.

라. 직관형의 사람들은 내적 세계를 지향하므로 바깥 세계보다 자기 내부의 개념이나 생각 또는 이념에 관심을 둔다.

[2. 해설] ㉯
MBTI는 선천적 선호성을 알려 주는 척도이기 때문에 정상적인 성격유형을 밝혀내는 데에는 적합하지만, 내적인 혼란 상태에 있는 정신장애자에게는 부적합 하다. 따라서 심한 정신병리적 상태에 있는 사람에게서는 올바른 결과를 얻지 못할 수 있다.

2. 성격유형검사(MBTI)의 실시와 해석에 대한 설명으로 맞는 것은? (2005 기출)

가. 피검자가 이해하지 못하는 문항이 있으면 그 문항의 해석, 설명을 꼭 해주어야 한다.

나. 내적인 혼란 상태에 있는 정신장애인들에게는 부적합하다.

다. 이 검사는 후천적 선호성을 알려주는 척도이기 때문에 정상적인 성격유형을 밝히는데는 부적절하다.

라. 특정한 조건(예: 입사시험)에서 검사를 받는 경우에는 안정적인 결과가 나올 수 있다.

[3. 해설] ㉰
특성론에 입각한 성격검사의 대표적인 예로는 16요인 성격검사, 8개의 성격차원을 검사하기 위한 Comrey 성격검사, 인간행동에 영향을 미치는 기본적인 성격차원을 측정하기 위해 개발된 아이젱크 성격검사. 심리학적 이론에 치우치지 않고 일상적 생활장면에서 나타나는 정상적인 인간행동을 측정하기 위해 대중적 개념을 사용한 캘리포니아 성격검사 등을 들 수 있다.

3. 다음 중 성격 특질이론 혹은 유형이론에 입각하여 개발된 성격 검사가 아닌 것은?

(2010 기출)

가. 아이젱크 성격검사(EPI) 나. 캘리포니아 성격검사(CPI)

다. 니오 성격검사(NEO-PI) 라. 16 성격검사(16-PF)

[4. 해설] ㉱
자기보고식 검사의 문항의 내용이 사회적으로 바람직한 내용인가에 따라 문항에 대한 응답 결과가 영향 받으며 사회적으로 바람직한 방향으로 응답하려는 경향이 있다.

4. 성격을 측정하는 자기보고식 방식에 관한 설명으로 옳은 것은? (2010 기출)

가. 개인의 심층적인 내면을 탐색하는데 많이 사용된다.

나. 개인의 반응경향성에 민감하지 않다.

다. 강제선택형 문항은 개인의 묵종 경향성을 배제하는데 효과적인 문항제작 기법이다.

라. 사회적으로 바람직하게 응답하려는 경향을 배제하기 어렵다.

5. 16PF검사의 특징으로 바르지 않은 것은?

　가. 개인의 행동은 Jung의 심리유형이론에 바탕을 두고 있다.

　나. Cattell이 고안한 검사 도구이다.

　다. 개인의 행동은 상황적 특성과 잠재적 특성으로 구분된다.

　라. 14개 성격척도와 2개의 특수척도로 구성된다.

6. MMPI와 비교할 때 성격평가질문지(PAI)의 특징이 아닌 것은? (2009 기출)

　가. 문항의 수가 더 적다.

　나. 임상척도의 수가 더 적다.

　다. 임상척도 이외에 대인관계척도를 포함한다.

　라. 4지 선다형이다.

7. 다음 중 PAI의 타당성지표가 아닌 것은?

　가. 꾀병지표 (MAL)　　　　　　　나. 비일관성(ICN)

　다. 저빈도(INF)　　　　　　　　　라. 부정적 인상(NIM)

8. TCI의 4가지 기질차원 중 사랑, 인정, 칭찬과 같은 사회적 보상 신호에 반응하는 정도를 평가하는 척도는 어떤 척도인가?

　가. 자극추구척도(NS)　　　　　　나. 위험회피척도(HA)

　다. 사회적민감성척도(RD)　　　　라. 인내력척도(P)

9. 다음이 설명하는 척도는 어떤 척도인가?

> 이 척도는 자신과 타인을 초월한 세계를 어떻게 바라보는지를 평가하는 척도로 이 척도가 너무 낮은 사람은 모든 영역을 이성적이고 논리적으로 바라보기 때문에 질병, 재난, 죽음 등 이성으로 설명하기 어려운 사건을 마주했을 때 이를 받아들이는데 어려움을 느낄 수 있다.

　가. 사회적민감성척도(RD)　　　　나. 인내력척도(P)

　다. 연대감 척도(C)　　　　　　　라. 자기초월 척도(ST)

10. 다음 중 PAI 검사에 대한 설명으로 틀린 것은?

　가. 객관형 성격검사이다.

　나. 4지 선다형으로 총 344문항으로 구성되어 있고 4개의 타당성척도, 10개의 임상척도로 구성되어 있다.

[5. 해설] ㉮

Cattell은 성격 특성과 연관된 4,500개의 개념들에서 160여 개의 상반된 단어들을 선정하고 여기에 11개의 개념을 추가하여 171개를 선정. 이후 질문지법을 동원하여 결과를 상관분석한 후 최종적으로 16개의 요인을 발견하였고 이를 측정하는 것이 16PF 검사이다.

1	2	3	4
가	나	다	라

[6. 해설] ㉯

PAI의 임상척도는 신체적 호소(SOM), 불안(ANX), 불안관련 장애(ARD), 우울(DEP), 조증(MAN), 망상(PAR), 정신분열병(SCZ), 경계선적 특징(BOR), 반사회적 특징(ANT), 알코올문제(ALC), 약물문제(DRG)가 있다.

[7. 해설] ㉮

타당성 척도에는 비일관성(ICN), 저빈도(INF), 부정적 인상(NIM), 긍정적 인상(PIM)가 있다.

[8. 해설] ㉵

애착, 사회적인 관계를 평가하는 척도는 사회적 민감성 척도이다.

[9. 해설] ㉵

자신과 신, 우주만물과의 관계를 보는 척도는 자기초월 척도이다.

[10. 해설] ㉯

PAI는 다른 많은 질문지형 성격검사와 달리 한 문항이 여러 척도의 문항에 속하는 중복문항이 없다. 4지 선다형으로 총 344문항으로 구성되어 있고 4개의 타당성척도, 11개의 임상척도, 5개의 치료척도, 2개의 대인관계척도 등 서로 다른 영역을 평가하는 척도들을 포함하고 있다.

다. 합리적 및 경험적 접근을 강조하는 구성타당화(Construct Validation)에 근거를 두고 개발하였다.

라. 정신의학적 진단체계에 적합한 구성개념에 초점을 두고 만들어진 검사이다.

[11. 해설] ㉮
Hypochondriasis, Hs척도는 신체기능에 대한 과도한 집착 및 이와 관련되는 질환이나 비정상적인 상태에 대한 불안의 정도를 측정한다.

11 .MMPI의 임상척도 중 자신의 신체적 기능 및 건강에 대하여 과도하고 병적인 관심을 갖는 건강염려증적인 양상을 측정하는 척도는? (2003, 2006, 2010 기출)

가. 심기증 척도(Hs)　　　　　나. 우울증 척도(D)

다. 히스테리 척도(Hy)　　　　라. 편집증 척도(Pa)

[12. 해설] ㉯
전통적인 여성적인 역할을 거부하며 자유분방하며 자신만만하며 모험심이 많을 수 있다. 또한 공격적, 불친절, 경쟁적인 특징을 보일 수 있다.

12. MMPI 5번 척도가 높은 여대생의 경우에 가능한 해석으로 옳은 것은? (2010 기출)

가. 성격적으로 수동-공격적인 특성이 있다.

나. 반드시 남성적인 흥미를 나타내지는 않는다.

다. 자신감이 부족하고 충동적이다.

라. 심미적이고 예술적인 취미를 가지며 지능이 우수하다.

[13. 해설] ㉮
고의적으로 자신의 문제를 과장하여 반응하였거나, 문맹등의 이유로 문항을 이해하지 못했거나 비협조적인 태도로 무선응답했을 가능성이 있다. 또는 망상적 사고나 현실검증능력이 와해 되어 있거나 정신증적인 문제, 뇌손상 환자에게서도 나타날 수 있다.

13. 다음 중 MMPI에서 F 척도가 매우 높을 때의 가능한 해석과 가장 거리가 먼 것은? (2011 기출)

가. 전형적인 신경증 증상　　　나. 무선적인 반응

다. 심한 정서적 혼란　　　　　라. 부정 왜곡 경향

[14. 해설] ㉮
피검자가 자신의 신체적, 정서적 곤란을 인정하고 이와 같은 문제를 스스로 해결할 자신이 없어 도움을 요청하고 있는 상태로 볼 수 있다.

14. MMPI의 타당도 척도가 ∧형(삿갓형, 역V자형)을 그릴 때 적절하지 못한 해석은?

(2008 기출)

가. 바람직하지 못한 감정이나 충동 혹은 문제들을 회피하거나 부인하려 한다.

나. 자신의 신체적 및 정서적 곤란을 인정하고 도움을 요청하고 있는 상태이다.

다. F점수가 증가할수록 더욱 많은 문제를 인정하고 있는 것이다.

라. 문제들을 해결할 수 있는 자신의 능력에 자신이 없는 상태이다.

[15. 해설] ㉱
망상과 정서적 부적절성. 정신병의 급성발병, 과거에 다른 장애를 앓았을 가능성이 많음. 과대망상, 환각, 괴이하고 자폐적 사고, 사고와 행동면에서 항당한 퇴행의 인상을 주며 정서적 흥분을 잘하고 적대적, 거부적인 태도를 가능성이 많다.

15. MMPI 8-9 척도가 70 T 이상으로 상승한 사람들에 대한 진단적 해석으로 적합하지 않은 것은? (2010 기출)

가. 대인관계에서 의심과 불신감이 많아서 타인과 깊은 정서적 교류를 회피하고 일정한 거리를 유지한다.

나. 망상과 정서적 부적절성이 특징적이다.

다. 주의집중에 심한 어려움이 있다.

라. 정서적으로 무감동하며 발병이 서서히 진행된다

7 신경심리검사

가. 신경심리검사란?

1) 신경심리검사는 후천적이거나 선천적인 뇌손상과 뇌기능장애를 진단하는 검사
2) 신경심리검사는 본질적으로 뇌와 행동과의 관계를 다룸
3) 뇌손상이나 신경병리적 조건에 따른 인지기능 및 행동적 변화를 측정하는 것 → 신경해부학, 신경병리학, 행동의 신경학적 기본원리에 대한 지식이 있어야 함
4) 임상심리 영역 중에서도 특수한 전문영역에 속하며, 임상심리전문가의 전문성이 더욱 필요한 분야임
5) 신경심리검사의 접근의 두 주류
   가) 미국의 신경심리학: 철저한 실험적 및 통계적 접근 방법에 근거 → 기질적 손상 + 정상반응을 가려내기 위하여 정오반응의 수나 수행시간 등의 양적 자료에 관심
   나) 러시아 신경심리학: 민감하고 자세한 임상적 관찰을 중요시하는 행동특성에 대한 질적 평가에 더 큰 비중 둠
   다) 통합적 접근방법: 매우 복잡함 → 신경심리학 분야의 전문가가 되기 위해서는 정신의학, 임상심리학, 실험심리학, 언어병리학등 다양한 지식을 갖추고 오랫동안 훈련을 받아야 함

나. 신경심리검사의 발달

1) Halstead
   가) 종합적인 신경심리검사는 Halstead로부터 시작
   나) 기존의 검사과제와 새로운 검사과제를 종합하여 만든 배터리형 검사를 뇌손상환자들에게 실시 → 결과를 요인분석하여 신경심리검사 배터리를 1947년 제작함
   다) 신경심리검사 배터리의 7가지 검사
      (1) Category Test
      (2) Tactual Performance Test
      (3) Speech Sounds Performance Test
      (4) Seashore Rhythm Test
      (5) Finger Oscillation Test
      (6) Critical Flicker Fusion Test
      (7) Time Sense Test
   라) Halstead의 업적: 뇌손상 효과를 평가하기 위한 광범위한 행동관찰 자료 수집 → 다양한 대뇌피질 손상의 결과를 관찰 → 특정 영역에 뇌손상을 입은 환자들에 대한 체계적인 연구를 시행

2) Reitan

✔ 공부 Tip

* 최근 신경심리검사 관련 문제 출제 비중이 높아지는 경향이 있다. 현 교재에서는 매우 깊이 있는 내용들도 다루고 있어 시험 대비를 위해서 기출 문제 풀이를 꼭 추가로 하면 고득점이 가능할 것이다.

신경심리검사 배터리의 7가지 검사

1. Category Test
2. Tactual Performance Test
3. Speech Sounds Performance Test
4. Seashore Rhythm Test
5. Finger Oscillation Test
6. Critical Flicker Fusion Test
7. Time Sense Test

심리학개론
이상심리학
심리검사
임상심리학
심리상담

가) Halstead의 제자

나) 1951년 인디애나 대학 의학센터에 신경심리학 실험실을 설립

다) Halstead 배터리형을 보완하여 1955년에 HRB: Halstead-Reitan Battery로 개정함

라) 이후부터 Reitan과 그의 동료들은 HRB를 많은 환자들에게 실시→ 특히 뇌손상 영역 즉, 손상 받은 대뇌반구 혹은 대뇌영역, 뇌손상과정의 급성적, 만성적 진행상태 뇌손상 유형 즉, 내인성 종양, 외인성 종양, 뇌혈관성 장애등을 진단하기 위해 이 검사를 사용

3) 1950년대 후반 – Brenda Milner와 그녀의 동료

가) 다른 방법으로 통제할 수 없었던 간질발작 세포를 외과적으로 제거한 환자들을 대상으로 수술이전과 이후의 환자 행동을 집중적으로 연구→연구 결과 좌측 측두엽 손상과 언어학습장애, 우측 측두엽 손상과 시지각 시각 학습장애와의 연관성이 밝혀짐

나) 해마손상이 있는 경우 영구적인 전진성 기억장애 + 일부 역행성 기억장애가 발생됨→좌우 전두엽제거와 추상적 개념손상과, 좌측 전두엽 제거와 비언어적 유창성 및 공간학습능력 손상과의 관련성이 밝힘

4) 1950년대 후반 – Hans-Lukas Teuber

가) 뉴욕대학과 그 이후에는 매사추세츠 기술연구소에서 다양한 시각과 공간능력에 영향을 미치는 대뇌손상 영역 효과를 연구

나) 2차 대전 재향군인들을 대상으로 하여 뇌손상영역에 따른 행동변화에 관한 연구→여러 가지 결과를 제안함

다) 후두엽 손상과 시지각 공간의 즉각 보고의 손상, 전두엽 손상과 자발적 자세 변화 상태에서의 공간배열 변화의 손상 두정엽손상과 공간관계 지각에서의 손상 등이 보고

라) 그의 연구는 임상연구 결과와 동물실험결과를 연결시켰고 현재와 미래 연구방향에서 이론적 근거를 제시하였음

5) 보스턴 의과대학 연구팀(Harold Goodglass, Edith Kaplan, Nelson Butters 등이 주요역할을 함)

가) 실어증 실행증 신망증 치매 노화문제에서 탁월한 연구를 진행

나) 발전시킨 평가도구들은 현재 임상장면에서 활발하게 사용→The Boston Diagnostic Aphasia Examination, The Boston Retrograde Amnesia Battery 등

다) 연구에서 두 가지 점을 강조

(1) 실어증, 건망증, 치매는 단일한 인지적 손상이 특징적으로 나타나는 단일한 양상의 장애가 아니라 다양한 하위 양상이 존재한다는 것→임상가는 표현성 언어, 이해력, 반복, 읽기, 쓰기의 표준 배터리과제를 수행하여 브로카의 실어증, 베르니케의 실어증, 전도성 실어증 Conduction Aphasias을 구별할 수 있게 됨

(2) 기질적 장애의 질적 과정에 대한 평가가 중요하다는 것→좌반구나 우반구 대뇌 손상을 입은 환자는 모두 개념과제나 그리기과제에서 양적으로 손상을 보임→다른 이유에 의해 이러한 손상이 나타난다는 것→우반구손상환자는 그림의 전체 윤곽을 파악하지 못하는 반면 좌반구 손상환자는 전체 윤곽 파악 은 성공하지만 그림의 내부 부분을 분석하는데 실패→인지장애에 대한 질적 인 분석 없이는 진단과 예후에 관한 적절한 정보를 제공하지 못한다는 것임

다. 신경심리검사의 목적

1) 신경심리검사의 가장 큰 목적→기질적 및 기능적 장애의 진단과 장애의 원인을 파악
2) 정신과적 증상 + 신경과적 증상을 감별할 필요
3) 비정신과적 환자들에게 있을 수 있는 신경질환을 확인
4) 신경과적 질환의 감별진단
5) 손상된 반구의 위치를 확인 위해 행동적 자료가 필요할 경우
6) 뇌 영상기법이 발달함에 따라 기존의 신경심리검사도구들의 진단적 역할이 감소되고 있음 → 중독성 뇌장애, 알츠하이머 질병과 관련된 치매과정 가벼운 두부외상은 신경학적 검사에서 이상소견이 나타나지 않는 경우가 있음. 이럴 경우 신경심리 검사를 통해 진단에 매우 유용한 정보를 얻을 수 있음

라. 기초적 두뇌병리의 이해

1) 일반적인 지적 능력의 손상
   가) 문제 해결을 효과적으로 접근하지 못함 + 목표-지향적 행동이 체계적이지 못함 + 계산능력, 속담해석 등 다양한 특정 능력손상을 보임
   나) Goldstein-Scheerer(1941) 검사→이런 능력을 나타내는 지표로 추상적 태도 (Abstract Attitede)라는 용어사용
   다) 추상적 태도→개인이 세계를 지각하는 방식과 연관→추상적 태도가 상실된 개인→개념을 형성하거나 개인적인 사건을 일반화함에 실패 + 머릿속으로 미리 상상 계획을 세우지 못함→직접적 자극 상황을 초월하여 상상할 수 있는 능력이 상실
   라) 일반적 지적능력의 손상 유무는 해결해야할 문제가 주어지는 검사 상황에서 가장 잘 관찰됨

2) 기억장애
   가) 기억장애는 전반적인 지능손상에 동반→다른 기능 손상 없이 독립적으로 나타남→기억장애 외에도 다른 많은 기능들을 손상시키는 진행적 장애의 초기 징후로 나타남
   나) 대부분 장기기억(Remote Memory)보다 최근 기억(Recent Memory)이 더 손상됨
   다) 뇌손상 환자가 동일한 종류의 기억장애를 경험하는 것이 아님→자세한 평가

→ 특정한 유형의 기억장애가 진단되어야 함. 일반적으로 종합적 배터리형 신경심리검사는 기억력장애 유무와 그 심각도를 평가해줌

3) 운동속도의 저하
  가) 운동속도의 저하는 뇌손상의 흔한 증상임
  나) 정신성 운동속도의 손상이나 지각-운동 협응 장애라는 용어로 기술
  다) 운동 속도의 저하가 정신적 활동의 지연이나 순수한 운동속도의 저하로 인한 것일 수도 있음→손가락 두드리기와 같은 단순 운동과제는 수행→바꿔 쓰기와 같은 시각적 자극과 동작이 협응 되어야 하는 운동과제는 수행하지 못함
  라) 동작 지연과 관계없이 목적 달성을 위한 행동수행의 장애로 인하여 운동지연이 나타남 → 실행증(apraxia)으로 인해 나타나는 현상이라 할 수 있음
  마) 실행증(apraxia): 운동계의 마비나 실조(失調)가 없고 감각신경의 이상이나 정신장애도 없음 + 목적하는 운동이나 행위의 수행이 곤란한 증세→행위불능증, 행위장애라고도 함
    (1) 대뇌의 손상으로 일어남
    (2) 목적을 수반하는 효과적인 운동이 가능하려면 개개의 운동의 합성이 필요함 →실행증은 이 합성 능력의 장애→훈련이나 학습으로 습득한 운동도 제대로 하지 못함→개개의 운동은 가능하나 통일된 행위는 하지 못함

4) 시각-공간 능력의 손상
  가) 운동과 지각을 연결하는 능력이 저하→능력은 어떤 형태의 모형을 만들거나 모형을 베끼는 과제로 평가함
  나) 초기의 신경심리검사인 벤더-게슈탈트 검사 or Wertheimer(1923)에 의해 고안된 일련의 도형 베끼기 과제들, 웩슬러 지능검사의 토막 짜기 검사, Kohs Blocks 검사→시각-공간 능력을 평가하는 검사
  다) 토막 짜기에서 모델의 형태를 분석하고 분석된 형태의 내적 구조를 정확하게 재생하는데 실패하는데 이는 단순한 운동속도 지연과 관련된 것이 아님→삼차원적 공간에서 형태를 구성하지 못하는 것과 관련됨

5) 시지각 장애
  가) 시지각 장애는 복잡한 자극을 정확하게 지각하지 못하는 것을 일컫는 것을 말함
  나) 환자들은 난일한 요소는 알아 볼 수 있음→두 개의 요소는 알아보지 못함→두 개의 시자극이 동시에 제시될 때 단지 하나의 자극만 보고 있다고 반응함 →이런 현상을 멸실(Extinction) 혹은 무시(Neglect)라고 함→복잡한 시자극을 지각하지 못하는 시지각 장애현상을 나타냄

6) 청지각과 촉지각의 장애
  가) 청각 손상은 들을 수는 있음→그러나 소리를 인식하거나 해석하지 못하는 것 →일반적 손상을 실인증(Agnosia)→시각, 청각, 촉각 영역에서 나타날 수 있음
  나) 실인증은 의미가 동반되지 않는 지각→일차적인 지각기능은 온전, 입력되는 정

보를 이해하는 능력은 상실

다) 청각적 무시(Auditory Neglect) → 시각적 무시현상과 비슷한 청각적 장애

라) 각각 한쪽 귀에 들리는 소리는 정상적으로 지각 + 두 귀에 동시에 들리는 소리는 한 쪽 귀의 소리만 인식함

마) 청각적 주의 장애(Auditory Attention Deficit)는 환자에게 즉각적으로 재생해야하는 복잡한 청자극(Ex. 리듬이 있는 자극)을 제시하는 경우 쉽게 나타남

바) 촉각적 무시(Tactile Neglect)는 하나의 자극은 지각하지만 두 개의 자극을 동시에 환자가 만져보았을 경우 한 자극만 인식하는 것

사) 가벼운 촉각 식별역, 두점 변별, 날카롭고 무딘 촉각 자극의 구별능력과 같이 정밀한 손에 대한 감각 검사를 수행

7) 실어증(Aphasia)

가) 뇌손상으로 인한 언어능력의 손상을 나타내는 일반적인 용어

나) 의사소통장애가 있는 모든 뇌손상 환자들이 실어증이 있는 것은 아님

다) 실어증은 다양한 하위 유형을 포함하는 일반적 용어이지만 언어를 지배하는 대뇌 반구(대부분의 사람들에게는 좌반구)의 일부가 손상되는 것과 관련된 의사소통 능력 장애로 정의

라) 일반적으로 뇌졸중(가장 흔한 실어증의 원인)과 두뇌 외상과 같은 갑작스런 발병으로 인해 생기지만 때로 뇌종양과 초점성 감염과 같은 다른 국소적 질병에서 나타나기도 함

마) 실어증은 다양한 하위 유형으로 구분

바) 타인의 말을 이해하고 사물의 이름을 알아내고 읽고(독서불능증), 쓰고(필기불능증), 계산(계산불능증), 제스쳐 사용하거나 이해하는 능력의 장애가 포함

사) 표준화된 배터리형 신경심리검사 → 집중적인 실어증검사가 포함되어 있지 않다는 점 → 실어증 검사는 보통 신경심리검사 배터리와 병행하여 실시 → 그 실시와 해석에 있어 전문적 경험과 지식이 요구됨

아) 보스턴의과대학 연구팀의 연구에서 강조한 두 가지

(1) 실어증, 건망증, 치매는 단일한 인지적 손상이 특징적으로 나타나는 단일한 양상의 장애가 아니라 다양한 하위양상이 존재. 따라서 임상가는 표현성 언어, 이해력, 반복, 읽기, 쓰기의 표준 배터리과제를 수행하여 Broca's 실어증, Wernicke's 실어증, 전도성 실어증을 구분할 수 있음

(2) 기질적 장애의 질적 과정에 대한 평가가 중요함

자) 실어증은 Boston Diagnostic Aphasia Examination, Western Aphasia Battery로 검사가능

8) 주의력 장애

가) 때때로 뇌손상의 주요 증상으로 나타남

나) 주의력은 넓은 주의력과 좁은 주의력으로 구별가능

다) 넓은 주의력은 동시에 여러 자극 에 주의를 기울이는 것은 개인의 능력이고, 좁은 주의력이란 세부적인 사항에 대해 주의를 유지하는 능력

라) 넓은 주의력은 자극무시검사의 주의력을 평가하고 좁은 주의력은 경계성과제 (Vigilance Task)나 웩슬러 지능검사의 빠진 곳 찾기와 같은 과제로 평가가능

마. 대뇌피질과 행동

1) 대뇌피질과 행동

가) 모든 행동은 뇌와 관련된 복잡한 신경생리적, 생화학적 상호작용의 산물

나) 손상된 신경해부학적 구조들과 행동기능 간 관계를 기능장애의 국지화

다) 이 이론에 근거하여 비정상적인 행동패턴의 원인이 되는 손상된 구조를 추정할 수 있음→뇌의 기능은 복잡 + 통합적으로 상호작용하는 하위 기능 내에서 일어남→기능장애의 국지화가 국소 뇌영역 + 특정 행동 간의 일대일의 관계를 의미하는 것은 아님

라) 대뇌반구는 구조적으로 좌우대칭 + 주요 인지기능의 국지화와 각 반구에 의해 처리되는 행동의 질적인 측면에 따라 비대칭성을 보임

마) 오른손잡이의 대부분은 좌반구가 우반구보다 더 크고 무거움→언어기능을 매개하는 영역이 가장 크고 시공간적인 정보의 전달을 매개하는 피질영역은 보통 우반구가 더 큰 경향

바) 인지기능에서도 두 대뇌반구는 차이가 있음

사) 좌반구는 더 초점적이고 순차적→반복된 자극의 정보처리가 우수

아) 우반구는 확산적이고 지각이나 형태적 처리를 담당하며 변화하는 자극을 더 우수하게 처리함

2) 뇌 영역

가) 후두엽

(1) 뇌의 뒷부분에 위치→주로 시각적인 작용과 관련이 있음

(2) 뇌 안에는 시각과 관련된 부위가 30개 있음→ 이것들은 모두 다른 종류의 시각을 위해서 존재함. 색상. 동작. 깊이 그리고 형태 시각 등임

나) 두정엽

(1) 윗측에 있는 두정엽은 공간에 대한 형상화, 그리고 신체상에 대한 부분과 밀접한 연결이 있음

(2) 눈을 감고 어느 한정 구역 안에서 내 몸을 인지하는 것은 바로 이 부분에서 하는 것임. 통증, 온도, 압력, 몸과 사지의 자세를 인식함

다) 측두엽

(1) 어느 상황에 감정적으로 반응하는 것

(2) 감정적인 행동을 하는 것 등 감정과 밀접한 관련이 있음→상관 측두 영역은 듣기와 언어이해력이 이루어짐→측두엽은 감정, 듣기(청각)와 언어 이해력의 기능을 맡고 있음

✔ 공부 Tip

* 뇌영역과 기능 간의 관계를 묻는 질문이 간간히 나온다. 잘 정리해둘 필요가 있다

라) 전두엽

　(1) 정보를 단기간 동안 저장 + 기억 → 예지력과 판단, 지혜, 포부 동기도 여기에 해당됨

　(2) 많은 지혜와 동정심을 소유한 사람은 매우 발달한 전두엽을 가졌다고 볼 수 있음 → 전두엽에 있는 많은 요소들은 대체로 인간에게서만 발견할 수 있는 기능들임

　(3) 전두엽은 기업으로 말하면 CEO에 해당함 → 전략을 세우고 어떻게 할 것인가를 결정하고 미래의 계획을 세우는 것이 전두엽의 역할임

마) 해마

　(1) 기억이 영구 기억으로 새겨지기 전에 임시로 머무는 임시 기억장소

　(2) 해마를 다친 이후의 일은 기억할 수 없음.

　(3) 해마 손상환자에게는 방금 만난 사람도 돌아섰다 다시 오면 역시 처음 보는 사람이 됨

바) 편도체

　(1) 인간 생존과 깊은 관련이 있음

　(2) 감각 기관과 시상을 통해 전달된 외부의 자극에 반응하여 호흡, 심장박동, 안색, 근육 운동 등을 변화시킴

　(3) 사람이 화가 나면 심장박동과 호흡이 빨라지고 공포에 질리면 의식을 잃으며 불안하고 우울하면 체온이 떨어져 몸이 싸늘해지는 것은 모두 편도체의 기능에 의해 일어나는 현상

　(4) 본능과 감각의 작용에 관여하며 전두엽으로부터 오는 신호에 반응하거나 반응을 전달

　(5) 감정의 이해 수용. 통제 표현하는 활동과 깊은 관계가 있음

사) 대뇌반구의 영역별 기능

전두엽	두정엽	측두엽	후두엽
자발적 운동	촉감각	청취	시감각
언어산출(좌측)	읽기(좌측)	언어이해(좌측)	시지각
운동운율(우측)	계산(좌측)	감각운율(우측)	
동작	시공간적 기능(우측)	기억	
실행기능		정서	
동기			

바. 주요 신경심리검사

1) 지적능력

가) 웩슬러 지능검사: 성인의 일반지능을 측정하는 가장 보편적 검사

나) WAIS의 각 소검사는 다양한 기술을 포함하는 인지과제에 대한 점수를 나타내줌

다) 지능지수는 소검사들의 환산점수를 합산하여 구해지며, 전체 소검사들의 평균점 수라 볼 수 있음

2) 언어

가) 실어증 검사 배터리: 실어증의 주요 증상으로 언어 이해(수용적 실어증), 언어표 현(표현적 실어증), 반복(전도성 실어증), 명명(건망성 실어증) 가운데 어떤 유 형에 속하는가에 따라 분류가능

나) 훈련받은 언어병리학자나 임상가들이 실시해야하며, 이 검사배터리는 자발적인 언어, 언어 이해, 반복, 명명, 읽기, 쓰기 능력을 측정함

3) 주의력과 정신적 추적능력

가) 웩슬러 지능검사: 숫자 외우기에서 바로 따라 외우기는 수에 대한 주의력이나 단기기억을 측정

나) 거꾸로 따라 외우기는 집중력과 정신적 추적능력을 요구하는 과제

다) 바꿔 쓰기 역시 집중력을 요구하며 동시에 성공적 수행을 위해 운동속도와 정신 적 속도를 요구. 산수문제

라) Trial Marking Test

4) 기억

가) 언어적 기억장애: 좌반구 손상이 있는 경우. 시공간적 기억장애는 우반구 손상과 관련

나) MAS

다) WMS-R

라) Rey Auditory Verbal Learning Test

마) California Verbal Learning Test

바) Rey Complex Figure Test

5) 지각

가) Line Bisection Test

나) Face-Hand Test

다) Hooper Visual Organization Test

6) 구성능력

가) Rey Complex Figure

나) 웩슬러 지능검사 중 토막 짜기 소검사

7) 개념적 기능

가) 웩슬러 지능검사의 소검사들(이해, 빠진 곳 찾기, 공통성, 산수, 차례 맞추기, 토막 짜기, 모양 맞추기)

나) Category Test

다) WCST

8) 실행적 기능

가) 벤더-게슈탈트 검사(BGT)

나) 미로검사

다) Tinker-type Test

라) Free Drawing Test

9) 운동 기능

가) Grooved Pegboard Test

나) Purdue Pegboard Test

사. 신경심리검사의 시행

1) 검사 시행

가) 배터리형 검사: 다양한 기능을 측정하도록 구성된 검사세트를 모두 실시하는 방식

　(1) 장점

　　(가) 평가하려는 기능에 관한 자료가 종합적이라는 것→소검사 간의 점수를 비교분석→임상진단에 관한 유용한 정보를 제공해 줄 수 있음

　　(나) 배터리형 검사의 구성에 따라서 환자의 원래 기능수준에 대한 평가가 가능할 수 있음→환자의 현재 기능수준이 어느 정도 손상된 것인지를 알아볼 수 있음

　　(다) 임상장면에서 배터리형 검사를 사용하면 동일한 검사자료를 자동적으로 축적할 수 있음→임상적 평가와 동시에 연구에 필요한 자료를 수집할 수 있음

　(2) 단점

　　(가) 평가하려는 일부 기능에 관한 제한된 자료만 제공 or 불필요한 많은 자료를 제시→검사실시에 드는 시간과 경비가 비경제적이라는 비판

　　(나) 현재 신속하게 변화되고 있는 신경심리학적 연구 추세를 따라가지 못함

나) 개별형 검사: 평가가 의뢰된 목적에 따라 적절한 소수의 검사만을 실시하는 방식이 있음

　(3) 장점

　　(가) 기본검사에서 기능이 온전할 경우 불필요한 중복검사를 피함→뇌손상 영역과 관련된 기능장애를 집중적으로 평가

　　(나) 개별형 검사방식은 배터리형 검사방식에 비해 해석에 관한 규준이나 원칙이 거의 없기 때문에 검사의 선택과 실시 및 해석과정에 고도의 전문성이 필요함

2) 신경심리검사의 선정

가) 배터리 검사: 신경심리검사 중 배터리형으로 제작된 검사 세트를 모두 실시하

는 것

(1) 장점

(가) 평가되는 기능에 관한 자료가 종합적임

(나) 배터리 검사의 구성에 따라 환자 원래 기능수준에 대한 평가가 가능하며, 환자의 현재기능 수준이 어느 정도 손상된 수준인지 알 수 있음

(다) 배터리 검사 실시는 임상장면에서 동일한 검사 자료가 자동적으로 축척되므로 임상적 평가 목적과 연구 목적이 함께 충족될 수 있음

(라) 배터리 검사는 신경심리 검사만을 실시하는 심리사의 채용을 촉진

(2) 단점

(가) 일부 기능에 대해 필요이상으로 자료를 제공하는 반면, 어떤 기능은 불충분한 자료를 제공함

(나) 과잉 검사 자료 문제와 관련하여 배터리 검사 실시는 시간과 경비문제에 소모적 경우가 있을 수 있음

(다) 배터리 검사 시행의 경우 신속하게 변화되고 있는 신경심리학적 연구 추세에 따라 평가 방법을 변형할 수 없으므로 최신의 신경심리학의 발전과 개념을 반영하는데 부적절

나) 개별검사: 모든 환자에게 가장 기본적 소수의 신경심리 검사를 수행함과 평가가 의뢰된 목적에 따라 적절한 신경심리검사를 선정, 특정하게 실시하는 검사

3) 신경심리 검사 해석의 원칙과 주의점

가) 검사 자료의 해석은 주로 환자가 수행할 것으로 기대되는 수준을 근거로 함→이탈을 알려진 손상 양상에 따라 평가함→인지검사에서 정상인들 대부분은 기대된 범위 내에서 반응→기대 수준 이하의 수행을 보이는 경우 기질적 손상 의심됨

나) 검사결과 해석 시, 인구통계학적 변인을 고려+개인 내적인 비교를 위해 병전기능 수준의 추정→ 환자의 검사 결과와 더불어 교육, 직업, 성별 인종을 고려해야 함

다) 신경심리검사의 의미 있는 해석을 위해→여러 검사를 동시에 실시+신경심리학적 의미가 있는 반응 양상을 검토해야 함

라) 신경심리검사는 여러 요인을 종합하여 내림→임상장면에서 신경심리검사 결과를 진단과 치료에 적용할 경우 과거력, 면담 등의 정보 없이 검사 점수만 근거하여 진단 내리는 것은 경계해야 함

마) 신경심리 검사가 대뇌손상을 측정하는 것이 아니라는 것을 경계해야 함. 즉 점수가 낮다고 해서 반드시 대뇌손상이 있음을 의미하는 것은 아님→다른 가능한 해석이 있을 수 있음

아. 벤더 게슈탈트 검사 (BGT; Bender-Gestalt Test)

1) BGT검사의 역사적 배경

가) Wetrtheimer의 형태주의 심리학

(1) Schilder가 형태와 인식과 성격의 내적 관계의 연구로부터 출발

(2) Schilder의 아내 Bender가 자극 도형의 일부에서 정신병리와의 관계를 연구

나) 진단검사로의 인정

(1) 2차 세계대전 발발로 징집된 군인들의 진단 필요성으로 인정받기 시작함

(2) Hutt가 인쇄를 활용하여 의학적으로 사용하기 시작함

2) BGT검사의 특성

가) 판별검사로의 BGT

(1) 초기 기질적 장애를 판별하려는 목적으로 소개됨. 이후 성격적인 문제를 진단하는데도 적용될 수 있게 됨

(2) 모사 단계만 할 경우 10분 정도 소요

(3) 정신병리 점수 17개 요인으로 현실검증력, 충동성, 정서적 특징 같은 개인의 성격적인 측면에 대한 자료를 얻을 수 있음

나) BGT의 역할

(1) 언어적 방어가 심한 환자에 유용

(2) 언어적 능력의 제한 또는 언어표현이 자유롭지 못한 환자에게 적용

(3) 뇌손상 여부가 의심스러운 사람들

(4) 정신지체에 대한 더 정확히 진단

(5) 완충검사로 쓰일 수 있다. 다른 검사 전에 피검사자와 검사자간의 라포 형성에 도움

3) BGT 검사의 실시, 채점과 해석

가) 모사 단계-변형 모사 단계

(1) 모사 단계

(가) 피검자 앞에 검사 용지와 연필, 지우개를 둠

(나) "당신에게 내가 가지고 있는 카드를 한 장씩 보여 드리겠습니다. 각각의 카드 안에는 간단한 그림들이 그려져 있으니 이 그림을 보고 그대로 그리도록 해주세요. 이 검사는 당신의 그림 그리기 능력을 보는 검사가 아닙니다. 그러나 가능한 한 정확히 그리도록 노력하시고 빨리 하든 천천히 하든 당신이 원하는 대로 하시면 됩니다."

(다) 카드를 피검자 앞에다 정위치로 두고 다 그리며 되가져가 보이지 않게 하고 진행함

① 피검자의 종이 사용에 대해 자유롭게 놓아둔다.

② 장수를 알고 싶어 하는 피검자에게는 "이 정도입니다." 라고 말하며 더미를 보여줌

③ 용지는 8½×11인치의 종이를 세로로 제시한다. 가로로 할 경우 한 번만 세로로 제시하고 피검자가 원하는 대로 둠

④ 연필과 지우개는 자유롭게 쓰게 하고 연필심은 중간 정도의 부드러운 것으로 필압을 확인하기 위한 것이 좋음

(라) 행동관찰

① 계획적으로 그리는지 충동적인지

② 점, 곡선의 수, 각의 수를 세는지 아무렇지 않게 하는지

③ 종종 지우는지, 어떤 도형을 그릴 때 더욱 어려워하고 신경을 쓰는지

④ 도형을 처음 그리기 시작하는 부분이 어디인지

⑤ 그림을 그리는 방향이 위에서 아래로 내려가는지, 아래에서 위로 올라가는지

(마) 시간에 대한 판단여부

나) 변형 모사 단계

(1) 투사적 검사로 활용할 수 있는 단계

(2) "그린 그림을 다시 한 번 차례대로 보여 줄 테니 자신이 원하는 대로 모양을 변형시켜 자유롭게 그리고 싶은 대로 그려보세요."

(3) 자유연상 단계

(4) 변형시킨 도형과 모사한 도형을 보여주며, "여기 보시면 이것은 원래 도형이고 당신이 변형시킨 그림은 여기 있습니다. 이 그림을 보면서 무엇이 생각나는지, 무엇처럼 보이는지를 이야기해 주세요."라고 말한 후 반응 내용을 기록

다) 회상 단계

(1) 순간노출단계와 모사 단계를 실시한 다음에 실시할 수 있음

(2) "보고 그렸던 그림들을 기억해서 생각나는 것을 모두 그려 보세요."

라) T(순간 노출 단계) – C(모사 단계) – R(회상 단계) 실시 방법

(1) 기질적인 장애가 의심될 때 순간노출 단계 실시.

(2) "지금부터 이 카드들을 보고 있다가 제가 카드를 치우면 방금 보았던 그림을 기억해서 그리도록 하세요. 제가 카드를 치운 다음에 기억해서 그리려면 카드를 보여 줄 때 잘 보아야 합니다."

(3) A도형을 5초간 제시하고 카드를 치우고 모사하게 한 후 다음 도형을 보여줌

(4) 순간 노출이 끝난 이후에 "지금까지 보았던 도형을 기억해서 기억나는 것은 모두 그려보세요."라고 지시

마) 채점과 해석: Hut식 채점과 해석

(1) 조직화 관련 요인

(가) 도형의 순서

① 도형의 배치로 왼쪽에서 오른쪽으로, 위에서 아래 순서로 배치되는 것이 일반적

② 순서에서의 일탈을 1회로 처리함

(나) 해석

① 조직이고 계획적인 태도를 반영

② 강박적인 경우 정확하고 일관된 배치

③ 혼란된 배치는 정신분열증 시사

(2) 첫 번째 도형의 위치

　(가) 보통 왼쪽 위에 그림

　(나) 중앙: 자기중심성, 행동장애나 성격문제의 아동

(3) 공간 사용: 도형과 도형간의 공간

　(가) 성격적 적응적인 특징과 관련

　(나) 편집증 성인: 넓은 공간 사용, 크기는 작게 그림

　(다) 넓은 공간은 적대적 태도와 행동화 경향

　(라) 지나치게 좁은 공간은 수동성, 위축된 행동 특성 시사

(4) 중첩: 도형을 겹쳐서 그리는 것

　(가) 자아 기능의 현저한 장애

　(나) 7세 이하의 아동에게서 자주 관찰

　(다) 신경학적인 손상 및 자아통제의 장애

(5) 종이 위치의 회전

　(가) 수직 위치로부터 용지를 수평적 위치로 회전 시킬 때 채점

　(나) 긴장감

　(다) 수동적인 반대행동경향

　(라) 억제된 공격성

　(마) 회전의 경우 편집형 정신분열증, 심한 성격장애 혹은 사회병질자

(6) 폐쇄곤란

　(가) 하나의 도형 내에서 정확한 폐쇄가 이루어지지 않거나 두 개의 도형이 맞닿는 부분을 제대로 그리는 데 곤란해 하는 경우 채점

　(나) 시각-운동 수준에서 적절한 대인관계 유지에 대한 어려움

(7) 교차 곤란

　(가) 도형 6, 7에서 나타나는 교차의 어려움과 연관. 교차 지점에서 다시 그리거나 스케치하거나 지우거나 선의 압력이 지나치게 강하게 나타날 경우 채점

　(나) 심리적 차단의 지표

　(다) 우유부단함이나 강박적인 의심, 공포증과 같은 행동과 관련 결국 대인관계의 어려움이 행동으로 표출되는 것

(8) 곡선 곤란

　(가) 도형 4, 5, 6에서 관련됨. 곡선이 증가하거나 감소할 때, 직선이나 뾰족뾰족 한 선으로 그려질 때, 곡선이 평평하게 혹은 불규칙하게 그려질 때

　(나) 정서적 장애

(9) 각의 변화

　(가) 도형 2, 3, 4, 5, 6, 7에서 각이 증가하거나 감소하는 것

　(나) 도형 2에서 15도 이상 변화, 3에서 점들의 각 안쪽에서의 변화, 4에서는

열린 사각형과 커브간의 변화, 6에서는 교차하는 지점의 각 변화, 7에서는
두 도형이 교차하는 지점에서의 각 변화

(다) 감정의 통제와 충동통제의 문제와 관련

(라) 정신지체

(10) 지각의 회전

(가) 도형을 회전해서 그림

(나) 기질적 장애, 정신분열증 시사

(다) 경한 수준의 시계방향 우울, 반대방향 회전은 반항저인 경향

(라) 한계음미로도 자신의 실수를 모른다면 기질적 혹은 심각한 정신증 의심됨

(11) 퇴영

(가) 더 유치한 형태로 모사한 경우

(나) 발달적 미성숙

(다) 낮은 인지능력

(12) 단순화

(가) 주어진 도형을 더 단순하게 모사

(나) 주의집중의 저하

(다) 문제해결의 에너지 수준 감소

(라) 충동통제의 어려움이나 의욕의 저하

(13) 단편화

(가) 원래 도형의 형태가 파괴된 것

(나) 지각-운동 기능의 심한 장애

(다) 추상적인 사고 능력의 저하

(라) 뇌손상

(14) 중복곤란

(가) 도형의 겹치는 부분을 그리거나 인접한 도형이 맞닿는 부분을 그릴 때의
어려움과 연관

(나) 뇌손상

(15) 정교화, 개칠하기

(가) 눈에 두드러지게 원래 도형의 형태를 바꾸어 그리는 것

(나) 과도한 불안이나 충동조절의 어려움

(다) 형태 왜곡의 정교화는 자아 통합에서의 어려움

(16) 보속성

(가) a 유형: 다른 카드가 제시되어 있는데도 전 도형의 그림을 계속 그리는 것

(나) b 유형: 주어진 도형의 개수 이상으로 그리는 것

(다) 무능감

(라) 고집

(마) 현실검증력의 저하 및 기질적인 손상

      (바) 경한 수준은 주의결핍
   (17) 도형의 재묘사
      (가) 첫 번째 그림 도형을 완전히 지우지 않은 채로 놔두거나 줄을 그어 지운 뒤 다시 도형을 그리는 것
      (나) 사전 계획력의 부족
      (다) 과도한 자기 비판

4) BGT 검사의 임상적 적용

  가) HABGT 정신병리척도
   (1) 80% 이상 정확하게 평가
   (2) 각 임상 집단에 BGT를 실시하여 정신병리척도가 어떤 형태의 특성을 드러내는지 적용하여 해석에 활용

자. 한국판 치매 평가 검사(KDRS-2; Korean Demntia Rating Scale-2)

1) 개요

  가) Jurica, Leitten, Mattis(2001)를 국내 실정에 맞추어 재표준화
  나) 국내최초의 치매평가 도구인 K-DRS(최진영, 1998)를 개정한 검사임. K-DRS 보다 세분화되고 규모가 큰 노인 인구를 대상으로 한 새로운 규준의 필요성이 확인→KDRS-2를 통하여 좀 더 정교하고 확장된 규준을 제시
  다) 본 검사는 인지 기능들을 쉽고 간편하면서도 상세하게 측정할 수 있어 임상장면에서 치매 환자의 인지 기능에 대한 적절한 평가가 가능함

2) 검사의 특징: 세분화되고 확장된 규준

  가) 만 55~84세 → 만 50~89세
  나) 문맹이 추가적으로 고려된 교육연한
  다) 2개의 연령군(55~64세, 65~84세) → 4개의 연령군(50~59세, 60~69세, 70~79세, 80~89세)으로 세분화
  라) 2개의 교육연한군(6년 이하, 6년 이상) → 4개의 교육연한군(문맹, 0~5세, 6~11세, 12년 이상)

3) K-DRS보다 상세화된 실시 및 채점 지침 기술: 수기채점 방식에서 벗어나 자동 채점프로그램을 통해 백분위와 표준점수를 제공

4) 검사의 기능

  가) 장노년의 인지기능 평가
  나) 치매 진단
  다) 치매 환자의 경과 측정
  라) 치료 방법에 대한 효과 검증

5) KDRS-2 내용

하위 검사	내용	과제수	점수
주의	정보를 수동적으로 접수하고, 이를 처리하는 용량 및 간섭 없이 주의를 집중시킬 수 있는 능력	8개	37점
관리 기능	의도된 행동을 효과적으로 실행하는 능력	11개	37점
구성	걷기, 뛰기, 오르기, 점프하기, 타기, 균형 잡기, 협응 능력 발달을 측정한다.	6개	6점
개념화	뇌와 손의 협응 능력을 포함하여 물건을 들어 올리는 것, 낙서하고 그림 그리는 것까지의 눈과 손의 협응 발달을 측정한다.	6개	39점
기억	간단한 몸짓, 발성, 언어 행동부터 복잡한 언어 표현인 표현적 의사소통 발달을 측정한다.	5개	25점
		총 36개	총 144점

문제

[1. 해설] ㉮
신경심리검사 (neuropsychological tests)는 전반적인 인지 기능을 종합적으로 평가하는 검사이다. 뇌손상 환자뿐 아니라 정신장애인, 노인의 인지기능평가, 더 나아가 정신지체, 학습장애, 행동장애에 대한 연구에도 신경심리학적 지식을 광범위하게 도입하고 있다.

[2. 해설] ㉱
신경심리 평가 시 손상 후 경과 시간, 피검자의 교육 수준, 연령등을 고려하여 평가하여야 한다.

[3. 해설] ㉮
신경심리검사는 후천적이거나 선천적인 뇌손상과 뇌기능장애를 진단하는 검사이다.

1. 다음 중 신경심리검사에 관한 일반적인 기술 중 옳은 것은? (2004, 2009 기출)
   가. 피검자의 인구통계학적 및 심리사회적 배경에 따라 반응이 달라진다.
   나. 신경심리평가에서는 전통적인 지적 기능평가와 성격평가는 필요하지 않다.
   다. 정상인과 노인의 기능평가에는 사용되지 않는다.
   라. 뇌손상은 단일한 행동지표를 나타낸다.

2. 신경심리 평가 시 고려해야 할 사항과 가장 거리가 먼 것은? (2012 기출)
   가. 손상후 경과시간   나. 교육수준
   다. 연령   라. 성별

3. 다음은 신경심리검사에 관한 설명으로 틀린 것은? (2012 기출)
   가. 가벼운 초기 뇌손상의 진단에는 효과적이지 못하다.
   나. 치료 효과 및 회복과정을 진단해줄 수 있다.
   다. 우울장애와 치매상태를 감별해줄 수 있다.
   라. 특정 인지기능 평가를 위한 단일 신경심리검사가 선호되는 추세이다.

4. 신경심리검사의 목적에 관한 설명으로 틀린 것은? (2013 기출)

　가. 기질적, 기능적 장애의 감별진단에 유용하다.

　나. 재활과 치료평가 및 연구에 유용하다.

　다. CT나 MRI와 같은 뇌영상기법에서 이상소견이 나타나지 않을 때 유용할 수 있다.

　라. 기능적 장애의 원인을 판단하는 데 도움이 된다.

5. 신경심리검사를 유용하게 사용할 수 있는 환자 집단이 아닌 것은? (2014 기출)

　가. 신경증 환자　　　　　　　　　　나. 뇌손상 환자

　다. 간질 환자　　　　　　　　　　　라. 중추 신경계 손상 환자

6. 뇌손상이 있을 때 흔히 나타나는 기능장애는 기억장애이다. 뇌손상에 의해 유발된 기억장애에 대한 설명으로 맞지 않는 것은? (2003, 2007 기출)

　가. 대부분의 경우 정신성 운동속도의 손상이 수반된다.

　나. 장기기억보다 최근 기억이 더 손상된다.

　다. 일차기억은 비교적 잘 유지된다.

　라. 진행성 장애의 초기 징후로 나타나기도 한다.

7. 30세의 남자가 운전을 하다가 중앙선을 침범한 차량과 충돌하여 두뇌손상을 입었다. 이후 환자는 매사 의욕이 없고 할 수 있는데도 불구하고 어떤 행동을 시작하려고 하지 않으며, 계획을 세우거나 실천하는 것이 거의 안 된다고 한다. 이 환자는 뇌의 어떤 부위가 손상되었을 가능성이 큰가? (2005 기출)

　가. 측두엽　　　　　　　　　　　　나. 후두엽

　다. 전두엽　　　　　　　　　　　　라. 소뇌

8. 기억장애에 대한 설명이다. 옳지 않은 것은? (2008)

　가. 기억장애는 전반적인 지능손상에 동반되기도 한다.

　나. 대부분 최근 기억보다 장기기억이 더 많이 손상된다.

　다. 기억장애는 기억장애 외에도 다른 많은 기능들을 손상시키는 진행적 장애의 초기 징후 로 나타나기도 한다.

　라. 일반적으로 종합적인 배터리형 신경심리검사는 기억력 장애 유무와 그 심각도를 평가해 준다.

[4. 해설] ㉑

신경심리검사는 뇌손상이나 뇌기능 장애를 진단할 목정에서 사용된다. 또한 기질적 장애와 기능적 장애의 감별에 유리하다.

[5. 해설] ㉮

신경심리검사의 대상은 중추 신경계 손상 환자, 인지기능에 이상을 보이는 환자, 뇌 손상 환자 등이다.

[6. 해설] ㉮ 기

억장애는 전반적인 지능손상에 동반 되며 다른 기능 손상 없이 독립적으로 나타난다.

[7. 해설] ㉰

전두엽은 정보를 단기간 동안 저장하고 기억하는데 예지력과 판단, 지혜, 포부 동기도 여기에 해당된다. 그래서 많은 지혜와 동정심을 소유한 사람은 매우 발달한 전두엽을 가졌다고 볼 수 있다. 전두엽에 있는 많은 요소들은 대체로 인간에게서만 발견할 수 있는 기능들이다. 인간이 다른 동물과 다른 점은 이 전두엽의 크기다. 개나 원숭이들 소위 어느 정도 지능이 있는 동물들의 전두엽도 인간에 비해서는 소규모의 전두엽을 가지고 있다. 전두엽은 기업으로 말하면 CEO에 해당한다. 전략을 세우고 어떻게 할 것인가를 결정하고 미래의 계획을 세우는 것이 전두엽의 역할이다.

[8. 해설] ㉯

뇌 손상이 있을 때 흔히 나타나는 기능장애는 기억장애이다. 기억장애에는 전반적인 지능손상에 동반되기도 하고 때로는 다른 기능 손상 없이 독립적으로 나타나기도 하며, 때로는 기억장애 외에도 다른 많은 기능들을 손상시키는 진행적 장애의 초기 징후로 나타나기도 한다. 대부분의 경우 장기기억보다 최근의 기억이 더 손상된다. 이러한 경우 환자는 그의

9. 신경심리검사의 해석과 주의점에 대한 설명이다. 옳지 않은 것은? (2008 기출)

　가. 신경심리검사에서 점수가 낮을 경우, 반드시 대뇌손상이 있다.

　나. 교육, 직업, 성별, 인종을 고려해야 한다.

　다. 가능한 범위에서 여러 검사를 동시에 실시해야 한다.

　라. 면담 등의 정보가 없이 오로지 검사 점수에만 근거하여 진단을 내리는 것을 경계해야 한다.

10. 대뇌 구조 중 특히 해마의 손상은 기억상실증을 유발하며 단기기억력을 크게 손상시킨 다. 해마손상은 대뇌피질의 어떤 영역의 손상을 의미하는가? (2003 기출)

　가. 전두엽　　　　　　　　　　　나. 두정엽

　다. 후두엽　　　　　　　　　　　라. 측두엽

11. 기질적인 뇌손상 유무를 밝혀내기 위해 실시한 종합신경심리검사의 해석방법으로 적절하지 않은 것은? (2008 기출)

　가. 소검사들의 점수분포에 보다 더 많은 주의를 기울여야 한다.

　나. 검사 당시 피검자가 지시사항을 제대로 이해했는지 확인한다.

　다. 신경심리 소검사에서의 수행평균보다는 평균 지능지수에 더 많은 주의를 기울여야 한다.

　라. 수행점수의 저하가 지각과정상의 장애로 인한 것인지 살펴야 한다.

12. 다음 중 Luria-Nebraska 신경심리 검사에 포함되지 않는 척도는? (2004, 2009 기출)

　가. 운동　　　　　　　　　　　　나. 리듬

　다. 집중　　　　　　　　　　　　라. 촉각

13. 구성능력을 평가하는데 적절한 신경심리검사는? (2005 기출)

　가. 추적검사(Trail Making Test)

　나. Boston 실어증 검사

　다. Rey 복잡도형검사(Complex Figure Test)

　라. 위스콘신 카드검사

14. 기억 장애를 보이고 있는 환자에게 기억 및 학습능력을 평가하는데 가장 적합한 것은? (2009, 2012 기출)
가. Trail Making Test
나. SCL-90-R
다. Face-Hand Test
라. WMS-R

15. 다음 중 외상성 뇌손상의 심각도에 영향을 미치는 요인과 가장 거리가 먼 것은? (2010 기출)

가. 연령
나. 성격
다. 반복된 두부외상
라. 상해 전 알콜남용 여부

16. 다음 중 BGT(Bender Gestalt Test)의 장점에 관한 설명으로 틀린 것은? (2011 기출)

가. 적절하게 말할 수 있는 능력이 없거나, 말할 수 있는 능력은 있으나 얘기를 하기 싫어할 때 유용하다.
나. 피검자가 말로 의사소통할 능력이 충분히 있더라도 언어적 행동으로 성격의 강점과 약점에 관한 정보를 얻기 힘들 때 유용하다.
다. 뇌기능에 장애가 있는 피검자에게 유용하다.
라. 자기 자신을 과장되게 표현하려는 피검자에게 유용하다.

17. 다음 중 실행적 기능(executive function)을 담당하는 뇌 부위가 손상된 환자의 평가결과 와 가장 거리가 먼 것은? (2011 기출)
가. 벤더도형검사(BGT)에서 도형의 배치 순서를 평가하는 항목의 점수가 유의하게 낮다.
나. 웩슬러지능검사에서 차례맞추기 소검사의 점수가 유의하게 낮았다.
다. Stroop test의 간섭시행 단계에서 특히 점수가 낮았다.
라. 웩슬러지능검사에서 기본지식 소검사의 점수가 유의하게 낮았다.

18. BGT 검사에 대한 설명으로 틀린 것은? (2014 기출)
가. 두뇌의 기질적인 손상 유무를 밝히기 위한 목적에만 사용이 가능하다.
나. 정신 지체가 있는 피검자에게 사용할 수 있다.
다. 문화적 요인이나 교육적 배경에 별로 영향을 받지 않는다.
라. 언어표현 능력이 없는 피검자에게 유용하다.

19. BGT에 대한 설명으로 바르지 않은 것은?

　가. 방어가 심한 환자에게 유용한 검사이다.

　나. 다른 검사 전에 피검사자와 검사자간의 라포 형성에 도움이 된다.

　다. 언어표현이 자유롭지 못한 환자에게 적용하기 유용하다.

　라. 정신지체는 지능상의 문제로 사용할 수 없다.

20. 한국판 치매 평가 검사(KDRS-2)의 설명으로 바르지 않은 것은?

　가. 장노년층의 인지기능 평가를 위해 사용한다.

　나. 치료 방법에 대한 효과를 검증하기 위해 사용할 수 있다.

　다. 문맹에 대한 규준이 없어 문맹에게 적용하기 어렵다.

　라. 주의, 관리기능, 구성, 개념화, 기억을 측정한다.

8 발달검사

가. 발달검사 일반

1) 아동 심리평가 시 발달적 고려사항

가) 아동의 연령과 발달단계를 먼저 고려

나) 아동의 현재 문제행동을 평가할 때→연령 그리고 연령과 관련된 발달변인 + 사회적 상황도 함께 고려해야 함

다) 발달단계는 단지 대략적인 길잡이 역할만을 함→아동의 발달 속도는 개인차가 너무 큼→아동에 대한 판단을 할 때 신체적 연령만을 고려해서는 안 됨

2) 발달정신병리학적 관점

가) 1980년대 들어 발달정신병리학이라는 새로운 영역이 출현

나) 발달정신병리학자들은 특정한 질병의 기원과 경과, 발달에 따른 다양한 변화, 정상적인 행동 패턴과의 관계 등에 관심

다) 정상발달이 병리 발달을 조명해 준다고 생각→시간이 경과함에 따라 행동의 연속성과 변화에 관심이 있음→이것은 어떤 아동이 다른 아동에 비해 병이 더 취약한지 그 원인을 파악하려할 뿐 아니라 어떤 보호 요인이 스트레스를 줄여 이후에 병리로 발전하지 않도록 하는지에 대한 답을 찾고자 함

라) 발달심리학적 관점에서 볼 때 보호 요인들에 대해서 더 많이 알고 있다면 치료 개입과 예방을 더 많이 할 수 있음→특히 이것은 성인기보다 아동기에 매우 유용하다고 할 수 있음→아동은 환경요구에 대한 수동적인 반응자가 아니라 이전 발달에서 습득한 요소들, 기술들, 행동들을 재조직화 함으로써 발달이 이루어진다고 봄→시간이 지나면서 아동은 환경에 대해서 점점 더 유연하게 반응하고 조직화를 더욱 복잡하게 함→아동이 문제 해결을 시도할 때 특정한 한 방법에만 고착하는 것도 병리 증후중의 하나임

마) 초기 행동은 점점 더 큰 행동 패턴으로 통합되어서 아동은 단일 단계에서 정의하는 그런 행동들은 하지 않음→스트레스를 받는 경우에는 기능의 초기 양상들이 나타날 수도 있음→스트레스 상황에서는 가장 최근에 아동의 행동 레퍼토리로 통합된 행동들이 무너지기가 가장 쉬움

바) 이는 성취된 모든 기술들이 아동 레퍼터리에서 사용 가능한 상태로 남으며 일부 초기 행동 레퍼토리들이 스트레스 상황에서 다시 나타나기 쉽다는 것임

사) Gaber(1984): 정신 장애와 자폐증 같은 일부 질병들은 아동기에 나타나서 성인 기까지 지속→야뇨증 등은 아동기에 나타나기는 하지만 성인기까지 지속되는 경우는 드묾→거식증이나 폭식증 같은 질병은 청소년기에 전형적으로 나타남

아) 우울증과 조현병은 아동기에도 발생하나 자살은 그 이전 시기보다 청소년기에 더 두드러짐

자) 정서적인 문제를 가진 아동의 대부분은 정상적으로 성장함

차) 문제를 가지지 않은 통제집단과 비교해 보면 정서적인 문제를 가진 아동이 성인기에 정신과적인 문제를 가질 가능성은 두 배 정도 높음→이와 같이 아동기의 여러 부적응은 성인기와는 다르며, 나름대로의 여러 특성을 갖음

카) 성차도 아동기 장애에서 고려해야할 매우 중요한 변인임

타) 평가 시 성차에 주의를 기울일 필요가 있는 질병 중 하나로 야뇨증이 있음→야뇨증은 아동초기에는 아주 보편적으로 나타나는데, 여아가 소변 통제를 더 빨리 할 수 있게 됨

파) 어릴 때 야뇨증을 경험한 중학교 남학생은 야뇨증이 없는 또래에 비해 정신과 질병을 가질 확률이 높지 않음

하) 여학생의 경우에는 어릴 때 야뇨증을 경험한 여학생이 야뇨증을 경험하지 않은 또래 여학생에 비해 정신과 장애를 가질 확률이 훨씬 더 큼→동일한 행동이라도 성별에 따라 상이한 의미를 갖는다는 것을 시사→어린 아동기의 증상이 이후 상이한 현태로 영향을 줄 수 있음을 나타냄

3) 아동 심리평가 특성

가) 다중기법 접근 – Kanfer와 Saslow(1969)

(1) S(자극) – O(유기체) – R(행동) – K(관련조건) – C(결과) 평가모델 제안: 이 모델에서는 명백히 드러난 행동과 잠재행동을 철저히 분석하는 것을 중시→행동이 다양한 사건에 의해 결정된다는 것을 강조

(2) S: 선행 사건. 문제행동과 기능적으로 관련 있다고 생각되는 내적/외적 자극 사건을 포함

(3) O: 유기체(아동)의 생물학적 상태. 특정한 행동을 제한하는 변인들(유전적 변인, 생리학적 변인, 신경학적 변인, 생화학적 변인 등)을 포함

(4) R: 관찰된 행동(신뢰롭게 보고된 행동). 운동행동, 인지–언어적 행동, 생리학적–정서적 행동이 포함됨→R은 변화의 대상인 행동임→광의의 발달–행동적 관점에서 보면 R은 이러한 반응들과 연합된 발달 요인뿐 아니라 자기–진술, 기대, 계획 등 인지적 사건도 포함

(5) K: 스케줄이나 수반 – 관련된 조건을 기술하며 여기에는 반응의 시점과 빈도 같은 변인이 포함됨→특정 행동의 지속 시간 등 개인의 학습사를 조사하는 일은 가치 있는 정보를 제공함

(6) C: 환경/유기체에 대한 행동 결과를 언급

나) 경험적으로 타당화된 측정도구

(1) 아동평가자들 중에는 심리측정도구의 개발, 선정에 있어 표준화, 신뢰도, 타당도, 임상적 효용 등을 고려하기 보다는 주로 편리성에 기초하여 방법을 선택하고 계획하는 사람들이 있음

(2) 최소한 적절한 검사–재검사 신뢰도와 준거 타당도를 갖고 있으면서 표준화되어 있는 아동용 측정도구를 개발, 선정이 필요함

나. 발달 검사의 목적과 측정내용

1) 목적

유아의 발달적 진전을 정상적 영·유아들의 규준적 행동과 비교함으로써 발달적 지체 또는 이탈의 여부를 판별 진단하고 유아의 미래의 성취를 예측하고자 함에 있음

2) 측정내용

가) 인간의 생물학적 성숙 및 환경적 변화에 의한 행동변화의 측정

나) 운동기능 + 인지기능 + 사회적 반응 + 언어발달 등을 측정 → 영유아 발달의 전체 범위를 포함하는 포괄적 측정도구들

다. 발달검사의 특징

1) 대부분 개별검사로 이루어짐
2) 동작성 검사 + 비언어성 검사가 주류를 이룸
3) 영유아가 측정의 직접대상이 되는 것이 아닌 부모나 주양육자의 관찰과 보고에 의존하는 도구도 있음. 그 경우 부모의 기억이 왜곡되거나 선택적인 경우 자료에 대한 신뢰성과 객관성이 결여될 위험을 내포함
4) 발달 검사의 결과 검사자와 영유아간 라포형성, 검사상황. 유아의 신체적 생리적 상태의 유아의 주의전환성에 의해 크게 영향을 받음
5) 영유아의 발달의 정확한 측정을 위해서는 측정도구 뿐만 아니라 검사자가 유아발달에 대해 실제적인 지식과 경험을 갖고 있어야 함이 중요함

라. 발달검사 유형

발달검사 유형
1. 게젤발달 검사
2. 베일리 유아 발달척도
3. 베일리 유아척도 개정 (1993)
4. 덴버발달 검사

검사도구명	대상연령	측정내용	소요시간	자료수집방법
게젤발달검사	4주 ~ 5세	적응행동, 소근육·대근육운동, 언어, 개인적/사회적 행동		관찰 개별 실시 부모 보고
베일리 유아발달척도(1969)	2개월 ~ 30개월	지능척도, 운동척도, 유아행동기록	45분	개별 실시
베일리 유아척도 개정(1993)	1개월 ~ 42개월	지능척도, 운동척도, 행동평정척도	25~35분 (15개월 미만) 60분 (15개월 이상)	개별 실시
덴버발달검사	2주 ~ 6세	개인/사회적 발달, 소근육·대근육운동, 적응행동, 언어와 인지 신체인식	15~20분	개별 실시 부모 보고

마. 게젤 발달검사

1) Gessel과 Amatruda(1941)에 의해 개발된 검사로 검사를 받는 대상은 출생 후부터 60개월의 유아

2) 영유아용 발달검사 중에서 가장 오래된 것

3) 원판은 1920년대에서 1930년대에 107명의 아동을 대상으로 표준화되었고, 1941년 발달적 진단도구로 대중화 됨

4) 영유아의 행동발달 평가를 위한 경험적인 절차를 사용했다는 면에서 의의를 찾을 수 있음

5) 검사의 목적: 행동적 규준을 통하여 아동의 신경체계의 성숙을 발달적으로 평가하고자하는 검사

6) 지능검사와는 달리 성숙연령을 구하고 이를 생활연령으로 나눔으로써 발달지수(DQ)를 얻을 수 있음

7) 발달지수는 아동의 적응행동, 대근육 운동, 소근육 운동, 언어, 개인-사회적 행동 등 영역별로 얻을 수 있어 개인 간 차이뿐만 아니라 개인 내에서 각 발달영역 간의 상대적인 비교 또한 가능함

8) 검사의 구성은 144개 항목으로 이루어져 있고, Gessel 등은 56주까지는 4주 간격, 15~24개월까지는 3개월 간격으로, 30~60개월은 6개월 간격으로 나누어 중요한 발달적 성취가 일어나는 "주요"연령을 강조하였음. 이러한 연령은 4, 16, 28, 40, 52주, 18, 24, 36개월이 포함

9) 발달영역과 내용

발달영역	세부내용
적응 행동	적응행동은 가장 중요한 발달영역으로 이를 통하여 이후의 지능을 예측할 수 있다. 여기서는 사물을 다루는 행동을 통하여 감각 운동적인 성숙, 손-발의 협응, 문제해결, 간단한 추론기술 등이 평가됨 문항 예) 시각 따라가기, 컵에 입방체 넣기, 모양판 맞추기, 따라 그리기, 블록 쌓기 등
대근육 운동	이 영역에서 평가되는 기술은 자세 취하기 반응, 머리 균형 잡기, 앉기, 서기, 기기, 걷기 등이 포함됨 문항 예) 엎드려서 몸 돌리기, 돌아다니기, 달리기, 점프하기, 계단 오르기
소근육 운동	손과 손가락을 사용하는 조작활동들이 평가됨 문항 예) 물건 들기, 작은 알 잡기, 공 던지기, 입방체 쌓기, 말판수행하기
언어	이 행동영역은 얼굴표정, 제스처에서부터 언어적 발성, 소리모방, 말하기, 언어 수용 기술에 이르기까지 언어적, 비언어적 의사소통 능력들이 평가됨
개인- 사회적 행동	식사습관, 배변훈련, 놀이, 대인관계 등 개인적, 사회적 상황에 대한 아동의 반응이 평가됨 문항 예) 사회적 미소, 놀이행동(혼자놀이, 협동놀이), 거울 반응, 먹기와 옷 입기 기술

10) 검사의 실시절차는 아동의 발달력, 가족력 등을 얻기 위한 면접과 예비면접→ 이후 행동평가를 위한 검사를 실시

11) 아동에 관한 자료는 부모면접과 개별적으로 실시된 아동의 검사 수행을 통하여 얻어짐

12) 결과의 기록, 진단적 견해, 결과에 대한 부모와의 토론, 아동의 기록에 대한 보고가 수집됨. 검사를 위한 총소요시간은 1시간 이내임

13) 검사의 장소 및 도구를 살펴보면 우선 검사장소로는 넓은 장소나 마루공간과 영아가 앉을 수 있는 작은 검사용 책상이 필요함

14) 재료는 공과 삼색 고리, 달랑거리는 고리, 딸랑이, 컵, 작은 알약, 병, 종, 모양판과 세 개의 블록, 작은 공, 사각형 블록이 담긴 수행상자, 그림책, 종이와 크레파스, 그림 카드, 큰 공, 색종이, 두 개의 오각형과 십자형의 그림, 불완전한 사람 그림이 포함됨

15) 검사실시후 채점은 각 행동 항목의 수행 여부에 따라 '+ −'로 평정됨. 각 문항별로 주관적 판단을 막기 위하여 세부적인 언어지시나 그림을 예시하였음

16) 점수를 우세하게 얻은 연령 중 가장 높은 연령은 아동의 발달 연령이 됨. 다음의 공식을 사용하여 각 영역마다 발달지수(DQ)가 계산됨. DQ=성숙연령/생활연령 X 100. DQ가 75 이하이면 발달장애, 76~85이면 발달장애가 의심되며, 86 이상이면 정상발달 범주에 해당됨

바. 베일리 발달검사

1) 검사의 목적: Bayley는 2~30개월의 유아를 대상으로 발달적 위치평가 및 정상발달로 부터의 이탈여부, 이탈의 정도를 파악하고자 1969년 BSID 초판을 발행

2) 검사의 특징: 1969년 초판 발행 이후 1993년 새로운 규준의 개정판을 출판하면서 베일리 검사는 아래와 같은 특징

가) 연령범위를 확대하여 1개월~42개월로 하였음

나) 정상발달 유아뿐만 아니라 임상과 치료 장면에서도 적용될 수 있는 문항의 내용 범위로 확장함으로써 도구의 임상적 유용성이 증진됨

다) 영유아에게 매력적이고 흥미를 줄 수 있는 자극 자료가 새로이 고안됨.

라) 생애 초기의 성장이 빠르게 진행되고 발달면에서 다른 시기와는 달라서 이 단계에 적합한 특수한 절차와 방법이 고안되어야 하므로 영아에게 흥미를 갖고 참여할 수 있는 자극을 사용함으로써 관련 행동과 다양한 변인을 수집하고자 하였음

마) 신뢰도와 타당도 연구를 통해 도구의 심리측정적 양호도가 개선되었음

3) 베일리 검사 개정판 내용

구성	세부내용
정신 척도	▸ 178문항으로 구성되었으며 기존문항에서 29개 문항을 삭제하고 53개 문항을 새로이 제작 ▸ 인지, 언어, 개인 및 사회성 발달에 역점을 둔 척도

구성	세부내용
	▸ **인지발달**: 영아의 재인기억과 습관화, 시각적 선호/ 시각적 정확성, 문제해결, 수개념과 수세기 ▸ **언어발달**: 아동의 문법규칙 이해의 발달과 증가하는 어휘의 측정, 표현/수용언어의 측정 ▸ **개인/사회성발달**: 검사시간 동안 검사자에 대한 아동의 반응
운동 척도	▸ 111문항으로 구성되었으며 원판으로부터 8문항을 삭제하고 44문항을 새로 제작 ▸ 기본적인 움직임 패턴과 반응, 미세운동조절, 역동적 움직임, 순응적 움직임 운동협응발달을 강화한 척도 ▸ **운동의 질**: 6개월 이상 된 영아의 소근육 운동과 대근육 운동의 질 측정. 한 자세에서 다른 자세로 움직이는 능력 측정 ▸ **감각통합**: 23개월에서 37개월의 연령에 적절한 문항으로 촉감각과 시감각이 포함되어 있음 ▸ **지각-운동통합**: 나이 든 아동의 운동 계획하기 ▸ 13개월에서 42개월 문항에는 소근육 운동조절을 측정
행동 평정 척도	▸ 30개 문항으로 구성 ▸ 아동의 미묘한 질적 차이와 미래의 기능을 가장 잘 예측해 주는 척도 ▸ 아동의 주의, 각성, 과제지향성, 정서조절요인과 운동의 질로 구성되어 있음

가) 검사에 필요한 도구로는 초시계, 여러 장의 편지크기의 종이, 티슈, 표준크기의 계단, 도보판 등을 제외하면 검사도구 안에 모든 재료들이 제공됨. 또한 넓은 마루 공간이 필요. 그리고 검사에 소요되는 시간은 25분(1개월 미만), 60분(15개월 이상) 등 대략 45분, 사례의 10%정도는 75분 이상 소요됨

나) 문항의 난이도의 순서에 따라 배열→평균 연령과 정상 범위(95%)가 문항마다 제시되어 있음

다) 합계를 아동 연령별 규준 참조표를 통해 비교한 후 이로부터 발달 지수를 도출함

라) 규준표는 아동의 발달적 연령에 상응하는 점수를 제공→항목들을 통과하거나 실패하거나에 따라서 채점됨

마) 검사자가 직접 관찰한 관련된 행동도 채점됨. 원점수를 합산하고 척도 점수로 전환하게 되는데 이것을 표준화된 규준과 비교함

사. 덴버 발달검사

생후 2주~6세용으로 발달적 지체나 장애를 생의 초기에 발견하기 위한 목적으로 개발된 검사

1) 검사의 특징

가) 이 검사는 미국 덴버에 있는 콜로라도 의과대학에서 개발된 발달선별도구로서 15개국 이상에서 표준화되어 사용되고 있음

나) 우리나라에서도 한국판 덴버발달 선별검사가 있음. 검사자가 직접 관찰하거나 아동의 행동을 부모 혹은 주양육자가 보고하게 함

2) 척도의 구성과 측정내용

척도	측정내용
개인/사회적 발달 (30개 문항)	▶ 사람들과 함께 살아가고 자신의 신변처리를 스스로 하는 능력을 가리키는 과제 ▶ 5개월 반: 자신의 장난감을 당기는 것에 저항한다. ▶ 2세 6개월: 관리를 받아 자신의 옷을 입는다. ▶ 타인에게 반응하는 능력/놀이기술/일상적 과제를 스스로 수행할 수 있는 능력을 측정
소근육운동/ 적응행동 (30문항)	▶ 보고, 손으로 물건을 집고, 그리는 능력을 가리키는 과제 ▶ 3개월 반: 자기 앞에 놓인 물건을 쥐기 위해 손을 뻗는다. ▶ 2세: 8개 입방체를 균형을 잡고 놓는다. ▶ 손가락 조작기술, 눈과 손의 협응능력 측정
언어 (21문항)	▶ 듣고 명령을 따르고 말하는 능력을 가리키는 과제 ▶ 1세: 엄마, 아빠이외 3가지 물건에 대해 적어도 3가지 특정한 단어를 사용한다. ▶ 4세 반: 용도, 모양, 구성 등의 범주별로 9개 단어(공, 호수, 책상, 집, 바나나, 커튼, 천장, 울타리, 포장도로와 같은 단어)중 6개를 정의한다. ▶ 수용적 언어와 표현적 언어의 측정
대근육운동 (31문항)	▶ 앉고, 걷고, 점프하는 능력을 가리키는 과제 ▶ 11개월: 마루를 디디거나 만지지 않고 몸을 구부려 장난감을 집고 다시 일어선다. ▶ 2세 반: 마루 위에 평평하게 놓인 8 1/2 인치 종이 위에 양발로 점프한다. ▶ 신체의 통제/운동기능/대근육 협응/균형능력 측정

3) 우리나라의 표준화

가) 우리나라에서는 이근(1990)이 서울에 거주하는 남녀유아 2,140명을 대상으로 표준화함 (K-DDST)

나) 대상연령 분포는 생후 2주에서 6년 4개월

다) DDST의 표준화 과정에서와 같이 쌍둥이, 조산아, 둔위분만, 양자, 시청각장애, 중추신경장애, 구개파열, 신체장애, 다운증후군, 급성질환 등을 가진 유아는 제외하였음

라) K-DDST는 DDST를 번역하여 사용하였는데 언어영역의 "복수를 사용한다."는 검사항목을 제외하여 총 검사항목은 DDST보다 한 문항이 적은 104항목임

4) 검사구성

가) K-DDST는 유아의 발달 상태를 알아보기 위한 104개의 검사항목이 다음과 같은 4개의 발달영역으로 구분되어 구성되어 있음

나) 개인성, 사회성: 유아가 다른 사람과 관계를 유지하고 자기 자신을 돌볼 수 있는 능력을 검사

다) 미세운동, 적응성: 유아가 손을 이용하여 물건을 집거나 그림그리기 등의 능력을 가지고 있는지 검사

라) 언어: 명령을 듣고, 수행하고, 또 말할 수 있는 능력을 검사

마) 전체운동: 앉고, 걷고, 뛰는 능력을 검사

바) 이 검사를 위하여 필요한 것은 검사용지와 검사설명서, 그리고 몇 가지의 검사용 구임. 다만 대상유아의 연령에 따라 필요 한 용구는 달라짐

아. 아동기 자폐증 평정 척도(CARS: Children Autism Rating Scale)

1) 자폐증이 있는 아동을 진단, 자폐증이 없는 발달장애 아동들과 구별하기 위해 만들 어진 15개 항목의 행동평정척도

2) 경증 내지 중간 정도의 자폐아동과 중증의 자폐아동 분류

3) 부모의 보고, 행동관찰, 교실참여 등으로 평정

4) 각 문항의 점수를 합산하여 평정

5) 30점 이상일 경우 자폐로 평정됨

　　- 30~36.5 경증, 중간 정도 자폐

　　- 37~60 중증 자폐

문제

1. 영유아 발달을 측정하는 발달검사는 다른 영역의 측정도구와 차이점이 있다. 다음 중 발달검사의 특징으로 맞는 것은? (2004, 2010 기출)

　　가. 아동을 직접 검사하지 않고 보호자의 보고에 의존하는 발달검사도구도 있다.

　　나. 발달검사의 목적은 유아의 지적능력을 알아보기 위한 것이다.

　　다. 영유아 기준 발달상 미숙한 단계이므로 다양한 영역을 측정하기 어렵다.

　　라. 발달검사는 주로 언어이해 및 표현능력으로 구성되어 있다.

2. 발달검사를 사용할 때 고려해야 할 사항이 아닌 것은? (2006, 2012 기출)

　　가. 다중기법적 접근을 취해야 한다.

　　나. 경험적으로 타당한 측정도구를 사용해야 한다.

　　다. 규준에 의한 발달적 비교가 가능해야 한다.

　　라. 일반적으로 기능적 분석이 가장 유용하다.

3. 아동 심리평가의 다중기법의 접근에 대한 설명으로 틀린 것은?

　가. 명백히 드러난 행동과 잠재행동을 철저히 분석하는 것을 중시한다.

　나. 행동은 개인 내적인 영향에 의해 결정된다는 것을 강조한다.

　다. Kanfer와 Saslow에 의해 제안되었다.

　라. 관찰된 행동에는 운동행동, 인지-언어적 행동, 생리학적-정서적 행동이 포함된다.

[3. 해설] ④
행동이 다양한 사건에 의해 결정된다는 것을 강조한다.

4. 아동발달 검사의 특징으로 바르지 않은 것은?

　가. 대부분 개별검사로 이루어진다.

　나. 아닌 부모나 주양육자의 관찰과 보고에 의존하는 도구도 있다.

　다. 대부분 언어성 검사가 주류를 이룬다.

　라. 검사자와 영유아간 라포형성, 검사상황등은 검사결과에 큰 영향을 미친다.

[4. 해설] ④
동작성 검사, 비언어성 검사가 주류를 이룬다.

5. 아동 심리평가 시 발달적 고려사항에 대한 설명이 틀린 것은?

　가. 아동의 발달단계는 절대적인 개념이다.

　나. 아동의 문제행동을 평가할 때는 연령과 발달 변인 등을 고려해야 한다.

　다. 아동을 평가할 때는 아동의 연령과 발달단계를 먼저 고려해야 한다.

　라. 아동의 발달 속도는 개인차가 크다.

[5. 해설] ㉮
아동의 발달 속도는 개인차가 너무 크기 때문에 발달단계는 단지 대략적인 길잡이 역할을 한다.

6. 다음 중 발달적 선별검사의 설명으로 틀린 것은? (2004, 2006 기출)

　가. 발달적 선별검사의 주목적은 정상에서 이탈될 위험이 있는 아동을 확인하기 위함이다.

　나. 베일리(Bayley) 검사는 대표적인 발달검사이다

　다. 덴버발달선별검사는 자폐아동을 선별하는데 가장 많이 사용된다.

　라. 대부분의 발달선별검사에는 아동의 근육운동에 대한 평가가 포함되어있다.

[6. 해설] ④
덴버발달선별검사는 유아의 발달 상태를 검사하여 발달상에 이상이 있거나 의심이 가는 아동을 선별해내기 위해 고안한 검사이다.

7. Gesell의 발달척도를 토대로 제작된 한국형 영유아 발달검사의 평가영역은?

(2006 기출)

　가. 적응행동 - 조대운동 - 미세운동 - 언어발달 - 개인·사회적 행동

　나. 지각운동 - 적응행동 - 언어발달 - 개인·사회적 행동 - 감각운동

　다. 적응행동 - 언어발달 - 개인·사회적 행동 - 지각운동 - 운동발달

　라. 정서적 행동 - 운동발달 - 적응행동 -언어발달 - 개인·사회적 행동

[7. 해설] ㉮
Gesell 발달 검사의 평가 영역은 적응행동 - 조대운동 - 미세운동 - 언어발달 - 개인·사회적 행동이다.

8. 영아용 발달척도 중에서 여러 가지로 우수하다는 평가를 받고 있으며 널리 활용되고 있는 도구는 베일리 유아발달척도이다. 베일리 척도에 대한 설명으로 맞지 않은 것은? (2003, 2008 기출)

가. 정상발달로부터의 이탈여부 및 일탈정도를 파악하기 위하여 고안되었다.

나. 발달지수는 평균이 100, 표준편차가 16인 일종의 정상화된 표준점수이다.

다. 영아의 능력은 분명히 구별되는 여러 가지 요인으로 구성되어 있다는 가정에 근거한다.

라. 개정된 베일리 척도는 1개월에서 42개월까지의 영아를 대상으로 사용할 수 있다.

9. 23개월 유아가 연령에 비해 체격이 작고 아직도 걷는 것이 안정적이지 않으며, 말할 수 있는 단어가 '엄마, 아빠'로 제한되었다는 내용을 주 증상으로 내원하였다. 이 유아에게 실시할 수 있는 검사로 적합한 것은? (2009 기출)

가. 그림지능검사

나. 유아용 지능검사

다. 덴버 발달검사

라. 삐아제식 지능검사

10. 다음 중 베일리 발달척도(BSID-Ⅱ)를 구성하는 하위척도가 아닌 것은? (2011 기출)

가. 정신척도(mental scale)

나. 사회성 척도(social scale)

다. 행동평정척도(behavior rating scale)

라. 운동척도(motor scale)

9 진로적성검사 및 성취도 검사

가. 주진로적성의 7가지 형태

1) 적응형: 흥미와 적성이 일치하는 유형
2) 부적응형: 흥미와 적성이 맞는 분야를 찾지 못한 사람
3) 비현실형: 흥미를 느끼는 분야는 있지만 그 분야에 대해 적성을 갖지 못한 사람
4) 다재다능형: 가능성이 많아 흥미와 적성을 가진 직업 사이에서 결정을 못 내림
5) 우유부단형: 흥미와 적성에 관계없이 성격적으로 선택과 결정을 못 내리는 사람
6) 불충족형: 자신의 적성수준보다 낮은 직업 선택
7) 강압형: 적성 때문에 선택했지만 흥미를 못 느낌

나. GATB 직업적성검사

1) 개요

가) 일반직업적성검사(GATB)는 1947년 미국 연방정부 직업안정국이 일반 적성검사 배터리를 표준화한 것

나) GATB는 포괄적인 적성을 측정하는 종합적성검사로서 11개의 지필검사와 4개의 동작검사를 포함하는 총 15개의 하위검사로 구성되어 있음

2) 지필검사

가) 기구대조검사: 보기에 제시된 그림의 전개도를 본 후 동일한 형태의 도형을 찾아 냄

나) 형태대조검사: 서로 대조되는 도형집단에서 크기와 모양이 도형을 찾아냄

다) 명칭비교검사: 좌우 양쪽의 문자 또는 숫자로 표시된 명칭을 비교하여 서로 동일한지를 판별

라) 타점속도검사: 연속적으로 나열되어 있는 사각형 안에 최대한 빨리 3개씩 점을 찍음

마) 표식검사: 사각형 안에 최대한 빨리 정해신 기호(표식)를 기입

바) 종선기입검사: H의 양측 선에 닿지 않도록 H가운데의 횡선을 가로질러 최대한 많이 선을 그음

사) 평면도판단검사: 보기에 제시된 자극도형 중 위치나 방향을 바꾸어 놓은 도형을 5개의 기하학적 도형 중에서 찾아냄

아) 입체공간검사: 보기에 제시된 평면도를 본 후 해당 평면도형에 해당하는 입체도형을 찾아냄

자) 어휘검사: 제시된 4개의 단어 중 동의어 또는 반대어에 해당하는 단어 2개를 찾아냄

차) 산수추리검사: 문장으로 제시된 산수응용문제를 품

카) 계수검사: 덧셈, 뺄셈, 곱셈, 나눗셈의 사칙연산을 통해 기본연산능력을 측정

3) 동작검사(수행검사)

가) 환치검사: 상판과 하판에 48개 구멍이 뚫려 있는 팩보드에서 상판 막대기의 팩을 양손을 이용하여 동시에 뽑은 다음 이를 하판의 대응되는 위치에 꽂아 넣음

나) 회전검사: 환치검사를 통해 하판에 꽂아 넣은 팩을 한손으로 한 개씩 빼낸 후 이를 뒤집어 다시 꽂아 넣음

다) 조립검사: 상판과 하판에 50개 구멍과 원주가 있고 일정한 간격으로 못과 좌철이 놓여있는 손가락 재치보드에서 상판에 꽂혀 있는 못과 원주에 꽂혀 있는 좌철을 양손을 이용하여 빼내어 조립한 다음, 못을 빼낸 손으로 하판의 대응되는 위치에 꽂아 넣음

라) 분해검사: 조립검사를 통해 하판에 꽂아 넣은 못과 좌철의 조립물을 다시 분해하여 못과 좌철이 있던 본래의 위치에 양손을 이용하여 동시에 꽂아 넣음

4) 9가지 검출 적성

가) 지능(General Intelligence:G): 일반적인 학습능력, 원리를 이해하는 능력, 추리판단능력, 환경에 순응하는 능력

나) 언어능력(Verbal Aptitude:V): 개념이해, 언어상호간의 관계이해, 문자의 뜻 이해능력

다) 수리능력(Neumerical Aptitude): 빠르고 정확히 계산하는 능력

라) 사무지각(Clerical Perception): 인쇄물, 전표 등의 세부문자를 식별하는 능력, 잘못된 문자나 숫자의 교정 능력

마) 공간적성(Spatial Aptitude): 공간상의 형태이해, 평면과 물체의 관계 이해능력, 기하학적 문제해결능력

바) 형태지각(Form Perception): 실물, 도해 또는 표에 나타나는 것을 세부까지 바르게 지각하는 능력, 시각예민도

사) 운동반응(Motor Coordination): 눈과 손 또는 눈과 손가락을 함께 사용해서 빠르고 정확한 운동을 할 수 있는 능력

아) 손가락 재치(Finger Dextrity: F): 손가락을 정교하고 신속하게 움직이는 능력, 작은 물건을 정확 신속히 다루는 능력

자) 손 재치(Manual Dextrity: M): 손을 마음대로 정교하게 조절하는 능력, 손과 손목을 자유롭게 운동할 수 있는 능력

하위검사명(15개)	검출되는 적성		측정방식
기구대조검사	형태지각(P)		
형태대조검사			
명칭비교검사	사무지각(Q)		지필검사
타점속도검사	운동반응(K)		
표식검사			
종선기입검사			
평면도 판단검사	공간적성(S)		

하위검사명(15개)	검출되는 적성		측정방식
입체공간검사		지능(G)	
어휘검사	언어능력(V)		
산수추리검사	수리능력(N)		
계수검사			
환치검사	손의 재치(M)		수행검사
회전검사			
조립검사	손가락 재치(F)		
분해검사			

다. Holland 진로적성 검사

1) Holland의 6가지 흥미유형

현실형	현장에서 몸으로 부대끼는 활동을 좋아하며 비사교적 신체 건장하며, 사회적 지위나 교육수준이 가장 낮고 사물 지향적
탐구형	지적인 직업. 학력수준이나 사회적 지위가 가장 높다. 추상적 사고능력 · 아이디어를 중시, 비사회적 · 비정서적 과학자 등
예술형	창의성을 지향, 자기중심적. 학력 수준, 사회적 지위도 높은 편이며 관습과 보수성 거부
사회형	타인과 일하는 것을 지향. 후원자 · 자선가 타입. 지적 수준은 높지 않다. 기계, 질서정연하고 조직적 활동을 싫어함 다른 사람을 잘 이해하고, 대인관계 기술이 좋으며, 도움이 필요한 사람들을 지원
진취형	유형 중 학력 수준이나 사회적 지위는 4번째 목표달성을 위해 타인을 통제 ·지배하는데 관심. 권력과 통제 강조
관습형	융통성, 상상력 부족. 정확성과 꼼꼼함. 서서원, 은행원, 행정관료 여성의 비율이 높은 유형, 고위직을 추구하지 않으며 구조화된 상황 질서정연, 체계적 자료정리 사회적 지위나 학력수준이 현실형보다 높은 편

2) Holland 흥미 유형에 따른 직업 특성

현실적 유형	기계정비, 비행기조정, 트럭운전 등	남성적 특성, 육체적으로 강하고 실제적 방식으로 문제를 다룸
탐구적 유형	수학, 자연과학, 사회과학	논리적, 탐구적 생각하는 인간형, 분석적, 지적
예술적 유형	예술가, 작가 등	상상력 풍부, 감정적, 이상주의적, 창조적
사회적 유형	교직, 사회사업, 상담	여성적 속성, 언어와 인간관계 능력, 친절과 관용
사업가 유형	영업직, 정치가, 관리직	사람을 이끌고 지휘, 지배, 상품을 판매하는 언어능력
관습적 유형	은행원, 비서	정확성, 꼼꼼함, 규칙의 준수 선호

3) 흥미의 육각형 모형: 육각형 모양은 흥미 방향 결정, 육각형 크기는 흥미 정도

		육각형의 모양	
		한쪽으로 찌그러진 모양	**정육각형에 가까운 모양**
육각형의 크기	크다	특정 분야에 뚜렷한 관심. 흥미가 잘 발달되어 있고 안정적인 형태이다. 수검자의 성격, 능력, 경험 등이 관심분야와 조화로운지 살펴보는 것이 바람직하다.	관심분야가 폭넓은 경우이다. 거의 모든 분야에 호기심이 있지만 자신의 진정한 흥미분야가 무엇인지는 잘 모를 수 있다. 능력, 성격, 경험 등을 고려하여 흥미분야를 좁혀보는 것이 바람직하다.
	작다	대체로 흥미발달이 잘 이루어지지 않았다. 특정분야에 관심이 있긴 하지만 그 정도가 크지 않다. 조금이라도 관심이 있는 분야에 대한 적극적인 탐색을 시도해 보는 것이 바람직하다.	뚜렷한 관심분야가 없다. 무엇에 관심이 있는지, 무엇을 잘 할 수 있는지 등과 같은 자기이해가 부족한 경우이다. 과거에 즐거워했거나 잘 할 수 있었던 작은 경험부터 떠올려 본다.

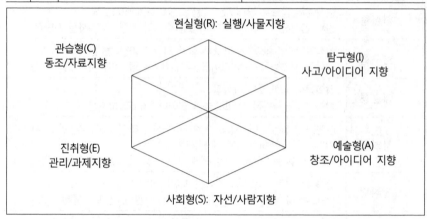

4) 성격의 5개의 주요개념

일관성	홀랜드 코드의 2개의 첫문자가 육각형에 인접할 때 일관성이 높다. 6가지 유형에 공통점이 더 많은 쌍이 있는데 예술적–사회적 유형은 탐구적–진취적 유형보다 공통점이 많다.
차별성	㉠ 하나의 유형에는 유사성이 많지만 다른 유형에는 별로 유사성이 없다. ㉡ 차별성은 자기방향탐색, 직업전환도 검사 프로필로 측정된다.
정체성	㉠ 개인 정체성 – 목표, 흥미, 재능에 대한 명확하고 견고한 청사진, 환경 정체성 – 조직 투명성, 안정성, 목표 · 일 · 보상의 통합으로 규정 ㉡ 자기직업상황의 직업정체성 척도는 개인의 정체성 요인을 측정
일치성	㉠ 사람은 자신의 유형과 비슷하거나, 정체성 있는 환경에서 하거나 생활할 때 일치성이 높아진다. ㉡ 가장 적합한 것은 현실적 환경에 현실적 유형, 다음은 탐구적 환경에 현실적 유형이다.
계측성	㉠ 육각형 모형에서 유형 간의 거리는 그 사이의 이론적 관계에 반비례한다. ㉡ 육각형은 개인 간, 개인 내 일관성 정도를 나타내며 본질적 관계를 설명.

라. 성취도 검사

1) 성취도 검사의 기본원리

가) 명백히 정의된, 수업목표와 조화를 이루는 학습목표를 측정해야 함

나) 수업에 포함된 학습과제의 대표적인 예를 측정해야 함

다) 요구되는 학습결과를 측정하는 데 가장 적당한 검사문항을 포함해야 함

라) 검사결과가 쓰일 특수한 목적에 잘 맞는 것이어야 함

마) 가능한 신뢰로워야 하며, 결과는 조심스럽게 해석되어야 함

바) 학습을 증진시켜야 함

1) 성취도 검사를 위한 명세표의 작성

수업목표 분류표 또는 수업내용 분류표를 근거로 분류표를 작성하는 것이 바람직함

2) 평가목표에 따른 검사유형의 선택

표준화 성취도 검사	교사출제 검사
▸광범위한 자료 취급, 학생들의 교육적 발달에 대한 전반적인 양상을 보여줌 ▸전국 교사들이 정한 교육목표를 반영 ▸학생 개개인이나 한 학교를 전국의 학생들과 비교할 수 있는 규준 제공	▸특정 주제에 대한 학습 정도를 알려줌 ▸교사 자신이 설정한 목표 반영 ▸출제한 교사의 학생들에게만 국한됨 ▸단위별 교수목표에 대한 학생들의 성취 여부를 판단하는데 유용함

가) 수행검사

  (1) 질적 평가방법. 학생 스스로가 자신의 지식이나 기술을 나타낼 수 있는 산출물을 만들거나, 행동으로 나타내거나, 답을 구성하도록 요구하는 검사방식

  (2) 실제적 상황에서 추구하는 교육목표를 달성했는지 확인하고자 함

  (3) 교육의 과정 중시. 수업 중 일부로 통합가능

  (4) 학생 개개인의 변화와 발달을 종합적으로 파악하기 위하여 전체적이고 지속적으로 평가하는 방법

  (5) 구술시험, 찬반토론법, 실기시험, 실험 실습법, 면접법, 관찰법, 자기평가보고서, 연구보고서

  (6) 포트폴리오: 학생이 만든 작품들을 지속적으로 모아둔 작품집을 통한 평가방식

    (가) 장시간에 걸친 학생들의 학습과 발달을 나타내며, 단시간에 만들어지거나 이용될 수 없음

    (나) 학생들에게 자기 자신의 학습에 대한 정리나 반성의 기회를 제공하며, 동시에 학생들의 발달과 성취를 평가할 수 있는 타당한 방식을 제공함

    (다) 학생들에게 포트폴리오에 포함될 항목과 구성방법을 정하는 선택의 기회를 줌. 그들은 또한 포트폴리오의 어떤 부분이 평가되고 어떤 기준에 의해 평가되는지 알게 됨

나) 논술형검사: 논술형 문항 작성 시 유의점

(1) 가능한 한 문제를 측정되어야 하는 학습결과에 직접적으로 연결시키고, 원하는 답에 대해서 자세하게 정의함

(2) 분명하고 한정적인 과제를 나타내는 질문을 만듦

(3) 학생들에게 논술형 문제의 선택권을 주지 말아야 함

(4) 답하는 데 충분한 시간을 주고, 각 문제별로 제한시간을 제안하는 것이 좋음

(5) 논술형 검사 채점시 유의하여할 사항을 제안(Gronlund, 1998)

  (가) 채점에 대한 기준을 세운 '점수체제(Point System)'로 채점 객관성 유지

  (나) 한 문항에 대한 모든 학생들의 논술을 채점하기

  (다) 총체적 채점(global-quality 또는 Holistic Scoring) 도입

다) 응답형검사

(1) 단답형: 특정 사실, 개념 또는 원리를 예리하게 겨냥할 수 있음. 문제 작성시 주의할 점은 한 가지의 답만이 가능하도록 해야 함

(2) 완성형: 진술문의 일부를 비워놓고 거기에 적합한 답을 채워 넣는 것 비우는 부분은 중요하는 핵심적인 내용이어야 하고, 진술문 속에 정답에 대한 단서가 포함되지 않아야 함

라) 객관식검사: 답안 채점에 있어 해석이 별로 필요하지 않거나, 주관적이지 않아 채점이 간단함

(1) 선다형 검사: 사실에 대한 파지와 재인을 측정하기 위해 사용

  (가) 중요한 학습목표를 성취했는지 검사의 기준을 두어야함

  (나) 질문은 분명·단순하게 단 한 가지 문제만 제시하고, 가능한 긍정형으로 진술함

  (다) 정답은 주제를 아는 학생들에게는 명백해야 하며, 틀린 답일지라도 학습이 부족한 학생들에게는 그럴듯하게 보여야 함

  (라) 예답 작성할 때, 정답에 대한 힌트가 제공되는 것을 주의

(2) 짝짓기 검사: 좌우 항목수를 다르게 하고, 선택항목이 한 번 이상 사용되도록 함

  (가) 장점: 분석력 등 높은 정신능력 측정 가능, 채점의 객관성, 다양한 변형 가능

  (나) 단점: 부적절한 문항으로 단순기억만 측정, 짝을 이을 때 답의 단서 줄 수 있음

(3) 진위형검사: 사건이나 과정에 대한 이해와 원리를 적용할 수 있는지 검사 가능함

  (가) 기억뿐 아니라 이해를 측정할 수 있는 명제 선택, 간단명료한 언어로 표현

  (나) 진술문에는 하나의 중심개념만을 포함시키고, 양면성을 배제시켜야 함

문제

1. GATB 직업적성검사에서 검출되는 적성 중 다음은 어느 적성 분야에 대한 것인가?

(2004 기출)

가. 공간적성(S)　　　　나. 형태지각(P)

다. 사무지각(Q)　　　　라. 수리능력(N)

2. GATB 직업적성검사에서 검출되는 9개의 적성 분야에 해당되지 않는 것은?

(2009 기출)

가. 형태지각　　　　나. 사무지각

다. 관계지각　　　　라. 손의 재치

3. 특정 학업과정이나 직업에 대한 앞으로의 수행능력이나 적응을 예측하는 검사는?

(2010 기출)

가. 적성검사　　　　나. 지능검사

다. 성격검사　　　　라. 능력검사

4. 다음 (　　)에 알맞은 말은? (2004 기출)

> "성취도검사와 능력검사(ability test)는 검사수행이 피검사자의 (　　)에 얼마나 의존하느냐를 기준으로 분류한 것이다."

가. 지적능력과 기능의 수준　　　　나. 학습과 훈련의 정도

다. 연령과 학력의 수준　　　　라. 지능과 학업이수 정도

5. 초등학교 학생의 성취도를 알아보기 위하여 평가를 실시하고자 한다. 성취도 검사의 범주에 포함되지 않는 것은? (2006 기출)

가. 독해 검사　　　　나. 쓰기검사

다. 산수검사　　　　라. 지능검사

[3. 해설] ㉮
적성검사는 특정 직무능력이나 수학능력이 어느 정도인지 시험하는 검사이다.

[4. 해설] ㉯
성취도 검사란 주어진 주제나 기술에서 개인의 능력이나 학습 정도를 측정하는 검사이다.

[5. 해설] ㉰
성취도 검사란 개인이 특정 지식, 정보, 기술을 획득하거나 습득한 정도 혹은 유능한 정도를 측정하는 도구를 말한다.

심리학개론
이상심리학
심리검사
임상심리학
심리상담

[1. 해설] ㉯
9가지 검출 적성
1. 지능 (General Intelligence:G): 일반적인 학습능력, 원리를 이해하는 능력, 추리판단능력, 환경에 순응하는 능력
2. 언어능력 (Verbal Aptitude:V): 개념이해, 언어상호간의 관계이해, 문자의 뜻 이해능력
3. 수리능력 (Neumerical Aptitude): 빠르고 정확히 계산하는 능력
4. 사무지각 (Clerical Perception): 인쇄물, 전표 등의 세부문자를 식별하는 능력, 잘못된 문자나 숫자의 교정 능력
5. 공간적성 (Spatial Aptitude): 공간상의 형태이해, 평면과 물체의 관계 이해능력, 기하학적 문제해결능력
6. 형태지각 (Form Perception): 실물, 도해 또는 표에 나타나는 것을 세부까지 바르게 지각하는 능력, 시각예민도
7. 운동반응 (Motor Coordination): 눈과 손 또는 눈과 손가락을 함께 사용해서 빠르고 정확한 운동을 할 수 있는 능력
8. 손가락 재치 (Finger Dextrity:F): 손가락을 정교하고 신속하게 움직이는 능력, 작은 물건을 정확 신속히 다루는 능력
9. 손 재치 (Manual Dextrity:M): 손을 마음대로 정교하게 조절하는 능력, 손과 손목을 자유롭게 운동할 수 있는 능력

[2. 해설] ㉰
9가지 검출 적성은 지능(General Intelligence:G), 언어능력(Verbal Aptitude:V), 수리능력(Neumerical Aptitude), 공간적성(Spatial Aptitude), 형태지각(Form Perception), 운동반응(Motor Coordination), 손가락 재치(Finger Dextrity:F), 손 재치(Manual Dextrity:M) 이다.

⑩ 투사검사

가. 로샤검사(Rorschach Inkblot Test)

1) 로샤 검사의 역사와 발달

가) 검사의 역사

(1) 1921년 9월 Herman Rorschach의 psychodiagnostik에 최초로 소개됨

(2) 1940~1950년대 가장 대표적인 검사 도구

(3) 1960~1970년대 임상가의 활동과 역할 증진과 더불어 가장 중요한 검사 중 하나로 자리 잡음

나) 채점 체계의 발달과 5명의 중요인물

(1) 최초의 채점에서는 위치, 형태, 내용 순의 채점 체계를 유지함

(2) 중요 인물

(가) Beck: 150명의 아동을 대상으로 검사 표준화함

(나) Hertz: 경험적 연구를 통해 개념적 틀에 대한 이해의 폭을 넓힘

(다) Klopfer: 채점 체계를 확장시키고자 노력함

(라) Piatrowski: 신경학적인 측면에서 로샤 연구

(3) Exner의 채점 방식: 이전의 채점 체계를 통합하는 필요성을 느끼고 로샤 종합 체계를 개발함

다) 로샤검사의 특징

(1) 로샤는 반응 과정을 지각과정 및 통각과정으로 봄

(2) 검사 반응과정에 대한 6가지 요소

(가) 검사 자극의 입력 및 부호화

(나) 검사자극의 전제나 부분들을 분류

(다) 경제성이나 우선순위에 따라 잠재적인 반응 버리기

(라) 개인의 특성과 반응 스타일에 따라 남겨진 반응 중 선택하기

(마) 개인의 심리 상태에 따라 반응 선택하기

(바) 검사의 선입견 등을 검열하는 과정에서 잠재적 반응 버리기

2) 로샤 검사의 신뢰도와 타당도.

가) Paeker: 1971~1980년 성격측정 저널에 발표된 39개 논문 분석하여 .80보다 낮은 신뢰도를 예상

나) Exner: 비환자 집단을 대상으로 1년 간격으로 25개 변인들을 가지고 재검사 신뢰도 .26 –.91로 나타남. 총 20개 상관지수는 .72 이상, 이중 13개 변인은 .81–.89이며 2개는 .90 이상을 보임

다) 타당도(Exner)

(1) 우울증 지표에서 집단 차를 찾아냄

(2) 평균 반응 수를 보이는 동일한 사람의 기록과 대체로 긴 기록의 결과에 해석
이 다르지 않음

(3) 매우 적응 반응 수는 타당도에 문제를 시사함

3) 로샤 검사의 실시 방법과 채점

가) 로샤 검사와 검사 배터리 사용이유

(1) 한 가지 검사만으로 인지, 정서, 행동의 모든 영역에 걸쳐 광범위한 측정을
할 수는 없음

(2) 다양한 검사 도구를 통해 서로 검증할 수 있는 가능성을 제공함

(3) 상황에 따라서는 배터리를 고집할 필요는 없음

(4) 검사의 순서를 어떻게 배치할 것인가도 결정

나) 검사 절차와 실시 방법

(1) 자리 배치: 측면에 앉도록 한다.

(2) 검사 소개: "지금부터 우리는 잉크 반점 검사를 할 것입니다."

(3) 지시 내용: "이것은 무엇처럼 보이나요?"

▶ 1번 카드의 반응이 1개인 경우 더 많은 반응을 하도록 권유

(4) 반응 단계: 검사자의 반응을 가능한 그대로 기록한다.

(5) 질문과 격려

Q "카드를 돌려도 되나요?"

A "마음대로 하세요."

Q "얼마나 많은 반응을 해야 하나요?"

A "당신이 잘 보면 하나 이상은 볼 수 있을 거라고 생각해요."

다) 검사 전체 반응 수와 카드당 반응 수

(1) 14개 이하 자료는 타당치 않은 것으로 간주

(2) 로샤 검사를 포기하거나 재검사 중 선택

(3) 예외

(가) X-%가 매우 낮으며 정서적인 문제가 아주 심한 환자인 경우

(나) X-%가 매우 높으며 2~3개 이상의 이상반응을 나타나면 다른 정신병적
장애를 의심할 만함

라) 질문 단계

(1) 10개 검사 모두 실시 후 질문: "자, 이제 모두 끝났어요. 이제 봤던 카드를
하나씩 다시 보여드리려고 해요. 카드마다 당신이 본 대로 나도 그렇게 볼 수
있도록 설명해 주시겠어요? 당신이 말한 것을 다시 읽어 줄 테니 반점을 어디
에서 그렇게 보았는지, 어떤 점에서 그렇게 보았는지 말해 주세요."

(2) 적절한 질문: 영역, 반응 결정인, 내용에 대한 파악을 위한 질문을 함

(가) 영역: "어디에서"

(나) 반응 결정인: "무엇 때문에, 왜 그렇게 보았는가?"

(다) 내용: "무엇을"

* 로샤 검사는 아주 기본적인 채점 수준의 문제가 출제되나 난이도가 다소 높은 문제들이 간혹 실기에서 출제되는 경우가 있다. 기본적으로 어려운 검사이지만 채점에 대해서는 어느 정도 잘 숙지하고 있을 필요가 있다. 현 교재에선 1급에서 전문가 수준의 내용이 정리되어 있어 관심 있는 수험생들만 읽어도 된다.

(3) 부적절한 질문: 직접적인 유도 질문을 해서는 안 됨

(가) "그 사람이 뭔가를 하고 있나요?"

(나) "어느 쪽이 위인가요?"

(다) "그 동물은 왜 싸웠을까요?"

(4) 기록: 언어반응을 그대로 기록하고 위치 기록지에 잘 기록함

4) 로샤 검사의 기본적인 해석

가) 영역 채점: W(전체반응), D(공통 부분반응), Dd(드문 부분반응), S(공백반응)

※ S반응은 I, II, VII카드에서 빈번

나) 발달질 채점: +(통합반응), o(보통반응), v/+(모호–통합반응), v(모호반응)

다) 반응 결정인

1. 형태(Form)
2. 운동(Movement): 움직임(M, FM, m)
3. 천연색(Color; Chromatic): 색채(C, CF, FC, Cn)
4. 무채색(Color; Achromatic): 무채색(C', C'F, FC')
5. 결(Texture; Shading): 음영-재질(T, TF, FT)
6. 차원성(Dimensionality; Shading): 음영-차원(V, VF, FV)
7. 분산된 음영(General Shading): 음영-확산(Y, YF, FY)
8. 형태-차원성(Dimentiality; Form): 형태차원(FD)
9. 쌍반응 및 반사반응(Pairs and Reflection): 쌍(2), 반사(rF, Fr)

라) 혼합 반응, z 점수와 형태질

(1) 혼합반응 blend response: 반응 결정인이 하나 이상인 것

예) M·CF(사람이 빨간 옷을 입고 달린다)

(2) 인지 조직활동 Z

(가) 3종류의 Z 점수

Zf	반응 기록에 나타난 Z반응의 총 빈도
Zsum	각 카드별, 위치별로 제시된 Z점수를 모두 합한 총점
Zest	Zf에 근거해서 계산된 Zsum의 가장 좋은 추정가

(나) 채점 조건

① W의 발달질이 +,V/+,0

② 2개의 이상의 영역이 개별적인 대상이며 서로 의미있는 관계를 가질 대

③ 근접하지 않은 부분들이 개별적인 대상으로 지각되면서 의미있는 관계를 가질 때

④ 공백 반응이 다른 부분반응과 의미있게 통합되고 있을 때

⑤ 제외: C,C',T,Y,V에는 Z점수가 부여되지 않음

(3) 형태질: 반응내용이 blot의 특징에 얼마만큼 적합한가를 평가

(가) – + 우수하고 정교한

(나) – o 보통의

(다) – u 드문

(라) – 왜곡된

마) 내용 분류와 평범 반응

(1) 내용

H: Whole Human

(H): Whole Human, fictional or mythological

Hd: Human detail

(Hd): Human detail, fictional or mythological

Hx: Human experience

- 인간의 정서나 감각 경험을 주입할 때 채점함
- 희로애락의 감정이 들어가면 Hx를 준다

A: Whole animal

(A): Whole animal, fictional or mythological

Ad: Animal detail

(Ad): Animal detail, fictional or mythological

An: anatomy

- 뼈, 근육, 심장, 위, 간, 근육섬유 등
- 조직세포 슬라이드의 경우에는 이차적 내용으로 Art를 준다.

Art – 그림, 추상화, 조각상, 보석, 샹들리에, 징표, 장식물

- 그림의 등장인물이 사람이면, H, Art 로 채점

Ay: Anthropology

- 토템, 로마병정의 투구, 나폴레옹의 모자, 선사시대의 도끼

Bl: Blood

Bt: Botany

Cg: Clothing

Cl: Clouds

Ex: Explosion

Fi: Fire 불, 연기

Fd: Food

Ge: Geography

Hh: Household

- 의자, 주방기구, 램프, 양탄자 등
- 샹들리에 같은 경우는 일단 Hh로 채점하고 이차내용으로 Art를 줌

Ls: Landscape

- 산, 언덕, 섬, 바위, 사막, 산호초, 바닷속 풍경 등

Na: Nature

- 태양, 달, 하늘, 물, 바다, 강, 얼음, 눈, 비, 안개, 무지개, 밤, 폭풍

Sc: Science

Sx: Sex

Xy: X-ray: 해부반응보다 드물고 C'의 가능성이 있음

Id: Idiographic contents 흔치 않은 독특한 내용

(2) 평범 반응: 종합방식에서는 7,500개 반응 기록지에서 전체 반응수의 1/3이상 빈번하게 반응되는 내용 13개를 추출하여 평범 반응으로 정함

(가) Card Ⅰ: 전체를 박쥐나 나비로 보는 것

(나) Card Ⅱ: D1을 곰, 코끼리 양 등의 동물로 보는 것

(다) Card Ⅲ: D1을 사람이나 이에 준하는 것(인형, 케리커쳐)로 보는 것

(라) Card Ⅳ: 전체나 D7을 인간이나 그 비슷한 것(괴물, 거인)으로 보는 것

(마) Card Ⅴ: 전체를 박쥐나 나비로 보는 것

(바) Card Ⅵ: 전체나 D1(몸통)을 동물가죽으로 보는 반응

(사) Card Ⅶ: D1(머리)나 D9(귀 뺀 것)을 사람의 머리나 얼굴로 보는 것

(아) Card Ⅷ: D1을 동물로 보는 반응

(자) Card Ⅸ: D3을 사람으로 보거나 그 비슷한 것(마녀, 괴물)으로 보는 반응

(차) Card Ⅹ: D1을 게나 거미로 보는 반응

바) 특수 점수와 특수 내용: 수준 1과 수준 2가 있다.

(1) 8개 특수점수

DV	일탈적 언어화	CONTAM	오염
DR	일탈적 반응	ALOG	부적절한 논리
INCOM	조화되지 않은 합성	PSV	보속성
FABCOM	작화적 반응조합	CONFAB	우화반응

※ Wsum6 = (1×DV) + (3×DR) + (2×INCOM) + (4×FABCOM) + (5×ALOG) + (7×CONTAM)

(2) 6개 특수내용

AG	공격적 운동	AB	추상성
COP	협동적 운동	PER	개인적 응답
MOR	병적인 내용	CP	색채투사

사) 채점 예

Card	RT	No.	Location	Determaniants	Contents	P	Z
Ⅰ	10″	1	Wo	FC′o	A	1.0	MOR
		2	D1o	FMᵃo	Ad	6.0	
Ⅱ	9″	3	Wv	CF′C′Fu	Art	4.5	PER
		4	DdS(DSs, D4)v/+	FC′u	Ls	4.5	
		5	D3v	mᵃ·CF-	Ab		
Ⅲ	10″	6	Dd(D3, D4)o	Mᵃ·CFu	H, Sx	4.0	
Ⅳ	3″	7	Dd o	FMᵃo	A		AG
Ⅴ	22″	8	Wo	FC′o	A	1.0	
Ⅵ	38″	9	Wv/+	Mᵃ·mᵃo	H, Ls	2.5	
Ⅶ	25″	10	Wv	mᵃu (2)	Ab	2.5	
Ⅷ	14″	11	Ddo	Fo (2)	Art		PER
Ⅸ	19″	12	WSt	Mᵖ·mᵃ·CFo	H, Fi	5.0	MOR
Ⅹ	14″	13	W+	Mᵃ·CFu	H	5.5	

R=13   Zf=10   Zsum=38.5   P=   (2)= 2   Fr+rF=

LOCATION FEATURES		DETERMINANTS	CONTENTS	S-CONSTELLATION
	DQ	M =	H = 4 ,	No. FU+UF+U+FD>2
W = 7	+ = (2)	FM = 2	(H)= ,	YES Col-Shd Bl>0
D = 2	U/+ = (2)	m = 1	Hd = ,	YES Ego<.31,>.44
Dd= 4	o = (6)	C =	(Hd)= ,	NO MOR>3
S = 2	U = (3)	Cn=	A = 3 ,	YES Zd>+-3.5
		CF=	(A)= ,	YES es>EA
FORM QUALITY		FC=	Ad = 1 ,	YES CF+C+Cn>FC
FQx	FQf	C'=	(Ad)= ,	YES X+<.70
+=	+=	C'F=	Ab = 2 ,	NO S>3
o= 7	o= 1	FC'=3	Al = ,	YES P<3 or >8
u= 5	u=	T=	An = ,	NO Pure H<2
-= 1	-=	TF=	Art= 2 ,	YES R<17
none =		FT=	Ay = ,	8 , , , , , TOTAL
		U'=	Bl = ,	
M QUALITY		VF=	Bt = ,	SPECIAL SCORINGS
+=		FU=	Cg = ,	DV=
o= 2		Y=	Cl = ,	INCOM=
u= 2		YF=	Ex = ,	DR=
-=		FY=	Fi = , 1	FABCOM=
none =		rF=	Fd = ,	ALOG=
		Fr=	Ge = ,	CONTAM=
DETERMINANTS		FD=	Hh = ,	---- WSumo=
(Blends)		F= 1	Ls = 1 , 1	AG = 1
1. M·CF = 2			Na = ,	CONFAB=
2. M·m·CF = 1			Sc = ,	CP=
3. m·CF = 1			Sx = , 1	MOR = 2
4. M·m = 1			Xy = ,	PER = 2
5. CF·C'F = 1			Idio = ,	PSV=

아) 구조적 요약과 해석

(1) 중심 부분

(가) 람다(Lambda ; L)

$$L = \frac{F}{R - F}$$ F: Pure F 반응 R: 전체 반응수

① 심리적 자원 활용방법, 새로운 자극장에 심리적으로 몰입하려고 하는 정도

② 지나치게 높은 점수 = Color반응이 없고, 매우 rigid함

③ L > .99: 자극상태를 축소

④ 낮은 L: 자극에 과도하게 몰입(충족되지 않은 소망이나 갈등 및 정서의 영향, 검사를 도전으로 인식, 실수나 실패를 피하려는 경향)

(나) 경험형(Erlebnistypus ; EB)

$$EB = M: WSumC$$
$$WSumC = (0.5) \times FC + (1.0) \times CF + (1.5) \times C$$

① 내향성(M): 기본적인 욕구충족을 위해 자신의 자원(내적생활)을 더 많이 사용, 개인의 문제해결방식이나 행동방식에서 내적자원 즉 사고활동을 보다 적극적으로 활용, 시행착오적 탐색을 피하고 문제해결과정 중 실수가 발생했을 때 잘 인내하지 못함

② 외향성(C): 기본적 충족을 위해 외부세계와의 상호관계를 이용, 욕구충족을 위해 환경과의 관계에 의존하며 환경에 감정을 지속적으로 표출, 문제해결과정에서 감정과 사고를 통합하려 함, 정확하지 않거나 모호한 논리체계를 수용하려 하며 시행착오를 통해 외부정보 판단

③ 양향성: 일관성 없는 적응방식과 문제해결방식

④ M: 추리, 상상활동 등 고차적인 사고작용과 관련, 심사숙고하는 사고작용, 활발한 생각이나 공상

※ M-: 사회적 기술 및 대인관계 능력의 결여, 정신분열증의 진단지표

⑤ FC: 정서표현에 대한 통제성, 정서표현에 있어서 인지적 활동이 주로 개입

⑥ CF와 C: 정서의 지배성, 정서적 충동성이나 변동성, 잘 조절되지 않는 강한 정서적 반응

(다) 경험실제(Experience Actual ; EA)

$$EA = M + WSumC$$

① 사용가능한 자원, 충분히 조직화되어 있고 신중하게 의도된 심리적 행동과 관련

② 시간경과에 따라 변화하지 않고 안정적인 내적자원의 효율적인 사용방식

(라) 지배성(EB pervasive; EBPer)

$$EBPer = \frac{EB에서 높은점수}{EB에서 낮은점수}$$

(EBPer는 EB에서 뚜렷한 차이가 있을 때만 계산)

① 문제해결이나 대처활동에 있어서 경험형(외/내향형)의 경향성

② 새로운 상황에 쉽게 적응가능한 유연성의 저하

(마) 경험기초(Experience Base ; eb)

$$Sum\ FM + m: Sum\ all\ C' + all\ T + all\ Y + all\ V$$

① FM+m: 내적욕구나 상황적 욕구자극에 의해 유발된 소극적인 사고활동, 각성과 주의력을 요구하는 상황에서는 적절한 대응행동을 증가시켜 줄 수 있지만 이러한 사고활동이 지나치게 자극되는 경우 적응장애 초래

② FM: 욕구가 충족되지 못한 상황, 태만(책임회피), 공격성, 주의산만과 관련 (FM > M: 감소된 의식 상태에서 더 공격적 경향)

③ m: 상황적 스트레스와 관련, 무력감 통제력 상실, 집중력 장애와 같은 정신활동과 관련

④ Y: 무기력하고 통제력을 상실하고 효율적인 대처행동을 하지 못하는 상황에서 유발되는 정서적 감정, 불안, 염려, 긴장, 불편감

⑤ T: 의존과 애정욕구, 높은 재질반응은 강한 애정욕구, 재질반응의 결여는

애정욕구와 의존욕구의 메마름 이로 인한 대인관계의 거리감이나 경계, 정서적 박탈감, 친밀감에 대한 강한 욕구

⑥ C': 정서적 억압, 정서억압으로 인해 정서표현이 억제되고 초조감이 유발, 막연한 불편감에서부터 심한 긴장에 이르기까지 다양한 형태의 정서적 반응이 뒤따름

⑦ V: 자신을 관찰하는 내성적 과정에 수반되는 부정적인 정서경험, 이 반응이 높으면 개인이 자아의 부정적 측면에 지나치게 초점을 맞추는 반추적 내성적 활동이 많고 이로 인한 고통스러운 감정 동반, 부정적 자기 이미지

(바) 경험자극(Experience Stimulation; es)

$$es = all\ FM + all\ m + all\ C' + all\ T + all\ Y + all\ V$$

① 현재 피검자가 경험하는 자극욕구(Demand)와 관련

② 욕구자극에 의해 촉발된 소극적이고 수동적 경험의 사고활동이나 정서반응

(사) D점수(The D Score; D)

$$D원점수 = EA - es$$
$$(\ D원점수를\ D표준점수로\ 변경\ )$$

① 스트레스 인내도(Stress Tolerance)와 통제요소(Elements of Control)

② D = 0: 개인의 자원을 문제해결 방향으로 효율적으로 사용, 현재 스트레스가 개인의 대응능력 범위를 벗어나지 않음

③ D〉0: 문제해결을 위해 사용할 수 있는 개인의 자원이 풍부하여 스트레스 대응능력 높음, 자신의 자원을 효율적으로 조직화하는 능력이 좋으며 충분한 적응력

④ D〈0: 제한된 스트레스 대응능력, 스트레스 상황에서 압도되고 불안정해질 가능성 높음, 스트레스에 압도되는 상황은 발달장애로 원래 제한된 능력이거나 인격구조가 미성숙한 결과 또는 과도한 현실적 스트레스 상황에서 인격의 붕괴가 일어나는 경우

(아) 조정 es(Adjusted es; Adj es)

$$Adj\ es = es - \{(m-1)+(Y-1)\}$$

① m, Y는 상황적인 스트레스와 매우 밀접, m은 상황적 긴장이나 의식적 갈등상황에서 증가

② Y는 스트레스 상황에서 무기력하게 후퇴하면서 수동적으로 대응하는 경향성

(자) 조정 D점수(Adjusted D Score; Adj D)

$$Adj\ D\ 원점수 = EA - Adj\ es$$
$$(표준화된\ Adj\ D로\ 변경)$$

① 조정 D점수가 D점수보다 증가되면 스트레스 상황이 일시적일 가능성 시사, D점수가 음수이고 조정 D점수가 0이면 일시적인 스트레스 과중상태로서 이 상황에서 벗어나면 적응할 수 있는 자원 충분함, 그러나 D와 조정 D 모두 −수준이면 스트레스 상황이 지속적이거나 개인의 원래 대응자원이 제한된 경우로 해석

② 조정 D > 0: 스트레스 내성강함, 통제력의 문제 적음

③ 조정 D = −1: 만성적 과부화된 자극상태, 통제력 스트레스 대응능력 적음, 충동성, 심각한 심리적 어려움이 없으면 친숙한 일상생활에서는 적절하게 기능

④ 조정 D < −1: 통제상실, 스트레스에 취약, 잘못된 판단, 정서장애, 비효율적 행동

(2) 사고 영역(The Ideation Section)

(가) 능동 : 수동(Active : Passive Ratio ; a : p)

① 사고와 태도에 있어서의 지향성, 융통성과 관련

② 두 방향으로 반응이 고르게 나타날수록 사고방식에서 융통성, 한 방향으로 치우치면 사고가 고착 고정되어 있고 편협할 가능성 높음, 수동반응이 능동반응보다 1개 이상 많을 경우 수동적이고 의존적인 행동경향성을 보이며 하나이상의 음식반응이 나왔을 때 이런 의존적 성향을 더욱 뚜렷해짐. 2.5:1의 비율이 극단형

③ p > a: 수동적, 의사결정에서 책임을 회피, 새로운 문제해결시도 안함

(나) 인간움직임 능동 : 수동 (M Active : Passive Ratio ; Ma : Mp)

① 수동반응이 능동반응보다 높으면 개인의 사고나 공상이 방어적으로 사용되는 경향이 있음

② 이런 경우 수동적인 공상으로 도피하고, 결정이나 행동을 독자적으로 주도하지 않는 도피적 경향성이 있음

(다) 주지화 지표(The Intellectualization Index)

$$2AB + (Art + Ay)$$

① 이지화 방어기제를 얼마나 과도하게 사용하는지 결정

② 피검자가 정서적으로 고통스럽게 지각하는 상황에서 주요 방어기제로 이지화를 사용, 강한 정서적 경험에 취약하게 되기 쉬움

(라) 인간운동반응의 형태질(MQ)

① M−: 하나 정도일지라도 사고장애 가능성, 두 개 이상이면 분명한 정신증적 사고(너무 많으면 SPR보다는 오히려 불안장애나 급성 적응장애 가능성)
※ M no form(형태가 사용되지 않은 M반응): M−와 같은 의미로 해석
예) 광기를 나타낸다, 슬픔을 나타낸다 등

② all Mu: 사고의 지나친 독특성

※ M 의미(by Exner): 매우 복잡한 정신활동 (추리, 창의력 등 고차적인 사고작용, 자기주장성, 자아강도)

(마) 6개 특수점수(DV, INCOM, DR, FABCOM, ALOG, CONTAM)

① DV, INCOM, DR: 정상인도 가능

② FABCOM, ALOG, CONTAM: 사고장애가 주요특징인 정신분열증

③ 정신분열증의 진단기준: 총 11점 이상

④ DV(이탈적 언어표현): 일시적인 인지적 실수나 표현장애, 독특한 언어적 표현, 2-3개 발생 = 큰 문제 안 됨

⑤ INCOM(부적절한 반응합성): 정확한 변별의 실패, 구체적인 수준의 논리 과정, 대부분 판단착오의 결과이며 때로는 사고에 대한 통제 결여 1-2개 발생 = 큰 문제 안 됨

⑥ DR(이탈적 반응): 잠재적인 인지적 불안정, DR이 높으면 효과적인 결정과 정을 방해하는 통합되지 못한 사고과정

⑦ FABCOM(우화적인 합성): 비합리적인 통합과정, 연상의 이완, 정신분열 증의 연상의 일관성 및 논리성의 결여, 우회적이고 산만한 사고

⑧ 1개 발생 = 사고장애에 대한 신중한 검토

⑨ ALOG(부적절한 논리): 논리적 사고장애와 판단장애의 지표, 잘못된 인과 관계 설정하며 이에 대한 검증이 안되는 비논리적 사고

⑩ CONTAM(오염): 가장 심한 인지장애, 심한 비논리적 장애, 경험의 비현실 적 혼합

(3) 정서 영역(Affect Section)

(가) 형태-색채비(Form-Color Ratio)

$$FC: CF + C + Cn$$

① 정서의 조절과 연관

② FC: 정서표현에 있어서 인지적 활동이 주로 개입, 정서표현의 통제

③ CF와 C: 잘 조절되지 않는 강한 정서적 반응과 연관
(C: 정서경험이 너무 강해 인지적으로 중재할 수 없는 경우, 충동적 결정, 변동성)

④ 정상성인이라면 → FC: CF+C는 1.5-2.5: 1이 보편적, 이 비율이 3: 1이상 이라면 FC가 지배적인 반면 1: 1이거나 FC 〈 CF+C이면 CF, C반응이 우세

(나) 정서비 (Affective Ratio; Afr)

$$Afr = \frac{VIII + IX + X \text{반응총합}}{I + II + III + IV + V + VI + VII \text{반응총합}}$$

① 정서 자극에 대한 민감성 및 관심과 연관, 정서적 자극상황을 어느정도 수용하는지 반영

② 외향성 피험자들은 Afr값이 더 높으므로, 외향성의 평균 범위는 .60~.95, 내향성과 양향성 평균 범위는 .50~.80

(다) 복잡비율 (Complexity Index)

> Blends(혼합반응수) : R(전체 반응수)

① 정상인이 전체 반응수가 평균수준일 때, 혼합반응이 없으면: 심리적 협소함이나 억압을 시사, 즉, 개인 자신이나 환경에 대한 민감도가 낮음

② 혼합반응이 지나치게 많으면(전체 반응수가 정상범위에 혼합반응이 8개 이상): 심리적 복잡성, 만약 내적 자원이 풍부하다면 자극에 대한 예민성이 효율적으로 기능을 발휘하는데 장애를 가져오지 않겠지만 개인이 자원이 적은 경우에는 장애를 받음

③ 색채–음영 혼합반응: 보다 극심한 심리적 고통을 반영

④ 음영혼합반응으로 Y 결정요인이 들어가는 경우: 심리적 고통이 상황과 관련 Y가 포함되지 않는 경우: 고통이 보다 만성적일 가능성

⑤ 혼합반응은 순수 F반응과는 정반대의 의미: 순수 F반응은 회피적이고 복잡한 자극을 피하고 단순한 범주화를 나타내고, 혼합반응은 자극요소들을 분석하고 종합하는 활동의 산물

⑥ 내용해석: 정서적 요소가 어떻게 피험자의 심리적 작용에 영향을 미칠지에 대한 단서를 제공, 혼합반응의 결정인 수가 많을수록, 심리적 작용의 복잡성도 증가

⑦ 양적해석
- 혼합반응이 없는 경우: 심리적 협소(Narrowness) 혹은 수축(Constriction)을 의미 → 자기와 환경에 대해 덜 민감
- 혼합반응수가 EB에 관한 평균범위 이하로 떨어질 때: 심리적 기능이 덜 복잡하다는 걸 의미, 심리적 곤궁상태(복잡한 정서자극을 다루는데 어려움)를 반영
- 혼합반응수가 유의미하게 많으면: 심리적 복잡성
  가용할만한 내적 자원이 풍부한 피험자라면→기능에 대한 자산을 의미 자원이 제한되어 있다면→심리적 복잡성은 정서가 행동일관성에 유해한 영향을 미칠 가능성이 많다는 걸 의미

(라) 공백반응 (S)

① 건설적인 자기주장, 독립에의 추구, MMPI의 Pd척도, 자율성을 방어하려는 노력, 분노조절의 어려움, 심리적 불만족감

② Exner
- 전체반응이 평균범위에 있고 S반응이 1~2개: 주어진 과제로부터 거리를 유지하고 독립적인 상태를 유지할 수 있는 긍정적인 경향성
- 카드 I, II에서 S반응: 검사상황과 관련된 저항의 표시, 검사태세 부족, 상황

적 요구에 부정적

- 카드 III후 S반응 3개 이상: 저항적 성격, 자율성에 대한 위협이 있을 때 일어나는 분노, 환경에 대해 부정적 반항적, 부정적이고 분노태도 지님

(마) 색채투사(Color Projection; CP): 비현실적인 낙관적 감정, 원치않는 감정을 처리하려는 부정방어(denial defense)

(4) 조정영역 (Mediation Section): 현실지각을 똑바로 할 수 있느냐의 지표, 반응이 blot에 얼마나 잘 들어맞느냐를 보는 것

(가) 관습적 형태(Conventional Form; X+%)

$$X + \% = \frac{Sum\ FQx + and\ o}{R}$$

① 자극특성에 대한 집중능력, 명백한 기억자료를 사용할 수 있는 능력, 이런 기억을 의식화하는 능력, 이런 기억 가운데 자극에 가장 적절한 내용을 분별하는 능력

② 적절한 현실지각 능력, 현실적 방식으로 브롯의 형태특징을 지각하는 능력과 관련

③ 90% 이상 지나치게 높으면 피검자가 브롯의 특징을 해석함에 있어서 지나치게 관습적이어서 창의적이거나 개성적인 지각활동이 거의 일어나지 않는 지나치게 엄격한 지각과정으로 해석

④ 70% 이상 낮으면 피검자가 브롯의 자극을 비전형적인 방식으로 해석하려는 경향성, 낮은 형태질 수준은 지각과정의 왜곡, 지나친 개성적인 지각, 정서적 경험의 통제실패가 원인

(나) 관습적 순수형태(Conventional Pure Form; F+%)

$$F + \% = \frac{sum\ F + and\ Fo}{sum\ F}$$

① 관습적 형태지각

② 이 해석이 유의미하기 위해서는 적어도 8개 이상의 순수형태 반응이 있어야 하고, L이 .70 이상이어야 함

(다) 왜곡형태(Distorted Form; X-%)

$$X - \% = \frac{FQx -}{R}$$

① 지각적 왜곡과 관련

② 15% 이상 상승: 자극을 적절하고 정확하게 지각하는데 문제가 있음, 특정한 반응내용이나 반응결정인에 한해 X-반응이 일어난다면 특정영역에 제한되는 지각왜곡일 가능성이 높은데 색채반응에서만 -반응이 증가한다면 정서자극이나 정서통제 상황에서 지각왜곡이 일어남을 유추

③ X+%가 유의하게 낮고 X-%가 높다면 피검자의 지각왜곡이 심각할 가능성이 높다, 만약 X-%가 20%를 넘는다면 심각한 지각손상

④ X-%〉70: 과장된 시도나 꾀병 가능성

(라) 공백왜곡반응비율 (White Space Distortion; S-%)

$$S - \% = \frac{Sum\,SQ\,-}{Sum\,FQx\,-}$$

① S-%〉40: 부정적 시각, 거절증이나 분노가 부정확성이나 왜곡에 영향

(마) 드문형태 (Unusual Form; Xu%)

$$Xu\% = \frac{Sum\,FQxu}{R}$$

① 형태수준에서는 적절하지만 반응 빈도로 볼 때 비관습적인 수준으로 반응되는 형태반응 비율

② 적게 나타나는 경우는 지나치게 관습적인 지각에 얽매이지 않는 건강한 신호라고 볼 수 있으나 지나치게 많이 나타나면 관습에 따르지 않는 지나치게 주관적인 지각가능성 암시 이 경우는 X+%의 저하 낮은 평범반응 L의 상승이 동반, 개인적이고 환경적 상황에서 수용될 수 없는 특성, 융통성 부족, 세상에서 동떨어진 상태

(바) 평범반응 (Popular; P)

① 관습적인 지각능력, 정상인의 평범반응: 5~8

② 평범반응이 빈번하게 발생하는 카드: 1, 3, 5, 8번

③ P 〉평균: 관습적 사고와 행동, 완벽경향성이나 강박특징, 반사회적 특징에 대한 방어

④ P 〈평균: 덜 관습적, 더 개인적 반응, 정보처리의 어려움, 왜곡된 현실지각 또는 독특한 지각특성

(사) 반복반응 (Perseveration; PSV)

① 카드 내 반복: 인지적 변화가 쉽게 일어나지 않는 정보처리과정 혹은 의사결정에서의 융통성의 결여, 기질적 손상, 지적결함, 심리적 무능력

② 카드 간 반복: 심한 정신증적 상태로 인한 사고집착, 심하게 와해된 정신과 환자집단에서 나타남

③ 정상인은 주로 카드내 반복반응, 카드 간 반복반응은 드문 반응으로서 심한 정신증적 상태로 인한 사고집착

④ PSV 〉1: 주의전환의 어려움, 효율적이지 못한 정보처리

(아) 우화반응 (Confabulation; CONFAB): 희귀한 반응

① 단순한 사실을 근거로 하여 지나치게 일반화하는 인지적 장애

② 심각한 지적인 역기능이나 비논리적 인지활동을 반영

(5) 과정영역(The Processing Section): 사람이 어떤 상황에 빠졌을 때 얼마나 효율적으로 그 상황에 대처할 수 있는지를 보여줌

  (가) 경제성 지표(Economy Index; W : D : Dd)

    ① 대개 반응수 ≤ 17개면 W ≥ D, 전체반응수 ≥ 평균이면 D 〉 W이고 1.5:1 또는 2:1

    ② 따라서 D반응이 2:1이상으로 W반응보다 많다면 W반응에 요구되는 복잡한 인지활동을 회피하는 지나치게 경제적이고 단순한 인지활동을 암시

    ③ 반대로 전체반응수가 평균일 때 W반응수가 D반응과 같거나 D반응보다 많으면 경제적인 인지활동을 희생하고 있다고 볼 수 있음

    ④ 반드시 모든 D반응이 동일하게 경제적 인지활동과 연관된다고 해석되어서는 안 됨, 높은 D+반응은 정확성이나 완벽주의적 인지특성과 연관

    ⑤ 전체반응수가 평균범위에 있을 때 3개 이상의 Dd반응은 강박적 인지특징 또는 다루기 쉬운 좁은 범위의 자극만을 다루는 회피적 태도와 관련, 1~3개의 Dd반응은 일시적인 후퇴경향성 암시, 반면에 3개 이상의 Dd반응은 완벽주의적 특징 또는 일상적 요구로부터 회피경향성

  (나) 기대지표(Aspirational Ratio; W : M)

    ① 피검자의 능력과 기대수준과의 관계

    ② 성인의 경우 W : M 비율은 1.5 : 1 또는 2.5 : 1 정도

    ③ W: 자극상황을 전체적으로 다루려는 의욕 및 동기와 관련

    ④ M: 추론이나 복잡한 사고활동과 관련

    ⑤ 3 : 1이상 W 〉 M: 개인의 능력수준에 비해 과도하게 인지적으로 성취하고자 추구하는 경향성이 높음

    ⑥ 1 : 1 이하로 W〈M: 지나치게 조심스럽고 자신의 능력을 과소평가하고 목표달성이나 목표설정에 있어서 지나치게 소극적인 가능성

    ⑦ 다음 중 둘 이상 해당되면(Zf≥평균, W〉D+Dd, W : M이 EB자료와 비교하여 기대되는 것 이상일 때(or 3 : 1 이상): 동기수준 높고 자극처리에 과도한 노력, 특히 문제해결이나 의사결정시 이것을 사용할 수 있는 적당한 자원이 있을 때는 자산이 될 수도 있지만 자원의 질, 효율성, 지속성이 제한될 때는 불리하게 작용

    ⑧ 다음 중 둘 이상 해당되면(Zf ≤ 평균, W 〈 D + Dd, W : M이 EB자료와 비교하여 기대되는 것 이하일 때): 매우 제한된 동기를 가지고 있어서 매우 비효율적인 상태, 사회적 경쟁으로부터의 방어적 철수를 나타내 줄 수도 있지만 지적수준이 평균이상이라면 이런 결과는 부정적인 자아상의 결과

  (다) 과정 효율성(Processing Efficiency; Zd)

$$Zd = Zsum - Zest$$

    ① Zf: 자극을 조직화하려는 인지적 노력, 정상인과 아동의 평균 9-13

② DQ: 이러한 노력의 질을 나타냄

③ DQ+ ≥ 평균 and DQ+/v와 DQv ≤ 1: 정보처리의 질이 복잡하고 세련

④ DQ+/v와 DQv 〉1: 정보처리활동의 질이 덜 세련 미성숙

⑤ ZD: 이러한 인지적 활동의 결과로 나타나는 효율성과 관련, 정보처리의 효율성 (정보의 입력이 얼마나 쉽게 일어나는가, 그런 입력이 정확한지에 대한 정보제공)

⑥ Zd≤−3: Underincorporator, 자극을 충분히 검토하지 않고 반응, 통합과정이 충분하지 않기 때문에 과소통합적 인지활동과 관련, 결정적 단서무시, 잘못된 중계과정과 효과적이지 못한 행동패턴, 충동적인 의사결정, 아무렇게나 대충 자극을 처리

⑦ Zd≥3: Overincorporator, 자극에 주의깊게 접근하여 통합하는 과도한 인지적 활동과 관련, 자극을 탐색하는데 많은 노력과 에너지 투여, 강박성 성격특징, 완벽주의 경향, 주의깊고 철저한 접근

(6) 대인관계영역(The Interpersonal Section)

　(가) 소외지표(Isolation Index; Isolate/ R)

$$\frac{Isolate}{R} = \frac{Bt + 2Cl + Ge + Ls + 2Na}{R}$$

① 사회적 소외와 관련된 5개 반응내용(식물, 구름, 지도, 풍경, 자연)

② 5개의 소외지표반응이 전체반응수의 1/4 이상 차지한다면 대인관계로부터 소외되고 현실접촉이 단절되어 있을 가능성

③ 소외지표가 25~32%: 사회적 상호작용에 덜 관여하기는 하나 반드시 사회적 부적응이나 갈등을 나타내지는 않음.

④ 소외지표가 25~32%이면서 COP ≥ 3: 사회적 상호작용에 관심은 있으나 참여제한

⑤ 소외지표 ≥ .33: 사회적으로 소외되어 있을 가능성, 부드럽고 의미있는 대인관계를 형성하고 유지하기 어려움

⑥ 소외지표가 정적인 피검자는 COP ≤ 2, 낮은 Afr

　(나) 대인관계관심 (Interpersonal Interest − H + (H) + Hd + (Hd))

① 모든 인간내용의 절대빈도: 사람에 대한 관심정도

② 실제적 인간반응: 실제적인 대인관계 경험을 바탕으로 하는 외부환경에 대한 관심과 견해

③ 실제적 인간반응이 전체 인간반응의 1/2보다 적다면 이는 대인지각이 비현실적인 경험을 기초로 하여 형성될 가능성, 즉 공상에 근거하여 대인지각과 태도가 결정

④ 인간반응 = 0: 타인으로부터의 철수, 대인관심의 결여

⑤ 인간반응 〈 평균: 타인에 대한 흥미 적음, 정서적으로 위축, 사회적으로 고

립, 사회적 가치에 동일시하지 못하는 성격장애자, 판결받은 반사회적 행위자, 선고를 기다리는 폭행범죄청소년

⑥ 인간반응〉평균: 타인에 대한 강한 관심

⑦ Hd: 대인관계에서의 경계, 환경에 대한 의심, 현학적 태도, 타인지각의 왜곡

⑧ Hd or (Hd) 증가: 강박성 혹은 지적인 접근방식, 철수적인 방어나 환경으로부터의 위축 경향성

⑨ (Hd)와 (Ad) 증가: 환경에 대한 왜곡된 지각

⑩ Hd or (H) 증가: 자기상과 자기가치가 실제 경험보다는 상상에 기초, 미성숙, 자기에 대한 매우 왜곡된 개념

⑪ 인간경험(Human Experience; Hx): – 자기상이나 자기가치에 대한 issues들을 지나치게 지적인 양식으로 다루려함, 사고적 충동통제에 문제, 자기상의 많은 특징들이 크게 왜곡

(다) (H) + (Hd) : (A) + (Ad)

① 타인에 대한 개념이 현실적 경험을 바탕으로 하기보다는 상상에 의해 형성된 정도를 나타냄

② 현실로부터의 철수

③ (H): 사회환경에 대한 부정, 현실로부터의 철수, 공상으로의 철수경향

(라) H + A : Hd + Ad

① Hd와 Ad의 증가: 사회환경에 대한 왜곡된 지각이나 태도

(마) 공격적 운동반응(The Aggressive Movement Response; AG)

① 공격적 행동표출, 타인에 대한 부정적이고 적대적인 태도, 사회환경을 보다 공격적으로 지각

② AG, 부적절한 통제력(D ≤ 0), 감정자극에 대한 수용성(높은 Afr비율), 비효율적 정서반응(CF + C〉FC), 현실지각 결여(X + %〈70%), 낮은 P반응수, S〉3 : 직접적인 공격행동 표출가능성 높음

(바) 협조적 운동반응 (Cooperative Movement Response; COP)

① COP의 빈도: 카드 II〉II, VII〉I, VIII, IX, X〉IV, VI〉V

(7) 자아지각영역(The Self-Perception Section)

5개의 변인 = Sum Fr + rF, FD(Form Dimension), MOR(morbid content), An + Xy, 3r + (2)/ R

(가) 자아중심성지표 (Egocentricity Index; 3r + (2)/R)

$$3r + (2)/R = \frac{3 \times (Fr + rF) + Sum\ (2)}{R}$$

① Self-esteem과 관련

② .30-.42범위 이상으로 지나치게 높게 나오면 피상적인 대인관계와 지나

친 자기에로의 몰입 초래, 반사반응이 포함되어 있다면 자아도취적인 것보
다 미성숙한 자기중심성 암시

③ 이 점수가 낮으면 부정적인 자기평가와 관련

④ Fr+rF ≥ 0: 개인가치를 과대평가, 나르시스틱 방어기제: Externalization,
Rationalization, Denial

(나) 병적인 내용 (Morbid Content; MOR)

① 부정적 자아이미지, 자아나 환경에 대한 태도가 매우 비관적

② 우울집단의 평균 MOR반응이 가장 높음

③ MOR ≥ 3: 자살, 부정적 자기상, 비관적 사고

④ MOR, 낮은 자아중심성지표, S반응 상승, X + % 저하: 부적응행동 유발가
능성 높음

(다) 신체반응내용 (An+Xy)

① 신체에 대한 관심, 자기몰입의 표현, 신체질병이나 임신과 같은 신체적 변
화로 인한 신체염려감의 표현, 신체집착

② Xy: 신체적 집착이 심리적 고통을 수반 (대부분 음영반응이 동반)

(라) 개인적 반응 (The Personal Responses; PER)

① 자아이미지를 방어하려는 경향성, 지각의 완고성, 자아이미지의 완고성

② 아동의 연령증가와 함께 PER반응 감소

③ PER 증가: 부정방어, 장기 정신치료에서 저항

④ 성인 강박증환자의 평균 PER ≥ 3

⑤ PER = 3: 대인관계에서 권위적인 경향

⑥ PER 〉 3: 지나치게 권위적, 개인적 통합이 매우 불안정

(마) 추상/예술반응 내용 (Ab+Art)

① 이지화 방어기제

② ※ FD 〉 2 or V 〉 0: 자기검색활동, 높은 자기 초점화

(8) 특수지표 (Special Indices)

SCZI: schizophrenia index, DEPI: depression index, CDI: coping deficit
index

S-CON: suicide constellation, HVI: hypervigilance index

OBS: obsessive style index

(가) 정신분열증 지표 (schizophrenia index; SCZI)

– 4개 이상 해당될 경우 체크

① EITHER (X + % 〈 .61) and (S - % 〈 .41) OR (X + % 〈 .50)

② X - % 〉 .29

③ EITHER (FQ- ≥ FQu) OR (FQ- 〉 FQo + FQ+)

④ (Sum Level 2 Sp. Sc. 〉 1) and (FAB2 〉 0)

⑤ EITHER (Raw Sum of 6 Spec. Scores 〉 6) OR (Weighted Sum of 6

Sp. Sc. > 17)

⑥ EITHER (M- > 1) OR (X - % > .40)

(나) 우울증 지표 (depression index; DEPI)

    – 5개 이상 해당될 경우 체크

① (FV + VF + V > 0) OR (FD > 2)

② (Col-Shad Blends > 0) OR (S > 2)

③ (3r+(2)/R > .44 and Fr + rF = 0) OR 3r + (2)/R < .33)

④ (Afr < .46) OR (Blends < 4)

⑤ (SumShading > FM+m) OR (SumC' > 2)

⑥ (MOR > 2) OR (2 × AB + Art + Ay > 3)

⑦ (COP < 2) OR ([Bt + 2 × Cl + Ge + Ls + 2 × Na]/R > .24)

(다) 대처손상 지표 (Coping Deficit Index; CDI): 무력감, 극복력의 제한이나 결핍, 대인관계에서의 문제를 더 예민하게 인식

    ※ CDI = 4 or 5: 사회적으로 미성숙, 환경과 상호작용곤란, 타인의 욕구와 상호작용에 덜 민감

      – 4개 또는 5개 이상이면 체크

① (EA < 6) OR (Adj D < 0)

② (COP < 2) and (AG < 2)

③ (Weighted Sum C < 2.5) OR (Afr < .46)

④ (Passive > Active + 1) OR (Pure H < 2)

⑤ (Sum T > 1) OR (Isolate/R > .24) OR (Food > 0)

(라) 자살 지표 (Suicide Constellation; S-CON)

    – 8개 이상 해당될 경우 체크 (14세 이상에게만 적용)

① FV + VF + V + FD > 2

② Color-Shading Blends > 0

③ 3r+(2)/R < .31 or > .44

④ MOR > 3

⑤ Zd > +3.5 or Zd < -3.5

⑥ es > EA

⑦ CF + C > FC

⑧ X + % < .70

⑨ S > 3

⑩ P < 3 or P > 8

⑪ Pure H < 2

⑫ R < 17

(마) 과민성 지표 (hypervigilance index; HVI): 과잉경계, 늘 비관적인 예상, 타인과 밀접한 관계를 맺기를 피하는 경향, 자극의 모든 특징을 주의깊게

조사, 과도한 에너지 투입
   - 1번을 만족시키고 아래 7개 중 최소한 4개가 해당될 경우 체크
   ① FT + TF + T = 0
   ② Zf 〉12
   ③ Zd 〉+3.5
   ④ S 〉3
   ⑤ H + (H) + Hd + (Hd) 〉6
   ⑥ (H) + (A) + (Hd) + (Ad) 〉3
   ⑦ H + A : Hd + Ad 〈 4 : 1
   ⑧ Cg 〉3

(바) 강박성 지표 (obsessive style index; OBS): 완벽경향, 과도하게 세부에 몰두, 부분에 대한 집착, 우유부단함, 정서표현의 어려움

① Dd 〉3
② Zf 〉12
③ Zd 〉+3.0,
④ (4) Populars 〉7
⑤ (5) FQ+ 〉1

※ 한 가지 이상 해당될 경우 체크
- ①~⑤ 모두 해당
- ①~④ 중에서 2개 이상이 해당되고 FQ+ 〉3
- ①~⑤ 중에서 3개 이상이 해당되고 X + % 〉.89
- FQ+ 〉3 AND X + % 〉.89

나. 그림검사

1) 그림검사의 역사와 발달

가) 지능 및 성격 평가도구로서 그림검사의 출현

(1) 19C 말 그림검사에 대한 관심이 증가

(2) 20C 초 정신장애 진단을 확증해 줄 수 있을 만큼 타당성을 지닌다는 견해가 퍼짐

(3) Hans Prinzhon: '정신장애자의 예술성' 출판 → 정신장애 환자들의 그림이 진단적 가치를 지닐 뿐 아니라 재활에 있어서도 중요한 역할을 한다는 인식을 심어줌

(4) Freud: 꿈이나 그림으로 표출되는 '이미지'가 잊히거나 억압된 '개인적' 기억을 표상하는 것으로 봄 → 인간 내면을 이해하는 데 효과적인 수단이라고 믿음

(5) Jung: '이미지'를 보다 인류 보편적인 의미로 바라보았다는 점에서 Freud와 다름 이미지와 마음 사이에 중요한 연결점 있음 인식, 그 상징적 의미 이해하려고 노력

(6) 19C 후반 아동의 그림에 대한 초기 연구들은 주로 '무엇을 그리는가'와 '각 연령별로 어떻게 그리는가'에 관한 것들이었다.

(7) Goodenough: 그림의 특정 측면이 아동의 정신연령과 높은 상관을 보임을 발견하고 지능 측정을 위해 DAM(Draw-a-Man) 개발 → 그림검사가 지능뿐만 아닌 성격 특질도 드러내주는 것을 관찰하게 됨 → 그 후 20C 전반에 걸쳐 수많은 연구들이 진행됨

나) '투사적' 그림검사의 발전

(1) '그림은 개인의 심리적 현상 및 주관적 경험을 드러내준다'라는 인식을 바탕으로 "투사적 그림"이라는 용어 등장하고 발전하게 됨

(2) '사람이나 집, 나무와 같은 특정한 형상에 대한 그림은 개인의 성격, 지각, 태도를 반영해 준다.'라는 가정에 기반을 둠

(3) Buck의 HTP(House-Tree-Person) → 어린 아동들에게도 매우 친숙하고 쉽게 그려질 수 있으며 무의식의 활동과 연상 작용을 활성화하는 상징성이 풍부한 소재

(4) Machover의 DAP(Draw-A-Person) → 종이는 환경, 사람 그림은 자신을 나타냄 → 개인의 감각, 지각 및 감정은 특정한 신체 부위와 연결되고, 이러한 신체상이 투사됨으로써 개인의 충동이나 불안, 갈등 및 보상욕구가 표현됨(신체상 가설)

(5) Koppiz: Machover의 신체상 가설에 반박. 아동의 그림은 아동의 정신적 발달 정도와 그림을 그릴 당시의 태도나 관심을 반영하며, 이는 성장함에 따라 변화한다고 봄

2) 투사적 그림검사의 종류

가) 사람 그림검사 및 관련 검사

(1) 사람 그림검사 Draw-a-Person test(DAP): 자기상, 신체상, 이상적 자기, 성 정체감 등 성격구조에 관한 정보 얻을 수 있음

(2) 집-나무-사람 그림검사 House-Tree-Person test(HTP): 사람 그림에서 얻는 정보 외에 부가적으로 성격 구조에 대한 정보를 얻을 수 있음

(3) 색채화 검사 Chromatic or Color Drawings test: 환경에 적응하고 있는 정도 등에 대한 정보를 얻을 수 있음

(4) 빗속의 사람 그림검사 Draw-a-Person-in-the-Rain test: 현재 겪고 있는 스트레스의 양과 그에 대한 방어기제에 대한 정보를 얻을 수 있음

(5) 동물 그림검사 Drawings of Animals test: 자기구조(self-structure)의 보다 원초적 측면을 파악할 수 있음

(6) 자화상 검사 Self-Portrait test: 자기개념과 신체상에 대한 부가적 정보 제공, 문제의 명료화와 치료 계획에 도움 줌

(7) 부가적인 인물 검사 Additional Person test: 중요한 타인의 존재나 자존감, 특정 인물에 대한 감정, 생각을 알고자 하는 시도임

* 그림검사는 임상 장면에서 많이 활용되며 실제 간단히 시행된다. 그러나 해석에 있어서는 로샤만큼 전문적인 훈련이 필요하다. 특히 맥락 하에서 검사를 해석하지 않고 요리책처럼 해석하게 되면 타당도가 매우 떨어질 수 있다. 기본적인 해석을 잘 숙지하고 실제 검사 자료와 피검자에 대한 관찰 기타 자료를 통합해야 한다.

나) 가족화 검사 및 관련 검사

(1) 가족 그림검사 Draw-a-Family(DAF): 아동의 심적 갈등의 초기 원인 및 가족관계에 대해 지각하는 바, 오이디푸스 갈등의 해소 정도, 자기개념 및 불안, 공상세계에 대한 정보를 제공해 줌

(2) 운동성 가족화 검사 Kinetic Family Drawing(KFD): 가족 간의 역동을 알 수 있음. 가족에 대한 아동의 지각이나 태도 이해에 중요함

(3) 집단 그림검사 Draw-a-Group(DAG): 집단의 구조와 그 안에서 아동의 적응을 평가하기 위한 검사

(4) 운동성 학교 그림검사 Kinetic School Drawing(KSD): 아동이 학교 상황에서 자신을 어떻게 지각하는지를 알아보기 위한 검사

(5) 비운동성 학교 그림검사 Akinetic School Drawing (ASD): 아동이 학교생활을 어떻게 지각하고 있는지를 알아보기 위한 검사

3) House-Tree-Person test(HTP)

가) HTP란?

(1) 1948년 J.N. Buck에 의해서 처음으로 제창되었으며 Hammer에 의해서 크게 발전된 검사

(2) 피검자에게 집, 나무, 인물화 등 3개의 그림을 그리게 하는 검사

(3) 그림의 크기, 선의 강약, 그려진 그림의 위치, 원근, 대칭, 음영, 그림의 내용 등 표현의 양상에 따라 그린 사람의 심리를 파악하는 검사

나) HTP 내용

(1) 집 그림: 현실을 반영해 줌. 가족상황과 가족 관계에 대해 어떠한 감정과 태도를 가지고 있는지 나타내며 이상적인 상태의 가정과 과거의 가정을 표현하기도 함

(2) 나무 그림: 인간의 발달을 은유적으로 나타내고자 할 때, 가장 흔하면서도 보편적으로 사용되어져 왔음

(3) 사람 그림: 자기와 개인 내적인 비료를 개념 짓는 현실, 생활 감정을 표출

4) House-Tree-Person test(HTP) 실시 방법

가) 집 그림

(1) 연필(4B), 지우개, A4용지 제시

(2) 종이는 가로 방향으로 제시-수직으로 돌려서 그림을 그리는 경우 의미 있는 반응)

(3) 시간제한 없음(걸린 시간은 기록)

(4) 그리고 난 뒤 사후 질문을 하고 대답을 기록

(5) 사후질문

(가) 이 집은 시가지에 있는 집입니까? 교외에 있는 집입니까?

(나) 이 집 근처에 다른 집이 있습니까?

(다) 이 그림의 경우 날씨는 어떻습니까?

(라) 이 집은 당신에게서 멀리 있는 집입니까? 가까이 있는 집입니까?

(마) 이 집에 살고 있는 가족은 몇 사람입니까? 어떤 사람들입니까?

(바) 가정의 분위기는 어떠합니까? 따뜻한 가정입니까? 애정이 없는 가정입니까?

(사) 이 집을 보면 무엇이 생각납니까?

(아) 당신은 어떤 집에 살고 싶습니까?

(자) 당신은 누구와 이 집에 살고 싶습니까?

(차) 당신의 집은 이 집보다 큽니까? 작습니까?

(카) 이것은 당신의 집을 그린 것입니까?

(타) 이 그림에 더 첨가해서 그리고 싶은 것이 있습니까?

(파) 당신이 그리려고 했던 대로 잘 그려졌습니까? 어떤 부분이 그리기 어려웠고, 마음에 들지 않았습니까?

나) 나무 그림

(1) 연필(4B), 지우개, A4용지 제시

(2) 종이는 세로 방향으로 제시-가로로 돌려서 그림을 그리는 경우 의미 있는 반응)

(3) 시간제한 없음 (걸린 시간은 기록)

(4) 그리고 난 뒤 사후 질문을 하고 대답을 기록

(5) 사후질문

(가) 이 나무는 어떤 나무입니까?

(나) 이 나무는 어디에 있는 나무입니까?

(다) 한 나무만이 있습니까? 숲 속에 있는 나무입니까?

(라) 날씨는 어떠합니까? 바람이 불고 있습니까? 해(눈, 비)가 떠 있습니까?

(마) 이 나무는 몇 년쯤 된 나무입니까?

(바) 이 나무는 살아있습니까? 말라 죽었습니까?

(사) 이 나무는 강한 나무입니까? 약한 나무입니까?

(아) 이 나무는 당신으로부터 멀리 있는 나무입니까? 가까이 있는 나무입니까?

(자) 이 나무에 필요한 것은 무엇입니까?

(차) 이 나무는 당신보다 큽니까? 작습니까?

(카) (상흔 등이 있으면) 이것은 무엇입니까? 어떻게 해서 생겼습니까?

(타) (특수한 나무인 경우) 왜 이 나무를 그렸습니까?

(파) (그림에서 이해하기 곤란한 부분에 대하여) 이것은 무엇입니까? 왜 그렸습니까?

(하) 이 그림에 더 첨가해서 그리고 싶은 것이 있습니까?

(거) 당신이 그리고자 한 만큼 잘 그려졌습니까? 어떤 부분이 그리기 어려웠고, 마음에 들지 않습니까?

다) 사람 그림

(1) 연필(4B), 지우개, A4용지 제시

(2) 종이는 세로 방향으로 제시-가로로 돌려서 그림을 그리는 경우 의미 있는 반응)

(3) 시간제한 없음 (걸린 시간은 기록)

(4) 막대기 모양 사람이나 만화 주인공을 그려서는 안 된다고 지시

(5) 하나를 완성하면 그것의 반대 성의 사람을 그리도록 다시 지시

(6) 그리고 난 뒤 사후 질문을 하고 대답을 기록

(7) 사후질문

(가) 이 사람의 나이는 몇 살쯤 되었습니까?

(나) 결혼했습니까? 결혼했다면 가족은 몇 명 정도이며, 어떤 사람들입니까?

(다) 이 사람의 직업은 무엇입니까?

(라) 이 사람은 지금 무엇을 하고 있습니까?

(마) 지금 이 사람은 무엇을 생각하며, 어떻게 느끼고 있습니까?

(바) 이 사람의 신체는 건강한 편입니까? 약한 편입니까?

(사) 이 사람은 친구들이 많습니까? 어떤 친구들이 있습니까?

(아) 이 사람은 어떤 성격의 사람입니까? 장점과 단점은 무엇입니까?

(자) 이 사람은 행복합니까? 불행합니까?

(차) 이 사람에게 필요한 것은 무엇입니까?

(카) 당신은 이 사람이 좋습니까? 싫습니까?

(타) 당신은 이러한 사람이 되고 싶습니까?

(파) 당신은 이 사람과 함께 생활도 하고 친구가 되고 싶습니까?

(하) 이 사람은 당신을 닮았습니까?

(거) 이 그림에서 더 첨가해서 그리고 싶은 것이 있습니까?

5) House-Tree-Person test(HTP)의 전반적인 해석

가) 해석의 기본 지침

(1) 검사의 해석: 여러 가지 검사를 통해 피검자가 '드러낸' 다양한 정보를 '읽어내는 것'

(2) 여러 가지 심리검사 결과, 행동관찰, 과거력, 면담자료를 고려하고, 피검자에게 적용하기에 가장 적절하고 유용할 것으로 판단되는 이론적 틀에 따라 종합적이고 전체적으로 이뤄져야 함

나) 인상주의적 해석 방법

(1) 그림이 임상가에게 주는 주관적 인상에 근거해 피검자의 심리적 특성 해석하는 방법

예) '무언가 공허해 보인다' '왠지 불안한 느낌이 든다' '화난 듯 무서운 인상을 준다', '약해 보인다' '공중에 붕 떠 있는 것 같다' 등

(2) 이런 인상을 예민하게 느끼기 위해 임상가에게 풍부한 공감능력과 직관력,

예민함이 요구되며, 많은 임상적 경험 필요. 특히 자기–심리학적 이론에 대한 지식과 임상경험 중요

(3) 그러나, 인상주의적 해석만으로 피검자의 심리적 특성과 상태를 정확히 이해할 수도 없고 하면 안 된다. 구조적 해석은 반드시 필요

다) 구조적 해석방법

- 그림의 크기, 순서, 위치 등 구조적 요소들의 의미를 고려해 해석하는 방법
- 다른 심리검사자료, 임상적 관찰, 면담자료와 일관되는지에 근거해 가설 채택 or 기각
- 절대로 'A이면 B이다' 같은 식으로 일대일 대응되는 의미를 부여하는 것은 안 됨

(1) 그림을 그려나간 순서: 피검자의 내적 갈등과, 그런 갈등이 주는 심리적 위협에의 방어를 알 수 있음

(가) 그림을 그리다가 다시 그렸을 때 변화된 점

예) 왜소한 어깨→건장한 어깨: 열등감을 느끼지만, 강해 보이려는 노력하고 있음

(나) 그림과 그림의 순서 비교

예) 위협적 여자 그린 후 움츠린 남자 그림→여성과 남성에 대한 표상을 나타냄

(다) 선의 질의 변화

예) 여러 번 덧칠로 진하게 함→자신감 없음, 불안감 느낌

예) 정교하게 그리다가 대충 그려버림→익숙지 않은 과제에 꾸준한 집중 안 됨

(라) 그림을 이상한 순서로 그릴 경우

예) 발, 머리, 무릎, 다리, 팔 순으로 그림 → 사고장애나 전반적 발달장애 (PDD)

(마) 그림을 그리는 과정 동안의 수행 수준의 변화

예) 그림 그리는 속도가 점차 늦어지고 에너지 감소 → 피검자가 심적 에너지를 투여해야 하는 자극 상황에 쉽게 지치고 피로감 느낌 or 현재 우울한 상태에 있음 등의 가설 세울 수 있음

(2) 그림의 크기: 피검자의 자기존중감, 자아팽창 여부, 과대평가 여부, 공격성, 행동화 가능성 제시

(가) 보통 크기(종이의 약 2/3 정도): 적정 수준의 자신감과 과시성

(나) 크게 그린 경우 (종이가 꽉 차거나, 종이가 모자랄 정도인 경우): 충동 조절의 문제와 행동화(acting out)의 가능성. 자아팽창(ego inflation), 과대망상, 주의력 결핍 운동장애(ADHD)와 관련된 과활동성의 문제의 시사. 환경이 주는 압력이 크며, 이에 따른 좌절과 실망감을 과잉보상하려는 욕구 내재의 가능성

(다) 작게 그린 경우: 수줍어하거나, 지나치게 억제되어 있을 가능성. 압박감이나 위축감이나 우울, 고립감을 느끼고 있음을 반영할 수 있음

(3) 그림을 그린 위치

(가) 종이 가운데 그렸을 경우: 대체적으로 정상, 안정감을 느끼고 있음을 말하나, 지나치게 가운데에 그리려고 노력한 경우 불안정감, 인지적, 정서적으로 경직된 특성이 있음 등을 시사함

(나) 오른쪽에 치우쳐 그렸을 경우: 행동 통제를 잘하며, 지적 만족감을 선호하는 경향이 있다는 연구도 있으나, 내향성, 권위적 대상에 대한 부정적이고 반항적 경향을 나타낸다는 연구도 있음

(다) 왼쪽에 치우쳐 그렸을 경우: 충동적으로 행동하려는 경향성 변화에 대한 욕구를 시사할 가능성이 있음

(라) 위쪽에 치우쳐 그렸을 경우: 욕구나 포부수준이 높음이나 과도한 낙관주의 등과 관련된다는 연구가 있음

(마) 아래쪽에 치우쳐 그렸을 경우: 상당한 불안정감과 부적절감의 내면화 혹은 우울증적 상태를 나타낼 수 있음

(바) 구석에 몰아서 그렸을 경우: 일반적으로 위축감, 두려움, 자신 없음과 관련될 수 있음

① 왼쪽 상단 구석 – 퇴행적 공상, 정신분열적, 자폐적 공상이 있다는 가설을 세울 수 있으며, 따라서 "정신분열성 구석"이라고도 함

② 오른쪽 상단 구석 – 불쾌한 과거 기억의 억압, 미래에 대한 과도한 낙관주의 등

③ 하단 구석 – 왼쪽은 과거와 관련된 우울감, 오른쪽은 미래와 관련된 무망감

④ 검사지 밑바닥이나 가장자리 – 불안정감, 의존적 경향, 새로운 경험 회피 등

(4) 필압: 연필을 가지고 얼마나 힘을 주어 그림을 그렸는가, 피검자의 에너지 수준, 긴장 정도 공격성 및 충동성에 대한 정보를 제공함

(가) 필압이 강할 경우: 상당한 긴장감과 불안감 느끼거나, 스트레스 상황에 처하면 쉽게 위축되는 경향 등. 반사회적 성격장애, 기질적 장애, 간질환자, 정신지체아들도 진하게 그리는 경우 많음

(나) 필압이 약할 경우: 자신이 없고 우유부단함, 소심하고, 불안증상과 관련된 신경증적 상태에 있음 등

(다) 필압이 변할 경우: 일반적. 융통성과 적응능력을 반영. 시종 진하거나 옅으면 정신분열, 정신지체 가능성

(5) 획이나 선의 특징

(가) 획을 길게 그릴 때: 안정감, 완고함, 야심 있음 등을 시사. 지나치면 과도한 억제를 시사할 수 있음

(나) 획을 짧게 그릴 때: 지나치게 끊어 그리면, 강한 충동성과 과도한 흥분 경향성을 시사할 수 있음

(다) 획을 직선으로 그릴 때: 자기주장적 경향, 민첩성, 단호함 혹은 경직성, 충동성을 반영할 수 있음

(라) 획을 곡선으로 그릴 때: 의존성, 불안감, 우울감, 사회불안적 경향, 여성성, 순종적 경향성 등의 반영 가능성

(마) 수평적 움직임을 강조하여 그린 경우: 연약함, 두려움, 자아보호적 경향성 혹은 여자다움과 관련될 수 있음

(바) 수직적 움직임을 강조하여 그린 경우: 남성적인 단호함, 결정력 혹은 과잉 활동성을 시사

(사) 획을 여러 방향으로 바꾸어 그린 경우: 불안정감, 정서적 동요, 불안감 등을 시사

(아) 선을 빽빽하게 그린 경우: 높은 내적 긴장감, 공격적인 경향이 있음을 시사

(자) 선을 지그재그로 그린 경우: 내면의 적대감이 있을 가능성

(차) 선이 연결되지 않게 그린 경우: 현실 접촉의 문제, 정신증적 혼돈, 사고의 기괴함과 비논리성 등을 반영할 수 있음. 정신증 환자 혹은 심한 뇌손상 환자에게서 자주 나타남

(카) 선에 음영을 넣은 경우: 원근감 표현을 위한 의도에 따른 것이면 적응적 양상을 나타내나, 그렇지 않은 경우 대인관계 불안감, 민감성을 시사. 심한 경우는 불안감, 내적갈등, 우울감 등을 시사

(6) 세부묘사: 그 부분과 직접적 관련 혹은 상징하는 심리적 측면과 관련한 내적 갈등을 시사

(가) 세무묘사를 부적절하게 했을 경우: 전체 그림과 조화롭지 못한 세부묘사 →내적 불안감, 위축감, 부적절감 시사

(나) 적절한 세부묘사를 생략했을 경우: 사회적 위축, 공허감과 같은 우울증적 특성, 심하면 정신병적 상태 반영

(다) 세부묘사를 과도하게 했을 경우: 강박적인 경향성 시사. 주변 세계가 불확실하고 예측 할 수 없다고 느끼므로, 그림을 정밀하고 정확하게, 반복적 요소 사용하여 그림. 강박증에서 초기 정신분열증으로 이행하는 과정이거나 급성 기질적인 장애 가진 피검자에게서 나타나는 경우가 가장 많음

(7) 지우기(erasure): 피검자의 독특한 내적 갈등을 추론해볼 수 있다.

(가) 지나치게 여러 번 지우는 경우: 내면의 불확실감, 내적 갈등으로 인한 우유부단함 등과 관련될 수 있음. 특히 지운 후 그림이 향상되지 못했다면 내적 불안감을 좀더 강하게 지지하는 징후

(나) 지우고 나서 다시 그린 그림의 향상 여부: 그림이 나아지면 이는 적응적인 상태를 나타냄. 그러나 더 나빠진 경우, 그림을 그린 대상이나 그림이 상징하는 대상에 관한 강한 정서적 갈등을 시사할 수 있음. 세부적 부분(눈,

팔 등)을 지우고 다시 안 그린 경우, 그 부분 자체나 그 부분이 상징하는 것에 대해 강한 내적 갈등을 느끼고 있음을 반영할 확률이 높음

  (8) 대칭(Symmetry)

    (가) 대칭성이 지나치게 부족할 경우: 정신병적 상태나 뇌기능 장애를 시사할 가능성이 높다. 정신지체아에서 흔히 나타남

    (나) 대칭성을 지나치게 강조했을 경우: 성격적으로 과도한 경직성, 지나친 억압, 강박적 감정의 통제 등을 시사. 강박증 환자, 편집증, 우울증 환자에게 자주 나타남

  (9) 왜곡 및 생략(Distortions and Omissions)

    (가) 왜곡이나 생략이 있을 때: 생략된 부분에 의해 내적 갈등과 불안의 원인을 추론할 수 있음

    (나) 그림을 극단적으로 왜곡하였을 때: 극단적 왜곡의 경우 현실검증력의 장애를 시사. 부정적인 자기개념을 반영할 수 있음. 정신증 환자, 뇌손상 환자, 심한 정신 지체가의 그림에서 나타나는 특성

  (10) 투명성(Transparency): 내장이 보이게 그리거나 옷을 입고 배꼽이 보이는 경우. 판단력 결함이나 현실검증력 문제, 정신증적 상태를 시사할 가능성이 높음. 그러나 6세 미안의 아동인 경우 이런 그림이 흔하게 나타나므로 주의해야 함

  (11) 움직임 (Motion): ADHD나 경계선 장애아동의 경우 지나치게 움직이는 모습을 많이 그림

  (12) 종이를 돌리는 경우(Paper-turning): 반항성과 부정적 경향을 시사. 계속 같은 방향으로만 돌린다면 보속성을 나타냄. 시각-운동 협응력의 어려움이 있을 때 종이를 자주 돌린다는 견해도 있음

  (13) 그림에 다른 것을 부가해서 그렸을 경우: 부가된 사물이 지니는 상징적 의미와 관련하여 여러 가지 가능성을 생각하게 해줌 (Ex. 해 - 권위적 인물의 상징. 힘이나 따뜻함에 대한 욕구의 반영도 생각할 수 있음)

6) 집 그림의 구조적 해석

아동이 내면에 가지고 있는 가족, 가정생활, 가족관계, 가족구성원 각각에 대해 가지고 있는 표상, 생각, 그와 관련된 여러 감정, 소망들이 투영되어 나타남

자아, 현실과 관계 맺는 정도와 그 양상, 개인만의 내적 공상에 대한 정보 나타남

가) 문

세상과 자기 자신 간의 접근 가능성을 나타냄

친밀한 관계에 대한 욕구나 소망 정도, 친밀한 관계 형성에 대해 느끼는 불안감이나 두려움, 거부감, 자신을 공개하는 것에 대한 불편감이나 긴장감, 타인의 인정이나 애정에 의존적인 정도, 실제 현실과 세상과의 접촉이 되고 있나, 고립되어 있나 등을 알 수 있음

  (1) 문이나 문의 손잡이를 빠뜨린 경우: 타인이 자기자신의 삶, 세계 안에 들어오

는 것에 대해, 자기 스스로 세상으로 나아가는 것에 대해 불안감, 저항감 느끼며, 자기만의 세계에 고립되고 위축되어 있음을 의미할 수 있음. 손잡이만 없는 경우는, 타인에게 자기를 열고, 자신이 다가가는 데 욕구는 이지만, 어떤 이유에서든 양가감정을 느끼고 있을 가능성

(2) 문의 크기

  (가) 지나치게 큰 문: 사회적 인정이나 수용에 지나치게 의존적, 타인과의 친밀한 관계에 지나친 비중 두거나 타인의 인정이나 수용에 과도하게 예민하고 불안해하지만 과잉보상하고 싶어 하는 등의 의미

  (나) 너무 작은 문: 타인과 관계를 맺고 싶은 욕구 있으나, 다른 한편으로 거부감, 두려움 등의 양가감정을 느끼고 있을 가능성 있다. 대인 관계 능력이나 기술의 부족을 의미할 수도 있다.

(3) 세부적인 장식

  (가) 초인종, 우편함: 타인과의 관계나 세상과의 접근 가능성에 과도한 집착함을 의미

  (나) 자세하고 꼼꼼히 그린 경우: 욕구와 관심을 강박적으로 보상하고 있을 가능성, 타인과의 좋은 관계를 맺고 있음에 대한 보상적 과시나 관계의 피상성을 의심해 볼 수 있음

(4) 문의 개수 및 위치

  (가) 옆쪽에 문을 하나 이상 더 그리는 경우: 세상과의 접근 가능성에 대한 불편감 반영

  (나) 쌍미닫이문: 불편감에 대한 과잉보상성

  (다) 문을 하나 더 그린 경우: 현재 세상과 맺고 있는 관계 방식 등에 불확실감 느끼거나, 다른 길을 찾고 싶은 소망이 있음

  (라) 옆 쪽문만 그린 경우: 세상과의 관계맺음에 대해 양가감정을 느끼는 것

  (마) 안 그려놓고 뒤에 뒷문이 있다고 말하는 경우: 접근 가능성에 대한 거부감이나 두려움, 방어적 경향

  (바) 문이 벽 안쪽에 숨겨지게 그린 경우: 타인의 접근에 불편함 느끼고, 지나치게 신중하거나 쉽게 사람을 믿지 못하고 시험해보는 경향 가지고 있음을 의미

(5) 문을 가리거나 마지막에 그린 경우

  (가) 문이 가려지게 화분을 그린 경우: 세상 및 타인과의 접근 가능성에 대한 여러 부정적 감정들, 혹은 양가감정을 느끼고 있음을 반영

  (나) 마지막에 그린 경우: 최소한의 대인관계 접촉을 하지만, 다소 불편해하며 수줍음이나 사회 불안을 느낄 가능성이 있음을 의미

나) 창문

대인관계와 관련된 피검자의 주관적 경험, 자기 혹은 자기대상이 환경과 상호작용할 수 있는 능력에 대해 스스로 느끼는 감정

(1) 창문을 안 그렸을 경우: 대인관계에 대한 주관적인 불편감, 대인관계에서 위축되어 있음. 욕구 낮음

(2) 창문을 너무 많이 그린 경우: 과도하게 자신을 개방하고 타인과 관계 맺고자 하는 욕구

(3) 창문의 위치: 문보다 아래쪽에 그리는 것이 일반적. 창문을 지붕에 그린 경우, 자신을 감추고 싶어 하거나, 내적 고립감과 위축감을 느끼고 있음을 시사할 수 있음

(4) 창문의 크기: 문의 경우와 마찬가지로 해석할 수 있음

(5) 세부적인 장식: 화병, 사람 등이 한두 가지 정도 창문을 가리지 않는 범위에서 그려졌다면, 환경에 좀더 능동적으로 관여하고 개입하고자 함을 의미. 그러나 창문이 가려질 정도인 경우는 대인관계에서 자신이 상처받지 않도록 보호하고 자하는 방어적 태도나 감정 의미

다) 벽

벽은 자아 강도와 자아통제력을 나타냄. 직선으로 그려지고, 적어도 두 개 이상이며, 3차원적, 투명하지 않은 경우가 적당함

(1) 벽의 형태: 허술하게 그려진 경우 자아강도가 약화되어있고, 자아통제력이 취약해져 있음을 의미. 벽의 견고함을 강조한 경우 자아강도가 강함을 의미할 수도 있지만, 자아가 위협받는 데 대한 두려움과 예민함, 자기통제의 과도한 욕구 등을 나타낼 가능성이 있음

(2) 벽을 안 그리거나 선이 연결되지 않은 경우: 드문 경우로, 심한 현실 왜곡, 자아의 붕괴, 자아통제력의 와해, 현실검증력의 손상을 의미하며, 정신분열병 환자에게서 많이 나타남

(3) 벽의 개수와 위치: 벽이 하나만 보이고 2차원적으로 그려진 경우, 남에게 보이는 자신의 부분을 통제하고자 하며, 자신에 대해 제한되고 피상적인 부분만 드러내고자 하는 욕구를 의미. 벽을 두개 이상 그렸음에도 2차원적인 경우 신경학적 손상이나 사고 장애 등을 의미

(4) 선: 벽을 휘어지게 그리거나 쓰러질 듯 그렸다면 자기 통제력이 매우 약하며 현실검증력이 불안정함을 의미할 수 있음

(5) 투명성: 자아통제력의 상실, 현실검증력의 장애를 시사함
(5세 이하의 경우는 정상)

(6) 벽돌이나 돌, 통나무 결 무늬 등을 벽에 그려 넣는 경우: 사소한 것에 대한 과도한 집착, 강박적, 완벽주의적 성격 경향을 시사. 자폐아동의 그림에서 종종 나타나며, 보속성, 기계적 자극처리 경향을 반영

라) 굴뚝

▶ 가족 내의 관계와 분위기, 가족들 간의 애정과 교류에 관한 정보를 제공해줌

▶ 우리나라와 외국의 집은 다르기 때문에 해석도 다르게 해야 함

(1) 굴뚝에서 연기가 나는 그림: 애정이나 따뜻함에 대한 과도한 욕구와 관심, 좌

절감이나 결핍감, 상실감을 반영

(2) 굴뚝을 안 그렸을 경우: 우리나라 아동의 경우 안 그리는 경우가 더 많아 특별한 임상적 의미 둘 필요 없음

(3) 굴뚝에 벽돌 무늬를 그려 넣는 경우: 강박적인 성격을 반영할 가능성 높고, 가족 간의 따뜻한 교류와 상호작용, 애정의 교환에 대한 강박적인 집착을 시사

마) 지붕

▸ 내적인 공상활동, 자기 자신의 생각이나 관념, 기억과 같은 내적 인지과정과 관련

(1) 지붕을 안 그렸을 경우: 매우 드문 경우. 사고장애, 현실검증력의 장애를 시사. 정신분열환자에게서 나타남

(2) 지붕을 지나치게 강조해서 그렸을 경우: 공상에 몰두하는 아동의 경우 나타남. 정신분열증, 경계선 장애의 자폐적 공상, 혹은 내적으로 우울한 아동의 소망 충족적 공상일 수 있음. 정신증 초기 의심 가능

(3) 지붕의 크기 너무 큰 경우: 대인관계에서의 좌절감을 느끼거나, 위축된 경우, 자폐적 공상에 과도하게 몰두하는 경향성 등을 시사. 반대로 너무 작은 경우, 내적 인지과정에 대해 회피, 억제, 억압하는 경향성 반영

(4) 기와나 널빤지를 그려 넣어 정교하게 표현하려 한 경우: 강박적인 경향을 나타냄. 내적 공상에 관련된 불안감을 통제하고 싶어함을 추론 가능

(5) 지붕에 문과 창문을 그렸을 경우: 내적 사고활동을 주된 매개로 세상과 소통함을 의미. 정신분열증, 정신분열형 성격장애 환자에게 나타남. 단순히 지붕을 크게 그린 경우보다 자폐적 공상이 더 심하고 그 안에 더 위축되어 있음을 의미

바) 계단이나 출입로

▸ 타인과 접촉하고 관계를 맺고 있다는 느낌, 즉 근접성(Approachability)을 의미

(1) 계단이나 출입로를 안 그린 경우: 우리나라 아동의 경우 특별한 임상적 의미 부여하지 않아도 됨

(2) 형태 및 위치: 너무 길거나 짧은 경우, 출입로의 너비를 너무 좁게 그리는 경우 → 타인과 가까워지는 것에 대해 접근과 회피의 갈등, 양가감정이 있음을 의미 (외국연구) 너비를 통해, 수용, 개방 혹은 주저함 등을 의미할 수 있음

사) 집과 지면이 맞닿은 선

▸ 현실과의 접촉 및 그 접촉의 안정성을 나타내는 것으로 가정해 볼 수 있음. 정신분열증 환자는 공중에 떠 있는 그림을 그림

(1) 지면선을 안 그렸을 경우: 심리적으로 불안한 경우(단, 집의 밑 부분이 안정되게 그려진 경우 별 의미 없음)

(2) 집의 밑바닥 면은 그렸으나 지면 부분은 없는 경우: 정서적 불안정감, 현실과의 접촉의 불안정성을 의미(외국연구)

아) 집을 바라보는 관점

(1) 위에서 내려다보는 모습으로 그린 경우: 새의 관점(Bird-eye-view). 가정에 대해 불만감, 벗어나고 싶은 욕구. 거리감을 의미

(2) 아래서 위로 올려다보는 모습으로 그린 경우: 벌레의 관점(Worm's Eye View). 가족관계 속에서 수용되지 못하고 거부당하는 느낌, 애정욕구에 대한 좌절감, 열등감, 부적절감 등 우울증과도 관련

(3) 멀리 떨어져 있는 듯이 그린 집: 집과 멀리 떨어지고자 하는 소망과 관련될 수 있음. 집의 뒷부분을 그리는 경우, 위축감, 수동-공격적 경향, 저항이 투사되었을 수 있음. 방어적으로 위축되어 있는 초기 편집형 정신분열증 환자에게서 나타날 수 있음

자) 부수적인 사물을 그려넣었을 경우

(1) 태양: 성인의 경우, 강력한 부모와 같은 자기대상 존재를 갈망하고 있음을 시사. 아동의 경우, 일반적이나, 지나친 강조는 강한 애정욕구 및 이에 대한 좌절감 시사

(2) 잔디나 나무: 외로움을 시사. 나무가 집을 덮은 경우, 강력한 부모의 지배 등을 의미

7) 나무 그림의 구조적 해석

▸나무와 사람 그림에는 '신체상' 혹은 '자기개념'과 같은 성격의 핵심적 측면이 나타남. 특히 나무는 심층적인 수준에서의 자기와 자기개념에 부여된 내면 감정이 투영됨. 심리 치료를 통한 병리적 징후들의 감소 여부를 알 수 있음

가) 나무 기둥

▸피검자의 성격구조가 얼마나 견고한지, 즉 자기 혹은 내면화된 자기대상의 힘을 나타냄

(1) 기둥의 윤곽선: 지나치게 필압을 강하게 그린경우, 자신의 성격구조에의 위협에 방어하려는 경향 혹은 자아가 혼란스러워지는 것에 대한 두려움과 방어적 경향성을 의미. 흐리고 연한 경우는 정체성 상실, 자아 붕괴에 대한 긴박감, 강한 불안감을 의미

(2) 나무 기둥을 안 그렸을 경우: 매우 드문 경우. 자아 강도가 극도로 악화되거나 와해된 경우, 혹은 심한 자기 부적절감, 지나친 억제 경향성, 수동성 등을 의미

(3) 기둥의 모양과 크기: 지나치게 넓고 크게, 높게 그린 경우, 실제로는 자아 강도가 부족하면서, 이런 불안감을 과잉보상하고자 시도하고 있음을 의미. 반대로 너무 좁고 약한 경우 실제로 자신에 대해 위축되고 약하게 느끼고 무력해 있음을 의미. 너무 휘어지거나 기울어진 경우 내적 자아의 힘이 외적 요인에 의해 손상되거나 압박받는 느낌을 반영. 기둥 끝이 땅 쪽으로 휘어진 경우 우울감 시사. 기둥 위가 갈라진 분열된 나무는 세상 속 자신의 혼란감, 자기분열감을 시사하는 것으로 가정되며 정신분열증에서 많이 나타남

(4) 그루터기만 그린 경우: 심한 유약감, 위축감과 우울감을 의미

(5) 기둥에 옹이구멍을 그려 넣은 경우: 옹이구멍은 트라우마를 의미. (성장기에 겪은 외상적 사건, 자아의 상처)

(6) 옹이구멍 안에 동물을 그려 넣은 경우: 상징적으로 좀 더 안전한 장소, 숨고 싶은 장소를 소망하고 있음을 의미 (자궁으로의 회귀 Return to Uterus)

(7) 나무 기둥과 가지를 일차원적으로 그린 경우: 흔치 않음. 지능이 낮아서인지 기질적 손상이 있는지 의심해 볼 수 있다.

나) 뿌리

▶ 내적으로 느끼는 자기 자신에 대한 안정감, 근본적인 모습에 대한 이해와 관련

(1) 뿌리를 그리지 않은 경우: 현실 속에서 자신에 대한 불안정감, 자신 없음을 의미

(2) 뿌리는 그리지 않고 땅은 그린 경우: 내적 자기와의 단절감을 느끼나 어느정도 안정감을 느끼고 있음을 의미. 붕 떠있는 인상의 그림은 현실검증력의 불안정이나 내적인 불안정감을 의미

(3) 나무 기둥을 종이 밑면까지 그린 경우: 외적인 자원을 통해 안정감을 얻고자 하는 욕구를 의미. 자기부적절감, 우울감 시사

(4) 뿌리를 강조하여 그린 경우: 자신에 대해 느끼는 불안정을 과도하게 보상하려고 시도하고 있음을 의미. 뿌리가 동물의 발톱처럼 뾰족뾰족한 경우, 자아가 붕괴할 것 같은 상태에서 심한 공포감과 두려움을 느끼고 있는 초기 정신증적 상태, 전정신증적 상태와 관련

(5) 투명성: 땅을 그리고 뿌리가 보이는 경우, 현실검증력의 손상을 시사 (5세 이하는 정상)

다) 가지

▶ 타인과의 접촉에 필요한 자원, 현재 상황에 대처할 수 있는 능력과 태도 등을 반영. 무의식적 의미에서는 나뭇가지는 사람 그림에서의 팔과 유사

예) 사람 그림에서는 강하고 튼튼해 보이는 팔을 그려도 나무에서는 가지를 부러지거나 혹은 너무 빈약하게 그린 경우, 내면에는 내적, 외적 자원에 대한 좌절감과 무기력감이 있으면서도 이를 다소 과잉보상하려는 경향성이 있음을 반영

(1) 나뭇가지를 그리지 않은 경우: 매우 드묾. 세상과의 상호작용에 있어서 매우 억제되어 있음을 의미 (사회적 위축)

(2) 나뭇가지의 크기

(가) 지나치게 큰 가지→성취동기, 포부수준이 매우 높거나, 과잉보상, 과잉활동을 의미

(나) 너무 작은 가지→상황 대처의 수동성, 세상으로 나아가는 태도의 억제를 의미

(다) 지나치게 주변으로 퍼진 가지→환경으로부터 만족을 추구하는 것을 두려워하고, 만족 추구의 원천을 자신의 공상 세계 속에서 찾고 있음을 의미

(라) 잎은 거의 그리지 않고 가지만 길쭉길쭉 그리는 경우→정신분열성 성격

(3) 나뭇가지의 모양

(가) 일차원적으로만 그린 경우, 기질적 손상과 정신지체, 정신병적 상태인지 의심해본 후 이런 가능성이 배제되면, 대인관계 상호작용에 대한 심한 부적절감을 의미

(나) 끝이 아주 날카로운 창 같은 가지는 적대감이나 공격성의 내재를 의미

(다) 매우 크고 진한 나무는 내적인 공격성을 행동화할 소지가 있음을 의미

(4) 나뭇가지와 잎을 땅에 닿을 정도로 휘어지게 그린 경우: 축 늘어진 인상의 가지는 심한 우울감, 무기력감과 사회적 상호작용의 억제를 의미

(5) 나뭇잎이나 열매가 땅으로 떨어지고 있거나 떨어진 것을 그린 경우: 타인과의 상호작용에서 좌절을 겪었거나 이로 인해 정서적 어려움을 느끼고 있음을 의미. 이런 잎이나 열매를 지나치게 자세하고 반복적으로 그린 경우 그런 좌절을 보상받고 상쇄하고자 하는 욕구와 강한 의존욕구 혹은 과시를 시사

(6) 나뭇가지 형태가 완벽한 대칭인 경우: 불안한 내면과 달리 완벽한 균형을 유지하고자 애씀으로 두려움을 보상하고 통제감을 획득하고자 함을 의미

(7) 나무 그림에 열매, 꽃, 새, 둥지, 동물, 그네 등을 그려넣은 경우: 세상과의 상호작용에 대한 불안을 보상하려는 욕구를 반영. 특히 과일의 경우, 채워지지 않은 애정욕구를 의미

라) 나무 그림의 주체

▶ 개인이 경험하는 갈등과 정서적 어려움을 반영한 것일 수 있다.

(1) 나무에 개가 오줌을 싸는 것을 함께 그린 경우: 자신에 대한 가치감과 자기존중감의 결여, 부적절감 등을 함축

(2) 나무를 베는 남자를 함께 그린 경우: 아버지상의 투사. 아버지와의 단절감, 거세불안, 억압된 분노 등의 시사

(3) 버드나무를 그린 경우: 대개 우울한 피검자들의 그림

(4) 사과나무를 그린 경우: 어머니 투사. 애정욕구에의 좌절감을 경험한 경우 사과가 다 떨어지거나 타인이 다 따간 것으로 그림. 7세 이하는 일반적으로 나타나는 그림이라 위와 같은 해석 의미 없으나, 청소년이나 성인의 경우 애정욕구와 의존욕구가 매우 높고, 애정에 목말라 있음을 의미. 강한 성취욕구, 포부수준을 반영할 수도 있음

(5) 죽은 나무를 그린 경우: 상당한 부적응적 양상 혹은 정신병리적 특성을 의미. 정신분열증 환자, 우울증, 기타 다른 신경증 환자에서 고루 나타남 (임상가는 나무가 죽었다고 지각할 외적, 내적 사건, 왜 죽었나, 얼마나 되었다 등을 물어보아야 함. 심리적 어려움의 원인과 정신병리적 특성의 지속기간 등을 알 수 있음)

(6) 열쇠구멍 모양으로 그렸을 경우 keyhole tree: 로샤의 공백반응과 유사함. 저항적이고 부정적인 태도를 보임. 때로는 우울하고 위축된 아동의 경우 아주

작은 열쇠구멍 나무를 그림

(7) 나무 대신에 풀이나 열매, 채소 등을 그린 경우: 다시 그리도록 지시해야 함. 두 번째 지시에서 역시 이런 그림 그리면 대부분 정신증적 상태를 시사. 현실 검증력 손상되고 위축된 정신분열증 환자일 가능성 높음

마) 나무의 나이

▸ 피검자의 심리적, 정서적, 성격적 성숙 정도의 좋은 지표가 됨

(1) 자신의 나이보다 어린 나무를 그린 경우, 피검자가 매우 미성숙한 상태임을 의미

(2) 반대의 경우 내적인 미성숙함을 부인하거나 과시적인 태도를 통해 보상하고자 하는 가능성 시사

8) 사람 그림의 구조적 해석

▸ '자기개념'이라는 성격의 핵심적 측면이 투사되어 나타남. 피검자의 의식적인 수준에서 가지고 있는 자기개념, 자기표상, 태도, 감정들이 투사됨. 때로 자기대상적 충족을 주는 여러 유의미한 자기대상적 인물, 유의미한 타인의 표상이나 그에 대한 감정이 투사되기도 함. 특히 아동의 그림에는 발달적 성숙의 징후들도 반영되어 나타남

▸ 검사자를 그린 경우, 당장 아무에게라도 관심과 사랑을 받고 싶은 상태임을 의미

가) 머리

(1) 머리

▸ 아동의 인지적 능력, 지적 능력 및 공상활동에 대한 정보를 나타 낼 수 있음

(가) 머리를 그리지 않은 경우: 매우 드문 경우로 사고장애나 신경학적 장애가 있는 경우일 가능성 높음. 물건이나 모자에 머리가 다 가려지게 그려진 경우, 자신의 지적 능력에 대해 매우 자신 없고 불안감 느끼거나, 공상세계에 몰입, 세상에 나아감을 회피함을 반영

(나) 머리의 크기와 형태

① 너무 큰 머리 – 지적 능력에 대한 불안감을 과도하게 보상하고자 하는 욕구 혹은 평소에 공상이 많음을 시사 (6세 이하의 경우는 정상)

② 너무 작은 머리 – 자신의 지적 능력, 공상세계와 관련된 부적절감을 느끼며, 지적인 표현과 관련해 수동적이고 억제적, 위축적 태도를 보일 수 있음을 시사

③ 네모 머리, 세모 머리 (전형적이지 않은 머리) – 지적 능력의 왜곡, 장애를 시사. 사고 장애나 신경학적 장애의 여부를 의심해보아야 함

(다) 머리와 몸의 연결: 연결되지 않은 경우, 지적 능력과 몸의 다른 부분이 적절한 관련 맺지 못함을 의미. 즉, 정신과 신체의 통합이 어려운 사고장애, 신경학적 장애의 가능성 시사

(2) 얼굴

(가) 얼굴의 어느 면을 그렸는가?

① 뒤통수 – '세상과 직면하기'를 원치 않음. 외모에 대한 극도의 불안감, 자신 없음 등

② 옆얼굴 – 자신감 부족, 외모가 창피하고 걱정되어 직접적 사회 접촉을 피하고 있음

③ 반은 옆, 반은 앞 – 사고장애나 신경학적 장애

(나) 수염: 외국 아동의 경우, 쾌락이나 힘을 의미하거나 남성적 면의 부족에 대한 불안감의 보상에 노력하고 있음을 의미

(3) 눈

▸ '세상을 향한 창문'. 타인과 어떻게 관계를 맺는지에 대한 정보. 정서적 자극의 수용 및 반응, 감정 표현에 대한 태도 등을 나타냄.

(가) 눈을 그리지 않는 경우

① 두 눈 – 타인과의 감정 교류에 극심한 불안감 느끼고 회피 중임. 사고장애 가능

② 한쪽 눈 – 감정 교류에 있어 접근과 회피의 양가감정을 느낌을 의미

③ 머리카락이나 모자로 가진 경우 – 사회적 불안으로 인해 감정을 표현하고 타인 감정 수용에 매우 위축되어 있음을 반영

(나) 눈의 크기

① 너무 큰 눈 – 타인과 정서적 교류함에 있어 지나치게 예민함을 의미

② 너무 작은 눈 – 사회적 상호작용에서 위축되고 회피함을 의미

③ 진하게 그리거나 강조한 경우 – 타인과의 상호작용에서 의심, 방어, 편집증 경향성

(다) 눈의 모양

① 눈의 윤곽만 그린 경우 – 내적인 공허감 반영. 타인 감정 알고 싶지 않고, 자신 감정을 보이고 싶지도 않음을 의미

② 점만 찍거나, 가는 선으로 그린 경우 – 감정 교류 소통의 채널을 좁힌 것. 스스로 타인 감정의 공유과 자신의 감정 표현에 제약이나 한계를 느끼고 있음

③ 눈꺼풀이나 속눈썹 – 타인과 정서적으로 교류하는 것에의 과민성, 집착성. 아주 정교하게 그린 경우 강박적 성격, 히스테리적 성격, 자기애적 성격 성향 의미

(라) 눈썹 **물론 일대일 식의 해석은 위험함으로 주의

① 코를 향하여 기울어진 눈썹 – 내면의 적대적인 태도

② 반원의 아치 모양 – 경멸적인 태도

③ 진한 눈썹 – 공격적 태도

(4) 귀

▸ 아동이 정서 자극을 수용하고 이에 반응하는 방식에 대해 알 수 있음

(가) 귀를 그리지 않은 경우 (머리카락이나 모자로 귀를 가린 경우도 마찬가지): 종종 있으므로, 꼭 정서적 문제가 있음을 의미한다고 단정지을 수는 없지만, 자신 감정 표현에 불안하고 자신없고, 사회적 상황이나 감정 교류를 피함을 반영

(나) 귀의 크기

① 너무 큰 귀 – 대인관계에 너무 예민함

② 너무 작은 귀 – 정서적 자극을 피하고 싶고 위축되어 있음을 의미

③ 강조 – 감정 교류에 대한 불안감과 긴장감, 타인의 자신에 대한 평가에 대한 예민함, 타인 불신, 때로 편집증적 경향까지도 시사

(가) 귀걸이를 그린 경우: 외모에 관심이 많음. 너무 자세하고 정교한 경우 과시하고 싶은 자기애적 욕구, 혹은 대인관계 불안감에 대한 보상욕구를 시사

(나) 남자 그림에 귀걸이 그리면 다소 반항적이거나 거부적 태도일 수 있음

(5) 코

▸ 정서적 자극을 어떻게 받아들이고 반응하는가, 외모에의 관심 여부 등을 나타냄

(가) 코를 그리지 않은 경우: 타인에 어떻게 보일지 예민하고 두려워함. 사회적 상황에서 위축이나 회피 가능성

(나) 코의 크기

① 너무 큰 코 – 타인과 관계에서 정서적 자극에 너무 예민하거나 외모에 지나친 관심

② 너무 작은 코 – 외모에 대해 자신없고, 위축. 타인과 감정교류에 수동적이고 회피적

③ 콧구멍 강조 – 대인관계 상호작용에서 미성숙한 태도, 공격적 행동 보일 가능성

(6) 입

▸ 생존, 심리적인 충족 등과 관련된 여러 가지 정서적 이슈들에 대해 알려줌

(가) 입을 그리지 않은 경우: 애정 교류에 있어 심한 좌절감이나 무능력감, 위축감, 양가감정을 느낌을 의미. 특히, 부모와 같은 대상과의 상당한 갈등이나 결핍이 있음을 시사

(나) 입의 크기

① 너무 큰 입 – 타인과의 정서적 교류에 불안감을 느끼나 과도하게 적극적이고 심지어 공격적 태도를 취해 역공포적으로 이런 불안감을 보상하고자 함을 의미

② 너무 작은 입 – 내적인 상처를 받지 않기 위해 정서적 상호작용을 회피하거나, 타인의 애정 어린 태도를 거절하고자 하고, 이에 관한 우울감이나 절망감의 경험을 시사

(다) 입의 모양

① 가로선 하나 – 타인과의 정서적 교류에 무감각, 냉정한 태도

② 냉소적 비웃음 – 성격적으로 적대감, 공격성의 내재

③ 환한 웃음 – 타인의 애정을 지나치게 원하고, 친밀 관계에 몰두하는 경향

④ 헤 하고 벌린 입 – 대인관계 상호작용에서의 무기력감과 수동적 태도

(라) 입에 다른 물건을 물고 있는 모습을 그린 경우

① 담배나 파이프 – 타인으로부터 애정과 정서적 지원 못 받고, 스스로 내적 충족감을 가질 수 있음을 과시함으로 타인의 거절에 대한 불안감을 보상하려 하고 있음

(7) 이

(가) 흔치 않으나, 5세 이하의 경우 행복감이나 기쁨을 표현한 것

(나) 그러나 6세 이상의 경우 정서적 욕구 충족, 애정욕구 충족에 심한 좌절감을 느끼고 다시 상처 입을까 불안감을 느끼고 있음을 시사

(다) 자세히 그린 경우 강박적 행동으로 불안감을 보상하고자 함을, 진하게 힘주어 그린 경우 역공포적으로 보상하고자 함을 의미할 수 있음

(8) 턱

▶ 자기주장성과 관련됨.

(가) 턱을 그리지 않은 경우: 자기주장성이 부족하고 대인관계에서 수동적이며 쉽게 위축됨을 시사

(나) 턱의 크기: 턱을 강조한 경우, 자기주장적 태도가 너무 지나쳐 공격적으로 행동할 수 있음, 혹은 자기주장적 태도를 하면 남들이 싫어할지 모른다는 불안감의 과잉보상욕구 의미

(9) 머리카락

▶ 타인이 자신의 외모를 어떻게 생각하는지에 대한 관심, 이를 얼마나 중요시하는가.

(가) 머리카락을 그리지 않은 경우: 어린 아동은 남자를 머리카락 없이 종종 그리므로 정서적 어려움으로 해석하지 않음. 그러나 외모에 대해 자신이 없고 위축감을 느낌을 의미할 수 있음

(나) 머리숱의 정도

① 너무 많고 진한 경우, 지나치게 자신 있거나 적극적, 자기주장적으로 행동하며, 때로 공격적일 수 있음을 의미. 자신의 외모, 성적 매력 없음에 불안감 느끼고 과잉보상하려는 의미. 자기애적 성격이나 히스테리성 성격 특성을 의심해볼 수 있음

② 너무 적은 머리숱은, 성적인 면에서 지나치게 수동적이거나 억제적 태도를 시사

나) 상반신

(1) 목

▶ 사고, 공상, 감정과 신체적 반응을 연결하는 통로

(가) 목을 그리지 않은 경우: 뇌기능장애, 해리장애, 혹은 사고장애일 가능성을 강하게 시사

(나) 목의 크기와 모양

① 너무 긴 목 – 생각과 행동 간에 거리를 두고자 함을 의미. 자신 행동 조절과 충동 통제에 대한 자신감 부족, 과도한 행동의 억제와 공상에의 몰두로 해결함 등을 의미

② 너무 가늘고 긴 목 – 행동통제력 상실할 위험이 높은 상황에서 위축되고 억제됨

③ 너무 굵은 목 – 심신 통합에 너무 집착할 가능성, 경직되고 완고한 행동

④ 너무 작은 목 – 너무 억제되고 위축됨을 의미

⑤ 선 하나 – 스스로 충동을 통제하지 못한다는 자괴감, 부적절감 느낌을 시사

(다) 머리와 몸에 목이 연결된 모양

① 목이 머리엔 연결되고 몸과 떨어진 경우, 자신의 이성과 사고가 행동을 제대로 통제하고 있지 못함을 의미

② 목이 몸엔 연결되고 머리와 떨어진 경우, 충동 통제에 필요한 내적 태도나 공상활동 등의 부족이나 발휘되지 못함을 의미

③ 너무 떨어져 있는 경우, 사고장애를 시사

④ 머리와 몸이 연결된 경우, 충동 통제 및 조절능력의 약화와 생활의 부적절 감을 시사

(2) 어깨

▸ 책임을 지는 능력과 관련될 수 있다.

(가) 어깨를 그리지 않은 경우: 5~6세 아동은 종종 있으나, 그 외의 경우 신경학 적 장애, 정신지체의 가능성 시사. 몸과 목, 팔이 바로 연결된 경우, 책임지 는 것에 대해 매우 자신 없고 부적절감 느끼며, 책임지는 상황을 회피하고 자 함을 시사

(나) 어깨의 크기와 모양

① 너무 큰 어깨 – 책임감이 너무 강하고, 상황 지배, 과도하게 권위를 내세우 는 태도

② 너무 작은 어깨 – 책임있게 완수하는 능력에 대해 자신없음, 위축적 수동 적 자세

③ 날카롭게 각진 어깨 – 책임행동 관련 상황에서 경직되고 확고한 태도

④ 너무 쳐진 어깨 – 책임이라는 부담을 지는 것에 관한 우울감 의미

(3) 몸통

▸ '내적인 힘' 소유 여부에 의해 스스로 얼마나 유용하고 적절하다고 경험하나 를 나타냄

(가) 몸통을 그리지 않은 경우: 매우 드문 경우. 퇴행이 심하고 사고장애, 정신

지체, 신경학적 장애 있음을 의미

(나) 몸통의 크기와 모양

① 너무 긴 몸통 – 지나친 행동성 보임으로 내적 힘 부족의 느낌을 과잉보상하려 함

② 너무 넓은 몸통 – 주변 사람들에게 요구가 많거나 권위주의적 태도 취해 내적 힘의 결핍감을 과잉보상하려 함을 의미

③ 너무 작은 몸통 – 대인관계에서 위축되어 있음을 시사

④ 너무 짧고 굵은 몸통 – 화가 나면 매우 난폭해질 가능성 시사

(4) 가슴

▸ 남자 그림에서 가슴은 자신의 능력이나 힘에 대한 주관적 느낌을 반영. 피검자의 성별과 그린 대상이 자기인지 혹은 자기대상인지에 따라 해석이 다름

(가) 가슴의 크기

① 너무 넓은 가슴 – 권위적 태도 등을 통한 결핍감이나 무능력감의 과잉보상 욕구

② 너무 좁은 가슴 – 수동적이고 순종적인 행동을 할 가능성

③ 웃옷을 벗은 가슴 – 무능력감을 과시적 방식을 통해 보상하려 함을 시사

(5) 유방

▸ 여자 그림에서의 유방은 성적 매력과 관련. 의전욕구 및 애정욕구와 관련될 수 있음

(가) 유방을 그리지 않은 경우: 성인 여자 그림에서 유방이 없는 경우 의존욕구의 좌절감을 시사. 특히 남자 아동이 그렇게 그린 경우 자신의 의존욕구를 강하게 부인하고 여성을 성적으로 미숙한 표상으로 지각하고 있음을 의미. 여자 아동의 경우 성적으로 성숙한 여성 표상에 대한 부적절감이나 어머니와 같은 여성적 자기대상을 이런 방식으로 경험하고 있음을 의미. 성적으로 미성숙한 여자 아이를 그린 경우, 의존욕구 관련 상황의 회피를 의미

(나) 유방의 크기

① 너무 큰 유방 – 성적 능력이나 매력을 너무 강조한 것. 혹은 의존욕구 충족에 대한 불안감을 과잉보상하고자 함을 의미

② 성적으로 도발적인 방식의 표현 – 여성 성적 능력의 과장 혹은 관음증적 행동의 소망 등을 의미. 여성 피검자의 경우, 콤플렉스를 과시적 태도로 보상하려함을 의미

③ 너무 작은 유방 – 자기부적절감을 실제로 강하게 느끼고 있음을 의미. 남성 피검자의 경우 어머니, 아내 등 여성 자기대상을 얕잡아 보고 싶은 태도를 의미. 여성 피검자의 경우 여성으로서 열등감, 성 정체감 영역에서 갈등을 시사

(6) 허리

▸ 성적 행동을 어떻게 통제하는가 여부나 정도와 관련될 수 있다.

(가) 허리를 그리지 않은 경우: 허리를 가리는 옷이 아님에도 허리선을 표현하지 않은 경우, 성적 행동을 지속하고자 하는 욕구가 있지만, 이를 외면하고 회피하고자 함을 의미할 수 있음

(나) 허리의 크기와 세부묘사

① 너무 큰 허리 – 성적 행동을 하는 것에 불안감 있으나 과잉보상하려 함

② 너무 정교한 묘사 – 이런 보상행동이 강박적 방식을 통해 드러날 가능성

③ 너무 작은 허리 – 성적 행동과 관련된 자기부적절감을 느끼고 있음을 시사

(7) 몸통의 가운데 선

▶ 강조해서 그린 경우 힘이나 유능감에 대한 정보를 제공해 줄 수도 있다.

(가) 단추: 내적 힘이 제한되어 있고, 안정감을 얻기 위해 타인에게 의존하고 있음을 의미. 혹은 자신을 세상에 드러내는 것에 자기대상의 도움을 받고자 하는 욕구를 의미

(나) 단추의 크기, 숫자, 모양

① 너무 많고 큰 단추 – 안정감을 얻고자 하는 욕구에 집착하고 있음을 시사

② 너무 정교한 단추 – 의존욕구 충족에 있어 과시적이고 강박적 행동을 보이는 타입

③ 너무 적고 작은 단추 – 의존욕구 충족에 관한 결핍감, 좌절감, 수동적 태도 시사

(다) 수직선이나 목걸이 등

① 선의 질이나 음영이 불안정한 경우 – 내적 힘이나 유능감에 관해 불안하고 긴장함

② 넥타이 – 자신 능력에 대한 느낌 강화하려는 욕구

③ 너무 크고 정교한 넥타이 – 능력이나 힘의 부적절감이나 자신 없음에 과잉보상

④ 너무 작은 넥타이 – 그런 부적절감을 숨기려고 노력하나 괴로워하는 모습 시사

⑤ 여자의 몸통 가운데 늘어뜨린 목걸이 – 멋진 패물 통해 부적절감 보상하려는 것

(8) 가랑이 부분

성적인 능력이나 매력과 관련하여 스스로에 대해 느끼는 적절감과 관련 됨

(가) 가랑이 부분을 그리지 않은 경우

① 치마 입은 경우 제외. 두 다리를 몸통에서 따로 연결시키는 경우, 성적 영역에서 심한 불안을 느끼며, 이로 성적행동에 대한 회피와 억제가 일어날 수 있음을 시사

② 음영이 짙거나 불안정한 경우 – 성적 영역에서의 불안감, 긴장감 등을 시사

(나) 성기를 그린 경우: 매우 드묾. 정신증적 상태에 있음을 의미. 그렇지 않은

경우는 성적 능력에 대한 극심한 불안감, 성 정체성의 불안정성을 시사
　(다) 성기의 크기
　　① 너무 큰 성기 – 자아 통제력의 약화 및 정신증적 퇴행을 의미
　　② 너무 작은 성기 – 성적 부적절감으로 인해 과도하게 위축되어 있음을 의미
(9) 엉덩이
　▶ 유난히 강조된 경우, 자기 혹은 유의미한 자기대상과 관련하여 성 정체감이
　　나 성적 대상 표상에 대한 정보를 제공해 줄 수 있다.
　(가) 엉덩이의 크기
　　① 남자 피검자가 남자 그림에서 엉덩이를 크게 그린 경우, 자신의 성 정체감
　　　혹은 남성 자기대상의 성 정체감의 불확실감이나 혼란감을 의미
　　② 남자 피검자가 여자 그림에서 엉덩이를 크게 그린 경우, 어머니와 같은
　　　여성 자기대상이 자신에게 충족감을 줄 수 있을지에 대한 불안감의 과잉보
　　　상욕구를 의미
　　③ 여자 피검자가 남자 그림에서 엉덩이를 크게 그린 경우, 모성적 자기대상
　　　과 관련된 감정을 남성에게 투사하고 대치하려 함을 반영
　　④ 여자 피검자가 여자 그림에서 엉덩이를 크게 그린 경우, 자신의 성 정체성
　　　이나 여성 자기 대상의 성 정체성에 대한 불안감의 과잉보상욕구를 의미
　　⑤ 엉덩이를 강조하되 작게 그린 경우, 자기, 자기대상과 관련해 남성성 혹은
　　　여성성에 대한 열등감과 부적절감을 시사
다) 팔다리
　(1) 팔
　　▶ 환경과 어떻게 상호작용하나, 현실에서 어떻게 대처하고 욕구를
　　　충족하는가의 지표
　(가) 팔을 그리지 않은 경우
　　① 하나만 그린 경우 – 환경과 세상에 접근하고자 하나, 내적 갈등이나 양가
　　　감정으로 부분적 억압이 일어나고 있음을 시사
　　② 두개 다 안 그린 경우 – 정신증적 퇴행, 심한 우울감과 위축 등을 생각해볼
　　　수 있음
　　③ 팔 하나를 뒤로 돌리거나, 옆모습 그린 경우 – 팔 하나 그린 것과 같음
　　④ 두 팔 다 뒤로 돌린 경우 – 환경과 상호작용에서 억제적, 현실대처능력 부
　　　족, 무력감
　(나) 팔의 크기와 모양
　　① 너무 긴 팔 – 세상과 교류하는 능력의 부적절감의 과잉보상을 의미
　　② 너무 굵은 팔 – 세상과 타인을 지나치게 통제하거나 지배적으로 행동해 과
　　　잉보상
　　③ 근육질의 팔 – 주장적, 공격적 태도로 자신의 힘과 교류능력을 과시적으로
　　　강조한 것

④ 너무 짧고 약한 팔 – 대처능력이나 상호작용 능력의 부적절감, 행동의 억제, 수동성

⑤ 흔들거리는 팔, 일차원적 선 하나 – 부적절감과 수동성이 매우 심함

⑥ 양 팔의 크기가 다른 경우 – 교류능력과 대처능력에의 양가감정. 팔 크기 차이가 심하면 신경학적 장애나 정신지체, 정신증적 상태 여부 의심해봐야 함

⑦ 새의 날개 모양의 팔 – 현실지각의 왜곡, 사고장애, 신경학적 장애 나타낼 수 있다.

(다) 팔의 자세

① 가슴 부분에서 팔짱 낀 모습 – 세상과 타인에 대한 의심, 적대감, 자신을 보호하고자하는 욕구 및 방어적 태도를 시사

② 교차된 팔 – 상호교류성의 차단, 스스로 방어하고자 함을 시사

③ 몸에 딱 붙은 팔 – 경직성, 억제 경향성

④ 몸 안쪽으로 모은 팔 – 세상과 교류나 대처행동에의 심한 억제 경향성

⑤ 팔꿈치를 밖으로 하고 손을 엉덩이에 얹은 모양 – 방어를 위한 공격적 태도

⑥ 팔을 완전히 밖으로 뻗은 경우 – 타인과 교류를 갈망함을 의미

(2) 손

▸ 환경에 대한 통제능력 및 방식을 좀더 구체적으로 알아볼 수 있다.

(가) 손을 그리지 않은 경우

① 한쪽 손만 그린 경우 – 통제감이나 효능감 없고 불안, 대처기술의 부적절성을 시사

② 두 손을 다 안 그린 경우 – 이런 부적절감이 매우 심함을 의미

③ 팔 그리고 손 안 그린 경우 – 타인과 교류하고자 하는 소망과 잘 못해낼 것 같은 불안감 간의 심한 내적 갈등이 있음을 시사

④ 손을 주머니에 넣거나 안 그린 경우 – 회피경향성 및 양가감정을 의심할 수 있음

(나) 손의 크기와 모양

① 너무 큰 손 – 과행동성이나 주장성 통해 과잉보상하고자 함을 나타냄

② 너무 작은 손 – 스스로 통제력 부족을 느끼고 수동적, 억제적으로 행동하고 있음

③ 손의 옆모습 – 스스로 환경 통제하려는 노력을 억제하고 있음

④ 너무 유약해 보이는 손 – 내적 부적절감 의미

⑤ 원 모양 손 – 교류, 통제, 대처에 관한 부적절감과 무력감을 의미. 특히 강한 필압의 원 모양 손은 내적 분노감과 공격성을 의미. 직선으로 손가락을 표현한 경우, 공격적이고 조절되지 않은 행동을 보일 소지가 있음을 의미

(다) 손의 자세

① 무언가 잡고 있는 모습 – 환경 통제를 못할지 모른다는 불안감의 보상

② 성기 부분을 가리는 듯한 손 – 성적 영역의 불안감을 통제하고자 하는 노력을 의미

③ 손과 팔, 손과 손가락이 분리된 것 – 사고장애, 현실검증력의 장애 시사

(가) 손가락의 수와 손톱

① 적은 손가락 – 통제를 얻는 데 부적절감을 시사

② 많은 손가락 – 과행동성, 충동적 행동의 가능성

③ 손가락 관절이나 손톱의 정교한 표현 – 통제 관련 불안을 강박적으로 보상하려 함

(3) 다리

▶ 여러 가지 영역과 관련된 피검자의 심리적 상태와 특성을 나타냄

(가) 다리를 그리지 않은 경우

① 한쪽 다리를 제대로 그리지 않은 경우 – 세상에 대처하고 현실에 뿌리내리는 것에 대한 자신감 부족 및 양가감정 등을 의미

② 양쪽 다리 모두 안 그린 경우 – 무력감, 부적절감이 심하고 우울한 상태. 과한 위축

③ 옆모습, 한쪽 다리 가려짐, 종이 모서리에 잘려서 못 그린 경우 – 세상에 대처하는 데 양가감정, 회피적 억제적 행동을 보일 수 있음을 시사

(나) 다리의 크기와 모양

① 너무 긴 다리 – 자율성, 독립성에 대한 욕구, 과잉행동성 등을 통한 과잉보상욕구

② 너무 굵은 다리 – 세상을 지나치게 통제해 과잉보상하고자 함을 의미

③ 근육질 다리 – 자기주장적, 공격적 태도로 과잉보상하고자 함을 의미

④ 너무 짧고 가는 다리 – 억제 경향성, 수동적 태도

⑤ 흔드는 다리, 선 하나 – 대처, 통제에 관한 부적절감이 심하고 수동적인 태도

⑥ 두 다리 크기 너무 다를 때 – 신경학적 장애나 정신증적 상태, 정신지체 의심할 것

(다) 다리의 자세

① 딱 붙인 다리 – 융통성 부족, 경직성

② 교차된 다리 – 성적 불안감과 억제 경향성

③ 넓게 벌린 다리 – 반항성 자세로 과잉보상하려 함

④ 종이 밑바닥에 닿게 그린 다리 – 내면의 불안정감이 심함을 의미

⑤ 몸통에서 아주 떨어진 다리 – 현실지각 왜곡, 해리장애 가능성

(4) 발

의존성–독립성 연속선상에서 피검자의 위치를 알 수 있음

(가) 발을 그리지 않은 경우

① 한쪽 발 – 자율성과 독립성을 성취하는데 내적 갈등이나 양가감정 느낌을 시사

② 두 발 모두 – 독립적으로 서는 것에 대한 심한 부적절감, 현실지각의 왜곡 가능성

③ 한쪽 발 숨긴 경우 – 의존과 독립의 갈등에서 회피하고 싶음을 의미

④ 두발 모두 숨긴 경우 – 실제로 과도하게 회피하고 억제하고 있음

(나) 발의 크기와 모양

① 너무 큰 발 – 자신의 독립성 강조로 과잉보상하려 함을 의미

② 너무 작은 발 – 자율성에 대한 부적절감과 두려움

③ 동그란 단순한 발 – 자율성 발달이 매우 미숙한 수준임

④ 뾰족한 발 끝 – 자율성 성취와 관련된 적대감과 공격성, 억압된 분노감

⑤ 발가락이 뾰족하거나 닭발처럼 발가락만 그린 경우 – 현실지각의 심한 왜곡, 사고장애나 신경학적 장애, 정신지체를 나타냄

(다) 발의 자세

① 서로 정반대 방향인 경우 – 성격적으로 우유부단하고 자신 없어함을 의미

② 종이 모서리에 거의 닿도록 그린 경우 – 내적 부적절감과 불안정감 보상위해 타인으로부터 지지와 격려를 구하고 싶은 욕구를 의미

(라) 발을 자세하게 그린 경우: 의존과 독립의 갈등, 자율성 문제에 대한 강박적 집착, 이와 관련된 부적절감의 과시적 보상욕구를 의미

(마) 벗은 발을 그린 경우: 환경에 대한 거부적인 행동, 과시적이고 비순응적인 태도를 가지고 있음을 반영

라) 전체적인 사람 그림의 모양

(1) 전체적인 신체 윤곽

(가) 세상의 경험을 구성하는 인지적, 정서적, 행동적 요소에 있어서 자기(self)가 얼마나 잘 통합되어 있는가에 대한 정보를 제공함. 과장 혹은 결핍을 통해 어떤 방식으로 보상적이고 방어적인 구조를 발달시켰는가, 혹은 어느 부분이 부족하고 갈등적인가를 이해할 수 있음

(나) 막대기 모양 사람 그림은 내적 자기부적절감과 불안정감이 강하고, 적대적, 거부적 태도를 취하고 있음을 의미

(다) 윤곽만 있고 속은 비운 경우, 세상과의 상호작용에 심한 회피나 위축감 혹은 공허감이 수반되는 우울장애나 자기 성취감 부족 상태를 시사

(라) 기하학적 모양을 사용하는 경우, 기괴한 그림을 그리는 경우 현실지각의 손상, 정신 지체 등의 가능성을 시사

(2) 자아정체성에 관한 문제: 청소년이 성별이 불분명한 사람을 그린 경우, 성 정체성에 대한 양가감정이나 혼란감을 느끼고 있음을 의미. 성인 피검자가 아이를 그린 경우, 자율성과 독립성의 수준이 미성숙함을, 아기를 그린 경우 퇴행적 욕구나 유아적 의존욕구를 반영할 수 있음

(3) 옷: 너무 자세히 그린 경우, 자기정체성의 불확실성을 과잉보상하고자 함을 반영

(4) 자세: 대인관계와 무관한 능동적 혹은 난폭한 움직임을 그릴 경우, 자기개념이 다소 공격적이고 자기주장적임을 의미. 자세가 일관적이지 못하거나 몸이 기울어지거나 기댄 모습 그린 경우 자기정체성에 대한 불확실성과 불안정감, 우울감을 나타냄. 앉거나 눕거나 기대앉은 모습의 경우 대인관계에서 수동성의 심함을 의미

(5) 남자와 여자 그림의 관계

  (가) 그림의 순서와 키: 동성이 먼저 그리고 그 키가 더 큰 경우 우월감과 과잉 이상화 등을 나타내며, 먼저 그렸으나 키가 더 작은 경우 열등감, 양가감정 등을 나타냄. 동성이 나중에 그려지고 키가 더 큰 경우 성 정체감에 대한 불확실성 등을 의미하며, 나중에 그리고 키가 더 작은 경우, 양가감정, 이성 자기대상을 무시하고 자기를 주장하고 싶은 욕구 등을 나타냄

  (나) 성적 외모: 남자를 여자처럼, 여자를 남자처럼 보이게 그린 경우, 성 정체감의 양가감정, 모호성 등이 있고 반대성에 동일시하거나, 정체성과 관련된 갈등을 겪고 있을 수 있음

(6) 사람을 그릴 때 적정한 표현 양식: 전체적으로 균형이 맞고, 신체 부위가 다 그려져 있는 것이 좋음. 다른 사물이 없고, 편안히 서있거나, 통제된 방식으로 활동하는 그림이 좋음. 7세 이상의 경우, 동성을 먼저 그리고, 남성 여성의 키가 비슷하고 외모가 각 성별다운 것이 좋음

마) 기타 특성

(1) 나이: 자기 혹은 자기대상 성숙도에 대해 주관적으로 어떤 표상이나 느낌을 가지고 있는지를 나타내줌. 위 아래로 5년 정도가 적절함

(2) 행동: 주장적이고 표현적이면서도 비폭력적인 행동을 하는 경우 자신과 관련된 활력을 느끼고 있음을 나타냄. 반대로 그냥 서있거나 앉아 있는 것은 수동적이거나 무기력한 상태를 나타냄. 실제 사람이 아닌 동상을 그린 경우, 자기 정체감의 혼란과 갈등을 시사.

(3) 생각: 긍정적이고 건설적 생각을 하고 있다고 답한 경우 자기개념이 건강함을 의미. 아무 생각 없다의 경우, 수동성, 우울감, 회피적 태도 등을 의미

(4) 느낌: 자기 개념이 긍정적인지, 자기 비판적이고 우울한지를 알 수 있음

(5) 주제: 비현실적 인물을 그린 경우, 현실 적응의 어려움이나 대인관계 적대감을 의미. 비현실감, 열등감, 충동적 행동 가능성 등을 알 수 있음

9) 위치에 따른 기본적인 해석

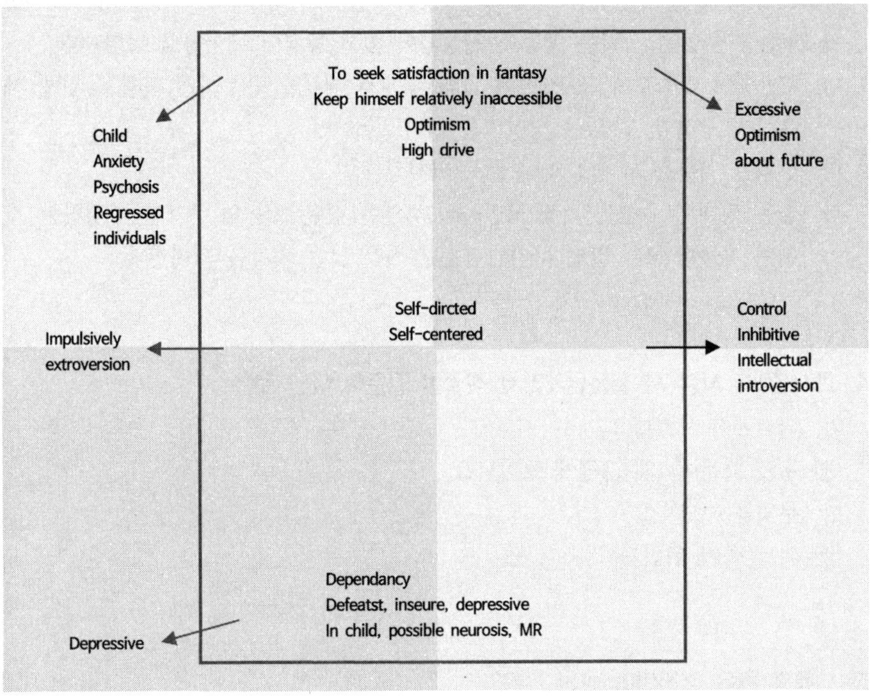

문제

1. 자기보고형 성격검사를 실시한 결과 의도적 왜곡 가능성이 높아 결과 해석에 어려움이 있다. 다음 중 이러한 의도적 왜곡을 최소화 할 수 있는 검사는? (2009 기출)

가. 지능검사　　나. 신경심리검사
다. MBTI　　라. 로샤검사

[1. 해설] ㉱
투사검사에서 피검자는 반응과정에서 피검자는 불분명하고 모호하고 신기한 검사자극에 부딪혀서 적절한 방어를 하기가 어렵게 된다.

2. 로샤 검사에 대한 설명으로 틀린 것은? (2008 기출)

가. 좌우 대칭의 잉크 반점이 나타난 10장의 card를 이용한 검사이다.
나. 모호한 자극 특성을 이용한 투사법 검사이다.
다. 자유로운 연상과 반응을 위해 card는 임의의 순서로 제시하는 것이 좋다.
라. 반응 시 카드를 돌려 보아도(회전) 무방하다.

[2. 해설] ㉰
검사자는 카드를 순서에 따라 피검자에게 한 장 씩 보여주어야 한다.

3. 로르샤하 검사에서 반응의 결정인자인 운동(M)반응에 대한 설명으로 틀린 것은? **(2006 기출)**

　가. M반응이 많은 사람은 행동이 안정되어 있고 능력이 뛰어남을 나타낸다.

　나. M반응이 많을수록 그 사람은 그의 세계의 지각을 풍부하게 만들기 위해 자유롭게 구사할 수 있는 상상력을 지니고 있다.

　다. 상쾌한 기분은 M 반응의 수를 증가시킨다.

　라. 좋은 형태의 수준을 가진 M반응의 출연은 높은 지능의 존재를 부정하는 것이며 가능한 M이 많이 나타난다는 사실은 낮은 지능을 의미한다.

4. 로샤 검사 시행 시 질문단계에서 적절한 질문이 아닌 것은?

　가. 어디에서 보았나요?

　나. 무엇 때문에, 왜 그렇게 보았나요?

　다. 무엇을 보았나요?

　라. 어느 쪽이 위인가요?

5. 다음중 반응 결정인이 아닌 것은?

　가. M　　　　　　　　　　나. T

　다. C　　　　　　　　　　라. H

6. HTP 검사에서 반응과 그 해석이 틀린 것은? **(2008 기출)**

　가. 지우개를 과도하게 사용한 경우는 자신에 대한 불안과 초조함을 나타낸다.

　나. 용지의 왼쪽에 그림을 그리는 사람은 충동성과 외향성을 표출하는 것이다.

　다. 조증환자는 그림을 지나치게 크게 그릴 가능성이 있다.

　라. 지나치게 작은 그림은 꼼꼼하게 할 수 있다는 자신감의 표현이고 강한 자존심을 보이는 것이다.

7. 아동용 심리검사 중 그 실시 목적이 나머지 셋과 다른 것은? **(2014 기출)**

　가. 아동용 주제통각검사(CAT)

　나. 주의력 장애 진단 시스템(ADS)

　다. 집-나무-사람 그림 검사(HTP)

　라. 운동성 가족화 검사(KFD)

8. Rosenzweig의 그림좌절검사(Picture Frustration Test)에서는 표출되는 공격성이 세 방향을 구분하고 있다. 세 방향에 속하지 않는 것은? (2013 기출)
　가. 투사지향형　　　　　　　　나. 내부지향형
　다. 외부지향형　　　　　　　　라. 회피지향형

9. 집-나무-사람 그림 검사(HTP)에서 그림을 그린 위치에 대한 해석으로 바른 것은?
　가. 종이 가운데 그렸을 경우 행동 통제를 잘하며, 지적 만족감을 선호하는 경향이 있다.
　나. 왼쪽에 치우쳐 그렸을 경우 충동적으로 행동하려는 경향성이 있다.
　다. 구석에 몰아서 그렸을 경우 상당한 불안정감과 부적절감의 내면화 혹은 우울증적 상태를 나타낼 수 있다.
　라. 아래쪽에 치우쳐 그렸을 경우 일반적으로 위축감, 두려움, 자신 없음과 관련될 수 있다.

10. 집-나무-사람 그림 검사(HTP) 해석에 대한 설명으로 바르지 않은 것은?
　가. 집 그림에서 문은 세상과 자기 자신 간의 접근 가능성을 나타낸다.
　나. 집 그림에서 굴뚝은 자아 강도와 자아 통제력을 나타낸다.
　다. 나무 그림에서 옹이 구멍은 트라우마를 의미한다.
　라. 사람 그림에서 검사자를 그린 경우 당장 아무에게라도 관심과 사랑을 받고 싶은 상태를 의미한다.

[9. 해설] ④
1. 종이 가운데 그렸을 경우: 대체적으로 정상, 안정감을 느끼고 있음을 말하나, 지나치게 가운데에 그리려고 노력한 경우 불안정감, 인지적 정서적으로 경직된 특성이 있음 등을 시사함.
2. 오른쪽에 치우쳐 그렸을 경우: 행동 통제를 잘하며, 지적 만족감을 선호하는 경향이 있다는 연구도 있으나, 내향성, 권위적 대상에 대한 부정적이고 반항적 경향을 나타낸다는 연구도 있음
3. 왼쪽에 치우쳐 그렸을 경우: 충동적으로 행동하려는 경향성 변화에 대한 욕구를 시사할 가능성이 있음
4. 위쪽에 치우쳐 그렸을 경우: 욕구나 포부수준이 높음이나 과도한 낙관주의 등과 관련된다는 연구가 있음
5. 아래쪽에 치우쳐 그렸을 경우: 상당한 불안정감과 부적절감의 내면화 혹은 우울증적 상태를 나타낼 수 있음
6. 구석에 몰아서 그렸을 경우: 일반적으로 위축감, 두려움, 자신 없음과 관련될 수 있음

[10. 해설] ④
집 그림에서 벽은 자아 강도와 자아 통제력을 나타내며 굴뚝은 가족 내의 관계와 분위기, 가족들 간의 애정과 교류에 관한 정보를 제공하나 우리나라의 집은 대부분 굴뚝이 없어 해석도 다르게 해야 한다.

11 심리검사 보고서

가. 심리검사 보고서의 일반적 지침

1) 심리검사 보고서의 특징

가) 심리검사 보고서는 평가의 최종 산물

나) 관련성이 없고 명확한 방식으로 설명되지 않거나, 내담자와 의뢰 요구를 충족하지 않으면 가치가 없음

다) 보고서는 몇 가지 방법으로 작성할 수 있음

　　예) 발표하는 형식, 편지형식 등

라) 피해야할 일반적인 형식은 광범위한 내용을 대략적으로 묘사하는 형태의 보고서

마) 사례중심의 보고서는 의뢰된 사람의 구체적인 문제에 초점을 맞춤

2) 일반적 원칙

가) 추상적인 용어보다는 행동지향적인 용어를 사용함

나) 권고는 내담자가 특정한 상황에서 구체적으로 할 수 있는 것을 직접적으로 말해주어야 함

다) 개인을 차별화하는 것이 무엇인가에 초점을 맞춤

라) 문제 영역에 대한 배경지식은 개입 영역의 정보뿐만이 아니라 이러한 개입 효과성까지 제공할 수 있음

3) 심리검사 보고서의 일반적 지침

가) 4가지 방식

(1) 문자적: 일상생활의 용어를 상요하며 소설을 쓰는 듯 한 느낌을 받을 수도 있음. 읽는 사람의 주의를 끌고 다양한 묘사를 하지만 부정확하고 과정될 수 있음.

(2) 임상적: 개인의 병리적 측면에 초점을 맞춘다. 강점이 생략될 수 있다.

(3) 과학적: 규준과의 비교를 강조하며 학문적인 성격을 띤다. 성격에서 통합적인 이해를 간과 한다고 비난받는다.

(4) 전문적: 정확한 의미를 가진 관용어로 쓰인 짧은 말을 사용. 정확성, 명확성, 통합성을 갖춘다.

나) 해석

(1) 가설 지향적 모델은 의뢰한 사람이 궁금해 하는 질문에 대한 답을 주는 것을 강조

(2) 각 영역에 초점을 맞추는 보고서는 개인의 인지능력, 대인관계, 직업능력, 성적 관심과 같은 구체적 영역을 논의함

(3) 너무 많은 정보를 제공하면 읽는 사람에게 부담을 줄 수 있음

(4) 한 번에 하나씩 각 검사의 결과를 보여주는 방식으로 쓸 수 있다. 그러나 이 장점이 단점이 될 수 있어 주의를 흐트러뜨리고 수치에 의존하게 됨

(5) 역동의 이해가 생략될 수 있어 통합된 형태를 사용할 것을 권고

다) 주제

(1) 지적인 기능, 직업 적성, 갈등, 대인관계, 인지, 자살 가능성, 방어, 스트레스 대처행동, 충동성, 성적 충동 등

(2) 집약된 보고서는 중용 영역을 한두 개 다루거나 일반적 보고서는 보다 많은 주제를 다룸

라) 어떤 검사를 통합시킬 것인가?

(1) 내담자에 대한 이해에 도움이 되는 것만 포함하는 것이 기본 지침

(2) 지침이 정해지면 검사로부터 얻은 정보를 조직하는데 초점

(3) 너무 모호하고 일반화되어 대부분의 사람에게 적용되는 보고서는 지양

(4) 바넘효과에 대한 주의

마) 원자료의 활용

(1) 보고서 작성자는 원 자료를 그대로 언급하지 않도록 함

(2) 그러나 특별한 목적이 있다면 원 자료나 검사자료 자체를 포함할 수 있음

(3) 보고서를 읽는 사람에게 익숙한 언어로 언급을 해 주어야 함

(4) 구체적인 검사 내용의 예를 구체적으로 기술해줄 수 있음

(5) 법률적 목적이 있는 특정 형식의 보고서에서는 원자료를 포함시키는 것이 좋음

나. 심리검사 보고서의 형식

1) 기본적 정보

보고서의 4가지 방식
1. 문자적
2. 임상적
3. 과학적
4. 전문적

이름

연령(생년월일)

성별

보고서날짜

검사자 이름

의뢰

Ⅰ 의뢰된 이유

Ⅱ 평가절차

Ⅲ 행동관찰

Ⅳ 배경정보

V. 결과

VI. 인상 및 해석

VII. 권고

2) 의뢰된 이유

가) 내담자에 대한 간단한 설명과 평가를 하는 일반적 이유를 언급

심리학개론

이상심리학

심리검사

임상심리학

심리상담

　　　나) 필수 조건은 임상가가 의뢰된 질문에 대해 적절하게 명료화 하는 것

　　　다) 중요점은 의뢰한 사람이 보고서로부터 얻고자하는 것을 알 수 있어야 함

　3) 평가 절차

　　　가) 어떤 검사를 사용하였는지 약자를 쓰기도 하지만 전체 이름을 쓰기도 함

　　　나) 법적인 평가의 경우 검사 시행 날짜와 완성에 요구된 시간을 포함시키는 것이 중요

　　　다) 부가적인 자료로 배우자, 자녀, 부모, 친구, 상사, 의사, 변호사, 사회사업가, 교사와의 면담을 사용할 수 있고 사용된 날짜와 기록한 사람은 기록함

　4) 행동관찰

　　　가) 내담자의 외모, 행동관찰, 검사자와 내담자의 상호작용에 관한 정보를 포함함

　　　나) 신체적인 외모는 얼굴표정, 옷, 체형, 독특한 버릇, 움직임 등에 초점을 맞춤

　　　다) 행동관찰은 간결하고 구체적이고 관련성이 있어야 함

　　　라) 문제 행동으로 생긴 증상들의 발병 시기, 기간, 빈도, 강도를 평가하거나 자기 보고 양식을 사용할 수 있음

　　　마) 행동관찰의 끝에는 평가 절차에 대한 타당도를 보여주는 진술을 포함하는 것이 관례

　5) 배경정보

　　　가) 개인력: 내담자의 연령, 성별, 가족 구성, 교육, 건강, 문제에 대한 재진술 등의 일반적 배경의 간단한 요약으로 시작. 이후 가족 배경, 개인력, 병원력 문제력, 현재 항상등이 이어질 수 있음

　　　나) 정보의 출처 명기

　6) 결과

　　　가) 검사 점수는 필요성에 따라 제시되기도 하며 법적보고서의 경우나 읽는 사람이 전문가인 경우 포함시킴

　　　나) 지능검사의 경우는 각 하위 지능까지 표시해 줌

　　　다) 보고서 제시 방식은 각 보고서 작성자나 기관에 따라 다름

　7) 인상 및 해석

　　　가) 주요 부분으로 평가를 통해 나타난 특징 및 문제점이 통합된 가설의 형태로 서술됨

　　　나) 보고서의 인상 및 해석을 쓸 때 임상가는 특정 주제 안에서 모든 시사점을 다시 살펴보고 요약

　　　다) 인상과 해석에 기술되는 모든 추론은 검사자료, 행동관찰, 관련 역사, 부가적 자료의 통합을 통해 이루어짐

　　　라) 결론과 논의는 내담자의 외현적 행동, 자아개념, 가족 배경, 지적 수준, 정서적 어려움, 의학적 질병, 학교문제, 대인관계 갈등과 같은 영역과 관련되어 있음

마) 지적 능력은 처음에 논의가 되는데 지능지수 점수로 제기하며 기억, 문제해결, 추상적 개념화, 주의집중, 정보원과 같은 영역의 분석을 포함함

바) 신경심리학적 평가에서는 기억, 언어적 기능, 정신운동성 기능, 감각/지각 기능, 성격 등과 같은 영역의 인상과 해석이 포함됨

사) 일반적이고 중요한 주제는 내담자의 병리, 의존성, 적대감, 성적 관심, 대인관계, 진단, 행동예측 등

아) 내담자의 현실검증력, 통찰의 적절성도 평가에 중요

자) 의존성에 대한 방어기제, 사고, 행동, 감정, 신체화 반응 등이 검토되어야 하며 비정상적인 성적 행동과 관련된 역동을 언급해야 함

차) 대인관계에서 복종적/지배적, 사랑/미움, 소속의 욕구, 타인을에 대한 지배성, 애정을 찾고 있는 지에 대한 여부, 자기 노출의 수준, 주기 주장성, 대인관계와 갈등을 해결하기 위한 접근 방식 등에 대해 알아보는 게 중요함

카) 직업에 대한 목표나 적성에 대한 언급도 포함되어야 할 때가 있음

타) 내담자의 어려움이 계속될 것인지 혹은 어려움이 없다면 다시 재발할 것인지 등에 대해 검토해야 함

파) 자살 가능성, 공격적인 행동, 아동 학대, 범죄 행위에 대한 예상은 관련 보고서에 반드시 포함되어야 함

8) 권고

가) 보고서의 궁극적인 목적은 문제를 해결하기 위해 어떤 단계를 밟을 것인가를 제안하는 권고를 하는 것

나) 가장 좋은 보고서는 의뢰자를 돕고 내담자가 직면한 문제를 해결할 수 있게 하는 보고서

다) 권고와 관련된 결정의 3가지 측면

(1) 결정은 내담자가 처한 상황이나 맥락과 관련되어 내려져야 함

(2) 내담자 관계의 발전이 포함되어야 함

(3) 구체적인 개입 절차가 정해져야 함

라) 중요한 사항은 보고서의 권고가 일반적이고 애매한 경우보다 구체적일 때 가장 유용하다고 볼 수 있음

문제

1. 다음 중 심리 보고서의 일반적 원칙이 아닌 것은 무엇인가?

    가. 심리검사 보고서는 평가의 최종 산물임으로 추상적인 용어의 사용을 지향한다.

    나. 권고는 내담자가 특정한 상황에서 구체적으로 할 수 있는 것을 제시해야 한다.

    다. 개인을 차별화하는 것에 초점을 맞춰야 한다.

    라. 문제 영역에 대한 배경지식은 개입 영역의 정보뿐만이 아니라 이러한 개입 효과성 까지 제공할 수 있다.

2. 심리검사 보고서에 대한 설명으로 바르지 않은 것은?

    가. 보고서 작성자는 원 자료를 그대로 언급해야 한다.

    나. 보고서를 읽는 사람에게 익숙한 언어로 언급을 해 주어야 한다.

    다. 구체적인 검사 내용의 예를 구체적으로 기술해줄 수 있다.

    라. 법률적 목적이 있는 특정 형식의 보고서에서는 원자료를 포함시키는 것이 좋다.

3. 심리검사 보고서 작성 시 인상 및 해석에 대한 내용으로 바르지 않은 것은?

    가. 보고서의 인상 및 해석을 쓸 때 임상가는 특정 주제 안에서 모든 시사점을 다시 살펴보고 요약해야 한다.

    나. 내담자의 현실검증력, 통찰의 적절성도 평가에 중요한 요소이다.

    다. 직업에 대한 내용은 개인정보임으로 포함시키지 않는다.

    라. 평가를 통해 나타난 특징 및 문제점이 통합된 가설의 형태로 서술한다.

4. 심리검사 보고서에서 권고사항을 작성할 때 유의할 점이 아닌 것은?

    가. 결정은 내담자가 처한 상황이나 맥락과 관련되어 내려져야 한다.

    나. 내담자 관계의 발전이 포함되어야 한다.

    다. 권고는 개개인에 차이가 있을 수 있기 때문에 일반적으로 작성해야 한다.

    라. 구체적인 개입 절차가 정해져야 한다.

5. 심리검사 보고서 작성시 행동관찰에 대한 내용으로 바르지 않은 것은?

    가. 내담자의 외모, 행동관찰, 검사자와 내담자의 상호작용에 관한 정보를 포함한다.

    나. 신체적인 외모는 얼굴표정, 옷, 체형, 독특한 버릇, 움직임 등에 초점을 맞춘다.

    다. 행동관찰의 끝에는 평가 절차에 대한 타당도를 보여주는 진술을 포함한다.

    라. 행동관찰은 개인차가 있음으로 개괄적으로 작성해야 한다.

PART 04 임상심리학

PART 04 임상심리학

1 임상심리학 기초

가. 임상심리학의 개요

임상심리학의 정의
임상심리학이란 인간의 심리적 장애의 분석, 치료 및 예방 그리고 개인적 적응 및 효능성 증진에 대한 심리과학의 실무의 측면을 띰. 따라서 임상심리은 생활과정에서 겪게 되는 관계, 감정 및 신체적 자기의 측면에서 수많은 문제들과 걱정들을 지닌 사람들을 도와주기 위해 인간 행동의 원리에 관해 알려진 지식을 활용함

1) 임상심리학의 정의
  가) 미국 임상심리학회: 지적, 정서적, 심리적 및 행동적 장애와 불편을 더 잘 이해하고 예언하고 경감시키는 데 심리학의 원리를 적용하는 분야
  나) 임상심리학이란 인간의 심리적 장애의 분석, 치료 및 예방 그리고 개인적 적응 및 효능성 증진에 대한 심리과학의 실무의 측면을 띰. 따라서 임상심리학은 생활과정에서 겪게 되는 관계, 감정 및 신체적 자기의 측면에서 수많은 문제들과 걱정들을 지닌 사람들을 도와주기 위해 인간 행동의 원리에 관해 알려진 지식을 활용함

2) 밀접하게 연관된 정신건강 전문가
  가) 정신과 의사
    (1) 정신의학에 뿌리를 의학적 수련을 받은 전문가
    (2) 의대를 졸업함
    (3) 한국의 경우 약물치료에 대한 권한과 책임이 있음
  나) 상담심리학자
    (1) 정상인이나 중등도의 문제를 지닌 사람을 대상으로 활동함
    (2) 임상심리학자와 많은 부분 중복됨
    (3) 예방적 치료, 자문, 방문상담 프로그램 개발, 직업상담, 단기 심리치료 등을 시행
  다) 정신과 사회사업가
    (1) 이전에 사회적 압력이나 외적 동인을 다루는 경향이 있었음
    (2) 최근에는 임상심리학자와 비슷한 역할과 활동을 하고 있음
  라) 학교심리학자: 학습 환경의 설계, 아동의 평가, 자문 등의 활동을 함
  마) 재활심리학자: 신체적 인지적 장애가 있는 사람들을 대상으로 적응을 돕는 활동을 함
  바) 정신과 간호사: 정신과 의사와 임상심리학자와 긴밀히 협력하면서 치료적 권고를 실행에 옮김
  사) 기타: 작업치료사, 레크레이션 치료사, 예술치료사 등 다양한 인접 분야의 전문가

3) 임상심리학자의 활동

가) 치료/개입: 전문적인 영역. 가장 많은 활동과 역할을 수행 하는 영역. 다양한 심리치료 및 상담 기법을 적용시켜 활동

나) 진단/평가: 가장 대표적으로 알려져 있는 임상심리학자의 활동영역. 심리평가 및 검사를 수행하며 정신장애 진단에 대한 평가도 수행

다) 교육: 대학 강사나 교수로 활동

라) 임상 수퍼비전

마) 연구: 과학자–임상가 모델의 영향으로 임상관련 연구를 수행

바) 자문: 전문지식을 나누어 줌으로써 어떤 사람이 노력하여 얻고자 하는 것의 효과를 증진 키시는 것. 임상사례, 업무, 인사, 이윤의 문제까지 전 영역을 다룸

사) 행정: 내담자의 기록, 환자의 권리옹호, 행정가로써의 활동

나. 임상심리학의 역사적 개관

1) 임상심리학계의 역사

가) 태동기

(1) 18세기→정신병에 대한 종교적, 미신적 사고를 탈피→합리적 사고 시작

(2) Benjamin Rush(1745~1813)와 Dorothea Dix(1802~1887): 정신병의 원인이 생리학적→인간적인 치료를 시도

(3) 의원들과 접촉→정신질환에 대한 미국 법률가들과 국민들의 의식을 바꾸는 데 기여 + 현대적인 병원을 설립하고 치료법을 개발

(4) 영국 William Tuke(1732~1819): York Retreat를 설립→ 정신병 환자들의 인간적인 치료

(5) 프랑스 Philippe Pinel(1745~1826): 환자들에게 따뜻한 관심과 친절로 대했고 치료적인 환경을 제공

(6) 우울증, 조증, 치매 등의 진단을 세분화→질환에 맞는 치료법을 시도

(7) Esquirol(1776~1840): Pinel 모델을 계승→그러나 아직 정신병의 원인에 대한 명확한 이론들은 미국에서나 유럽에서나 아직 확립되지 않고 있었음.

(8) 19세기 말, Wilhelm Wundt와 William James→과학적인 방법으로 객관적인 연구를 하기 시작

(9) Francis Galton: 객관적 방법을 사용하여 개인의 운동능력, 반응시간 등에 대한 차이를 연구하기 시작→1885년 런던에서 세계최초로 Mental Testing Center를 세움

(10) 미국 James Mckeen Cattell: 개인들의 반응시간 차이에 대한 연구. 그는 Wundt 의 제자인데 스승의 만류에도 불구하고 계속 이 분야의 연구에 관심을 갖고 활동→최초로 Mental Testing이라는 개념을 만듦→지능검사의 원형이 됨

(11) 1892년 심리학자들의 직업협회인 APA(American Psychological Association)

가 만들어짐→Sigmund Freud가 정신분석을 내 놓음으로써 임상심리학의 발전에 엄청난 영향을 미침

나) 임상심리학의 현대적 기초

(1) 임상심리학의 발달은 Lightner Witmer로부터 시작

(2) 1904년에 펜실베니아 대학에서는 최초로 임상심리학 강좌를 개설

(3) 1907년에 최초의 임상심리학 저널인 'The Psychological Clinic'이라는 잡지를 창간

(4) 유럽에서는 1904년부터 1911년에 걸쳐 Alfred Binet와 Theodor Simon에 의해 정신지체아와 정상아를 변별해주려는 목적에서 지능검사가 개발. 이것이 Binet-Simon 검사로 알려진 검사

(5) 1916년에는 미국에서 Lewis Terman이 이를 개조하여 Stanford Binet 검사를 만듦

다) 1차 세계대전과 임상심리학의 발전

(1) 1917년 미국이 1차 세계대전에 참여함으로써 심리학자들이 자연스럽게 임상활동에 참가하게 됨→Army Alpha와 Army Beta 검사가 개발

(2) Robert Woodworth에 의해 인성검사(Personal Data Sheet)도 개발, 이는 장병들의 인성적 문제를 가려내기 위한 도구

(3) 전쟁이 끝난 뒤에 임상심리학은 독자적인 학문영역으로 인정받게 됨

(4) Rorschach 검사, Strong의 직업 흥미검사, TAT 검사, Bender – Gestalt 검사 등도 개발

(5) 1939년에 성인용 Wechsler–Bellevue 지능검사가 개발. 인성검사로는 MMPI가 개발

라) 2차 세계대전과 임상심리학의 발전

(1) 1941년 2차 세계대전이 발발하면서 다시 임상심리학자들이 심리평가 외에도 개인 및 집단심리치료 일도 맡게 됨

(2) 전쟁이 끝난 뒤에 사람들의 임상심리학자들에 대한 태도가 바꾸면서 1946년에 APA의 재 조직화를 가져옴

(3) APA는 직업심리학자들에게 좀 더 개방적이 되면서 AAAP는 다시 APA에 합류하게 됨

마) 요약

(1) 1896년 Lightner Witmer가 세계 최초로 펜실베니아 대학에서 임상심리 클리닉을 개설

(2) 처음에는 아동들의 학습장애 평가와 치료에 국한

(3) 이후 다양한 영역으로 확대

(4) 활동장소→대학부설 클리닉 + 병원 + 지역사회 정신보건센터 + 각종 교육기관 + 교도소 + 보호관찰소 + 재활센터 + Nursing Home + 양로원 + 건강증진센터 + 사설상담소 등 다양한 기관으로 확장

✔ 공부 Tip

Lightner Witmer로 시작된 임상심리학의 발달 과정은 필기에 감초처럼 나오는 부분이다. 꼭 정리해두어야 한다.

(5) 심리평가 + 치료 + 연구 + 교육 + 전문적인 자문활동 등으로 확대

2) 한국 임상심리학의 역사적 개관

가) 임상심리학의 개척기(1945~1972)

   (1) 1958년 성백선 서울 아동상담소 개소

   (2) 1960년대 실질적 활동기

   (3) 1964년 한국 심리학회 내 임상심리분과회 생김

나) 임상심리학 정착기(1973~1994)

   (1) 1971년 임상 및 상담 심리전문가 자격기준 규정

   (2) 1972년 국내 심리학과 처음 임상심리학 교수 부임, 중앙대학교 심리학과 이현수

다) 임상심리학의 확장기(1995~현재)

   (1) 1995년 정신보건법의 제정으로 법적 지위와 역할 부여

   (2) 1990년대 개업 및 사회진출로 활동분야 확장

다. 임상심리학의 훈련모델: 과학자–전문가 모델(Boulder 모델)

1) 1945년 Conneticut 주에서 처음으로 임상심리학자 자격제도가 마련됨

2) 이러한 임상심리학 훈련의 공식프로그램은 재향군인회(VA)와 미국 공중보건소(USPHS)의 요청에 의해 APA가 구체적 지침을 마련하면서 시작

3) 임상심리학자 훈련프로그램 모델에 대한 논의를 하였는데 그 결과가 'Shakow 보고서'로 제출. 이 보고서에서 임상심리학자는 연구와 평가 그리고 치료를 수행할 수 있는 전문 인력으로 규정됨. 이러한 과학자–전문가 모델은 이후 'Boulder 모델'이라고 불렸으며 1958년까지 별 변동 없이 지속

4) 1965년 시카고 회의에서 Boulder 모델의 효용성에 대해 의문이 제기

5) 1973년 콜로라도의 Vail 회의에서 1) 석사학위 소지자로서 적절한 훈련을 받은 자는 '심리학자'라는 칭호를 쓸 수 있으며 2) 심리학 박사(Psy.D) 프로그램도 적절한 임상심리학자 훈련과정으로 인정한다는 것

6) 하지만 임상심리학은 새로운 도전에 직면하고 있는 바, 이를 잘 헤쳐 나가야 하는 과제를 안고 있음

라. 임상심리학자의 윤리기준

임상심리학자는 내담자들의 건강한 삶과 상담의 발전을 위해 노력하고 연구하는 사람들. 그러므로 임상심리학자는 내담자의 권리보호, 상담관계에서의 윤리기준, 다문화 상담의 이해 등과 관련하여 다음과 같은 윤리기준을 가져야 함

1) 내담자의 권리보호를 위하여

가) 상담에 대한 정보 제공

   (1) 상담의 목표, 기법, 과정과 한계

   (2) 상담으로 얻게 될 이득과 상담과정에서의 위험과 부담

(3) 상담시간과 상담료

(4) 비밀보장의 한계

(5) 상담자의 자격

(6) 상담자를 선택할 수 있는 권리와 상담을 거부할 수 있는 권리

나) 비밀보장

(1) 비밀보장은 상담 진행과정 중 가장 근본적인 윤리기준

(2) 비밀보장을 지킬 수 없는 다음과 같은 예외적 상황

(가) 내담자가 자신이나 타인을 해칠 가능성이 있을 때

(나) 내담자가 감염성이 있는 치명적인 질병에 걸린 경우

(다) 법적으로 정보의 공개가 요구되는 경우

다) 특별한 상담상황: 비밀보장의 한계 때문에 집단상담이나 가족상담을 진행하다 보면 개인상담을 요청하는 경우 있음. 이때 상담자는 집단상담이나 가족상담에서 얻은 정보와 구분하여 개인상담을 진행

2) 상담관계에서의 윤리기준

가) 이중관계: 이중관계는 상담자와 내담자가 상담관계를 포함하여 이중으로 관계를 맺는 것

나) 성적관계: 상담 전문기관의 윤리강령에서는 상담자가 내담자와 성적관계를 맺는 것을 엄격하게 금지

3) 상담자의 유능성(전문성)

상담자는 자신의 능력과 훈련을 통한 자격을 바탕으로 실천적 활동을 하는 전문가

4) 다문화상담의 윤리

가) 일반적으로 내담자가 상담에 가지고 오는 호소문제는 사회적, 문화적 배경과 관련되어 발생

나) 상담자는 문화에 대한 개방성, 내담자의 문화에 대한 지식 등을 바탕으로 내담자를 이해하고 적절한 개입을 할 수 있도록 능력을 길러야 함

마. 임상심리학의 최근 쟁점

1) 전문가 규정

가) 공인제도: 비교적 약한 형태의 규정, 미국의 경우 정신과 의사 측의 법안 운동의 결과

나) 자격증 면허: 공인보다 더 강력한 규정

2) 개업

가) 상당수의 임상심리학자들이 개업함

나) 환자의 복지보다 경제적 이득에 더 관심이 많은 의사들을 닮아갈 수도 있음

다) 변화하는 사회적 상황에 적응해야 함

3) 독립성과 경제력

　가) 정신과 의사와 이념의 대립에서 경제적 대립으로 변화하고 있음

　나) 학자는 줄어들고 사업가는 늘어나는 상황에 처함

4) 문화적으로 민감한 정신건강 서비스

　한국에서도 다문화 가정의 증가로 문화적 감각을 요구함

문제

1. 1896년에 임상심리학의 시작으로 간주되는 심리상담소를 설립한 사람은? (2010 기출)

가. S. Freud　　　나. W. James　　　다. F. Galton　　　라. L. Witmer

2. 최초의 심리진료소를 설립함으로서 임상심리학의 초기발전에 직접적으로 중요한 공헌을 한 인물은? (2003, 2012 기출)

가. Kant　　　나. Witmer　　　다. Mowrer　　　라. Miller

3. 다음 중 임상심리학의 초기 공헌자들의 업적으로 연결이 올바른 것은? (2006 기출)

가. Binet – 성격검사의 개발

나. Wundt – 정신장애의 예방강조

다. Cattell – 학술지(The Psychological Clinic) 발간

라. Witmer – 최초의 심리진료소 개설

4. 최초로 임상심리학이라는 용어를 사용하였고, 또 최초로 심리진료소를 개설한 임상심리학의 원조는? (2005 기출)

가. 분트(W. Wundt)　　　나. 위트머(L. Witmer)

다. 프로이트(S. Freud)　　　라. 로저스(C. Rogers)

5. 임상심리학의 발전에 기여한 인물 또는 사건에 관한 연결이 올바른 것은? (2004 기출)

가. Alfred Binet – 편차형 아동지능검사 개발

나. Sigmund Freud – 무의식적 갈등과 정서적 영향이 정신질환과 신체적 질병의 원인이 될 수 있다고 가정함

다. Army Alpha – 문맹자와 언어장애자를 위한 비언어성 지능검사

라. Wilhelm Wundt – Pennsylvania 대학교에 심리진료소 개설

[1. 해설] ㉺
1896년에 임상심리학의 시작으로 간주되는 심리상담소를 설립한 사람은 L.Witmer이다.

[2. 해설] ㉯
1896년에 임상심리학의 시작으로 간주되는 심리상담소를 설립한 사람은 L.Witmer이다.

[3. 해설] ㉺
Witmer–최초의 심리진료소 개설

[4. 해설] ㉯
최초로 임상심리학이라는 용어를 사용하였고, 또 최초로 심리진료소를 개설한 임상심리학의 원조는 Witmer이다.

[5. 해설] ㉯
Sigmund Freud – 무의식적 갈등과 정서적 영향이 정신질환과 신체적 질병의 원인이 될 수 있다고 가정함

[6. 해설] ㉮
사례관리는 임상심리학자의
고유한 역할과는 거리가 멀
다.

6. 임상심리학자의 고유한 역할과 가장 거리가 먼 것은? (2005, 2009 기출)

가. 사례관리　　　　　　　　　　나. 심리평가

다. 심리치료　　　　　　　　　　라. 심리학적 자문

[7. 해설] ㉯
임상심리학자의 주요한 전
통적인 역할을 심리검사를
통한 평가이다

7. 정신건강전문가인 정신과 의사, 간호사, 사회복지사의 역할과는 구분되는 임상심리
   학자만의 전통적 역할로 강조되는 것은? (2011 기출)

가. 심리치료 및 상담　　　　　　나. 심리검사를 통한 평가

다. 정신질환에 관한 예방적 노력　라. 개인 개업 또는 집단 개업

[8. 해설] ㉯
임상심리학 수련은 연구, 평
가, 치료를 수행하는 능력을
잘 겸비한 전문가를 배출하
도록 기대되었다. 이러한 모
델은 미국 콜로라도 주
Boulder에서 1949년에 개최
된 대학원 수련에 관한 APA
회의에서 채택되었다.

8. 다음 중 Boulder 모델에서 제시한 임상심리학자의 주요역할을 가장 잘 열거한 것
   은? (2003, 2005 기출)

가. 치료, 평가, 자문　　　　　　나. 치료, 평가, 연구

다. 치료, 평가, 행정　　　　　　라. 평가, 교육, 행정

9. 임상현장에 종사하면서 과학자-전문가모형(scientist-practitioner model)에 충
   실하기 위한 이유 또는 방안과 거리가 먼 것은? (2007, 2009 기출)

가. 임상심리학의 주된 영역 중의 하나가 연구이므로, 임상심리학자는 임상장면
   에 적용가능한 연구방법론을 개발하고, 그 기술과 기법에 능숙한 임상가가
   되어야 한다.

나. 대부분의 연구는 집단에 초점을 두고 개인차가 무시되어 개인적인 특성이 상
   실되므로, 실험분석은 질적분석과 논리적인 일반화 작업을 증진시켜야 한다.

[9. 해설] ㉴
단순히 집단의 비교뿐만이
아니라 임상의 의문점은 개
인의 특성에 대한 연구도 포
함되어야 한다.

다. 임상심리학자는 일차적으로 과학자가 되어야 하며, 임상 실제 활동에 대한
   타당도를 제공해야 하고, 연구를 통해 이를 규명해야 한다.

라. 집단비교연구법은 임상적 의문점을 잘 해결해주어, 임상현장에 많은 기여를
   하였다.

[10. 해설] ㉯
임상심리학 수련은 연구, 평
가, 치료를 수행하는 능력을
잘 겸비한 전문가를 배출하
도록 기대되었다. 이러한 모
델은 미국 콜로라도 주
Boulder에서 1949년에 개최
된 대학원 수련에 관한 APA
회의에서 채택되었다.

10. 임상심리학자의 교육수련과 관련된 설명으로 틀린 것은? (2004 기출)

가. 1949년 Boulder회의에서 과학자-전문가 수련모형이 채택되었다.

나. 과학자 - 전문가 모형은 과학자로서의 임상심리학자나 전문가로서의 임상심
   리학자 중 어느 하나의 역할에 충실할 것을 강조한다.

다. 심리학 박사는 과학자-전문가 모형의 한 대안이다.

라. 한국심리학회에서는 자질 있는 임상심리학자를 양성하기 위하여 임상심리전
   문가 제도를 두고 있다.

2 임상심리학의 연구방법

가. 임상심리학의 연구 목적

1) 순수한 추측이나 권위에 의존하는 것을 피하게 해줌
2) 이론을 간략하고 유용하게 정립하고 확장사고 수정할 수 있음
3) 임상심리학자들이 도와주려는 사람들의 행동, 감정 및 생각을 이해하고 예측하는 능력을 증진시키는 데 있음

나. 임상심리학의 연구방법

1) 관찰법

가) 비구조적 관찰: 우연한 관찰로 궁극적으로 검증할 수 있는 가설을 생성함

나) 자연관찰법

(1) 자연관찰법은 실험법과 같이 독립변인을 인위적으로 조작할 수는 없지만 관찰 변인을 정해 놓고 그것을 체계적으로 세심하게 측정한다는 점에서 좋은 연구 방법

(2) 관찰자의 주관이 개입될 가능성이 많고 관찰자의 편견이나 희망 등이 투사되어 객관적인 결과를 얻지 못할 위험이 있음

(3) 관찰자는 이러한 오류를 피하기 위하여 정확하게 관찰하고 기록하는 훈련을 받게 됨

다) 통제된 관찰

(1) 현장이나 자연적 조건에서 진행될 때 연구자들이 상황에 대해 어느 정도의 통제를 행사하는 것

(2) 연인이나 부부 간의 의사소통 방식을 평가하는데 사용될 수 있음

라) 사례연구법

(1) 개인을 집중적으로 연구하는 데 중요한 연구방법으로 사례사를 회고적인 방법 (Retrospective Method)으로 재구성하여 과학적(논리적이고 체계적)인 분석을 하는 것

(2) 사례연구 아래에는 면접, 검사반응, 치료평가부터 온 자료들이 포함

(3) 과거의 경험의식을 회고에 의한 개인적 기억에 의존함으로써 주관적인 편견이 높을 가능성

(4) 변인통제의 어려움으로 인과관계를 확인하기 어려움

2) 역학연구

주어진 모집단에서 질병의 발병률, 유병률, 분포에 대한 연구. 질문지나 면접을 사용해서 연구

가) 발병률

(1) 어떤 주어진 기간 내에 발병된 새로운 사례의 비율

(2) 새로운 사례가 증가하는 알 수 있음

나) 유병률

(1) 주어진 기간 내의 전체적인 사례(이전이든 새로운 것이든)의 비율

(2) 해당 인구의 몇 퍼센트가 그 질병이나 장애를 가지는지 측정할 수 있게 해줌

3) 상관법

가) 변인 X가 변인 Y와 관계가 있는지 알 수 있게 해줌

나) 통학적인 기법으로 피어슨 적률상관계수를 통해 확인

다) 상관관계는 인과 관계가 아님

라) 요인분석은 어떤 변인들이 함께 변하는지 많은 분리된 상관을 사용하여 공통 요소를 추출하는 통계적 기법

4) 횡단 대 종단 접근

가) 횡단 설계

(1) 동시에 개인들을 비교하고 평가하는 것

(2) 연구자가 나이를 조정하거나 다른 연령대에 속하도록 배정할 수 없기 때문에 상관적.

(3) 시간의 흐름에 따른 변화를 보기 어려움

나) 종단설계

(1) 같은 피험자를 시간에 따라 추적하는 것

(2) 시간 및 순서적 관계를 더 잘 기술할 수 있음

(3) 비용이 많이 들고 시대에 뒤처진 연구를 계속 진행할 수 있음

5) 실험법

가) 심리학의 연구방법 중 가장 과학적인 방법으로 여겨지며 또한 가장 중요하게 사용되는 방법

나) 인위적으로 통제된 조건 아래서 연구하고자 하는 변인을 체계적으로 변화시킬 때 그 효과가 어떻게 나타나는가를 측정하는 방법

다) 효과를 연구하기 위해 사용되는 특정 변인을 독립변인이라고 하고, 그 독립변인 의 처치에 의해서 특정되는 효과를 종속변인이라고 함

라) 종속변인의 변화가 독립변인의 처치효과에 의해서만 나타난 결과라는 것을 보장 하기 위하여 다른 변인들(종속변인에 영향을 줄 수 있는 모든 변인)은 일정하게 통제되어야 하는데, 이 변인들을 중개변인(또는 과외변인)이라고 함

실험법의 종류

1. 집단 간 및 집단 내 설계
2. 단일사례연구
3. 혼합설계

마) 실험법의 종류

(1) 집단 간 및 집단 내 설계

(가) 집단 간 설계는 2개의 다른 피험자 집단이 있으며 각 집단은 서로 다른 처리를 받게 되며 이 효과를 비교하게 됨

(나) 집단 내 설계는 같은 환자에게 다른 시간 간의 비교가 이뤄짐

(다) 내적 타당도: 얻어진 결과가 리가 원하는 변인을 조작해서 나온 것이지에

대한 믿을 수 있는 타당성

　　(라) 외적 타당도: 연구의 결과가 실험실 밖의 다양한 상황에서 적용될 수 있는
지에 대한 타당도

　(2) 단일사례연구

　　(가) 실험법과 사례 연구법 모두의 공통점을 가진 연구

　　(나) 단일 피험자에 대해 실험적 조건을 제시하여 변화를 연구하는 연구법

　　(다) 기저선을 수립한 후 개입하며 개입 전후를 비교함

　　(라) 적은 피험자 수의 경우 용이하며 인과관계를 정립하기 용이함

　　(마) ABAB 설계: 치료 비치료를 번갈아가면서 처치하여 비교하는 것

　　(바) 다중기저선 설계: 몇 개의 행동에 대한 기전선을 설정하고 각각에 대한 다
양한 처리 효과를 비교함

　(3) 혼합설계

　　(가) 실험법과 상관법을 합친 설계

　　(나) 치료 효과 연구에서 증상의 수준에 따라 다른 치료 효과를 확인하기도 함

　바) 실험의 내적타당도를 위협하는 장애요인(Cook & Campbell, 1979)

　　(가) 역사: 실험기간 중에 영향을 미치는 사건을 Local History(역사)라고 함

　　(나) 성숙: 자연적으로 발생할 수 있는 정신적, 신체적 발달이나 변화

　　(다) 반복검사: 기억의 효과로 동일검사의 반복은 사후검사 결과 왜곡

　　(라) 측정도구의 변화: 극단적인 장소의 측정기계 이상, 평정자의 코딩과 분류
기준 변화

　　(마) 통계적 회귀: 반복측정은 점수들을 중앙쪽으로 이동시킬 확률이 큼

　　(바) 선발: 실험처치 이전에 차이가 나는 실험집단과 통제집단

　　(사) 탈락: 연구기간 동안에 피험자가 실험에서 이탈하는 현상

　　(아) 피험자 선발과의 상호작용: 실험집단과 통제집단의 선발이 잘못되어서 두
집단이 이질집단일 때 생기는 문제

　　(자) 인과관계 방향성의 애매함: 모든 연구에서 독립변인과 종속변인의 불분명
한 인과성

　　(차) 처치내용의 누설과 처치의 모방: 처치는 원칙적으로 실험집단만 받고 통제
집단은 받아서는 안 됨

　　(카) 처치에 대한 보상적 평형화: 처치 아닌 처치 및 불공평을 평형화시킬 수
있는 보상적 평형화가 일어날 가능성

　　(타) 통제집단 피험자들의 보상적인 경쟁: 통제집단의 경쟁적 노력의 가능성

　　(파) 통제집단 피험자들의 사기저하: 자연적인 무처치보다 더 심한 사기저하

6) 통계적 유의성 대 임상적 유의성

　가) 통계적 유의성: 통계치가 계사된 뒤 그 값이 얼마나 의미 있는지를 확인하는데
사용되는 통계적 방법

　나) 보통 $p < .01$, $p < .05$, $p < .001$ 있다

다) 통계적으로 유의하지 않다고 하여도 임상적으로 유의한 결과가 있을 수 있음

7) 연구와 윤리 – 연구윤리의 몇 가지 지침

가) 실험 참가자들에게 사전 동의를 받는다.

나) 자료를 위조하지 않는다.

다) 비밀보장성: 피험자의 개인자료와 응답은 비밀보장이 되어야 한다.

라) 속임: 연구의 목적을 알게 될 경우 영향을 주는 경우 이외에는 속임을 사용해서는 안 된다.

마) 사후설명을 함: 연구의 마지막에 연구에 대한 설명을 해주어야 함

다. 심리적 문제의 진단과 분류

1) 이상행동의 정의

이상 행동이 곧 정신질환을 의미하는 것은 아님

가) 규범에 의한 동조: 통계적 희귀성 또는 사회적 규범 위반

(1) 절단점을 정할 수 있다.

(2) 직관적 호소력

(3) 모두 동조하는 절단점을 찾기 어렵다.

(4) 무엇을 일탈로 정의내릴 것인가?

(5) 문화적상대성

나) 주관적 고통: 개인의 고통을 기준으로 심리적 문제를 정의

(1) 스스로 자신의 문제를 정의내림으로 인해 전문가의 판단부담을 줄임

(2) 객관적으로 심리적 문제를 가진 것으로 고려되나 주관적으로 고통을 경험하지 못하는 경우

다) 무능력 또는 역기능: 어떤 행동이 일정 정도의 사회적 또는 직업적 문제를 가져오는 경우

(1) 추론이 많이 필요 없다.

(2) 치료적인 촉진이 쉽다.

(3) 스스로 자신의 문제를 심각하게 느끼기 쉽다.

2) 정신질환(Mental Illness) 또는 정신장애(Mental Disorder)

가) 증후군(Syndrome)은 고통, 무능력, 또는 문제를 가질 위험의 증가와 연합됨

나) 정신장애는 개인내의 역기능을 나타내는 것으로 간주됨

다) 일탈 행동이나 사회와의 갈등이 모두 정신장애의 지표는 아님

라) 진단의 중요성

(1) 범주화는 중요한 구분을 할 수 있게 해줌

(2) 의사소통에 용이

(3) 정신병리에 대한 경험적 연구를 가능하게 하고 증진시킴

(4) 이상행동의 원인에 대한 연구를 수행할 수 있게 함

이상행동의 정의
1. 규범에 의한 동조
2. 주관적 고통
3. 무능력 또는 역기능

*이상 행동의 정의는 이상심리학에서 더 구체적으로 다룬다

(5) 효과적인 치료를 제시할 수 있음

3) 분류체계

가) 미국의 진단 및 통계 편람을 주로 사용함

나) DSM-I 이후 현재 DSM-5까지 진단 편람이 변화하고 있음

다) WHO에서는 국제적인 분류 시스템인 ICD를 개발 현재 ICD-10까지 변화됨

4) 분류의 문제

가) 범주 대 차원: 장애의 존재 유무와 정도의 구분 중 어느 것이 더 바람직한가?

나) 범주화의 기반: 다양한 방식으로 진단적 판단을 내려야 하는가? 이것이 이질성
을 야기하는 것은 아닌가?

다) 분류의 화용론: 진단에 포함 여부는 누가 어떻게 왜 결정할 것인가?

라) 기술: 진단 범주의 특징들이 적절히 기술되었는가?

마) 신뢰도: 진단은 누가 해도 같은가?

바) 타당도: 의미있는 예언을 가능하게 하는가?

사) 편향: 문화, 성, 인종, 사회적 배경다른 진단이 될 가능성이 있는가?

아) 적용범위: 어디까지 진단이 적용가능할 것인가?

자) 기타

(1) 용어의 차별성 및 낙인효과

(2) 분류에 대한 차별성

(3) 삶의 문제에 대한 의학화

(4) 오명

라. 임상심리에서 평가 면접

1) 임상심리학에서의 평가면접

가) 임상심리학에서의 평가

(1) 정의와 목적

(가) 개인의 장점과 약점 파악

(나) 현재 문제들의 개념화

(다) 문제를 약화시키기 위한 처방과 이해

(라) 내담자의 의뢰 목적 및 문제해결에 유용하도록 내담자를 기술하는 것

(2) 의뢰

(가) 평가 과정의 시작

(나) 의뢰질문: 의뢰자가 임상가에게 알고 싶은 질문

나) 평가면접의 내용과 방법

(1) 자료를 수집하고 결정하는 주된 방법

(2) 임상심리학자들이 사용하는 가장 기본적이고도 유용한 방법

다) 면접의 일반적 특징

심리학개론 이상심리학 심리검사 임상심리학 심리상담

(1) 상호작용

(가) 좋은 면접은 내담자와 상호작용하는 것

(나) 주의 깊게 계획되고, 신중하고, 능숙하게 집행되며, 철저하게 목적적

(다) 내담자에 대한 정보와 소신의 의견을 알아내는 데 면접을 씀

(2) 면접 대 검사

(가) 면접은 대화보다는 목적적 구조적 검사보다는 덜 공식적 덜 표준적

(나) 검사는 표준적인 절차가 엄격한 편이나 면접은 최소한의 유연성을 요함

(다) 유연성은 장점이면서 단점이 될 수 있음

(3) 면접의 예술: 임상가의 경험에 따라 임상가의 기술이나 풍부한 자원을 발휘할 수 있음

2) 평가 면접의 내용과 방법

가) 면접의 본질과 기술

(1) 물리적 환경 조성: 사생활 보호와 방해받지 않는 환경

(2) 요점적기와 녹음

(가) 모든 환자와의 접촉은 궁극적으로 문서화함

(나) 면접 중의 기록은 논쟁 중

(다) 환자에 대한 녹화는 미리 공지하고 동의를 구함.

나) 라포(Rapport)

(1) 정의와 기능

(가) 라포는 불어가 어원으로 다리라는 뜻

(나) 환자와 건강하며 굳건한 라포를 형성하는 것은 그 자체가 치료적임

(2) 특징

(가) 라포 형성을 통해 더 깊이 있는 정보를 얻을 수 있음

(나) 환자의 마음에 들 필요는 없다. 서로 안정되게 상호작용할 수 있는 상태를 의미

다) 의사소통

(1) 회기 시작

(가) 환자의 불안감을 줄여주는 방향으로

(나) 일상의 가벼운 주제로 시작

(다) 면접자의 마음가짐부터 점검

(2) 언어

(가) 환자의 수준에 맞추는 것

(나) 전문용어의 자제

(다) 이면의 의미 파악(Under Meaning)

(3) 질문의 이용

(가) 개방형

(나) 촉진형

(다) 명료형

(라) 직면형, 직접질문

(4) 침묵

(가) 침묵은 하나의 대화

(나) 상황과 맥락에 따라 의미가 다름, 적절한 반응이 필요

(5) 경청: 편견을 가지지 않고 듣기

(6) 기타

(가) 임상가 자신의 욕구 충족

(나) 임상가의 영향

(다) 임상가의 가치와 배경

라) 면접의 다양성

(1) 접수면접

(가) 왜 환자가 클리닉이나 병원을 방문했는지 결정하는 것

(나) 시설, 정책, 서비스가 환자의 필요와 기대에 부응하는지 판단하는 것

(다) 다른 기능으로 클리닉의 기능, 비용, 정책, 절차, 직원 등과 같은 정보를 제공하는 것

(2) 개인력 면접

(가) 가능한 많은 개인정보와 사회적 정보가 수집됨

(나) 일종의 발달 및 개인의 역사를 파악하는 것

(다) 증상과 치료적 개념에 맞춰 핵심 사항의 파악 필요

(3) 정신상태검사면접: 인지, 정서, 행동 문제에 대한 평가

(4) 위기면접

(가) 발생한 문제를 면접하고 즉각적인 방책을 강구하는 것

(나) 클리닉과 관계를 맺도록 용기를 북돋아 주는 것

(다) 다른 전문가에 의뢰

(5) 진단적 면접

(가) 진단적인 평가를 위한 면접

(나) 비구조적 면접에서 구조적 면접으로 변화되고 있는 추세

3) 지능평가의 내용과 의미

가) 지능의 개념

(1) 환경에의 적응과 순응을 강조하는 정의: 새로운 상황에의 적응, 다양한 상황을 다루는 능력

(2) 배우는 능력에 초점을 맞추는 정의: 큰 의미에서 교육 가능성

(3) 추상적 사고를 강조하는 정의: 다양한 상징과 개념을 이용하는 능력, 언어적 수리적 상징을 사용하는 능력

나) 지능의 이론들

(1) 요인분석적 접근

(가) Sperman은 g요인(일반지능)과 s요인(특수지능)의 개념을 가정

(나) 요인 분석을 통해 2개 요인을 추출하였으나 다른 학자들에 의해 다른 요인이 발견되었다는 논쟁을 하게 됨

(2) Cattell의 이론

(가) 능력의 위계적 조직 모형을 주장

(나) 유동 능력과 결정능력의 이요소로 분리

(3) Guilford의 분류

(가) 지능의 구조모형 제시

(나) 지능의 요소로 조작, 내용, 결과물의 세 번주로 조직화 가능하다고 주장

(4) 최근 발달

(가) 정보처리적 관점의 강조

(나) Gardner 다중지능 이론

(다) Sternberg의 지능의 3요소 이론

다) IQ와 관련된 개념들

(1) Binet의 비율 IQ - IQ= (MA/CA)X100

(2) 편차 IQ - 비율 IQ가가지는 나이가 많아질수록 지능이 낮아지는 문제를 개선하기 위해 연령 등급을 구분한 것

(3) 학업적 성공과의 연관성 → 밀접과 관련성이 주장됨

(4) 직업수준이나 성공과의 연관성 → 특정직업을 유지하기 위해 기본적인 지적 능력이 요구되는 것으로 보임

(5) 집단차이 : 성별, 인종적인 차이가 보고되기도 함

라) 지능의 임상적 평가 - Wechsler 지능검사

(1) 언어성검사(29문항)

(가) 상식 및 기본지식문제

① 일반상식범위, 일반상식에 대한 장기기억력 측정

② 일반적인 상식에 대한 관심부족과 장기기억결함을 예측

(나) 숫자외우기(바로 따라 외우기 7문항/거꾸로 따라 외우기 7문항)

① 청각적인 자극에 대한 주의력과 단기기억력 측정, 기질적 결함 유무 측정

② 바로 따라 외우기와 거꾸로 따라 외우기 간에 큰 차이가 있을 때 정신병의 지표가 됨

③ 언어성 소검사 중 가장 취약성이 큼

(다) 어휘문제(35문항)

① 단어를 사용하는 언어표현능력을 봄

② 피검자의 사고방식과 내용의 질적 특수성을 파악함

(라) 산수문제(16문항)

① 복잡한 자극에 대한 주의집중력과 계산능력을 봄

② 측정 점수가 낮으면 정서적 불안증 또는 불안으로 인한 주의집중의 곤란이

예상됨

③ 시간제한이 있음

(마) 이해문제(16문항)

① 판단력, 현실적인 문제들에 대한 이해력과 판단능력, 사물에 대한 판단력, 현실 검증 능력을 알아보는 검사

② 정서적으로 혼란되어 있거나 사회적 상황에 둔감한 사람은 이 소검사 점수가 낮을 수 있음

(바) 공통성문제(14문항)

① 일반지능을 가장 잘 나타내는 소검사로 알려짐

② 개념형성이나 추상적, 논리적 사고능력을 측정함

(2) 동작성검사(시간제한이 있음)

(가) 빠진곳찾기(20문항)

① 시각적 주의집중과 판단력이 요구

② 지각과 개념형성의 기초적인 능력을 측정 논리성이 결여되어 있는 정신분열장애의 경우 점수가 낮음

(나) 차례맞추기(10문항)

① 어떤 사회적 장면의 전체를 이해하고 파악하는 능력 및 결과를 예기하고 효과적으로 계획하는 능력을 파악

② 대인관계의 예민성 혹은 대인관계에서의 장애 여부를 보여주기도 함

(다) 토막짜기(9문항)

① 사물에 대한 분석능력뿐 아니라 동시에 통합능력을 측정하며, 공간적 표상능력 및 시각 – 근육운동의 통합능력을 측정

② 기질적장애를 진단하는 데 매우 유용

(라) 모양 맞추기(4문항)

① 시각-근육운동의 협응 및 전체적인 연관성을 파악하는 능력을 측정

(마) 바꿔쓰기(93문항)

① 기호와 숫자와의 연합학습능력평가

② 정신운동속도 및 대치능력(정확성)을 평가

(3) K-WAIS의 진단기능

(가) 개인의 지적 기능 평가: 현재의 지능수준뿐 아니라 병전의 지능수준 및 발달 가능성의 정도를 양적으로 알 수 있으며, 각각 다른 기능을 재는 11개의 소검사로 구성되어 있기 때문에 개인내적 기능간의 비교도 가능

(나) 개인의 성격특성, 동기, 정신병리 파악: K-WAIS는 실시기간이 길고(1~2시간) 시간제한이 있는 소검사들과 투사적 함축성을 지닌 문항들이 포함되어 있어서 피검자의 반응내용, 양상, 속도, 검사에 임하는 태도 및 표정, 검사 시의 행동 등의 분석함으로써 개인의 특성과 문제를 파악할 수 있음

(다) 특수한 장애나 능력평가: 언어능력장애, 독서 능력 장애, 기억장애, 뇌손상

K-WAIS의 진단기능
1. 개인의 지적 기능 평가
2. 개인의 성격특성, 동기, 정신병리 파악
3. 특수한 장애나 능력평가

소검사	설 명
토막짜기	수검자는 제한시간 내에 작업해야 하고 제시된 그림과 모형을 또는 그림만 보고 빨간색과 흰색으로 이루어진 토막을 사용하여 똑같은 모양을 만들어야 한다.
공통성	공통적인 사물이나 개념을 나타내는 두 개의 단어가 제시되면 수검자는 그 둘이 어떠한 유사점이 있는지를 기술해야 한다.
숫자	숫자 바로 따라하기에서 수검자는 검사자가 읽어준 일련의 숫자를 동일한 순서로 기억해야 한다. 숫자 거꾸로 따라하기에서는 검사자 읽어준 일련의 숫자를 역순으로 기억해 내야한다. 숫자 순서대로 따라하기에서는 검사자 읽어준 일련의 숫자를 작은 숫자부터 차례로 기억해 내야 한다.
행렬추론	수검자는 일부가 빠져 있는 행렬 매트릭스를 보고 행렬 매트릭스를 완성할 수 있는 반응선택지를 골라야 한다.
어휘	그림 문항의 경우 수검자는 시각적으로 제시되는 물체의 이름을 말해야 한다. 언어적 문항의 경우 인쇄된 글자와 동시에 구두로 제시되는 단어의 뜻을 말해야 한다.
산수	수검자는 제한시간 내에 일련의 산수 문제를 암산으로 풀어야 한다.
동형찾기	수검자는 제한시간 내에 탐색 집단에서 표적기호와 동일한 것을 찾아야 한다.
퍼즐	수검자는 제한시간 내에 완성된 퍼즐을 보고 그 퍼즐을 만들 수 있는 세 개의 반응을 찾아야 한다.
상식	수검자는 폭넓은 영역의 상식에 관한 질문에 대답해야 한다.
기호쓰기	수검자는 제한시간 내에 숫자와 짝지어진 기호를 옮겨 써야 한다.
순서화	검사자가 수검자에게 일련의 숫자와 글자를 읽어주면 수검자는 숫자와 글자를 순서대로 회상해야 한다.
무게비교	수검자는 제한시간 내에 양쪽 무게가 달라 균형이 맞지 않는 저울 그림을 보고 균형을 맞추는데 필요한 반응을 찾는다.
이해	수검자는 사회적 상황에 대한 일반적 원리와 이해근거해서 질문에 답해야 한다.
지우기	수검자는 제한시간내에서 조직적으로 배열되어 있는 도형들 속에서 표적모양을 찾아 표시해야 한다.
빠진곳찾기	수검자는 제한시간내에 중요한 부분이 빠져 있는 그림을 보고 빠진 부분을 찾아야 한다.

에 따른 기능장애 및 계산이나 추리력에서의 특이한 기술과 신속성, 풍부한 어휘력 등 개인의 단점과 함께 독특한 능력과 잠재력 등에 대한 정도도 얻을 수 있음

마) 지능의 임상적 평가 – K-WAIS-IV, K-WISC-IV

  (1) K-WAIS-IV의 내용과 구조

   (가) K-WAIS-IV 이전 판에 비해 현저하게 다른 점은 검사의 구조를 단순화하고 인지능력에서 좀 더 독립적인 영역에 관한 수행을 나타내 줄 수 있는 지수점수를 강조한 것

   (나) K-WAIS-IV는 15개의 소검사로 구성. 그 중 12개의 소검사는 WAIS-3에 포함되었던 것(토막짜기 공통성, 숫자, 행렬추론, 어휘, 산수, 동형찾기, 상식, 기호쓰기, 순서화, 이해, 빠진곳찾기). 새로운 세 개의 소검사는 퍼즐, 무게 비교, 지우기로 이는 K-WISC-IV에서 차용해 온 것

  (2) K-WISC-IV

   (가) 언어이해 지표

    ① 소검사: 공통성, 어휘, 이해 / 보충 소검사: 상식, 단어추리

      ※ K-WAIS-IV의 언어이해 지표: 공통성, 어휘, 상식 / 보충소검사: 이해

    ② 언어이해 지표는 추론, 이해, 개념화를 사용하는 언어능력을 측정하는 소검사로 이루어져 있음

    ③ 언어이해 지표를 단일한 지표점수로 해석하기 위해서는 언어지표점수에 포함된 각 소검사 점수를 언어이해 지표 소검사 점수들의 평균값과 비교

   (나) 지각추론지표해석

    ① 소검사: 토막짜기, 공통그림찾기, 행렬추리 / 보충소검사: 빠진곳찾기

      ※ K-WAIS-IV: 토막짜기, 행렬추론, 퍼즐 / 보충소검사: 무게비교, 빠진곳찾기

    ② 지각추론 지표의 구성요소를 살펴보면 K-WISC-3에서는 지각적 조직화를 측정하는 소검사에 일부 유동적 추론을 측정하는 소검사로 구성되었으나, K-WISC-IV에서는 대부분 유동적인 추론을 측정하고 일부 지각추론화 능력을 측정하는 소검사로 구성이 변화됨

    ③ 새로운 유동적 추론 소검사가 들어가기 위해서 '차례맞추기'와 '모양맞추기'가 생략되었고, '빠진곳찾기'가 보충 소검사로 들어감

    ④ '토막짜기'와 함께 유동적 추론을 주로 평가하는 '행렬추리'와 '공통그림찾기'가 두 개의 새로운 소검사로 추가됨

   (다) 작업기억지표 해석

    ① 소검사: 숫자, 순차연결 / 보충소검사: 산수

      ※ WAIS-IV 숫자, 산수 / 보충소검사: 순서화

    ② 작업기억은 단기간에 적은 양의 정보를 저장하고 규칙과 책략에 따라 정보를 변형시키기 위해서 그 정보에 빠르게 접근하고 이용할 수 있도록 유지

하는 것이며, 이런 과정을 계속적으로 새롭게 수행하는 것

③ 작업기억 영역에서 낮은 점수는 여러 가지 이유에서 생길 수 있음

④ 수행에 영향을 미치는 주요한 요소는 청각 및 시각적 변별, 주의력, 정신적인 배열, 기본적인 문자와 숫자처리의 자동화, 실행기능의 통제

(라) 처리속도지표(Processing Speed Index)

① 소검사: 기호쓰기, 동형찾기 / 보충소검사: 선택

※ K-WAIS-Ⅳ 동형찾기, 기호쓰기 / 보충소검사: 지우기

② 처리속도지표는 정신과정과 글자쓰기 운동과정의 속도를 측정

③ 세 검사들은 최근에 지능을 기술하는 것과 더욱 관련되어 연구되고 있는 요소

④ Horn(1998)은 지능 모델의 아홉 개 요인 중에서 두 요인이 결정속도와 처리속도라고 부름

⑤ Carroll의 지능에 대한 요인분석에서도 두 가지 요인을 전반적인 인지속도와 처리 혹은 결정 속도라고 명명함

3 임상 평가

가. 검사의 종류

1) 객관형 검사

  가) 장점

    (1) 경제성

    (2) 채점과 실시의 단순성과 객관성, 타당성은 떨어질 수 있음

    (3) 뚜렷한 객관성과 신뢰도

  나) 단점

    (1) 행동을 평가하는 것이 중심이라 동기를 파악하기 어려움

    (2) 문항의 의미를 왜곡되게 해석할 수 있음

    (3) 반응을 한정하거나 부가적 정보를 상실할 수 있음

2) 객관형 검사의 구성방법

  가) 내용타당도

    (1) 측정하고자 하는 변인의 모든 관련된 측면을 신중하게 정의

    (2) 문항구성 전 전문가의 자문을 받음

    (3) 각 잠정적 문항들이 관심 변인에 적합한지 전문가의 판단을 구함

    (4) 문항을 최종선정하기 전에 심리측정적 분석을 통해 평가

    (5) 문제점

      (가) 모든 문항을 정확히 동일하게 평가하는가?

      (나) 수검자가 문항에 정확하게 보고하는가?

      (다) 수검자가 정직한가?

      (라) 측정하고자 하는 개념의 본질을 정의하기 위해 전문가에게 의지할 수 있는가?

  나) 경험적 준거방식

    (1) 특정 측정 변인으로 경험적으로 확인된 집단의 Sign을 통해 구성

    (2) 특정 집단의 구성원들은 동일한 방식으로 반응할 것임을 가정

    (3) 문제점

      (가) 점수가 가지는 의미의 해석이 어렵다.

      (나) 집단의 구분과 연관 없는 질문이 구성될 수 있다.

  다) 요인분석

    (1) 탐색적요인분석: 모집단을 모은 후 측정 변인들을 줄여나가는 방식

    (2) 확인적요인분석: 이론적 요인구조를 확인하려는 것

    (3) 측정변인들이 높은 관련성을 가지나 그 자체로 타당성을 확인하기 어렵다.

  라) 구성타당도 접근

    (1) 내용타당도, 경험적준거방식, 요인분석적 접근의 여러 측면을 결합한 것

(2) 이론적 구성개념에 따라 문항을 구성하고 동질적인 척도가 개발되었는지 확인하기 위해 문항분석, 요인분석, 기타 절차들이 사용됨

나. 성격평가

1) 성격의 정의

가) 일반적으로 성격이란 개인의 독특한 행동특징을 기술하는 용어

나) 성격검사에서 성격이라는 용어는 보통 개인의 비지적 측면을 지칭

다) 비지적 측면이란 사회적 상황에 따른 반응유형, 다른 사람과 관계하는 방식, 긴장의 정도, 사회적 관계로부터 철수하려는 경향, 공격적인 경향, 자신에 대한 관점 등과 같은 다양한 행동적 특징을 포함

2) 객관형 성격검사

가) 성격평가 질문지 (Personality Assessment Inventory, PAI)

(1) 개요

(가) 성격평가질문지는 미국의 심리학자 Morey(1991)가 개발한 성인용 성격검사. 자기보고형 질문지로서, 한국에서는 김영환, 김지혜, 오상우, 임영란, 홍상황(2001)이 표준화함

(나) PAI는 총 344문항, 총 22개 척도, 4점 척도("전혀 그렇지 않다(⓪)", "약간 그렇다(①)", "중간 정도이다(②)", "매우 그렇다(③)")로 구성. 4개의 타당성 척도, 11개의 임상척도, 5개의 치료척도, 2개의 대인관계 척도로 총 22개 척도로 구성. 11개의 임상척도 중 10개의 척도는 3~4개의 하위 척도를 포함함

(다) 각각의 척도들은 타당성척도, 임상척도, 치료고려척도, 대인관계척도 등의 4가지 척도군으로 분류→이 중에서 환자의 치료동기, 치료적 변화 및 치료결과에 민감한 치료고려척도, 대인관계를 지배와 복종 및 애정과 냉담이라는 2가지 차원으로 개념화하는 대인관계척도를 포함하고 있는 것이 특징

(라) PAI 종류

① 성인용 검사(PAI) 344문항

② 청소년용 검사(PAI-A) 344문항

③ 단축형 청소년용 검사(PAI-A) 168문항

(2) PAI의 특징

(가) 환자집단의 성격 및 정신병리적 특징 + 정상성인의 성격평가에 매우 유용

(나) 일반적인 성격검사들이 환자집단에 유용하고 정상인의 성격을 판단하는 데 다소 제한적이지만 PAI는 두 장면에서 모두 유용

(다) DSM 진단분류에 가장 가까운 정보를 제공

(라) 행동손상정도 및 주관적불편감 수준을 정확히 파악할 수 있는 4점 평정척도로 구성→대부분의 질문지형 성격검사가 '예-아니오'라는 양분법적 반

응양식으로 되어 있으나, PAI는 4점 평정척도로 이루어져 있어서 행동의 손상 정도 또는 주관적 불편감 수준을 정확히 측정하고 평가

(마) 분할점수를 사용한 각종 장애의 진단 및 반응 탐지에 유용→분할점수를 사용한 각종 장애의 진단과 꾀병이나 과장 및 무선적 반응과 부정적 반응왜곡, 물질남용으로 인한 문제의 부인과 긍정적 또는 방어적 반응왜곡의 탐지에 특히 유용

(바) 각 척도는 3~4개의 하위척도로 구분→장애의 상대적 속성을 정확히 측정하고 평가→10개 척도는 해석을 용이하게 하고 임상적 구성개념을 포괄적으로 다루기 위해 개념적으로 유도한 3~4개의 하위척도를 포함→장애의 상대적 속성을 정확하게 측정, 평가

(사) 높은 변별타당도 및 여러 가지 유용한 지표를 활용→문항을 중복시키지 않아서 변별타당도가 높음→꾀병지표, 방어성지표, 자살가능성지표 등과 같은 여러 가지 유용한 지표가 있음

(아) 임상척도의 의미를 보다 정확하게 평가할 수 있는 결정 문항지 제시.

(자) 수검자가 경험하고 있는 다양한 증상이나 심리적 갈등을 이해하는 데 도움

(차) 채점 및 표준점수 환산과정의 편리성. 온라인 검사로 PAI를 실시할 경우 검사 실시 후 실시간으로 결과를 바로 확인할 수 있음

(3) PAI의 구성척도

(가) 정신장애를 측정하는 데 가장 타당하다고 보는 22개 척도에 344개 문항을 선별하여 구성

(나) 4점척도(0-3)로 이루어짐

(다) 4개의 타당도 척도와 11개의 임상척도, 5개의 치료고려척도와 2개의 대인관계척도가 있음

(라) 10개 척도에는 해석을 보다 용이하게 하고 임상적 구성개념을 포괄적으로 다루는데 도움을 주는 3~4개의 하위척도가 포함.

(마) 타당도척도: 비일관성척도, 저빈도척도, 부정적인상척도, 긍정적인상척도

(바) 임상척도: 신체적호소척도, 불안척도, 불안관련장애척도, 우울척도, 조증척도, 망상척도, 정신분열병 척도, 경계선적특징척도, 반사회적특징척도, 알코올문제척도, 약물문제척도

(사) 치료고려척도: 공격성척도, 자살관념척도, 스트레스 척도, 비지지척도

(아) 대인관계척도: 지배성척도, 온정성척도.

(자) 하위척도

① 신체적호소: 전환, 신체화, 건강염려

② 불안: 인지적불안, 정서적불안, 생리적불안

③ 불안관련장애: 강박장애, 공포장애, 외상적 스트레스장애

④ 우울: 인지적우울, 정서적우울, 생리적우울

⑤ 조증: 활동수준, 과대성, 초조감

⑥ 망상: 과경계, 피해의식, 원한

⑦ 정신분열병: 정신병적 경험, 사회적 위축, 사고장애

⑧ 경계선: 정서적 불안정, 정체성문제, 부정적 관계, 자기손상

⑨ 반사회적: 반사회적 행동, 자기중심성, 자극추구

⑩ 공격성: 공격적 태도, 언어적 공격, 신체적 공격

(4) 실시방법

(가) 적용대상

① 18세 이상에 속하는 성인(PAI)의 임상적 문제를 평가하기 위해 제작되었으나, 18세 미만의 중고등학생(PAI-A)도 검사 가능(중고등학생 규준을 포함시킴)

② 교육 수준 4학년 정도의 독해 능력이 있어야 함

③ 수검자가 자기보고형 검사를 실시하는 데 필요한 신체적, 정서적 요건을 갖추고 있어야 함

나) 미네소타 다면적 인성검사(Minnesota Multiphasic Personality Inventory, MMPI); 병리적 인성에 대한 진단용 검사로 널리 활용

(1) 타당도 척도

(가) 무응답 척도: 무응답 한 문항이나 이중으로 응답한 문항 개수가 30개를 넘으면 다른 임상척도의 점수를 왜곡시키기 때문에 신뢰도가 떨어짐

(나) L척도: 다소 세련되지 못하고 미숙한 수준에서 자신의 심리적인 상태를 보다 좋게 보이려고 노력하는 정도를 측정

(다) F척도: 비정상적인 경험, 생각 및 감정 등이 얼마나 있는가를 알아보는 척도

(라) K척도: 자신의 정신병리나 심리적인 상태를 드러내지 않고 방어하려는 경향이 어느 정도 인지를 말해주는 척도

(2) 2-2 임상척도

(가) 척도 1: 건강염려증 (Hs: Hypochondriasis) – 33개 문항
피검사자가 호소하는 신체적인 증상의 수를 측정. 건강에 대한 집착과 이에 따른 불안의 정도를 측정한다고 보고됨. 이를 긍정적인 말로 표현한다면 건강에 대한 관심과 건강유지활동의 정도라고 표현할 수 있음

(나) 척도 2: 우울증(D: Depression) – 60개 문항
검사 수행 당시의 그 사람의 비관 및 슬픔의 정도를 나타내는 기분(mood)의 척도.

(다) 척도 3: 히스테리(Hy: Hysteria) – 60개 문항
부인(Denial) 방어기제를 사용하는 정도를 측정

(라) 척도 4: 반사회성(Pd: Psychopathic Deviate) – 50개 문항
만족의 결여, 가족문제, 이탈행동, 성문제, 권위자와의 어려움 등을 측정

(마) 척도 5: 남성성-여성성(MF: Masculinity-Femininity) – 60개 문항

남자들에게서는 여성 특성을 여자들에게서는 남성 특성을 나타낼 때 비정상으로 채점 → 남자의 경우 이 척도가 매우 높으면 동성애적 경향이나 성 정체감 및 남성적 역할에 대한 불안정감, 명백한 여성적 행동이 있을 때. 이에 비해 여자의 경우는 전통적인 여성적 역할에 대한 거부, 높은 남성적 취향, 그리고 남성적 직업과 전문직을 선택하는 경향이 있음

(바) 척도 6: 편집증(Pa: Paranoia) – 40개 문항

의심, 과민성, 냉소적 태도, 비사교적 행동, 과도한 도덕주의 등

(사) 척도 7: 강박증(Pt: Psychasthenia) – 48개 문항

심리적 고통이나 불안을 나타내는 지표

(아) 척도 8: 정신분열증(Sc: Schizophrenia) – 78개 문항

무감동, 무감각, 무반응을 특징으로 함. 정신적 혼란의 정도를 측정.

(자) 척도 9: 경조증(Ma: Hypomania) – 49개 문항

기분이 들떠있는 것을 특징으로 함. 고양된 정서, 증가된 행동, 사고의 비약으로 표현되는 조증 상태를 진단하기 위한 문항과 가족관계, 도덕적 가치나 태도, 신체적 관심에 대한 문항으로 구성

(차) 척도 0: 내향성(Si: Social Introversion) – 70개 문항

사회적 접촉과 책임으로부터의 철수 경향을 평가하기 위해 사회적 장면에서의 불편감, 고립, 일반적 부적응 및 자기비하의 내용으로 구성

(3) MMPI-2 (MMPI-1과 MMPI-2의 차이점)

(가) MMPI원판 개정 이유

① 현재 한국에서 일반적으로 사용되고 있는 MMPI-1은 1989년에 한국임상심리학회에서 출판된 것으로써 〈1985 인구 및 주택 센서스 보고〉에 근거하여 표집된 규준 집단을 사용하고 있음

② MMPI-2는 가장 최근의 센서스 자료인 〈2000 인구 및 주택 총조사〉에 근거하여 매우 엄격하게 규준 집단을 표집하여 가장 대표성 있고 동시대적인 규준을 확보

③ 이전 MMPI에는 내용상 부적절하거나 성차별적인 문항들이 포함되어 있었고, 때로는 일반적으로 사용되지 않는 구식 표현(예: 가루 수면제 ⇒ 수면제)들도 사용되고 있음

④ MMPI-2에서는 이러한 문제점을 개선하여 문항의 질을 높임

(나) 재구성 임상 척도

① MMPI-2의 가장 두드러진 특징은 재구성 임상 척도(Restructured Clinical Scale: RC 척도)가 개발된 것

② RC 척도는 각각의 임상 척도마다 다른 척도들과는 구분되는 핵심적인 임상적 특성이 있을 것이라는 가정 하에 'Patienthood'에 해당하는 문항들을 하나의 척도로 묶어내고(RCd, Demoralization), 나머지 개별 임상 척도에는 각각의 고유한 임상적 특성만이 반영되도록 제작함.

(다) 타당도 척도의 보완

　　　MMPI-2에는 기존의 L-F-K 척도에 더하여 VRIN, TRIN, F(B), F(P), S 척도가 추가되었으며, 이를 통해서 보다 체계적이고 정확하게 피검자의 수검 태도를 평가할 수 있게 됨

① VRIN(무선반응 비일관성 척도): 피검자가 심리검사 실시할 때 읽지도 않고 그냥 마구잡이로 체크했는지 알아내는 것을 말함

② TRIN(고정반응 비일관성척도): 피검자가 심리검사 문항을 모두 그렇다, 모두 아니다 라는 체크했는지 이를 감지하기 위한 것

③ F: 비전형

④ F(B): 기존 MMPI F척도를 보완하기 위한 것. 피검자가 심리검사를 체크하는 과정에서 처음 의도하고는 달리 마음이 변하여 중간쯤 의도가 바뀌지 않았는지 만든 문항

⑤ F(P) 비전형 정신병리척도: 피검자가 자기 자신이 정신병리가 없으면서도 자기 자신의 증상을 과도하게 보고하고 있는지를 감지하기 위한 것

⑥ S(과장된 자기제시): 기존 K 척도와 유사함. 검사 전반부 후반부 보고 분포 골고루 S가 상승하면 기존 K 척도와 마찬가지로 자기자신을 방어하거나 부인하려는 것으로 봄

⑦ MMPI-2에서는 무응답-VRIN-TRIN 척도를 통해서 피검자가 제대로 문항을 읽고 일관성 있게 응답하였는지를 검토

⑧ F-F(B)-F(P) 척도를 통해서 Over Reporting (Faking Bad)의 경향을 탐색

⑨ L-K-S 척도를 통해서 Under Reporting (Faking Good)의 경향을 탐색

(라) 보충척도 추가

① 성격 5요인 척도(PSY-5 Scales)

② MDS(Marital Distress)

③ AAS(Addiction Admission)

④ APS(Addiction Potential)

⑤ GM & GF(Masculine Gender Role &Feminine Gender Role) 등의 새로운 보충 척도들이 추가

3) 투사검사

가) 투사검사의 본질

(1) 비구조화로 자신의 성격구조를 들어내도록 강요

(2) 자극재료도 비구조화 되어 있음

(3) 간접적인 방식이다: 검사 목적을 인식하기 힘듦

(4) 반응의 자유

(5) 반응해석의 변인이 많음

나) 종류

(1) Rorschach

투사 검사의 종류
1. Rorschach
2. 주제통각검사
3. 문장완성검사

(2) 주제통각검사

(3) 문장완성검사

다) 투사검사의 기타 내용

(1) 착각상관: 상관관계가 없는 변인들을 과도하게 유의하게 연관 짓는 것

(2) 개인선발과 편향: 개인선발에 관련된 사항의 경우 타당성의 문제와 동일 점수임에도 두 집단 성원에 대해 다른 평가를 내리는 검사 편향의 문제

다. 행동평가 – 행동면접과 관찰법

1) 행동면접

가) 주소 문제와 문제행동을 유지시키는 변인으로 보이는 것들에 대한 일반적인 인상을 얻으려고 시도

나) 환자의 치료에 대한 기대

다) 문제행동 및 문제행동을 유지하는 상황적 요인, 그리고 그 문제행동이 초래하는 결과의 확인

2) 관찰법

가) 자연관찰

(1) 가정 관찰: 가정 내에서의 관찰, 행동부호화 체계

(2) 학교 관찰: 학교 환경 내에서의 관찰, 아동행동체크리스트의 직접관찰형

(3) 병원 관찰: 정신병원이나 정신지체장애인시설에서의 관찰, 시간표본행동체크리스트

나) 통제된 관찰

(1) 유사행동관찰이라도 함

(2) 목표행동이나 상호작용을 할 가능성이 높은 환경이 설계됨

(3) 정직성과 기만에 대한 연구, 스트레스 반응 연구 등에 활용

다) 통제된 수행 기술

라) 자기 감찰

(1) 자기 스스로 행동, 사고, 정서를 관찰하고 기록하는 것, 역기능적 사고 기록지

(2) 장점: 경제성, 치료의 변화를 파악, 자체의 치료효과.내담자 스스로가 행동의 원인과 결과의 연결고리를 알게 됨

(3) 단점: 왜곡, 전체 과정에 저항

마) 관찰의 신뢰도에 영향을 주는 변인

(1) 목표행동의 복잡성: 복잡한 행동일수록 신뢰도가 떨어질 가능성이 높음.

(2) 훈련된 관찰자: 관찰자 표류: 가깝게 지내는 관찰자들에 의해 평정치가 미묘하게 표류함

바) 관찰의 타당도에 영향을 주는 변인

(1) 내용타당도: 임상적 목적에 중요해 보이는 행동들을 포함해야 함.

(2) 공존타당도: 같은 시간에 관찰한 다른 사람의 관찰 자료와의 일치정도

관찰법
1. 자연관찰
2. 통제된 관찰
3. 통제된 수행 기술
4. 자기 감찰

(3) 구성타당도: 이론적 구조로 부터의 관찰체계

(4) 평정 기법: 분석단위의 명시, 강도, 지속기간, 빈도의 고려

(5) 관찰자 오류

(6) 반응특성: 관찰환경이 영향을 주어 왜곡되는 것

(7) 생태학적 타당도: 내담자의 관찰된 행동이 그 사람의 대표적 표본행동이 될 수 있는지 여부

사) 관찰의 신뢰도와 타당도를 높이기 위한 제언

(1) 관련된 포괄적인 표적 행동을 정하라.

(2) 외현적 이론틀의 도움으로 행동을 구체화 하라.

(3) 숙련된 관찰자를 고용하라.

(4) 관찰의 형식을 엄격하게 정하라.

(5) 관찰자의 잠재적 오류에 주의하라.

(6) 반응성을 고려하라.

(7) 대표성과 일반성을 숙고하라.

3) 행동평가의 강점과 약점

가) 강점

(1) 체계적이고 정확한 평가

(2) 개입목표 행동의 구체화로 임상적 문제를 조작

(3) 치료 초기, 중기, 후기 등의 다중적 평가

(4) 평가 결과가 치료의 수정이나 정보를 제공

나) 단점

(1) 많은 기술들이 임상상황에서 비실용적

(2) 일부는 시간 – 집중적이며 비용이 많이 듦

(3) 정신장애 진단 편람을 받아들이는 변화

4) 행동평가 척도: 한국 아동 행동평가척도(Korea-Child Behavior Checklist, K-CBCL)

가) K-CBCL이란?

(1) K-CBCL은 Achenbach와 Edelbrock(1983)이 개발한 CBCL을 우리나라에서 오경자 등(1997)이 번역하여 표준화한 행동평가도구

(2) CBCL은 아동, 청소년기의 사회적 적응 및 정서, 행동 문제를 부모가 평가하는 것으로, 아동, 청소년의 심리장애 진단에 유용한 임상적 도구임

나) CBCL의 특징

(1) 다수의 임상집단의 자료를 요인분석하여 경험적 방법으로 구성된 임상척도를 사용하여 행동평가 자료를 요약하도록 되어 있음

(2) 광범위한 정상집단의 자료를 체계적으로 수집, 분석하여 이를 기초로 규준을 작성함으로써 이를 실제로 적용하여 아동을 평가하는 데에 중요한 지침을 마련해 주고 있음

* 한국 아동 행동평가척도에 대해서는 어떤 검사인지에 대한 부분을 잘 파악해두면 필기 실기에 도움될 것이다.

      (3) 정서·행동문제의 평가와 동시에 사회능력척도를 제작하여 문제행동증후군 척도와 유사한 과정을 통해 표준화 규준을 마련함으로써 정서·행동문제뿐만 아니라 아동의 적응능력의 평가도 병행하고 있음

      (4) 경험에 기초한 다축적 평가를 전제로 하고 있다. 즉, 부모에 의한 정보뿐만 아니라 다양한 상황, 장면에서 다른 관련인들이 아동을 평가한 자료도 함께 사용할 것을 전제로 하고 있음

   다) 검사의 구성

      (1) K-CBCL은 1991년의 CBCL을 기초로 하여 크게 사회능력 척도와 문제행동증후군 척도로 구성되어 있음.

      (2) 사회능력 척도는 친구나 또래와 어울리는 정도, 부모와의 관계 등의 사회성을 평가하는 사회성 척도, 교과목 수행정도, 학업수행상의 문제 여부 등을 평가하는 학업수행 척도의 2개 척도와 총사회능력 점수 등 모두 3개로 이루어져 있음

      (3) K-CBCL의 전체 구성

＜표＞ K-CBCL의 전체 구성

전체 척도	하위 척도	문항 수	비 고
사회 능력 척도	사회성 학업수행 총사회능력	6 7(6)* 13(12)	사회능력 척도는 6세부터 적용 학업수행 척도는 초등학교 이상에만 적용
문제 행동 증후군 척도	위축 신체증상 불안/우울 사회적 미성숙 사고의문제 주의집중 문제 비행 공격성 내재화 문제 외현화 문제 총문제행동 성문제 정서불안정	9 9 14 8 7 11 13 20 31* 33 117 6 10	위축, 신체증상, 불안/우울 척도의 합 비행, 공격성 척도의 합 문항2, 4를 제외한 전체 문항의 합 4~11세만 적용 6~11세만 적용, 한국판에만 추가한 특수 척도

* 초등학생은 영어 제외하여 6임
* 문항 103은 위축과 불안/우울척도에 모두 포함되므로 한번 뺌

   라) 검사실시

      (1) K-CBCL은 대상아동의 부모가 평가하는 것으로 부모가 부재하는 경우 함께 거주하는 사람이 평가하며, 개인검사의 소요시간은 평균 15~20분

(2) 집단으로 실시할 경우에는 배부하고 난 다음 날 회수하는 방식으로 실시할 수 있음

(3) 대규모 조사 및 연구를 위한 반응용지도 OMR 카드로 제작되어 있어 출판사로 검사결과를 보내면 개별적 결과 및 전체 내용을 받아볼 수 있음

마) 채점 및 프로파일 작성

(1) 사회능력 척도의 채점은 각 문항의 채점기준에 근거하여(요강의 부록에 제시되어 있음) 채점하고, 영역별로 평균을 구함

(2) 문제행동 증후군 척도는 하위 척도별로 평정된 점수를 합하여 원점수를 냄

(3) 부록에 제시되어 있는 규준표(이것은 성별, 연령별로 제시되어 있음)에서 사회능력 및 문제행동증후군의 원점수로 표준점수(백분위, T점수)를 구함

(4) 표준점수로 프로파일을 작성함

바) 프로파일 해석

(1) 내재화 문제, 외현화 문제, 총 문제행동 점수

(2) 백분위 점수 90, T점수 63점 이상이면 임상범위에 해당하는 것으로 판단

(3) 본 행동평가척도는 대규모집단에 대해서는 문제가 있는 아동을 선별하는 도구로 사용될 수 있음

(4) 임상장면에서는 각 하위척도들에 대한 프로파일 분석을 통해 어떤 특정 증상이 유의하게 높은 지를 판단하는 데에도 사용될 수 있으므로, 사용목적에 따라 판단기준을 융통성있게 조절할 수 있음

(5) 문제행동증후군 척도

(가) 백분위 점수 98, T점수 70점을 기준으로 함

(나) 기준 아래에 해당하는 점수들은 정상범위에 해당하는 것으로 볼 수 있음

(다) 기준 이상의 점수들은 각 척도들에 대해 임상적으로 유의한 수준으로 점수가 상승되어있다고 해석할 수 있음.

(6) 사회능력 척도

(가) 총사회능력 점수는 33T(5%tile)점을 기준으로 함

(나) 하위척도인 사회성 척도와 학업수행 척도는 이보다 더 엄격한 기준인 30T(2%tile)점을 기준으로 함

(다) 기준 이상의 점수는 정상범위로, 그 이하의 점수에 대해서는 문제를 갖는 것으로 해석할 수 있음

[1. 해설] ④
발병률은 주어진 기간 내에 발병된 새로운 사례의 비율로 새로운 사례의 증가하는 것을 알 수 있다.

[2. 해설] ㉮
유병률은 주어진 기간 내의 모든 사례의 비율로 해당 인구의 몇 퍼센트가 질병이나 장애를 가지는 알 수 있다.

[3. 해설] ④
상관법은 두 변인간의 관계를 파악할 수 있는 것이다. 다만, 인과 관계는 알 수 없다.

[4. 해설] ㉮
한 시점에서 개인들을 비교하는 연구는 횡단설계연구법이다.

[5. 해설] ④
개인들을 시간의 순서에 따라 연구는 연구방법은 종단설계연구법이다.

[6. 해설] ㉴
접수면접은 1)접수면접자, 본 상담자 간의 역할 구분이 명확해야 한다. 2)내담자에게 접수면접은 본 상담과는 다른 별도의 절차라는 점과 접수면접자는 상담하는 사람이 아니라 상담을 시작하기 이전에 내담자와 상담자를 연결시키는 역할을 그리고 상담에 필요한 내담자의 기초정보를 탐색하거나 심리적 상태를 평가하는 역할을 한다는 점을 설명해야 하고 3)내담자가 호소문제를 필요이상으로 상세히 노출하면서 도움을 요청할 때에는 내담자의 자기 노출을 제한 시켜야 하고 나중에 본 상담에서 자세한 이야기를 하도록 안내해야 한다. 4)단회 상담을 하는 경우가 아니라면 내담자의 호소문제를 구체화시키는 개입행동은 삼가야 한다.

문제))

1. 주어진 기간 내의 전체적인 사례의 비율을 무엇이라고 하는가?
   가. 유병률　　　　　　　　　　　나. 발병률
   다. 역학률　　　　　　　　　　　라. 발병비율

2. 주어진 기간 내의 전체적인 사례의 비율을 무엇이라고 하는가?
   가. 유병률　　　　　　　　　　　나. 발병률
   다. 역학률　　　　　　　　　　　라. 발병비율

3. 한 변인과 다른 변인간의 관계를 보는 연구 방법은?
   가. 실험법　　　　　　　　　　　나. 상관법
   다. 자연관찰법　　　　　　　　　라. 유사관찰법

4. 한 시점에서 동시에 개인들을 비교하고 평가하는 연구 설계는 무엇인가?
   가. 횡단설계　　　　　　　　　　나. 종단설계
   다. 횡종단 설계　　　　　　　　　라. 상관연구

5. 같은 피검자들을 시간을 따라 추적하여 연구하는 연구 설계는 무엇이라고 하는가?
   가. 횡단설계　　　　　　　　　　나. 종단설계
   다. 횡종단 설계　　　　　　　　　라. 상관연구

6. 다음 중 접수면접의 주요 목적과 가장 거리가 먼 것은? (2005, 2010 기출)
   가. 환자를 병원이나 진료소에 의뢰할지를 고려한다.
   나. 제공되는 서비스에 대한 환자의 질문에 대답한다.
   다. 치료자에게 신뢰, 래포 및 희망을 심어 주려고 시도한다.
   라. 환자가 자신이나 다른 사람들을 해칠 중대한 위험상태에 있는지 결정한다.

7. 다음 중 접수면접의 목적으로 올바른 것은? (2007 기출)

가. 환자의 심리적 기능 수준과 망상, 섬망 또는 치매와 같은 이상 정신현상의 유무를 선별하기 위해 실시한다.

나. 가장 적절한 치료나 중재 계획을 권고하기 위해서 환자의 증상이나 관심을 더 잘 이해하기 위해 실시한다.

다. 환자가 중대하고 외상적이거나 생명을 위협하는 위기에 있을 때 그 상황에서 구해내기 위해서 실시한다.

라. 환자가 보고하는 증상들과 문제들을 진단으로 분류하기 위해서 실시한다.

8. 접수면접에서 반드시 확인되어야 할 사항과 가장 거리가 먼 것은?

(2009, 2012 기출)

가. 인적사항

나. 주 호소문제

다. 내원하게 된 직접적 계기

라. 주요 문제의 원인이 되는 것으로 추정되는 어린 시절의 외상경험

9. 다음 중 초기 접수면접에서 확인해야 할 가장 중요한 정보는? (2003 기출)

가. 주호소문제   나. 가족력

다. 성격특성   라. 핵심정서

10. 환자와의 초기면접에서 면접자가 주로 탐색하는 정보의 내용이 아닌 것은?

(2006 기출)

가. 환자의 증상과 주호소, 도움을 요청하게 된 이유

나. 최근 환자의 적응기제를 혼란시킨 스트레스 사건의 유무

다. 면접과정에서 드러난 고통스런 경험에 대한 이해와 심리적 격려

라. 기질적 장애의 가능성 및 의학적 자문의 필요성에 대한 탐색

[7. 해설] ㉯
접수면접의 목적은 가장 적절한 치료나 중재 계획을 권고하기 위해서 환자의 증상이나 관심을 더 잘 이해하기 위해 실시한다.

[8. 해설] ㉺
주요 문제의 원인이 되는 것으로 추정되는 어린 시절의 외상경험은 접수면접에서 반드시 확인되어야 할 사항은 아니고 본 상담에서 상담 목표 및 주호소문제와 관련하여 확인되어야 할 사항이다.

[9. 해설] ㉮
초기 접수면접에서 확인해야 할 가장 중요한 정보는 주호소문제이다.

[10. 해설] ㉯
초기 면접에서는 너무 깊은 문제를 다루지 않는다. 초기 면접은 아주 기본적인 정보를 다룬다고 보면 타당하다.

④ 임상적 개입

가. 임상적 판단

1) 임상적 판단의 절차와 정확성

임상적 판단이라는 용어 자체가 임상심리학이 추론적 과정에 의지할 수밖에 없음을 의미하는 말. 그런 의미에서 임상적 판단의 절차와 정확성에 대한 이해는 중요함

가) 해석: 평가를 마치는 순간 시작되는 추론의 과정

(1) 이론적 배경

(가) 다양한 이론을 배경으로 하여 해석을 내리게 됨

(나) 같은 행동에 대해서도 이론적 입장에 따라 다른 해석이 가능함

(2) 표본 징후와 상관치

(가) 자료를 표본으로 보는 입장

(나) 자료를 기저의 상태, 조건, 결정요인의 징후로 보는 입장

(다) 자료를 다른 행동의 상관치로 보는 입장

(3) 해석의 3가지 수준

(가) 수준 1

추론의 과정을 포함하지 않음. 특정 사건과의 연관성이 명확한 경우 추론 없이 바로 해석으로 도달 (예: 대학입학 점수)

(나) 수준 2

① 설명적 일반화: 관찰한 행동으로 환자에 대한 결론을 내림

② 가설적 구성개념에 대한 추론 포함: 내적인 상태를 가정하는 가설적 구성개념을 통한 일반화

(다) 수준 3

① 높은 추론의 통합: 일관되며 광범위한 이해를 목적으로 한 일반화

② 정신역동적 설명

(4) 이론과 해석

(가) 행동주의 임상가

① 추론은 피하고 행동에 집중

② 대부분 수준1, 2의 해석

(나) 경험적 객관적인 입장이라는 임상가

① 특정한 준거를 예측하기 위해 객관적인 검사를 사용

② 통계적 방법에 관심이 많으며 수준 1, 2의 해석

(다) 정신역동적 입장의 전문가

① 내적 상태나 결정요인을 규명해 내고자 노력

② 검사의 자료를 기저 상태의 증후로 이해하려고 함

③ 해석은 3수준을 주로 함

나) 수량적 접근과 주관적 접근

　(1) 수량적, 통계적 접근

　　(가) 특성에 점수를 부과하는 것

　　(나) 통계적 기법을 통해 기계적 적용이 가능함

　　(다) 주의 깊은 기록이 중요함

　(2) 주관적, 임상적 접근

　　(가) 주관적, 경험적, 직관적 접근 방법

　　(나) 탐정과 비슷한 역할을 수행함

다) 통계적 접근의 장점

　(1) 모호한 준거에서 객관적, 통계적 접근이 더욱 구체적인 예측을 가능하게 한다.

　(2) Barnum 효과를 통제할 수 있다.

　(3) 통계적 접근을 잘 받아들이지 않는 이유

　　(가) 통계보다 더 좋은 해석을 할 수 있다고 생각하는 것

　　(나) 심리적 이유 - 직관이 맞은 경우만 기억함

　　(다) 윤리적 이유 - 사람을 점수로만 평가하는 것에 대한 불만

라) 임상적 접근의 장점

　(1) Meehl: "우리는 대체로 머리를 사용하는 데 사용할 수 있는 공식이 별로 없기 때문이다."

　(2) 점수만이 아니라 동기나 성격적 측면을 통한 예측의 경우

　(3) 공식으로 알 수 없는 심리적 특성에 대한 임상가의 민감한 감각

　(4) 현상의 예측만이 과학의 목표는 아니며 현상을 잘 기술하는 것도 중요함

마) 임상적 접근과 자료통계적 접근의 비교

　(1) 비교연구들

　　(가) 통계적 예측인 임상가의 예측보다 더 정확하다.

　　(나) Goldberg(1965) 임상가의 판단보다 통계적 판단이 더 정확함

　　(다) Grove와 동료들(2000)의 연구에서 통계적 예측이 대략 50%, 임상적 예측은 약 6%에서 우수하다고 보고함

　(2) 반론

　　(가) 설계의 오류

　　(나) 판단가 임상가의 전문성이 문제

　　(다) 예측과제들이 임상가의 예측 상황들을 대표하지 못함

　(3) 임상적 판단에서의 오류

　　(가) 편향이 의사결정과정에 개입할 경우 임상적 판단은 그 결과가 나빠지게 됨

　　(나) 오류극복 방법

　　　① 문서에 기록되는 오류들에 민감해 져라.

　　　② 진단 책에 나오는 진단에 준거를 숙지해라.

　　　③ 가능한 경우 언제나 임상적 판단과 예측 대신 통계적 예측 방식을 사용하라.

* 바넘 효과는 틀리지도 맞지도 않는 형태의 설명으로 읽거나 듣는 사람을 일종의 속임수로 이해하는 듯한 느낌을 주는 것이다. 예를 들어 "당신은 어떤 때는 내성적이지만 어떤 때는 매우 활동적인 양면성을 가지고 있죠?" 와 같은 표현이다.

"위대한 쇼맨" 의 주인공 이름이기도 하다

(4) 경험과 수련

    (가) 임상적 경험이 많을수록 예측의 정확도가 증가한다는 것을 지지하는 경험적 증거는 없음

    (나) 예측의 능력에는 한계가 있다는 것을 인식하고 경험의 미신을 쫓지 않는 책임

2) 임상적판단과 해석을 향상시키기

  가) 정보처리: 많은 정보들에 대해 신중함을 유지해야 함

  나) 과잉해석 경향: 사소한 것에 지나치게 의미를 많이 둘 위험성을 줄여야 함

  다) 타당화와 기록 남기기: 예측과 해석을 기록해 두고 확인해야 편견을 줄일 수 있음

  라) 모호한 보고서, 개념, 그리고 준거: 구조화된 면접과 평가 방법을 활용함

  마) 예측의 효과: 예측자체가 미래를 바꿈

  바) 모르는 상황에 대한 예측: 특정 행동이 일어나는 상황을 파악하는 것이 어려움

  사) 오류가 있는 예측 원리: 직관적 예측은 오류가능성이 있으며 자신감이 때론 그릇된 판단을 하게 함

  아) 전형화 된 신념의 영향: 선입견을 극복할 것

나. 심리치료 일반

1) 심리적 개입

  가) 개입의 정의

    (1) 체계적이고 정확한 평가

    (2) 개입목표 행동의 구체화로 임상적 문제를 조작

    (3) 치료 초기, 중기, 후기 등의 다중적 평가

    (4) 평가 결과가 치료의 수정이나 정보를 제공

  나) 심리치료는 도움이 되는가?

    (1) 효능은 치료를 받은 사람이 치료를 받지 않은 사람보다 통계적으로 기능이 유의하게 향상되었을 때를 의미

    (2) 효과는 어떤 치료를 전형적으로 처치 받았을 때 유의한 고통의 감소나 임상적 이득을 획득하였는가를 의미

    (3) 심리치료가 효과가 있다고 보고됨

  다) 임상적 개입의 단계

    접수면접 → 평가 → 치료의 목표 설정 → 치료의 이해 → 종결, 평가 및 추수 회기

변화의 단계
1. 숙고 전
2. 숙고
3. 준비
4. 활동
5. 유지
6. 종결

  라) 변화의 단계

    (1) 숙고 전: 변화 의향이 없는 단계

    (2) 숙고: 문제를 인식하나 변화의 과정에 개입하고 싶어 하지 않음

    (3) 준비: 가까운 시기에 변화를 시도하려고 하는 의향을 가짐

    (4) 활동: 자신의 부적응적인 행동과 감정, 그리고 자신의 환경을 변화시키기 시작

(5) 유지: 재발을 방지하고 치료적 활동 단계에서 알게 되었던 것들을 심화시키는 작업을 함

(6) 종결: 변화를 이룩한 상태로 재발이 위협이 되지 못함

마) 심리치료 연구-최신 경향

(1) 치료를 받은 5~10%는 악화되었다는 보고

(2) 경험적으로 지지받는 치료(EST's, Empirically Supported Treatments)에 대한 논쟁

(3) J.D. Frank의 심리치료에 대한 결론

  (가) 거의 모든 형태의 심리치료는 무계획적이고 비공식적인 처치에 비해 효능이 있음

  (나) 모든 임상장애에 한 치료가 다른 치료 보다 더 효능이 있다는 사실을 보여주지 못함

  (다) 최기에 향상을 보이는 내담자는 그것을 유지하는 경향이 있음.

  (라) 내담자 특성, 치료자 특성, 그들의 상호작용에 존재하는 특성은 치료적 기법보다 더 중요하지는 않으나 치료적 기법만큼은 중요할 수 있음

2) 상담과 심리치료

가) 상담과 심리치료

(1) 상담: '도움을 필요로 하는 사람(내담자)이, 전문적인 훈련을 받은 사람(상담자)과의 대면관계에서, 생활과제의 해결과 사고·행동 및 감정 측면의 인간적 성장을 위해 노력하는 학습과정' → 개인의 성장과 심리적 질환의 예방적 측면에 초점

(2) 심리치료: 인지적 기능(사고 장애) 감정적 기능(정서적 고통), 행동적 기능(행동의 부적절, 부적응)중 일부영역이나 전체영역에서 생기는 고통을 개선하는 과정이라고 정의 → 병적인 상태의 개선이나 치유에 그 초점 → 상담에 비해서 목표를 달성하는 데 더 장기간 소요

(3) 상담과 심리치료는 뚜렷한 구별기준이 있는 것이 아님

나) 유능한 심리치료자(상담자)의 자질

(1) 내담자를 하나의 인격체로서 존중하는 마음이 있어야 함

(2) 사람들 간의 차이에 대해서는 관용할 수 있어야 함. 상담자는 모든 사람이 자신의 인생경험이나 행동방식, 가치관, 태도에 있어서 자기규범과 같이 살아가는 것이 아니라는 점을 수용할 수 있어야 함(포용성).

(3) 상담자는 장기 목표를 갖고 이를 달성하기 위해 인내심을 발휘해야함

(4) 타인의 감정과 태도에 민감할 줄 알아야 함

(5) 상담에는 한계점이 있다는 점을 인정해야 함

(6) 상담자는 심리학적 지식과 인간행동에 대한 과학적인 이해에 따른 전문 적인 능력이 있어야 함

다) 첫 회기를 운영하는 방법

상담과 심리치료의 차이점

현실적으로 뚜렷한 차이는 없으나 개념적으로는 다음과 같은 차이가 가정된다.
심리치료: 심리 치료자 VS 환자
상담: 상담가 VS 내담자

(1) 내담자가 원하는 것이 무엇인지를 파악

　(가) 내담자의 호소문제

　(나) 내담자가 상담에서 얻고자 원하는 것

　(다) 내담자의 성격과 변화에 대한 동기

(2) 상담의 분위기를 긍정적, 희망적으로 이끎

(3) 내담자가 상담의 효과에 긍정적인 기대를 갖도록 돕는다.

(4) 내담자에게 받는 상담자 자신의 전체적인 느낌을 경험함

(5) 내담자를 편안하게 해준다.

　(가) 내담자의 현재 감정을 공감적 이해해준다.

　(나) 내담자에게 무조건적 관심과 존중→신뢰감 형성

라) 심리치료(상담) 기법: 긍정적인 상담효과를 나타내기 위해서는 상담자는 여러 가지 상담기술을 익힐 필요가 있음

(1) 관심기울이기(attending)

　(가) 관심기울이기 위한 미시적 기술: 상담자가 내담자에게 관심을 기울일 때 사용할 수 있는 미시적 기술은 SOLER라는 말로 요약 수 있음.

　　① S(Squarely): 내담자를 바로 봄. 내담자에게 관여하고 있다는 자세를 취함. 중요한 것은 고개를 상대방에게 향할 때 내담자에게 관심이 있다는 사실을 전달

　　② O(Open): 개방적인 자세를 취함. 개방적인 자세는 상담자가 내담자가 하는 말에 마음을 열고 있다는 증거

　　③ L(Lean): 이따금 상대방 쪽으로 몸을 기울임. 대화 도중에 몸을 상대방 쪽을 향해 기울이는 것은 내담자와의 커뮤니케이션 을 촉진시키는 일종의 신체적 유연성 또는 반응성을 의미

　　④ E(Eye contact): 좋은 시선의 접촉을 유지. 내담자와 좋은 시선의 접촉을 유지하는 것을 '당신과 함께 있다, 당신에게 관심을 느끼고 있다, 당신이 하는 말을 듣고 싶다.'는 뜻을 전달해 줌

　　⑤ R(Relaxed): 편안하고 자연스러운 자세를 취함

(2) 적극적 경청(Positive listening): 내담자의 말과 행동을 경청하는 것은 상담을 성공적으로 이끄는 주요 요인. 경청은 내담자로 하여금 생각이나 감정을 자유롭게 표현할 수 있도록 북돋워 주며, 자신의 방식으로 문제를 탐색하게 하며, 상담에 대한 책임감을 느끼게 함

　(나) 완벽한 경청을 위한 4가지 조건

　　① 내담자의 언어적 메시지를 듣고 이해

　　② 내담자가 나타내는 자세, 얼굴표정, 몸의 움직임, 목소리 등의 비언어적 행동을 관찰하고 이해

　　③ 상대방이 처해있는 사회 환경이라는 상황 속에서의 그를 볼 수 있어야 함

　　④ 내담자가 언젠가는 깨닫고 변화시켜야 할 문제까지도 들을 수 있어야 함

심리치료(상담) 기법

1. 관심기울이기(attending)
2. 적극적 경청
　(Positive listening)
3. 내담자가 처한 상황의 경청과 이해
4. 공감적 경청
5. 냉철한 경청 자신에 대한 경험
7. 공감적 이해
8. 명료화(Clarification)
9. 직면(Confrontation)
10. 해석(Interpretation)
11. 대화의 유도법
12. 반영(Reflection)
13. 지지하기
14. 바꾸어 말하기(재언급)
15. 자기 노출
16. 침묵
17. 내용의 요약
18. 충고 및 조언

*상담기법은 출제가 비교적 높은 편에 해당한다. 기본적인 개념간의 차이를 잘 정리해 두어야 한다

(다) 내담자의 비언어적 메시지와 그 수정의 경험
① 내담자는 비언어적 행동을 통해서도 메시지를 전달하므로 상담자는 이러한 메시지를 왜곡하거나 확대시키지 않고 읽는 방법을 학습할 필요가 있음
② 효율적인 상담자는 다음의 비언어적 행동을 듣고 읽고 배움
③ 자세, 몸의 움직임, 제스처와 같은 신체적 행동
④ 미소를 짓거나 미간을 찌푸리거나, 눈썹을 치켜세우는 등의 얼굴표정
⑤ 목소리의 톤, 음률의 고저, 어조, 억양, 단어 띄우기, 침묵, 말의 유창함, 가쁜 숨, 일시적 발진, 창백, 동공확대 등의 자율신경에 의한 관찰 가능한 생리적 반응
⑥ 건강, 키, 몸무게, 안색 등의 신체적 특징
⑦ 옷차림새 등의 외관
(3) 내담자가 처한 상황의 경청과 이해: 인간의 행동을 언어적 메시지와 비언어적 메시지로만 이해할 수 있는 것은 아님→상대방을 깊이 경청한다는 말은 내담자가 "살아가고 움직이고 몸담고 있는" 상황이 미치는 영향까지 경청하는 것을 말함
(4) 공감적 경청: 내담자에게 관심을 기울이고 관찰하고 경청하며, 내담자와 함께 하는 것을 의미→이는 내담자와 내담자의 세계를 이해하는 데 필수
(5) 냉철한 경청: 내담자의 경험적 실제의 한 부분을 이루는 바로 이러한 차이, 왜곡, 부조화를 탐지하는 것
(6) 자신에 대한 경험
(가) 상담하는 동안 상담자가 자신과 대화하는 것을 그림자 대화(Shadow Conversation)이라고 함
(나) 자기 자신에게도 귀를 기울여야 함
(7) 공감적 이해
(가) 공감적 이해란 자신이 직접 경험하지 않고도 다른 사람의 감정을 거의 같은 내용과 수준으로 이해하는 것
(나) 상담자가 내담자의 감정에 공감할 수 있는 능력 못지않게 공감하고 있음을 전달할 수 있는 능력→상담자가 내담자에게 그 자신이 이해 받고 있다는 느낌을 갖게 되고 신뢰하게 되어 자신을 깊이 표현할 수 있게 됨
(다) 상담자의 공감적 이해 능력
① 상담자가 내담자의 말속에 내재된 중요한 감정, 태도, 신념, 가치기준을 포착하는 것으로 감수성 차원
② 상담자가 내담자의 외적인 측면뿐만 아니라 내적 측면까지도 이해하고 알게 되었다는 전달과 의사소통차원
(8) 명료화(Clarification)
(가) 내담자의 말속에 내포된 것을 내담자에게 명확하게 해주는 것
(나) 내담자가 말하고자 하는 의미를 상담자가 생각→생각한 바를 다시 내담자

에게 말해 준다는 의미→내담자의 말을 단순히 재 진술하는 것과는 차이

(다) 명료화는 내담자 자신이 미처 자각하지 못한 내용이나 자료를 상담자가 말로 표현해 준다는 점→내담자에게 자기가 이해 받고 있음+상담이 잘 진행되고 있다는 느낌을 갖게 해 줌

(9) 직면(Confrontation)

(가) 내담자가 모르고 있거나 인정하기를 거부하는 생각과 느낌에 대해 주목하는 것

(나) 내담자가 모르고 있는 과거와 현재의 연관성, 행동과 감정 간의 유사점 및 차이점을 지적→그것에 주목하도록 하는 것

(다) 내담자의 변화와 성장을 증진시킬 수도 있는 반면, 내담자에게 심리적인 위협과 상처를 줄 수도 있음

(10) 해석(Interpretation)

(가) 내담자에게 어떤 의미를 전달하고자 하는 상담자의 시도

(나) 내담자로 하여금 과거의 생각과는 다른 각도에서 자기의 행동과 내면 세계를 파악하게 하는 것

(11) 대화의 유도법

(가) 개방형 질문 유도법은 내담자의 반응은 '예'나 '아니오' 또는 한 두 마디 단어로 한정시키지 않음

(나) 감정을 명료화하도록 요구하거나 상황을 탐색하도록 요구함

(다) 개방형 질문은 내담자로 하여금 그들의 문제를 상담자와 나누도록 조정함
Ex) 학생의 요즘 학교생활에 대해 좀더 이야기해 줄 수 있겠니?

(12) 반영(Reflection)

(가) 반영은 내담자의 말과 행동에서 표현된 기본적인 감정, 생각 및 태도를 상담자가 다른 용어로 부연해 주는 것

(나) 내담자의 자기이해를 돕고 나아가 내담자로 하여금 자기가 이해 받고 있다는 인식을 주게 됨

(13) 지지하기

(가) 지지하기: 지지적이며 공감적인 분위기를 조성하기 위해 사용함. 상담자와 내담자간의 신뢰감, 친밀감을 형성

(나) 변화에 대한 희망 전달하기: 내담자에게 변화가 일어날 가능성과 기대감을 줌

(다) 변화에 대한 강화하기

(14) 바꾸어 말하기(재언급)

(가) 혼란스러운 내용을 좀 더 명확하게 해 줌

(나) 여러 가지 언급된 내용을 조직화, 가장 중요한 부분은 요약해주는 데 도움이 됨

(다) 바꾸어 말하기는 대화의 내용 즉 인지적 측면에 강조점을 둠

(15) 자기 노출
  (가) 상담관계에서 상담자는 자신을 노출해서 내담자로 하여금 개방을 하도록 할 수 있음
  (나) 자기 노출은 상담자가 내담자를 이해하고 있다는 느낌을 줄 수 있다.
(16) 침묵: 내담자는 자신의 감정, 태도, 가치관, 행동 등을 탐색할 기회 필요. 침묵은 상담자의 신중하고 깊은 수용을 내담자에게 의사소통 하는 것
(17) 내용의 요약: 요약은 내담자의 진술을 요약해서 보다 명확하게 하도록 하며 내담자의 탐색을 촉진 + 상담자가 올바르게 인식하고 있는지 점검
(18) 충고 및 조언: 상담에서 충고나 조언은 가능하면 하지 않는 것으로 인식되어 왔지만 상황에 따라 조언이나 충고를 적절한 때에 적합한 방법으로 내담자를 도와 줄 수 있음

다. 정신역동적 치료

1) 개요
  가) 치료적 관계 내에서 무의식을 직면하고 방어를 무너뜨리는 것은 정신분석의 목표
  나) 기본적인 목표는 통찰을 통해 무의식의 억압으로부터 자유로워지는 것

2) 정신분석의 치료적 기법
  가) 자유연상
    (1) 환자가 떠오르는 모든 것을 말하게 하는 것
    (2) 한 연상이 다른 연상을 이끌 것이라고 가정
    (3) 연상은 점점 무의식적 사고와 충동에 점차 더 가까워짐
  나) 꿈의 분석
    (1) 꿈은 무의식의 본질을 잘 드러내 준다고 생각됨
    (2) 꿈의 표면내용: 꿈에서 실재 발생한 것
    (3) 꿈의 잠재내용: 꿈에서의 나타난 것의 상징적 의미
    (4) 잠재내용을 알기 위해 꿈에 대한 자유연상을 격려함
  다) 일상의 정신병리
    (1) 일상에서의 말실수나 약속을 잊어버리는 것 등은 단순한 실수가 아니라 무의식적인 소망의 표현이다.
    (2) 실수에 대해 때로 자유연상을 요청하기도 한다.
  라) 저항
    문제를 해결하기 위한 신경증적인 방식을 제거하려는 노력을 무위로 만들려는 것
    (1) 고통스러운 주제와 관해서도 말하기 싫어함
    (2) 저항이란 용어는 무의식적 소재를 의식으로 가져오는 것을 방해하는 거나 통찰을 저해하는 내담자의 모든 행동이나 행위를 의미

정신역동적 치료와 정신분석치료의 차이점

유사해 보이나 개념적으로는 다소 차이가 있다. 정신역동은 말 그대로 내담자 혹은 환자의 성장기 경험, 내적 정서, 사고, 과거의 사건, 부모 자녀관계에서의 기억 등에 대한 분석을 중심으로 이뤄진다면 정신분석은 위와 비슷한다 치료자와의 전이를 활용한 분석을 중심으로 진행된다고 볼 수 있다.

정신분석의 치료적 기법
1. 자유연상
2. 꿈의 분석
3. 일상의 정신병리
4. 저항
5. 전이
6. 해석

(3) 침묵, 돌려 말하기, 끊임없이 같은 주제를 말하기 등 본질적인 문제를 회피하는 행동이 나타남

(4) 다른 저항의 종류로, 상담시간에 늦기, 약속 취소하기, 약속 까먹기, 계속 아픈 것, 예기치 못한 사건의 연속

(5) 행동화, 주지화

(6) 저항은 치료의 중심과제가 될 수도 있다.

마) 전이

(1) 아동기에 시작된 문제나 갈등이 치료실에서 나타나는 것

(2) 가족관계에서의 경험이 치료 상황에서 되풀이되는 것

(3) 긍정적인 전이와 부정적인 전이는 모두 저항의 한 형태일 수 있음

바) 해석

(1) 환자의 사고와 행동의 무의식적 의미를 밝혀내는 방법

(2) 환자가 다른 방식으로 생각, 행동, 감정, 소망을 바라볼 수 있게 해주는 과정

(3) 해석은 환자가 거의 자각할 즈음에 하는 것이 가장 좋음

(4) 소량으로 여러 번에 걸친 해석이 효과적임

3) 정신분석의 대안들

전통적인 분석 방법을 벗어난 변화된 정신분석적 방법들이 개발

가) 자아 분석

(1) 자아의 기능도 매우 중요한 기능이라고 생각함

(2) 생활에서 발생하는 현재 문제에 더 초점을 맞춤

(3) 치료 관계 내에서 재양육을 통해 환자의 신뢰를 쌓는 것의 중요성을 강조

(4) 전이 보다는 환자가 적응적 방어를 형성시키는 쪽으로 치료작업을 함

나) 단기 정신역동 심리치료

(1) 치료의 기간을 단축한 심리치료

(2) 치료의 목표가 성격의 재구성이 아닌 삶에서 일상적인 문제들을 더 잘 다룰 수 있게 하는 것

(3) 과제를 사용하고 치료 계획에 친척이나 중요한 타인을 개입시킬 수 있음

(4) 연구들에 따라 다르나 정통정신분석 만큼의 효과가 있는 것으로 보고 됨

다) 대인관계 심리치료: 경험적으로 지지되는 치료

(1) 우울증에 주로 사용되는 단기의 통찰지향적 접근방식

(2) 우울증상을 평가하고 주요 문제 영역(지여된 슬픔, 역할의 변화와 갈등, 대인관계적 결핍)을 목적으로 삼고 타인과의 관계를 향상시킴으로써 우울증상을 경감시킴

4) 정신역동 심리치료의 평가요약

가) 효과성은 어느 정도 인정되나 방법론적인 문제로 추가 연구가 필요함

나) 해석의 빈도는 더 좋은 치료 결과와 관련이 없음

다) 전이 해석은 환자의 정서적 경험에 다른 유형의 해석 보다 더 큰 영향을 주지 않음

라) 치료자의 해석은 환자의 방어적인 반응을 이끌 수 있음

마) 임상가의 해석의 정확성은 이전에 믿고 있었던 것보다 더 낮을 수 있음

바) 정신역동 심리치료의 긍정적인 결과는 치료 동맹이 한 요인 일 수 있음

사) 행동에 대한 강조가 부족함이 비판

아) 시간과 비용의 경제성이 떨어짐

라. 내담자 중심치료

1) 기원: 칼로져스, 오토랭크

2) 현상학적 세계 – 개인의 현상적 장이 행동을 전적으로 결정

   현상적 자기: 개인이 나를 경험하는 현상적 장의 일부

3) 이론적 명제

   가) 사람은 자기 자신이 자신에 대한 최고의 정보원

   나) 사람은 경험하는 자기를 유지하고 증진 시키는 자기실현의 욕구가 있음

   다) 자기: 자신의 존재와 기능을 자각하는 것

   (1) 환경과의 상호작용, 특히 다른 사람의 평가로부터 형성됨

   (2) 경험은 자기와의 관계 속에서 상징화 되고 조직될 수 있음

   (3) 경험은 자기와의 관련성이 지각되지 않아 무시될 수 있음

   (4) 경험은 자기 구조와 일치하지 않기 때문에 상징화가 부정되거나 왜곡될 수 있음

4) 핵심특징

   가) 정확한 공감적 이해

   나) 무조건적인 긍정적 존중

   다) 진솔성 또는 일치성

5) 태도 대 기법

   가) 내담자 중심치료는 기법의 세트가 아니라 마음의 상태. 사람은 건설적이라고 가정

   나) 내적 경험의 강조

6) 치료과정

   가) 정보나 충고주가, 안심시키기, 설득하기, 질문하기, 해석 제공하기, 비판하기 등을 하지 않음

   나) 내담자와 치료자가 각각의 역할에 대해 설명하는 것을 구조화라고 함

   다) 지지나 해석 모두 사용되지 않음

7) 진단: 진단이나 평가를 강조하지 않거나 피함

핵심특징

1. 정확한 공감적 이해
2. 무조건적인 긍정적 존중
3. 진솔성 또는 일치성

* 위의 내용은 매우 잘 출제
  되니 꼭 정리하고 암기해
  두어야 한다.

심리학개론

이상심리학

심리검사

임상심리학

심리상담

8) 평가

가) 긍정적인 측면

(1) 기계적이며 희생자로써의 내담자를 발달하고 진화하는 자유로은 선택으로 대체

(2) 과거를 캐낼 필요가 없음

(3) 환자가 아닌 내담자

(4) 연구의 강조

나) 부정적 측면

(1) 내담자를 변화시키지 않는다는 비판

(2) 평가와 과거의 무시로 치료자의 능력을 손상시킬 수 있음

(3) 내담자의 고유한 개성과 상관없이 동일한 방법이 활용된다.

(4) 내담자의 문제의 수위에 따라 개입도 필요함

(5) 지나치게 내적 기준에 근거하여 호전여부를 판단

(6) 용어들이 정의 되지 않음

(7) 연구와 개발의 주체가 능력이 좋은 대학생이었다.

9) 인본주의/실존주의 운동

가) 인본주의

(1) 사람은 자신의 내적 잠재력과 자기 실현을 추구하는 가운데 자유롭게 선택

(2) 인간은 통합적 전체로 개인의 경험을 이해함으로써만 이해할 수 있음.

(3) 진단명을 강조하지 않고 긍정적 힘, 자기 실현, 자유, 자연스러움을 강조

나) 실존치료

(1) 통합된 목소리가 없이 다양한 견해를 가짐

(2) 인간은 의미를 추구함

(3) 성격은 단지 생물학적이거나 사회, 심리학적이지만은 않은 그 사람이 되려고 하는 어떤 것이기도 함

(4) 치료목표

(가) 책임있는 자각과 의사결정을 실행할 수 있는 곳에 개인이 도달하도록 돕는 것

(나) 책임감을 수용하고 변화를 향해 가면서 누적되는 불안을 견디는 것을 학습

(5) 기법: 기법을 강조하지 않음

(6) 의미치료

(가) 가장 대표적인 실존치료 중 하나

(나) Victor Frankl에 의해 개발

(다) 책임감의 강조

(라) 역설적 의도: 불안이나 걱정의 대상이 되는 행동을 의식적으로 수행하도록 하는 것

(마) 탈반영: 문제가 되는 행동이나 증상을 무시하도록 지시

(7) 게슈탈트 치료

(가) 이질성 운동: 치료를 통해 자신의 고유성과 삶에 대한 해석을 표현

(나) 인간을 조직화된 전체로 개념화함

(다) 치료자는 어떻게 내적 잠재력 표현이 꺽이게 되는지 자각하는 것을 촉진하는 촉매가 됨

다) 과정 체험적 치료(PET)

(1) 내담자중심치료와 게슈탈트 심리치료의 전통을 통합

(2) 치료자는 내담자가 자신의 여러 다른 측면들을 자각하고 정서 상태에 접근하고 탐색하며, 이러한 정서 상태를 보다 잘 조절하도록 배울 수 있게 안전하고 지지적인 환경을 제공

마. 행동치료(행동수정)

1) 행동치료(행동수정)란?

가) 행동수정으로도 불리는 행동치료는 1950년대 말에 이르러서야 비로소 심리장애를 평가하고 치료하는 하나의 체계적인 접근으로 대두

나) 행동수정은 부적응 행동을 수정하고 적응 행동을 형성하고 증강하는 일

다) 1920년 Watson & Rayner가 알버트라는 소년에게 흰쥐에 대한 공포증을 실험적으로 형성시킨 뒤 일반화에 의해서 털이 있는 대상물을 두려워하도록 한 데서 기원을 찾을 수 있음

라) – 이러한 행동치료의 근거는 "모든 행동은 그 행동에 앞서서 또는 뒤이어서 일어나는 사상들의 영향을 받아 유발된다."는 것

마) 선행사건(앞) 행동 후속결과(뒤)

A (Antecedents)	→	B (Behavior)	→	C (Consequences)

2) 행동치료의 기본가정

가) 관찰가능한 행동을 연구대상으로 함.(Watson,1913)

나) 대부분의 인간행동은 학습된 것.(Skinner,1953: Wolp, 1958)

다) 행동의 형성, 유지, 제거는 환경자극에 의해 좌우됨

라) 정상행동과 이상행동 모두 동일한 원리에 의하여 학습됨

마) 행동문제의 치료에 있어서 과거보다는 현재를 중요시함

바) 객관적 자료에 입각한 철저한 실험 검증적 접근 시도

3) 행동수정의 전략

가) 문제행동을 유발하는 선행자극을 제거 또는 변경하라.

나) 문제행동을 유발하지 않는 선행자극을 생활환경 안에 확대 보급하라.

다) 환경자극을 풍족하고 다양하게 마련하라.

라) 상반되는 바람직한 행동을 강화하라.

마) 문제행동을 강화하고 있는 후속결과를 제거하라.

바) 벌을 통한 문제행동의 감소와 제거 전략을 강구하라.

4) 행동치료의 전통적 기법

가) 치료관계

(1) 환자의 문제에 개방적, 수용적, 상호협력적, 교육적

(2) 환자의 치료에 대한 신념도 중요하게 여김

나) 다양한 치료 스펙트럼

(1) 시기에 따라 다른 치료 방법을 적용

(2) 자기 주장 훈련 + 모델링 + 관찰학습

(3) 철저한 행동 평가

다) 체계적 둔감법

(1) Salter와 Wolpe에 의해 개발

(2) 상호억제의 원리를 적용

(3) 이완훈련→불안위계→실제 적용

라) 노출치료(홍수법): 공포, 불안이 제거될 때까지 오랜 기간 점차적으로 노출하여 견디게 하는 것

마) 행동시연

(1) 행동시연에 대한 교육→목표 상황 설정, 역할훈련이나, 시연 상황의 위계 설정→행동시연→실제 상황의 적용

(2) 자기 주장 훈련: 행동시연의 한 형태

유관성 관리

1. 조성
2. 타임아웃
3. 유관성 계약
4. 할머니 법칙(프리맥의 원리)
5. 토큰 경제

바) 유관성 관리

(1) 조성: 목표행동과 유사한 행동에 강화를 줘서 목표 행동에 도달하도록 하는 것

(2) 타임아웃: 바람직하지 않은 행동에 대해 보상을 주지 않음.

(3) 유관성 계약: 환자와 치료자의 공식적인 계약

(4) 할머니 법칙: 프리멕의 원리라고도 하며 행동의 결과로 더 좋은 행동을 할 특권을 주는 것

(5) 토큰 경제: 조작적 조건형성의 원리를 적용시킴

사) 혐오치료

(1) 단일 치료라기보다는 바람직하지 않은 행동에 적용되는 여러 절차를 말함

(2) 가장 일반적인 혐오자극은 전기와 약물이다

(3) 내재적 민감화: 심상을 통한 자극 제시

(4) 반응대가: 바람직하지 않은 행동을 하면 정적 강화를 제거하는 것

5) 바람직한 행동을 증가시키는 방법

가) 정적강화 : 강화의 행동발생률을 향상시킬 수 있는 모든 것

    (1) 다양한 자극의 제공: 칭찬이나 격려와 같은 언어적 자극, 머리를 쓰다듬는 신체적 자극, 성적이나 평점과 같은 상징적 자극, 따스함이나 시원함 같은 물리적 자극

    (2) 상표: 토큰 제도 – 바람직한 행동을 인정해 주는 것만으로 별 효과가 없을 때, 토큰을 주어 내담자가 원하는 물건이나 권리로 바꿀 수 있게 함으로써 바람직한 행동을 강화

    (3) 정적강화의 활용

      (가) 자극이 학습자에게 어떤 영향을 미치고 있는가 측면에서 규정

      (나) 강화자극의 제공은 표적인 바람직한 행동에 직접 관련하여 이루어져야 함

      (다) 일관성이 있어야 함

      (라) 자극의 제공은 증가시키고자 하는 행동이 발생하면 즉각적으로 주어져야 함

      (마) 다음단계로 쉽게 넘어가도록 계획된 과정이 필요함

나) 부적강화: 바람직한 행동을 했을 때 싫어하는 것을 제거해 주는 것. 부적 강화는 주어지던 불쾌한 자극을 제거하여 그 행동의 빈도나 강도를 증가시키는 것을 말한다.

다) 행동형성

    (1) 새로운 행동을 처음 가르칠 때(결손행동) 쓰는 방법

    (2) 목표행동을 한 번에 달성하기 힘든 경우에 사용

    (3) 초기에는 아이의 행동 중에서 목표행동과 조금만 비슷해 보여도 보상을 주다가 점점 보상받을 행동의 기준을 높임→목표를 정확하게 달성하도록 유도

    (4) 최종목표행동과 시발점 행동을 확인→시발점으로부터 목표에 쉽게 이를 수 있는 작은 단계들을 구성→한 단계씩 강화함→목표행동에 점진적으로 접근시키는 과정

라) 용암법

    (1) 한 행동이 다른 사태에서도 발생할 수 있도록 그 조건을 점차적으로 변경해 주는 과정

    (2) 반응을 유도하는 어떤 변별자극이나 촉진을 점진적으로 감소하는 것. 변별력을 가르칠 때 자극을 점진적으로 조절하여 궁극적으로 일부 변화된 자극 또는 새로운 자극에 대해 반응할 수 있도록 함→행동을 통제하는 자극을 점점 약하게 함→달라져 가는 자극의 통제를 받게 하는 과장.

    (3) 점선으로 연결된 원의 모양→점선을 따라 원을 그려라고 말함→점들을 이어 원을 그리도록 아동의 손을 잡고 이끎→원을 완성하는 즉시 강화를 줌→교사는 아동의 손을 잡는 압력을 서서히 줄임→마지막에는 "점선을 따라 선을 그려라"고만 얘기하여 스스로 점선을 따라 원을 그리게 함→더 나아가 점의 진하기를 약화시킴→더 나아가 점의 개수를 줄임→나중에는 점이 없이도 원을 그릴 수 있도록 함

    (4) 용암법에 효과를 주는 주요 요소들

심리학개론

이상심리학

심리검사

임상심리학

심리상담

　(가) 통제할 목표자극의 선정: 자극에 대한 반응이 일상생활 속에서도 쉽게 유지될 수 있도록 목표를 선정

　(나) 자극 통제에 있어서 최초 자극의 선정: 아동의 행동의 기초선을 알고 어느 정도 선에서 용암법을 시작할 지정하는 것이 중요

　(다) 몇 가지 유형의 촉진자극

　　① 신체적 촉진자극: 운동을 배우거나, 춤을 배우거나, 걸음마를 배우거나 할 때 잡아주고 지도해 주는 손

　　② 동작적 촉진자극: 정확한 단서를 가리키거나 명령하는 몸짓을 하는 동작을 말함. 강사는 포인터를 사용하여 학생들의 주의를 기울게 함.

　　③ 모델링 촉진자극: 수영코치의 정확한 자유형의 팔놀림

　　④ 언어적 촉진자극: 언어적 힌트나 자극을 말함. 운전을 배울 때 강사가 "이제 악세레이터를 밟으세요" 하고 말하거나 아이가 옷을 입을 때 "이제 위로 머리를 빼라"고 말하는 것

　　⑤ 환경적 촉진자극: 목표행동을 유발할 수 있도록 환경을 조성하는 것. 간식을 먹지 않기 위해 날씬했던 시절의 사진을 냉장고에 붙여 놓는 것

마) 간헐강화: 바람직한 행동이 습관화되어 고정된 후에는 간헐적 강화가 연속강화보다 행동을 소멸시키지 않고 유지시킴

6) 차별강화 방법

가) 고율차별강화(Differential Reinforcement of High Rate: DRH)

　Ex) 교사의 질문에 잘 대답하지 않는 학생이 10분 이내에 10번 이상 '예'라고 대답한 경우에 강화를 줌

나) 저율차별강화(Differential Reinforcement of Low Rate: DRL): 어떤 행동이 일정기간동안 일정한 횟수 이상 나타나지 않음 → 강화가 주어지는 강화계획

　Ex) 15분 동안 자리를 이탈하는 행동이 3번이하일 경우 강화를 준다고 프로그램을 정하는 것

다) 차등보상(Differential Reinforcement of other Behavior: DRO): 고치려고 하는 특정한 문제행동이외의 다른 좋은 행동에 대해 집중적으로 관심과 인정 그리고 칭찬하거나 보상을 해주는 것

　Ex)아동이 화를 내고 옆에 아이를 때리는 행동이 보통 30분 간격으로 일어난다고 가정→30분 내에 때리는 행동이 다시 일어나지 않을 경우→ 칭찬을 한다든지 토큰을 준다든지 하여 즉시 강화를 해 주는 방법, 즉 30분 내에 문제행동이 일어나지 않는다는 점에서 보면 DRO의 O는 제로의 의미가 된다.

　→ 필연적으로 다른 행동(차분하게 자리에 앉아 학업에 열중)이 일어나므로 타 행동 강화라고 함

라) 대안적 행동에 대한 차별강화(Differential Reinforcement of Alternative Behavior: DRA): DRO와 유사하나 강화될 대안행동이 미리 명시된다는 점만 다름

차별강화 방법

1. 고율차별강화
(Differential Reinforcement of High Rate: DRH)
2. 저율차별강화(Differential Reinforcement of Low Rate: DRL)
3. 차등보상(Differential Reinforcement of other Behavior: DRO)
4. 대안적 행동에 대한 차별강화
(Differential Reinforcement of Alternative Behavior: DRA)
5. 상반행동보상: 양립불가능한 행동의 선별적 강화기법
(Differential Reinforcement of Incompatible Behavior: DRI)

　　Ex) 수업 중에 돌아다니는 아동에게 과제에 집중시키기 위해 과제집중행동이
　　　　외의 다른 어떤 행동도 강화해서는 됨 → 비록 적응행동이라 하더라도 정
　　　　해진 대안적 행동이외에는 무시

　마) 상반행동보상: 양립불가능한 행동의 선별적 강화기법(Differential Reinforcement
　　　of Incompatible Behavior: DRI)

　　(1) DRA처럼 강화될 행동을 미리 명시하지만 목표행동이 손가락 빠는 행동인
　　　　경우 손가락 빨기가 불가능한 행동인 부채과자를 빨아 먹는 행동으로 선정하
　　　　는 것

　　(2) 동시에 일어난 행동 중에서 특히 수정을 요하는 행동에 대해 선별적으로 강화
　　　　Ex) 몹시 나부대는 아동은 공부시간에 교실에 왔다갔다 한다든지 딴 아이
　　　　　　의 머리에 손을 얹는다든지, 다른 아이의 물건을 가져간다든지 다른
　　　　　　아이들을 방해하는 행동을 함 → 교실에 왔다 갔다 하는 문제행동 +
　　　　　　동시에 일어날 수 없는 특정행동(가만히 앉아서 수업 받는 행동)을
　　　　　　정함→이 특정행동이 발생할 때마다 집중적으로 보상해 줌

7) 바람직하지 않은 행동을 없애는 방법

　가) 소거

　　(1) 조건화가 되었더라도 무조건 자극 없이 조건자극만 제시→조건반응이 일어
　　　　나지 않음

　　(2) 소거는 강화해 주는 자극을 제거 행동을 감소시킨다는 점=강화차단과 유사

　　(3) 강화로 인해 계속 유지되는 행동 감소시키는 데 유용

　나) 포화의 원리: 부적절한 행동을 싫증이 날 때까지 수행하도록 허용 또는 강요하
　　　는 것

　다) 과잉정정: 아동의 바람직하지 못한 행동에 대해 그 행동에 대한 수정행동의 훈련
　　　을 지나칠 정도로 시킴→문제행동이 사라지게 하는 방법
　　　Ex) 다른 아이를 손으로 자주 때리는 아이에게 손으로 해야만 하는 다른 행
　　　　　동을 끊임없이 시킴으로써 때리는 행동을 못하게 하는 방법

　라) 타임아웃: 벌의 일종, 바람직하지 못한 행동에 대해 주어질 정적 강화의 기회를
　　　차단함→그 행동이 강화되지 않게 하는 것

8) 이완 훈련

　가) 일상 생활에서 유발되는 스트레스에 대처

　나) 근육과 정신의 이완을 목표 + 쉽게 배울 수 있음

　다) Jacobson: 점진적인 이완절차를 처음으로 개발

　라) 점진적 이완 절차 수정되고 변경되어 옴 + 다른 행동 기법(체계적 둔감화, 자기
　　　주장훈련, 자기 조절법) 등과 결합되어 사용

9) 체계적 둔감법

　가) 고전적 조건형성의 원리에 기초를 둔 이 방법 + 실증적으로 연구되어진 행동치

✔ **공부 Tip**
* 체계적 둔감법은 자주 출
제되며 변형되어서 출제되
니 잘 정리해두어야.

료 절차

나) 주로 불안과 관련된 부적응 행동들 or 회피반응들의 치료

다) 불안을 일으키는 자극과 불안유발 상황들의 위계 구성에 대한 행동분석 → 이완 절차를 학습 + 상상된 장면과 짝 지움 → 가장 덜 위협적인 상황에서 가장 위협적인 상황까지 순서대로 제시 → 불안자극과 불안 반응간의 연결이 없어질 때까지 불안을 일으키는 자극들을 반복적으로 이완상태와 짝지움

라) Morris의 체계적 둔감화 사용의 세단계

　(1) 이완 훈련

　　(가) 치료자는 매우 조용하고 부드럽고 기분 좋은 목소리를 사용해 단계적으로 근육이완을 가르침

　　(나) 내담자에게 호숫가에 앉아있거나 아름다운 초원을 거니는 것과 같은 이전 이완상황의 심상 구성

　(2) 불안 위계표 작성

　　(가) 초기 면접 후에 치료자는 확인된 영역에 대한 불안위계를 작성, 불안이나 회피의 정도에 따라 서열 목록표 구성

　　(나) 위계는 내담자가 생각할 수 있는 가장 나쁜 상황 → 아주 적은 불안을 일으키는 상황까지 순서대로 정렬

　(3) 체계적 둔감법 실시

　　(가) 눈을 감고 이완된 상태에서 실시

　　(나) 불안이 없는 중립적인 장면을 제시 + 상상 + 충분히 이완 상태로 있게 됨

　　(다) 불안위계표에 있는 가장 적은 불안 유발 장면을 상상 → 단계적으로 위계를 올리며, 불안을 경험하고 있으면 중단 → 이완을 다시 시작하고 내담자는 계속해서 위계를 올려감

마) 체계적 둔감법은 공포를 치료하는데 적절한 기법만, 공포를 치료하는 데에만 사용할 수 있다는 생각은 잘못이며, 악몽, 신경성 식욕부진, 강박관념, 충동적 행동, 말더듬, 우울증 등에도 효과적

바. 인지치료

1) 인지치료의 주요 개념

가) 역기능적 인지도식

　(1) 자신과 세상을 이해하는 삶의 틀을 형성 → 세상과 자신 그리고 타인들에 대한 의미와 관계를 체계화 = 체계화된 인지적 틀을 인지도식

　(2) 역기능적 인지도식 = 개인의 내면에 있는 인지도식의 내용이 부정적인 것

　(3) 역기능적 인지도식 → 자동적으로 자신과 세상, 그리고 다양한 삶의 상황에 대해 부정적인 해석(인지삼제)

나) 자동적 사고(Automatic Thoughts)

　(1) 사람들이 어떤 사건에 접하게 되면 아무런 의식적 노력 없이 자동적으로 떠오

르는 어떤 생각
(2) 자신의 경험으로부터 생성한 신념과 가정을 반영
(3) 심리적 장애를 가진 사람의 자동적 사고는 흔히 왜곡돼 있거나, 극단적이거나 부정확

다) 인지왜곡 또는 인지적 오류(Cognitive Errors)
(1) 양극적 – 이분법적 사고
(가) 둘 중의 하나로 해석하며 그 중간의 의미를 생각하지 못하는 경우.
(나) 자신의 성취에 대해서 성공 아니면 실패로 판정
(다) 대인관계에서는 "나를 받아들이는가?" 아니면 "나를 거부하는가?" "내편인가" 아니면 "상대편인가" 등의 흑백 논리적으로 판단 → 회색지대를 생각하지 못함
(2) 과잉일반화: 하나의 사건을 확대 하여 해석하는 것
(3) 선택적 추상화(정신적 여과): 사건의 주된 내용은 무시하고 특정한 일부의 정보에만 주의를 기울여 전체의 의미를 해석하는 것을 말한다.
(4) 극대화와 극소화(의미 확대와 의미축소)
(가) 자신의 단점이나 약점은 매우 중요한 것으로 걱정하면서 자신의 장점이나 강점은 별것 아닌 것으로 과소평가하는 경우가 이러한 오류
(나) 이런 경향성은 자신을 평가할 때와 타인을 평가할 때 적용하는 기준을 달리하는 이중 기준의 오류로 나타날 수도 있음
예) 자신의 잘못에 대해서는 매우 엄격하고 타인이 행한 같은 잘못에 대해서는 매우 관대 후한 기준을 적용 + 별 잘못이 아닌 것으로 평가하는 것
(5) 개인화: 자신과 상관없는 일을 자신에 대한 사건으로 받아들이는 것.
예) 어떤 남학생이 도서관 앞을 지나가는데 마침 도서관 벤치에 앉아서 이야기 중이던 학생들이 크게 웃었다. 사실 이들은 자신들의 이야기 때문에 웃은 것이다. 그러나 그 남학생은 그들이 자신을 보고 웃었다고 생각한다면 개인화의 오류를 범한 것
(6) 임의적 추론(예언자적 오류, Fortune – telling): 실제 일어날 여부와 상관없이 주관적으로 추론하여 예측하는 것
예) 미팅에 나가면 보나마나 호감가는 이성과 짝이 되지 않거나 호감가는 이성에게 거부당할 것이 분명하다고 믿는 경우이다.
(7) 잘못된 명명(Mislabelling): 사람의 특성이나 행위를 기술할 때 과장되거나 부적절한 명칭을 사용하여 기술하는 오류
예) 자신의 잘못을 과장하여 '나는 실패자다.' '나는 인간 쓰레기다.'라고 부정적인 명칭을 자신에게 부과하는 것
(8) 독심술(Mind-reading)
(가) 충분한 근거없이 다른 사람의 마음을 마음대로 추측하고 단정하는 것
(나) 다른 사람의 마음을 들여다 볼 수 있는 독심술사처럼 매우 모호하고 사소한

✔ 공부 Tip

매우 잘 출제된다 꼭. 반드시 정리해 두어야 한다.

인지왜곡 또는 인지적 오류
1. 양극적 – 이분법적 사고
2. 과잉일반화
3 선택적 추상화(정신적 여과
4. 극대화와 극소화(의미 확대와 의미축소)
5. 개인화
6. 임의적 추론(예언자적 오류, Fortune – Telling)
7. 잘못된 명명(Mislabelling)
8. 독심술(Mind-reading)

* 심리개론에도 언급되지만 인지왜곡은 거의 만드시 출제되는 내용들이다 꼭 정이해 두어야 한다

심리 장애	자동적 사고의 주제
우울증	자기자신, 미래, 환경에 대한 부정적 견해
경조증	자기자신, 미래, 환경에 대한 긍정적 견해
불안증	신체적 또는 심리적 위협과 위험
공황 장애	신체나 정신적 경험에 대한 파국적 해석
공포증	구체적이고 회피가 능한 상황에서의 위협
전환 장애	운동기관 또는 감각의 이상에 대한 믿음
강박증	안전에 대한 반복적 경고 및 회의
자살	희망상실, 절망
섭식 장애	살찌는 것에 대한 공포
건강 염려증	심각한 의학적 질병에 걸려 있다는 믿음

〈대안적 사고찾기의 예〉

상황	나의 해석	대안적 해석
전철에서 옆 사람이 자리를 옮김	내가 긴장 해서 불편해하니까 이 사람도 불편해서 자리를 옮긴 것이다.	내릴 때가 가까워서 문 근처로 갔을 수도 있다. 좀 더 한산한 곳을 찾아 갔을 수도 있다.
어머니가 밥을 드실 때 나와 함께 상에서 드시지 않고 혼자 방바닥에서 드심	내가 긴장 해서 불편해하니까 어머니도 불편해서 마주 앉는 것을 꺼리신다.	어머니는 보수적이 되어서 원래부터 그러셨다. 원래 방바닥이 편하신가 보다. 내 앞에 앉으시면 TV를 보실 때 등진 위치가 된다.

출처: 민병배(2002). 인지치료의 이론과 실제

✔ **공부 Tip**
'소크라테스식 질문'은 매우 잘 출제되는 부분이다. 꼭 외우고 정리해 두어야 한다.

단서에 의해서 다른 사람의 마음을 함부로 단정하는 오류

(다) 자신이 타인의 마음을 정확하게 꿰뚫어 볼 수 있는 능력을 지녔다고 믿는 경우→많은 경우 상대방의 마음을 확인할 방법이 없기 때문에 자신의 판단이 옳았다고 생각하게 됨→또 그러한 판단 하에서 상대방에게 행동하기 때문에 상대방의 행동을 통해 자신의 판단이 옳았다고 확신하게 됨

2) 인지치료의 과정과 기법

가) 인지치료의 목표

(1) 내담자가 보다 효과적으로 사고하도록 편견이나 인지왜곡을 제거하는 것.

(2) 인지치료에서는 무엇보다도 내담자의 부정적인 자동적 사고와 인지적 오류를 만들어내는 역기능적 인지도식을 찾아 냄→그 내용을 보다 현실적인 것으로 바꾸어 나가는 것이 상담의 목표

나) 치료기법

(1) 정서적 기법

(가) 개인과 세상의 관계에 대한 숨은 의미로서 자동적 사고는 정서 경험을 통해 더욱 분명해 짐→정서도식 활성화→자동적 사고에 가장 쉽게 접근할 수 있음

(나) 정서도식을 활성화하여 자동적 사고를 끌어내는 기법

(다) 정서적 기법 방법

① 최근의 정서적 경험을 구체적으로 이야기하게 함
선명하게 기억하고 있는 최근의 경험을 되도록이면 자세하고 생생하게 기술→부정적 감정이 언급 될 때 "그때 어떤 생각이 들었습니까?", "그때 머리를 스쳐 지나가는 생각이 무엇입니까?", "그때 어떤 이미지가 떠올랐습니까?" 등의 질문을 통해 자동적 사고를 이끌어 냄

② 심상기법을 사용하여 당시의 상황에 몰입

③ 정서경험을 재현하기 위해 역할연기를 사용

④ 상담중에 일어나는 내담자의 정서변화에 주목
예) 내담자가 어떤 주제에 대해 얘기를 하면서 표정이 변하고 긴장된 빛이 역력하다면, "방금 어떤 생각이 스쳐 지나갔습니까?"라고 질문하여 자동적 사고를 파악

(2) 언어적기법

(가) 소크라테스식 질문: 내담자가 자신의 자동적 사고가 현실적으로 타당한가를 평가 + 좀 더 현실적인 생각을 하도록 만드는 방법

(나) 상담 회기 중에 상담자가 소크라테스식 질문으로 내담자의 자동적 사고에 대하여 탐색 되풀이→내담자는 일상생활에서도 자신의 자동적 사고에 대해 스스로 논답 하며 평가할 수 있게 됨

(다) 내담자가 자신의 자동적 사고의 타당성을 스스로 평가해 볼 수 있도록 하기 위해서 다음과 같은 질문이 자주 사용

(라) 소크라테스식 질문 방법

① 그렇게 생각하는 근거는 무엇인가?

- 부분적인 현실에 근거한 주관적인 생각에 머물러 있는 내담자가 있는 그대로의 현실에 주의를 기울이도록 하는 질문
- "그렇게 생각하는 근거는 무엇입니까?", "어떻게 해서 그렇게 생각하게 되었습니까?", "어떤 근거로 그것을 알 수 있습니까?", "그 생각이 맞다는 것을 지지하는 증거는 무엇입니까?" 등의 질문

② 대안적 사고 찾기-달리 설명할 수는 없는가?

- 내담자는 그 상황을 보는 시각이 폐쇄적이고 제한적이어서 보다 현실적인 관점을 취하는 데 어려움을 겪을 수 있음
- "달리 설명할 수는 없습니까?", "다른 식으로 볼 수는 없습니까?", "다른 사람은 이 상황을 어떻게 볼까요?" 등의 질문을 통해 가능한 모든 다른 설명을 끌어들여 자신의 생각을 좀 더 열려진 마음으로 평가할 수 있는 심리적 거리를 만듦

③ 실제 그 일이 일어난다면 과연 얼마나 끔찍한가?

- 불안한 내담자 인지적으로 회피하고 싶은 상황이 과연 그렇게 끔찍한지, 그리고 그러한 상황이 일어날 확률이 얼마나 되는지를 면밀히 생각해 보지 않음→최악의 경우를 냉철히 생각해 보도록 하는 질문이 도움→불안한 내담자는 자신의 대처능력을 과소평가 + 그러한 상황에 처하면 자신이 할 수 있는 일은 전혀 없다고 생각하는 경향→"일어날 수 있는 최악의 일은 무엇입니까?", "일어날 수 있는 최선의 결과는 무엇입니까?", "예전에는 이런 상황에서 보통 어떤 결과가 나왔습니까?" 등과 같은 질문

사. 인지 행동적 접근

인지행동치료는 환자의 문제에 기여한다고 보이는 사고의 방식을 수정하거나 변화시키고자 함

1) 배경

가) 정신역동적 접근과 급진적 행동주의의 한계를 극복하기 위한 행동과 인지의 결합

나) 사회학습이론이 이 두 개의 양극을 연결하는 구실을 함

다) 심리치료는 학습 상황으로 간주하며 사회적 상호작용의 일종으로 봄

라) 대리학습, 인지적 중재요소가 정서와 수행에 중요한 영향을 미친다고 봄

2) 모델링

가) 새로운 기술과 새로운 행동은 다른 사람의 관찰을 통해서 더 효율적으로 습득된다고 봄

나) 비현실적 공포를 제거하는 데 가장 잘 이용됨

다) 관찰학습의 최적 조건
  (1) 환자는 모델에 관심을 가짐
  (2) 환자는 모델에게 얻은 정보를 유지
  (3) 환자는 모델의 행동을 해야 함
  (4) 환자는 모델의 행동을 하도록 동기화 되어야 함

3) 합리적 재구조화
 가) 사람들이 세상을 해석하는 방법과 세상에 대해 가진 가정들에 의해서 행동이 결정된다는 견해
 나) 비합리적인 신념을 깨우치기 위해 토의 하고 논쟁
 다) 합리적 정서치료: Ellis에 의해 개발된 치료. 사물에 대해 생각하는 방식을 바꿈으로써 행동 변화를 목적으로 함

4) 스트레스 면역 훈련
 가) Meichenbaum에 의해 개발된 치료로 현존하는 혹은 미래의 스트레스 유발 인자에 사람들을 면역시킴으로 문제를 예방하려고 함
 나) 개념화→기술 습득 및 시연단계→적용단계

5) Beck의 인지 치료
 가) 문제가 되는 질병을 특징 짓는 역기능적 사고를 조절
 나) 인지적 시연, 자기 주장 훈련, 역할 훈련, 대안의 탐색등을 치료적 기법으로 사용함

6) 변증법적 행동치료(DBT)
 가) Linehan이 개발한 치료방법으로 개인은 감정적으로 취약한 성품에 감정을 인정해 주지 않는 가정환경과 상호작용을 통해서 감정 조절의 어려움과 자해 행동으로 발전하게 된다고 설명
 나) DBT는 문제 해결 기술, 감정 조절, 대인관계 기술 훈련을 포함함
 다) 마음챙김→감정조절→고통감내→대인관계효과성

7) 평가
 가) 장점
  (1) 효능성의 증가가 있음
  (2) 효율성도 높음
  (3) 행동치료는 아주 능동적인 절차들의 모음임
  (4) 정신역동과는 다른 정신병리의 접근을 증명
  (5) 적은비용과 낮은 능력의 내담자에도 적용됨
  (6) 과학자 – 임상가, 임상적 과학자 모델에 매우 적합
 나) 단점
  (1) 행동적 방법이 다 강력한 실험적 증거가 있는 것은 아님
  (2) 비인간화에 대한 비판은 외현적인 측면이 있음
  (3) 내부적 성장이나 가치, 책임감 등과 같은 측면은 적절하게 다루지 못함

(4) 애매모호한 증상과 질환에 대한 치료에 한계가 있음

(5) 지나치게 과거를 고려하지 않음

(6) 일반화의 문제는 행동치료만의 문제는 아님

(7) 이론의 혼재 가능성

아. 집단 치료

1) 개요

가) Moreno: 집단치료라는 말을 최초로 사용

나) 집단치료는 2차 세계대전을 거치면서 치료의 중심부로 떠오르게 된다.

2) 집단치료에 대한 접근

가) 정신역동적 집단치료

(1) 집단 세팅에서 행해지는 정신역동 치료

(2) 집단과정은 개인과정의 부차적인 것으로 봄

나) 사이코드라마

(1) 연극에 출현한 것처럼 자신의 역할을 연기함

(2) 치료자, 보조자아, 관중, 환자로 구성됨

다) 교류분석

(1) Eric Berne에 의해 개발된 치료법

(2) 개인 내에 존재하는 아이 자아, 부모자아, 성인자아 등 3가지 자아상태에 초점을 둠

(3) 분석의 단위를 교류하고 하며 이는 어떤 순간에 둘 또는 그 이상의 사람들 사이에 작동하는 자극과 반응을 말함

(4) 교류 분석은 어떤 자아 상태가 주어진 사람들 사이의 교류에 작동하는지 알아내는 것과 관련됨

(5) 간소함과 사업성으로 위험스러운 인기를 끌었으나 그런 절차로 인한 소득은 오래 가지 못한다는 비판이 있음

라) 게슈탈트 집단 : 게슈탈트 치료와 유사하게 집단에서는 한 번에 한 성원에게 집중해서 이를 성취하려고 함

마) 행동치료집단

(1) 집단 상호작용 보다는 효율성 때문에 생겨난 듯

(2) 체계적 둔감법, 대인관계기술, 인지적 재구조화 중재는 집단 형태로 하기 쉬움

바) 시간·제한적 집단치료: 집단 준비 및 선별→집단에게 초점을 결정하고 이를 지킴→집단 응집력→시간·제한에 대한 방응

3) 준비와 구성

가) 모든 집단은 5명에서 10명

집단치료의 치료요소

1. 정보나누기
2. 희망고취
3. 보편성
4. 이타성
5. 대인관계 학습
6. 모방행동
7. 교정적 원가족 경험
8. 카타르시스
9. 집단 응집성

*집단치료의 치료효과는 매우 출제가 자주 되는 내용이다. 반드시 암기하고 정리해 두어야 한다

심리학개론

이상심리학

심리검사

임상심리학

심리상담

나) 주당 1회 90분에서 2시간

다) 원형 형태의 테이블이나 회의용 탁자

라) 인지적 기능이 낮은 사람, 심한 정신병, 집단과정을 방해하기 쉬운 사람은 제외 시킴

4) 치료 요소

가) 정보나누기

나) 희망고취

다) 보편성

라) 이타성

마) 대인관계 학습

바) 모방행동

사) 교정적 원가족 경험

아) 카타르시스

자) 집단 응집성

자. 가족치료

1) 발전

가) 정신분석의 인기로 가족치료에 대한 관심을 끌기 쉽지 않음

나) 이중구속: 조현병 환자의 가족관계에서의 의사소통 방식으로 설명되는 이론

2) 의사소통의 개념

가) 일반적으로 병리는 가족구성원들 간에 의사소통의 실패한 결과 일어나는 것으로 간주됨.

나) 가족을 일종의 시스템으로 간주되는데 가족 치료는 이 시스템을 어떤 중요한 방식으로 변화시키려고 함

3) 형태와 방법

가) 구성과 치료주체에 대한 일치된 의견은 없음.

나) 모든 가족치료자는 가족 내의 의사소통을 증진시키고 개인의 문제보다는 가족 전체의 문제를 해결하는 것에 일차적 목적을 둠

다) 치료자는 가족의 역할과 특징적인 문화를 배워야 함

라) 가족력과 평가 과정은 가족치료의 한 부분

4) 합동가족치료

가) 한 치료자가 전체 가족을 동시에 봄

나) Satir는 치료자를 선생, 자원, 의사소통가로 봄

다) 회유형, 비난형, 초이성형, 산만형, 일치형의 5가지 의사소통이 있다고 봄

5) 다른 가족치료들

가) 공존 가족치료: 치료자는 모든 가족구성원을 보지만 각각의 구성원과 따로 회기를 갖는다.

나) 협력적 가족치료

  (1) 각각의 가족구성원이 다른 치료자와 만남

  (2) 치료자들은 환자와 가족에 대해 상의하기 위해서 함께 만남

다) 가족치료에 대한 행동주의적 접근

  (1) 가족관계를 강화 유관성의 측면에서 봄

  (2) 치료자의 역할은 가족 문제의 행동분석을 수행함

  (3) 가족구성원에게 바람직한 행동에 대해 서로 서로 적절한 강화를 제공하도록 만드는 과정이 됨

라) 정신분석적 가족치료: 정신분석적 기법을 활용하여 가족 구성원의 내적, 심리적 갈등을 해결하고 가족성원들 간의 무의식적인 대상관계를 분석함으로써 통찰과 이해, 성장, 약할 분재를 강조

마) 다세대적 가족치료모델: 보웬(Bowen)이 창안한 것으로서, 개인이 가족자아로부터 분화시켜 확고한 자신의 자아를 수립할 수 있도록 도화주는 가족치료 기법이다.

바) 의사소통 가족치료모델: 구성원들에게 의사소통 규칙을 알려주어 가족이 사용하고 있는 의사소통 유형을 분석, 의사소통의 상호작용을 수정한다

사) 행동학적 가족치료모델: 학습원리를 이용하여 가족구성원 간의 부적응적 행동을 이해하고 재학습시키는 치료 모델

아) 경험적 가족치료모델: Satir가 창안한 가족치료로 긍정적인 측면에 초점을 두며 가족조각, 가족그림 등의 기법을 활용한다.

자) 전략적 가족치료모델: Haley가 의사소통 가족치료 기법을 계승하여 창안한 치료모델로 원인이 아닌 문제 행동의 변화를 위한 해결 방법에 초점을 둔다.

차. 부부치료

1) 행동주의적 부부치료

가) 강화의 원리를 커플의 상호작용에 적용

나) 지지이해 기법: 커플간의 긍정적 감정을 증가시키려는 것

다) 문제해결기술: 긍정적인 의사소통 기술을 훈련시킴

2) 감정 중심 부부치료

가) 파트너의 문제 있는 상호작용 스타일과 감정 반응을 변화시켜 보다 강하고 안정된 감정 관계를 수립하는 것

나) 파트너는 치료를 통해 자신의 감정과 결합 욕구를 인식하고 서로 상호작용법을 바꾸게 함

3) 효과

심리학개론

이상심리학

심리검사

임상심리학

심리상담

가) 가족치료에 대한 통제된 효과 연구는 많지 않음

나) 부부치료가 효과적이라는 보고가 있음

다) 특수한 문제들

(1) 부모권위에 대한 도전

(2) 개인치료가 가족치료 보다 가족을 더 방해할 가능성

(3) 치료는 관계의 변화를 초래함

(4) 누가 진정한 환자인가?

문제

[1. 해설] ④
평균 50, 표준편차 10이다.

1. MMPI에서 각 임상척도의 평균과 표준편차로 옳은 것은? (2009, 2012 기출)

가. 평균 50, 표준편차 15

나. 평균 50, 표준편차 10

다. 평균 100, 표준편차 15

라. 평균 100, 표준편차 10

[2. 해설] ④
MMPI는 이론적 틀로 문항을 구성하기보다는 경험적인 준거 방식과 기존의 타당성을 근거로 하여 제작되었다.

2. MMPI 임상척도의 제작방식은? (2009, 2012 기출)

가. 내적 구조 접근 및 요인분석

나. 내적 내용 접근 및 연역적 접근

다. 외적 준거 접근 및 경험적 준거 타당도 방식

라. 직관적 방식

[3. 해설] ④
2번의 답과 동일하다. 이처럼 필기 문제는 기존의 출제가 되풀이되는 경우가 많음으로 기출 문제의 풀이가 중요하다.

3. MMPI 임상척도의 제작방식은? (2004 기출)

가. 내적 구조 접근 및 요인분석

나. 내적 내용 접근 및 연역적 접근

다. 외적 준거 접근 및 경험적 준거 타당도 방식

라. 직관적 방식

[4. 해설] ④
로샤 검사는 투사적 검사로서 자기보고형 성격검사에서 일어날 수 있는 의도적 왜곡이 일어날 가능성 매우 희박하다.

4. 자기보고형 성격검사를 실시한 결과 의도적 왜곡 가능성이 높아 결과 해석에 어려움이 있다. 다음 중 이러한 의도적 왜곡을 최소화할 수 있는 검사는? (2009 기출)

가. 지능검사　　　　　　　나. 신경심리검사

다. MBTI　　　　　　　　라. 로샤검사

5. 조현병으로 휴직을 하고 2년간 입원치료를 받아 증상이 완화된 교사가 복직을 하기 위해 정신과 외래를 방문하여 심리평가를 받았다. 이 교사가 자신에게 증상이 없음을 인정받기 위한 시도가 과도한 경우 MMPI에서 예상되는 타당도 척도들의 양상은? (2005 기출)

가. 정상범위에 있을 것이다.

나. L, F, K 척도 모두 상승할 것이다.

다. L과 K 척도가 높게 상승할 것이다.

라. F 척도가 높게 상승할 것이다.

6. 다음 상담자에게 효율적인 치료를 위해 가장 필요한 것은? (2009 기출)

> 심리치료상담을 시행하는 사람은 정서적으로 보다 성숙되고 안정될 것을 요구받는다. 상담자는 자신의 개인적인 문제와 관련하여 지나치게 공격적인 내담자 또는 잠재적인 동성애 갈등을 지닌 내담자 등 특정문제를 보이는 내담자와의 관계에서 악영향이 발생한다.

가. 임상실습훈련 　　　　　 나. 지도감독

다. 개인적 심리치료 　　　　 라. 소양교육

7. 환자에게 자신의 메시지를 정교화 하도록 도울 뿐만 아니라 면접자가 그 메시지를 이해하고 있다는 것을 확실히 하기 위하여 사용되는 의사소통기법은?

(2006, 2012 기출)

가. 요약 　　　　　　　　　 나. 명료화

다. 래포형성 　　　　　　　 라. 부연설명

8. 내담자의 말과 행동에서 표현된 기본적인 감정, 생각 및 태도를 상담자가 다른 참신한 말로 부연해주는 것은? (2010 기출)

가. 해석 　　　　　　　　　 나. 반영

다. 직면 　　　　　　　　　 라. 명료화

9. 상담에서 해석의 제시형태로 적절하지 않은 것은? (2005 기출)

가. 확정적 표현 　　　　　　 나. 점진적 진행

다. 반복적 제시 　　　　　　 라. 질문형태의 제시

[5. 해설] ④

L척도 : 다소 세련되지 못하고 미숙한 수준에서 자신의 심리적인 상태를 보다 좋게 보이려고 노력하는 정도를 측정

F척도 : 비정상적인 경험, 생각 및 감정 등이 얼마나 있는가를 알아보는 척도. 높은 점수는 자신을 지나치게 나쁘게 보이려는 경향

K척도 : 자신의 정신병리나 심리적인 상태를 드러내지 않고 방어하려는 경향이 어느 정도 인지를 말해주는 척도

[6. 해설] ④

상담자가 인격적으로 성숙한 만큼 내담자를 도울 수 있다는 말이 있다. 상담에 대한 전문적인 지식보다도 상담자의 인간적인 자질이 상담효과를 결정짓는다고 할 만큼 인간적 자질의 중요성이 부각되고 있다. 상담자가 인격적으로 성숙하지 못하면 내담자의 다양한 문제를 다룰 수 없다. 특히 상담자 자신의 문제와 유사한 문제를 다루다 보면 감정의 동요가 일어나 내담자에게 진정한 도움을 주기가 어려워진다. 상담자가 이런 문제를 극복하기 위해서는 자신의 무의식적 욕구를 잘 파악하고 자신에게 내재된 갈등을 해결하는 것이 우선되어야 하며 이를 위해서는 상담자 자신의 개인적 심리치료내지는 자기분석이 필요하다고 하겠다.

[7. 해설] ④

명료화란 내담자의 말을 정교하게 하도록 하며 더 정확한 메시지를 이해하게 하는 상담기법이다.

[8. 해설] ④

가. 해석 : 내담자의 연상이나 정신 작용 가운데서 명확하지 않은 부분에 대해서 상담자가 추리하여 내담자에게 설명해 주는 것이다. 해석은 내담자의 생각과 감정을 구체화하고 앞으로 탐색되어야 할 부분에 내담자의 관

심을 집중시키고 잡다한 자료에서 핵심적인 주제를 가려내거나 이해가 더 잘 되도록 요약하기 위해 사용한다. 해석하는 데는 다음과 같은 몇가지 원칙이 필요하다. 첫째, 해석은 무의식적 갈등보다는 저항에 대한 해석이 우선되어야 한다. 둘째, 해석은 해석하려는 내용이 내담자의 의식수준에 가까이 있을 때, 즉 내담자가 아직 스스로 깨닫지 못하고 있지만 견뎌낼 수 있거나 수용할 수 있다고 판단될 때 이루어져야 한다. 셋째, 해석은 표면적인 것에서부터 시작해서 깊이 들어가도록 한다.

나. 반영: 내담자의 행동이나 말로 표현한 기본적 태도, 행동, 주요 감정, 생각을 다른 참신한 말로 바꾸어 말해주는 것 예를 들면 내담자가 "나는 오늘 상담을 받고 싶지 않았어요." "상담이 내겐 아무 의미가 없는 것 같아요." 라고 내담자가 말한 경우 상담자는 "당신이 이 상담을 통해 문제를 해결하고 싶었는데 상담을 받아도 진전이 없어 상담이 의미없다고 생각하시는 군요."라고 말해 주는 것이 반영이다.

다. 직면: 상담자가 내담자를 보고 느낀 점 중에서 어떤 모순점이나 의혹이 있을 때 그것을 내담자에게 되물어주는 것을 말한다. 직면은 내담자의 말과 행동사이의 모순이나 불일치 또는 내담자가 언급한 두 가지 말 사이의 불일치, 행동과 행동사이의 불일치, 현실적 자기와 이상적 자기사이의 불일치, 언어적 행동과 비언어적 행동사이의 불일치, 환상과 현실사이의 불일치, 상담자의 지각과 내담자의 지각의 불일치 등 여러 가지 면에서 사용될 수 있다.

다. 명료화: 어떤 문제의 밑바닥에 깔려 있는 혼란스러운 감정과 갈등을 가려내어 분명히 해주는 것을 말한다. 예를 들면 다음과 같다.

10. 심리치료 과정에서 저항이 일어나는 일반적인 이유와 가장 거리가 먼 것은? (2010 기출)

가. 환자가 변화를 원할지라도 환자의 삶에 중요한 영향을 미치는 타인들이 현 상태를 유지하도록 방해할 수 있기 때문이다.

나. 부적응적 행동을 유지함으로써 얻는 이차적 이득을 환자가 포기하기 어렵기 때문이다.

다. 익숙한 행동을 변화시키려는 시도가 환자에게 위협을 주기 때문이다.

라. 치료자가 가진 가치나 태도가 환자에게 위협적이기 때문이다.

11. 심리치료 과정에서 저항이 일어나는 일반적 이유가 아닌 것은? (2005 기출)

가. 환자가 변화를 원할지라도 환자의 삶에 중요한 영향을 미치는 타인들이 현 상태를 유지하도록 방해할 수 있기 때문이다.

나. 부적응적 행동을 유지함으로써 얻는 이차적 이득을 환자가 포기하기 어렵기 때문이다.

다. 익숙한 행동을 변화시키려는 시도가 환자에게 위협을 주기 때문이다.

라. 치료자가 가진 가치나 태도가 환자에게 위협적이기 때문이다.

12. 단기 역동적 심리치료에서 강조되는 것은? (2003 기출)

가. 심리 내적인 갈등　　나. 대인 관계적 갈등
다. 잠재 증상　　라. 행동 증상

13. 환자에게 떠오르는데로 이야기 하게 하여 무의식을 이해하는 치료적 기법을 무엇이라고 하는가?

가. 꿈의 분석　　나. 자유 연상
다. 무의식 분석　　라. 행동 연상

14. 문제를 해결하기 위한 신경증적인 방식을 제거하려는 노력을 무위로 만들려는 것을 일컫는 분석 용어는?

가. 정신 분석인 갈등　　나. 저항
다. 잠재 증상　　라. 투사

15. 아동기에 시작된 문제나 갈등이 치료실에서 나타나는 것을 의미하는 분석 용어는?

가. 정신 분석인 갈등　　　　　　나. 해석

다. 전이　　　　　　　　　　　라. 투사

16. 내담자중심치료에서 치료자의 주요 기능이 아닌 것은? (2006 기출)

가. 자유로운 분위기를 제공하는 것

나. 내담자 자신이나 자신에 관련된 세계에 대한 스스로의 자각을 인식하게 하는 것

다. 충고, 제안, 해석 등을 제공하는 것

라. 내담자 자신에 대한 깊은 이해를 얻는 것

17. 내담자의 긍정적 변화를 촉진시키기 위한 치료자의 세 가지 조건으로 Rogers가 제안한 것이 아닌 것은? (2004 기출)

가. 무조건적 존중　　　　　　나. 정확한 공감

다. 창의성　　　　　　　　　라. 솔직성

18. 다음 중 주로 인간중심의 치료과정에서 강조되는 내용으로 적합한 것은?

(2006 기출)

> A. 내담자에게 반복되어 나타나는 소망 – 방어의 탐색
> B. 내담자의 성장을 촉진하는 치료적 분위기 조성
> C. 내담자의 비합리적 사고에 대한 논리적 분석
> D. 치료목표를 향한 구조적. 지시적 접근

가. A, C, D　　　　　　　　나. B

다. C, D　　　　　　　　　라. A, D

19. 다음 중 효과적인 경청과 가장 거리가 먼 것은? (2010 기출)

가. 내담자가 심각한 듯 얘기를 하지만, 면접자가 보기에는 그렇게 보이지 않을 때에는 중단시킨다.

나. 면접자는 반응을 보이기 앞서서, 내담자가 스스로 말할 시간을 충분히 주려고 한다.

다. 면접자는 내담자에게 주의를 많이 기울인다.

라. 내담자가 문제점을 피력할 때 가로막지 않고, 문제점에 관한 논쟁을 피하지 않는다.

내담자: 어머니는 나를 옴짝달싹 못하게 만들어요. 계속 잔소리만 하고 그럴 때마다 옛날의 기억이 되살아나 불같이 화가 나서 어머니께 막 큰 소리를 지르게 돼요. 그러고 나면 어머니가 날 위해서 그러시는데 괜히 화를 냈구나 싶어서 미안해져요. 그러다가 또 화를 내고 내가 꼭 미친 것 같아요.

상담자: 어머니에게 화가 나면서 미안하기도 하네요. 두 가지 감정을 가지고 있군요. 그러면서 자신의 모습이 바람직하지 못하다고 느끼고 있고요.

[9. 해설] ㉮

해석은 내담자가 다른 방식으로 생각, 행동, 감정, 소망을 바라볼 수 있게 해주는 과정이다. 해석은 내담자가 문제를 일으켰던 사물을 보는 낡은 방식의 족쇄로부터 환자를 자유롭게 하기 위해 계획된 방법이다. 해석은 통찰을 가져오는 주요한 방식이기도 하다. 중요한 통찰이나 행동변화는 한 번의 해석으로 이루어지는 경우는 거의 없다. 그 보다는 해석은 특정 행동, 사고, 감정들의 이면에 있는 핵심적 의미가 연속적인 맥락 내에서 내담자에게 명확해지는 느리고도 반복적인 과정이다.

[10. 해설] ㉭

저항이란 상담진행을 방해하고 현재상태를 유지하려는 의식적. 무의식적 생각. 태도, 감정, 행동을 의미한다. 저항은 내담자에게 위협이 되는 그 어떤 것을 의식에 떠오르지 않게 하려는 것이다. 그러므로 상담자는 내담자의 저항을 분석하고 해석함으로써 그가 무의식적으로 숨기고자 하는 것, 피하고자 하는 것, 불안해하거나 두려워하는 대상 등에 대한 정보를 얻는다.

20. Rogers의 인간중심접근에 대한 설명이 맞는 것은? (2003 기출)

가. 자기개념을 실현하도록 돕는 것이 치료의 목표이다.

나. 자기-경험의 불일치가 우울의 원인이라고 본다.

다. 치료자는 때에 따라 자신의 감정을 숨기거나 왜곡해야 한다.

라. 부모의 조건적 애정과 가치가 문제의 근원이 될 수 있다.

21. 다음 상황에서 교사가 채택할 강화계획으로 가장 적합한 것은? (2010 기출)

> 학급에서 가장 잘 떠드는 철수는 수업 중 떠드는 행동을 하지 않는다면, 교사
> 에게 칭찬을 받을 것이라고 지시를 받았다. 그러나 실제로 학급의 모든 학생들
> 이 한 두 번씩은 수업 중 잡담을 하곤 하였다.

가. DRL(Differential Reinforcement of Low Rates)

나. DRO(Differential Reinforcement of Other Behaviors)

다. DRI(Differential Reinforcement of Incompatible)

라. CSR(Concurrent Schedules of Reinforcement)

22. Wolpe의 상호억제원리와 밀접히 관련된 행동치료기법은? (2004, 2010 기출)

가. 혐오치료　　　　　　　　　나. 행동조성

다. 긍정적 강화　　　　　　　　라. 체계적 둔감화

23. Joseph Wolpe의 상호교호적 억제(Reciprocal Inhibition)에 관한 설명으로 가
장 적합한 것은? (2012)

가. 불안유발자극과 이완유발자극을 조합하여 조작적 조건형성의 부적강화를 강
화시키는 절차이다.

나. 불안과 양립할 수 없는 반응을 유발시킴으로써 자극과 불안감의 결합을 약
화시키는 절차이다.

다. 자극과 반응간의 상호 처벌적인 방식으로 연합시켜 특정 불안반응이나 회피
행동을 탈조건형성 시키는 절차이다.

라. 상호억제를 유발하는 경쟁자극으로서 전기충격과 같은 혐오자극을 제시하여
불안행동을 억제시키는 절차이다.

24. 다음 중 체계적 둔감절차의 핵심적인 요소는? (2003)

가. 이완　　　　　　　　　　나. 공감

다. 해석　　　　　　　　　　라. 인지의 재구조화

25. 술을 마시면 구토가 나는 약을 투약하여 알콜중독 환자를 치료하는 행동치료기법은? (2007, 2009 기출)

가. 행동조성　　　　　　　　나. 혐오치료

다. 자기표현훈련　　　　　　라. 환권보상치료

26. Beck의 우울증 인지행동치료에서 인지적 삼제(Cognitive Triad)에 해당되지 않는 것은? (2009 기출)

가. 자신　　　　　　　　　　나. 과거

다. 세계　　　　　　　　　　라. 미래

27. 인지행동적 상담에서 우울증은 주요 3가지(Triad)에 대한 부정적 관점을 가지기 때문에 발생한다고 보았다. 3가지 부정적 관점과 가장 거리가 먼 것은? (2012 기출)

가. 자기　　　　　　　　　　나. 환경 또는 세상

다. 과거　　　　　　　　　　라. 미래

28. Beck이 우울증 환자에 대한 관찰을 기반하여 사용한 용어로, 자신을 무가치하고 사랑받지 못할 사람으로 간주하고, 자신이 경험하는 세계가 가혹하고 도저히 대처할 수 없는 곳이라고 지각하며, 자신의 미래는 암담하고 통제할 수 없으며 계속 실패할 것이라고 예상하는 것을 의미하는 용어는? (2003 기출)

가. 실존신경증(Existential Neurosis)

나. 인지삼제(Cognitive Triad)

다. 비합리적 신념(Irrational Belief)

라. 인지오류(Cognitive Error)

[19. 해설] ㉮
내담자가 심각한 듯 얘기를 하지만, 면접자가 보기에는 그렇게 보이지 않을 때에는 중단시키는 것은 효과적인 경청과는 거리가 멀다.

[20. 해설] ㉣
로저스의 인간중심접근은 개인의 독립과 통합을 심리치료의 목표로 삼는다. 즉 완전히 기능하는 인간이 되도록 돕는 것이다. 내담자는 자기 지각과 경험 간의 괴리상태에서 심리상담 치료를 받으러 오게 된다.

[21. 해설] ㉮
상반행동보상(DRI); 손 빠는 아이에게 손으로 할 수 있는 다른 행동을 하게 함으로써 보상을 하게 되면 처벌을 하지 않으면서도 손 빠는 행위의 발생을 감소시킬 수 있는 방법이다.
차등보상(DRO); 고치려고 하는 특정한 문제행동 이외의 다른 좋은 행동에 대해 집중적으로 관심과 인정 그리고 칭찬하거나 보상을 해 주는 것을 말한다. 바람직한 행동을 할 때는 칭찬과 인정을 해 주는 대신 바람직하지 않은 행동을 할 때는 관심을 보이지 않는 방법이다.
(DRL) 정해 놓은 횟수보다 더 적게 욕을 할 경우에 보상을 주는 방법을 활용한다.

[22. 해설] ㉣
Wolpe는 신경증적 불안을 줄이는 방법으로 체계적 둔감화를 개발시킨 사람으로 잘 알려져 있다.

[23. 해설] ㉯
상호억제란 불안과 양립할 수 없는 반응을 유발시킴으로써 자극과 불안감의 결합을 약화시키는 절차를 의미한다.

[24. 해설] ㉮
체계적 둔감절차는 이완과 불안자극 간의 상호억제 효과를 활용하는 기법이다.

[25. 해설] ④
술을 마시면 구토가 나는 약을 투약하여 알콜중독 환자를 치료하는 행동치료기법은 혐오치료이다.

[26. 해설] ④
인지삼제란 자신이 무기력하고 무능력하다는 자신에 대한 생각, 세상은 자신의 능력으로서는 극복 불가능한 장애물이라는 세계에 대한 생각, 그리고 결국 모든 것은 실패와 좌절로 끝나리라는 미래에 대한 생각, 이세가지가 역기능적 인지도식이다.

[27. 해설] ④
과거는 이론벡의 인지 삼제에 해당되지 않는다.

[28. 해설] ④
인지삼제란 자신이 무기력하고 무능력하다는 자신에 대한 생각, 세상은 자신의 능력으로서는 극복 불가능한 장애물이라는 세계에 대한 생각, 그리고 결국 모든 것은 실패와 좌절로 끝나리라는 미래에 대한 생각, 이세가지가 역기능적 인지도식이다.

[29. 해설] ④
부정적인 자기 개념은 대부분 비합리적인 사고들이다.

[30. 해설] ④
가장 적절한 방법은 여학생이 경험한 고통에 대한 이해와 관심이 우선이다.

[31. 해설] ④
인지치료는 인지적 변화를 통해 심리적 어려움을 극복하도록 돕는다.

[32. 해설] ④
인지-행동적 상담은 사고와 인지의 변형을 통해 심리적 문제를 해결한다.

29. 인지치료에 대한 설명으로 틀린 것은? (2004, 2007 기출)

　가. 개인의 문제가 잘못된 전제나 가정에 바탕을 둔 현실왜곡에서 나온다고 본다.

　나. 개인이 지닌 왜곡된 인지는 학습상의 결함에 근거를 두고 있다.

　다. 부정적인 자기 개념에서 비롯된 자동적 사고들은 대부분 합리적인 사고들이다.

　라. 치료자는 왜곡된 사고를 풀어주고 보다 현실적인 방식들을 학습하도록 도와준다.

30. 중학교 2학년인 여학생이 친구들에게 구타를 당한 뒤 반에서 1, 2등 했던 성적이 하위권으로 떨어지고 무단결석까지 하였다. 또한 부모에게 심하게 반항하며 성적으로 문란한 행동도 보이기 시작하였다. 이 학생을 도와주기 위한 가장 효과적인 방법은? (2006 기출)

　가. 반사회적 성격의 경향성이 농후하므로 양심을 높이는 기법이 필요하다.

　나. 이 학생이 경험한 좌절과 상처 등을 이해하고 우울증에 대한 치료를 해 주어야 한다.

　다. 충동적인 행동을 조절해 줄 수 있는 약물치료가 선행되어야 한다.

　라. 공부를 잘 할 수 있도록 효율적인 학습 및 인지전략을 교육시켜야 한다.

31. 인지치료에서 강조하는 내용과 가장 거리가 먼 것은? (2011 기출)

　가. 내담자로 하여금 자신의 신념들을 파악하게 한다.

　나. 내담자의 비합리적 생각을 변화시키기 위하여 논리적인 분석을 한다.

　다. 내담자의 미해결된 과제를 지금-여기서 해결하도록 조력한다.

　라. 내담자는 자기의 문제를 이해하고 해결할 수 있는 자각 능력과 의식기능을 가지고 있으므로 지시적이고 능동적이며 구조적 접근을 실시한다.

32. 다음 중 인지 - 행동적 상담에 관한 설명으로 틀린 것은? (2011 기출)

　가. 공포상황에서의 노출과 같은 행동기법이 인지기법에 동반되어 사용된다.

　나. 역기능적인 도식과 기대를 기능적으로 수정하는데 치료 목표를 둔다.

　다. 세계에 대한 개인의 지각과 자신의 경험세계를 강조하여 자기 - 실현의 추구를 가정한다.

　라. 자동적 사고의 탐지와 평가가 중요한 초점이 된다.

33. 암. 당뇨. 등을 가진 환자들을 위한 효과적인 집단개입의 형태는? (2012 기출)

　가. 인지행동적 집단치료　　　　나. 가족치료

　다. 인본주의적 집단치료　　　　라. 심리교육적 집단치료

34. 사람들이 세상을 해석하는 방법과 세상에 대해 가진 가정들에 의해서 행동이 결정된다는 견해를 가진 치료 기법은?

　가. 인지행동 치료　　　　나. 가족치료

　다. 모델링　　　　라. 합리적 재구조화

35. Meichenbaum에 의해 개발된 치료로 현존하는 혹은 미래의 스트레스 유발 인자에 사람들을 면역시킴으로 문제를 예방하는 치료는?

　가. 스트레스 면역 훈련　　　　나. 가족치료

　다. 인본주의적 집단치료　　　　라. 합리적 재구조화

36. 집단치료라는 말을 처음 사용한 사람은?

　가. 프로이트　　　　나. 로져스

　다. 사티어　　　　라. 모레노

37. Eric Berne에 의해 개발된 치료법으로 개인내의 아이, 부모, 성인 자아 상태에 초점을 두는 치료는?

　가. 사이코드라마　　　　나. 역할놀이

　다. 게슈탈트 치료　　　　라. 교류분석

38. 다음 집단치료의 보기 중 틀린 것은?

　가. 집단의 크기는 클수록 좋다

　나. 주당 1회기 90분에서 2시간 정도가 적당하다

　다. 원형 테이블이나 회의용 탁자를 준비하면 좋다

　라. 인지 기능이 떨어지는 사람은 집단 치료에 부적합할 수 있다.

39. 다음 중 집단치료의 치료 요소에 해당하지 않는 것은?

　가. 정보나누기　　　　나. 보편성

　다. 이타성　　　　라. 무의식의 이해

40. 치료자, 보조자아, 관중, 환자로 구성된 치료 기법은?

　가. 사이코드라마　　　　　　　　나. 역할놀이

　다. 게슈탈트 치료　　　　　　　　라. 교류분석

41. 각각의 가족 구성원이 다른 치료자와 만나는 가족치료는?

　가. 공존 가족치료　　　　　　　　나. 협력적 가족치료

　다. 행동주의적 가족치료　　　　　라. 정신분석적 가족치료

42. 강화의 원리를 커플의 상호작용에 적용하는 부부치료 기법은?

　가. 행동주의적 부부치료　　　　　나. 감정중심 부부치료

　다. 정신분적적 부부치료　　　　　라. 인본주의적 부부치료

43. 파트너의 문제 있는 상호작용 스타일과 감정 반응을 변화시켜 보다 강하고 안정된 감정 관계를 수립하는 것을 목표로 한 부부 치료는?

　가. 행동주의적 부부치료　　　　　나. 감정중심 부부치료

　다. 정신분적적 부부치료　　　　　라. 인본주의적 부부치료

44. 조현병 환자의 부모 자녀 관계에서 나타나는 의사소통 방식으로 한때 언급된 개념은?

　가. 정보나누기　　　　　　　　　나. 보편성

　다. 이중구속　　　　　　　　　　라. 무의식적 투사

45. 특정 시기의 정서적 가족관계를 극적으로 나타내는 것으로서 가족의 상호작용에 따른 친밀감 또는 거리감, 등을 의사소통을 조각상으로 표현하게 하는 가족치료 기법은?

　가. 가계도　　　　　　　　　　　나. 가족그림

　다. 생태도　　　　　　　　　　　라. 가족조각

5 임상 심리사 전문적 활동

가. 자문이란?

1) 병원, 진료소, 학교, 사업체 및 정부 기관 등 공동체 장면에서 특정질문들과 문제들에 인간행동의 지식과 이론을 응용하는 것

2) 사람들이 처한 장면에서 존재하는 문제들에 관하여 전문적인 충고를 제공→전문적인 지식, 기술이 있는 자문가 + 자문가의 전문성으로 이득을 얻는 피자문자 즉 내담자의 참여를 포함

3) 일대일 심리치료와는 달리 자문가는 피자문자들을 대상으로 자신의 업무를 수행→큰 집단의 사람들이나 전체 조직을 대상으로 도와주는 기회를 가짐

4) 유능한 자문가는 피자문가에게
   가) 그들이 책임 진 개인들, 내담자들 혹은 프로그램들에 내포되어 있는 업무관련 쟁점들을 해결
   나) 문제를 해결하는 데 능동적인 주체가 됨
   다) 미래에 유사한 쟁점들을 다룰 수 있도록 피자문자들의 업무관련 능력들을 강화하는 광범위한 도움을 주는 접근

나. 자문의 역할

1) 자문 과제와 상황에서 많은 역할들을 가정할 수 있음

2) 자문가의 역할→직접적인 것 + 간접적인 것 사이의 연속선상에 기초한다고 제안

3) 직접적인 역할의 자문가들→전문적 + 기술적인 자문

4) 피자문가가 관심 있는 쟁점에 대하여 피자문자 자신의 지식으로 문제를 해결수도 있다.

5) 간접적인 자문가들은 피자문자의 기술을 촉진시켜 주기 위해→자문가 자신이 기술과 전문성을 사용
   예) 자문가는 회사 관리자들이 퇴출될 피고용인들과 상호작용을 더 잘 할 수 있도록 하기 위해 고용될 수 있다. 그들이 해고될 것이라고 알려주는 어렵고 흔히 고통스런 작업을 하는 관리자들은 이 작업을 재치 있게 완수하고 피고용자들의 고통에 대처하는 방법 모두를 배우는데 조력이 필요→간접적인 자문가는 이들 어려운 작업을 관리자들이 실행하도록 하기 위해서 역할시연을 수행하고 그 수행을 비평할 수 있음

6) 직접적인 접근→결과에 더 초점, 반면 간접적인 접근→일반적으로 과정이나 성장에 초점

7) Dougherty는 임상심리학자들의 여섯 가지 공통적인 자문역할을 정의.
   가) 전문가
   나) 수련가/교육자

다양성의 9개 차원
1. 문화
2. 인종
3. 민족성
4. 성
5. 성적 지향
6. 능력/무능력
7. 연령
8. 사회경제적 지위, 사회계층
9. 종교 및 영성

심리학개론

이상심리학

심리검사

임상심리학

심리상담

다) 옹호자

라) 협력자

마) 진상 조사자

바) 과정 전문가

8) 전문가 자문가는 피자문자가 문제를 해결하는 데 필요로 하는 전문적인 기술, 지식 또는 경험을 갖는 기술적인 조언자이다.

다. 자문의 유형

정신건강 자문의 유형

1. 내담자 중심 사례 자문
2. 피자문자 중심 사례 자문
3. 프로그램 중심 운영자문
4. 피자문자 중심 운영자원

1) 정신건강 자문

가) 전형적으로 자문의 여러 유형이 정신건강 장면에서 임상심리학자들에 의해서 수행

나) 비공식적인 동료 집단 자문: 동료집단에게 비공식적 자문 요청

다) 내담자 – 중심 사례 자문: 상담자가 수퍼바이저에게 내담자에 대한 핵심 문제등을 자문하는 경우

라) 프로그램 중심 행정적인 자문: 상담자가 수퍼바이저에게 내가 행하는 기법, 즉 피자문자 = 상담자 의 관심사를 주로 호소하는 것

마) 피자문자 – 중심사례 자문: 프로그램에 대해 수퍼바이저에게 자문하는 것

바) 피자문자 중심 행정적인 자문: 피자문자(상담자)가 기관에서 행정적인 업무에 대한 자문을 하는 것

2) 조직자문

가) 임상심리학자들은 비정신건강 기관 조직에 자문을 제공.

나) 사업체 비영리 기관, 정부조직 모두 공동 목적을 성취하기 위해 협력적으로 일해야 함 → 조직체가 효과적으로 그리고 유연하게 운영되도록 하는 사람들을 고용 → 인간 행동 전문가로서 심리학자들은 조직에서 불가피하게 일어나는 대인관계 및 조직 문제와 갈등을 다루는데 유용한 조언을 제공함

라. 자문의 단계들

1) 질문의 이해

가) 의뢰 질문의 성질과 자문의 목적을 이해 위해 → 상황 판단

나) 자문가는 자신이 유능하고 전문적인 자문을 제공하기 위한 수련, 경험 및 전문성을 가지고 있는지를 결정해야 함

다) 빈번히 자문을 구하는 사람들에 의해 제기된 초기 질문은 자문 과정동안 변화됨 예) 회사의 인사담당 이사는 회사의 피고용인을 위한 스트레스 관리 기법에 대한 자문을 심리학자에게 요청할 수도 있음

라) 자문가는 또한 피자문자의 욕구들과 자신의 전문성이 적합한지를 결정해야 함

2) 평가

가) 자문가로서 고용된 심리학자들은 중재와 조언을 제공하기 전에 상황을 충분히 평가할 필요

나) 평가 단계에는 일반적으로 면접이 포함 + 공식적인 심리 검사와 기록들 + 기타 자료들을 검토하는 것이 포함

다) 이상적으로 자문가는 피자문자들과 기타 조직 성원들로부터 수용과 승인을 얻기 위해 조직 체계에 들어가야 함

3) 중재

가) 피자문자의 질문과 문제에 대한 중재전략이나 반응을 개발 → 중재는 자문가가 변화를 위한 실제적인 조언이나 제안을 제공하는 단계

나) 그것은 또한 실행이 일어나는 단계이기도 함

다) 중재는 자문을 구하는 사람들이 자문가로부터 얻기를 바람

4) 종결

가) 협의된 자문 목적이 충족된 뒤

나) 자문가가 그 목적이 이루어질 수 없는 것이라고 결론내리면 자문의 종결 단계가 일어남

다) 자문관계는 사려 깊거나 적절한 고려 없이 종결될 수도 있음 → 그러지 않기 위해서는 종결단계에서 종결면접을 할 필요 있음

라) 종결면접의 목적은 자문가와 피자문자가 자문과정을 토론할 수 있음

마) 경험과 중재에 대해서 피드백을 공유 → 어떤 잔여 쟁점들을 해결하고 만일 적절하다면 추적을 계획 → 모든 참여자들을 위한 종결을 얻을 수 있도록 하는 것

5) 추적

가) 자문가에 의해 제공된 중재들과 조언이 사용되었거나 사용되지 않을 수도 있음

나) 조언은 피자문자가 듣고 싶어 하는 것이 아님 or 중재 계획이 현실적이 아님 or 수행하기에 너무 어려웠을 수도 있음

다) 피자문자는 자문의 시작이나 종결 뒤에 나타나는 새로운 위협 때문에 문제에서 흥미를 잃어버릴 수도 있음

문제 》》

1. 잠재적인 학습문제의 확인, 학습실패 위험에 처한 아동에 대한 프로그램 운용, 학교 구성원들에게 다양한 관점 제공, 부모 및 교사에게 특정 문제행동에 대한 대처기술을 제공하는 학교심리학자의 역할은? (2007, 2010 기출)

가. 예방   나. 교육

다. 부모 및 교사훈련   라. 자문

[1. 해설] ☺
잠재적인 학습문제의 확인, 학습실패 위험에 처한 아동에 대한 프로그램 운용, 학교 구성원들에게 다양한 관점 제공, 부모 및 교사에게 특정 문제행동에 대한 대처기술을 제공하는 학교심리학자의 역할은 자문이다.

2. 다음은 자문의 모델 중 무엇에 관한 설명인가? (2007, 2009 기출)

> • 자문가와 자문요청자간에 보다 분명한 역할이 있다.
> • 자문가는 학습이론이 어떻게 개인, 집단 및 조직의 문제에 실질적으로 적용될
>   수 있는지를 가르치고 보여주는 인정된 전문가이다.
> • 문제해결에 있어 상호관계가 있을 수 있지만 행동지식 기반에 있어서 자문가
>   와 자문요청자 사이에는 커다란 불균형이 있다.

가. 정신건강 모델　　　　　　　　나. 행동주의 모델
다. 조직 모델　　　　　　　　　　라. 과정 모델

3. 자문 역할을 수행함에 있어 행사 조직, 부모나 내담자와의 동반자 관계 개발, 특정 내담자에 적합한 과정 찾기 등이 목표가 되는 자문 모델은? (2009 기출)

가. 조직(인간관계)모델　　　　　나. 조직(조직사고)모델
다. 조직 옹호 모델　　　　　　　라. 과정 모델

4. 심리적 자문에 대한 설명으로 틀린 것은? (2006 기출)

가. 인간행동의 지식과 이론을 응용하여 문제에 대한 전문적인 조언을 제공하는
　　것을 말한다.
나. 일대일 심리치료와는 달리 심리적 자문은 큰 집단의 사람들이나 전체 조직
　　을 대상으로 도움을 줄 수 있다.
다. 효과적인 자문가가 되기 위해서는 유능한 대인관계 및 의사소통기술이 필요
　　하다.
라. 심리치료와는 달리 심리적 자문에서는 전문가로서의 윤리적 행동은 크게 중
　　요하지 않다.

5. 다음과 같은 자문의 유형은? (2011 기출)

> 주의력 결핍장애를 가진 아동의 혼란된 행동을 다루는 방법을 확신하지 못하고
> 있는 초등학교 3학년 담임교사에게 자문을 해주었다.

가. 내담자 중심 사례 자문
나. 프로그램 중심 행정 자문
다. 피자문자 중심 사례 자문
라. 자문자 중심 행정 자문

6. 다음 중 심리학적 자문의 예로 틀린 것은? (2011 기출)

　가. 만성질환자의 재활을 위한 프로그램

　나. 자살예방, 강간 및 폭력 후 위기개입

　다. 약물치료의 정신적 부작용에 대한 정보

　라. 청소년 성행동과 아동기 비만의 문제

[6. 해설] ☺
약물치료와 연관된 자문은 정신건강 자문에 가깝다.

7. Dougherty가 제시한 효과적인 자문에 필수적인 기술이 아닌 것은? (2004 기출)

　가. 감정이입　　　　　　　나. 재치

　다. 진솔성　　　　　　　　라. 사회적 기술

[7. 해설] ☺
재치는 관련 없다.

8. 학교심리학자(school psychologist)의 역할과 가장 거리가 먼 것은? (2012 기출)

　가. 학생을 상대로 상담활동을 한다.

　나. 교사를 대상으로 자문역할을 한다.

　다. 읽기/쓰기 장애의 진단 및 치료를 한다.

　라. 효과적인 교수방법을 개발한다.

[8. 해설] ☺
효과적인 교수방법은 학교 심리학자의 역할은 아니다.

9. 피자문자(상담자)가 기관에서 행정적인 업무에 대한 자문을 하는 것에 해당하는 것은?

　가. 내담자 중심 사례 자문

　나. 프로그램 중심 행정 자문

　다. 피자문자 중심 사례 자문

　라. 피자문자 중심 행정 자문

[9. 해설] ☺
피자문자 중심 행정자문은 피자문자가 기관에서 업무에 관련되어 자문하는 것이다.

10. 병원, 진료소, 학교, 사업체 및 정부 기관 등 공동체 장면에서 특정질문들과 문제들에 인간행동의 지식과 이론을 응용하는 것을 무엇이라고 하는가?

　가. 상담　　　　　　　　　나. 심리치료

　다. 정신교육　　　　　　　라. 자문

[10. 해설] ☺
자문이란 원, 진료소, 학교, 사업체 및 정부 기관 등 공동체 장면에서 특정질문들과 문제들에 인간행동의 지식과 이론을 응용하는 일을 하는 것이다.

6 임상심리학의 특수영역

가. 지역사회 심리학

1) 지역사회 심리학의 관점과 역사
  가) 지역사회 심리학의 관점
    (1) 지역사회 심리학자들은 부적절한 환경이나 사람 중 어느 하나에 배타적으로 관심을 가져서는 안 됨
    (2) 지역사회 심리학자들은 사람과 지역사회의 자원과 강점을 확인하고 개발함으로써 대안을 창출하는데 강조를 두어야 함
    (3) 지역사회 심리학자들은 사람과 지역사회들 간의 차이가 바람직하다고 믿음
    (4) 사회적 자원은 한 가지 능력을 기준으로 할당되어서는 안 되며 다양성을 추구함
    (5) 지역사회 심리학은 개인 질병이나 개인치료모형을 강조하는 분야는 아니다.
    (6) 초점은 치유보다는 예방
  나) 연대기와 촉진적 사건 (미국의 예)
    (1) 1955년 정신건강 및 질환 공동위원회 설립 법안을 통과시킴. 이 보고서에서 지역사회 정신건강 개념의 발달을 장려하고 정신병원 입원 감소를 추진
    (2) 1963년 케네디 법안: 정신건강 문제의 조기 탐지, 급성장애 치료, 정신병원에서 만성환자의 수용소를 막는 종합퇴원체계 확립
    (3) 1965년 메사추세츠의 스윔스코트에서 열린 학회에서 공시적인 지역사회심리학이 탄생
  다) 지역사회 심리학을 촉진하는 사건들
    (1) 치료시설
      (가) 1950년대 정신과 입원환자 최고 기록
      (나) 비효율적인 입원에 대한 대안 탐색 중 향정신적 약물의 출현, 보다 자유로운 퇴원 방침
      (다) 정신병원보다 더 효과적인 치료 방침 등으로 입원 환자가 획기적으로 줄어듦.
      (라) 많은 정신병원에서 훈련된 치료자의 부족 현상
    (2) 인력 부족
      (가) 병원과 클리닉에서의 훈련된 전문가의 서비스 수요의 한계를 극복하기 위한 대안적 모델 개발이 요구됨
      (나) 치료보다는 예방전략 전략의 추구
    (3) 심리치료에 대한 문제제기: 고비용화 되는 심리치료로 가난한 사회적 약자들이 접근할 수 있는 범위의 축소
    (4) 의료 모델과 역할: 의료모델에 대한 불만과 정신건강 서비스의 사회,지역모델의 병행

(5) 환경

(가) 사회 환경에 대한 중요성의 인식확장

(나) 빈곤, 실업 직업차별 인종주의, 감소된 교육기회, 성차별 등등의 사회적 요인이 정서적 문제에 연관되는 인식

2) 지역 사회 심리학의 핵심 개념

가) 생태학적 분석 수준

(1) 연구 주제가 되는 분석 수준

(가) 개인수준은 환경의 영향을 받으며 환경에 영향을 줌

(나) 미시체계는 가족, 학우, 친구, 동업자 등의 타인과 함께 직접 참여하는 환경

(다) 조직은 보다 큰 미시체계의 세트

(라) 지역 수준은 다양한 미시체계의 조직으로 이뤄짐

(마) 거시체계는 지역사회를 넘어서 사회, 문화, 정부 및 경제기관을 포함.

(2) 생태학적 원리

(가) 모든 생태계는 생물적이든 심리적이든 상호의존적인 많은 부분들로 구성됨

(나) 생태계는 안녕에 사용되고 요구되는 자원을 검토함으로써 이해할 수 있음

(다) 개인과 생태계의 다른 수준은 제약이나 요구에 대처하고 가용한 자원을 사용함으로써 환경에 적응함

(라) 정적이기 보다 동적

나) 지역사회 정신건강의 개념 – 권고안

(1) 정신건강 현상에 대한 보다 나은 연구

(2) 정신건강 서비스 제공자에 대한 폭넓은 정의

(3) 지역사회에서 정신건강 서비스가 가능하도록 하는 것

(4) 정신질환의 사회적 요인에 의해 일어날 수 있다는 인식의 배양

(5) 정부는 재정적으로 지원함

다) 예방의 개념

(1) 일차예방

(가) 해로운 환경이 질병을 야기하기 전에 제거하는 것

(나) 일차 예방 프로그램은 직업차별을 줄이고, 학교의 교과과정을 행상 시키며, 주택을 늘리며, 부모 기술을 교육하고, 편부편모 슬하의 아동을 도움

(2) 이차예방

(가) 문제가 치료하기 힘들기 전 즉 관리할 수 있을 때 문제를 공격하는 것

(나) 이 접근은 대규모 사람들에 대한 선별을 시사

(다) 음주 문제를 가진 사람들에 대한 조기 탐지 및 치료가 한 예

(3) 삼차예방

(가) 정신장애 발생 후 그 지속기간과 부정적 영향을 줄이는 것

(나) 진단된 정신장애의 영향을 줄이는 것이 목적

(다) 사회복귀 및 직업능력 증진부터 내담자의 자기개념 증진

(4) 대안적 예방모델

    (가) 보편적 예방개입은 전 국민을 대상으로 하며 모든 사람에게 제공되기 때문에 비용이 많음

    (나) 선택적 예방개입은 가깝거나 먼 미래에 해당 장애가 발생할 확률 평균보다 높은 개인이나 하위 집단을 대상으로 함

    (다) 지정된 예방 개입은 역치하 증상 발현이나 장애를 발전시킬 소질을 시사하는 생물학적 표지를 통해 확인한 '고위험' 상태의 개인을 대상으로 함

(5) 예방연구

    (가) 예방 프로그램의 계획, 개발, 평가는 지역사회심리학자가 몇 년을 투자해야 하는 다단계과정

    (나) 일련의 단계들에 대한 지침에는 프로그램이 다루는 문제의 유병률, 발병률, 사회적 비용의 명시, 위험 및 보호 요인의 확인, 개입의 효능 평가, 실험의 계획과 수행, 효과에 대한 재평가 등이 있음

라) 역량 강화

(1) Rapaport의 지역사회심리학의 주요 목표는 무력감의 예방으로 자신의 운명을 스스로 통제할 수 있다는 느낌을 증진시키는 전략이 예방이나 치료보다 바람직하다고 주장

(2) 예방 개입이 협력적이어야 함

마) 다양성

(1) 인간의 다양성을 이해하고 인정하는 것은 필수적

(2) 다양성의 9개 차원

    (가) 문화: 규범이나 전통으로 간주됨

    (나) 인종: 신체적 기준에 기초한 심리학적 또는 사회학적 변인

    (다) 민족성: 사회적 정체성에 관한 것

    (라) 성: gender와 sex의 구별

    (마) 성적 지향: 하나 또는 두 성에 성적 또는 낭만적으로 끌리는 것을 포함

    (바) 능력/무능력

    (사) 연령

    (아) 사회경제적 지위, 사회계층

    (자) 종교 및 영성

3) 개입과 변화의 방법

- 전통적인 개입전략은 건강이란 개인의 노력으로만 성취되며 실패할 경우 질병이 발생한다고 생각 → 그러나 지역사회심리학자들은 역할과 사회 조직을 재구성하려함

- 결손보다는 능력을 강조하여 문제가 있는 사람을 변화시켜서 주류의 가치에 의해 결정된 적절한 환경에 맞추기보다는 적절한 개인, 환경, 적합성을 만들어 낼 수 있도록 함

가) 희생자 비난
 (1) 우리가 사회나 환경보다는 사회적 약자의 책임으로 돌리려는 경향을 가지는
  이유
  (가) 이런 설명은 정부와 문화 기관에 대한 비난을 면하게 해줌
  (나) 기관은 그래서 책임을 지지 않아도 됨
  (다) 개인에게 책임을 돌림으로써 전통적 임상심리학에서 일반적으로 하는 개
   인 수준의 개입에 어느 정도 적법성을 부여함
나) 개입전략의 핵심과 방법: 개입전략은 이론적으로 결손 대 능력으로 볼 것인지,
 생태학적으로 개인, 조직 또는 지역사회로 볼 것인지에 따라 다름
 (1) 자문
  (가) 내담자에게 서비스를 제공할 피자문가가 내담자에게 보다 나은 서비스를
   제공하도록 도울 수 있는 특별한 저문 지식을 가졌다고 미든 자문가에게
   자발적으로 자문하는 과정
  (나) 정신건강자문은 기존 지역 사회인력을 활용해 해당 지역의 정신건강문제
   를 해결하도록 돕는 것
  (다) 행동주의적 전통의 자문으로 환자의 환경 속에 있는 인물을 훈련 시켜 바람
   직한 행동에 강화를 적절히 시행함
  (라) 조직적인 산업 자문으로 전문가가 관리자나 노동자 대표와 작업함으로써
   사기, 직무 만족, 생산성 증진이나 비효율성, 결근, 알코올 중독 및 다른
   문제의 감소를 이끎
 (2) 정신건강 자문의 유형
  (가) 내담자 중심 사례 자문: 현재 문제를 해결하기 위해 특정 내담자나 환자를
   돕는 데 초점을 둠
  (나) 피자문자 중심 사례 자문: 피자문자가 미래의 사례를 다루는데 필요한 기
   술을 증진시키도록 돕는 것
  (다) 프로그램 중심 운영자문: 특정 프로그램의 운영과 관리를 돕는다.
  (라) 피자문자 중심 운영자원: 미래의 운영자가 보다 잘 기능할 수 있도록 운영
   자의 기술을 증진시키는 것
 (3) 기법과 단계
  (가) 자문의 과정
  (나) 도입 또는 준비단계→시작 또는 워밍업 단계→대안적 행동 단계→종결
다) 입원에 대한 지역사회 대안
 (1) 환자를 사회에서 책임 있는 위치에 다시 서게 하는 목표를 가진 환경을 제공하
  는 것
 (2) 지역사회 임시거처는 만성 입원환자가 독자적인 생활 기술을 배울 수 있는
  사회복귀 시설
라) 초기 아동기 개입

(1) 가난한 학령 전기 환경과 경험으로 저조한 학업 수행이 이어지고 다양한 정신건강 및 법적, 사회적 문제에 취약해지는 것에 대한 개입

(2) Head Start 프로그램은 사회적 약자 아동을 위해 특별히 만들어진 프로그램 중 하나

(3) 프로그램 참여 이후 지능이 8점 높아졌으며 유급 가능성이 낮아짐, 범죄 행동의 감소 및 사생아 출산 감소를 보임

마) 자조

(1) 비공식 조력집단이 전문가 개입 욕구를 대신하는 가치 있는 지원을 제공할 수 있다.

(2) 자조집단이 갖추어야 하는 것

(가) 정서적 지지를 제공

(나) 집단원들이 다루고 있는 문제를 직면하고 정복한 역할 모델을 제공

(다) 집단원의 문제를 이해하는 방법을 제공

(라) 중요하고 적절한 정보를 제공

(마) 기존의 문제에 어떻게 대처할지에 대한 새로운 아이디어를 제공

(바) 집단원이 서로 도울 기회를 제공

(사) 사교 관계를 제공

(아) 자신들의 문제에 대한 향상된 숙달감과 통제감을 제공

나. 재활

1) 재활의 의의

가) 정신사회재활은 1980년대에 들어와 지역사회 심리학의 발달과 함께 본격적으로 발전

나) 정신장애를 가진 사람을 돕기 위한 예방, 치료, 재활이라는 정신보건분야의 세 가지 주요영역 중 한 가지로 자리 잡음

2) 재활의 목적: 정신질환을 가진 사람이 스스로 선택한 환경 내에서 최소한 전문적인 개입을 받으면서 성공적이고 만족스럽게 살 수 있도록 그의 기능을 증진시키는 것

3) 재활의 모형: 정신질환을 가진 사람은 삶에 심각한 영향을 받음→만성정신질환 특히 조현병은 병 자체보다도 병의 결과를 극복하기가 더욱 어려움→정신과적 질환이 개인에게 주는 영향을 4단계로 나누어 치료와 재활에 대한 방향을 제시

✔ 공부 Tip

*정신과 질환이 개인에게 주는 영향 4단계에 대해서는 잘 정리해 두어야 한다. 빈번히 출제된다

<표> 정신과적 질환이 개인에게 주는 영향 4단계

단계	손상 (Impairment)	기능결함 (Disfunction)	역할 장애 (Disability)	불이익 (Disadvantage, Handicap)
정의	심리적, 생리적 혹은 해부학적인 구조나 기능이 상실되거나 어떤 이상이 생긴 상태를 말한다.	정상이라고 생각되는 방식과 범위내에서 **활동수행능력**이 제한되거나 부족한 상태	정상이라고 생각되는 방식과 범위내에서 **역할 수행 능력**이 제한되거나 부족한 상태	어떤 개인이 정상적인 역할을 수행하는 일에 제한과 방해를 받는 불이익 상태

단계	손상 (Impairment)	기능결함 (Disfunction)	역할 장애 (Disability)	불이익 (Disadvantage, Handicap)
예	환각, 망상, 우울, 무감동	직무적응부족, 기술부족 사회기술부족 일상생활기술부족	학교를 다니지 못한 다. 취업을 하지 못한 다. 거주지가 없다.	사회적 차별, 사회적 편견, 가난(빈곤)
개입 방법	약물치료 정신치료	재활상담 기술훈련 환경지원	직업재활상담 기술훈련 환경지원	제도변화 권익옹호 편견일소하기

4) 재활의 기본원리

　가) 정신재활의 일차적 초점은 정신과적 장애를 가진 사람들의 능력을 향상시키는데 있음

　나) 정신재활이 내담자에게 주는 이득은 그들에게 필요한 환경 속에서 행동을 향상 시켜주는 것

　다) 정신재활은 다양한 기법들을 사용하므로 절충적이라고 할 수 있음

　라) 정신재활의 주요 초점은 정신장애를 가진 사람들의 직업성과를 향상시키는 것.

　마) 희망을 갖는 것은 재활절차의 필수요소

　바) 내담자의 의존성을 신중하게 높이면, 결국은 내담자의 독립적인 능력을 증대시 킬 수 있음

　사) 내담자가 자신의 재활절차에 적극적으로 참여하는 것이 바람직함

다. 건강심리학

1) 건강 심리학의 역사와 조망

　가) 건강 심리학과 행동의학의 정의

　　(1) 행동의학이란 근본적으로 행동과학과 의학의 통합을 의미

　　(2) 건강심리학은 심리학 내의 전문 영역이며 심리학의 일차적인 역할을 행동의학 영역에서의 과학과 직업으로써 나타내는 특정적인 학문의 분야를 지칭하는 용어.

　　(3) 건강 심리학은 사회, 산업, 생리심리학 등 많은 분야의 심리학자들에 의한 건 강 관련 실무, 연구 및 교육을 포함 함.

　　(4) Brannon과 Feist(2004): 건강을 증진하고 유지하는 것과 병을 예방하고 치료하는 것, 그리고 건강, 병 및 그와 관련된 기능장애의 원인과 진단적 상관물을 밝히는 것에 대한 심리학의 교육적, 과학적, 직업적 기여를 모두 모은 것 → 건강증진, 질병의 예방과 치료, 건강위험요인들의 확인, 건강 관리체계의 개선 및 건강에 관한 대중여론의 형성에 대한 심리학의 기여를 포함함

2) 역사

가) 생물의학적 전통: 지나치게 생물학적인 요인에 초점을 두어 심리사회적 변인들을 흔히 무시함

나) 심리사회적 조망

(1) 정신신체의학적 시선은 어떤 병이나 병적인 상태가 심리적 요인들에 의해서 유발된다는 가정에 기초

(2) 정신신체의학적 영역이 정신과 의사나 일반 의사들의 영역이었으나 행동주의 심리학자들이 의학적 장애로 까지 확장시킴

다) 생물심리사회적 모델 – 심리적 요인과 사회적 요인들이 모두 병과 건강에 영향을 미친다는 인식이 발전함

3) 스트레스, 생활양식과 행동, 성격, 사회적 지지와 건강관련의 중요성

가) 스트레스와 건강

(1) 외부자극의 특질을 의미 하는 요소

(2) 어떤 자극에 대한 반응을 의미하는 요소

(3) 스트레스가 자극과 반응의 상호작용에서 발생한다는 요소(가장 많은 건강 심리학자들의 입장

(4) 스트레스 과정

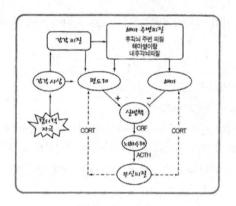

<그림> 스트레스의 생리적 과정

나) 행동과 건강

(1) 행동, 습관, 생활양식은 건강과 질병 모두에 영향을 미칠 수 있음

(2) 자기 효능감의 건강에 대한 영향, "생활에 영향을 미치는 사건들에 대해서 자신이 통제를 행사할 능력이 있다는 믿음"

(3) 보호동기이론: 건강행동의 사회인지적 모델로 행동이 위협평가와 대처평가의 함수라고 가정. 대처평가는 자기 효능감, 즉 자신이 적절한 대처 행동이나 전략을 사용할 수 있다는 신념에 의해서 영향을 받음

다) 성격요인

(1) 질병 과정의 결과로 성격특징이 생겨날 수 있음

(2) 성격특징이 건강하지 않은 행동을 하게 만듦

(3) 성격이 생리적인 기제를 통해서 직접적으로 질병에 영향을 미칠 수 있음

(4) 제3의 생물학적 변인이 성격과 질병 모두와 관련될 수 있음

(5) 여러가지 원인들과 피드백 고리들이 성격과 질병의 관계에 영향을 미칠 수 있음

(6) Tpye A와 관상동맥심장병 간의 관계

(가) 경향: 시간이 빨리 간다는 지각

① 마감시한이 없을 때에도 최대한 능력을 발휘하려고 함

② 약속 시간에 일찍 도착

③ 좌절하면 공격적, 적대적

④ 피로감과 신체적 증상을 덜 보고

⑤ 물리적, 사회적 환경을 장악하고 통제를 유지하려는 강한 동기

(나) 모델

① 정신생리학적 반응 모델: 스트레스유발요인에 더 강하게 생리적 반응

② 심리사회적 취약성 모델: 스트레스가 많은 심리사회적 환경을 더 경험

③ 스트레스의 거래모델: 적개심과 관련된 행동이 스트레스가 많은 상황을 창조한다고 제안

④ 건강행동모델: 적대적인 사람들이 나쁜 건강 습관을 가지는 경향이 있고 더 관상동맥심장병에 잘 걸릴 수 있다고 제안

⑤ 사회적 지지와 건강: 건강과 사회적 지지사이에 정적인 상관이 있다고 지적함

라) 적용범위: 흡연, 알코올 남용, 비만, Type A, 고혈압, 심부정맥, 알츠하이머, AIDS, 낭포성 섬유종, 거식증, 만성구토, 유분증, 대변실금, 궤양, 과민성 대장 증후군, 연추사경, 틱, 뇌성마비, 뇌혈관사고, 간질, 천식, 신경피부염, 건성, 만성통증, 두통, 불면증, 당뇨병, 월경통, 치아장애, 암, 척수손상, 성기능장애

4) 건강 심리학의 개입방법

가) 반응적 방법: 반응적 방법이란 고전적 조건화의 패러다임. 이러한 경우 다양한 접근방법으로 정서적 반응을 조절하게 됨

(1) 소거

(가) 자극이 그 행동을 일으키는 환경적 자극과 더 이상 연합되지 않는 상황을 만드는 것으로써 조건화된 정서적 반응을 제거함

(나) 치과를 두려워하는 아동을 치과환경을 친숙하게 하고, 덜 불안하도록 만들어 정서적 반응을 소거시킴

(2) 체계적 둔감법: 역조건화의 기법

나) 조작적 방법

(1) 조작적 조건화: 건강한 행동은 강화하고 불건강한 행동의 무시하도록 함

(2) 유관성 계약: 치료자와 환자가 기대되는 행동들과 어떤 행동들의 결과들을 일일이 규정하는 공식적인 계약을 체결함

다) 인지행동적 방법

(1) 두통에 대한 인지행동치료

(가) 상황→사고→긴장성 두통의 사슬을 끊도록 훈련시킴

(나) 심리교육적 방법의 활용

(2) 바이오피드백

(가) 환자의 일부 생리적 기능이 어떤 장치에 의해서 측정되고 측정된 정보는 청각적, 촉각적, 또는 시각적인 신호의 형태로 환자에게 알려지게 되며 환자는 생리적인 기능을 변화시킴으로써 그 신호를 수정하는 것

(나) 두통, 고혈압, 요통 등에 효과적

(다) 제한점

① 이완기법과 같은 다른 치료보다 비용이 많이 듦

② 바이오피드백과 이완기법이 자주 같이 실시되어 치료효과를 따로 평가하기 어려움

③ 지나치게 과잉 열광하는 것에 대한 비판

5) 건강문제의 예방과 기타적용

가) 단순한 행동으로 많은 건강상의 비용을 줄일 수 있음

예) 소금과 지방의 조절, 안전벨트, 규칙적으로 운동하기, 금연 등

나) 아는 것과 실천하는 것은 다른 일. 건강심리학은 실천적인 요소를 연구

다) 흡연

(1) 금연을 하도록 하기 위해 교육프로그램, 혐오치료, 행동계약 침술요법, 약물학적 치료, 인지 치료, 집단지지 등 다양한 기법이 사용됨

(2) 가장 좋은 접근방법은 처음부터 습관이 생기기 않도록 막는 것

(3) 청소년의 경우 또래 역할모델사용. 비디오 발표, 또래 모델링, 토론집단, 역할 – 연기, 흡연감시, 흡연에 대한 태도와 지식을 반복적으로 체크

(4) 거절기술을 가르치는 프로그램들

라) 알코올 남용과 의존

(1) 과도한 알코올 남용은 간이나 신경학적 손상, 암, 심혈관 문제, 태아알코올증후군, 신체 공격, 자살, 자동차 사고, 폭력의 위험 증가

(2) 조절된 음주 방법: 적절한수준의 음주가 목표로 음주 이외 다른 대처 반응을 발달시키고 알코올 섭취량을 세밀하게 모니터하도록 교육

(3) 재발예방 훈련의 포함

(4) 알코올 남용과 의존은 다중치료전략이 필요한 복합적인 문제

마) 비만

(1) 비만은 당뇨병, 고혈압, 심장병, 암과 같은 의학적 장애들과 연합되어 있음

(2) 사회적 장면에서도 기능하지 못하도록 낙인효과가 있음

(3) 전통적 의학적 개입과 식이요법은 효과적이지 않음

(4) 초기 예방이 체중 조절에 가장 좋은 방법

(5) 자기 관찰, 단서제거, 사회와 가족의 지지가 효과적

(6) 공공정책의 검토와 제정

바) 기타 적용과 건강심리학의 미래

  (1) 의학적 절차에 대처하기

    (가) 무엇이 발생할 것인지에 대한 절차적 정보와 느껴질 감각에 대한 기술인 감각적 정보를 잘 준비하면 의학적 검사나 절차로부터 경험하는 스트레스를 매우 줄여줄 수 있다고 함

    (나) 주의 분산, 호흡조절, 정적강화, 부모코치

    (다) 수술에 대한 준비

      ① 이완전략

      ② 사용될 절차에 관한 기본정보

      ③ 수술 동안 경험할 신체적 감각에 관한 정보

      ④ 인지적 대처기술

      ⑤ 필름을 통한 대처모델 관찰

  (2) 처방에 따르는 순응

    (가) 의학적 충고나 건강에 관한 충고를 따르지 않는 비율이 거의 50%

    (나) 환자순응에 대한 예측은 질병특징, 환자의 개인적 특성, 문화적 규준, 임상가 – 환자 상호작용의 4개의 범주로 나뉨

    (다) 행동개입이 더 성공적이라고 함

    (라) 일반적인 전략.

      ① 알려주기

      ② 치료 처방을 환자의 일정과 생활양식에 맞춤

      ③ 치료순응에 대한 보상 계약서 작성

사) 건강심리학의 미래

  (1) 건강관리 추세: 건강관리에 대한 경제적 비용이 높아짐에 따라서 건강심리학과 행동의학의 고유한 특성이라고 생각되어 온 개념과 쟁점들을 다른 영역들이 자신의 영역으로 통합할 것

  (2) 훈련 쟁점

    (가) 모든 전문심리학자들에게 적용될 수 있는 표준 핵심 훈련 요소의 하나

    (나) 정신약물학, 신경심리학, 심리신경면역학과 같은 영역에 대한 훈련은 필수

  (3) 다른 도전들

    (가) 역할의 모호함

    (나) 지위에 관한 쟁점. 의사 및 다른 심리학자들과의 문제

    (다) 인종마다 다른 건강 개요(기대수명, 건강상태)

라. 신경심리학

1) 신경 심리학의 역사와 조망

가) 신경 심리학의 정의

(1) 두뇌 기능과 행동 간의 관계에 대한 연구

(2) 두뇌, 행동 관계를 정확하고 민감하게 척도화한 표준화된 검사에 대한 환자의 수행에 근거하여 두뇌기능을 기술하는 비침습적 방법

나) 신경심리학자의 역할

(1) 진단의 명료화를 위한 신경학적 진단

(2) 두뇌 기능과 연관된 회복의 예후에 관한 예측

(3) 개입과 재활

2) 신경심리학의 역사

다) 두뇌 기능의 이론들

(1) 기원전 3000~1700년경 Edwin Smith Surgical Papyrus가 쓴 두뇌기능의 국재화(localization)를 논의한 논문을 신경심리학의 기원으로 두거나 Pythagoras가 인간의 뇌에서 추론을 한다는 말을 했을 때 신경심리학이 시작되었다고 주장. 또 다른 학자들은 로마의 의사인 Galen이 마음을 Aristotle이 주장한 것처럼 심장에 있지 않고 뇌에 있다고 주장한 2세기 경을 그 시작으로 꼽음

(2) Gall의 골상학을 통해 기능의 국재화(Localization)이라는 개념이 알려짐 Broca는 운동언어의 위치를 발견하여 이에 대한 공신력을 키움

(3) Flourens와 Karl Lashley는 등잠재성(epuipotentiality)의 개념을 새움. 이는 뇌 기능의 국재화가 확실히 있다고 하더라도 대뇌피질은 고립된 단위들이 아니라 하나의 전체로서 기능한다는 것

(4) 기능적 모델

(가) 국재화주의자들은 두뇌의 매우 다른 영역이 손상되는데도 왜 같은 결함이나 장애를 일으키는지 설명할 수 없었으며 등잠재성 이론을 주장하는 사람들은 매우 작은 병소를 지녔는데도 환자들이 왜 눈에 띄는 특정한 행동 결함을 나타내는지 설명 못함

(나) 신경과 의사인 Jackson은 기능적 모델을 통해 이 두 관점을 통합함

(다) Luria는 기능적 모델을 보완하여 두뇌 영역들이 행동을 생산하기 위해서 서로 상호작용한다고 주장. 행동은 "하나 또는 여러 부분으로 나뉘어진 두뇌 영역들의 결과 보다는 두뇌 영역들의 여러 기능들이나 체계의 결과로 생각. 어느 단계에서 파괴되어도 그 기능체계가 가동하지 못하게 됨

(라) 행동 결함의 특성은 어떤 기능체계 내서 손상을 입은 부위가 어디인가에 달려 있으며 재조직화라고 불리는 한 과정을 통해서 두뇌 손상으로 부터의 회복이 때때로 가능함

(5) 신경심리학적 평가

(가) 여러 심리검사들은 단순한 두뇌 손상 여부를 판단하기 위해 사용됨.

(나) 신경심리학이 2차 세계대전 직후에 성장하게 되는 이유

① 전쟁 동안 뇌손상 환자가 증가

② 임상심리학의 영역 자체의 발달

(다) Halstead가 10개의 검사 바테리로 구성한 검사를 Ralph Reitan이 10개에서 2개를 제외시키고 대산 다른 검사들을 포함시켜 검사베터리로 제작. 이후 검사 반응과 병소를 연결하여 Halstead-Reitan Neuropsychologicla Battery(HRNB) 개발

(라) Luria-Nebraska Neuropsychological Battery(LNNB) 개발

(마) 현대 임상심리학자들은 평가시에 점점 더 융통성 있는 검사 배터리 접근을 채택하고 있음

3) 뇌구조 기능과 손상

가) 구조와 기능

(1) 좌반구 – 우측 신체 통제, 언어기능, 논리적추론, 세부 분석에 관여

(2) 우반구 – 시공간 기술, 창조성, 음악적 활동 및 방향지각

(3) 4개의 엽 – 전두엽, 측두엽, 두정엽, 후두엽

(가) 전두엽: 목표성취위한 행동변화, 실행기능, 정서조절

(나) 두정엽: 촉각과 근육운동지각, 공간지각 및 일부 언어이해와 처리 신체 자각

(다) 측두엽: 언어적 표현, 수용 및 분석의 중재

(라) 후두엽: 시각적 처리와 시각적으로 중재된 기억의 일부 측면에 관여

(마) 소뇌: 균형의 통제와 근육 긴장도 및 운동조절 기능

나) 두뇌 손상의 선행사건과 원인

(1) 외상 – 뇌진탕; 순간적인 두뇌의 기능혼란

(가) 뇌좌상: 뇌가 정상적인 위치에서 벗어나 눌린 경우

(나) 뇌열상: 두뇌 조직이 실제로 파열되어 파괴되는 것

(2) 뇌혈관 사고 – 뇌졸중: 대뇌 혈관이 막히거나 터지는 것

(가) 폐색: 혈병이 뇌의 특정 영역에 공급되는 혈관을 막는 것, 실어증, 실행증, 실인증 야기

(나) 대뇌출혈: 혈관이 파열되고 혈핵이 뇌 조직으로 흘러 들어가 조직을 손상시키거나 파괴시키는 것

(3) 종양: 뇌의 바깥이나 내부에서 성장하거나 폐나 유방과 같은 신체의 다른 기관으로부터 체액에 의해서 퍼진 전이 세포에 의해서 생김. 두통과 시각장애를 나타내다가 점차 판단장애를 보임

(4) 퇴행성 질환: 중추신경계에 있는 뉴런들이 퇴행되는 것, 알츠하이머, 파킨슨, 기타 치매 등

(5) 영양결핍: 영양결핍으로 인한 신경학적 장애, 코르사코프 정신병

대뇌반구의 영역별 기능

전두엽	두정엽	측두엽	후두엽
자발적 운동	촉감각	청취	시감각
언어 산출 (좌측)	읽기 (좌측)	언어 이해 (좌측)	시지각
운동 운율 (우측)	계산 (좌측)	감각 운율 (우측)	
동작	시공간 적 기능 (우측)	기억	
실행 기능		정서	
동기			

(6) 독성장애: 금속, 독소, 가스 등으로 인한 두뇌손상

(7) 만성 알코올남용: 변연계의 손상으로 기억형성, 정서조절 및 감각 통합의 어려움 등 다양한 뇌 영역에서 손상을 보임

다) 신경학적 손상의 결과와 증상

(1) 손상된 지남력: 시간, 장소, 사람에 대한 손상

(2) 손상된 기억력: 최신 사건을 중심으로 기억하지 못함

(3) 손상된 지적기능: 이해, 말하기, 계산 및 일반적인 지식의 손상

(4) 손상된 판단력: 결정을 하지 못함

(5) 얇고 불안정한 정서: 사소한 자극에도 웃거나 울거나함. 빠른 정서변화

(6) 정서적, 정신적 회복능력의 상실: 스트레스에서 판단, 정서반응, 퇴행이 보임

(7) 전두엽 증후군: 성격특징들이 나타남. 충동통제의 장애, 사회적 판단능력과 계획능력의 장애, 행동결과에 대한 관심 부족, 무감동과 무관심, 의심과 지랄을 침(temper tantrum)

4) 신경심리학적 평가 방법

가) 주요 접근방법

(1) 표준 베터리 접근방법 또는 고정 배터리 접근방법

(가) 모든 기본적인 신경심리학적 능력에 대해서 환자를 평가하는 방법으로 시간이 지나면서 모든 환자들에 대한 표준데이터베이스 축적할 수 있고 중요한 점수 패턴을 확인할 수 있음.

(나) 단점은 검사 시간이 길고 비용이 많이 들고 환자가 피로할 가능성이 많고 환자에게 평가를 맞추지 않는 것 때문에 융통성이 떨어짐

(2) 융통적인 접근방법 또는 가설검증 접근 방법: 각 평가는 개별환자에게 맞추어지며 신경심리학자들은 각 사례에 따라 자신의 가설을 기준으로 검사 선택

나) 신경심리학적 검사 결과의 해석

(1) 환자의 수행 수준을 규준 자료의 맥락에서 해석하는 것: 환자의 점수가 적절한 규준 집단의 평균점수보다 유의하게 낮은가? 와 같은 질문

(2) 환자가 수행한 2개의 검사 점수들 간의 차이점수를 계산하는 방법

(3) 두뇌 손상의 병리적 징후를 지적하고 해석하는 것

(4) 점수들의 패턴분석을 실시

(5) 검사 점수에 차별적으로 가중치를 주는 통계적 공식들이 진단을 결정하기 위해서 사용될 수 있음

다) 선경진단적 절차

(1) 신경학적 검사

(2) 척수천자

(3) X-ray

(4) 뇌파검사

(5) CAT scan

(6) PET scan

(7) MRI or NMR

(8) SPECT

(9) fMRI

라) 인지기능의 검사 영역

(1) 지적기능: WIAS-IV를 통한 지능평가 가능. 개별 소검사를 선별해서 사용할 수도 있음

(2) 추상적인 추론: 지능검사의 공통성 문제 소검사나 위스콘신카드 분류검사 (WCST)

(3) 기억력

  (가) WMS-III, 8개의 주요 척도 점수로 합산됨, 청각적 즉각기억, 시각적 즉각 기억, 즉각기억, 청각적 지연, 시각적 지연, 청각적 재인 지연, 전체기억 및 작업기억

  (나) Benton Visual Retention Test는 도형에 대한 기억 검사

  (다) Rey-Osterrieth Complex Figure Test는 시공간 기억을 평가

(4) 시각적, 지각적 처리

  (가) 시공간적 기술을 평가하기 위해서 RCFT, 토막짜기

  (나) Judgment of Line Orientation Test은 자극카드에 있는 2개의 선과 대응 이 되는 선들을 반응카드에서 지적하도록 함

(5) 언어기능

  (가) 발음장어와 착어(단어치환) 평가

  (나) 이름대기검사

  (다) 언어 이해력은 Luria-Nebraska검사의 수용언어척도

마) 검사 배터리

(1) Halstead-Reitan 배터리

  (가) 가장 널리 사용되는 신경심리 배터리 검사

  (나) category test, seashore rhthm test, finger oscillation test, speech-sounds perception test, trail-making test, strength of grip test, sensory-perceptual examination, finger localization test fingertrip number writing perception test, tactile form recognition test, apahsia screening test

  (다) 15세 이상에 사용되며, 9~14세 아동과 5~8세 아동에게 각각 따로 있음

  (라) 가능한 병소 위치와 그 병소가 점진적으로 진행된 것인지 갑자기 발병한 것인지에 관한 정보를 제공

  (마) 실시 시간이 6시간 이상이 걸릴 수 있음

(2) Luria-Nebraska 배터리

  (가) 269개 과제로 11개 소검사(운동기능, 리듬 기능, 촉각 기능, 시각 기능,

언어 수용, 언어 표현, 쓰기 기능, 읽기 기술, 산수 기술, 기억 및 지적 처리)
- (나) 검사 시간이 2.5시간 밖에 걸리지 않음
- (다) 표준화와 이론적 해석에 문제가 있다 생각하는 전문가가 있음
- 바) 신경심리검사 수행에 영향을 미치는 변인들
  - (1) 환자변인, 성, 나이, 교육수준, 손잡이, 병전 능력, 신경학적 조건의 만성도 및 다른 신체적 조건들
  - (2) 동기 변인들. 각성, 협력 수준, 사병
- 사) 개입과 재활
  - (1) 재활은 신경심리학자들의 주요 기능 중 하나가 됨
  - (2) 재활 과제를 만드는 데 있어서 일반적 지침
    - (가) 과제는 재형성이 필요한 손상된 기술을 반드시 포함
    - (나) 치료자는 과제의 난이도를 그 환자에게 쉬운 수준부터 정상적인 수행을 나타내는 수준까지 변화 시킬 수 있어야 함
    - (다) 과제는 호전 정도가 객관적으로 평가될 수 있도록 수량화될 수 있어야 함
    - (라) 환자가 범함 실수의 숫자가 통제 되어야 함
- 아) 신경심리학의 미래
  - (1) 더 정교한 개별검사와 검사 배터리가 발달될 필요
  - (2) 신경심리학의 초점이 재활로 옮겨짐

마. 법정 심리학

1) 법정 심리학의 조망과 역사
  - 가) 법정 심리학의 정의
    - (1) 심리학의 방법, 이론 및 개념들을 법률체계에 적용하는 학문
    - (2) 적용영역: 정신병원 입원, 아동 보호, 위험성 예측, 법정에 설 능력, 범죄의 책임, 고용인의 보상요구, 매 맞는 여성 증후군, 강간 외상 증후군, 성희롱, 배심원 선택, 범죄자 프로파일링 등
  - 나) 법정 심리학의 역사
    - (1) 1930년대 심리학은 일차적으로 법적 원칙과 결정에 대해 비판하는 데 적용
    - (2) 1950년대에 심리학은 주로 전문가 증인의 역할
    - (3) 1970년대와 1980년대에는 배심원들의 행동과 관련된 무제에 관해 자문을 해 주는 역할
  - 다) 전문적 쟁점
    - (1) 수련
      - (가) 기초연구, 법정심리학의 주제별 세미나, 법의학 장면에서의 현장 배치
      - (나) 매년 프로그램의 수와 종류가 점차 증가하고 있음
    - (2) 윤리와 기준

(가) 전문가 자격을 명시하는 데 있어서의 완벽성과 정확성

(나) 보고서와 증언에 있어서의 기법적이고 과학적인 정확성과 진실성

(다) 공명정대함

2) 법정 심리학자들의 주요한 활동

가) 전문가 증인

(1) 자격

(가) 전문가 증인은 과학, 직업, 수련 혹은 경험에 있어서의 독특성으로 인해 평범한 배심원들이 알 수 있을 것 같지 않은 정보를 제공해 줄 수 있는 사람이면 누구나 가능함

(나) 전문가 증거가 허용 가능한가를 결정하는 부담은 현재 판사가 지고 있음

(다) 전문가 증인으로써 증언하는 임상심리학자들을 돕기 위한 지침

① 이론적으로 그리고 심리측정적으로 적절한 자료 수집 도구를 사용하라.

② 과학적으로 타당화된 이론적 입장을 사용해서 결론을 도출하라.

③ 문제가 다루어진 경험적 연구와 이론의 적절성에 근거해 증언을 숙고하고 인정하라.

④ 전문가 증인으로서 자격을 가지는 동안 당신의 자료 수집 방법이 과학적이고 방어할 수 있게 준비하라.

(2) 전문가 증언에 관한 주제

(가) 전문가가 피고인이 정상인지 정신이상인지를 결론내릴 수 없음

(나) 전문가 증언은 최종 의견을 제공할 수 없음

(3) 증언

(가) 증언은 전문가 증인에게 비참한 경험이 될 가능성이 있음

(나) 증언 시 중요한 것은 공판 전의 준비

(4) 반대 신문에 대처하는 전략

(가) 준비되어 있으라.

(나) 정직하라.

(다) 약점을 인정하라.

(라) 개인적으로 의미 있는 용어로 말하라.

(마) 질문의 표현을 주의 깊게 들어라.

(바) 생각할 시간을 충분히 가져라.

나) 형사 사건

정신이상 무죄 항변

(1) 정신이상 무죄 항변은 좀처럼 성공하지 못함

(2) 피고가 정신이상이었다는 것을 결정하는 기준

(가) M'Naghten 원칙: 마음의 질병으로 인한 결함으로 자신이 하고 있는 행동의 성질과 행위의 질적인 측면을 몰랐거나 알고 있더라도 자신의 행동이 나쁜지를 모르는 상태에서 불법적 행동을 했다는 것을 입증해야 함

(나) Durham 기준: 불법행위가 정신질환이나 정신적 결함의 산물이라면 피고는 법적인 책임이 없음

(다) ALI 기준: 행동의 범법성을 인정하거나 법을 따를 실제적 능력이 부족할 정도의 정신질환이나 결함으로 인한 범죄 행동의 경우 피고에겐 책임이 없음

(라) Hinckley 사건은 정신이상이 무죄가 쉽게 되는 측면을 어렵게 바꿈

(마) 법적 정신이상 평가를 수행하기 위해 심리학자는 그 사람이 정신장애나 결함을 가지고 있는지 그리고 범행 당시의 정신 상태는 어땠는지 제출해야 함

다) 민사사건

(1) 정신장애 시설에의 입원

(가) 개인의 의지에 반하는 입원을 강제입원이라고 함

(나) 강제입원에 대한 비판이 강하게 지시됨

(다) 자발적인 입원의 경우 개인은 입원에 동의하며 언제든 퇴원할 수 있음

(라) 누군가를 입원시키기 위한 기준

① 자신이나 타인에게 위험한지

② 자기 관리나 입원에 대한 책임 있는 결정을 내릴 수 없을 만큼 장해가 심하거나 무능한지

③ 병원에서의 치료나 관리가 필요한지

④ 정신적 질병 여부의 결정

(2) 가정문제

(가) 자녀양육, 부모 적합도, 방문권, 아동 학대, 청소년 비행, 입양 등의 쟁점에 개입

(나) 아동이 양 부모의 연대를 유지해야만 한다는 규준

(다) 양육권 평가의 세 가지 주요 쟁점

① 아동의 발달적 및 심리적 욕구

② 각 부모의 강점과 약점

③ 가족구성원들의 서로 상호작용하는 방식

(3) 환자의 권리

(가) 입퇴원의 권리

(나) 물리적 환경, 노동의 문제

(다) 투약을 거부할 권리

라) 위험성 예측: 폭력 행동에 대한 정확한 예측 유형

(1) 가까운 미래의 행동에 대한 예측

(2) 임상가가 이미 개인사 자료를 확보한 것과 동일한 상황에 대한 예측

(3) 개인의 폭력 행동 이력에 대한 임상가의 지식에 근거한 예측

(4) 폭력 행동 기저율이 상대적으로 높은 집단에 소속된 개인에 대한 예측

마) 심리치료

(1) 범죄 사건의 경우 치료는 무능한 사람을 역량이 있는 상태로 복구 시켜 놓는 것이나 혹은 수감을 직면한 이들에게 감정적인 지지를 제공하는데 초점을 둠

(2) 성격문제, 성행동, 공격성에 주력

(3) 치료 형태는 통찰치료, 지지적 방법, 행동기술, 바이오피드백, 인지치료

바) 자문

(1) 배심원 선정

(2) 여론설문

(3) 증인준비시키기

(4) 배심원설득하기

사) 연구와 법정심리학

(1) 목격자 증언

(2) 배심원 행동

바. 소아 아동 임상심리학

1) 소아 아동임상 심리학의 정의, 역사 및 관점

가) 정의

(1) 아동임상심리학은 정신병리적 증상이 나타나게 된 아동과 청소년을 대상으로 하며 소아 심리학은 정신병리가 발달하기 전에 주로 개입하고 주로 소아과 의사들에 의해 의뢰됨

(2) 소아 심리학자는 인지 행동적 지향을 가짐, 단기적이고 즉각적인 개입전략을 사용 하며 아동 임상가들은 치료적 지향이 더 다양함

(3) 소아심리학자들은 수련, 연구, 서비스 제공에 대한 접근에 있어 의학적이고 생물학적인 문제들을 더 강조하며 의학적 학문적 장면에서 일하는 경우가 많으며 아동임상상전문가는 평가, 발달과정, 가족치료에 대한 수련을 더 강조함

(4) 소아 심리학과 아동임상 심리학의 차이는 매우 미미함

나) 역사와 개념

(1) 역사

(가) 1896년 Witmer가 첫 번째 심리 클리닉을 시작할 때로 봄

(나) 아동임상심리학은 최전성기에 있다고 봄

(다) 소아 심리학은 소아과 의사와 아동임상심리학자 중 누구도 아동기에 발생하는 모든 문제를 다룰 수 없다는 것이 명백해짐에 따라 전문 영역으로 발전됨

(라) Wright(1967)는 소아과학과 심리학의 결합으로 알려진 새로운 전문 영역을 소아심리학이라고 부름

(2) 발달적 관점

(가) 발달은 시간에 걸쳐 가장 잘 측정되는 능동적이고 역동적인 과정.

      (나) 유사한 발달적 문제가 다른 결과를 이끌 수 있음

      (다) 다른 발달적 문제가 같은 결과를 이끌 수 있음

      (라) 발달적 과정과 환경은 상호의존적

    (3) 탄력성

      (가) 열악한 상황을 극복하고 좋은 발달적 결과를 달성하는 능력과 관련된 개인 적 특성

      (나) 아동과 부모와의 강한 유대나 애착, 좋은 문제해결 기술

2) 소아/아동임상 심리학의 주요 활동

  가) 일반적인 문제들

    (1) 역학

      (가) 1~2세는 섭식과 수면 문제가 흔함

      (나) 과잉행동과 품행장애는 여아들 보다는 남아들에게 더 빈번

      (다) 2~5세 언어장애, 아동기 학대 방임, 불안장애가 빈번

      (라) 6~11세 ADHD, 학습장애, 학교공포증, 품행장애

      (마) 12~20세 거식증, 폭식증, 비행, 조현병, 우울증

    (2) 상황: 아동은 상황에 따라 행동이 다양하고 다를 수 있음

    (3) 문제의 진단과 분류

      (가) 내재화 장애: 불안, 우울, 수줍음, 사회적 철수, 기분장애와 불안장애

      (나) 외현화 장애: 공격적 행동, 충동적 행동, 품행문제, 품행장애, ADHD

  나) 평가

    (1) 개요

      (가) 아동 주위의 다른 사람들로부터 정보를 구할 필요가 있음

      (나) 초기에 문제의 성격이나 심각도를 평가하는 것이 중요

      (다) 다양한 원천에서 다양한 평가 방법에서 얻은 정보를 포함하게 됨

    (2) 평가방법

      (가) 면접

        ① 행동,사건, 상황에 대한 정보를 이끌어 냄

        ② 부모의 감정과 정서를 평가

        ③ 그 이후의 치료적 관계 기반을 형성

        ④ 아동이 방문의 진짜 목적이 무엇이라고 생각하고, 느끼는지 아는 것이 중요

        ⑤ 구조화된 진단적 면접이 사용될 수 있음

      (나) 행동관찰

        ① 자기 관찰기법 및 부호화 체계의 활용

        ② 아동행동체크리스트의 직접관찰형식의 활용

      (다) 지능검사: WISC-IV, K-ABC, WPPSI-R, 피바디 그림 어휘검사

      (라) 성취검사: 피바디 개인 성취도 검사, 아이오와 기초 기술 검사, 기초학습

기능검사

　(마) 투사검사

　　① 신뢰도와 타당도 문제로 논쟁의 여지 있음

　　② TAT, Rorschach

　(바) 질문지와 체크리스트: CBCL, MMPI-2, MMPI-A

　(사) 신경심리학적 평가: Reitan/Indiana IV, 루리아-레브라스카 신경심리베터리, WISC-IV

　(아) 인지적 평가

　　① 의학적 문제가 있는 아동들은 자신의 상태를 이해하지 못하기도 함

　　② 자아 효능감이 의학적 문제와 치료에 수 많은 영향을 미칠 수 있음

　　③ 아동의 인지적 평가는 행동과 정서에 핵심적인 영향을 미칠 수 있음

　(자) 가족평가

　　① 아동의 문제는 전반적으로 가족이라는 맥락 속에 묻혀있음

　　② 가족 환경 척도, 가족 적응 및 응집성 척도 등 다양한 척도가 있음

다) 개입

(1) 정신분석 지향적 치료

　(가) 수정된 정신분석적 방법이 광범위하게 사용되고 있음

　(나) 더 증상 지향적, 특정 발달 단계를 좀 더 잘 다룰 수 있게 해줌

(2) 놀이치료

　(가) 자유로우면서 구조화된 형태의 놀이를 통해 심리적 삶을 연구함

　(나) 정신역동 뿐만이 아니라 인지 행동적 접근에서도 사용됨

(3) 행동치료

　(가) 행동치료가 아동에게 매우 효과적인 변화를 일으킴

　(나) 부모관리훈련은 가정에서 아동이나 청소년의 문제를 수정할 수 있도록 훈련시키는 일련의 치료적 절차

(4) 행동 소아과학

　(가) 병원에 입원 중인 아동의 관리에 필요한 기법들

　(나) 행동적 시연, 인지적 재평가

　(다) 통증 및 두통관리나 의학적 처방에 따르게 하는 것

(5) 인지행동치료: 충동성, 과잉행동, 불안, 우울, 품행장애 등의 문제에 더 많이 적용됨.

(6) 집단치료와 가족치료: 집단치료와 가족치료가 효과적임이 입증됨

라) 정신약리학적 치료

(1) ADHD에 가장 빈번히 사용됨. 심리치료와 같이 사용될 때 더욱 효과적임

(2) 아동기 우울 치료에 일관적 효과는 보고되지 않음

(3) 불안장애에서 아동기 강박 장애에 약물치료가 효과적

마) 예방과 자문

(1) 예방에 특히 관심이 많았음

(2) 예상 지침: 문제에 선행해서 상담과 교육을 하는 것을 지칭

(3) 자문: 부모 소아과 의사, 의료진, 학교 체계, 복지기관, 청소년 재판소와 다른 건강이나 서비스 기관을 대상으로 이뤄짐

(4) 독립적인 기능 모델: 심리학자들은 전문가로서의 역할을 하며 소아과 의사로 부터 의뢰된 환자를 대상으로 독립적인 진단과 치료 행위를 함

(5) 간접적 자문 모델: 소아과 의사들은 환자 관리에 있어 최고 책임자가 됨. 심리 학자는 기껏해야 실제 환자와 제한된 접촉을 하게 됨. 전화나 비공식적인 복도 의 대화, 세미나 학술회의, 워크숍, 다른 전문가들을 위한 내부 수련에서 발 표, 다른 전문가가 심리학자에 의해 권고된 행동적 심리사회적인 개입을 수행 하는 상황으로 이뤄질 수 있음

(6) 협력적인 팀 모델: 소아과 의사, 심리학자, 간호사와 그 외 다른 인력들은 함 께 일하고, 책임과 의사결정을 공유. 공통 사례 관리로 불리기도 함

문제

[1. 해설] ㉣
최근의 지역사회심리학에서
탈원화가 목표이다.

1. 지역사회심리학에서 지향하는 바가 아닌 것은? (2006 기출)

가. 자원봉사자 등 비전문 인력의 활용

나. 정신장애의 예방

다. 정신장애인의 사회복귀

라. 정신과 병동 등 입원시설의 확장

[2. 해설] ㉣
위기 개입은 준전문가도 효
과적으로 활용될 수 있다.

2. 지역사회 심리학 활동에 대한 설명 중 틀린 것은? (2003 기출)

가. 지역사회 정신건강사업을 위해 비전문가들을 훈련시켜 활용할 수 있다.

나. 학교현장을 방문하여 예방사업을 실시할 수 있다.

다. 고위험집단을 직접 찾아 접촉할 필요가 있다.

라. 위기 개입은 반드시 전문가를 활용해야 한다.

[3. 해설] ㉣
각 단계별로 접근 방식과 개
입수준은 달라진다.

3. 지역사회 심리학 활동에 관한 설명으로 틀린 것은? (2012 기출)

가. 정신건강예방사업을 위해 비전문가들을 훈련시켜 활용할 수 있다.

나. 학교 및 직장, 조직체 등을 대상으로 방문사업을 실시하는 것이 권장된다.

다. 1차 및 2차, 3차 예방수준에서 고위험군 대상의 집중적인 개입을 권장한다.

라. 위기 개입의 경우에 준전문가 및 예방적 개입의 활용이 강조된다.

4. 학생 상담 시 어떤 학생이 또래들에게 가장 선호되고, 혹은 그렇지 못하는가를 확인해 보기 위해 사회관계 측정법(Sociogram)을 사용한다. 다음 중 상담자가 사회관계 측정법을 사용할 때 유의해야 할 점이 아닌 것은? (2003 기출)

　가. 사회관계측정법(Siciogram)을 통해 유의미한 결과를 얻어내려면 학생들 간에 교류하는 시간이 충분해야 한다.

　나. 학생의 연령이 어릴수록 반응이 보다 신뢰할 만하고 타당하다.

　다. 집단의 크기가 유용한 정보를 제공해 줄 수 있으므로 집단의 크기가 너무 크거나 너무 작아도 안 된다.

　라. 유의미한 집단활동이 있어야 학생들간의 교류가 일어나므로, 상담자는 학생들에게 의미있고 친숙한 활동을 선택해서 제공해야 한다.

[4. 해설] ④
나이가 어릴수록 반응의 신뢰성은 떨어질 가능성이 높다.

5. 다음은 무엇에 관한 설명인가? (2007 기출)

> － 만성정신질환을 지니고 있는 사람들을 위한 정신사회 재활치료를 하기 위해서는 질병의 성질과 결과를 이해해야 한다.
> － 개인이 사회적 상황에서 주어진 역할이나 과제를 해 내지 못하거나 수행하는 데 한계를 보인다.

　가. 병리(Pathology)　　　　나. 손상(Impairment)

　다. 장애(Disability)　　　　라. 핸디캡(Handicap)

단계	손상 (Impairment)	기능결함 (Disfunction)	역할 장애 (Disability)	불이익 (Disadvantage, Handicap)
정의	심리적, 생리적 혹은 해부학적인 구조나 기능이 상실되거나 어떤 이상이 생긴 상태를 말한다.	정상이라고 생각되는 방식과 범위내에서 활동수행능력이 제한되거나 부족한 상태	정상이라고 생각되는 방식과 범위내에서 역할 수행 능력이 제한되거나 부족한 상태	어떤 개인이 정상적인 역할을 수행하는 일에 제한과 방해를 받는 불이익 상태
예	환각, 망상, 우울, 무감동	직무적응부족, 기술부족, 사회기술부족, 일상생활기술부족	학교를 다니지 못한다. 취업을 하지 못한다. 거주지가 없다.	사회적 차별, 사회적편견, 가난(빈곤)
개입 방법	약물치료, 정신치료	재활상담, 기술훈련, 환경지원	직업재활상담, 기술훈련, 환경지원	제도변화, 권익옹호, 편견감소하기

[5. 해설] ④

6. 임상심리학자의 새로운 전문영역 중에서 비만, 스트레스관리 등과 가장 밀접히 관련되는 것은? (2010 기출)

　가. 신경심리학　　　　나. 건강심리학

　다. 법정 심리학　　　　라. 아동임상심리학

[6. 해설] ④
임상심리학자의 새로운 전문영역 중에서 비만, 스트레스관리 등과 가장 밀접히 관련된 새로운 전문 전문영역은 건강심리학이다.

7. 건강심리학에서 주로 다루는 내용이 아닌 것은? (2003 기출)

　　가. 스트레스와 질병 간의 관계 연구

　　나. 운동, 금연 체중관리 등 건강을 증진하는 증진활동

　　다. 천식, 불면증, 위궤양, 과민성 대장 증후군 등 정신생리성 장애의 치료

　　라. 파킨슨씨병, 알츠하이머형 치매 등 난치성 노인질환의 치료

8. 행동의학에서 두통치료에 가장 권장되는 심리적 기법은? (2003, 2007, 2009 기출)

　　가. 바이오 피드백과 이완　　　　　나. 심상훈련

　　다. 인지치료　　　　　　　　　　　라. 주의전환

9. 행동의학에서 보는 관상동맥성 심장질환과 관련된 대표적 성격 특성은? (2006 기출)

　　가. 완벽주의　　　　　　　　　　　나. 낙관주의

　　다. A유형 성격　　　　　　　　　　라. C유형 성격

10. A성격유형 행동의 특징에 해당되지 않는 것은? (2004 기출)

　　가. 느긋함　　　　　　　　　　　　나. 성취지향

　　다. 적개심　　　　　　　　　　　　라. 통제와 지배성

11. 뇌의 편측화 효과를 측정할 수 있는 대표적 방법은? (2005, 2007, 2011 기출)

　　가. 미로검사　　　　　　　　　　　나. 이원청취기법

　　다. Wechsler 기억검사　　　　　　라. 성격검사

12. 뇌의 부위와 행동과의 관계에 관한 설명으로 옳은 것은? (2011 기출)

　　가. 우측 측두엽 손상 – 기억, 추리, 판단 등 고차적 인지 기능에 결함

　　나. 변연계의 손상– 주로 시지각과 시각학습에서의 결함

　　다. 전두엽의 손상 – 언어표현의 결함

　　라. 후두엽의 손상– 시각적 공간의 즉각 보고의 손상

13. 다음 중 두 뇌반구의 기능에 관한 설명으로 적합하지 않은 것은? (2010 기출)

　가. 좌반구는 세상의 좌측을 보고, 우반구는 우측을 본다.

　나. 좌측 대뇌피질의 전두엽 가운데 운동 피질 영역의 손상은 언어문제 혹은 실어증을 일으킨다.

　다. 대부분의 언어장애는 좌반구와 관련이 있다.

　라. 좌반구는 말, 읽기, 쓰기 및 산수를 통제한다.

[13. 해설] ㉮
기본적으로 좌측 뇌는 우측 몸과 그리고 우측 뇌는 좌측 몸과 연결되어 있다. 좌측 뇌에 뇌출혈이 생기면 우측 반신불구가 된다. 좌측 반구의 역할은 언어와 관련되어 있다. 말, 그리고 행위 자체는 좌측 반구에서 맡아서 진행한다.

14. 다음 중 대뇌피질 각 영역의 기능에 관한 설명으로 옳은 것은? (2010 기출)

　가. 측두엽 – 망막에서 들어오는 시각정보를 받아 분석하며 이 영역이 손상되며 안구가 정상적인 기능을 하더라도 시력을 상실하게 된다.

　나. 후두엽 – 언어를 인식하는데 중추적인 역할을 하며 정서적 경험이나 기억에 중요한 역할을 담당한다.

　다. 전두엽 – 현재의 상황을 판단하고 상황에 적절하게 행동을 계획하고 부적절한 행동을 억제하는 등 전반적으로 행동을 관리하는 역할을 한다.

　라. 두정엽 – 대뇌피질의 다른 영역으로부터 모든 감각과 운동에 관한 정보를 다 받으며 이러한 정보들을 종합한다.

[14. 해설] ㉯
전두엽은 판단력 등 실행기능과 연관된 뇌 영역으로 알려져 있다.

15. 위치감각과 공간적 회전 등의 개별적인 신체 표상과 관련이 있는 대뇌 영역은?

(2012 기출)

　가. 전두엽　　　　　　　　　나. 측두엽

　다. 후두엽　　　　　　　　　라. 두정엽

[15. 해설] ㉰
두정엽은 신체적 감각이나 신체적 위치감각, 공간적 회전 등과 관련된 뇌 영역으로 알려져 있다.

PART
05 심리상담

PART 05 심리상담

1 상담의 기초

가. 상담의 기본적 이해

1) 상담의 정의(노안영, 2005)

가) 상담 활동의 공동 주체는 상담자와 내담자. 상담은 상담자가 내담자에게 일방적으로 전문적 기술을 적용하는 활동이 아닌, 함께 노력하는 과정

나) 상담자는 전문적 훈련을 받은 사람으로서, 상담자는 과학자-실천가 모델을 바탕으로 내담자를 조력하기 위한 전문적 지식을 갖추기 위해 노력해야 함

다) 내담자는 조력을 필요로 하는 사람. 내담자는 여러 이유로 상담에 참여하나 대부분 조력을 통해 해결해야 할 문제를 가짐

라) 상담은 내담자의 자각 확장을 이루도록 조력하는 활동. 상담자의 조언이 아닌 조력을 통해 자신을 탐색하고 이해하여 감정, 생각, 행동에 대한 자각 확장

마) 상담은 내담자의 문제 예방, 발달과 성장, 문제해결을 달성하는 것

바) 상담은 내담자의 삶의 질 향상하기 위해 노력하는 활동

사) 상담은 조력과정. 과정을 강조하는 활동

2) 상담자의 자질

가) 상담자의 인간적인 측면

(1) 인간에 대한 깊이 있는 이해와 존중: 인간에 대한 이해와 존중심을 가지고 있어야 함. 인산의 행동과 생각, 정서 등에 대해 잎이 있는 관심과 흥미를 가지고 있어야 함. 인간의 다양한 측면에 대한 이해를 바탕으로 내담자의 문제를 주관적 판단 없이 있는 그대로 수용해야 함

(2) 성숙한 적응: 상담자는 내담자를 만자기 전 자신의 문제와 갈등을 탐색하여 해결하려는 적극적인 태도를 가져야 하며, 이 과정을 통해 성숙해 져야 함

(3) 상담에 대한 열성: 상담활동에 진지하게 몰입하고 열의를 가지고 해야 함

(4) 가치관의 확립: 상담자는 내담자에게 가치 중립적인 태도를 유지하려 노력. 상담자는 자신의 가치관을 탐색하고 이애하려고 노력해야 하며 상담 중 자신이 부적절한 영향을 미치지 않는지 지속적으로 점검해야 함

(5) 의미 있는 인간관계 형성 및 유지 능력: 상담자는 다른 사람들과 관계를 맺고 친밀성을 나누며 지지를 주고받을 수 있는 기본적인 능력을 가져야 하며 모호하고 분명하지 않은 관계를 참아낼 수 있어야 하며 거부적인 사람에게 호의적인 태도를 보일 수 있어야 함

상담자의 자질
(인간적 측면)
1. 인간에 대한 깊이 있는 이해와 존중
2. 성숙한 적응
3. 상담에 대한 열성
4. 가치관 확립
5. 의미 있는 인간관계 형성 및 유지 능력

나) 상담자의 전문적인 측면

  (1) 상담이론과 심리학적 지식: 상담자는 인간에 대한 여러 이론적 가정을 정확히 이해하고 있어야 하며 이러한 지식을 바탕으로 내담자의 문제를 이해할 수 있어야 함

  (2) 슈퍼비전: 상담을 직접 진행하고 그 내용을 정리해 전문가에게 슈퍼비전을 받아야 하며 슈퍼바이저는 상담내용을 점검하여 부족한 부분을 지도하여 실전 감각을 익히도록 도움

  (3) 문화적 차이에 대한 이해: 상담자는 내담자의 다양한 문화적 특징을 이해할 수 있어야 함. 성별, 지역, 학력, 사회경제적 수준에 따라 내담자는 모두 다른 배경을 가짐. 이러한 차이로 인해 같은 경험에 대해서도 다양한 반응을 보이는 것을 이해할 수 있어야 함

3) 상담자의 태도

가) 내담자의 변화에 대한 확신을 갖기: 상담자는 자신에게 잘 맞는 상담기법을 찾아 자신감을 가지고 내담자의 문제를 다뤄야 하며 변화에 대한 확신을 내담자에게 전달해야 함

나) 내담자에게 좋은 인상 주기: 내담자가 편안하게 느끼고 안심할 수 있도록 자연스러운 태도를 보여야 함

다) 상담자의 소진 예방: 상담과정 동안 내담자의 정신적 고통, 저항, 비협조 등을 경험하며 상담자가 활력을 잃는 경우가 있음. 소진 상태에서 상담을 하면 내담자에게 냉소적이거나 경멸하는 태도를 보일 수 있어 상담자 스스로 소진을 예방해야 함

라) 내담자의 자기 탐색과 이해 돕기: 상담자는 내담자가 자신을 이해하도록 자신의 생각, 감정, 행동을 탐색하도록 반응해야 함

4) 내담자에 대한 이해

가) 현재 문제에 대한 이해

  (1) 상담 목표를 설정하고 구체적인 상담계획을 수립하기 위해 내담자의 문제를 명료화해야 하며, 자기문제를 이해하도록 도와야 함

  (2) 현재 문제로 인해 어떤 증상이 나타나며, 일상기능과 학업 및 직업기능에 있어 지속적인 영향을 경험하는지, 그 내용이 무엇인지 탐색

나) 드러나지 않은 문제에 대한 이해

  (1) 내담자의 호소문제(Chief Complaint: C.C)는 대부분 겉으로 드러난 피상적인 수준의 문제일 가능성이 높음

  (2) 그 문제가 겉으로 드러나기까지 더 근본적인 문제가 자리 잡고 있을 가능성이 큼

다) 상담 동기에 대한 평가

  (1) 내담자의 상담에 대한 동기 수준에 따라 상담의 효과가 크게 달라짐으로 상담

상담자의 전문적인 측면

1. 상담이론과 심리학적 지식
2. 슈퍼비전
3. 문화적 차이에 대한 이해

심리학개론

이상심리학

심리검사

임상심리학

심리상담

초반에 내담자의 동기가 적절한 수준인지 확인

  (2) 동기가 지나치게 낮은 내담자의 경우 본 상담을 시작하기 전에 송기강화상담을 먼저 실시

라) 강점 요인에 대한 평가

  (1) 내담자의 강점은 상담효과에 큰 역할

  (2) 내담자들은 스스로 자신의 강점이 없다고 말하는 경우가 흔함. 상담자는 강점이 없는 것이 아니라 장점으로 인정하지 못한다는 시각으로 내담자의 강점을 목록을 충분히 확보해야 함

마) 정신 상태에 대한 평가

  (1) 전체적인 모습: 외모, 태도, 운동기능, 활동수준, 의식기능수준 등

  (2) 현 상황에 대한 자각: 자신과 주변 환경에 대한 일반적인 자각 수준

  (3) 감정과 기분: 감정의 적절성, 강도, 기복, 범위 등

  (4) 사고의 내용과 사고과정: 현실성, 객관성, 사고조절능력, 조직화 수준, 망상 가능성 등

  (5) 지각: 감각 반응에서의 비정상성. 환청, 환시 등

  (6) 지적능력: 일상 및 직업(학업) 생활을 유지할 수 있는 지적능력의 유무

  (7) 자기인식: 자아 정체감이나 자기 인식 수준 등

  (8) 통찰 기능과 판단력

  (9) 약물남용과 중독

  (10) 자신과 타인을 해칠 위험

5) 상담관계의 특성

가) 깊이 있는 정서적 관계: 신뢰를 바탕으로 깊은 정서적 관계를 발달시키는데, 상담자는 따뜻함과 포근함을 통해 내담자를 편안하게 하며, 내담자를 한 인간으로서 존중하며, 온화함을 바탕으로 내담자의 복지에 관심을 가지고 보살피며 지지 제공. 모든 주의를 내담자에게 기울여 작은 표현과 변화를 민감하게 알아차리고 반응하는 민감한 감수성을 보여줌

나) 자유로운 감정의 표현: 일반적으로는 부정적 감정표현을 부적절하게 여기지만, 상담관계에서는 오히려 부정적 감정을 적극적으로 표현하도록 격려. 상담자는 도덕적 판단이나 비판을 하지 않고 그대로 수용. 부모에 대한 증오심이나 과거 잘못된 행동에 대한 후회와 자책, 성적 충동이나 공격성에 대한 갈등, 자기혐오, 적대감 및 분노 등에 대해, 공감하면서 부끄러워하지 않고 표현하도록 격려

다) 행동에서의 한계: 부정적인 감정표현은 허용하지만, 행동표현에 대해서는 제재가 뒤따름. 상담자는 상담 중에 할 수 있는 다른 대안적 행동을 통해 행동화로 나타날 수 있는 강한 불쾌감정을 우회적으로 해소하도록 도움. 예를 들어, 게슈탈트상담에서의 "빈 의자 기법"에서 비어 있는 의자에 적개심을 느끼는 대상이 앉아있다고 상상하도록 하여 분노를 직접 표출 하도록 격려함

라) 조언이나 압력을 가하지 않는 관계: 상담자는 내담자에게 어떠한 압력이나 강요

를 해서도 안 되며, 두려움에 이야기를 꺼내지 못하는 내담자에게 말하도록 독촉해서도 안 되며, 생각의 변화를 바꾸라고 강요해서도 안 됨. 내담자의 결정이 부적절하거나 행동이 잘못되었을 경우라도, 스스로 그러한 사실을 알아차리도록 자기 탐색을 도울 뿐임

6) 상담관계 형성(Egan, 1994)

상담자가 내담자에게 관심을 기울일 때 사용할 수 있는 미시적 기술을 SOLER (Squarely, Open, Leaning, Eye contact, Relaxed)로 정의

가) Squarely: 상담자는 내담자를 향해 앉아 내담자를 바로 본다. 몸을 다른 곳으로 돌리고있으면 무관심하고 소홀하게 느껴지기 쉬움

나) Open: 개방적인 자세를 취하여 들을 준비가 되었다는 것을 몸의 자세를 통해서 전달. 팔짱을 끼거나 양팔로 몸을 가려 방어하는 태도는 피함

다) Leaning: 상담자는 내담자를 향해 몸을 기울여서, 관심 있고 진지하게 듣고 있으며 당신과 함께 하고 있음을 전달

라) Eye contact: 내담자와 적절한 시선접촉을 유지함으로써 상담자의 관심을 전달. 한 순간도 놓치지 않고 시선을 맞춰야 하는 것이 아니며, 융통성있게 상황에 맞춰서 시선을 조절

마) Relaxed: 편안하고 자연스럽게 이완된 자세를 취함. 상담자 자신의 긴장이나 불편을 잘 다뤄 내담자에게 자신으로 인한 불편감을 주지 않도록 해야 함

나. 상담의 역사적 배경

1) 중세의 상담

가) 인간은 심리적 고통과 불행을 어떻게 치료할 수 있는가에 관심

나) Hippocrates(B.C. 460~377): 정신장애를 미신이나 종교의 문제가 아닌 의학적 문제로 봄. 치료는 주술적 방법이 아닌 식이요법, 심리적 안정, 성행위 자제 등과 같은 방법이 필요하며 종교인이 아닌 의료인이 다뤄야 하는 영역이라 주장

다) 중세시대는 과학적 의학적 관점이 억압된 채 비과학적이며 비 인도적인 방법을 사용하던 시기

2) 현대 상담이론의 발전

가) Wilhelm Wundt(1832~1920): 1879년 라이프치히대학에 최초의 심리학 실험실 창설. 현대 과학적 심리학의 시작. 감각, 생리심리학, 반응심리학, 정신물리학의 연구결과 발표하면서 심리적 현상을 과학적으로 연구. 심리적 고통을 감소시키는 초보적인 치료방법 개발 시도

나) Lightner Witmer(1867~1956): 펜실베니아 대학교에 세계 최초 심리 치료소 개설(1896). 학습장애와 행동장애 아동을 대상으로 치료 활동 시작. 치료적 목적을 위해 심리학의 지식과 방법을 활용

다) 현대상담이론의 본격적인 시작은 19세기 유럽

정신 상태에 대한 평가

1. 전체적인 모습: 외모, 태도, 운동기능, 활동수준, 의식기능수준 등
2. 현 상황에 대한 자각: 자신과 주변 환경에 대한 일반적인 자각 수준
3. 감정과 기분: 감정의 적절성, 강도, 기복, 범위 등
4. 사고의 내용과 사고과정: 현실성, 객관성, 사고조절 능력, 조직화 수준, 망상 가능성 등
5. 지각: 감각 반응에서의 비정상성, 환청, 환시 등
6. 지적능력: 일상 및 직업(학업) 생활을 유지할 수 있는 지적능력의 유무
7. 자기인식: 자아 정체감이나 자기 인식 수준 등
8. 통찰 기능과 판단력
9. 약물남용과 중독
10. 자신과 타인을 해칠 위험

상담관계의 특성

1. 깊이 있는 정서적 관계
2. 자유로운 감정의 표현
3. 행동에서의 한계
4. 조언이나 압력을 가하지 않는 관계

심리학개론

이상심리학

심리검사

임상심리학

심리상담

라) Signund Freud(1856~1939): 정신분석 이론(Psychoanalysis)을 창시. 본격적으로 심리치료를 시작. 성격을 과학적 관점에서 체계적으로 설명하는 이론을 최초 제안. 정신장애를 치료할 수 있는 구체적인 방법을 제시. → 현대 상담이론들은 대부분 Freud가 제시한 정신분석으로부터 파생되거나 혹은 그에 대한 반발로 생겨남

마) 미국: William James에 의한 과학적 심리학 주장. Witmer는 최초의 심리 클리닉 개설

바) 1920년대에는 러시아와 미국을 중심으로 행동주의 심리학이 급격히 발전, 학습이론에 근거하여 문제행동을 과학적으로 다루는 행동치료 대두 → B. F. Skinner, Joseph Wolpe, Hans Eysenck와 같은 인물에 의해 행동치료 발전, 정신분석상담의 대안으로 떠오르게 됨

사) Carl Rogers(1902~1987): 인간중심치료(Person-centered Therapy) 를 소개하면서 상담분야에 큰 반향을 불러일으킴. 지금까지도 다양한 상담장면에서 갖춰야 할 기본 태도로 중요하게 고려됨

아) 비슷한 시기에 Rollo May & Victor Frankl는 실존주의 상담(Existential therapy)을 발전, Fritz Pearls는 게슈탈트 상담(Gestalt Therapy)을 제안 → 인본주의와 실존주의적 관점을 바탕으로 무의식보다는 의식적인 주관적 경험을 강조. 진실되고 공감적인 상담관계의 중요성을 제시하는 지지적인 상담을 발전시키는 데 기여

자) 1950년대 또 다른 갈래로 주요한 상담이론은 인간의 인지에 초점

차) Albert Ellis(1913~2007): 합리적 정서행동치료(REBT: Rational Emotive Behavior Therapy)를 제시, Aron Beck은 인지치료 (Cognitive Therapy)를 완성

카) 1960년대에는 William Glasser가 현실치료(Reality Therapy) 제안

타) 이러한 상담이론들은 인지변화에 초점을 맞추었으며, 1970년대 들어서 행동치료와 접목되면서 인지행동치료(CBT: Cognitive-behavior Therapy)라는 중요한 치료적 흐름 형성

파) 1970년대에는 가족 상담이라는 새로운 치료적 접근법 탄생. 개인을 초점에 맞춘 기존의 상담 이론과는 달리, 가족 전체의 체계와 역동에 초점을 맞춘다는 점에서 매우 새롭고 획기적인 상담 방법으로 자리잡음. 아울러 명상법과 불교가 서양사회에 전파되면서 의식의 변형과 인간의 영적 측면에 깊은 관심을 가지는 자아초월 심리학(Transpersonal Psychology) 발전. Ken Wilber는 다수의 저서를 통해 이론체계발전, 최근에는 자신의 이론에 근거한 통합적 심리치료(Integral Psychotherapy) 제시

하) 1960년대 이후 현재까지 상담심리학자의 역할과 목표, 기능, 상담절차 등에 대한 정교화 작업이 진행되면서 높은 질적 향상이 이루어짐. 이를 바탕으로 점차 상담에서의 전문성을 강조하게 되었고, 상담심리학자들은 치료적/재활적, 예방적, 교육적, 발달적인 세가지 측면의 역할을 수행하게 됨

거) 상담이론에 대한 방법론적, 설계적 정교함을 가진 연구들이 많이 출판되면서 과학성을 갖춰나가게 됨

너) 현재 상담심리학자들은 전문성에 대한 한계를 정의하고, 훈련을 위한 규준을 구체화하고, 활발한 조직적 구조를 창조하고, 전문적이고 과학적인 의사소통을 위해 지속적으로 노력하며 해마다 많은 전문 상담가를 배출

다. 한국의 상담심리학 발전 과정

1) 한국은 상담의 세계적 역사에서 오랫동안 벗어나 있었으며, 훨씬 늦은 시기에 상담이 소개되었음

2) 1964년 10월 서울대학교 학생생활연구소에 상담이나 임상심리학에 관심을 가지고 있는 9명의 심리학자들이 최초로 모여 전문학회 창립의 첫걸음. 당시 '임상심리분과회'를 설립하고 공식회칙을 채택, 1973년 '임상 및 상담심리분과회'로 명칭을 변경. 같은 해에 최초의 상담심리전문가 자격시험이 실시되었고, 당시 6명의 전문가가 탄생

3) 1987년에는 상담심리전공자들이 독자적인 분과학회를 창립하면서 임상심리학과 분리 되어 '상담심리분과회'로 독립

라. 상담관련 윤리

1) 상담자의 윤리 필요성

가) 상담자는 고통 속에 놓여있는 내담자의 문제를 직접 다루는 일을 하기 때문에, 몇 가지 사항을 세심히 고려하지 않으면 내담자에게 큰 피해를 줄 수 있음

나) 상담자 자신에 대한 보호뿐만 아니라 내담자의 건강한 삶과 적응을 위해 반드시 숙지하고 지켜야 함

다) 한국상담심리학회와 한국상담학회에서는 상담자가 준수해야 할 윤리강령을 규정. 윤리강령에는 전문가로서의 태도, 사회적 책임, 인간권리와 존엄성에 대한 존중, 상담관계, 정보의 보호, 상담연구, 심리검사 등과 관련된 윤리적 문제에 대한 규정이 제시 → 윤리강령을 위반할 경우 자격정지 혹은 박탈, 법적 책임

2) 상담자의 윤리 내용

가) 상담자로서의 전문성 갖추기: 학회 및 전문 상담 자격이 요구하는 학력과 교육이수가 필수적

나) 상담에 대한 정보 제공: 상담자는 자신의 신념체계, 가치, 제한점 등이 상담에 미칠 영향력을 자각하고, 내담자에게 상담의 목표, 기법, 한계점, 위험성, 상담의 이점, 자신의 강점과 제한점, 심리검사와 보고서의 목적과 용도, 상담료, 지불방법, 상담회기의 녹음과 관련된 사항 등을 명확히 알려야 함

다) 비밀 보장

　(1) 내담자와 관련된 정보의 보호와 관련된 것으로, 상담자와 내담자 간의 신뢰와 관련됨

✔ 공부 Tip
'상담자의 윤리 내용'은 시험에 자주 출제되는 부분이다. 반드시 정리해 두어야 한다.

✔ 공부 Tip
'비밀 보장 예외 사항도 자주 출제된다. 잘 정리해 두어야 한다.

1. 내담자가 상담 장면에서 타인을 해칠 가능성을 보일 경우
2. 감염성이 있는 치명적인 질병에 걸린 경우
3. 자살위기
4. 법적인 정보공개가 요구되는 경우

(2) 상담자와 내담자간의 신뢰는 상담진행에서 필수요소, 내담자가 자신에 대한 비밀 보장을 확신치 못한다면 자신의 문제를 솔직하게 깊이 있게 드러내지 못할 것임 → 상담초기단계에서 비밀보장에 대해 설명(윤리강령)

(3) 아동이나 청소년 상담시, 보호자들이 자녀가 무슨 말을 했는지 매우 궁금해 함. 보호자라 하더라도 상담진행과 관련된 세세한 내용을 직접 전달해서는 안 됨

(4) 학회나 세미나에서 상담사례를 발표할 때나 책에 소개할 때에도 내담자보호를 위해 가명사용, 내담자의 단서를 최대한 감추어야 함

(5) 예외사항: 내담자가 상담 장면에서 타인을 해칠 가능성을 보일 경우, 감염성이 있는 치명적인 질병에 걸린 경우, 자살위기, 법적인 정보공개가 요구되는 경우

라) 내담자와의 이중관계: 상담관계는 공적인 관계. 상담을 통해 정서적 교류와 신뢰가 생기면서 공식적인 상담관계를 벗어나, 상담 중에 친구관계나 연인관계, 금전관계를 맺는 것은 상담의 전문성과 중립성을 잃게 하며, 상담자가 내담자를 이용하는 피해

마) 성적 관계: 내담자와 성적 관계를 맺는 것이 엄격하게 금지. 만약 내담자에게 성적 감정을 느끼면, 개인차원에서 상담 받고 그 문제에 대처하거나 상담을 중단. 내담자가 유혹하는 경우, 상담자는 중립을 지키며 내담자가 마음의 상처를 받지 않게 의연하고 현명하게 대처해야 함

문제

1. 최초로 심리학 지식을 상담이나 치료의 목적으로 활용하려고 심리클리닉을 펜실베니아 대학교에 설립한 사람은?

가. 위트머(Witmer) 나. 볼프(Wolpe)

다. 스키너(Skinner) 라. 로저스(Rogers)

[1. 해설] ㉮
펜실베니아 대학교에 심리클리닉을 설립한 사람은 Witmer이다.

2. 현대 상담에 대한 접근과 가장 거리가 먼 것은?

가. 다소 복잡하고, 역사적이고 이론적인 시야 등 이 분야의 종합적인 통찰을 얻어야 한다.

나. 상담 접근 방식들의 주된, 공통된, 효과적인 요소가 무엇일지에 대해 생각해야 한다.

다. 통합적인 상담 방식보다 특정 상담 방식을 고수해야 한다.

라. 상담 접근 방식들 간의 핵심적인 차이에 대해 논의해야 한다.

[2. 해설] ㉯
현대 상담에서는 특정 상담방식보다 통합적인 접근이 선호된다.

3. 상담 및 심리치료의 발달 역사에 관한 설명으로 옳지 않은 것은?

가. William Glasser는 1960년대에 현실치료를 제시하였다.

나. 가족치료 및 체계치료는 1970년대부터 본격적으로 등장하였다.

다. Rollo May와 Victor Franks 영향으로 게슈탈트 상담이 발전하였다.

라. Witmer는 임상심리학이라는 용어를 최초로 사용했으며, 치료적 목적을 위해 심리학의 지식과 방법을 활용하였다.

[3. 해설] ㉰
게슈탈트 심리치료는 Fritz Pearls가 창안하고 발전시킨 심리치료 기법이다.

4. 상담자의 윤리에 관한 설명으로 틀린 것은?

가. 비밀보장은 상담진행 과정 중 가장 근본적인 윤리기준이다.

나. 내담자의 윤리는 개인 상담뿐만 아니라 집단 상담이나 가족 상담에서도 고려되어야 한다.

다. 상담 여부를 결정하는 것은 내담자이며 상담자는 내담자에게 정확한 정보를 제공해야 한다.

라. 상담이론과 기법은 반복적으로 검증된 것이므로 시대 및 사회여건과 무관하게 적용해야 한다.

[4. 해설] ㉺
상담 이론과 기법은 시대 및 사회여건 및 문화에 적절한 방식으로 적용해야 한다.

5. 상담의 일반적인 윤리원칙에 해당하지 않는 것은?

가. 자율성　　　　　　　　나. 무해성

다. 선행　　　　　　　　　라. 상호성

[5. 해설] ㉺
상담의 일반적인 윤리원칙 : 자율성, 선행, 무해성, 공정성, 충실성

심리학개론

이상심리학

심리검사

임상심리학

심리상담

2 정신분석적 상담

가. 정신분석의 개요

1) 정신결정론(Psychological Determinism): 인간의 모든 느낌, 생각이나 행동들은 의미와 목적이 있음

2) 무의식적 동기(Unconscious Motivation): 원인을 전혀 알 수 없듯이 보이는 것이라도 의식하지 못한 무의식속에서 어떤 원인이 있다고 보는 것. 상담자는 내담자가 자기 행동의 무의식적 동기를 인식하여 의식수준으로 표출할 수 있도록 도움으로써 내담자가 변화될 수 있도록 하는 것

나. 주요 개념

1) 인간관

가) 정신결정론: 인간 본성에 관한 결정론. 인간의 행동은 비합리적인 힘, 무의식적 동기, 생물학적 그리고 생의 초기 6년 동안의 주요한 심리성적 사상에 의해 전개된 본능적 충동에 의해 결정

나) 생의 초기 6년 동안의 심리성적발달단계가 성격 형성의 근간. 본능은 Freud적 접근의 핵심

(1) 리비도(Libido)

(가) 의미 확장: 성적 에너지 → 모든 삶의 본능적 에너지

(나) 본능은 개인과 인류의 생존이라는 목적에 기여

(다) 성장, 발달, 창조성을 추구

(라) 리비도는 성적에너지를 포함하는 그 이상의 동기의 원천

(마) Freud : 즐거움을 추구하는 모든 활동이 삶의 본능으로 봄. 삶의 목표의 상당부분이 고통을 피하고 쾌락을 얻는 것

(2) 죽음의 본능

(가) 공격적 욕구

(나) 인간은 때로 자신이나 타인을 죽이거나 해치려는 무의식적 소망을 행동으로 나타냄

(다) Freud: 성적 충동과 공격적 충동이 사람행동의 강력한 결정 요인

2) 성격의 구조

가) 원초아(Id)

(1) 심리적 에너지의 원천, 선천적 본능

(2) 조직화가 되지 않으며, 맹목적이고, 요구적

(3) 쾌락의 원리: 비논리적이고 맹목적으로 작용

나) 자아(Ego)

(1) 원초아, 초자아, 외부현실 세계를 중재 또는 통제하는 역할

의식의 구조

전의식: 무의식과 의식 사이 존재. 한 개인이 의식하고 있는 것은 아니나 노력하면 의식하여 떠올릴 수 있는 생각, 감정

의식: 한 개인이 현재 각성하고 있는 것

무의식: 개인이 자신의 힘으로는 의식 할 수 없는 생각, 감정. 자신이나 사회에 의하여 용납될 수 없는 감정이나 생각 혹은 충동들이 억압 마음속 깊은 곳에 감추어져 있어서 기억하지 못하는 정신세계로서 본능. 정열, 억압된 관념 및 감정 등이 잠재되어 있는 곳.

정신분석의 인간관

정신결정론
심리성적발달단계
무의식의 존재

---

(2) 현실의 원리: 현실적이고 논리적인 사고를 하며 환경에 적응

다) 초자아(Super Ego)

(1) 부모, 사회의 가치나 이상 내면화

(2) 쾌락보다는 완전을 추구, 현실적인 것보다 이상적인 것 추구

(3) 도덕의 원리: 주관심사는 행위가 선한지 악한지 혹은 맞는지 틀렸는지를 구분. 현실이 아니라 이상을 나타내며 쾌락보다는 완벽 추구

3) 성격의 발달

가) 구강기(Oral Stage): 0세~18개월

(1) 씹고, 빨고, 물어뜯으면서 시간을 보냄

(2) 젖빨기를 통해 음식에 의한 즐거움의 욕구를 만족

(3) 구강기 고착: 유아기의 구강적 만족이 억제된 결과→다른 사람들의 사랑에 대한 불신과 거부, 관계를 맺지 못할 것이라는 두려움으로 발전

나) 항문기(Anal Stage): 18개월~3세

(1) 18개월 이전 만 1세가 지나면 배변훈련이 시작

(2) 배변훈련이 너무 엄격하면 아기들은 부적할 때나 부적절한 장소에서 배변을 함으로써 분노를 표현하려 함. 이런 행동은 후에 잔인함, 부적절한 분노의 표현, 극단적 무질서 등과 같은 성인기 성격의 기초가 될 수 있음→항문기-공격형 성격

(3) 항문기에 배변을 할 때마다 칭찬을 함으로써 자녀들의 내장운동에 지나치게 많은 주의를 기울여 아동에게 이러한 행동을 지나치게 중요하게 생각하도록 함. 이러한 관심은 개인의 생산성에 대한 욕구와 연관. 다시 말해서, 어떤 성인은 극단적인 질서정연, 탐욕, 인색함, 고집 등과 같은 고착행동을 하게 됨 →항문기-보유형 성격

다) 남근기(Phallic Stage): 3~6세

(1) 남근기의 중요한 갈등의 초점은 이성의 부모에게 느껴지는 무의식적 근친상간의 욕구. 이 감정은 매우 위협적이므로 대개의 경우 억압됨. 이러한 감정들은 후의 성적발달이나 적응을 좌우하는 강력한 결정요인.

(2) 이성의 부모를 차지하려는 욕구와 함께 경쟁자인 동성의 부모를 죽여 버리고 싶은 무의식적 욕구도 나타남

(3) 오이디프스 콤플렉스(Oedipus Complex): 남아는 어머니의 모든 관심을 열망하고 아버지에 대해서는 적대감을 느끼며, 어머니에 대한 근친상간적 감정 때문에 아버지가 처벌할 것이라는 두려움을 갖게 됨

(4) 거세불안(Castration Anxiety): 이 시기 남아는 전형적으로 남근과 연관된 구체적인 공포가 생김

(5) 남아의 오이디프스적 갈등이 적절히 해소되어 가면 아동이 어머니에게서 느끼는 성적 열망은 수용할 수 있는 애정으로 바뀜. 이 시기에 아버지와 동일시하고자 하는 강한 욕구에 따라 남아는 아버지의 행동들을 모방하려 함

정신분석에서의 성격 발달

1. 구강기(oral stage): 0세~18개월
2. 항문기(anal stage): 18개월~3세
3. 남근기(phallic stage): 3~6세
4. 잠복기(latency period): 7~11세
5. 생식기(genital stage): 사춘기 이후

(6) 엘렉트라 콤플렉스(Electra Complex): 여아의 경우, 첫 번째 사랑은 어머니 이지만 이 시기가 되면 아버지의 관심을 끌기 위해 어머니와 경쟁하려고 함

(7) 남아의 거세불안과는 상반되게 여아는 남근 성망을 갖는다고 봄

(8) 여아는 자기가 어머니를 대신할 수 없다는 사실을 알게 되면 어머니의 행동특 성을 닮음으로써 동일시 과정을 시작하게 됨

라) 잠복기(Latency Period): 7~11세

(1) 구강기. 항문기. 남근기 등의 스트레스가 복합된 폭풍의 시기가 지나가면 아동 은 비교적 조용한 휴식기

(2) 성격의 중요 구조(원자아, 자아, 초자아)들이 형성되고 하부체계들 사이의 관 계도 형성됨

(3) 이 기간 동안 새로운 흥미들이 유아의 성적 충동을 대신함

(4) 사회화가 일어나고 아동은 흥미를 더 넓은 세계로 돌림

(5) 성적 충동은 상당부분 학교에서의 활동, 취미, 운동, 동성 친구들과의 우정으 로 승화됨

마) 생식기(Genital Stage): 사춘기 이후

(1) 사춘기에 접어들면, 성적 에너지가 다시 분출되어 이성에게서 성적 만족을 얻 으려고 하게 됨

(2) 이전 단계까지는 자기 자신으로부터 성적 만족을 취하는 자기애적 성향의 특 징을 지니고 있었으나 이 단계에서 이성애적 성향으로 바뀌게 됨

(3) 이 시기까지 순조로운 발달을 성취한 사람은 점차 타인에 대한 관심과 협동의 태도를 갖게 되면서, 이타적인 성격의 소유자로 발달

4) 무의식

가) 인간 행동을 좌우하는 중요한 역동적 힘의 근원은 무의식에 있다고 봄

나) 무의식은 직접 알 수는 없지만 행동으로부터 추론할 수 있음

다) Freud: 의식은 전체 마음 중의 얇은 표면에 불과. 무의식에는 모든 경험, 기억, 억압된 재료들이 저장되어 있음

라) 무의식에 대한 임상적 증거

(1) 무의식적 욕구, 소망, 갈등의 상징적 표상인 꿈

(2) 말의 실수나 친숙한 이름 등의 망각

(3) 자유 연상으로부터 도출된 자료

(4) 정신증적 증상의 상징적 내용 등

다. 불안과 자아방어기제

가) 불안

(1) 정신분석적 접근에서 중요한 개념

(2) 불안: 어떤 것을 하도록 우리를 동기화시키는 긴장 상태. 원초아, 자아, 초자 아 사이의 갈등이 이용 가능한 정신 에너지의 통제를 넘어설 때 생김

(3) 불안의 기능: 임박한 위험에 대해서 경고하는 것

(4) 불안의 종류

　(가) 현실적 불안: 외부에서 오는 위험에 대한 두려움이며 불안의 정도는 실제
　　　위험의 정도에 비례

　(나) 신경증적 불안: 개인내의 힘의 균형이 위협받을 때 생김. 본능이 통제되지
　　　않아 벌을 받을 어떤 일을 하게 되는 것에 대한 공포

　(다) 도덕적 불안 : 개인내의 힘의 균형이 위협받을 때 생김. 자신의 양심에서
　　　생기는 두려움이다. 양심이 잘 발달된 사람은 자신의 도덕적 규칙에 위배되
　　　는 일을 할 때 죄책감을 느끼는 경향이 있다.

(5) 자아가 합리적·직접적 방법으로 불안을 통제할 수 없을 때 자아는 비현실적
　　방법인 자아방어기제를 작동함

나) 방어기제

(1) 방어기제

　(가) 개인이 불안을 극복하고 자아가 불안에 압도되지 않도록 도움

　(나) 자아방어기제들은 병적인 것이 아니라 정상적인 행동

　(다) 방어기제가 현실직면을 피하려는 삶의 양식이 되지 않으면 적응적 가치가
　　　있을 수도 있음

　(라) 방어기제는 현실을 부정하거나 왜곡시키며, 무의식 수준에서 일어남

　　① 합리화: 자신이 지니고 있으면서도 받아들이고 싶지 않은 충동이나 행동
　　　또는 개인적 결함을 정당화시키기 위하여 사회적으로 용납되는 그럴듯한
　　　설명이나 이유를 대는 것. 스스로 죄의식을 느끼는 행동을 무의식적으로
　　　정당화하려는 방어기제

　　② 부인: 엄연히 존재하는 위험이나 불쾌한 현실에 눈을 감음으로써 불안을
　　　회피하고 편안한 상태를 유지하는 것

　　③ 억압: 괴롭히는 욕구나 생각 또는 경험을 의식 밖으로 몰아내어 무의식속에
　　　두는 것. 억제가 의식적인 과정인 반면, 억압은 무의식적인 과정

　　④ 투사: 자기 자신이 지니고 있으면서도 자신이 받아들일 수 없는 충동이나
　　　속성을 타인의 것으로 돌리거나 자신의 실패를 타인의 탓으로 돌리는 것

　　⑤ 전치: 중립적이며 위협적이 아닌 목표물을 향해서 긴장을 해소하거나 증오
　　　감을 표현하는 것

　　⑥ 반동형성 – 용납할 수 없는 생각이나 감정을 감추고 정반대의 행동이나 생
　　　각, 감정들로 대치함으로써 감정적 갈등이나 내외적인 스트레스를 처리하
　　　는 것

　　⑦ 동일시 – 타인의 일을 마치 자기 자신의 일인 것처럼 느끼고 행동함으로써
　　　감정적 갈등이나 내외적인 스트레스를 처리

　　⑧ 승화 – 잠재적으로 부적응적인 감정이나 충동을 사회적으로 용납되는 건설
　　　적이고 유익한 목적으로 표출시키는 방어기제

불안의 종류
1. 현실적 불안
2. 신경증적 불안
3. 도덕적 불안

* 방어기제는 현실을 부정하
거나 왜곡시키며, 무의식 수
준에서 일어남

방어기제
1. 합리화
2. 부인
3. 억압
4. 투사
5. 전치
6. 반동형성
7. 동일시
8. 승화
9. 주지화

심리학개론

이상심리학

심리검사

임상심리학

심리상담

⑨ 주지화 – 불편한 감정을 조절하거나 최소화하기 위해 지나치게 추상적으로 사고하거나 일반화함으로써 감정적 갈등이나 내외적인 스트레스를 처리하는 방어기제

라. 상담 목표와 상담 과정

상담의 목표
- McGlashan &
Miller(1982)
1. 성장의 촉진
2. 자기체계의 성숙
3. 인간관계의 성숙
4. 현실 수용
5. 성숙한 대처방안
6. 체험의 충만함과 생동성
7. 통합적 수용력
8. 자기 분석 능력

1) 상담의 목표
가) Freud
(1) 원초아가 자아가 되어야 함: 자아를 강하게 하고 자아를 초자아에 덜 의존적이게 하고 자아의 지각의 장을 확대 하고 자아의 조직을 복구하고 증축
(2) 정신분석에서 우선적으로 성취해야 할 것은 증상의 제거가 아니라 무의식적 소망을 의식화하여 자기화 하고 포기할 것은 포기하며 현실적이고 자유로운 선택을 할 수 있는 능력에 도달 하는 것
나) McGlashan & Miller(1982)[1]
(1) 성장의 촉진: 인간의 기본적인 신뢰감과 안정감 회복, 공격성에 대한 불안을 극복하고 건전한 활용 능력을 기름
(2) 자기체계의 성숙: 자기 책임감, 자기 동일성, 자기 가치 감정 등의 성숙함을 갖게 함
(3) 인간관계의 성숙: 부모에 대한 비현실적인 기대, 왜곡된 지각이나 판단 등에 대한 새로운 시각을 갖도록 함
(4) 현실 수용: 추동을 통제하는 힘과 좌절을 이겨내는 능력이 키워지며 지각과 느낌에 있어 내적인 것과 외적인 것을 구별하여 정확한 현실검증 능력이 생기도록 함
(5) 성숙한 대처방안: 일상생활에서 미숙한 방어기제를 활용하지 않고, 환경을 창의적으로 활용케 함
(6) 체험의 충만함과 생동성: 일상에서 자기감정을 잘 느끼고 명명할 수 있는 능력이 생기게 함
(7) 통합적 수용력: 양가감정을 참아낼 수 있게 하며 인지능력을 경제적으로 관리할 수 있고 합리적인 것과 비합리적인 것 사이의 긴장을 견딜 수 있게 함
(8) 자기 분석 능력: 자기통찰능력과 통찰한 것을 행동으로 롬기며 전이신경증을 극복하게 함

2) 상담자의 역할
가) 상담자는 내담자로 하여금 과거의 경험과 그때그때 감정들을 자유롭게 털어 놓도록 격려
나) 빈 화면(A blank Screen): 상담자는 전이관계 촉진을 위해 내담자의 사고 진행을 방해하지 않고 중립적인 위치를 유지

---

1) McGlashan & Miller(1982)는 190여 개 문헌을 정리하여 정신분석 목표에 대하여 정리.

3) 상담자와 내담자의 관계

가) 전이(Transference): 내담자가 과거의 의미 있는 대상과의 관계에서 경험했던 무의식적 소망, 기대, 좌절 등이 현재 상담자와의 관계에서 활성화 되며 반복되는 현상. 상담자는 내담자에게 중요한 타인의 현재 대리인

　　Ex) 내담자가 엄하고 애정이 없는 아버지에 대해 풀지 못했던 감정을 상담자에게로 전이시키면 상담자는 내담자의 눈에 엄하고 애정이 없어 보이게 됨

나) 역전이(Countertransference): 상담자가 내담자를 대할 때 객관성을 저해할 수 있는 비합리적 반응. 모든 역전이를 치료적 과정에서 유해한 것은 아님. 상담자가 자신의 역전이 감정이 잘 탐색되면 내담자를 돕는 중요한 수단으로 사용할 수 있음

　　Ex) 남성 내담자는 여성 상담자에게 과도하게 의존할 수 있음. 상담자가 지시해 주고 삶의 방법을 말해 주기를 원할 수도 있고, 어머니로부터 받을 수 없다고 느꼈던 사랑이나 수용을 바랄 수도 있음. 이 경우에 상담자 자신이 양육, 의존적 관계를 촉진시키고 자신이 중요하다는 말을 듣고 싶어 하는 풀지 못했던 욕구를 가지고 내담자를 유아적으로 만듦으로써 자신의 욕구를 만족시키려고 할 수 있음. 이 경우 상담자가 자신의 역동이나 자신의 욕구를 인식하지 못하면 그 역동이 상담과정에서 방해가 됨

4) 상담과정

가) 개시단계: 초기의 면접을 통해 내담자가 지닌 문제의 성질을 확인하고, 분석이 가능한 사람인지를 결정. 일반적으로 상담 초기 단계는 3~6개월 지속

나) 전이의 발달: 전이분석을 통해 환상과 현실, 과거와 현재를 구분하고 과거의 무의식적 욕구가 영향을 미치는지 이해하는 것

다) 훈습: 전이를 통한 통찰의 반복, 구체화, 확대. 내담자가 전이를 통해 자신의 문제에 대해 통찰하는 것은 계속 깊이를 더해가며 훈습이라는 과정으로 공고히 하는 것

라) 전이의 해결: 상담의 종결단계. 해석의 재구성을 확인, 정교화

마. 상담 기법 및 절차

가) 분석적 틀의 유지: 상담자의 상대적 익명성, 만남의 규칙성과 장기간의 만남, 정한 시간에 시작하고 마치는 것과 같은 절차적이고 형식적인 요인

나) 자유연상: 내담자는 자유연상을 통해 과거를 회상하고 충격적인 상황 속에서 느꼈던 여러 가지 감정들을 발산. 내담자는 검열 없이 생각과 감정을 즉각적으로 보고함으로써 어떤 감정도 다 말함. 자유연상은 무의식적 소망, 환상, 갈등, 동기로의 문을 열기 위해 사용하는 기본적 도구. 과거 경험들을 회상시키고 때로는 차단되어 왔던 강한 감정들을 해방시킴

다) 해석

　(1) 해석의 원칙

　　(가) 시기의 적절성: 일반적으로 해석할 내용이 의식적 인식에 가까워졌을 때

해석해야 함

(나) 해석의 깊이 조절: 표면적인 것부터 해석하고 내담자가 갈 수 있는 깊이까 지만 해석

(다) 저항이나 방어의 이면의 무의식적 감정 및 갈등을 해석하기 이전에 저항과 방어를 먼저 지적하는 것이 좋음

(2) 해석의 범주

(가) 명료화 해석: 내담자의 생각과 감정을 구체화

(나) 비교해석: 두 가지 이상의 유사한 생각이나 감정을 대비해줌.

(다) 소망-방어의 해석

(3) 해석의 과정

(가) 직면(Confrontation): 내담자를 어떤 측정 사실이나 체험과 직면

(나) 명료화(Clarification): 사실이나 사건, 의미 등을 명료화 함

(다) 해석의 방향: 표면적인 것→깊은 것/의식적인 것→무의식적인 것/방어, 저항→무의식적인 것

(라) 훈습(Working-through): 분석과정에서 해석된 것을 통합하고 해서고가 더불어 유발된 저항을 극복

라) 꿈의 분석: 무의식적 욕구나 억압되어 온 정신내용이나 해결되지 않은 문제들에 대한 통찰력을 얻는 절차. 삼담자는 꿈의 표면적 내용들에 나타난 상징들을 연구 하여 잠재적인 내용을 밝혀내야 함

마) 저항의 해석

(1) 저항: 상담의 진전을 방해하고 상담자에게 협조하지 않으려는 내담자의 무의 식적인 행동

(2) 내담자의 저항 이유: 불안으로부터 자아를 보호하기 위해서

(3) 상담자는 내담자가 보이는 저항에 주의를 환기 시킨 다음 내담자가 수용할 수 있도록 배려하며 해석해야 함

문제

1. 다음 중 정신분석기법이 아닌 것은?

    가. 자유연상 나. 해석

    다. 억압 라. 저항의 분석

2. 내담자가 어렸을 때 자기의 부모나 주위사람에게 품었던 생각이나 감정을 치료 장 면에서 치료자에게 반복하는 현상은? (2007 기출)

    가. 저항 나. 해석

    다. 투사 라. 전이

3. 정신분석 상담에서 전이분석이 중요한 이유로 가장 적합한 것은? (2010 기출)

　가. 내담자에 대한 상담자의 감정이 나온다.

　나. 상담자의 감정을 드러내지 않게 해준다.

　다. 무의식 내용을 알 수 있는 최선의 길이다.

　라. 내담자에게 현재 관계에 대한 과거의 영향을 깨닫게 해준다.

4. 정신분석적 상담접근에 관한 설명으로 틀린 것은? (2009 기출)

　가. 정신분석에서는 꿈을 활용한다.

　나. 정신분석에서 내담자의 저항은 중요하지 않다.

　다. 내담자와 상담가의 관계는 전이과정으로 개념화된다.

　라. 정신분석적 치료의 목표는 무의식을 의식화하고 자아를 강하게 하는 데 있다.

5. 다음 중 정신역동적 상담기법의 핵심특징과 가장 거리가 먼 기법은? (2005 기출)

　가. 공감적 경청　　　　　　　나. 자유연상

　다. 꿈의 해석　　　　　　　　라. 전이의 해석

[3. 해설] ㉣
정신분석 상담에서 전이란 내담자가 상담상황에 대해 가지고 있는 일종의 왜곡으로 과거에 중요한 사람에게 느꼈던 감정을 현재의 상담자에게 느끼는 것을 의미한다. 내담자는 상담을 통해 이전에 자신이 가지고 있다가 억압했던 감정. 신념. 소망 등을 표현하게 되는데, 상담자는 이러한 전이를 분석하고 해석함으로써 내담자가 무의식적 갈등과 문제의 의미를 통찰하도록 도움으로써 내담자에게 현재 관계에 대한 과거의 영향을 깨닫게 해준다.

[4. 해설] ㉡
정신분석적 상담의 과정은 크게 4단계로 나누어 볼 수 있다. 즉, 상담자와 내담자가 상담관계를 형성하는 초기단계, 내담자가 상담자에게 전이감정을 느끼고 표현하는 전이단계, 전이에 대한 분석이 이루어지는 통찰단계. 그리고 통찰을 현실생활 속에서 계속유지하려고 노력하는 훈습단계이다. 대체로 초기단계에서는 자유연상. 꿈의 분석을 통하여 내담자의 심리적 문제에 대한 윤곽이 드러나고 내담자와 치료동맹을 맺게 된다. 이러한 상담의 과정에서 저항은 내담자에게 위협이 되는 그 어떤 것을 의식에 떠오르지 않게 하려는 것을 의미하며 이러한 내담자의 저항에 대하여 분석하고 해석함으로써 내담자가 무의식적으로 숨기고자 하는 것 피하고자 하는 것. 불안해하거나 두려워하는 대상 등에 대한 정보를 얻는다.

[5. 해설] ㉮
공감적 경청은 Rogers의 인간중심상담에서 강조하는 치료자의 태도이다.

③ 인간중심 상담

가. 인간중심 상담이론의 개요

1) Rogers 이론의 형성 단계

가) 비지시적 단계(1940~1950)

(1) Rogers는 상담에서 지시적 접근이나 전통 정신분석적 상담에 대한 반발로 비지시적 심리 상담을 개발

(2) 비지시적 상담 : 상담자가 허용적이고 비간섭적 분위기 만들 것 강조. 상담자가 자신을 노출시키기보다 내담자가 자신의 감정을 인식하도록 하는데 목표를 두고 내담자의 언어적/비언어적 표현을 반영해주고 명료화시키는데 초점

나) 내담자 중심 단계(1950~1960)

(1) 내담자 중심 치료로 이름 변경. 비지시적 방법보다 내담자를 중요시 여기는 점을 강조하기 위함

(2) 이 시기에는 내담자의 현상적 세계에 초점. 사람들의 행동을 가장 잘 이해하려면 그 사람의 내적 준거체계를 이해해야 함

다) '진정한 자기가 되는 것'의 적용 단계(1961~1970)

(1) On Becoming a Person(1961)을 출판하면서 '진정한 자기가 되는 것에 초점

(2) 자기가 되는 과정: 경험에의 개방, 자신에 대한 신뢰, 내적 평가, 지속적 성장 의지 등

(3) 1960년대에 Rogers와 그의 동료들: 심리상담 과정과 결과에 대한 수많은 연구를 통해 내담자 중심접근의 기본가설을 계속해서 검증. 성격변화의 촉매제인 내담자와 상담자의 관계를 연구.

라) 인간중심단계(1971~)

(1) 인간중심적 접근은 주로 상담에 적용되고 있지만, 교육, 가족생활, 리더십과 관리, 조직구성, 건강관리, 문화나 인종간, 국제관계 등에도 폭넓게 적용될 수 있음

(2) Rogers는 1970년대 말~1980년대에 걸쳐 인간중심접근을 정치 특히 세계평화의 성취에 적용시키려고 노력함

나. 주요 개념

1) 인간관

가) 인간은 합리적이며 사회적이고 발전적이며 현실적인 존재

나) 개인으로서의 인간은 심리적 부적응 요인들을 자각하는 능력과 부적응의 상태에서 벗어나 심리적 적응의 상태로 향하는 능력과 경향성을 가짐

다) 인간은 신뢰할 수 있고 자원을 만드는 존재이고 자기이해와 자기-지시적 능력을 갖고 있으며, 건설적인 변화를 일으킬 수 있으며 효율적이고 생산적인 삶을 영위

할 수 있음

라) 인간은 모두 기본적 성취욕구를 가지고 있는데 기본적 성취욕구란

마) 인간은 허용적 분위기가 되면 건강을 향해 나아가는 성취욕구를 가지고 있음

다. 기본 개념

1) 실현화 경향

　가) 유기체를 유지하거나 고양시키는 방법

　나) 모든 유기체의 잠재능력을 발전시키는 유기체의 생득적 경향

　다) 자율성을 향한 발달, 타율성이나 외부 세력에 의한 통제로부터 벗어나는 것

2) 자기 실현화 경향

　자신을 상징하는 유기체의 경험에서 자기실현을 하는 일반적 경향의 표현

3) 경험

　가) 특정 시간에 유기체 내에서 일어나고 있는 모든 것

　나) 개인이 자각하지 않은 사건들도 포함

　다) 기억과 과거경험의 영향력을 포함

4) 감정, 감정경험

　가) 개인적인 의미를 가지며, 정서적인 색조를 띤 경험

　나) 정서를 포함할 뿐 아니라 그 정서가 갖는 의미에 관한 인지적 내용도 포함

5) 자각, 상징화, 의식

　동의어. 경험의 부분을 나타내는 것

6) 자기경험과 자기, 자기개념, 자기구조

　나에 대한 지각과 다른 사람과의 관계에 대한 지각

7) 자기와 경험의 불일치

　가) 흔히 지각된 자기와 실제적 경험의 사이에서 발달

　나) 일종의 긴장·혼란된 상태

　다) 긴장, 내적 혼란, 행동을 실현하려는 경향과 자기실현을 하려는 경향 사이의 갈등에서 초래하여 조화가 안 되었거나 이해할 수 없는 행동을 동반하는 지각된 자아와 실제 경험의 모순

8) 방어, 방어성

　가) 위협에 대한 행동반응

　나) 목적: 현재 자아 구조를 유지하는 것

　다) 목표: 경험과 자기 구조간의 불일치 감소시키기 위해 자각내에서 경험을 지각적으로 왜곡하거나 부인하여 그 결과 자기에 대한 위협을 방어하는 것.

9) 일치성, 자기와 경험의 일치

자기 경험이 정확히 상징화 되고, 상징화된 형태로 자기 개념에 포함되는 상태

10) 경험에의 개방성

모든 자극들이 방어기제에 의해 왜곡되거나 변경되지 않고 자유롭게 전달되는 것

11) 성숙, 성숙성

현실적으로 지각하고 방어하지 않으며 책임감을 받아들이고 자신의 감각에 기초하여 경험을 평가하며 평가를 새로운 경험 위에서 바꾸고, 타인들을 자기와 다른 개채로서 받아들이고, 자기가 긍지를 지니고 남에게도 긍지를 가지게 하는 등의 속성을 가지는 것.

12) 조건부 가치

경험이 유기체를 고양시키는지와 무관하게, 오직 타인에게서 부여받은 가치 때문에, 자기 자신에게 긍정적이든 부정적이든 간에 개인이 경험한 것에 가치를 두는 것

13) 유기체적인 가치화 과정

과정 내의 가치는 결코 고정되거나 경직되지 않으며, 경험은 정확하게 상징화되고 유기체적으로 경험되는 만족의 관점에서 계속적으로 새롭게 가치를 부여받음

라. 성격에 대한 이해

1) 성격의 구조

가) 유기체: 한 개인의 전체 즉, 신체, 지성, 정서를 의미

나) 현상학적 장: 인간이 경험하는 것. 중요한 것은 경험을 어떻게 지각하는가

다) 자기: 전체적인 경험과 지각으로부터 분화된 "나"에 대한 인식과 가치로 이루어짐

2) 인간중심 치료 이론의 성격 연구

가) 인간중심치료 이론은 임상적 경험과 연구에서 발전

나) 인간 성격에서 변화가 일어나는 방식에 관심

다) 인간이 현재 나타내는 성격 특성의 원인보다 성격 변화의 과정에 관심

3) 성격 변화의 과정과 조건

가) 유아의 특징

(1) 유아는 자신의 경험을 현실로 지각: 경험이 곧 현실

(2) 자기를 실현하려는 선천적 경향을 가짐: 유아의 행동은 자신이 지각한 현실과의 상호관계에서 실현하고자 하는 욕구를 만족 시켜주는 것을 지향. 유아는 조직된 전체로서 행동. 유기체가 실현하려는 경향을 유지하느냐 안하냐에 따라 긍정적, 부정적으로 가치가 주어짐

나) 자기개념의 발달

  (1) 자기감(Sense of Self): 환경 내 자기 자신의 존재 및 기능에 대한 경험으로 획득

  (2) 환경 가운데 다른 중요한 경험들과 상호작용함으로써 자아 경험은 자기 개념이 됨

다) 긍정적 존중을 받으려는 욕구

  (1) 자신이 타인의 욕구를 만족시킨다고 지각할 때 이루어짐

  (2) 타인의 경험 영역에 관한 추론으로 이루어짐

라) 자기 존중에의 욕구 발달

  (1) 긍정적인 존중에 대한 욕구가 만족되거나 좌절되는 경험으로부터 자기 존중감을 발달시킴

  (2) 학습된 자기감: 다른 사람들로부터 받은 존중에 대한 자신의 지각에 근거

  (3) 내사(Introjection): 다른 사람들로부터 존중 받는 실제적인 경험과는 독립적인 것. 개인의 조건부 가치를 내사

마) 조건부 가치의 발달

  (1) 자기존중체계: 아동은 중요한 타인들에게 존중받을만한 가치가 있는 경험과 존중을 받지 못하는 것들을 변별

  (2) 아동은 긍정적인 존중을 받지 못한다고 학습한 자신의 유기체적인 경험들을 완전히 회피하거나 부인하기 시작

  (3) 내사된 조건부 가치들은 자기 존중 체계의 일부가 됨

  (4) 자기 가치는 중요한 타인들과 상호작용하며 학습한 조건부 가치에 의존

바) 자아와 경험 간의 모순성 발달

  (1) 유기체적 욕구와 조건부 가치를 포함하는 자기 존중 욕구간의 갈등이 발생

  (2) 개인은 긍정적인 자기 존중의 유지를 위해 조건부 가치에 기반한 행동을 선택
    → 자기존중적 욕구 〉 유기체적 욕구

  (3) 경험의 선택적 지각: 조건부 가치와 일치하는 경험들은 정확하게 지각하고 상징화 하지만 일치하지 않는 경험들은 선택적으로 일부분만 돼곡시켜 지각하거나 자각하지 못함→부적응 초래, 불안·방어기제 일으킴

사) 위협의 경험과 방어 과정

  (1) 자아구조와 모순되는 경험은 위협으로 지각

  (2) 방어과정은 자기 구조와 조건부 가치들에 일치하는 경험 전체를 지각하게 함

  (3) 조건부 가치들과 상반되는 경험들을 정확히 지각하는 것에 대한 방어적 욕구 때문에 개인은 지각의 경직성을 발달시킴

아) 재조정의 과정

  (1) 개인은 진실해질수록 조건부 가치가 감소되고 무조건적 자기 존중이 증가

  (2) 개인이 존중을 지각하면 현존하는 조건부 가치들을 악화시키거나 분산시킴
    → 무조건적이고 긍정적인 존중 증가, 위협 감소, 진실성 발전

마. 상담 목표와 상담 과정

1) 상담목표

가) 가치조건화(진정한 지신의 욕구에 따라 살지 못하고 다른 사람의 관심과 애정을 받기 위해 그들의 기준이나 조건에 맞추어 살아가려는 상태)를 새롭게 구성하여 진정한 자신의 자아개념이 경험할 수 있도록 돕는 것→무조건적 긍정적 관심을 통해 이룸

나) 궁극적인 상담의 목표는 개인의 독립과 통합이며 내담자가 가지고 있는 문제이기보다는 내담자 자체에 초점

다) 성장 과정에 있는 내담자를 도와 그들이 현재 직면하고 있는 문제와 미래의 문제들을 더 잘 다룰 수 있도록 하는 것

2) 상담의 과정

가) 첫 번째 단계(양파껍질 1): 패쇄적인 내담자는 외양만 드러냄. 문제에 대한 인식이 없으므로 변화에 대한 욕구도 없음. 자신을 둘러싼 세계에 대해 관심도 없고 인식하지도 못함→아무런 조건 없이 수용 받는 경험을 주어야 함

나) 두 번째 단계(양파껍질 2): 자기 주제에 대해서 토론은 하나 자신의 상황에 대한 책임감은 느끼지 못함. 감정을 인식하거나 자신의 것으로 소화하지 못함

다) 세 번째 단계(양파껍질 3): 자신과 자신의 현재 경험에 대해서 이야기하기 시작. 상담과정에 적극적으로 참여

라) 네 번째 단계(양파껍질 4): 과거의 강렬한 감정들을 인식하고 받아들임

　(1) 이 시기는 상담자와 깊은 관계를 맺는 것을 두려워하면서도 그 관계에서 영향을 받고 이 관계를 실험하는 단계

마) 다섯 번째 단계(양파껍질 5): 현재의 감정들이 자유롭게 표현되고 현재에서 느끼는 듯이 경험

바) 여섯 번째 단계: 이전에 금지되었던 감정들이 자유롭게 흐르고 기쁨과 즉각성으로 경험

사) 일곱 번째 단계: 즉각성과 개방성을 가지고 새로운 감정을 경험하게 됨

3) 상담자의 역할

가) 상담자는 상담자의 태도로 내담자의 변화를 이끌어 도구로 자신을 이용함

나) 내담자와 관계에서 촉진적이고 치료적인 분위기 조성이 매우 중요.

다) 현재 자각하기를 거부하거나 왜곡하고 있는 삶의 영역들을 탐색하는데 필요한 자유를 경험

4) 상담자와 내담자와의 관계

가) 인간 중심 접근의 기본 목표는 내담자가 가지고 있는 자기실현 경향을 인식하고 동기화하도록 하는 것

나) Rogers: "만약 내가 어떤 형태의 관계를 제공하면 상대방은 자기 내부에서 그 관계를 활용하여 성장하고 변화할 수 있는 능력을 찾을 것이고 그러면 성장할 것이다."

바. 상담의 기법 및 절차: Rogers의 상담자 핵심적인 3가지 태도

1) 일치성 – 상담자가 진실하다는 것
가) 가장 중요한 특성으로 치료자는 치료기간동안에 완전히 신뢰할 수 있을 만하다는 뜻

나) 치료기간에 치료자는 완전히 진실성을 성취하기 위해 투쟁하는 인간의 본보기를 제시

다) 치료자의 내적경험과 외적표현은 일치하며 그 관계에서 일어나는 감정(부분적 감정까지도) 태도를 솔직히 표현

라) 치료자는 성내고 실패하고 매력을 느끼고 관심 갖고 좋아하고 싫증나고 귀찮아하는 모든 것을 표현. 그러나 충동적이지 않아야 하며 치료자가 짜증내고 성내는 원인이 내담자에게 있어서는 안 됨

마) 치료자는 내담자와 만나는 능력을 방해하는 감정이 무엇인지 탐색해야 함

2) 인간으로서 내담자에 대한 무조건적이고 긍정적인 관심
가) 내담자를 한 인격체로서 깊고 진실하게 돌보는 것

나) 내담자의 감정, 생각, 행위의 좋고 나쁨의 평가와 판단에 영향을 받지 않는다는 점에서 무조건적 나는 당신을 있는 그대로 받아들이겠다는 태도

다) 내담자의 돌봄이 비소유적이어야 함

3) 정확한 공감적 이해
가) 공감적 이해란 상담자가 자신의 입장을 지키면서도 내담자의 감정에 빠지지 않고 마치 자기 자신의 감정인 것처럼 느끼는 것. 내담자의 경험과 감정을 민감하고 정확하게 이해하는 것

나) 공감적 이해의 목적은 내담자가 자신에게 더욱 밀접히 다가가게 하고 더욱 깊고 강한 감정을 경험하게 하여 내담자 내부에 존재하는 불일치성을 인식하여 해결하도록 격려

다) 이 단계에서 내담자는 명백한 감정의 인식을 넘어 경험 속에서 미처 느끼지 못했던 감정까지도 인지할 수 있으며 부분적으로 인식했던 감정의 자각을 확산

라) 치료자는 내담자가 자신의 정체감의 분리 없이 내담자가 현재 보고 느끼는 주관적 세계를 파악할 때 내담자의 건설적인 변화가 일어남

1. Rogers의 인간중심상담에서 상담자에게 요구되는 3가지 태도에 해당하지 않는 것은? (2007, 2010 기출)

　가. 일치성　　　　　　　　　　나. 객관적 관찰
　다. 공감적 이해　　　　　　　　라. 무조건적 존경(존중)

2. 다음은 무엇에 대한 설명인가? (2010 기출)

> 기본적으로는 내담자의 감정, 경험 및 잠재력에 대해 긍정적인 존중과 관심을 전달하는 것이고, 궁극적으로는 내담자를 한 인간으로서의 가치와 자유인으로 잠재력에 대해 매우 깊은 긍정적 존중을 전달하는 것

　가. 공감　　　　　　　　　　　나. 반영적 경청
　다. 내용의 재진술　　　　　　　라. 수용적 존중

3. 다음은 무엇에 관한 설명인가?

　가. 공감　　　　　　　　　　　나. 진실성
　다. 긍정적 존중　　　　　　　　라. 예민한 관찰력

4. 인간중심상담이론에서 요구하는 상담자의 자세와 태도로 적합하지 않는 것은?
(2006 기출)

> Rogers가 제시한 바람직한 심리상담자의 태도 중 상담자가 내담자의 경험 또는 내담자의 사적인 세계를 상담자가 민감하게 그리고 정확하게 이해하려는 노력

　가. 진실성　　　　　　　　　　나. 정확한 공감적 이해
　다. 무조건적 긍정적 존중　　　　라. 지적 능력

5. 인간중심치료 이론에서 치료자의 태도에 해당하는 것은? (2012 기출)

　가. 저항의 분석　　　　　　　　나. 체험에의 개방
　다. 솔직성　　　　　　　　　　다. 무조건적 반영

④ 행동주의 상담이론

가. 행동주의 상담의 개요

1) 행동주의적 접근은 당시 우세했던 정신분석적 관점으로부터 근본적으로 이탈해서 1950년대와 1960년대 초반에 생겨남

2) 이 시기 동안 행동치료 운동은 다양한 문제 행동들을 심리상담하기 위해 고전적 조건형성과 조작적 조건형성의 원리를 적용했다는 점에 있어서 다른 심리 상담과 구분됨

나. 행동치료 이론 4영역

1) 고전적 조건형성

   가) 고전적 조건형성: 생물체로부터 수동적으로 무릎반사나 타액분비 등의 반응적 행동을 이끌어 냄

   나) 1950년대에 Wolpe, 남아프리카의 Lazarus, 영국의 Hans, Eysenck 등은 임상 장면에서의 공포치료를 도와주기 위해 동물연구에서 얻은 실험연구의 결과들을 사용하기 시작

   다) 특히 체계적 둔감법의 발달에 대한 Wolpe의 기여는 고전적 조건형성 모델에 기초를 두고 있고, 이것은 실험실에서 도출해 낸 학습의 원리가 임상적으로 적용될 수 있는 방법을 보여줌

2) 조작적 조건형성

   가) 결과를 산출하기 위해 환경을 조작하는 행위들을 강조

   　　Ex) 조작적 행동들: 읽기, 쓰기, 차 운전하기, 포크사용 등 일상생활에서 하는 중요한 반응들

   나) 행동이 이끌어 낸 환경변화들이 강화적이면 즉, 유기체에게 어떤 보상을 제공하거나 혐오자극을 제거하면 그 행동이 다시 일어날 가능성이 증대됨

   다) 환경변화가 강화를 낳지 못한다면 그 행동이 다시 일어날 가능성은 줄어듦

   라) Skinner: 학습은 정적강화든 부적강화든 강화가 없으면 일어날 수 없다고 주장

   마) 정적강화: 반응 후에 자극이 제시되는 과정. 어떤 행동의 결과로서 어떤 부가적인 것(칭찬이나 돈, 음식. 과자 등 정적강화물)이 주어지는 것

   　　ex) 아동이 사탕을 먹고 싶을 때 운다고 가정하면, 아버지가 아이가 울 때마다 달래기 위해서 사탕을 주었다면 아이의 울음은 정적 강화를 받은 것

   바) 부적 강화: 어떤 행동이 일어날 때 불쾌한 자극을 없애 주는 것. 부적 강화물이란 일반적으로 불쾌한 것이며 그 불쾌한 상황을 피하기 위해서 바람직한 행동을 하고 싶은 동기가 생김

   　　ex) 나는 결국 숲으로 가서 나무를 해올 것. 내가 그 행동을 하지 않으면 아내가 나에게 '게으르다.'라고 하는 잔소리를 듣게 될 것이기 때문

3) 사회적 학습

가) 고전적 조건형성이론에서나 조작적 조건형성이론에서 행동주의자들은 중재 개념들(사고과정의 역할, 태도, 가치)에 대한 언급을 배제하는데 사실 행동은 인지 중재적 과정에 의해 영향을 받음

나) 사회학습이론은 개인의 행동과 환경간의 상호작용에 중요성을 둠

다) 사람들은 자기지시적 행동변화를 할 수 있다는 것이 기본가정

라) Bandura 자기효능감: 사람들이 상황을 지배하며 원하는 변화를 가져올 수 있는 개인의 신념 혹은 기대

4) 인지행동치료

가) 1970년대 이후 행동주의는 사고의 역할을 인정해 왔으며 심지어 인지적 요소가 행동적 문제에 대한 이해와 상담에서의 중추적 역할을 하는 것으로 생각

나) 인지행동상담자들은 행동변화의 중재자로서 인지 과정과 개인적 사상(내담자의 내적대화 등)을 강조

다. 주요 개념

1) 인간관

가) 초기의 상담자들은 인간의 행동이 자연현상과 마찬가지로 일정한 법칙성을 가지고 있다는 결정론적, 환경론적인 입장에서 바라봄.

나) 인간의 행동은 학습된 것으로 보며 학습원리를 통해 인간의 행동을 파악

다) 최근의 행동주의 상담에서는 인간을 단지 사회문화적 조건의 산물이라는 결정론적인 관점이 아니라 그 자신의 환경을 산출하는 주체자라는 입장

2) 과학적 방법

가) 응용행동분석: 행동은 그 후속 결과의 함수라는 것을 기본가정으로 하는 조작적 조건형성에 의존. 벌, 강화, 소거, 자극통제 등의 기법 등을 사용

나) 신 행동주의적 매개적 자극-반응 모형: 이 접근은 고전적 조건 형성과 회피 조건 형성의 원리를 적용하는 것이 특징

다) 사회학습이론: 사회학습이론은 개인의 행동과 환경간의 상호작용에 중요성을 둠. 사람들은 자기-지시적 행동변화를 할 수 있다는 기본적인 가정. Bandura의 자기 효능감은 사람들이 상황을 지배하며 원하는 변화를 가져올 수 있는 개인의 신념 혹은 기대

3) 인지적 행동 수정

가) Meichenbaum 인지행동수정: 내담자의 자기-언어화를 변화시키는 것을 중점적으로 다룸

나) 자기-진술은 다른 사람의 진술과 같은 방식으로 그 사람의 행동에 영향을 미침

다) 기본전제: 행동 변화가 일어나기 위해서는 내담자들이 그들의 생각, 느낌, 행동과 그들이 사람들에게 미치는 영향을 먼저 알아야 한다는 것. 행동의 변화가

일어나려면 짜여진 행동특성을 중단시켜 다양한 상황에서 그들의 행동을 평가해
야 함

4) 행동적 접근법에 폭넓게 적용되는 특성
    가) 현재 개인의 행동에 영향을 주는 것들에 초점
    나) 구체적으로 나타나는 행동을 관찰할 것을 강조
    다) 구체적이고 객관적인 용어로서 상담목표를 구체화
    라) 기초적인 실험연구에 의존
    마) 핵심문제를 특수하게 정의함으로써 처치와 평가가 가능

라. 상담 목표와 상담자의 역할

1) 상담목표
    가) 학습된 구체적인 부적응 행동을 소거시키고 보다 효과적인 바람직한 행동을 새
        롭게 학습시키는 것
    나) 상담목표는 명료해야 하고, 구체적이어야 하고, 이해하기 쉽고, 내담자와 상담
        자의 상호협정으로 이루어짐

2) 상담자의 기능과 역할
    가) 상담자는 능동적이고 지시적인 역할
    나) 상담자는 전형적으로 부적응한 행동을 진단하고 개선된 방향으로 인도하는 치료
        적인 절차를 처방하는 교사, 무대감독, 전문가로 기능

3) 상담자와 내담자와의 관계
    가) 상호신뢰적인 관계가 중요
    나) 따뜻함, 공감성, 진실성, 수용성, 인정 등이 행동 변화를 위한 필수 조건

마. 상담기법 및 절차

1) 체계적 둔감화
    가) 행동치료의 선구자 중의 한 사람인 Wolpe가 개발한 기본적인 행동절차
    나) 이 절차는 내담자의 불안을 감소시키는 한 방법으로써 불안을 일으키는 상황에
        스스로 드러내기 때문에 노출기법의 한 형태
    다) 체계적 둔감법의 절차
      (1) 근육의 긴장 이완
        (가) 환자는 치료자의 지시에 따라서 몸의 근육을 점차적으로 긴장했다가 긴장
            을 품
        (나) 치료자는 온몸이 따뜻해지며, 긴장이 풀리고, 평온해 진다는 것을 암시
        (다) 국부적인 근육을 긴장했다가 푸는 것에 환자가 세심한 주의를 기울이게
            하며 상반되는 자극이나 반응이 일어나지 않게 유의시킴
        (라) 유의할 점

① 근육군을 긴장시켜서 풀 때까지 환자는 그 근육군에 온 정신을 집중시킬 것

② 긴장을 풀 때는 갑자기 풀 것

③ 근육을 긴장시켰을 때와 긴장을 풀 때의 기분의 차이를 생생하게 느낄 것

(2) 불안위계의 작성

(가) 불안을 가장 약하게 일으키는 것부터 불안을 가장 강하게 일으키는 순서로 불안 야기상황을 표로 작성한 것

(나) 불안을 일으키는 과거, 현재, 미래의 자극을 확인하기 위해 평가면접을 통해 수집하며 심리검사를 사용하거나 환자로 하여금 자기에게 불안을 일으키게 하는 모든 상태를 빠짐없이 상세히 적게 함

(다) 당면하는 자극은 비교적 확인하기가 쉬우나, 죄책감이나 대인관계의 불안 등은 쉽게 발견되지 않음으로 빠진 것이 없는지 상세히 검토해야 함

(라) 치료가 진행되는 동안 확인되지 않았던 자극이 불안을 일으키는 것을 발견할 수도 있음으로 불안위계표는 치료 중 조정하여 작성해야 함

체계적 둔감화

1. 근육의 긴장 이완
2. 불안위계의 작성
3. 체계적 둔감

(3) 체계적 둔감

(가) 둔감화에 들어가기 전에 자극의 상상적 제시가 불안을 일으키는지, 환자가 불안야기 상황에 들어가 있는 자신을 상상할 수 있는지를 평가해야 함

(나) 근육이완연습이 끝난 뒤 환자에게 몇 가지 중립적인 상황 몇 가지를 상상해보게 함. 환자의 과거 경험에서 가장 즐겁고 유쾌했던 경험 상상해보게 함 → 긴장이완, 중립적 상황의 상상, 유쾌한 과거경험의 상상에 대해 잘 할 수 있는지 확인

(다) 둔감화 절차

① 긴장이완을 도입, 환자가 조금이라도 긴장, 불안을 느끼면 신호 하게함

② 불안 위계 중 불안을 가장 약하게 느끼는 상황을 제시, 환자가 충분히 상상할 수 있도록 함

③ 불안상황의 상상 중단하게 하고 계속해서 긴장 풀게 함

④ 불안자극에 의해 긴장을 하지 않으면 위계 상황을 반복, 최하단계에서 최상으로 점차 올라감

⑤ 어떤 자극이 불안을 일으키면, 환자에게 그 상황의 상상을 중단시키고 다시 긴장이완을 도입

2) 행동계약

가) 행동계약은 청소년들의 저항이나 부정을 다루는 유용한 방법

나) 행동계약은 청소년에게 부정(Denial)에 대한 통찰을 제공할 뿐만 아니라 청소년을 개입으로 이끌어 나가는 조치로 사용될 수 있음

다) 행동계약은 청소년이 약물에 대한 통제력을 잃지 않았다는 것을 보여 주는 하나의 시범, 실험 또는 내기 게임으로 사용될 수 있음

Ex) 상담자는 약물 청소년에게 "너, 내기 게임할 줄 아니? 좋아, 난 네가 3주

동안 약물을 사용하지 않고 지낼 수 없다는 데 걸겠어. 네가 해낸다면 내가 점심을 사겠어. 네가 해내지 못한다면 우리는 부모님이나 보호관찰사와 함께 약물검사에 대해 얘기할 필요가 있겠지." 계약내용은 간단히 "약물 절대 금지"처럼 쓸 수도 있고 특별한 행동마다 점수를 부과할 수도 있음

라) 계약의 중요성은 계약은 강요적이고 계약이 깨어진다면 취하기로 했던 조치를 취한다는 데 있음(Schaefer, 1987)

마) 행동계약이 성공하려면 계약을 작성할 때 청소년이 순응하지 않은 결과에 대해 명확히 설명해야 하며, 그 계약내용대로 시행해야 한다는 것

바) 청소년이 계약기간 동안 잘 따르고 행동변화 면에서 향상이 있었다면 재계약을 시행하게 됨

사) 계약서는 명확히 작성되어야 하고 청소년과 상담자 모두가 사인해야 함

아) 상담자는 청소년이 계약내용을 잘 이행하는지를 알 수 있는 방법을 강구해야 함
Ex) 다음과 같은 질문을 던질 수 있음. "네가 잘 해 나가고 있는지를 내가 어떻게 알 수 있을까?" 그러면 청소년은 종종 체크할 만한 구체적 행동을 말함. 때때로 부모를 계약과정에 포함시켜 청소년의 행동을 체크하도록 할 수 있음. 수시로 소변검사를 하는 것도 좋은 방법

3) 모방학습

가) Bandura는 행동은 직접적인 보상과 처벌에 의해서도 형성되지만, 단순히 다른 사람들의 행동을 관찰하거나 본받는 것을 통해서 더 주요하게 형성될 수도 있다고 생각했다.

나) Bandura는 관찰학습이 공격적 행동을 학습하는 데도 적용될 수 있다고 주장. Ex) 보보 인형 연구[2]

4) 자기표현 훈련

가) 대인 관계에서의 억제된 생각과 감정을 적절한 방식으로 표현하도록 함으로써, 적극적이고 생산적인 생활태도를 갖추도록 하는 것

나) 갈등과 피해 의식을 줄이는 '비공격적인' 대화 방법의 필요성에서 출발

다) 자기표현 훈련이 필요한 경우에는 일반적으로 대인관계에서의 소외감, 피해의식, 대중공포 및 이에 따르는 불안과 고독감이 문제가 되는 경우

라) 자기표현 훈련이 필요한 행동 예시
(1) 남의 시선을 회피함
(2) 상대방의 잘못을 지적, 언급하기를 두려워함
(3) 모임이나 회의에서 구석 자리만을 찾는 습관
(4) 자기를 비난하는 소리를 듣고만 있는 것
(5) 지나치게 변명하고 사과하는 태도

---

2) 보보인형 실험(Bobo Doll Experiment): 어른 모델이 커다란 플라스틱 인형을 때리고 차는 것을 본 아이들은 그 행동을 보지 못한 아이들보다 나중에 인형을 때리고 차는 행동을 더 자주 함

(6) 좋아하거나 사랑하는 대상에게 애정을 표시하지 못함

(7) 타인을 칭찬할 줄도 모르고 칭찬받을 줄도 모름

(8) 친구의 비합리적 요구를 거절하지 못하는 행동 등

마) 자기표현 훈련은 이러한 불안과 긴장을 감소시키기 위한 표현 반응을 연습함으로써 과도한 억제를 줄임

5) 혐오치료

가) 증상이 나타날 때마다 고통스러운 혐오 자극을 가하여 문제 행동을 소거시키는 상담법

나) 혐오 자극으로는 전기 충격이나 구토제가 사용

Ex) 알코올 중독의 경우 구토제가 섞인 술을 마시게 함으로써 술병만 보아도 진저리가 나게 함

문제))

[1. 해설] ④
겉으로 드러나는 내담자의 증상이나 장애행동을 없애거나 바람직한 적응행동을 습득시키는데 초점을 두는 상담 또는 치료를 행동주의 상담 또는 행동치료라 한다.

1. 상담이론 중 주로 겉으로 드러나는 내담자의 증상이나 장애행동을 없애거나 바람직한 적응행동을 습득시키는데 초점을 두는 상담접근법은?

   가. 인지치료
   나. 행동치료
   다. 정신분석치료
   라. 현실치료

[2. 해설] ④
바람직한 목표행동을 설정해 두고 이 행동에 근접하는 행동을 보일 때 강화를 주어 점진적으로 바람직한 행동에 접근하도록 하는 행동주의 기법을 행동조형이라 한다.

2. 청소년들의 바람직한 목표행동을 설정해두고, 이 행동에 근접하는 행동을 보일 때 단 계적으로 강화를 주어 점진적으로 바람직한 행동에 접근하도록 만드는 치료기법은? (2007, 2010 기출)

   가. 역할연기
   나. 행동조형(조성)
   다. 체계적 둔감화
   라. 재구조화

[3. 해설] ④
체계적 둔감법의 기초가 되는 학습원리는 고전적 조건형성이다.

3. 체계적 둔감법(Systematic Desensitization)의 기초가 되는 학습원리는?

   (2005, 2010 기출)

   가. 혐오 조건형성
   나. 고전적 조건형성
   다. 조작적 조건형성
   라. 고차적 조건형성

4. 사회공포증 치료에서 극복을 위한 집단치료 프로그램 내용 중 불안을 유발하기 때문에 지금까지 피해왔던 상황을 더 이상 회피하지 않고 그 상황에 직면하게 하는 일종의 행동치료기법은? (2007 기출)

　가. 노출훈련

　나. 역할 연기

　다. 자동적 사고의 인지재구성 훈련

　라. 역기능적 신념에 대한 인지재구성 훈련

[4. 해설] ㉮
지금까지 불안을 유발하는 상황을 피하지 않고 직면하는 치료기법은 노출훈련이다.

5. 학생의 시험불안을 감소시키는 데 적용할 수 있는 상담기법은? (2006)

　가. 가치명료화 집단상담　　　　나. 혐오치료

　다. 체계적 둔감법 또는 이완법　　라. 주장훈련

[5. 해설] ㉰
체계적 둔감법은 불안, 공포증 등이 있는 내담자의 부적응 행동이나 회피 행동을 치료하는데 효과적인 방법이다.

5 인지적 상담

가. 인지적 상담의 개요

1) 인간이해와 이론적 가설

가) 인지치료 이론에 의하면 인간은 자기의 심리적 문제를 이해할 뿐만 아니라 해결할 수도 있는 인지적 자각능력과 의식기능을 가지는 능동적인 존재

나) 인지적 관점에서 볼 때 개인의 문제는 현실에 대한 인지적 왜곡으로 말미암은 것이며, 이렇게 왜곡된 사고방식은 인지발달의 과정에서 잘못된 학습으로 말미암은 것

다) 인간의 사고방식은 외적인 환경자극과 내면적 자극을 종합하여 반영할 뿐만 아니라 자신과 자신의 세계, 그리고 과거와 현재에 대한 전반적인 자신의 관점을 반영하는 것

라) 인간은 자신의 인지적 왜곡을 자각할 수 있는 능력이 있으며, 자신의 심리적 기저에 있는 인지구조의 내용이 변화하면 정서 상태와 행동패턴도 자동적으로 영향을 받아 변화

2) 인지적 입장의 이상행동에 대한 가정

가) 인간의 감정과 행동은 객관적 물리적 현실보다는 주관적 심리적 현실에 의해 결정된다는 입장. 인간은 외부현실 자체보다는 외부현실에 대한 심리적 구성, 즉 주관적 현실에 의해서 영향을 받는다는 것. 이러한 가정은 현상학적이며 구성주의 입장에 그 철학적 기반을 둠.

나) 주관적 현실은 외부 현실에 대한 인간의 심리적 구성으로서 이러한 구성과정은 수동적인 과정이 아니라 능동적인 과정이라는 가정. 주관적 현실은 인간의 내부적 속성과 외부적 자극간의 종합적 산물.

다) 인간의 주관적 현실은 주로 인지적 활동을 통해 구성되며 사고와 심상 등 인지적 내용에 의해 표상됨

라) 정신장애는 인지적 기능의 편향이나 결손과 밀접하게 연관되어 있으며 또 이러한 인지적 요인에 의해 유발될 수 있다는 가정. 세계를 주관적 현실로 구성하는 인지적 과정에서의 왜곡과 결손이 정신장애를 유발하는 주요한 원인. 이러한 인지적 왜곡과 결손의 수정과 변화를 통해서 정신장애는 완화되고 치료될 수 있다는 가정.

3) 심리장애와 관련된 주된 사고내용

<표> 심리장애와 사고내용

심리장애	자동적 사고의 주제
우울증	자기 자신, 미래, 환경에 대한 부정적 견해
경조증	자기 자신, 미래, 환경에 대한 긍정적 견해
불안증	신체적 또는 심리적 위협과 위험

심리장애	자동적 사고의 주제
공황장애	신체나 정신적 경험에 대한 파국적 해석
공포증	구체적이고 회피 가능한 상황에서의 위협
전환장애	운동기관 또는 감각의 이상에 대한 믿음
강박증	안전에 대한 반복적 경고 및 회의
자살	희망상실, 절망
섭식장애	살찌는 것에 대한 공포
건강염려증	심각한 의학적 질병에 걸려 있다는 믿음

나. 주요 개념

1) 역기능적 인지도식

가) 인지도식: 사람은 성장과정을 통해 자기 나름대로 자신과 세상을 이해하는 삶의 틀을 형성. 이러한 삶의 틀을 통해 세상과 자신 그리고 타인들에 대한 의미와 관계를 체계화시킴

나) 역기능적 인지도식: 개인의 내면에 있는 인지도식의 내용이 부정적인 것. 역기능적 인지도식을 가진 사람은 자동적으로 자신과 세상, 그리고 다양한 삶의 상황에 대해 부정적인 해석을 함

2) 자동적 사고(automatic thoughts)

가) 자동적 사고

(1) 사람들이 어떤 사건에 접하게 되면 아무런 의식적 노력 없이 자동적으로 떠오르는 어떤 생각

(2) 자동적 사고는 사람들이 자신의 경험으로부터 생성한 신념과 가정을 반영.

나) 심리적 장애를 가진 사람의 자동적 사고는 흔히 왜곡돼 있거나, 극단적이거나 부정확

다) 인지 삼제: 우울증을 겪는 사람들의 자동적 사고의 내용

(1) 자신에 대한 부정적인 생각으로서, 자기 자신을 무가치하고 무능하여 사랑도 받지 못하는 쓸모없는 존재라고 여기며 자신을 비난하는 내용

(2) 미래에 대한 부정적인 생각으로서, 자신의 미래는 희망이 없으며 매사에 실패를 먼저 생각하는 내용

(3) 세상과 타인에 대한 부정적인 생각으로서, 세상은 매우 고통스러운 곳이며 자신에게 과절과 실패만을 안겨준다는 내용

3) 인지왜곡 또는 인지적 오류(Cognitive Errors)

가) 양극적-이분법적 사고: 예를 들어 타인의 반응을 "나를 좋아 하고 있는가?" 아니면 "나를 싫어하고 있는가?"의 둘 중의 하나로 해석하며 그 중간의 의미를 생각하지 못하는 경우. 자신의 성취에 대해서 성공 아니면 실패로 판정하며 대인관계에서는 "나를 받아들이는가?" 아니면 "나를 거부하는가?" "내편인가" 아니면 "상

인지왜곡 또는 인지적 오류(Cognitive Errors)
1. 양극적·이분법적 사고
2. 과잉일반화
3. 선택적 추상화(정신적 여과)
4. 극대화와 극소화(의미 확대와 의미축소)
5. 개인화
6. 임의적 추론(예언자적 오류, Fortune-telling)
7. 잘못된 명명(mMslabelling)
8. 독심술(Mind-reading)

대편인가" 등의 흑백논리적으로 판단하며 회색지대를 생각하지 못하는 경우

나) 과잉일반화: 예를 들어 이성으로부터 두세 번의 거부를 당한 남학생이 자신감을 잃고 "나는 항상 누구에게나 어떻게 행동하든지 거부를 당한다."고 생각하는 것은 지나친 일반화. 시험이나 사업에 몇 번 실패한 사람이 '나는 어떤 시험이든 나의 노력과 상황변화에 상관없이 또 실패하게 될 것이다.' 라고 생각하는 경우도 해당. 대인관계에서 타인으로부터 비난을 당하고 나서 '모든 사람들은' '항상' 어떤 상황에서나 적대적이고 공격적이라고 생각

다) 선택적 추상화(정신적 여과): 예를 들어 친구와의 대화에서 주된 대화내용이 긍정적이었음에도 불구하고 친구의 몇 마디 부정적인 내용에 근거하여 '그 녀석은 나를 비판했다.' '그 녀석은 나를 좋아하지 않는다.'라고 여기는 것. 이와 같이 사건의 주된 내용은 무시하고 특정한 일부의 정보에만 주의를 기울여 전체의 의미를 해석하는 것

라) 극대화와 극소화(의미 확대와 의미축소): 예를 들어 친구가 자신에게 한 칭찬은 듣기 좋으라고 한 소리라고 축소하여 해석하는 반면 친구가 자신에게 한 비판에 대해서는 평소 친구의 속마음을 드러낸 중요한 사건이라고 확대하여 받아들이는 경우. 또 자신의 단점이나 약점은 매우 중요한 것으로 걱정하면서 자신의 장점이나 강점은 별것 아닌 것으로 과소평가하는 경우. 때로 이런 경향성은 자신을 평가할 때와 타인을 평가할 때 적용하는 기준을 달리하는 이중 기준의 오류로 나타날 수 있음. 자신의 잘못에 대해서는 매우 엄격하고 타인이 행한 같은 잘못에 대해서는 매우 관대하고 후한 기준을 적용하여 별 잘못이 아닌 것으로 평가하는 것

마) 개인화: 예를 어떤 남학생이 도서관 앞을 지나가는데 마침 도서관 벤치에 앉아서 이야기 중이던 학생들이 크게 웃었다. 사실 이들은 자신들의 이야기 때문에 웃은 것. 그러나 그 남학생은 그들이 자신을 보고 웃었다고 생각한다면 개인화의 오류를 범한 것

바) 임의적 추론(예언자적 오류, Fortune-telling): 예를 들어 미팅에 나가면 보나마나 호감 가는 이성과 짝이 되지 않거나 호감 가는 이성에게 거부당할 것이 분명하다고 믿는 경우

사) 잘못된 명명(Mislabelling): 사람의 특성이나 행위를 기술할 때 과장되거나 부적절한 명칭을 사용하여 기술하는 오류. 예를 들어, 자신의 잘못을 과장하여 '나는 실패자다' '나는 인간쓰레기다.'라고 부정적인 명칭을 자신에게 부과하는 것이다. 자기 자신이나 타인에게 '돌대가리' '성격이상자' '정신이상자' '사이코' '변태' 등의 과장된 명칭을 부과하는 경우

아) 독심술(Mind-reading): 충분한 근거 없이 다른 사람의 마음을 마음대로 추측하고 단정하는 것. 이 오류는 마치 다른 사람의 마음을 들여다 볼 수 있는 독심술사처럼 매우 모호하고 사소한 단서에 의해서 다른 사람의 마음을 함부로 단정하는 오류. 이런 오류를 범하는 사람들은 자신이 타인의 마음을 정확하게 꿰뚫어 볼 수 있는 능력을 지녔다고 믿는 경우가 많음

다. 상담의 과정과 기법

1) 상담의 목표

가) 인지치료의 기본적 목표는 내담자가 보다 효과적으로 기능하도록 사고의 편견이
나 인지왜곡을 제거하는 것

나) 인지치료에서는 무엇보다도 내담자의 부정적인 자동적 사고와 인지적 오류를
만들어내는 역기능적 인지도식을 찾아내어 그 내용을 보다 현실적인 것으로 바
꾸어 나가는 것

2) 상담자의 역할

가) 인지치료에서 상담자는 논리적 분석가 혹은 교육가와 같이 객관적 사실이나 상
황을 내담자가 주관적인 왜곡됨이 없이 해석하고 사고할 수 있도록 지도하는
역할을 수행

나) 상담자는 내담자로 하여금 자신과 타인, 그리고 세상과 미래에 대한 인지도식을
검토하도록 하며, 보다 적합하고 적응적인 인지구조의 내용으로 바꿀 수 있도록
격려해야 함. 이 과정에서 내담자의 적극적인 참여를 유도하는 것은 매우 필수적
인 요소

다) Beck은 상담자와 내담자의 '협동적 경험주의'를 강조. 상담자와 내담자는 협동
적 경험주의를 통해 자동적 사고를 '행동적 실험'을 통해 검증 가능. 상담자는
내담자와 협동적 대화를 하는 '소크라테스적 대화'라는 질문기법을 사용.

라) 인지치료는 내담자가 자신의 인지적 신념 체계를 부단히 관찰검토 함으로써 역
기능적인 인지도식의 내용을 합리적인 사고로 바꾸어 나가는 과정

3) 상담의 진행과정

가) 1단계; 상담의 구조화 단계

(1) 상담의 도입과 초기단계에서 상담의 구조화 작업은 상담자와 내담자 모두에게
시간과 노력을 효율적으로 사용할 수 있도록 함.

(2) 상담의 구조화 과정에 있어서 상담자는 무엇보다도 내담자와의 친밀한 상담관
계 형성을 위해 노력해야 하며 신뢰롭고 협조적인 상담환경을 만들어야 함

나) 2단계: 역기능적 사고에 대한 통찰

(1) 상담자는 내담자와 함께 내담자의 의식 속에 뿌리박혀 있는 자동적 사고와
핵심신념, 그리고 인지적 오류들을 찾아내야 함

(2) 근본적인 원인이 되는 역기능적 인지도식의 내용들을 구별해 내는 작업

(3) 이를 위해 상담자는 내담자의 삶 속에서 심리적 문제를 불러일으키는 구체적
인 상황을 주의 깊게 경청하며, 이를 통해 문제의 감정을 확인하고 문제에
대한 사고를 파악해야 함

다) 3단계: 역기능적 사고와 핵심신념에 대한 논박

(1) 이 단계에서 상담자는 여러 가지 기법을 통하여 내담자의 주관적 해석인 역기
능적 사고의 내용과 핵심신념을 논박

상담의 진행과정

1단계: 상담의 구조화 단계
2단계: 역기능적 사고에 대
한 통찰
3단계: 역기능적 사고와 핵
심신념에 대한 논박
4단계: 상담종결

(2) 보다 객관적이고 타당한 대안적 해석을 탐색하며 합리적으로 사고할 수 있도록 도와줌

라) 4단계: 상담종결

(1) 내담자가 가지고 있던 기존의 자동적 사고와 비합리적 신념을 스스로 수정하여 자기감정에 대한 통제력을 회복하는 시기

(2) 상담의 종결은 급박하게 이루어지지 않고 서서히 준비하면서 이루어짐

(3) 이때 상담자는 현실적이고 합리적인 인지적 구조를 내면화 할 수 있도록 유도

4) 상담기법

가) 정서적 기법

(1) 정서적 기법: 개인과 세상의 관계에 대한 숨은 의미로서 자동적 사고는 정서 경험을 통해 더욱 분명해짐. 정서도식이 활성화되면 자동적 사고에 가장 쉽게 접근 가능

(2) 정서적 기법의 과정

(가) 최근의 정서적 경험을 구체적으로 이야기하게 함. 선명하게 기억하고 있는 최근의 경험을 되도록이면 자세하고 생생하게 기술. 부정적 감정이 언급될 때 "그때 어떤 생각이 들었습니까?", "그때 머리를 스쳐 지나가는 생각이 무엇입니까?", "그때 어떤 이미지가 떠올랐습니까?"등의 질문을 통해 자동적 사고를 이끌어냄

(나) 심상기법을 사용하여 당시의 상황에 몰입시킴

(다) 정서경험을 재현하기 위해 역할연기를 사용

(라) 상담 중에 일어나는 내담자의 정서변화에 주목. 내담자가 어떤 주제에 대해 얘기를 하면서 표정이 변하고 긴장된 빛이 역력하다면, "방금 어떤 생각이 스쳐 지나갔습니까?"라고 질문하여 자동적 사고를 파악

나) 언어적 기법

(1) 언어적기법

(가) 소크라테스식 질문을 통해 내담자가 자신의 자동적 사고가 현실적으로 타당한가를 평가하고 좀 더 현실적인 생각을 하도록 만드는 방법

(나) 상담 회기 중에 상담자가 소크라테스식 질문으로 내담자의 자동적 사고에 대하여 탐색을 되풀이하게 되면, 내담자는 일상생활에서도 자신의 자동적 사고에 대해 스스로 논박을 하며 평가

(다) 내담자가 자신의 자동적 사고의 타당성을 스스로 평가해 볼 수 있도록 하기 위해서 소크라테스식 질문이 자주 사용

(2) 소크라테스식 질문 유형

(가) 그렇게 생각하는 근거는 무엇인가?: 부분적인 현실에 근거한 주관적인 생각에 머물러 있는 내담자가 있는 그대로의 현실에 주의를 기울이도록 하는 질문. 인지상담자가 가장 많이 사용하는 질문. "그렇게 생각하는 근거는 무엇입니까?", "어떻게 해서 그렇게 생각하게 되었습니까?", "어떤 근거로

소크라테스식 질문 유형

1. 그렇게 생각하는 근거는 무엇인가?
2. 대안적 사고 찾기-달리 설명할 수는 없는가?
3. 실제 그 일이 일어난다면 과연 얼마나 끔찍한가?

그것을 알 수 있습니까?", "그 생각이 맞다는 것을 지지하는 증거는 무엇입니까?" 등의 질문을 통해서 내담자가 가지고 있는 자동적 사고의 현실적 근거가 약함을 깨닫게 함

(나) 대안적 사고 찾기-달리 설명할 수는 없는가?: 내담자는 그 상황을 보는 시각이 폐쇄적이고 제한적이어서 보다 현실적인 관점을 취하는데 어려움을 겪을 수 있음. "달리 설명할 수는 없습니까?", "다른 식으로 볼 수는 없습니까?", "다른 사람은 이 상황을 어떻게 볼까요?" 등의 질문을 통해 가능한 모든 다른 설명을 끌어들여 자신의 생각을 좀 더 열려진 마음으로 평가할 수 있는 심리적 거리를 만들 수 있음

<대안적 사고 찾기의 예>

상황	나의 해석	대안적 해석
전철에서 옆 사람이 자리를 옮김	내가 긴장해서 불편하니까 이 사람도 불편해서 자리를 옮긴 것이다.	내릴 때가 되어서 문 근처로 갔을 수도 있다. 좀 더 한산한 곳을 찾아 갔을 수도 있다.
어머니가 밥을 드실 때 나와 함께 상에서 드시지 않고 혼자 방바닥에서 드심	내가 긴장해서 불편하니까 어머니도 불편해서 마주 앉는 것을 꺼리신다.	어머니는 보수적이다. 원래부터 그러셨다. 원래 방바닥이 편하신가 보다. 내 앞에 앉으시면 TV를 보실 때 등진 위치가 된다.

출처: 민병배(2002). 인지치료의 이론과 실제.

(다) 실제 그 일이 일어난다면 과연 얼마나 끔찍한가?: 이 질문은 불안과 관련된 문제를 많이 보이는 내담자에게 자주 사용하는 질문. 불안한 내담자는 인지적으로 회피하고 싶어 해서 자신이 두려워하고 있는 상황이 과연 그렇게 끔찍한지, 그리고 그러한 상황이 일어날 확률이 얼마나 되는지를 면밀히 생각해 보지 않음. 따라서 일어날 수 있는 최악의 경우를 냉철히 생각해 보도록 하는 질문이 도움. 또한 불안한 내담자는 자신의 대처능력을 과소평가하여 그러한 상황에 처하면 자신이 할 수 있는 일은 전혀 없다고 생각하는 경향. 따라서 '일어날 수 있는 최악의 일은 무엇입니까?', '일어날 수 있는 최선의 결과는 무엇입니까?', '예전에는 이런 상황에서 보통 어떤 결과가 나왔습니까?' 등과 같은 질문을 통하여 현재 내담자의 대처능력으로도 충분히 헤쳐 나갈 수 있는 길이 있음을 깨닫게 하는 것이 필요

다) 행동적 기법

(1) 행동적 기법을 처음으로 적용하려 할 때는 가급적 행동실험(Behavioral Experiment)의 형태로 적용하는 것이 바람직

(2) 행동실험은 내담자가 지닌 부정적 사고의 현실적 타당성을 검증하기 위해서 실험 형태로 어떤 행동을 해 보게 하는 것

(3) 행동실험은 상담 중에 이루어질 수도 있고 숙제로 부과될 수도 있는데, 내담자

에 대한 동기부여를 위해서는 계획단계부터 내담자가 적극적으로 관여하도록 하는 것이 바람직
(4) 행동적 기법의 초기목표는 행동의 변화보다 사고의 현실검증

문제

[1. 해설] ④
주의 환기하기: 주의를 환기하여 내담자가 부정적으로 생각하는 것을 막도록 도와줌
장점과 단점: 내담자로 하여금 자신의 특별한 신념이나 행동에 대한 장점과 단점을 열거하도록 하는 것. 내담자를 흑백논리에서 벗어나도록 하는데 도움이 됨
다른 설명 찾기: 어떤 상황에서 사람들은 다른 이성적인 설명이 가능함에도 불구하고 정확하지 않은 결론을 그려내기도 함으로 다른 대안설명을 생각해 보는 것

1. 다음은 인지상담의 기술 중 무엇에 대한 설명인가?

> 사람들은 종종 친구나 동료들보다 스스로에게 더 인색하게 대한다. 그러므로 같은 상황에서 스스로를 친구에게 하듯이 대하도록 한다.

가. 주의 환기하기   나. 이중잣대 방법
다. 장점과 단점   라. 다른 설명 찾기

[2. 해설] ㉮
임의적 추론은 어떤 결론을 내리기에 충분한 근거가 없는데도 최종적인 결론을 성급히 내리는 오류이다.

2. 우울한 사람들이 보이는 체계적인 사고의 오류 중 결론을 지지하는 증거가 없거나 증거가 결론과 배치되는데도 불구하고 어떤 결론을 이끌어 내는 과정을 의미하는 인지적 오류는?

가. 임의적 추론   나. 과일반화
다. 개인화   라. 선택적 추상화

[3. 해설] ㉰
인지적 오류에는 임의적 추론, 선택정 추상화, 과잉 일반화, 개인화, 이분법적 사고, 의미 확대 또는 축소 정서적 추론, 긍정 격하, 파국화, 잘못된 명명 등이 있다.

3. Beck의 인지치료이론에서 인지적 오류에 해당되지 않는 것은?

가. 이분법적 사고   나. 과잉 일반화
다. 의미확대   라. 강박적추론

[4. 해설] ㉱
Beck의 인지치료에서는 소크라테스식 질문을 통해 내담자가 생각하고 평가하도록 돕는다.

4. Beck의 인지치료에서 치료 초기에 감찰과 수정의 주요 표적이 되는 사고로서 구체적인 상황에서 아주 빠르게 스치듯이 떠오르는 생각이나 영상을 찾아내는 방법이 아닌 것은?

가. 사고기록지 작성하기
나. 감정변화 즉시 질문하기
다. 생활사건을 생생하게 떠올리기
라. 조건문 형태의 문장으로 생각을 표현하기

5. Beck이 우울증 환자에 대한 관찰을 기반하여 사용한 용어로, 자신을 무가치하고 사랑받지 못할 사람으로 간주하고, 자신이 경험하는 세계가 가혹하고 도저히 대처할 수 없는 곳이라고 지각하며, 자신의 미래는 암담하고 통제할 수 없으며 계속 실패할 것이라고 예상하는 것을 의미하는 용어는?

가. 실존신경증(Existential Neurosis)

나. 인지삼제(Cognitive Triad)

다. 비합리적 신념(Irrational Belief)

라. 인지오류(Cognitive Error)

[5. 해설] ㉯
자기, 세상, 미래에 대한 개인의 부정적인 생각과 태도를 인지삼제라고 한다.

6 합리적 정서적 치료

가. 합리적정서적 치료의 개요

1) Ellis: 인간의 신념이 정서와 행동에 크게 영향을 미친다는 점 강조
2) 어떤 사실에 대하여 개인이 경험하게 되는 정서는 개인이 경험한 어떤 사실 그 자체라기보다는 그 사실에 대하여 개인이 어떻게 생각하느냐에 따라 달라짐
3) rational therapy(1955) → rational-emotive therapy: RET(1962) → rational emotive behavior therapy: REBT(1993)
4) REBT의 기본 가정: 정서가 삶의 상황에 대한 평가 또는 해석에서 비롯된다는 것.
5) REBT 상담을 통해 내담자가 자신이 가졌던 비합리적인 사고방식을 효율적이고 합리적인 사고방식으로 대치하는 방법을 배울 수 있게 하고 그 결과로 상황에 대한 정서적 반응도 보다 합리적으로 변화하게 함

나. 주요 개념

1) 인간관
   가) 인간은 외부의 조건에 의해서라기보다도 스스로가 자신의 정서적 혼란을 일으키는 여건을 만듦
   나) 인간은 사실을 왜곡하고 정서적 혼란을 일으키는 생득적, 문화적 경향성을 가짐
   다) 인간은 동시에 사고하고 느끼고 행동하며, 이들은 상호간에 영향을 주고받음
   라) 인간은 자신의 사고, 정서와 행동의 과정을 바꿀 수 있는 능력이 있음

2) 정서에 대한 관점
   가) Ellis 의하면 정서장애란 비합리적 신념의 결과
   나) 지속적인 자기 암시와 자기 패배적인 내적 언어를 통해서 적극적으로 주입. 이는 비논리적, 비현실적인 부적절한 감정과 역기능적 행동의 결과를 낳게 됨
   다) 적절한 정서와 부적절한 정서
      (1) 적절한 정서: 행복, 기쁨, 호기심, 사랑과 같은 긍정적 정서 / 불쾌감, 걱정과 같은 부정적 정서
      (2) 부적절한 정서: 우울, 불안, 적개심, 초조감, 무가치감과 같은 감정. 이런 감정은 싫어하는 어떤 조건을 비꾸도록 돕기보다는 오히려 악화시키는 경향
   라) 비합리적인 신념
      (1) 우리는 주위 모든 사람들로부터 항상 사랑과 인정을 받아야만 한다.
      (2) 우리는 모든 면에서 반드시 유능하고 성취적이어야 한다.
      (3) 어떤 사람은 악하고, 나쁘며, 야비하다. 그러므로 그와 같은 행위에 대하여 반드시 준엄한 저주와 처벌을 받아야만 한다.
      (4) 일이 내가 바라는 대로 되지 않는 것은 끔찍스러운 파멸이다.
      (5) 인간의 불행은 외부 환경 때문이며, 인간의 힘으로서는 그것을 통제할 수 없다.

(6) 위험하거나 두려운 일이 일어날 가능성은 언제든지 존재함으로 이것은 커다란 걱정의 원천이다.

(7) 인생에 있어서 어떤 난관이나 책임을 직면하는 것보다는 회피하는 것이 더 쉬운 일이다.

(8) 우리는 타인에게 의존해야만 하고, 자신이 의존할만한 더 강한 누군가가 있어야 한다.

(9) 우리의 현재 행동과 운명은 과거의 경험이나 사건에 의하여 결정되며, 우리는 과거의 영향에서 벗어날 수 없다.

(10) 우리는 우리 주변 인물에게 환난이 닥쳤을 경우에 우리 자신도 당황할 수밖에 없다.

(11) 모든 문제에는 가장 적절하고도 완벽한 해결책이 반드시 있기 마련이며 그것을 찾지 못한다면 그 결과는 파멸이다.

마) 비합리적 신념은 자기 패배적, 절대적, 과장적, 독단적, 이기적, 비현실적, 모순적, 일관성이 없음

3) A-B-C-D-E 이론

가) 선행사건(Activating Event): 개인에게 정서적 혼란을 야기하는 어떤 사건이나 행위를 의미

나) 신념체계(Belief System): 어떤 사건이나 행위 등과 같은 환경적 자극에 대해서 개인이 갖게 되는 태도 또는 사고방식. 신념체계에는 합리적 신념과 비합리적 신념이 있음

다) 결과(Consequence): 선행사건에 접했을 때 비합리적인 태도 내지 사고방식을 가지고 그 사건을 해석함으로써 느끼게 되는 정서적 결과

라) 논박(Dispute): 자신이 가지고 있는 비합리적인 신념이나 사고에 대해서 도전해 보고 과연 그 사상이 맞는 것인지를 다시 한 번 검토해 보도록 상담자가 촉구하는 것

마) 효과(Effect): 내담자가 가진 비합리적인 신념을 철저하게 논박함으로써 합리적인 신념으로 대치한 다음에 느끼게 되는 자기 수용적인 태도와 긍정적인 감정의 결과를 지칭

다. 상담 목표와 상담자의 역할

1) 상담의 목표

가) 자기관심(Self-interest): 인간이 자기 자신에 대해 완전히 몰두하지 않으면서 정서적으로 건강한 사람은 자기 자신에 관심을 가질 수 있는 역량이 있음

나) 사회적관심(Social-interest): 집단속에서 유리되지 않고 관계적인 맥락 속에서 인간에 대한 관심을 지님

다) 자기지향(Self-direction): 인간은 자신의 삶에 대한 책임감이 있으며 자신이 문제에 대해 독립적으로 풀 수 있는 능력이 있음

A-B-C-D-E 이론
1. 선행사건(Activating Event)
2. 신념체계(Belief System)
3. 결과(consequence)
4. 논박(Dispute)
5. 효과(Effect)

라) 관용(Tolerance): 성숙한 사람들은 타인의 실수에 대해 관용적이며 실수하는 사람들을 비난하지 않음

마) 융통성(Flexibility): 자신의 생각에 대해 융통성이 있으며 변화에 대해 수긍하고 타인에 대해 편협하지 않은 견해를 가짐

바) 불확실성의 수용(Acceptance of Uncertainty): 성숙한 사람은 불확실성의 세계를 살고 있음을 깨달음

사) 몰두(Commitment): 자신의 외부세계에 대해 중대하게 몰두 할 수 있는 능력을 가짐

아) 과학적 사고(Scientific Thinking): 성숙한 사람은 깊게 느끼고 구체적으로 행동할 수 있음. 정서나 행동의 결과를 숙고해 봄으로써 정서나 행동을 규율화시킬 수 있음

자) 자기수용(Self-acceptance): 그들이 살아 있다는 사실 자체를 받아들임. 그들의 기본적인 가치를 타인의 평가나 외부적 성취에 의해서 평가하지 않음

차) 위험무릅쓰기(Risk-taking): 정서적으로 건강한 사람은 일부러 모험을 시도

카) 비이상주의(Nonutopianism): 성숙하고 건강한 사람은 이상향적 존재를 성취할 수 없다는 사실을 받아들임

합리적 정서 치료 상담목표

1. 자기관심(Self-interest)
2. 사회적관심
   (Social-interest)
3. 자기지향(Self-direction)
4. 관용(Tolerance)
5. 융통성(Flexibility)
6. 불확실성의 수용
   (Acceptance of
   Uncertainty)
7. 몰두(Commitment)
8. 과학적 사고
   (Scientific Thinking)
9. 자기수용
   (Self-acceptance)
10. 위험무릅쓰기
    (Risk-taking)
11. 비이상주의
    (Nonutopianism)

2) 상담자의 기능 및 역할

가) 내담자의 문제를 장애 행동에 동기가 되는 기본적인 몇 가지의 비합리적 사고에 고정시킴

나) 내담자가 그런 자신의 신념들을 확인하도록 도전하게 함

다) 내담자에게 그의 사고가 비합리적인 본질을 지녔음을 보여줌

라) 내담자의 비합리적 사고를 공격하기 위해 논리적인 분석을 함

마) 이런 신념들이 얼마나 비효율적이며 그의 미래에 어떻게 정서적·행동적인 장애를 가져다주는지를 설명

바) 자기 파괴적인 감정과 행동으로 이끄는 현재나 장래의 비합리적, 비논리적 신념에 대해 어떻게 과학적인 사고방식을 적용하는가를 내담자에게 가르침

사) 내담자가 자신의 감정에 대해 직접적으로 작업하고 장애에 대처해서 활동하도록 돕기 위해 여러 가지 정서적, 행동적 방법들을 사용

라. 상담기법 및 절차

1) 상담 기법

가) 인지적 기법: 상담자는 ABCDE의 분석을 통하여 내담자에게 그의 당위적이고 요구적인 신념체제(Musts, Shoulds, Oughts)를 깨우쳐 주고, 보다 합리적인 사고방식을 제시

(1) 자기지도양식(Self-help Form) 사용

(2) 합리적인 자기 진술카드 사용

(3) 숙제 부과

(4) 어의학적 용법 사용: 할 수 없다 → 하지 않은 것 으로 표현 정정.

(5) 유추의 기법을 사용: 자신의 행동이 자신의 어떤 행동 특성 때문에 나타나는지 유추해보로고 하는 것

나) 정서적 기법: 내담자가 자신을 정직하게 나타내도록 하고, 정서적 모험을 경허맣게 하여 자신을 개방하도록 도와주는데 중점을 둠

(1) 유머 사용: 비합리적 신념에서 오는 내담자의 불안을 감소

(2) 내담자에게 상담자의 자기현시를 시도

(3) 비유나 우스꽝스러운 노래 사용

(4) 수치심을 극복하는 행동을 시도해 보도록 함

다) 행동적 기법: 내담자에게 어떤 행동을 하게 하여 그 신념체제를 변화 시키고 이 변화된 신념체제 통해 혼란된 정서에서 벗어나게 하며, 역기능적인 증상에서 벗어나 보다 생산적인 행동을 할 수 있도록 함

(1) 행동적 숙제 부과

(2) 내담자가 실생활에서 모험을 하고 새로운 경험을 함으로써 비능률적인 습관을 버리게 함

(3) 만성적으로 불안감을 경험하는 상황에 그대로 처하게 한 다음에 그 불안한 감정을 장시간 경험해 보도록 권장

(4) 일을 미루는 습관을 교정하기 위해 당장 착수하도록 유도

(5) 상과 벌을 사용

(6) Kelly의 고정역할 치료 이용: 내담자가 이미 합리적인 인간이 된 것으로 연출하여 매사에 합리적으로 생각하고 행동하도록 시도하는 것

라) REBT에서 삼가야 할 기법

(1) 내담자가 더 의존적이 되게 하는 기법

(2) 내담자가 더 쉽게 현혹되게 하는 기법

(3) 장황하며 비능률적인 기법

(4) 내담자에게 단시일 내에 호전할 수 있도록 하는 기법

(5) 비합리적인 사고에 집중하는 내담자의 관심을 다른 데로 돌리는 기법

(6) 내담자의 낮은 욕구 좌절 인내도를 은연중에 강화해 줄 수 있는 기법

(7) 비과학적인 사고를 담고 있는 기법

(8) 내담자에게 그들의 비합리적 사고가 어떻게 변화되는가를 보여주지 않거나 보여주기 전에 선행사건을 변화시키고자 하는 기법

(9) 효과가 제대로 검증되지 않은 기법

2) 상담절차

가) 1단계: 상담자는 내담자에게 문제점을 질문. 내담자에게 문제가 무엇인지 질문. 내담자의 문제점이 정확하지 않을 경우 상담을 통해 얻고자 하는 것이 무엇인지 확인

나) 2단계: 문제점을 규명. 내담자가 가지고 있는 부적절한 부정적 정서에 초점을

합리적 정서치료 상담 절차

1단계: 상담자는 내담자에게 문제점을 질문

2단계: 문제점을 규명

3단계: C를 알아 봄

4단계: A를 평가

5단계: 이차적 정서문제를 구명

6단계: B—C의 연관성을 가르침

7단계: B를 평가

8단계: 비합리적인 신념체제와 C연관시킴

9단계: 비합리적인 신념 논박

10단계: 합리적 신념체제를 내담자가 심화하도록 함

11단계: 새로 학습된 신념체제를 실천에 옮기도록 내담자 격려

내담자에게 다양한 숙제 부과

12단계: 숙제를 검토

13단계: 훈습의 과정 촉진

[1. 해설] ④
점진적 이완훈련은 행동치료의 일환으로 제이콥슨이 처음으로 개발했다. 이완훈련은 근육을 수축하고 이완하는 행동을 번갈아 하면서 조용한 환경과 수동적이고 이완된 자세를 취한다. 깊고 규칙적인 호흡도 이완을 일으키는 일과 연합되어 있다. 동시에 즐거운 사고나 심상에 초점을 두어 정신적으로 "가보라"는 것을 배운다. 이완훈련은 체계적 둔감법 절차의 일부분으로 사용되는 경우가 많으나 이완절차는 독립된 하나의 기법으로 사용되기도 한다.

[2. 해설] ㉮
합리적 정서적 치료에서 ABCDE과정
① A(Activating Event):선행사건으로서 가족 간의 다툼, 시험에서의 실패, 친구의 비난과 같은 일반적으로 어떤 감정의 동요나 행동에 영향을 끼치는 사건을 의미한다.
② B(Belief System):신념체계로서 어떤 사건이나 행위 등과 같은 환경적 자극에 대해서 각 개인이 가지게 되는 태도 또는 그의 신념체계나 사고방식을 말한다.
③ C(Consequence):선행사건을 경험한 뒤 개인의 신념체계를 통해 사건을 해석함으로써 생기는 정서적, 행동적 결과를 의미한다. 비합리적 신념체계를 가지고 있어서 초래될 수 있는 결과에는 지나친 불안, 우울, 분노, 죄책감, 질투, 수치심 같은 것이다.
④ D(Dispute):자신과 외부현실에 대한내담자의 왜곡된 사고와 신념을 논박하는 것을 말한다.
⑤ E(Effect):비합리적 신념을 논박하거나 직면한 결과를 말한다.

[3. 해설] ㉮
A : Antecedents, 선행사건
B : Beliefs, 사건에 대한 내담자의 신념
C : Consequences, 선행사건 때문에 생겨났다고 내담자가 보고하는 정서적 또는

맞춤

다) 3단계: C를 알아 봄. A로 인하여 야기된 C가 무엇인지 알아봄

라) 4단계: A를 평가. 구체적으로 내담자에게 어떤 사건이 있었는가를 알아봄

마) 5단계: 이차적 정서문제를 구명. 내담자가 안고 있는 일차적 정서 문제에 대해서 이차적 정서문제를 가질 수 있음. 이차적인 정서문제가 있을 때 이차적인 정서문제부터 다룸

바) 6단계: B-C의 연관성을 가르침. 상담자는 교육자로서 A-B-C를 적극적으로 가르침

사) 7단계: B를 평가. 기본적인 비합리적 신념 중 구체적으로 어떤 것인지 평가

아) 8단계: 비합리적인 신념체제와 C연관시킴. 상담자는 비합리적 신념으로 인한 부적절한 정서와 행동의 연관성을 이해하도록 유도

자) 9단계: 비합리적인 신념 논박

차) 10단계: 합리적 신념체제를 내담자가 심화하도록 함. 미약한 신념은 변화를 촉진시키지 못함으로 합리적 신념을 강화시킴

카) 11단계: 새로 학습된 신념체제를 실천에 옮기도록 내담자 격려. 내담자에게 다양한 숙제 부과

타) 12단계: 숙제를 검토

파) 13단계: 훈습의 과정 촉진

문제

1. 다음 중 인지적 결정론에 따른 치료적 접근과 입장이 다른 하나는? (2010)
   가. 합리적 정서치료
   나. 점진적 이완훈련
   다. 인지치료
   라. 자기교습 훈련

2. 합리적-정서적 치료 상담의 ABCDE과정을 바르게 나열한 것은? (2010)
   가. 선행사건-신념체제-결과-논박-효과
   나. 신념체제-선행사건-결과-논박-효과
   다. 결과-선행사건-신념체제-논박-결과
   라. 논박-선행사건-신념체제-결과-효과

3. 합리적-정서적 치료 상담의 ABCDE과정 중 D가 의미하는 것은? (2012)

　가. 논박

　나. 결과

　다. 신념체제

　라. 효과

4. 우울한 사람들이 보이는 체계적인 사고의 오류 중 결론을 지지하는 증거가 없거나 증거가 결론과 배치되는데도 불구하고 어떤 결론을 이끌어 내는 과정을 의미하는 인지적 오류는? (2005,2011)

　가. 선택적 추상화(Selective Abstraction)

　나. 과잉일반화(Overgeneralization)

　다. 개인화(Personalization)

　라. 임의적 추론(Arbitrary Inference)

5. 합리적-정서적 치료에서 제시하는 비합리적 생각 중에 「자기 자신이 시도하는 일은 결과적으로 제대로 되지 않을 것」이라고 믿는 생각은 어디에 해당하는가?

(2004)

　가. 당위성

　나. 과잉 일반화

　다. 절대적 사고

　라. 부정적 예언

행동적 결과

D : Disputes, 비합리적인 신념에 대한 상담자의 적극적인 논박

E : Effects, 비합리적 신념을 직면한 결과

[4. 해설] ㉮

인지치료에서 말하는 인지적 오류

① 선택적 추상화 : 사상의 부분적인 세부 사항을 근거로 결론을 내리는 것이다. 이 과정에서 다른 정보가 무시되고 전체적 맥락이 간과되기도 한다. 문제되는 기본 가정은 실패와 박탈에 관한 것이다. 상담자는 당신은 성공이 아니라 당신의 약점과 실수를 가지고 있음에도 불구하고 당신을 가치 있게 평가할 수 있다.

② 과잉일반화 : 한 두 차례의 경험이나 증거에 비추어 모든 상황에서 그러할 것이라고 과도하게 일반화하여 결론을 맺는 오류.

예) 여자친구에게서 한 차례 데이트를 거절당한 후, "그 여자가 나를 싫어함에 틀림이 없어. 앞으로 나는 결코 데이트 같은 건 못해 볼 까야. 나는 여자와의 관계에서 분명히 어떤 문제가 있어. 여자들이 나 같은 사람을 좋아할 리 없어."라고 생각한다.

③ 개인화 : 아이가 엄마, 아빠가 이혼하게 된 이유는 "내가 엄마, 아빠 말을 잘 안 들었기 때문이야."라고 생각하는 것

④ 임의적 추론 : 지지할 만한 적절한 증거도 없이 결론에 도달하는 것이다. 이는 대부분의 상황에 대해 파국 혹은 극단적인 최강의 시나리오를 생각하는 것이다. 당신은 동료나 내담자가 당신을 좋아하거나 가치 있게 여기지 않을 것이라는 확신을 가지고 상담자로서 첫 상담을 시작할 수 있다.

[5. 해설] ㉯

부정적 예언이란 임의적 추론의 한 형태로 시도해 보지 않고 일이 잘못될 것이라고 지레 짐작하는 것을 말한다.

7 기타 상담 접근법

가. 게슈탈트치료

1) 게슈탈트치료 개요
   가) Perls(1893~1970)에 의해서 창안.
   나) 형태주의 발달에 영향을 준 인물과 요인: Freud의 정신분석학, Reich의 수정된 정신분석학, Kohler와 Wertheimer와 Lewin등의 형태심리학 Buber등의 유럽의 현상학적 실존주의 철학(Schultz, 1977; Elson, 1979)
   다) 상담자가 내담자로 하여금 어떻게 자신들이 현재를 느끼고 경험하는지를 알 수 있도록 도움으로써 '여기-지금(here and now)'을 완전히 경험할 수 있도록 돕는 치료방법
   라) Gestalt: 독일어로서 '형태', '외형' 또는 '전체'를 의미

2) 주요개념
   가) 인간관
      (1) 개체는 장을 전경과 배경으로 구조화하여 지각. 즉 관심을 끄는 부분을 전경으로 하고 나머지는 배경으로 하여 지각
      (2) 개체는 장을 능동적으로 조직하여 의미 있는 전체로 지각하는 경향을 지니고 있음. 즉 게슈탈트를 형성하여 지각
      (3) 개체는 자신의 현재욕구를 바탕으로 게슈탈트를 형성지각 함
      (4) 개체는 미해결된 상황을 완결 지으려는 경향을 지님
      (5) 개체의 행동은 개체가 처한 상황의 전체 맥락을 통하여 이해 됨. 부분은 전체의 맥락을 떠나서 그 자체로서는 아무런 의미가 없음
      (6) 개체가 자신의 욕구나 감정을 하나의 의미 있는 전체로 조직화하여 지각한 것을 뜻 함
      (7) 개체는 유기체-환경의 전체 장으로부터 따로 분리하여 생각할 수 없음. 개체의 모든 활동을 항상 환경과의 관계 속에서 일어나며 또한 게슈탈트의 형성과 해소도 환경과의 교류를 통해서만 가능하기 때문
      (8) 개체는 환경과의 접촉을 통하여 자신에게 필요한 것들을 외부로부터 받아들여 이를 소화하고 동화시킴으로써 성장해 나갈 수 있음

3) 기본가정
   가) 정신병리
      (1) 개체가 게슈탈트 형성에 실패하면 심리적 신체적 장애를 겪게 됨
      (2) 개체에 자연스러운 유기체 활동을 인위적으로 차단하고 방해함으로써 문제가 발생할 수 있는데 개체의 이러한 차단 행위를 접촉-경계 혼란이라 함
      (3) 미해결 과제는 전경과 배경의 자연스런 교체를 방해하기 때문에 개체의 적응

에 장해가 됨. 미해결 과제가 많아질수록 개체는 자신의 유기체 욕구를 효과적으로 해소하는 데 실패하게 되고 마침내 심리적 신체적 장애를 일으킴

(4) 건강하지 못한 개체는 전경을 배경으로부터 명확히 구분하지 못함. 이런 사람들을 흔히 자신이 진정으로 하고 싶은 일이 무엇인지 잘 모르며 따라서 행동목표가 불분명하고 매사에 의사 결정을 잘하지 못하고 혼란되어 있음

나) 다양한 접촉경계 장애

(1) 게슈탈트 치료자들은 전통적인 진단명을 사용하는 것에 반대

(2) 내담자들이 다양한 심리적 문제나 증상을 나타내는 것은 각기 다른 원인에 의한 접촉경계 장애 때문

(3) Perls는 접촉경계장애를 유발하는 주요 심리적 원인으로 내사, 투사, 융합, 반전, 자의식을 제시했으며 Polster는 편향을 추가. 이러한 접촉경계 장애들은 서로 관련되어 있으면서도 제각기 구분될 수 있는 것

(가) 내사

① 내사: 개체가 환경의 요구를 무비판적으로 받아들이는 것

② 개인은 환경과의 접촉을 통하여 자신에게 필요한 것을 외부로부터 받아들임. 이때 자신에게 적절한 것을 선별하지 못하고 무비판적으로 받아들이면, 그러한 외부의 요구는 자신의 것으로 동화되지 못한 채 개인의 행동이나 사고방식에 악영향을 미침.

　Ex) "거짓말을 해서는 안 된다." "윗사람에게 순종하라." "모든 사람에게 인정받아야 한다." 등과 같이 부모나 문화로부터 요구된 가치관과 사고방식을 무비판적으로 받아들여 따르고자 하는 것을 의미

(나) 투사

① 투사: 자신의 생각이나 욕구, 감정을 타인의 것으로 지각하는 것

② 투사 이유: 개체는 투사를 함으로써 자신의 욕구가 좌절되는 것보다 고통을 덜 받게 됨. 또한 투사를 함으로써 자신의 억압된 욕구를 동시에 충족시키는 효과. 내사의 영향에 의해 생길 수도 있음(개체에 내사된 가치관이나 도덕적 규범 때문에 자신의 특정한 욕구나 감정을 허용할 수 없는 경우에 이를 타인의 것으로 지각함으로써 해결하려 하는 것)

　Ex) 자신이 타인에 대해 애정이나 적대감을 갖고 있으면서 오히려 타인이 자신에게 그러한 감정을 갖고 있는 것으로 지각하는 것

(다) 융합

① 융합: 밀접한 관계에 있는 두 사람이 서로의 독자성을 무시하고 동일한 가치와 태도를 지닌 것처럼 여기는 것

② 융합의 관계는 흔히 외로움이나 공허감을 피하기 위한 경우가 많음. 융합관계에 있는 사람들은 자신감이 부족하며 다른 사람의 도움을 빌리지 않으면 혼자서 어떤 일도 할 수 없다고 생각함. 이들에게 혼자 있는 것은 커다란 공포. 따라서 이들은 자신의 개성과 주체성을 포기하고 타인과 합치는 것

다양한 접촉경계 장애
1. 내사
2. 투사
3. 융합
4. 반전
5. 자의식
6. 편향

이 외로움과 공허감을 직면하는 것보다 낫다고 생각
③ 융합관계에 있는 사람들은 겉으로 보기에는 서로 지극히 위해주고 보살펴
주는 사이인 것처럼 보이지만 내면적으로는 서로 독립적으로 행동하지 못
하고 의존관계에 빠져있는 경우가 많음. 융합은 경계선 성격장애를 지닌
내담자에게서 많이 나타남
(라) 반전
① 반전: 개인이 다른 사람이나 환경에게 하고 싶은 행동을 자기 자신에게
하는 것. 혹은 타인이 자신에게 해주기를 바라는 행동을 스스로 자기 자신
에게 하는 것을 뜻함. 즉, 타인이나 환경과 상호작용하는 대신에 자기 자신
을 행동의 대상으로 삼는 것을 말함
② 반전은 개인이 성장한 환경이 억압적이거나 비우호적이어서 자연스러운
접촉행위를 할 수 없는 경우에 부모와 환경의 태도를 자신의 것으로 내사
하기 때문에 일어남
③ 개인은 반복되는 내사로 인하여 내면세계가 두 부분으로 분열되어 한쪽은
행위자로 다른 쪽은 피행위자가 됨. 원래는 개체와 환경간의 갈등이었던
것이 이제는 개체의 내부 갈등으로 바뀌게 됨
④ 대부분의 반전은 분노감정 때문에 일어남. 분노는 개체의 가장 중요한 미
해결 감정으로 분노감정의 차단은 다른 정서의 인식과 표현을 방해. 분노
감정이 해결되지 않으면 시간이 흘러도 분노는 사라지지 않은 채 미해결
과제로 남아 다른 긍정적인 감정을 체험할 기회를 방해
⑤ 반전은 신체적 통증, 강박증상, 열등의식, 죄책감, 우울증 등을 유발할 수
있음
Ex) 타인에게 화를 내는 대신에 자기 자신에게 화를 내거나 타인으로부터
위로 받는 대신에 자위하는 것
(마) 자의식
① 자의식: 개체가 자신에 대해 지나치게 의식하고 관찰하는 현상
② 자신의 행동에 대한 타인의 반응을 지나치게 의식하기 때문에 생김. 자의
식은 반전으로 인해 생기는 현상. 즉, 개체가 자신의 주의를 외부 대상으로
향하는 대신 자기 자신에게 향함으로 인해 발생하는 것. 자의식은 어떤
행동을 하고 싶은 욕구나 감정을 지니고 있지만, 그러한 행동을 했을 때의
결과를 확신하지 못하기 때문에 행동을 억제한 채 엉거주춤한 상태로 자신
의 어색한 모습을 의식하게 될 때 생기는 심리상태
(바) 편향
① 편향: 개인이 환경과 접촉으로 인해 감당하기 힘든 심리적 결과가 초래될
것이라고 예상할 때 이러한 경험에 압도당하지 않기 위해서 환경과의 접촉
을 약화시키는 것을 말함
Ex) 예컨대, 말을 장황하게 하거나 초점을 흩트리는 것, 말하면서 상대편

을 쳐다보지 않거나 웃어버리는 것, 구체적으로 말하지 않고 추상적 차원에서 맴도는 것, 자신의 감각을 차단시키는 것

다) 이상적인 인간상(건강한 상태)

(1) 건강한 삶이란 바로 분명하고 강한 게슈탈트를 형성할 수 있는 능력과 같음

(2) 건강한 개체는 매순간 자신에게 중요한 게슈탈트를 선명하게 강하게 형성하여 전경으로 떠올릴 수 있음

(3) 게슈탈트의 형성과 해소 혹은 전경과 배경의 교체라고 부른다. 건강한 개체에 있어서는 자연스럽게 전경과 배경의 교체가 일어남.

(4) 건강한 개체는 접촉-경계에서 환경과 교류하면서 자신에게 필요한 것들은 경계를 열어 받아들이고 환경에서 들어오는 해로운 것들에 대해서는 경계를 닫음으로써 이들의 해독으로부터 자신을 보호함

(5) 건강한 개체는 매 순간 자신에게 중요한 게슈탈트를 선명하고 강하게 형성하여 전경으로 떠올릴 수 있는데 반해 그렇지 못한 개체는 전경을 배경으로부터 명확히 구분하지 못함

4) 게슈탈트 치료 기법

가) 빈 의자 기법: 빈 의자 기법은 내담자에게 중요한 사람이 빈 의자에 앉아있다고 상상하고 그 사람에게 실제로 하고 싶은 말과 행동을 하게 하는 방법. 직면과 역할 연기의 요소를 모두 지님. 그 사람과 직접 대화를 나누는 형식을 취함으로써, 자신과 그 사람과의 관계를 직접 탐색해볼 수 있는 장점

나) 꿈 작업하기: 게슈탈트 치료에서는 꿈을 개인이 자신의 일부를 외부로 투사한 것으로 간주. 꿈에 나타나는 인물, 사물들은 모두 내담자의 소외된 자기부분들이 투사되어 상징적으로 나타난 것으로 봄.(Perls, 1969b) 치료자는 내담자에게 꿈이 지금-여기에서 일어나는 것처럼 꿈의 각 부분을 연기해보게 하여 내담자는 투사된 부분들과 더욱 활발한 접촉을 함

다) 욕구와 감정 자각: 개체가 자신의 욕구와 감정을 자각함으로써 게슈탈트 형성을 원활히 할 수 있고 환경과의 생생한 접촉이 가능해지기 때문에, 게슈탈트 치료에서는 내담자로 하여금 자신의 욕구와 감정을 자각하도록 도와주는 것을 매우 중요시 함(Perls, 1969b)

라) 신체 자각: 내담자로 하여금 자신의 신체감각에 대하여 알아차리게 함으로써 자신의 감정이나 욕구 무의식적 생각을 알아차리도록 도움

마) 언어 자각: 내담자가 사용하는 언어에서 행동의 책임소재가 불분명한 경우, 치료자는 내담자로 하여금 자신의 감정과 동기에 대해 책임을 지는 형식의 문장으로 바꾸어 말하도록 시킴으로써 내담자의 책임의식을 높임

바) 환경 자각: 내담자가 미해결 과제에 몰두하여 자신에게 몰입하여 현실과 단절되어 환경을 잘 자각하지 못할 수 있음. 주위사물과 환경에 대해 자각하도록 함으로써 환경과의 접촉을 증진시킴

나. 현실치료

1) 현실치료의 개요

가) 현실치료의 중심 사상은 개인은 자신의 행동에 책임이 있다는 것.

나) 현실치료의 목표는 내담자가 자신의 현재 행동을 평가하는 심리적 힘을 기르도록 돕는 것이며 비록 자신의 욕구가 충족되지 못하더라도 보다 책임 있는 행동을 하도록 돕는 것

다) Glasser는 개인적 책임의 수용을 강조하면서 현재 행동에 초점을 맞추었는데 이 책임 수용능력을 정신건강으로 간주. 즉 인간은 누구나 자기 삶의 주인이 되어 자신의 삶을 통제할 수 있을 때 행복을 느낀다는 것. 자신의 삶에서 중요한 선택을 스스로 할 수 있고, 선택한 것에 대해 책임질 수 있는 사람이 행복한 사람이라는 것

라) Glasser는 누구든지 통제이론과 현실치료를 이해함으로써 의식이 있는 한 책임 있는 인간이 될 수 있고 자기 운명의 주인이 되고 자기 삶을 바꿀 수 있는 힘을 가지고 있다고 강조

2) 중요개념

가) 인간관

　(1) 현실치료에서 보는 인간은 자신과 주위 사람들이 자신을 사랑하고 가치 있게 여기면 성공적인 정체감이 발달. 하지만 그렇지 못할 경우에는 패배적인 정체감이 발달→개인의 바람이나 질적인 세계와 지각세계가 불일치하는 경우에 갈등이 생기면서 문제행동을 선택

　(2) 내담자의 성공적 정체감을 강조하는 접근법으로 내담자 자신이 선택한 행동과 그 결과(마치 미친 행동이거나 범죄행동일지라도)에 대해 책임을 지도록 함. 내담자가 자신의 욕구를 충족할 수 있는 더욱 합리적인 행동을 배우거나 계획함으로써 성공적으로 현실을 살아 나갈 수 있는 방법탐구에 초점을 둠

나) 기본적인 욕구

　(1) 인간은 다섯 가지의 기본 욕구에 의해 끊임없이 행동하는 순간순간 최선이라고 판단되는 나름대로 창의적인 방법을 찾아 자신의 욕구를 충족시킴

　(2) 욕구충족을 다양한 방법과 수단을 내면세계 안 혹은 질적 세계에 심리적인 사진으로 저장했다가 필요할 때마다 꺼내 씀

　(3) 욕구를 채우는 바람(Want)은 개인마다 특이하고 차이가 있음

　(4) 다섯 가지 기본 욕구

　　(가) 소속의 욕구: 사랑하고 나누고, 협력하고자 하는 인간의 속성으로 생리적 욕구와 같이 절박한 욕구는 아니지만 원동력이 되는 기본 욕구

　　(나) 힘에 대한 욕구: 경쟁하고 성취하고 중요한 존재이고 싶어 하는 속성. 사람들은 사랑과 소속에 대한 욕구를 얻으려고 결혼을 하지만 가끔 부부사이에서 힘에 대한 욕구를 채우고 싶어 서로 통제하려고 하다가 결과적으로 부부

현실치료의 다섯 가지 기본욕구

1. 소속의 욕구
2. 힘에 대한 욕구
3. 자유에 대한 욕구
4. 즐거움에 대한 욕구
5. 생존에 대한 욕구

관계를 파괴시키는 원인이 되기도 함

(다) 자유에 대한 욕구: 이동하고 선택하는 것을 마음대로 하고 싶어 하는 속성. 대인관계와 종교 활동 등을 포함한 삶의 모든 영역에서 어떠한 방법으로 삶을 영위해 나갈지 선택하고 자신의 의사를 마음대로 표현하고 싶어 하는 욕구. 타협을 통하여 절충안을 찾아야만 함

(라) 즐거움에 대한 욕구: 많은 새로운 것을 배우고 놀이를 통해 즐기고자 하는 속성. 이 즐거움의 욕구를 충족시키기 위해 생명을 걸고 암벽을 타거나 자동차 경주를 하는 것이 그 좋은 예. 그 외에 학습도 즐거운 활동. 상담 중에 유머 사용을 권장

(마) 생존에 대한 욕구: 살고자하고 생식을 통한 자기 확장을 하고자하는 속성. 이 욕구는 우리 뇌의 가장 오래된 부분으로서 척추 바로 위에 위치한 구뇌로부터 생성된 것으로서 구조가 작으며 호흡, 소화, 땀 흘리는 것, 혈압 조절 등, 신체구조를 움직이고 건강하게 유지하도록 함. 단독으로는 작동할 수 없으므로 뇌의 다른 부분, 즉 거대하고 복잡한 대뇌피질 혹은 신뇌라고 불리는 부분의 도움이 필요

다) 좋은 세계

(1) Glasser에 따르면 인간은 객관적인 현실세계에 살지 않음. 인간은 현실을 지각할 수 있지만 현실 그 자체를 알 수는 없음. 인간의 세계는 다만 현실에 대한 지각일 뿐. 동일한 현실에 대하여 사람마다 그 인식이 각기 다를 수 있음. Glasser는 현실 그 자체보다 현실에 대한 인식이 인간의 행동을 결정하는 데 더 중요하다고 봄

(2) 인간은 내적인 욕구를 만족시키기 위하여 머릿속에 그림을 만들어냄. 특히 욕구가 잘 충족되었을 때 경험했던 사람, 물체, 사건에 대한 그림을 보관. 자신이 원하는 삶, 함께 있고 싶은 사람들, 갖고 싶은 물건이나 경험들, 가치 있게 여기는 생각과 신념들에 대한 심상을 지님. 이러한 기억과 이미지들은 Glasser가 '좋은 세계'라고 지칭한 내면세계에 보관

(3) 좋은 세계는 개인의 욕구와 소망이 충족되는 세계. 인간은 태어나면서부터 전 생애를 통해서 자신에게 중요한 사람들, 자신이 획득한 소유물, 가치 있는 신념체계 등을 좋은 세계 내에 저장

(4) 좋은 세계는 기본욕구를 반영하여 구성되며 인식된 현실세계와 비교되어 어떻게 행동할 것인지를 선택하는 바탕. 인간은 좋은 세계와 일치하는 현실세계를 경험하기 위하여 행동

라) 책임감

(1) 다른 사람들의 욕구충족의 능력을 박탈하지 않는 한도 내에서 자신의 욕구를 충족시킬 수 있는 능력

(2) 정신병, 정신분열증은 현실치료의 입장에서 보면 단지 자신의 욕구 충족에 대한 실패로 간주. 정신병은 무책임성 내지 책임감의 결여로 대치

   (3) 책임성은 개인이 그의 삶을 효과적으로 통제하는 것을 배운다는 의미. 자신을 수동적으로 보기보다는 만약 현재 행동이 자신이 원하는 것이 아니라면 자신을 변화 시킬 수 있다고 봄

   (4) 생애초기에 사랑과 규율로서 자신을 보살펴 준 어떤 사람과 친근한 관계를 맺어보지 못한 사람들은 책임감을 배우지 못함. 책임감 있는 인간들과 친밀한 유대관계를 맺는 가운데 책임감을 배움

마) 전체행동

   (1) Glasser에 따르면 행동을 통제하는 행동체계는 두 개의 하위체계로 이루어짐. 하나는 우리에게 만족스러운 결과를 유발하는 익숙한 행동을 반복하는 것을 담당, 다른 하나는 좋은 세계와 괴리를 해소하기 위해서 새로운 행동을 창조적으로 구성하는 역할을 담당

   (2) 전체행동: 인간은 현실세계를 좋은 세계와 비교하며 끊임없이 행동을 선택하는 존재. 인간이 생각하고 느끼고 행위하고 생리적으로 반응하는 모든 것을 행동이라고 넓게 정의하며 이를 총칭하는 개념

   (3) 전체 행동의 구성요소

     (가) 행동하기: 걷기, 말하기, 움직이기와 같은 모든 활동적인 행동을 뜻하며 자발적인 것일 수도 있고 비자발적인 것일 수도 있음

     (나) 생각하기: 의식적인 사고를 비롯하여 공상이나 꿈과 같은 모든 인지적 활동을 포함

     (다) 느끼기: 행복감, 만족감, 즐거움, 실망감, 불안감과 같은 유쾌하거나 불쾌한 모든 감정을 포함

     (라) 생리작용: 의도적인 반응이든 자율적인 반응이든 신체생리적 기능에 따라 나타나는 모든 신체반응을 의미

     (마) Glasser의 자동차 비유: 생존, 사랑, 권력, 자유, 재미의 다섯 가지 욕구는 자동차 엔진을 구성. 개인의 욕구를 충족하기 위한 소망은 핸들에 해당. 행동하기와 생각하기는 자동차의 두 앞바퀴에 해당하는 반면, 느끼기와 생리작용은 두 뒷바퀴에 해당. 즉 행동하기와 생각하기는 선택을 통한 통제 가능성이 높은 반면 느끼기와 생리작용은 선택하기 어려우며 행동하기와 생각하기를 통해서 간접적으로 통제

     (바) Glasser는 심리적 문제를 기술할 때 '우울한', '불안한', '화가 난'과 같은 형용사를 사용하기 보다는 그러한 상태의 선택을 강조하기 위해서 '우울해하기' '불안해하기' '화를 내기'와 같은 동사를 사용. 인간은 슬퍼거나 비참해질 수 없음. 슬프고 비참해지기를 선택한 것

     (사) Glasser의 관점에서 보면 부정적 사건을 겪은 직후에 발생하는 우울한 감정은 "나는 우울해."라고 표현하기보다 "나는 우울하기를 선택했어."라고 표현하는 것이 더 정확

     (아) 선택이론에 따르면 행동변화의 핵심은 행동하기와 생각하기를 새롭게 선

택하는 것. 이러한 선택이 우리의 삶과 운명을 결정

3) 현실치료의 특징
가) 내담자가 정신질환을 알고 있다는 개념을 용납하지 않음
나) 내담자의 과거나 미래보다는 현재에 초점
다) 상담자는 따뜻한 인간적인 위치에서 친밀한 관계를 맺음
라) 무의식적인 행동의 원인을 배제하며 행동의 진단보다는 욕구와 바람과 비교하여 행동선택을 평가함에 초점을 맞춤
마) 도덕성과 책임에 대한 강조: 책임감이 있는 사람은 자신이 인생에서 무엇을 원하는지, 자신의 욕구와 목표를 달성하기 위해서 책임 있는 계획을 어떻게 짜야 할지를 안다는 의미에서 자율적
바) 적극적으로 효과적인 욕구충족을 위한 새로운 방법을 교육: Glasser는 "우리가 살아가는 단면에서 현실치료자는 우리가 자신의 행동을 평가하고 보다 나은 선택을 함으로써 현재의 세계를 어떻게 보다 효율적으로 조정할 수 있게 하는가에 초점을 두어야 한다."라고 기술

문제

1. 지금과 여기, 현재의 체험을 중시하는 치료이론이 아닌 것은? (2010 기출)
가. 인간중심적 치료　　나. 게슈탈트 치료
다. 정신분석　　라. 실존치료

2. 게슈탈트 심리치료에서 강조하는 것이 아닌 것은? (2009, 2012 기출)
가. 지금-여기　　나. 내담자의 억압된 감정에 대한 해석
다. 미해결 과제와 회피　　라. 환경과의 접촉

3. 형태치료(게슈탈트 치료)에서 접촉-경계 혼란을 일으키는 여러 가지 심리적 현상 중 사람들이 감당하기 힘든 내적 갈등이나 환경적 자극에 노출될 때 이러한 경험으로부터 압도당하지 않기 위해 자신의 감각을 둔화시킴으로써 자신 및 환경과의 접촉을 약화시키는 것은? (2006 기출)
가. 내사　　나. 반전
다. 융합　　라. 편향

[1. 해설] ㉰
지금과 여기, 현재의 체험을 중시하는 치료이론은 게슈탈트 치료이다. 게슈탈트 상담에서는 인간은 현재 중심적이며 인간의 행동은 육체, 정신, 환경 등이 역동적으로 상호 관련되어 하나의 전체로 이해된다. 그리고 인간은 자유로운 선택에 의해 잠재력을 각성할 수 있는 존재라고 본다. 게슈탈트는 지금 여기를 강조하며, 현재의 순간을 이해하고 경험하며 과거가 현재의 태도나 행동에 중요한 관계를 가질 때 상담자는 내담자에게 과거를 현재화하여 그때 경험했던 느낌을 되살리게 한다.

[2. 해설] ㉯
게슈탈트 심리치료는 과거나 미래에 대해 걱정하지 않고 현재를 직면하는 지금 여기의 체험, 발견학습 중심, 내담자와 치료자의 관계의 수평적 관계, 창의적 태도 등을 중시한다.

[3. 해설] ㉴
편향(deflection): 환경과의 접촉이 자신이 감당하기 힘든 심리적 결과를 초래할 것이라 예상 될 때 경험으로부터 압도 당하지 않기 위해 접촉을 피하거나 자신의 감각을 둔화 시켜 환경과의 접촉을 약화 시키는 것.

4. Glasser의 현실요법상담이론에서 가정하는 기본적인 욕구에 해당하지 않은 것은?

(2011 기출)

　　가. 생존의 욕구　　　　　　　　　나. 권력에 대한 욕구
　　다. 자존감의 욕구　　　　　　　　라. 재미에 대한 욕구

5. 현실치료에서 Glasser가 제시한 8가지 원리에 해당되지 않는 것은? (2012 기출)
　　가. 감정보다 행동에 중점을 둔다.
　　나. 현재보다 미래에 초점을 맞춘다.
　　다. 계획을 세워 계획에 따라 반드시 실천하겠다는 약속을 다짐 받는다.
　　라. 변명은 금물이다.

8 상담의 과정

가. 초기과정

1) 상담 준비

가) 상담 준비: 상담의 효율적인 결과를 창출하기 위해서 다음과 같은 준비가 철저하게 된 상태에서 상담이 이루어져야 함

나) 상담을 위해 필요한 물리적 공간

(1) 상담실: 방음장치, 외부소음차단, 녹음시설, 비디오 녹화시설, 필기도구, 시계, 거울 등 이 비치되어 있어야 함

(2) 대기실: 조용한 음악, 편안함을 느낄 수 있는 의자

(3) 접수실: 내담자가 가장 쉽게 찾을 수 있는 공간에 마련

(4) 검사실: 조용하고 쾌적한 공간

2) 접수면접

가) 상담신청서 작성, 내담자만을 위해서 주어진 시간과 에너지를 활용

나) 접수 면접자의 역할

(1) 접수면접은 상담자에게 관계 기술을 조작화하는 기회를 제공

(2) 막연한 기대를 하는 내담자에게 전문적인 능력과 기술을 지닌 사람이라는 인상을 심어 주는 것은 가장 중요한 요인.

(3) 주요 호소문제, 인지적 기능, 행동변화에 대한 동기, 가족역동 등 정보를 탐색하고 진단

3) 접수면접 시 유의사항

가) 상담에 대한 구조화

(1) 접수면접자보다 상담자가 직접 하는 것이 좋음

(2) 상담구조화: 상담자와 내담자가 상담목표를 성취하기 위한 과제에 대해 서로 합의하는 과정

(3) 넓은 의미의 상담구조화: 상담의 구조적 형태를 상담자가 주도적으로 만들어 가는 작업을 말함. 즉 상담의 방향과 목표, 상담의 절차와 수단, 역할과 규범 시간, 장소, 상담비 등과 같은 상담의 구조적 형태를 상담의 전체과정을 통해 상담자가 주도적으로 만들어 가는 과정

(4) 좁은 의미의 상담구조화 : 상담초기에 상담자가 내담자에게 실시하는 상담에 대한 교육을 의미

(5) 상담의 의미, 상담에서 다룰 수 있는 문제, 얻을 수 있는 성과, 상담과정, 역할과 규범, 담당상담자, 시간, 장소, 상담비등에 대해 상담자가 내담자에게 설명하여 이해시키는 상담에 대한 오리엔테이션 과정

나) 희망을 불러일으키기: 우리나라와 같은 상황에서는 상담이 마지막 해결책이

될 가능성이 높음. 따라서 상담이 최선의 선택이며 바람직한 결정이었음을 분명히 함

다) 비밀이 보장됨을 확실히 하기: 상담자의 윤리규정에 의거 내담자의 사적 비밀이 보장됨을 알려줌

라) 내담자의 상담에 관한 기대에 대해서 평가하기: 상담관계에 대한 잘못된 개념, 왜곡된 기대 등을 논의를 통해 바로잡는 과정이 필요

마) 정보의 수집: 가족관계, 사회경제적 수준, 이전 상담 경험, 주요 호소 문제, 정서적 강도, 대인관계 기술, 상담실에 오게 된 경위 등

4) 면접상담의 시작

가) 상담의 심리적 준비: 치료적 동맹관계의 개발, 치료적 라포의 형성, 내담자의 치료에 필요한 사회화, 평가의 시작, 문제영역에 대한 동의, 상담목표의 설정

(1) Bordin의 치료적 동맹관계의 세가지 차원

(가) 유대(Bond): 상담자−내담자 간의 정서적 유대감 및 믿음의 결속감을 의미

(나) 목표에의 동의(Goal Agreement): 상담을 통해 이루고자 하는 즉 얻고자 하는 결과가 무엇인지에 대해서 상담자와 내담자가 같은 생각을 하고 있다는 것을 의미

(다) 과업에의 동의(Task Agreement): 상담이 무엇을 하는 것이며 상담목표를 달성하기 위해서 상담자와 내담자가 해야 할 일이 무엇인지에 대해 서로가 같은 생각을 하고 있다는 의미

(라) Bordin은 이 세 가지 차원이 각각 상당히 독립적인 것이어서 서로 상관이 높지 않을 것이라 예측

나) 상담의 개인적인 분위기 형성

(1) 개인 간의 관계 분위기 형성: 내담자가 이전의 상담 경험이 있는지 없는지에 관하여 물어보기

(2) 상담의 절차나 상담의 본질에 대해서 설명: 내담자의 상담에 대한 오해 불식

(3) 자기 개방과 라포 형성

다) 상담의 조직적인 분위기 형성

(1) 내담자가 상담 장면에 익숙해지게 함

(2) 구체적인 평가의 시작

(3) 심리검사 도구의 활용 그러나 무조건 일상화된 방법과 스타일에 따라서 검사를 실시하는 것은 바람직하지 않음

(4) 문제의 확인

(5) 상담을 하기 전에 문제 규정을 하는데 서로가 동의할 수 있어야 함. 상담자는 내담자가 직접적으로 호소하지 않는 문제에 대해서도 예민하게 관찰해야 함

라) 상담의 목표 설정

(1) 상담이 일반적인 대화와 다른 점은 상담 목표가 설정된다는 점

(2) 상담자는 내담자와 협의하여 상담을 통하여 달성할 구체적인 목표를 설정해야

Bordin의 치료적 동맹 관계의 세 가지 차원

1. 유대(Bond)
2. 목표에의 동의 (Goal Agreement)
3. 과업에의 동의 (Task Agreement)

함. 상담자는 앞으로의 상담에 대한 대체적인 계획안을 짬. 계획안은 상세하지 않아도 되며, 계속 그대로 지켜 나가지 않아도 됨. 그러나 효과적인 상담을 위해서는 계획을 세우는 것이 바람직

(3) 상담자는 기본적으로 내담자의 주호소 문제, 가장 효과적인 것으로 여겨지는 접근방법이나 절차, 상담과정에서 생길 수 있는 어려움 등에 대해 생각해야 함

(4) 목표를 설정하는 이유는 내담자로 하여금 문제와 관련된 상황이나 행동 과정을 탐색하고 조정하게 하며 상담과정에 적극적으로 참여하게 하기 위함

(5) 상담자는 내담자와 지속적인 접촉을 해나가면서 그때그때 요구되는 바에 따라 상담자 자신의 지각과 가설을 수정해 나가야 함. 상담 목표의 주요 기능은 상담자와 내담자에게 나아가야 할 방향을 제시해 주는 것

(6) 상담목표 설정 지침

(가) 구체적인 목표를 설정

(나) 목표달성 여부의 확인, 측정이 가능한 목표를 설정

(다) 내담자와 합의한 목표를 설정

(라) 가급적이면 상담기간 내에 달성 가능한 목표를 설정

(마) 환경이나 타인의 변화를 목표로 설정하기보다는 내담자 자신의 변화를 목표로 설정

(바) 합리적이고 합목적적인 목표를 설정

마) 치료적 관계를 촉진하는 행동

(1) 공감적 이해

(가) 공감적 이해: 상대방이 경험하고 있는 것에 관하여 정확하게 지각하고 그 지각에 관해서 의사 전달을 할 수 있는 능력

(나) 공감은 상담자가 내담자의 경험세계를 내담자의 관점으로 바라보고 이러한 이해를 내담자에게 전달할 때 이루어짐

(다) 공감의 두 요인

① 감정의 종류는 무한하지 않다는 사실을 깨닫는 것

② 상담자가 내담자의 세계 속으로 들어가고 또 상담자 자신의 세계로 되돌아 올 수 있다는 것에 대한 확신

(라) 공감의 종류

① 1차적 공감: 내담자의 감정과 그 감정의 저변에 놓여있는 경험과 행동을 이해하였다는 것을 내담자에게 전달하는 것. 이러한 형태의 공감은 상담관계를 형성하고 내담자에 관련된 정보를 수집하고, 문제를 명료화하는 작업에 도움

Ex) 내담자가 "혼자 힘으로는 아무것도 할 수 없을 것만 같아요."라고 말하였을 때 상담자가 "무력감을 느끼는군요."라고 반응하는 것

② 2차적 공감: 내담자가 외현적으로 표현한 것뿐만 아니라 그것의 의미와 정서까지 반영해 주는 것

치료적 관계를 촉진하는 행동
1. 공감적 이해
2. 존중
3. 솔직성
4. 유머의 사용

Ex) 내담자가 멍하니 허공을 바라보며 "모든 것이 잘되기를 원해요."라고 말하였을 때 상담자는 "만약 일이 잘 풀리지 않는다면 당신은 그다음 어떻게 해야 할지 막막하겠군요."라고 반응하는 것

(2) 존중: 내담자를 그들의 행동과 분리시켜서 인간 그 자체의 가치를 순수하고 깊게 수용해 주는 것

(3) 솔직성

(4) 유머의 사용

바) 상담자가 지양해야 할 태도

(1) 듣기를 소홀이 하는 것: 상담자가 내담자의 말에 완전히 주의를 기울이지 않으면 진단을 잘못 내릴 수가 있음

(2) 상담 목표의 설정을 상담과정 중에 생략하는 것

(3) 정보수집의 실수

(4) 자기주장의 실수

(5) 질문사용의 실수

(6) 강의하는 실수

(7) 이해의 정도를 파악하지 못한 것

나. 중기과정

1) 중기에 대한 준비

초기 과정에 지쳐하는 내담자를 다시 독려하여 내담자가 가지고 있는 특성을 파악하여 전략을 세우는 것

2) 중기 상담과정의 목표

구체적 탐색 → 자각과 수용 → 대안마련 → 대안실천

가) 계속되는 탐색과정을 꾸준하게 지속

나) 내담자 생활의 규칙성을 탐색하여 안정시킴: 상담자들은 내담자의 신체적 돌봄과 안녕, 일상생활의 규칙성에 관심을 갖고 탐색하여 건강한 신체 조건을 확립하게 함

다) 문제에 관련된 감정, 생각, 신념, 그리고 행동을 인식 수용하고 대안을 마련함

라) 문제에 있어 자신과 상대방, 환경간의 관련성을 인식, 수용하고 대안을 마련함

마) 자신의 문제에 대한 종합적 설명틀을 마련하고 대안적 틀을 마련

바) 필요한 기법들을 훈련

사) 실제에 적용 평가해 봄

3) 중기 상담과정에서의 상담자 과제

가) 저항의 처리

(1) 저항: 상담에 적극적으로 개입하지 않아 상담효과를 방해하는 내담자가 보이는 모든 태도와 행동을 의미

(2) 매 회기마다 성과를 평가하여 피드백하기, 다양한 활동을 계획하기, 흥미 있
　　는 주제 다루기 등 다양한 방법 도입
나) 구체적 탐색과 직면: 내담자 자신을 이해하는 것이 상담 중기의 중요한 목표
다) 종합적 설명 틀의 마련 촉진
라) 다양한 기법과 대안의 발달 촉진
마) 실천할 수 있는 동기 조성: 성취동기라고 하는 것은 성공의 확률이 실패의 확률
　　보다 높다는 확신이 있을 때 극대화 됨. 내담자에게는 역할 연습을 통한 규범적
　　행동의 습득이 더욱 필요
바) 실천과정의 유지 강화

4) 중기에 요구되는 상담자 기술과 조건
　가) 질문
　　(1) 질문의 기능
　　　(가) 정보수집하기: 내담자의 과거 경험, 현재 상태, 미래계획, 등에 관한 사실
　　　　　들을 알아보는 의도를 가짐
　　　(나) 명료화하기: 진행되고 있는 이야기에 대해 분명하게 알 수 없을 때
　　　(다) 초점 맞추기: 내담자가 이야기를 어떻게 시작해야 할지 모르거나 이야기가
　　　　　산만할 때 방향을 제시해주고, 이야기의 주제를 바로 잡거나 주제의 방향
　　　　　을 바꾸기 위하여 그것을 논의하려는 의도를 가짐
　　　(라) 탐색하기: 불합리지한 생각이나 미진한 행동, 부적절한 감정 등을 스스로
　　　　　탐색하도록 안내하려는 의도를 가짐
　　(2) 질문의 유형
　　　(가) 폐쇄질문: 자료를 수집하기 위하여 한 두 마디의 대답을 요구하는 질문
　　　(나) 개방질문: 내담자의 반응을 의도적으로 '예'나 '아니오' 또는 한 두 마디의
　　　　　단어로 한정시키지 않도록 하는 반응
　　　(다) 직접질문: 상담자가 알고자 하는 것이나 내담자가 탐색하기 원하는 것을
　　　　　단도직입적으로 물어보는 방식
　　　(라) 간접질문: 상담자가 알고자 하는 것이나 내담자가 탐색하기를 원하는 것을
　　　　　에둘러 우회적으로 물어보는 방식
　나) 솔직함: 내담자가 호소한 문제에 중요한 원인으로 보이나 내담자가 자각하고 있
　　지 않는 대인관계의 특성이 상담자와의 관계에서 드러날 때 상담자는 솔직함
　　모습으로 다가 설 수 있음
　다) 자기공개
　　(1) 자기공개: 상담자가 자신에 대한 어떤 것을 내담자에게 공개하여 내담자가 그
　　　　것을 공유하게 하도록 하는 반응
　　(2) 자기 공개의 기능
　　　(가) 모범 보여주기: 상담과정 중 내담자에게 일어나야만 하는 행동, 즉 자기를
　　　　　개방적으로 드러내놓고 탐색하는 자기-공개를 상담자가 시범적으로 내담

자에게 보여주는 효과적인 방법

Ex) 성적 때문에 부모님이 싸운다는 내담자의 말에 "나도 어릴 적 내 성적 때문에 부모님이 많이 싸우셨지 당신 닮아서 저 모양이라고 그럴 때 집에 붙어있기 싫더라고."

(나) 대안 자극하기: 상담자의 자기-공개는 내담자로 하여금 목표설정과 실행에 필요한 새로운 지각과 조망을 갖도록 함

(3) 자기 공개의 주의점

(가) 자기 공개에는 초점이 있어야 함: 내담자의 문제 상황을 탐색하는데 도움을 줄 때에만 적절한 기술

(나) 내담자에게 부담을 주지 말아야 함

(다) 너무 자주 사용하지 말아야 함: 상담자가 너무 자주 자기-공개를 하게 되면 내담자의 탐색을 방해하고 상담자에게로 주의가 옮겨지게 됨. 다른 목적이 있는 것은 아닌가 상담자를 의심하게 됨

라) 즉시성

(1) 즉시성: 많은 내담자들은 대인관계에 많은 문제점을 안고 있음. 상담을 통해서 내담자의 대인관계 양식 탐색 가능

(2) 즉시성의 요소

(가) 자각

(나) 기술적인 면

(다) 상담자의 주장성

(3) 즉시성의 활용

(가) 상담시간 중 방향을 잃었거나 별 진전이 없을 때, 상담자와 내담자간에 긴장을 느낄 때

(나) 신뢰성이 대화의 주제가 되었을 때, 상담자와 내담자간의 거리감이 생겼을 때

(다) 의존성이 상담과정을 방해할 때, 상담자의 문제가 상담을 방해할 때

(라) 호감이 상담과정을 방해할 때

마) 직면반응

(1) 직면반응: 내담자가 못보고 지나쳐서 문제 상황에서 벗어날 수 없게 하는 내담자의 행동패턴을 검토해보도록 하는 기술

(2) 직면의 기능

(가) 생각과 행동의 불일치 자각

(나) 행동과 감정의 불일치 자각

(다) 변화에로의 격려

(3) 직면의 주의점

(가) 신뢰로운 관계가 형성되었을 때 사용

(나) 상담자의 예민한 경험을 요구

5) 문제의 핵심 발견하기

내담자는 상담 중에 여러 가지 문제를 이야기 함. 처음에는 이런 문제들이 서로 관련이 없는 것처럼 보임. 훈련된 상담자가 주의를 기울여서 들으면 다양한 사건, 상황, 문제, 감정 등이 서로 관련되어 있음을 알 수 있게 됨

Ex) 내담자는 도대체 집안에서는 자기가 무시되고 있고 부모님 마음대로 자기를 이리저리 끌고 다닌다고 불평. 얼마 후엔 친구와 바람을 쐬러 백화점에 갔었는데 친구가 가고 싶어 하는 곳만 끌고 가서 짜증스러웠다고 말함. 상담이 진전됨에 따라 상담자는 "이 내담자는 가정에서도 친구와의 관계에서도 자기의 주장을 하지 못하고 주변의 의견에 끌려 다니고 나중에는 끌려 다녔다고 자기를 무시했다고 느끼게 되는 구나"라고 생각을 정리

6) 실행 대안의 탐색

가) 무엇을 원하는가?

나) 그 원하는 것을 얻기 위해 어떤 노력을 해보았는가?

다) 노력한 성과가 무엇인가/노력하지 못한 이유는 무엇인가?

라) 노력한 성과가 불만족이라면 보다 충족하기 위한 생산적인 대안은 무엇인가? 조금만 바꾼다면 어떻게 바꿀 수 있고 어떤 결과를 예상할 수 있나?

마) 생각해본 대안들 중 성취할 수 있는 것은 무엇인가?

바) 그 성취가능한 대안적 목표를 달성하는데 필요한 정보, 도움 또는 장애물은 무엇인가?

사) 대안적 목표 달성을 위해 우선 그리고 다음으로 해야 할 순서는 무엇인가?

다. 종결과정

1) 종결신호들

가) 종결에 대한 내담자의 질문이나 종결에 대한 동의

나) 바람직한 변화에 대한 반복적인 보고

2) 가리워진 종결신호

가) 잦은 결석이나 지각

나) 사회의 일반적 흥미 거리에 대한 논의

다) 문제들에 대한 해석이나 주지화 현상

라) 새로운 생활의 문제 호소

마) 두드러진 감정의 변화

3) 종결기의 목표

가) 실천 결과의 평가: 그동안 성취한 것들을 상담 목표에 비추어 평가하고 혹 목표에 도달하지 못하였다면 그 이유를 토의.

나) 문제해결 과정의 학습 검토

(1) 상담 목표의 달성 정도

종결신호
1. 종결에 대한 내담자의 질문이나 종결에 대한 동의
2. 바람직한 변화에 대한 반복적인 보고

가리워진 종결신호
1. 잦은 결석이나 지각
2. 사회의 일반적 흥미 거리에 대한 논의
3. 문제들에 대한 해석이나 주지화 현상
4. 새로운 생활의 문제 호소
5. 두드러진 감정의 변화

(2) 종결에 대한 내담자의 태도

(3) 추수 면접에 관한 합의 여부와 내용

(4) 전체 상담과정에 대한 내담자의 느낌

종결에서의 상담자 과제
1. 바람직한 변화 강화하기
2. 종료의 시점 결정하기
3. 성과 검토하기
4. 추수과정의 방법 논의
   하기

4) 종결에서의 상담자 과제

가) 바람직한 변화 강화하기 목표 행동을 자연스럽게 계속할 수 있도록 생활의 여러 장면에서 실천하도록 격려

나) 종료의 시점 결정하기

다) 성과 검토하기: 상담자와 내담자 외에 주변의 사람들에게도 확인하는 것이 바람직

라) 추수과정의 방법 논의하기: 해결된 상담문제는 삶의 문제이기 때문에 다시 재발할 수 있음. 추수 상담이 중요함

5) 상담에서의 평가

가) 상담 과정과 효과에 대한 평가

(1) 단회평가: 한 회의 상담이 끝난 후에 이루어지는 평가

(2) 단계별 평가

나) 상담 인물에 대한 평가

(1) 상담자와 내담자 평가

(2) 접수 면접자 평가

문제

[1. 해설] ㉰
구조화란 상담의 방향과 방법을 상담자가 내담자에게 알려주는 것이다. 그 내용에는 비밀 보장 고지, 상담자 역할, 상담의 한계 등이 포함되며 구조화는 가급적 상담 초반에 실시하여야 한다.

1. 내담자가 심리 상담실에 찾아와서 자신이 어떻게 행동해야할지(예를 들면, 무슨 말을 해야 하는지, 휴대폰을 어떻게 해야 하는지, 오늘은 언제까지 심리 상담이 진행되는 건지 등)를 모르고 불안해한다. 심리상담 자가 무엇을 소홀했기 때문일까? (2003, 2005 기출)

가. 수용 　　　　　　　　나. 해석

다. 구조화 　　　　　　　라. 경청

[2. 해설] ㉯
접수면접에서는 내담자의 외모 및 행동, 내담자의 인적사항, 내담자의 호소문제 내원하게 된 직접적인 계기, 현 문제의 원인, 호소문제와 관련된 개인사 및 가족관계등을 다룬다.

2. 상담 사례를 관리하는 절차에서 접수면접(Intake Interview)에 대한 설명 중 옳지 않은 것은? (2004 기출)

가. 접수면접은 상담신청과 정식 상담의 다리 역할을 하는 절차이다.

나. 접수면접 시 진단명과 예후에 대해 분명하게 알려준다.

다. 접수면접에서 다루는 내용은 상담신청서의 내용과 연계적으로 이루어진다.

라. 내담자의 옷차림, 두발상태, 표정, 말할 때의 특징, 시선의 적절성 등에 관한 관찰이 포함된다.

3. 다음 중 상담의 바람직한 목표설정 방향과 가장 거리가 먼 것은? (2010 기출)

　가. 목표는 구체적이어야 한다.

　나. 목표는 실현가능해야 한다.

　다. 목표는 상담자의 의도에 맞추어야 한다.

　라. 목표는 내담자가 원하고 바라는 것이야 한다.

[3. 해설] ④
상담에서의 바람직한 목표 설정은 내담자 중심의 내담자의 의도에 맞게 상담자와 내담자가 합의하여 상담의 목표를 설정하는 것이 바람직한 방향이라 할 수 있다.

4. 다음 중 심리 상담에서 경청의 방해 요인이 아닌 것은? (2009 기출)

　가. 상대방의 말에 포함된 단서를 포착하여 감정을 읽어주고 반응을 확인하는 것

　나. 상대방에게 전적으로 주의를 기울이기 보다는 자기가 다음에 할 말을 생각하고 있는 것

　다. 자신의 역할이나 자기가 상대방에게 어떻게 보이느냐에 대하여 지나치게 신경을 쓰는 것

　라. 자신을 타인의 위치에 두는 공감적인 태도 없이 상대를 편견으로 판단하고 평가하는 것

[4. 해설] ㉮
상대방의 말에 포함된 단서를 포착하여 감정을 읽어주고 반응을 확인하는 것은 적극적 경청의 한 방편이라고 할 수 있다.

5. 상담의 초기 단계에서 가장 주력해야할 점은? (2004 기출)

　가. 내담자 문제의 본격적인 해결

　나. 내담자와 신뢰롭고 안정된 상담관계 형성

　다. 내담자 자신에 대한 깊은 이해 촉진

　라. 앞으로 발생할 문제에 대한 대처를 준비시킴

[5. 해설] ④
상담의 초기단계는 촉진적 상담관계의 형성단계라 할 수 있다. 내담자가 가지고 온 문제를 이해하고 평가하기, 상담구조화하기, 상담 목표의 설정 등을 통하여 상담자와 내담자 간에 서로 신뢰 있는 관계를 형성하는 단계라 할 수 있다.

심리학개론

이상심리학

심리검사

임상심리학

심리상담

9 집단상담

가. 집단상담의 정의

1) 집단

상호 의존적인 관계에서 사회적 상호작용을 통해 서로 영향을 주고받는 두 명 이상의 상호 독립적인 개인들의 집합체. 최근에는 우리말로 집단을 모듬, 모둠이라고 부르기도 함

2) 집단의 조건(강진령교수)

가) 심리적 유의성

(1) 집단이 구성원 개개인에게 심리적으로 의미 있게 작용해야 함을 의미. 집단과 사회적 집단과 차별화되는 점

(2) 집단에 참여하는 사람들은 심리적 유의성을 기반으로 각자의 목표를 달성하기 위해 작업에 임하게 됨. 집단규범의 틀 안에서 가치관을 비교해 보거나 당연시하던 신념과 습관적 행동에 대해 새로운 각도에서 조망해 보면서 생산적인 변화를 시도하기도 함

(3) 집단의 구성원들이 심리적 유의성을 갖기 위해서는 집단은 적어도 자기지도능력[3]을 갖춘 사람들로 구성되어야 함

나) 직접적 의사소통

(1) 직접적 의사소통이 가장 효과적인 의사소통 방법

(2) 직접 의사소통: 다른 사람을 통하지 않고 당사자들 간에 면대면 상태에서 음성 언어 및 비음성 언어를 주고받는 것. 이는 집단에서 구성원들 간에 귓속말이나 분위기를 해치는 여타 잡담도 지양해야 함을 의미

(3) 효과적인 의사소통은 촉진적 인간관계의 기초가 되고 또한 성장과 발달로 이어짐. 의사소통은 집단원들에게 심리적인 의미를 부여하는 기능

(4) 자신의 의사를 분명하게 전달할 수 있는 능력은 인간관계 형성과 유지에 직접적인 영향을 줌

다) 유의한 상호작용

(1) 2인 이상의 사람들이 의미 있는 방식으로 서로 영향을 주기도 하고 받기도 하며 상호 교류하는 것

(2) 심리적 상호작용은 구성원들 사이에 공유된 정체감 즉, 우리라는 집단의식이 있어서 구성원들이 어떠한 구분된 전체에 속해 있다는 느낌을 가질 때 가능

(3) '우리'라는 집단의식을 갖는다는 것은 구성원들이 자기 자신을 집단의 구성원으로 규정짓고, 다른 구성원들에게 인정받으며, 최소한 집단규칙에 따르기 위

---

3) 자기지도 능력 : 자율적이고 독립적인 생활을 영위할 수 있을 정도의 지적 수준과 정신상태, 그리고 기본적인 위생관리를 스스로 할 수 있는 역량

해 노력하는 것

(4) 집단의식은 구성원들이 공통적으로 가지고 있는 문제들을 해결하기 위해서만 아니라 개인의 욕구를 충족시키기 위해 필요한 요소. 집단에 참여하는 사람들은 사전에 자신의 욕구가 집단의 목적과 일치하는가를 면밀하게 고려해야 함

(5) 집단은 구성원 각자가 그 집단의 목적에 관한 공통적인 태도와 가치관을 충분히 발전시킬 때까지 지속되어야 함

라) 역동적 상호관계

(1) 구성원들 사이에 힘과 에너지가 교류, 형성되어 서로 영향을 주고받는 상태를 의미

(2) 역동적 상호관계는 나아가서 구성원들의 참여수준과 응집력에 직간접적으로 영향을 주게 됨

(3) 건강한 집단일수록 구성원들은 자발적이고 적극적인 태도로 집단에 참여하고 신뢰를 바탕으로 역동적 상호관계를 형성

(4) 역동적 상호관계는 집단원 개개인이 자신의 속한 집단 내에서의 위치와 역할에 대한 명확한 인식을 기반으로 탄탄해짐

마) 생산적 상호의존

(1) 집단참여를 통해 의사결정, 문제해결, 잠재력 개발 혹은 변화, 성장 등과 같은 생산적인 산물 혹은 성과가 있어야 함을 의미

(2) 상호의존성은 독립성이 발달되기 전에 습득해야 하는 필수적인 과업. 성숙한 사람은 다른 사람에게 도움을 제공할 줄 알고 도움을 받을 줄도 아는 사람

(3) 사람들의 모임이 의미 있는 집단이 되기 위해서는 구성원들이 집단 내에서 서로 의존하는 관계 속에서 공통 목적을 가지고 지속적으로 생산적인 변화를 꾀하는 활동을 수행해야 함

3) 집단상담이란 무엇인가

가) "집단상담이란 태도와 행동을 변화시키려는 의도에서 그들 스스로와 그들의 조직들을 탐구, 조사하는 한 사람의 상담자와 몇 사람의 성원들이 관련되는 하나의 대인간의 과정이다."(hansen, Warner & Smith, 1976)

나) "집단상담은 6명에서 12명까지의 학생들이 집단지도성의 훈련을 받은 한 사람의 유능한 전문가의 지도 아래 교육적, 직업적, 사회적 및 개인적 가치 등에 관한 그들 상호간에 의미 있는 대화를 나누는 과정이다"(Bates & Johnson, 1972)

다) "집단상담은 비교적 건강한 사람들로 하여금 그들을 괴롭히는 문제들을 서로 내어놓고 토의하도록 돕고, 행동적인 용어로 정확한 치료 목표들을 정의하도록 도우며, 상담과정에서 스스로의 진전은 측정하는데 사용할 수 있는 기준을 발달시키도록 돕고, 그들로 하여금 다른 대체행동들을 탐색하고, 가장 적절한 대안을 선택하고, 깊이 관여하며, 자신감을 기르고, 또한 선택한 해결법을 실제 적용하는 기술들을 발달시키도록 돕기 위하여 고안된 것이다."(Ohlsen, 1975)

라) "집단상담은 보다 깊은 수준의 자기이해과 자기수용을 촉진시키기 위해 집단 상

호작용을 이용하는 하나의 과정이다. 여기에는 상호존경과 수용의 분위기가 요구된다. 그렇게 되면 개인들은 행동의 의미와 새로운 행동방식을 탐색하기에 충분할 정도로 자신의 방어를 늦출 수 있게 될 것이다. 취급하는 문제들은 병적 장애나 현실의 왜곡에 보다는 오히려 각 성원의 발달적 과업에 집중된다."(Mahler, 1969)

마) "집단상담은 작은 수의 비교적 정상인들이 한 두 사람의 전문가의 지도아래 집단 혹은 상호관계성의 역학을 토대로 하여 신뢰로운 수용적인 분위기 속에서 개인의 태도와 행동의 변화 혹은 한층 높은 수준의 개인 성장발달 및 인간관계 발달의 능력을 촉진시키려는 의　도에서 이루어지는 하나의 대인관계의 과정이다(이형득, 1979)

바) "집단상담은 생활과정의 문제를 해결하고 보다 바람직한 성장발달을 위하여, 전문적으로 훈련된 상담자의 지도와 집단원들과의 역동적인 상호교류를 통해 각자의 감정, 태도, 생각 및 행동양식 등을 탐색, 이해하고 보다 성숙된 수준으로 향상시키는 과정이다(이장호, 김정희)

사) 학자들의 정의를 종합한 집단상담 정의
　　(1) 집단상담의 대상은 비교적 정상범위의 적응수준에 속하는 사람들
　　(2) 상담자는 훈련받은 전문가
　　(3) 상담집단의 분위기는 신뢰로운 허용적 분위기이어야 함
　　(4) 집단상담은 하나의 역동적인 대인관계의 과정

4) 집단 상담의 목적
　가) Corey(1995): "비록 공공기관에 개인 상담을 위한 장소가 있으나 이러한 모델의 서비스 보급은 한계를 지니고 있으며, 특히 빠듯한 자본으로는 더 이상 실용화될 수 없다. 집단은 지도자들이 더 많은 내담자와 함께 작업할 수 있게 할 뿐만 아니라 집단과정에서 독특한 학습의 이점을 가지게 한다."

집단 상담의 목표
1. 감정의 바람직한 표현과 발산의 촉진
2. 자기문제에의 직면과 해결의 권장
3. 집단생활에의 자아 개념의 강화와 자기표현의 향상 및 협동심의 향상
4. 대인관계기술의 향상
5. 자신의 성장

　나) 집단 상담의 목표
　　(1) 감정의 바람직한 표현과 발산의 촉진
　　(2) 자기문제에의 직면과 해결의 권장: 개인적 관심사와 생활상의 문제에 대한 객관적 검토와 그 해결을 위한 실천적 행동의 습득
　　(3) 집단생활에의 자아 개념의 강화와 자기표현의 향상 및 협동심의 향상
　　(4) 대인관계기술의 향상: 집단생활능력과 대인관계기술의 습득
　　(5) 자신의 성장: 자기이해, 자기수용 및 자기관리능력의 향상을 통한 인격적 성장

5) 집단상담의 장점
　가) 집단상담이 필요한 경우
　　(1) 여러 사람들을 보다 잘 이해하고 다른 사람이 자기를 어떻게 보는가를 알아야 할 필요가 있는 사람
　　(2) 다른 사람들에 대한 배려, 대화기술, 사회적 기술 습득이 필요한 사람

(3) 자기의 관심사나 문제에 대해 다른 사람의 조언, 반응이 필요한 사람

(4) 자기 문제에 관한 검토, 분석을 기피하거나 유보, 필요이상의 위협을 느끼는 사람

(5) 다른 사람과의 유대감, 소속감 및 협동심의 향상이 필요한 사람

나) 개인상담이 필요한 경우

(1) 문제가 위급하고 원인과 해결방법이 복잡한 사람

(2) 집단상담에서 수용될 수 없을 정도로 의심증, 우울증이 있거나 대인관계가 좋지 않은 사람

(3) 자신에 대한 탐색, 이해, 통찰력이 적거나 극히 제한되어 있는 사람

(4) 타인들로부터의 관심, 인정을 지나치게 요구하거나 비정상 행동 가능성이 있는 사람

(5) 집단에서 공개적으로 발언하는 것에 대해 심한 불안 공포가 있는 사람

(6) 폭행이나 '비정상적'인 성적 행동을 취할 가능성이 보이는 사람

다) 집단 상담의 장점

(1) 효율성(시간과 비용의 절감)

　(가) 공통의 목적을 가진 몇 명의 내담자가 함께 집단을 구성한다면 상당한 시간과 노력을 절약할 수 있음

　(나) 집단은 시간을 가장 효율적으로 사용하면서 보다 많은 내담자들에게 서비스를 제공하는 방법

(2) 공통성의 경험

　(가) 많은 사람들은 그들이 특별한 사람이라는 생각을 가짐. 사람들은 집단에서 비슷한 생각과 느낌을 가진 것이 자기 혼자만이 아니라는 것을 발견

　(나) 집단의 다른 사람들도 비슷한 관심, 생각, 느낌을 가지고 있다는 사실이 도움이 되는 집단 – 부모가 죽은 청소년, 십대의 임산부, 새 학교에 전학 온 청소년, 이혼 가정의 청소년, 불치병에 걸린 청소년, 왕따 청소년 등

(3) 다양한 자원과 다양한 관점

　(가) 정보 공유, 문제 해결, 개인적 가치의 경험, 또는 그들이 가진 공통적인 감정의 발견으로 집단 참가자들은 더 많은 관점과 자원을 제공받을 수 있음

　(나) 집단원들은 다양한 견해와 아이디어를 가질 것이고 흥미롭고 가치 있는 경험을 만들 것

(4) 소속감 및 동료의식

　(가) 집단의 일원이 됨으로써 개인의 소속감이 만족될 수 있음

　(나) 집단에 수용되는 경험이 집단의 가장 중요한 특성 중의 하나

(5) 기술 연습

　(가) 집단은 연습을 위한 안전한 공간을 제공

　(나) 집단원들은 새로운 기술과 행동을 실제 세계에서 실행하기 전에 지지적 환경에서 연습해 볼 수 있음

(다) 집단원들은 자신의 사적인 일에 대해 나누게 되고, 다른 사람과 마주 대하게 되며, 어려운 주제에 대해 의논하며, 그들이 말하면서 다른 사람을 보게 되고, 다른 사람 앞에서 울기도 하며, 다른 사람과 함께 웃을 수도 함께 노래 부를 수도 있으며, 혹은 다른 사람의 의견에 반대할 수도 있을 것. 이러한 상호작용과 기술의 연습은 집단원들이 더욱 유익한 삶을 살 수 있는 기회를 높여 줌

(6) 피드백

(가) 집단은 집단원에게 피드백을 받을 수 있는 기회를 제공. 집단의 피드백은 종종 개인적 피드백보다 더 강력

(나) 행동시연의 집단에서는 타인의 제안, 반응, 인식 등이 가치를 가지는 중요한 요소

(다) Gladding(1996): "피드백은 집단 경험에서 가장 중요한 부분 중의 하나로서, 집단원들이 다른 사람의 언어적 메시지와 비언어적 행동에 반응하여 구성해가는 다차원적인 과정이다."

(7) 풍부한 학습경험

(가) 많은 학자들(Bandura, 1977; Kottler, 1994: Posthuman, 1996)은 집단에서의 대리학습을 긍정적으로 이야기해 옴

(나) 집단원들은 그들 자신과 비슷한 고민과 근심을 들을 기회를 가짐.

(다) 종종 집단원들은 조용히 앉아 있지만 동료들이 어떻게 그들의 개인적 고민을 해결하는가를 관찰함으로써 많은 것을 배움

(8) 실생활 접근(현실 검증의 기회)

(가) 집단은 일대일 상담보다 실제적인 상황에 더 가까움

(나) 집단은 사회의 축소판이며, 사회를 반영(Gazda, 1989; Yalom, 1996)

(다) Trotzer(1989)는 집단을 "소사회"라고 부름

(라) 집단 환경은 일시적으로 사회 공동체, 가족, 작업현장, 조직을 대신하게 됨

(마) 비교적 안전한 환경의 집단에서 엄격함, 분노, 화, 의심, 질투 등과 같은 감정과 직면 등의 행동들을 명확히 하고 논의할 수 있음

(바) 이러한 집단 환경은 개인이 문제와 관련되어 가져야 할 감정과 태도에 대한 방법을 학습하고, 매일의 삶에서 학습한 바를 연장하여 모방이 가능해지도록 해 줌

(사) 집단에서는 부적응적인 감정과 행동들을 세밀히 조사하고 다룰 뿐 아니라 집단원들이 몇 주 또는 몇 달간 그들에게 얼마나 정직하게 반응하는가를 발견하는 기회도 가지게 됨

(9) 계약

(가) 특정 관심사를 상담하는 데 있어 계약은 집단 환경에서 이루어졌을 때 더욱 강해짐

(나) 지지의 조화, 적절한 기대 그리고 집단을 실망시키지 않으려는 바람은 종

종 행동 변화를 위한 강한 동기가 됨

(10) 관망 및 경청: 개인상담에서는 내담자가 이야기하고 싶지 않아도 이야기를 하지 않을 수 없지만, 집단상담에서는 집단원이 이야기하고 싶지 않을 경우, 다른 집단원의 이야기를 듣고 관망할 수 있는 기회를 가질 수 있음

라) Yalom의 집단상담(치료)의 11가지 치료적 효과

(1) 희망의 고취: 집단성원들에게 문제가 개선될 수 있다는 희망을 심어주는데, 이때 희망 그 자체가 치료적 효과를 가짐

(2) 보편성: 참여자 자신만 심각한 문제, 생각, 충동을 가진 것이 아니라 다른 사람들도 자기와 비슷한 갈등과 생활 경험, 문제를 가지고 있다는 것을 알고 위로를 얻음

(3) 정보전달: 집단 성원들은 집단상담자에게서 다양한 정보를 습득함으로써 자신의 문제에 대해 보다 명확하게 이해하며, 동료 참여자에게서 직. 간접적인 제안, 충고, 지도를 얻음

(4) 이타심: 집단성원들은 위로, 지지, 제안 등을 통해 서로 도움을 주고받음. 자신도 누군가에게 도움을 줄 수 있고, 타인에게 중요할 수 있다는 발견은 자존감을 높여줌

(5) 1차 가족집단의 교정적 재현: 집단은 가족과 유사한 점. 집단상담자는 부모, 집단성원은 형제자매가 되는 것. 집단성원은 부모형제들과 교류하면서 집단 내에서 상호작용을 재현하는 데 그 과정을 통해 그 동안 해결하지 못한 갈등상황을 탐색하고 도전

(6) 사회기술의 발달: 집단성원으로부터의 피드백이나 특정 사회기술에 대한 학습을 통해 대인관계에 필요한 사회기술을 개발

(7) 모방행동: 집단상담자와 집단성원은 새로운 행동을 배우는데 좋은 모델이 될 수 있음

(8) 대인관계 학습: 집단성원과의 상호작용을 통하여 자신의 대인관계에 대한 통찰과 자신이 원하는 관계형성에 대한 아이디어를 가질 수 있음. 집단은 대인관계 형성의 새로운 방식을 시험해 볼 수 있는 장이 됨

(9) 집단응집력: 집단 내에서 자신이 인정받고, 수용된다는 소속감은 그 자체로서 집단성원의 긍정적인 변화에 영향을 미침

(10) 감정정화: 집단 내의 비교적 안정된 분위기 속에서 집단성원은 그 동안 억압되어온 감정을 자유롭게 발산할 수 있음

(11) 실존적 요인들: 집단성원과의 경험공유를 통해 자기 자신이 다른 사람에게 아무리 많은 지도와 후원을 받는다고 해도 자신의 인생에 대한 궁극적인 책임은 스스로에게 있다는 것을 배움

마) 집단상담의 제한점

(1) 집단상담자의 전문성 부족: 집단상담자는 집단역동에 대한 깊은 이해와 경험을 쌓는 것이 필요. 그렇지 않을 경우 적절한 지도상의 문제가 제기될 수 있음

Yalom의 집단상담(치료)의 11가지 치료적 효과 – 시험에 자주 출제되는 내용이다. 꼭 정리해 두어야 한다.
1. 희망의 고취
2. 보편성
3. 정보전달
4. 이타심
5. 1차 가족집단의 교정적 재현
6. 사회기술의 발달
7. 모방행동
8. 대인관계 학습
9. 집단응집력
10. 감정정화
11. 실존적 요인들

집단상담의 제한점
1. 집단상담자의 전문성 부족
2. 대상의 부적합성
3. 비밀보장의 어려움
4. 목적의 전치

(2) 대상의 부적합성: 집단구성 시 개인의 성격적 특징이나 지극히 개인적인 문제를 가지고 있는 내담자의 경우 그와 같은 개인적인 문제가 충분히 다루어지지지 않을 수 있음

(3) 비밀보장의 어려움: 개인상담과 비교해 볼 때 집단상담과정에서 집단원의 비밀보장이 철저한 비밀보장이 이루어지기 어렵다.

(4) 목적의 전치: 집단상담에 참여하고 난 후에 그 감정에 매료되어 집단경험 그 자체만을 목적으로 집단 상담의 쇼핑. 현실에서는 충족되지 않는 자신의 욕구를 채우기 위해 이 집단 저 집단으로 떠돌아다니는 집단상담 중독현상

(5) 집단의 압력: 집단압력에 의해 집단원이 자신의 속마음을 털어놓아야 하는 경우나 집단원의 부정적 피드백으로 고통스러워 할 수 있음

(6) 표현의 부담감: 자유롭고 솔직하게 표현하라는 규범이 있지만 뭔가 표현해야 할 것 같은 부담감과 집단 압력을 받을 수 있음

나. 집단상담의 준비

1) 집단구성원의 선정

가) 성별, 연령, 과거의 배경, 성격 차이 등을 고려함

나) 동질집단은 응집력이 빨리 생기고, 갈등도 적고 서로에게 지지적이며, 긴장감에서 빨리 벗어나게 됨

다) 이질집단은 현실생활과 비슷하기 때문에 현실검증 할 수 있는 기회가 많음

라) 집단구성원을 선정하는 일반적인 지침

(1) 내담자는 반드시 도움받기를 원해야 함

(2) 자기의 관심사나 문제를 말해야함

(3) 집단 분위기를 잘 적응할 수 있어야 함

2) 집단의 크기

가) 일반적으로 5~8명의 구성원이 바람직

나) 학교, 교회, 교정기관은 20명 이상 집단구성원도 가능

3) 모임 빈도

가) 일반적 모임은 1주 한번 만남

나) 격주 그 이상 만날 때도 있음

다) 초기 집단촉진을 위해 일주 2~3번 만나다가 작업 단계에서 일주 1번 늘려가기도 함

4) 모임 시간 및 전체기간

가) 1주 한번 만나는 집단: 1시간~1시간 30분

나) 2주 한번 만나는 집단: 2시간

다) 청소년 집단: 1시간~1시간 30분

라) 아동 집단: 20~40분

마) (5) 연속대화(마라톤)집단: 15~20시간

5) 물리적 장치

가) 집단 상담이 이루어지는 방은 너무 크지 않으며 외부 방해를 받지 않는 것이
   좋음

나) 집단원이 서로 잘 볼 수 있고 잘 들을 수 있는 공간

다) 지나친 햇빛이나 소음이 들려오지 않도록 조치

라) 의자 등받이가 있는 것이 좋음

마) 자유롭게 마음대로 몸을 움직이거나 자리를 옮길 수 있어야 함

6) 집단참여에 관한 집단원의 준비

가) 적극적인 자세로 참하도록 준비 시키는 것이 좋음

나) 집단의 운영과 관련된 정보와 집단과정에 대해 간략히 설명

다) 자신을 개방하고 솔직하게 보이며 집단원에게 도움이 된다고 밝힘

7) 폐쇄 집단과 개방집단

가) 폐쇄집단

   (1) 상담이 시작될 때 참여했던 사람들로만 끝까지 나가는 것

   (2) 응집력이 강해짐

   (3) 집단의 안정성이 개방집단에 비해 높음

   (4) 전이가 용이

나) 개방집단

   (1) 허용하는 한도 내에서 새로운 사람을 받아들이는 집단형태

   (2) 집단원들 간에 의사소통이나 수용, 지지 등이 부족해지거나 갈등이 일어날
      수 있음

   (3) 현실상황이 비슷하기 때문에 집단효과의 전이가 용이

8) 구조화 집단과 비구조화 집단

가) 구조화 집단

   (1) 상담자가 집단이 목표와 과정 등을 정해 놓음

   (2) 공동 목표를 달성하는데 시간과 경비가 절약 할 수 있음

   (3) 비구조화 집단에 비해 더 깊은 수준 경험이 어려움

나) 비 구조화된 집단

   (1) 집단원의 욕구에 맞춤

   (2) 집단의 목표, 과제, 활동방법 등을 스스로 정해가는 과정부터 시작

다. 집단상담의 과정

1) 참여단계

참여자의 소개와 예상불안을 다루고 집단의 구조화 작업에 들어감. 집단의 성격과
목적 지도자의 역할 집단의 진행절차 그리고 지켜야 할 기본적인 행동의 규준 등에

대한 설명을 해야 하며 지도자는 참여자들과 함께 집단 목표 설정작업에 들어감

2) 준비단계

참여자들이 집단 지도자에게 의존하지 않도록 집단지도자는 집단활동의 책임을 점차적으로 집단에 이양하는 것이 바람직. 준비 단계에서 참여자들이 지도자에게 적대감이나 저항을 드러내기도 함. 지도자와 집단원들 사이에 힘겨루기를 함으로 경쟁적. 갈등적 모습을 보이기도 함. 저항과 갈등을 생산적으로 처리하고 나면 집단은 점차로 응집성을 발달시킴

3) 작업단계

작업단계는 참여자들의 행동변화를 촉진하는 단계. 자기노출과 정화를 통해 감정적 응어리를 토로하도록 하고 비효과적인 행동패턴을 타인이 아닌 자기 자신에 시선을 돌려 스스로의 행동을 탐색, 이해 수용하도록 돕는 작업을 시도

4) 종결단계

집단원들이 집단에서 비효과적인 행동패턴을 버리고 새로운 행동대안을 학습하므로 소기의 목표에 달성했을 때 종결단계에 이르게 됨. 이 단계에 도달하면 집단원들은 자신의 노출을 줄이는 반면 이제까지 맺어 온 유대관계로부터 분리되어야 하는 아쉬움을 경험하게 됨. 종결단계에서 집단경험의 개관과 요약을 하고 집단과정에서 배운 것들을 미래의 생활에서 어떻게 적용할 것인지를 생각하게 함

라. 집단과정별 상담자의 개입반응

1) 집단회기를 시작할 때의 개입반응들

가) ○○씨가 이번 회기에서 제일 원하는 것은 무엇입니까?

나) 지난 모임에 대해 그 이후에 어떤 생각이 들었습니까?

다) 지난 회기에서 배운 것을 이번 주에 활용해 보았습니까?

라) 돌아가면서 이번 회기에서 다루고 싶은 주제가 무엇인지 각각 짧게 얘기해 봅시다.

마) 돌아가면서 "오늘 나는…. 함으로써 적극적으로 이 집단에 몰두할 수 있을 것 같다."는 문장을 완성해서 말해주었으면 좋겠는데요.

2) 집단회기를 마감할 때의 개입반응들

가) 오늘 끝내기 전에 여기에 있는 다른 사람들에게 무언가 말하고 싶은 사람이 있습니까?

나) ○○씨가 오늘 여기에 참석한 것이 어떠했습니까?

다) 다음 회기에 특히 다루고 싶은 주제를 가진 사람이 있습니까?

라) ○○씨가 이 집단에서 이루고 싶은 변화가 있습니까?

마) 우리는 오늘 의미가 깊은 시간을 가졌습니다. 누군가 석연치 않거나 채 정리 안 된 기분을 느끼고 있지는 않은지 궁금합니다. 지금 기분이 어떤지 말해보시겠어요?

(1) 집단의 초기. 참여단계에서의 개입반응

(가) ○○씨는 지금 집단 중에 있는 누구를 가장 의식하고 있습니까?

(나) ○○씨는 지금 이 방안에 있다는 것이 어떻게 느껴지십니까?

(다) 혹 이 집단에 대한 두려움이나 의심이 있는가요?

(라) 자신의 가장 어려운 고민거리를 지금 여기서 공개한다면, 어떤 일이 일어날 것이라고 생각하십니까?

(마) 어떤 것이 가장 부담됩니까? 혹은 어떤 것이 가장 희망을 느끼게 합니까?

(2) 집단의 준비(과도적) 단계에서의 개입 반응: 상담집단의 과도적 단계는 집단과정에서 특히 도전적인 기간. 집단 구성원들의 방어가 높아지는 때이므로, 상담자는 저항이 굳어지지 않도록 신중하게 개입해야 함

(가) 여러 번의 회기동안 ○○씨는 침묵하고 있었다고 여겨지는데, 궁금한 것은 무엇이 ○○씨를 집단에 계속 참여하도록 했는지, 그리고 당신이 할 수도 있었음직한 반응들이 무엇이었을까 하는 것입니다.

(나) 집단에서의 이런 침묵은 나에게 부담이 되는군요?, 여기서 이야기되어야 했는데 이야기를 하지 않은 것이 있다면 무엇인가요?

(다) 이 집단에서 어려움을 겪고 있다면, 혼자만 생각하지 말고 그것을 표현하려고 애쓰기 바랍니다.

(라) 이 시점에서, 우리의 집단이 어디로 진행해가고 있는지를 점검해보고 싶습니다.

(마) 지금과 같은 행동방식을 남은 생애동안 계속한다면 어떻게 되겠습니까?

(3) 집단의 작업 단계에서의 개입반응: 단순히 기계적으로 사용되어서는 안 될 것이며, 적절한 시기에 집단흐름의 맥락에 맞추어서 한다면 건설적인 개입반응이 될 수 있음

(가) 여러분들은 지금 무엇을 하고 싶은 건가요?

(나) 지난 회기에서 일어난 일에 관해, 우리가 함께 나눌 만한 것이 무엇인지 말해보세요.

(다) ○○씨가 지금 이 순간에 어떤 느낌과 생각을 가지고 있는지 말해줄 수 있어요?

(라) ○○씨, 당신의 어머니가 지금 이 자리에 계신다고 상상해 보세요. 어머니에게 어떤 말을 하고 싶으세요?

(마) "나는... 할 수 없다."라고 말하는 대신, "나는...... 하지 않겠다."라고 말해보세요.

(4) 집단의 종결단계에서의 개입반응: 집단구성원들이 집단에서 그동안 배웠던 것들을 일상생활에 적용할 수 있는 방법들을 생각해보고, 아직 완결되지 않은 작업들이 무엇인지 검토하고, 이별과 관련된 느낌들을 토로하는 것 등이 중요

(가) 이 집단에서 ○씨 자신에 관해 배운 것들 중 가장 중요한 것은 무엇입니까?

(나) "이제, 우리 모임이 끝나간다"는 사실에 대한 당신의 느낌은 어떤가요?

(다) 이 집단이 끝났을 때 ○○씨는 제일 먼저 누구를 만나고 싶은가요?

(라) 이 집단의 성과에 관한 ○○씨가 미흡하다고 느끼는 요소가 무엇이고, 또 그러한 불만족스런 결과가 나오기까지 ○○씨가 어떤 역할을 했는지를 한 번 생각해봅시다.

(마) 이 집단에서 배운 것들 중에서 일상생활에서 가장 잘 적용할만한 것이 무엇인가요?

마. 집단상담의 윤리문제

1) 집단 구성원들의 기본 권리(집단에 관한 충분한 사전 안내와 양해)

가) 상담 참여 전 어떤 집단에 참여 하게 되는지를 알 권리로 집단의 목적과 참여자의 역할을 알려줌으로 그들의 책임과 권리를 알게 해 주어야 함

나) 집단 구성원이 더욱 적극적이고 협조적으로 집단에 참여 하게 하고 상담자에 대한 신뢰를 가지게 함

2) 집단과정 중의 참여자의 권리(윤리 문제)

가) 집단의 참여자들의 권리와 아울러 시간 엄수, 솔직한 의사소통, 개인적인 정보의 보호의 책임을 강조해야 함

나) 집단에서의 참여와 집단으로 부터의 이탈은 자발적 이어야 함

다) 집단 상담에서는 개인 정보를 보호받을 권리가 있음

3) 집단구성원들의 이익을 위한 윤리 문제들

가) 신체적인 위협이나 협박, 강제, 부당한 집단 압력으로부터 집단 참여자들의 권리를 보호해야 함. 집단의 목적이 스스로 해답을 찾고 행동 방향을 찾는데 있기 때문

나) 집단 과정의 시간을 공정하게 나누어야 함. 집단원이 자원을 고르게 활용할 수 있도록 각자에게 기회를 보장해 주어야 함

다) 집단 구성원이 포함되는 연구보고서나 실험적인 활동이 있는 경우 그에 대한 정보를 알려주어 사전 동의를 받아야 함

라) 집단에서 경험하게 될 심리적인 부담이나 부담요소를 참여자에게 알려 주어야 함

마) 집단 모임외의 개별적인 만남은 보고가 이루어지도록 해야 함

4) 집단 상담자의 행동 윤리

가) 집단 상담자의 개인적인 가치관이나 장면에서 사용되는 기법들이 집단의 목적을 이루는데 참여자의 의사나 감정의 소통에 방해되지 않아야 함

나) 집단 상담자는 집단 참여자들과 부적절한 개인 관계 즉 상담자 자신의 욕구와 개인적인 이익을 도모하는 비정상적인 관계를 갖지 말아야 함

[1. 해설] ㉮
집단 상담자는 집단의 규준을 정하고 구조화하며 집단원들의 상호작용을 유의하게 관찰하며 적절하고 의미 있는 반응을 하고 집단 과정을 해석하며 집단 과정을 해석하고 집단원을 보호하고 격려하며 무비판적인 수용을 자세를 가져야 한다.

[2. 해설] ㉮
집단상담의 장점과 단점
1. 장점
1) 경제적이다. 집단상담에서는 상담자가 개인상담에 비하여 짧은 시간에 많은 사람의 성장을 도울 수 있어 시간과 노력을 크게 줄일 수 있다.
2) 내담자는 대체로 개인상담보다 집단상담을 편안하게 느낀다.
3) 집단 속에서 집단원 상호작용을 통하여 자기 지각과 자신에 대한 타인의 지각이 일치하는 지 여부를 검증할 수 있다. 집단상담 장면에서는 개인은 어떤 외적 비난이나 처벌에 대한 두려움 없이 새로운 행동을 실습해 볼 수 있다.
4) 집단상담에서는 집단원들 간의 서로의 관심사나 감정을 터놓고 이야기할 수 있기 때문에 쉽게 소속감과 동료의식을 발전시킬 수 있다. 최소한 집단구성원은 다른 사람들도 자기와 똑같은 문제는 아니라 할지라도 유사한 문제로 힘들어 함을 이해하게 됨으로써 자신만 고통을

문제

1. 다음 중 집단상담자의 역할과 가장 거리가 먼 것은? (2009 기출)

   가. 느낌보다는 지적인 측면에 관심을 불러일으킨다.

   나. 집단활동의 시작을 돕는다.

   다. 집단의 방향을 제시하고 집단규준을 발달시킨다.

   라. 의사소통 및 상호작용을 촉진시킨다.

2. 다음 중 집단상담의 장점과 가장 거리가 먼 것은? (2009 기출)

   가. 심리적으로 상처를 입을 가능성이 작아져 치료 속도가 빠르다.

   나. 다양한 성격의 소유자들과 접할 수 있다.

   다. 시간과 비용 면에서 경제적이다.

   라. 새로운 행동을 현실검증 해볼 수 있는 기회를 제공한다.

3. 집단상담의 초기단계에서 다루어야 할 주요 과제에 해당하지 않는 것은? (2005)

   가. 신뢰할 수 있는 분위기 조성하기

   나. 집단원의 저항 다루기

   다. 집단에 대한 두려움, 희망, 조건, 기대를 기꺼이 표현하기

   라. 집단규준을 마련하기

4. 집단상담자는 집단원이 비생산적 행위를 할 때 이러한 행위를 저지 또는 제한할 수 있다. 집단원의 비생산적 행위에 해당하지 않는 것은? (2011 기출)

   가. 여러 명이 한 명에게 계속 감정을 표출한다.

   나. 특정 집단원에게 개인적 정보를 캐묻는다.

   다. 자기-드러내기를 시도한다.

   라. 사회 현상에 대한 자신의 의견을 늘어놓는다.

5. 집단상담에서 집단응집력에 관한 설명으로 틀린 것은? (2012 기출)

   가. 응집력이 높은 집단은 자기개방을 많이 한다.

   나. 응집력은 집단상담의 성공에 매우 중요한 요소가 된다.

   다. 응집력이 낮은 집단은 지금-여기에서의 사건이나 일에 초점을 맞춘다.

   라. 응집력이 높은 집단은 집단의 규범이나 규칙을 지키지 않는 다른 집단원을 제지한다.

겪는 문제가 아니라는 점을 이해하게 된다.

2. 단점

1) 특정 집단원의 문제가 충분히 다루어지지 못할 가능성이 많다.

2) 집단과정에서 집단원이 부정적인 집단 압력에 의해 상처를 입게 될 우려가 있다.

3) 어떤 집단원은 집단 경험을 통해서 생활양식과 가치관의 변화가 일어날 경우 그 변화로 인하여 안정감을 상실할 수 있다.

[3. 해설] ⓝ

집단상담의 초기단계(참여단계): 참여자의 소개와 예상불안을 다루고 집단의 구조화 작업에 들어간다. 즉, 집단의 성격과 목적 지도자의 역할 집단의 진행절차 그리고 지켜야 할 기본적인 행동의 규준 등에 대한 설명을 해야 하며 지도자는 참여자들과 함께 집단 목표 설정작업에 들어간다. 집단목표에는 과정적 목표와 개인적 목표의 두 가지가 있다. 즉, 집단목표란 집단과정의 발달을 돕는데 도움을 주는 것으로서 예를 들어 지금-여기에 초점을 두기, 자신을 집단에 노출하기, 모험을 시도하기, 피드백 주고받기, 남의 말을 경청하기, 타 집단원의 말과 행동을 적용하기 등이다. 개인적 목표는 개인이 도움을 받고자 하는 특정 문제나 집단상담에 응하고자 하는 주된 이유를 탐색함으로 시작할 수 있다. 집단원의 저항다루기는 과도적 단계에서 다루어야 할 주요과제이다.

[4. 해설] ⓓ

자기-드러내기는 집단 구성원이 자신의 목적을 달성하도록 돕는 것을 목적으로 한다.

[5. 해설] ⓓ

집단 응집력은 집단원들이 집단에 남아 있기 위해 활동하는 모든 힘의 산물로, 집단 내 활동에 전반적인 영향을 미치며 집단이 존재하려면

최소한의 집단 응집력이 요구된다.

⑩ 가족상담

가. 가족치료 형성의 역사적 배경

1) 역사적 배경

가) 가족치료가 전문적인 영역으로 자리를 잡을 수 없었던 이유→심리치료의 전반적 흐름을 형성하고 있었던 개인치료의 영향→가족치료 통합 계기는 1950년대 있었던 조현병 환자의 가족에 대한 연구→'인간이 가지고 있는 증상은 가족들이 가지고 있었던 상호작용의 결과들이다'라는 결론은 가족치료를 형성하도록 하는 데 결정적 역할→기존의 개인 중심의 심리치료 이론에 대한 생각을 근본적으로 전환하게 하는 역할

나) 가족치료는 생물학의 원리들에 많은 영향을 받음→가족치료는 개인들이 가지고 있는 문제나 증상들을 개인의 내면세계로 접근하는 방법을 가지고 있지 않음→오히려 개인들이 다른 사람들과 상호작용을 하는 방식을 변화시키는 접근

다) 가족치료가 본격적으로 심리치료의 전문영역으로 자리를 잡기 시작한 것은 1950년대→가족치료는 여러 연구들을 통해서 가족치료가 본격적으로 발달하도록 하는 중요한 계기를 맞음

라) 가족치료 관련한 연구: Palo Alto집단의 이중구속에 대한 의사소통연구, Lyman Wynne의 가짜 친밀성(Pseudo-mutuality)에 대한 연구 Theodore Litz의 부부 균열(Marital Schism)에 대한 연구, 그리고 Bowen의 분화에 대한 프로젝트들→가족치료 발전에 직접적으로 기여함

2) 가족치료에 기여하는 분야

가) 결혼상담: 성상담운동이 결혼상담이 번성하도록 하는데 중요한 기여→결혼상담은 그 관점과 영역을 확장하여 결혼과 가족치료라는 전문 영역으로 성장

나) 소집단활동: Lewin의 장이론은 부분과 전체의 관계에 대해서 강조. Wilfred Bion에 의해 계승, 발전. Bion은 집단을 하나의 전체로 놓고 생각→집단 전체의 역학과 숨겨진 구조에 많은 관심을 기울임→집단 전체의 역학과 숨겨진 구조는 곧 전체가족의 구조와 가족구성원들의 관계적 역학을 이해하도록 하는 데 많은 도움. 가족의 구조를 이해하는 측면에서 생각할 때 역할이론은 가족치료를 형성하도록 하는 데 많은 기여를 함. 집단치료를 하는 데 있어서 집단 구성원들은 일정한 역할을 수행. 집단구성원들은 집단치료의 과정에 따라서 일정한 역할을 수행하면서 자신의 역할을 찾아가는 과정을 겪음

다) 아동지도운동: 아동의 문제를 이해하는 데 있어서 진짜 문제는 아동 자신에게 있는 것이 아니라 가족이라는 체제 속에 문제가 있음을 알게 하는 관점. 어머니와 아동의 관계 속에서 많은 문제가 발생된다는 생각. Frieda Fromm-Reichmann은 조현병을 일으키는 어머니라는 유명한 개념을 발표→아동을 지배하려고 하

고 공격적이며 거부하는 불안정한 어머니는 아동에게 조현병을 일으킨다는 개념 →부모에게 문제가 있다는 생각은 점차적으로 그 관점을 확장하여서 가족 전체의 체제 또는 관계양식에 초점을 두려는 생각으로 발전→핵가족의 영역을 넘는 확대가족과의 관계양식까지 보려는 생각으로 발전하게 됨. 아동지도운동은 가족치료가 치료대상을 가족전체로 확장시켜 보는 관점을 형성하는데 많은 기여

나. 가족치료의 이론적 모델

1) **정신역동적 대상관계 가족치료 모델(James Framo, William R.Fairbairn, Harry Dicks, Robin Skynner)**
대상관계이론은 태어나면서부터 개인들이 다른 사람들과 관계를 맺고 애정을 형성하게 된다는 것을 인정. 따라서 대상관계이론가들은 정신 내적인 역동성과 인간관계사이의 상호작용을 이해하려고 하는 것. 대상관계 가족치료에서는 인간은 대상을 찾고 관계를 맺으려는 본능을 가지고 있다고 가정, 개인들의 내적인 면과 개인들 간의 상호 작용하는 면들이 치료 과정에서 탐색

2) **가족체계이론(Murray Bowen)**
Murray Bowen의 가족체계 이론은 정신역동적인 접근법과 체계론적 관점을 연결시킨 것으로 볼 수 있음. 이러한 이론적인 근거와 함께 임상으로부터 탄생된 이론

3) **맥락적 가족치료(Ivan Boszormenyi-Nagy)**
맥락적 가족치료는 가족 내의 윤리적 책임을 강조하였다. 치료의 목적은 자아 분화, 자아강화, 자아존중감에 대한 안정감 등을 증가시키는 것이다. Boszormenyi-Nagy는 다세대적인 관점, 즉 인간 관계맥락을 강조

4) **의사소통 가족치료 모델(Gregory Bateson, Don Jackson, John Weakland, Paul Watzlawick)**
내적인 심리역동에 초점을 두지 않는 의사소통이론가들은 사람은 언어적 비언어적 의사소통 방법을 연구함으로써 가족 체계에 대하여 배울 수 있다는 것을 가정. 의사소통 이론가들은 가족성원들의 개인적인 역사적인 분석에 초점을 두는 것이 아니라 가족체계 내의 관찰 할 수 있는 현재의 상호작용에 초점을 둠

5) **경험주의적 가족치료 모델(Carl Whitaker,Virginia Satir)**
구조적-전략적 가족치료모델처럼 과거보다는 현재에 초점을 둠. 경험주의적 가족치료모델에서는 치료자와 가족 사이에 순간순간 발생하는 상황을 중시. 가족과 치료자 사이의 상호작용은 치료에 참여하는 가족이나 치료자 모두가 성장할 수 있는 기회가 된다고 봄. 이는 가족의 개인 성원에 초점을 두고, 심리역동적 모델에 가까움

6) **구조적 가족치료모델(Salvador Minuchin)**
구조적 가족치료자들은 가족체계 자체의 역동적 질서에 관심을 둠. 1970년대에 가

장 영향력이 있는 가족치료 접근법. 구조적 가족치료자들은 개인을 사회적인 존재로서 파악하여 개인을 둘러싼 구조에 초점을 둠

7) 전략적 가족치료 모델(Jay Haley, Milan)

전략적 가족치료 모델에서는 치료자가 가족성원의 과거가 아닌 현재의 상호작용에 초점을 두고, '성장'보다는 '변화'에 초점을 두었다는 점에서 '변화'보다는 '성장'에 치료 목표를 둔 경험적 가족치료 모델과는 치료적 접근법이 전혀 다르다고 볼 수 있음

8) 해결중심 단기 가족치료 모델(Steve de Shazer와 Insoo Kim Berg)

해결중심 단기 가족치료는 치료적인 과정을 개념화하고 그리한 치료적인 과정들을 수행한다는 점에서 전통적인 심리치료나 다른 단기치료들과는 다름. MRI의 단기 가족치료 모델과 해결중심 단기 가족치료 모델은 기본적인 병리를 강조하지 않는다는 점, 문제의 과정과 피드백 고리에 초점을 두고, 문제해결책에 초점. 문제는 어려움을 반복적으로 잘못 다룬 것으로 규정. 가족의 기능과 역기능적인 위계에 관심을 두지 않으며, 생각과 행동에 대한 자기 강화 패턴에 초점을 둠. 해결중심 단기 가족치료는 포스트모더니즘을 이야기치료보다 더 적극적으로 치료 기법에 적용. 이 치료 접근법의 장점은 문제라는 현실을 클라이언트들로 하여금 지나치게 무겁고 절대적으로 받아들이지 않게 함으로써 재빨리 문제로부터 벗어날 수 있는 용기를 불러일으킨다는 점

9) 이야기치료 모델(Michael White와 David Epston)

사람들은 이러한 이야기 창조를 통해 그들의 삶의 의미를 느끼며, 미래에 대하여 구상을 한다는 것. 이야기치료자들의 역할은 가족과 함께 새로운 현실들을 이야기를 통해 구성해 나가는 것. 이야기치료자들이 하는 질문은 클라이언트에게 무엇이 진실이냐가 아니라 어떠한 견해가 유용하며 클라이언트에게 무엇이 더 좋은 효과를 가져오는가에 있음

다. 대표적 가족치료 유형

1) Bowen의 다세대가족상담
  가) 이론
    (1) 자기 분화(Differentiation of Self)
      (가) 정신 내적과 대인관계에 관련된 개념
      (나) 정신 내적측면의 분화: 지적 기능이 정서적 기능에서 얼마나 분화되어 있는가를 의미
      (다) 대인관계적 측면의 분화: 자아분화가 잘 이루어지지 못한 사람은 확고한 자기를 발달시키지 못하고 거짓자기가 발달. 자신의 일관된 신념을 가지고 자주적이며 독립적인 행동을 하지 못함
    (2) 삼각관계

(가) 삼각관계: 어떤 두 사람이 또 다른 한 사람을 자신들의 정서적 문제에 끌어
들이는 형태

(나) 삼각관계 원인: 자기분화 수준과 경험하는 긴장 정도

(다) Bowen 가족치료에서는 탈삼각관계를 치료의 목표로 삼음: 치료자는 가족
이 가진 문제를 직접 다루지 않고 바람직하지 않은 삼자관계의 과정을 지
적. 치료과정을 통하여 가족으로 하여금 삼각관계가 가족 문제의 병리적인
안정에 얼마나 큰 역할을 하고 있는지를 깨닫게 하여 가족이 자신들의 삼각
관계에서 벗어날 수 있도록 도움. 궁극적으로는 가족체계의 바람직한 변화
를 초래하고자 함

(3) 핵가족의 정서체계

(가) 자기분화가 낮은 사람의 결합일수록 두 사람의 자아가 융해되어 공동자아
를 형성함

(나) 융해는 불안정, 융해가 반대로 부부간의 정서적 거리감을 증가시켜서 자녀
에게 문제를 투사하는 등의 여러 가지 부적응을 초래할 위험성이 있음

(4) 가족투사과정

(가) 어느 가정에서나 일어나는 일반적인 현상

(나) 분화 수준이 낮은 가정일수록 투사 경향이 심함: 다음세대를 희생시키며
전 세대의 불안을 경감시키려고 하는 것

(5) 출생순위

(가) 특정자녀가 어떻게 가족투사과정의 대상으로 선택되는지에 대한 견해

(나) 개인이 결혼생활에 어떻게 적응해 나갈 것인가를 예측가능.

(6) 정서적 단절

(가) 한 개인과 자신의 원가족간의 미분화와 그것과 관련된 정서적 긴장을 설명
한 것. 극심한 정서적 분리의 양상을 의미

(나) 정서적 단절은 세대 간의 잠재된 융해의 문제를 반영하는 것.

(7) 사회적 정서과정

(가) 가족은 만성적으로 불안에 휩싸이며 이러한 불안을 감정적으로 억제하지
못하여 지적으로 행동할 수 없게 된다. 그 결과 증상이 형성되며 가족의
기능에 퇴행이 일어난다는 것

(나) 사회적 퇴행은 불안에 의해 사회적 문제해결능력을 위태롭게 하는 정서적
과정. 자아분화는 개인과 전체 체계를 변형시키기 위한 매개물

(다) 치료과정을 통하여 개인의 자아분화가 성취되면 가족체계가 변화하고 이
것은 다시 더 높은 수준의 자아분화를 초래하는 순환성을 띰

나) 치료

(1) 탈삼각관계 과정

(가) 증상을 제거하거나 변화시키기 위해선 확대가족 속의 역사적 또는 심리적
요소를 발견해야 함

　(나) 치료단위와 상관없이 치료목표는 자기분화에 있음

　(다) 탈삼각관계는 원가족에 대한 이해, 가족체계 내에서 다양한 집단의 지리적 위치를 파악해야 함. 거주지의 물리적 거리는 드러나지 않은 정서적 유형을 알 수 있는 좋은 단서가 되기도 함. 문화적·경제적·교육적 수준과 같은 사회관계망이 포함되어야 함

　(라) 치료자 또한 탈 삼각화를 위해 노력해야 함

　(마) 치료자에 대한 지나친 의존성을 없애기 위해 치료기간의 간격을 둠

　(2) 가계도

　(가) 복잡한 가족유형의 형태를 한눈에 볼 수 있는 이점

　(나) 가족성원 각 개인과 가족 속에서 반복되어 나타나는 유형이나 사건을 파악할 수 있음

　(다) 가족관계나 기능의 유형을 도식화함으로써 원 가족과 어떤 삼각관계를 형성하고 있는지 체계적으로 파악 가능

2) Minuchin의 구조적 가족치료

　가) 이론

　(1) 가족구조: 가족성원들이 다른 가족성원들과 관계하는 방법을 조직하는 기능적인 차원을 말함. 가족성원들이 어떻게, 언제, 누구와, 상호작용을 하며, 가족성원들 사이에 상호교류 유형을 어떻게 유지 하는가 등과 관련된 모든 가족규칙을 나타냄

　(2) 가족의 하위체계: 가족체계는 하위체계로 분화, 하위체계를 통해 가족체계의 기능을 수행. 부부하위체계, 부모하위체계, 형제하위체계, 부모-자녀하위체계가 있음

　(3) 경계의 투과성: 가족구조 내에 있는 하위체계의 경계선은 누가 어떻게 참여하는가 하는 것을 규정하는 가족 규칙. 경계선의 기능은 가족체계의 분화를 보장해줌. 가족이 적절한 기능을 유지하기 위해서는 하위체계의 경계선을 분명히 하여야 하며, 심한 방해 없이 가족성원들이 기능을 발휘할 수 있도록 명확히 규정해 주어야 함

　(가) 명확한 경계: 명확한 경계는 가족 안에서 하위체계 사이에 분리성을 유지하는 데 도움. 전체 가족체계에 소속되어 있는 것을 강조. 가족원들의 자율성을 존중. 경계는 융통성이 있어서 가족성원들이 필요할 때 서로 지지하고 돌보고 개입하는 것이 가능

　(나) 분리된 경계: 분리된 경계는 하위체계사이와 가족 밖의 체계와의 관계에서 경직된 상태. 지나치게 분명하여서 불침투적. 가족성원들 사이에는 거리감이 있어서 서로 간에 소외감을 가짐. 가족 관계 내 소속감이 부족하고, 도움이 필요할 때 원조를 요청하는 능력이 부족

　(다) 밀착된 경계: 가족성원들 사이의 경계선이 대체로 미분화되어 있고 침투가 잘 되며 유동적. 가족성원들 사이의 구분은 희미하고, 거리감이 없고,

강산 소속감 때문에 자율성이 방해를 받고, 문제에 대한 자발적인 대처를 방해

(4) 제휴, 세력

(가) 제휴: 가족성원들이 활동하는 데 있어 연합하거나 다른 사람에게 반대하는 방법에 따라 결정. 가족성원들이 상호 간에 형성하는 정서적 또는 심리적인 연결에 관한 것

   ① 연합: 두 사람이 제삼자에 대항하기 위하여 제휴하는 경우

   ② 동맹: 두 사람이 제삼자와는 다른 공동의 목적을 위해 제휴하는 것으로 반드시 제삼자와 적대관계에 있지는 않음

(나) 세력: 결정하는 사람의 권위와 결정한 것을 수행하는 책임 양측면을 포함 각 가족성원들이 활동하는 것이 상호 간에 영향을 미치는 것에 관한 개념

(5) 긴장발생의 4가지 차원

(가) 한 가족 성원이 가족외부의 세력과 접촉하는 것

(나) 가족전체가 가족 외부의 세력과 접촉하는 것

(다) 가족의 발달관계상의 과도기

(라) 한 가족성원이 갖고 있는 특정한 문제

나) 치료기법

(1) 실연화

(가) 개요: 치료면담 중에 가족에게 역기능적인 가족성원 간의 교류를 실제로 재현시키는 것. 행동을 중시하여 가족의 실생활의 양상이 그대로 드러날 가능성이 있으므로 가족구조를 이해하는 데 효과적

(나) 실연화 단계

   ① 제1단계: 치료자가 가족성원의 교류를 관찰하고 어떤 역기능적인 부분에 초점을 맞출 것인가를 결정

   ② 제2단계: 치료자가 가설로 세운 역기능적인 교류를 중심으로 가족성원이 실연화하여 역기능적 교류를 둘러싼 상호 작용을 밝힘

   ③ 제3단계에서는 치료자가 주목한 부분에 대하여 지금까지 가족이 사용한 방법과는 다른 교류 실연화

(2) 경계선 만들기

(가) 부부, 부모, 형제, 부모-자녀의 하위체계가 각기 경계선을 명확히 할 때 가족구조 내에서 새로운 상호작용 유형이 생기고 체계의 기능이 증가함.

(나) 경계선이 밀착된 가족에서는 가족성원들의 개별화를 촉진시키기 위하여 경계선을 강화시키고 명확히 함

(다) 분리된 가족에서는 가족성원간의 지지적이고 통제하는 기능을 강화하여 하위체계간의 교류를 촉진시키고 경직된 경계선을 완화시킴

(라) 치료자는 전체가족에 대한 체계를 가지고 치료하며, 치료의 최종목표는 가족 전체를 재구조화하는 것

(3) 과제부여

(가) 가족의 상호교류를 증진시키고 변화를 제시하기 위하여 사용

(나) 과제는 언제, 어디서, 누구와 어떻게 교류해야 하는 것인가를 명확히 설명

3) 전략적 가족치료

가) 개요

(1) 학파

(가) 상호작용모델: Jackson, Watzlawick

(나) 전략적 구조주의 모델: Haley

(다) 체계적 모델: Milan

(2) 발달배경

(가) MRI(Mental Research Institute) 상호작용모델

① 정신분열증 가족의 의사소통 연구: 가족이 문제를 경감시키기 위해 해결하려는 시도가 오히려 문제를 악화시킴

② 가족의 상호 작용에 관심: 의사소통의 내용이 아닌 잘못된 의사소통 과정의 문제로 봄

③ 문제해결중심 단기 전략적 접근모델 개발: 10회 미만의 단기 프로그램. 의사소통 연구와 에릭슨의 역설적 접근을 접목하여 개발

(나) Haley 전략적 구조주의

① 의사소통이론과 역할이론: 송신자와 수신자가 교환하는 메시지에 내재된 통제와 권력 투쟁에 주목. 누가 의사결정에 영향력을 행사하는지, 관계를 정하는지에 관심

② 역기능적 가족의 특성: 위계구조가 혼란스러워 세대간 권력의 순서가 거꾸로 놓임. 세대 간 연합. 가족체계의 항상성에 집착. 항황 변화에 융통성 결여되어 변화에 대처하지 못함

③ 가족을 치료적 이중구속에 빠지게 하는 역설적 방법으로 증상의 자발적 포기를 유도

(다) Milan 학파 모델

① 가족의 게임규칙에 초점: 규칙에서 벗어나지 못하는 가족에게 역설적으로 접근

② 4인의 남녀 공동치료팀, 10회 미만, 한달에 한번 만나 치료 함

③ 치료자는 중립적 위치에서 가족게임의 규칙을 파악, 순환질문을 통해 가족원이 자신의 인식론 검토하여 새로운 신념체계 도입 유도

④ 가족의 신념 체계 변화에 관심

나) 주요개념

(1) 의사소통

(가) 모든 행동을 의사소통으로 봄

(나) 의사소통은 내용과 지시의 측면을 가짐

(다) 의사소통이 이루어지는 관계는 대칭적, 보완적 관계

(라) 상위 의사소통은 의사소통에 대한 의사소통

(2) 가족항상성

(가) 끊임없이 변화하는 가족 내·외의 환경에 적응하면서 일관성을 유지하고자 하는 기능

(나) 역기능적 가족은 가족항상성을 안정된 방향으로만 유지하려는 경향 강함

(3) 이중구속(Double-bind): 힘을 가진 발신자가 의사소통을 할 때 모순된 메시지를 보내는 역기능적 의사소통 형태 Ex) 말과 표정의 불일치

(4) 피드백 고리

(가) 체계를 통제하는 방법. 과거 행동에 대한 결과를 다시 그 체계에 전달해주는 것

(나) 가족원들이 서로 정보를 교환하면서 행동을 통제하거나 확장하는 방식

(다) 정적 피드백 고리: 현재 상태를 벗어나 새로운 변화를 시도

(라) 부적 피드백 고리: 변화에 저항해 기존의 상태로 가족을 졸아오게 함

(마) 변화 수준

① 일차적 변화(First Order Change): 행동이 바뀜

② 이차적 변화(Second Order Change): 가족체계의 규칙이 바뀜

(5) 가족규칙

(가) 일정한 가족기능이 시간을 거쳐 반복됨으로서 갖는 가족행동을 제한하는 관계적 합의

(나) 명시적(Explicit) 규칙과 암묵적(Implicit) 규칙

(다) 상위규칙(Meta-rule): 가족원이 가족규칙의 유지와 변화에 관한 규칙

(라) 역기능적 가족일수록 상위규칙이 없고 경직된 가족일수록 가족규칙을 변경할 수 없다는 강력한 상위규칙을 가짐

(6) 권력과 통제(Power and Control), 위계(Hierarchy)

(가) 가족을 포함한 모든 대인간 상호교류는 관계를 정의하기 위한 권력투쟁

(나) 권력투쟁에 관한 가족관계의 파악이 치료목표 설정과 개입방식을 계획할 수 있게 함

(다) 증상은 가족의 항상성을 유지하기 위한 기제, 관계를 통제하기 위한 내담자의 전략

(라) Haley 기능적 가족: 윗세대가 더 많은 권력과 통제를 가지고 규칙을 집행할 수 있어야 함. 가족은 세대간 구조와 경계를 분명히 갖고 서로 침범하지 말아야 함

(7) 역설적 개입(Paradoxical Intervention)

(가) 치료관계에서 통제를 유지하기 위한 역설적 개입이 필요. 증상처방을 통해 내담자가 포기했던 문제행동을 내담자의 통제 안으로 끌어들임

(나) 치료적 이중구속의 상황을 만들어 내담자가 역설적 개입에 저항하는 과정

에서 증상행동을 포기하도록 함
- (8) 가족게임(Family Game)
  - (가) 가족 규칙을 유지하기 위한 복잡한 상호작용
  - (나) 역기능적 가족에서는 가족원이 모두 게임 규칙에 합의하지 않으면서도 힘을 얻기 위해 게임을 함
- (9) 가설설정(Hypothesizing)
  - (가) 가족의 문제가 어떻게, 왜 발생했으며, 어떻게 유지되고 있는지 가설을 세우는 것
  - (나) 체계적 면접과 정보의 조직화를 촉진
- (10) 순환 질문(Circular Questioning) – Milan
  - (가) 가족원에게 돌아가면서 가족 상호작용이나 가족관계에 대해 이야기하게 하는 대화기법
  - (나) 내담자로 하여금 자신이 가족이라는 관계적 맥락에 속해있음을 알게 하는 기법
- 다) 치료
  - (1) 치료목표
    - (가) 제시된 문제를 해결하는 것
    - (나) 일차적 변화, 이차적 변화, 증상과 관계된 사회관계망까지 포함
    - (다) 문제의 정확한 규명, 내담자가 기대하는 구체적인 변화 목표를 설정, 중간 목표를 설정
  - (2) 치료과정
    - (가) 문제 정의하기
      - ① 가능한 모든 가족 구성원이 참여한 라운데 협동적이고 편안한 분위기를 조성함
      - ② 가족원들이 문제를 어떻게 보는지 파악하여 문제를 정의함
      - ③ 해석과 충고는 삼가고 사실과 의견에 대한 정보를 수집해야 함
    - (나) 목표설정
      - ① 변화를 원하는 부분에 대한 구체적인 용어로 표현하게 함
      - ② 호소문제, 호소문제의 발생 배경을 평가하여 상담 목표 설정
    - (다) 개입
      - ① 문제별 맞춤형 전략 수립
      - ② 역설적 개입시도
  - (3) 치료자 역할
    - (가) 전략적 기술
    - (나) 활동성과 강한 책임감
    - (다) 통제와 권위의 유지
    - (라) 팀 접근

(마) 밀란 치료자–중립성

4) Virgina Satir의 경험적 가족치료

가) 이론

(1) 자아존중감

(가) 인간의 기본욕구로 봄

(나) 낮은 자아존중감의 원인: 부모의 부적절한 반응, 자아존중감을 학습할 기회를 갖지 못한 경우, 역기능적이거나 부정적인 부모의 의사소통

(다) 낮은 자아존중감을 회복하여 자신의 가치를 인정하고 자신의 장점과 자원을 발견하고 활용하여 문제상황에 잘 대처하게 함

(라) 자아존중감의 3가지 요소

① 자기 – 애착, 사랑, 신뢰, 존중을 통해 갖는 자신에 대한 가치와 자신의 유일성

② 타인 – 다른 사람과의 동질성과 이질성, 상호작용에 관한 것

③ 상황 – 부모나 원가족 맥락에서의 상황

(2) 의사소통 및 대처유형: 자아존중감이 낮으며 불균형적일 상태에 있을 때 긴장에 대처하는 공통된 생존유형 방식으로, 기능적 유형인 일치형을 제외한 다른 모든 유형은 역기능적 유형

(가) 회유형(Placating)

① 자신의 내적 감정이나 생각을 무시, 타인의 비위에 맞추는 성향

② 심리적 증상: 감정억제, 짜증, 공황습격, 자살생각 등

③ 자원: 돌봄, 양육, 민감성

(나) 비난형(Blaming)

① 회유형의 반대. 타인을 무시하는 성향

② 심리적 증상: 분노, 짜증, 적대적임, 편집증, 폭력, 반사회적 특성 등

③ 자원: 주장성, 지도력, 에너지

(다) 초이성형(Super–reasonable)

① 자신과 타인을 모두 무시하고 상황만을 중시하는 성향

② 심리적 증상: 우울증, 집착증, 강박증, 사회적 철회, 공감력 부족

③ 자원: 지성, 세부사항에 주의를 집중하는 것, 문제해결능력

(라) 산만형(Irrelevant)

(마) 초이성형의 반대

① 자신, 타인, 상황을 모두 무시하는 성향

② 심리적 증상: 혼란스러움, 부적절함, 낮은 충동통제, 우울, 공감력 결핍, 타인의 권리 침해, 학습불능 등

③ 자원: 유머, 자발성, 창조성

(바) 일치형(Congruent)

① 의사소통의 내용과 내적감정이 일치하는 유형

**경험적 가족치료에서
의사소통 및 대처유형**

1. 회유형 Placating
2. 비난형 Blaming
3. 초이성형
   Super–reasonable
4. 산만형 Irrelevant
5. 초이성형의 반대
6. 일치형 Congruent

심리학개론

이상심리학

심리검사

임상심리학

심리상담

② 자원: 높은 자아존중감

(3) 가족규칙

(가) 개인이 원가족 내에서 경험한 것을 내면에 지니고 있는 것

(나) 비합리적인 가족규칙은 낮은 자아존중감을 유발

(다) 구체적으로 현존하고 있는 것을 보고 듣는 자유, 느끼고 생각하는 것을 말하는 자유, 느껴지는 대로 느끼는 자유, 허락을 기다리기보다 원하는 것을 요구하는 자유, 안전하게 있기보다는 모험을 하는 자유 등 5가지 자유를 갖고 있을 때 가족규칙은 지침으로 변형 가능

나) 치료

(1) 치료목표

(가) 내담자의 자아존중감을 높임

(나) 자기인생에 대한 선택권을 스스로 갖도록 함

(다) 가족규칙을 합리적, 현실적, 인간적으로 만드는 것

(라) 내담자의 의사소통 유형을 일치적으로 만드는 것

(2) 치료방법

(가) 가족 재구조화(Family Reconstruction): 치료대상을 Star로 칭함. 가족의 역기능 체계를 개방적이고 건강한 기능체계로 바꾸는데 기여하는 기법. 삼세대를 대상으로 한 치료적 개입이 한 개인의 역기능적인 과거의 학습과 현재의 대처양식을 긍정적인 자원, 선택, 그리고 성장으로 전환하기 위한 방법

① 가족지도(Family Map): 상담자, 가족구성원들에게 가족의 역사를 한 눈에 볼 수 있게 함

② 가족생활 연대기(Family Life Fact Chronology): 가족생활 사건 연대기는 가족 재구조화기법의 중요한 도구. Star 자신의 대가족의 역사 속에 나타나는 의미 있는 사건을 연도별로 기록하여 작성

③ 영향력의 수레바퀴: Star를 중심으로 긍정적, 부정적 영향을 주었던 사람들의 관계를 표시. 굵은 선은 더 밀접한 관계를 나타냄. Star에게 중요한 영향을 준 인물을 드러나게 함

(나) 가족조각(Family Sculpture): 현실 속에서 가족 구성원을 직접 조각해보기 때문에 가족 내의 특정한 관계를 볼 수 있음. 개인의 인식이나 감정을 엿볼 수 있음

① 상담자는 가족 조각을 만드는 조각가를 선정. 가족 조각을 하고 싶은 장면을 설정할 수 있도록 조각가를 도움

② 가족 조각가는 가족구성원 중 역할을 할 실제적인 인물을 정함

③ 가족 조각가를 통해 역할을 하는 가족 구성원들의 위치가 은유적으로 정해지고 특정자세로 가족 조각이 이루어짐

④ 가족 조각에 참여했던 가족 구성원들의 연기를 마무리하고 자신들이 했던

경험을 나누며 인식된 통찰을 함께 표현해 보도록 함

(다) 역할극(Drama): Star 자신 또는 다른 가족 구성원의 생활을 표현하기 위한 방법. 가족 구성원이 참여하는 역할극을 만드는 것. 역할극을 통해서 가족 구성원들은 새로운 시각에서 사건을 바라볼 수 있음. 역할극을 통해 가족과 가족 구성원들은 과거에 해결되지 못한 과제를 완성하고 낮은 자존감을 증진시키며, 목표 성취의 기회를 가짐

(라) 빙산치료: Satir는 내담자의 경험을 빙산에 비유. 수면위에 드러나는 것은 행동, 수면 아래에는 감정, 기대, 지각, 열망이 있다고 봄. 내담자의 표면적 경험 수준 및 잠재의식 수준의 내적 과정과 작업하여 역동을 변형하여야 한다고 봄

(마) 은유: 상담자가 간접적이고 비유적인 표현을 하는 것. 내담자의 변화를 증진시키고자 함

(바) 명상(Meditations): 신의 자원을 잘 활용하고 자존감의 고양, 적합한 것을 추구할 수 있도록 에너지를 집중시켜 줌. 초기에는 호흡, 감정, 집중의 명상으로 시작. 후기에는 확인, 긍정적 지각, 올바른 선택, 새로운 가능성과 자기수용을 강조

문제

1. 가족상담에 대한 맥매스터 모델에 대한 설명으로 적절하지 못한 것은?

(2005 기출)

가. 가족기능을 8가지 측면에서 고려한다.
나. 정서적 관여는 다섯 가지로 분류한다.
다. 정서적 반응 내용에 대해 두 가지 질문을 한다.
라. 행동통제 기능은 네 가지 유형으로 분류한다.

2. 다음 중 가족상담의 원리와 가장 거리가 먼 것은? (2010 기출)

가. 문제로 지목된 가족원에게 초점을 두어 사례를 개념화 한다.
나. 과거의 사건이나 경험보다 현재 일어나는 양상을 다룬다.
다. 가족 구성원들의 관심사를 이해하고 수용한다.
라. 자기 의견을 분명히 표현하고 다른 입장을 경청하는 의사소통을 촉진한다.

[1. 해설] ㉑
가족상담에 있어 맥매스터 모델은 가족기능을 7가지 측면에서 파악한다.
① 문제해결, ② 의사소통, ③ 가족의 역할, ④ 정서적 반응성, ⑤ 정서적 관여, ⑥ 행동통제, ⑦ 가족의 일반적 기능

[2. 해설] ㉑
문제로 지목된 가족원에게 초점을 두어 사례를 개념화 한다는 가족상담의 원리에 포함되지 않는다.

[3. 해설] ㉯
가계도에 기재할 수 있는 정보는 ① 출신민족과 이주해온 날짜 ② 종교 또는 개종 ③ 학력 ④ 직업 또는 실업 ⑤ 입대 ⑥ 퇴직 ⑦ 범법행위 ⑧ 신체적 학대 및 근친상간 ⑨ 비만 ⑩흡연 ⑪ 가족성원이 집을 떠난 날짜 ⑫ 가족원의 현주소 등이 있다.

[4. 해설] ㉰
가족치료는 가족 구성원 중 한 사람을 대상으로 하는 것이 아니라 가족 전체를 대상으로 한다.

[5. 해설] ㉮
순환적 인과성에 의해 한 성원은 변화는 다른 성원 및 가족 전체에 영향을 주고, 다시 그 성원에게 순환적으로 영향을 주며 상호작용 한다.

3. 가족치료에서 가계도 작성에 대한 설명 중 옳지 않은 것은? (2004 기출)
　가. 상담자는 가계도 작성의 필요성을 설명해준다.
　나. 가계도에는 가족 구성원의 이름과 같은 개인신상이 공개되지 않도록 해야 한다.
　다. 가계도에 가족 구성원의 출생정보, 종교 등을 기록한다.
　라. 가족의 모든 구성원이 참여하여 작성한다.

4. 다음 중 가족치료의 주된 목표와 가장 거리가 먼 것은? (2011 기출)
　가. 가계의 특징을 파악하고 이를 재구조화 한다.
　나. 가족들 간의 잘못된 관계를 바로 잡는다.
　다. 특정 가족원의 문제행동을 수정한다.
　라. 가족원들 간의 의사소통 유형을 파악하고 의사소통이 잘 되도록 한다.

5. 다음 중 가족치료의 이론적 근거에 해당되는 것은? (2012 기출)
　가. 순환의 사고　　　　　　　　나. 합산의 원칙
　다. 개인주의　　　　　　　　　　라. 선형의 사고

11 중독상담 기초

가. 중독모델

1) 약물의 정의와 분류

가) 약물(물질, Substance): 식품이 아닌 천연물질이나 인공물질로 생체 기관내의 구조와 기능을 바꾸는 화학적 작용을 하는 모든 물질을 의미. 특히 정신활성물질 (Psychoactivesubstance)로 분류된 정신활성물질 혹은 물질은 뇌를 변화시키는 물질로서, 사람의 기분, 생각 및 행동의 변화를 일으키며 그 결과 긍정적 혹은 부정적 영향을 초래. 약물사용이 문제가 되는 것은 물질로 인한 뇌의 변화가 진행되는 과정에서 여러 가지 심각한 문제가 야기될 수 있기 때문

나) 약물의 분류와 종류

(1) 흥분제(Stimulants)

(가) 코카인(Cocaine): Crack, Coke, Freebase

(나) 암페타민(Amphetamine): Methamphetamine, Diet Pills

(다) 니코틴(Nicotine): Tobacco

(라) 카페인(Caffeine): Coffee, Soda, Tea, Energy Drinks

(2) 억제제(Depressants)

(가) 알코올(Alcohol): Beer, Wine, Hard Liquor

(나) 진정제(Sedative), 수면제(Hypnotics), 항불안제(Anxiolytics): Valium, Xanax, Sleeping Pills

(다) 흡입제(Inhalants): Gasoline, Paint Thinner, Glue

(3) 오피오이드(Opioids)

(가) 오피오이드(Opioids): Heroin, Methadone, Vicodin, Oxycontin, percoset

(4) 환각제(Hallucinogens)

(가) 환각제(Hallucinogens): LSD, MDMA/Ecstasy, Mescaline

(5) 기타

(가) 대마(Cannabis): Marijuana, Pot, Hashish

(나) 펜사이클리딘(Phencyclidine): PCP, Ketamine

(다) 스테로이드(Steroid), 나이트레이트(Nitrate)

2) 중독의 개념과 양상

가) 중독

(1) 부정적인 결과에도 불구하고 강박적으로 물질을 찾고 사용하는 만성적이며, 재발 경향성이 있는 뇌질환(Chronic, relapsing, brain disease that is characterized by compulsive substance seeking and use, despite harmful consequences)(NIDA)

(2) 물질을 구하고 취하는 것에 대한 강박적 충동(Compulsion), 제한된 사용에 대한 통제 상실, 물질에 대한 접근이 금지되었을 때 나타나는 불안, 우울, 짜

증 등의 부정적인 감정상태의 특징을 갖음[4]

나) 약물사용의 진행 과정

(1) Recreationaluse(유희적 사용)

(가) 주로 친구 사이 같은 사회적 환경에서 호기심이나 주변의 압력으로 시작

(나) 빈번히 발생하지는 않으며, 적은 양 혹은 적당한 양만 사용

(다) 거의 문제를 일으키지는 않음(불법은 제외)

(2) Circumstantialuse(환경적 사용)

(가) 어떤 상황에서 특정한 효과를 얻기 위해 사용

(나) 문제를 경험할 수도 있고 문제가 없을 수도 있음. Ex)우울한 사람이 기분이 좋아지기 위해 약물을 사용하는 겨우

(3) Intensifieduse(강화된 사용)

(가) 유희적 또는 상황적 사용으로 시작하지만 더 자주 사용하면서 문제가 진행 되기도 함

(나) 주로 어떤 문제들로 인해 물질을 지속적으로 사용하고자 하는 동기가 있음

(다) 남용 수준으로 발전

(4) Compulsiveuse(강박적 사용)

(가) 가장 심각한 단계, 거의 매일 많은 양을 사용하여 원하는 효과를 얻으며 금단을 피하고자 함

(나) 약물사용이 개인의 삶에서 가장 중요한 위치에 자리 잡고 있으며, 약물로 인한 문제가 많음에도 불구하고 지속적으로 사용하는 상태

(다) 중독 수준

나. 변화단계이론(Prochaska & DiClemente,1984)

1) 변화단계

가) 숙고전단계(PRECONTEMPLATION)

(1) 문제를 이해하지 못하는 상태.

(2) 방어적인 태도를 보이며 치료에 열중하지 않거나 피동적 태도

(3) 자신의 약물사용과 관련한 문제제기에 저항

(4) 의식적, 무의식적으로 행동변화를 위한 단계를 회피

(5) 종종 다른 사람에 의해 치료 압력을 받기도 함

나) 숙고단계(CONTEMPLATION)

(1) 문제를 이해하고 실행할 것인지 생각중인 상태

(2) 문제를 이해하고 평가하려고 함

(3) 고통 받고 있으며 조절이나 해결의 노력을 원하는 상태

(4) 변화에 대해 생각하며 아직 행동을 취해 보지 못했고, 아직 그렇게 할 준비가 되어있지 않은 상태.

변화단계이론
(Prochaska &
DiClemente,1984)

1. 숙고전단계
(PRECONTEMPLATION)
2. 숙고단계
(CONTEMPLATION)
3. 준비단계
(PREPARATION)
4. 실행단계
(ACTION)
5. 유지단계
(MAINTENANCE)

---

4) Koob GF, Le Moal M. Drug abuse: hedonic homeostatic dysregulation. Science 1997;278:52-58.

(5) 과거에 변화를 위한 시도한 경험이 있음.

(6) 자신의 행동과 그것을 변화시킬 때의 장단점을 평가

다) 준비단계(PREPARATION)

(1) 곧 실행할 확실한 계획을 세움

(2) 행동변화를 결심하고 행동과 태도에서 변화를 준비함

(3) 실행하려는 경계에 있으며 변화과정에 관여하는 상태

(4) 자신이 선택한 실행목록을 실천하기 위한 확고한 마음을 준비하고 변화를 위한 결정을 내림

라) 실행단계(ACTION)

(1) 변화하기 위한 결정을 하고 변화를 위한 행동을 실천하는 단계

(2) 변화하기 위한 확고한 헌신을 표명하거나 보임

(3) 행동이나 자신의 환경을 수정하기 위한 노력이 취해짐

(4) 행동변화를 성취하기 위한 동기와 노력을 함

(5) 변화에 행하는데 헌신하고 변화과정에 열중함

(6) 변화를 위해 제안된 전략과 활동을 기꺼이 따름

마) 유지단계(MAINTENANCE)

(1) 변화를 유지하기 위해서 노력

(2) 지금까지 성취한 변화를 유지하기 위한 작업을 계속함

(3) 실수나 재발을 피하기 위한 상당한 주의를 기울이며 재발의 고위험 상황이나 재발에 관해 걱정과 두려움을 표명함

(4) 빈번하지 않지만 종종 약물사용에 대한 강한 유혹을 받거나 다시 약물사용에 직면할 수도 있음

2) 변화의 나선형모델

변화는 일직선상에서 일어나는 것이 아닌 이전 단계로 후퇴했다가 다시 일어나기도 함.

Ex) '실행단계까지 간 사람이 숙고전 단계까지도 후퇴했다가 다시 성공하기도 한다는 것

<그림> A spiral model of the stages of change (Prochaska, DiClemente & Norcross, 1992)

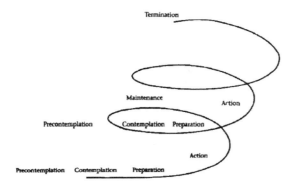

문제

1. 다음 중 흥분제가 아닌 것은?

가. 알코올　　　　　　　　나. 코카인

다. 니코틴　　　　　　　　라. 카페인

2. 약물 사용의 진행 과정의 순서를 바르게 나열한 것은?

> a. Recreationaluse(유희적 사용)
> b. Compulsiveuse(강박적 사용)
> c. Intensifieduse(강화된 사용)
> d. Circumstantialuse(환경적 사용)

가. a-b-c-d　　　　　　　나. a-b-d-c

다. a-d-c-b　　　　　　　라. a-c-b-d

[2. 해설] ㉯
약물의 사용은 주로 친구 사
이 같은 사회적 환경에서 호
기심이나 주변의 압력으로
시작하여 어떤 상황에서 특
정한 효과를 얻기 위해 사용
하고 나아가 주로 어떤 문제
들로 인해 물질을 지속적으
로 사용하고자 하는 동기가
생기며 남용수준으로 발전
하며 약물사용이 개인의 삶
에서 가장 중요한 위치에 자
리 잡고 있으며, 약물로 인한
문제가 많음에도 불구하고
지속적으로 사용하는 중독
상태로 진행된다.

3. Prochaska & DiClemente의 변화단계 이론의 설명으로 틀린 것은?

가. 숙고전 단계는 내담자가 방어적인 태도를 보이며 자신의 문제를 이해하지 못한 상태이다.

나. 자신이 선택한 실행목록을 실천하기위한 확고한 마음을 준비하고 변화를 위한 결정을 내리는 것은 준비단계이다.

다. 실행단계의 사람은 변화에 행하는데 헌신하고 변화과정에 열중하며 변화를 위해 제안된 전략과 활동을 기꺼이 따른다.

라. 변화는 일직선상에서 일어난다.

4. Prochaska & DiClemente의 변화단계에서 다음에서 설명하는 단계는 어떤 단계인가?

> 문제를 이해하고 실행할 것인지 생각중인 상태.
> 문제를 이해하고 평가하려고 함
> 고통 받고 있으며 조절이나 해결의 노력을 원하는 상태.
> 변화에 대해 생각하며 아직 행동을 취해 보지 못했고, 아직 그렇게 할 준비가 되어있지 않은 상태.
> 과거에 변화를 위한 시도한 경험이 있음.

가. 숙고전단계(PRECONTEMPLATION)

나. 숙고단계(CONTEMPLATION)

다. 준비단계(PREPARATION)

라. 유지단계(MAINTENANCE)

5. 중독에 대한 설명으로 바르지 않은 것은?

가. 부정적인 결과에도 불구하고 강박적으로 물질을 찾고 사용한다.

나. 재발 가능성이 있는 뇌질환이다.

다. 물질에 대한 강박적 충동성을 보인다.

라. 급성적으로 나타난다.

[5. 해설] ㉭

중독은 부정적인 결과에도 불구하고 강박적으로 물질을 찾고 사용하는 만성적이며, 재발 경향성이 있는 뇌질환이다.

12 중독상담 개입방법

가. 선별 및 평가

1) 물질 의존 Substance Dependence

　가) 물질 사용에 관련된 중대한 문제가 있음에도 불구하고 물질을 지속적으로 사용하고 있음을 나타내는 인지적, 행동적, 신체적 증상군

　나) 내성

　　(1) 중독이나 원하는 효과를 얻기 위해 매우 많은 양의 물질이 요구됨

　　(2) 동일한 양의 물질을 계속 사용할 경우 그 효과가 현저히 감소

　　　　Ex) 아편류나 각성제는 심한 내성(예: 10배) / 펜사이클리딘은 내성이 생기는지 불확실

　다) 금단

　　(1) 물질에 특징적인 금단 증후군

　　(2) 지속적으로 과다하게 물질을 사용해 온 개인의 혈액이나 조직 내에서 그 물질의 농도 저하→부적응적인 행동적 변화로, 생리적, 인지적 기능장해를 동반

　　(3) 증상을 완화하거나 피하기 위해 동일(혹은 유사)물질을 사용

　　(4) 금단 증상은 물질이 주는 급성 효과에 반대되는 것으로 물질의 종류에 따라 다양하며 따라서 각기 구별되는 기준이 세워져 있음

　　　　Ex) 알코올이나 아편류 등에서는 쉽게 측정되는 뚜렷한 금단의 생리적 징후
　　　　　　→코카인과 같은 각성제와 니코틴에서는 금단 증상과 징후가 덜 현저함

　　(5) 의도한 것보다 훨씬 많은 양이나 훨씬 오랫동안 물질을 사용

　　(6) 물질 사용을 중단하거나 조절하려고 계속 노력하지만 뜻대로 되지 않음

　　(7) 물질을 구하거나, 사용하거나, 효과에서 벗어나기 위해 많은 시간을 보냄. 이로 인해 중요한 사회적, 직업적 활동 및 여가 활동을 포기하거나 줄임

　　(8) 물질 사용으로 인해 지속적 혹은 반복적인 신체적, 정신적 문제가 생긴다는 것을 알면서도 계속 물질을 사용

　　　　Ex) 알코올로 인해 궤양이 악화된다는 것을 알면서도 계속 음주함

2) 물질 남용 Substance Abuse

　가) 내성, 금단, 강박적인 물질 사용의 특징을 포함하지 않음

　나) 반복적인 물질 사용으로 인한 해로운 결과

　다) 다음에 열거한 항목 가운데 1개 이상으로 지난 12개월 동안에 나타남

　　(1) 반복적인 물질 사용으로 직장, 학교, 가정에서의 중요한 임무를 수행하지 못함

　　　　Ex) 물질 사용과 관련되어 결석하거나 정학, 퇴학을 당함 등

　　(2) 신체적으로 해를 주는 상황에서 반복적으로 물질을 사용

　　　　Ex) 물질 사용으로 인해 장해가 초래된 상황에서 차를 운전하거나 기계를 조작함

(3) 반복적으로 물질 사용과 관련된 법적 문제를 일으킴 Ex) 물질 사용과 관련된 탈선 행동으로 체포된 경험이 있음

(4) 물질의 효과로 인해 사회적 문제나 대인 관계 문제가 지속적 또는 반복적으로 야기되거나 악화됨에도 불구하고 계속 물질을 사용. Ex) 중독의 결과에 대한 배우자와의 논쟁, 몸싸움

나. 동기강화 상담

1) 동기(Motivation)

가) 중독의 문제가 있는 내담자가 중독으로부터 벗어나기 위한 첫걸음은 동기를 갖도록 돕는 것

나) 동기가 분명해야 변화할 수 있음. 따라서 동기는 변화의 시작이며 변화의 핵심

2) 동기강화모델

가) 동기강화모델에서는 모든 인간은 기본적으로 변화하고자 하는 동기를 가지고 있다고 봄. 다만 변화가 어려운 것은 "변화하고자 하는 생각과 변화할 수 있을까"에 대한 두 가지 생각이 충돌하기 때문

나) 동기강화를 위해 '변화에 대한 확신을 갖도록 알코올로 인해 발생된 문제행동의 부정적인 결과를 인식'하도록 도움

다) 변화하고자 하는 행동변화를 유발하기 위해 우선, 동기를 갖도록 하고 이미 내담자가 갖고 있는 변화하고자 하는 동기를 강화하도록 유도

3) 동기강화상담의원칙

가) 원칙1: 변화에 대한 동기는 내담자와 상담자가 함께 추구해야 하며 강압적이어서는 안 됨

나) 원칙2: 내담자가 스스로 표현하도록 도움. 내담자는 변화에 대한 의지를 갖고 있음. 상담자는 이를 밖으로 표현할 수 있도록 도와주어야 함

다) 원칙3: 자율성을 인정함. 내담자 스스로 바른길로 찾아갈 수 있도록 내담자의 권한과 능력을 존중

4) 중독문제를 가진 내담자들과 상담 시 의사소통 규칙

가) 간단하게 말하기

나) 긍정적으로 말하기

다) 구체적이고 명료하게 말하기

라) 내담자가 느끼고 있는 감정이 무엇인지 명명해주기

마) 내담자가 문제를 인정하면 이해한다고 말해주기

바) 필요하면 부분적 책임을 수용하기

사) 도움을 제공하기

5) 동기강화모델의 원리

가) 공감하기: 내담자를 있는 그대로 이해하고 받아들여 주기

나) 모순 찾아내기: 내담자 자신의 현재모습과 자신이 꿈꾸었던 삶의 모습사이에서 차이 인식시키기

다) 논쟁 피하기: 내담자가 변화에 대한 확신과 의지가 없을 때 논쟁하지 않기

라) 저항과 함께 구르기: 양가감정과 변화에 대한 저항은 자연스러운 것으로 받아들이기

마) 자기효능감 지지하기: 유해약물 섭취를 줄이거나 끊을 수 있다는 자신감과 믿음 갖도록 지지하기

6) 중독문제를 가진 내담자의 저항

가) 내담자가 보이는 저항 유형

(1) 논쟁하기: 전문가가 하는 말의 정확성, 전문성, 전문가의 인격 자체와 경쟁

(가) 도전하기: 전문가가 하는 말의 정확성 여부를 바로 지적.

(나) 비하하기: 전문가의 권위와 전문성을 의심하는 발언.

(다) 적대감표현하기: 전문가에게 적대감을 직접적으로 표현.

(2) 방해하기: 방어적인 태도로 전문가의 말을 가로막거나 중간에 짜름

(가) 말가로막기: 전문가가 이야기하는 중인데도 다 듣지 않고 자기 이야기를 함

(나) 말자르기: 전문가의 말을 자를 목적으로 '잠깐만요', '그 이야기는 더 이상 듣고 싶지 않습니다' 와 같은 말을 함

(3) 부인하기: 자신에게 문제가 있음을 인정하거나, 상담에 협조하거나, 전문가의 충고를 받아들이지 않겠다는 강한 의지를 나타냄

(가) 비난하기: 자기문제의 원인을 다른 사람에게 돌림

(나) 반대하기: 전문가가 내놓은 제안을 무조건 반대

(다) 변명하기: 자신의 행동에 대해 변명만 하려고 함

(라) 문제없음을 자처하기: 유해약물로 인한 문제행동이 위험하다고 생각하지 않음

(마) 최소화하기: 자신의 문제는 그렇게 심각하지 않다고 생각

(바) 비관주의: 자신이나 다른사람에 대해서 말할 때 피곤한 척, 폐배주의적인 부정적 어조로 말함

(사) 변할마음없음: 변화하고자하는 생각, 마음, 의지 혹은 의도가 없음을 표현

(4) 무시하기: 전문가의 의견을 따르지 않거나 무시하는 행동을 함

(가) 부주의: 전문가의 말에 주의를 기울이지 않거나 따르지 않고 있다는 식의 반응

(나) 엉뚱한대답: 전문가의 질문에 엉뚱한 반응

(다) 무반응: 전문가의 질문에 말을 안 하거나 비언어적 반응

(라) 방향틀기: 전문가가 밀고 나가는 대화방향을 바꿈

나) 저항에 대처하는 반응

(1) 단순반영하기: 저항에반응하는가장단순한기법은내담자의말에중립적인형태로반복하는 것. 내담자가 한말을 인정하고 승인 하여 내담자에게 정반대의 반

응을 유발시킬 수 있음

(2) 확대반영하기: 내담자의 말을 과대적인 방식으로 반응하는 것. 내담자를 비난하지 않고 내담자가 한말을 강조하면서 말해 주는 것으로 내담자가 저항하지 않고 긍정적인 변화로 옮겨가게 해줌

(3) 양면반응하기: 내담자가 한말을 인정해주는 동시에 이전에 했던 말 중에서 상반되는 말을 언급해 줌

(4) 방향틀어동의하기: 내담자의 말에 우선 동의하되 약간 방향을 틀어서 다른 방향으로 동의하면서 대화를 진전시킴

(5) 재구조화하기: 내담자가 자신의 문제를 부인할 때 사용한다. 부정적인 정보를 새롭고 긍정적인 해석으로 바꾸는 것이다. 내담자 말을 그대로 인용하지만 새로운 의미를 부여하는 것

(6) 나란히가기: 내담자가 부정적으로 말할 때 나란히 부정해 보는 것

7) 단계별동기면담전략

가) 숙고전단계(변화하고자하는 마음이 없는 단계)

(1) 라포형성, 신뢰감 형성이 중요

(2) 중독의 위험에 대한 사실적 정보제공

(3) 술의 장점과 단점 탐색

(4) 변화의 필요성 및 가능성 지지

나) 숙고단계(변화를 위한 동기강화단계)

(1) 양가감정 탐색 및 자각

(2) 중독의 부정적 결과를 알고 중단을 선택하도록 지지

(3) 변화를 위한 동기부여 강화

(4) 의지와 결단에 대한 변화대화 이끌기

다) 준비단계(변화계획에 대한 결심 지지 단계)

(1) 변화필요성 인식과 결심지지

(2) 변화의 가능성에 대한 희망부여

(3) 구체적 변화전략 지지

(4) 변화장애물 예상 및 기대수준 조절

(5) 변화단계를 타인에게 알림

라) 실행단계(변화노력단계)

(1) 변화에 대한 실천노력 지지

(2) 구체적 생활방식 수정

(3) 고위험상황 발견 및 대처능력 향상

(4) 재발에 대한 경계강화

(5) 자기효능감 향상/변화유지 강화

마) 유지단계(행동실천관리/재발예방)

(1) 변화된 행동유지 및 변화된 생활양식 지지

단계별동기면담전략

1. 숙고전단계(변화하고자 하는 마음이 없는 단계)
2. 숙고단계(변화를 위한 동기강화단계)
3. 준비단계(변화계획에 대한 결심 지지 단계)
4. 실행단계(변화노력단계)
5. 유지단계(행동실천관리/재발예방)
6. 중독행동재발단계(재발 혹은 실수에 대한 위기개입)

(2) 자기효능감 인정

(3) 위기대처능력 연습 향상

(4) 보상 및 관계회복에 초점

(5) 재발 시 '탈출계획' 고려

(6) 보다 높은 단계회복에 초점

바) 중독행동재발단계(재발 혹은 실수에 대한 위기개입)

(1) 재발원인 분석

(2) 변화의 한 과정으로 받아들임

(3) 변화단계 수립/실행단계로 진입하도록 격려

8) 동기강화 면담을 위한 기법

가) 개방형질문하기(Open ended Questions): 긴답변을할수있도록여지를열어두는 질문으로더많은이야기를통해내담자가말을많이하도록돕고, 상담자가 경청하고 있음을 보여주어야 함

나) 칭찬해주기(Affirmation): 내담자의 강점과 변화에 대한 노력을 격려하고 시인해주는 것으로 이는 내담자가 음주동기와 자신감을 갖는데 도움을 줌. 내담자를 진심으로 인정해주면 자기효능감이 증대 됨

다) 반영적경청(Reflective Listening): 내담자의 말을 정확하게 듣고 이해하며 그 의미를 재진술. 내담자가 사용했던 언어나 말뿐 아니라 그 이면에 내포되어 있는 느낌이나 의미를 다시 반영하여 언급. 상담자를 통해 자신이 했던 말이나 말속의 의미들을 다시 한 번 들음으로써 내담자는 상담자가 자신의 이야기를 잘 듣고 있다는 것을 분명히 함

라) 요약하기(Summarize): 내담자가 표현한 것에 요점을 정리하여 다시 전달하는 것으로 지금까지 나누었던 내용들을 정리하고 지금까지의 대화 내용들을 동기강화하기 위해 사용

문제

1. 다음은 무엇에 관한 설명인가? (2010 기출)

> 장기간 사용 중이던 약물을 얼마 동안 사용하지 않았을 때 심리적으로 초조하고 불안함을 느낄 뿐 아니라 약물에 대한 열망과 메스꺼움 등의 신체적인 불쾌감을 경험하는 것은?

가. 내성　　　　　　　　나. 금단증상

다. 약물의존　　　　　　라. 약물남용

2. 인터넷 중독의 상담전략 중 게임 관련 책자, 쇼핑 책자, 포르노 사진 등 인터넷 사용을 생각하게 되는 단서를 가능한 한 없애는 기법은? (2003, 2005, 2008 기출)

　가. 자극통제법
　나. 정서조절법
　다. 공간재활용법
　라. 인지재구조화법

3. 병적 도박에 대한 설명으로 틀린 것은? (2007, 2012 기출)

　가. 대개 돈의 액수가 커질수록 더 흥분감을 느끼며, 흥분감을 느끼기 위해 액수를 더 늘린다.
　나. 도박행동을 그만두거나 줄이려고 시도할 때 안절부절 못하거나 신경이 과민해 진다.
　다. 병적 도박은 DSM-IV에서 반사회성 성격장애로 분류된다.
　라. 병적 도박은 전형적으로 남자는 초기 청소년기에 여자는 인생의 후기에 시작되는 경우가 많다.

4. 알코올 중독 치료에 대한 설명으로 옳은 것은? (2007, 2012 기출)

　가. 알코올 중독치료에는 집단상담이나 자조집단 보다는 개인상담이 더 많이 활용된다.
　나. 정신역동적 관점에는 의존욕구에 대한 갈등을 알코올 중독을 일으키는 중요한 심리적 갈등으로 본다.
　다. 알코올 남용은 알코올 의존과 달리 알코올에 대해 생리적으로 의존하고 있는 경우로 내성이나 금단 증상이 있다.
　라. 알코올 중독에 대한 심리치료에서 치료 초기에 무의식적 사고와 감정에 대한 해석을 자주 사용한다.

5. AA(Alcoholic Anonymous)에서 이루어지는 활동의 대표적인 특징은? (2005 기출)

　가. 알코올 중독 치료 후에 사교적인 음주를 허용함
　나. 술이나 중독물의 부작용을 생생하게 상상하고 논의함
　다. 술 중독을 병으로 인정하고 단주를 목표로 함
　라. 술과 함께 심한 부작용을 일으키는 혐오적 약물치료를 함

정신역동적 관점에는 의존욕구에 대한 갈등을 알코올 중독을 일으키는 중요한 심리적 갈등으로 본다. 즉, 알코올 중독자들은 구순기에 자극결핍이나 자극과잉으로 인해 구순기에 고착된 구강기 성격을 지니고 있으며 이들은 의존적이고 피학적이며 위장된 우울증을 지니고 있다는 주장이 제기되었다(Knight,1971)그러나 이러한 주장은 경험적 연구에서 입증되지는 못했다.
Wurmser(1974)는 알코올을 비롯한 물질남용자들이 가혹한 초자아와 관련된 심각한 내면적 갈등을 지니고 있으며 이러한 긴장, 불안, 분노를 회피하기 위하여 알코올이나 약물을 사용한다고 주장했다. 맥두걸은 모든 물질 중독이 심리적 갈등에 대한 신체화 방어라고 간주했다. 대상관계이론의 입장을 지닌 사람들은 알코올 중독은 자기파괴적인 자살행위의 의미를 지니고 있으며 이는 알코올 중독자가 동일시하여 내면화시킨 나쁜 어머니를 파괴시키고자 하는 무의식적 소망에서 비롯된 것이라고 주장한다.

AA(Alcoholics Anonymous): 익명의 알코올 중독자 모임 미네소타 모델의 철학의 네 가지
1. 변화가능성: 알코올 중독자 일반중독자 신념, 태도와 행위를 변화시킬 수 있다.
2. 질병의 개념: 알코올 중독은 만성적이며 점진적인 질병이다. 중독에 걸리기 쉬운 사람은 다양한 기분전환물질에 해를 받기 쉽다.
3. 치료목표: 기분을 전환시키는 모든 화학물질을 금하는 것과 생활방식의 개선
4. 12단계의 원리들: 알코올 중독회복을 위해 12단계를 그대로 받아들이고 12단계들이 강조하는 영적요소들을 그대로 인정한다.

⑬ 학습문제 상담

가. 학습문제의 기본특징

1) 학습상담의 필요성
  가) 대부분의 국가가 마찬가지겠지만 특히 우리나라의 경우 OECD 국가 중에서도 교육열이 높기로 유명. 높은 교육열기와 관심만큼이나 학습은 우리나라 청소년들의 가장 큰 고민 중 하나
  나) 학습부진은 다양하고 복잡한 원인들에 의해 일어날 수 있기 때문에 원인을 찾고 개선하는 것이 어려움

2) 학습상담의 정의
  가) 학습상담은 학습과 관련된 전반적인 문제를 진단, 그 해결방법을 찾는데 초점을 둔 상담
  나) 학습 문제: 학습하는데 생기는 문제
    (1) 학습 전 문제: 주로 학습동기와 학습환경과 관련된 것으로 학습에 대한 흥미, 자신감, 학습실 행력, 학습 유능감, 학습유형, 환경조절력 문제를 다룸
    (2) 학습 중 문제 학습전략 요인과 관련된 문제로서, 학습조직화 전략, 몰입 전략, 기억력 전략, 시간관리 전략, 주요과목 전략 등을 다루는데 초점
    (3) 학습 후 문제: 시험전략 요인에 관련된 문제로 시험전략, 시험불안, 시험에 대한 전반적 자신감을 중점으로 다룸
  다) 학습상담은 특정 학습영역에만 한정되어있지 않고, 학습에 영향을 미칠 수 있는 매우 광범위 한 요인을 포함한 전 과정에 관심을 둠.
  라) 우리나라처럼 성적과 학벌을 강조하는 환경에서 학습성취도가 낮은 학생들은 단순히 공부만 못 하는 것으로 끝나는 것이 아니라 전반적인 학교생활에 대한 부적응을 함께 경험하기 쉬움. 또한 교사에게 자주 질책을 당하고 또래에게는 무시를 당하면서 부가적인 문제들까지 경험하게 됨
  마) 잦은 학습실패경험은 낮은 자존감, 의욕상실, 자신에 대한 부정적 평가 등으로 이어지기 쉽고, 나아가 비행행동의 가능성과 관련됨으로 학습에 어려움을 겪고 있는 학생들에게 그 어려움의 원인을 정확히 진단하여 그들이 겪는 학습스트레스와 심리적 문제를 해결하도록 돕는 것이 매우 중요
  바) 학습상담은 전체적인 교육활동 속에서 개개인의 학생이 의욕적으로 학습에 전념하고, 나아가 자기 스스로 공부방법을 개선하여 성적을 향상시키도록 돕는 활동 (천성문, 2006)

3) 학업성취에 영향을 주는 요인
  가) 학습자 변인: 학습에 대한 동기, 태도, 적성, 선수학습 여부, 성, 인종, 자아개념 등

나) 환경 변인: 사회경제적 지위, 부모의 자녀 학습에 대한 기대, 가정환경, 교실환경, 또래환경 등이 포함

다) 수업 변인: 학생들이 받는 수업의 질과 양의 수준과 관련

라) 이러한 요인들 중 하나라도 문제가 생겨나면 다른 요인들과 서로 영향을 주고받으면서 성취의 비효율성이나 문제가 발생하기 쉬움.

마) 흔히 지능이 학습성취를 결정하는 절대요인인 것처럼 여겨지는 경우가 많음. 물론 지능이 높으면 성취에 유리하지만, 실제 지능은 학습성취를 위한 필요조건. 정상지능을 가지고 있다면 더 이상 지능이 학습성취를 결정하지는 않음.

바) 학습환경 역시 학업성취를 위한 필요조건. 학습환경은 지능과 함께 성취를 위한 필요조건이지만, 변화시키기 어려우며, 현장에서 다루기도 난해한 변인. 따라서 실제 학습 에서 두 변인에 중점을 누는 경우는 드묾

사) 반면 자신감, 정서적 안정성, 학습동기, 학습습관 등은 학업성취를 위한 충분조건으로, 변화시키기 비교적 용이한 변인들

아) 초등 저학년까지는 이러한 변인들을 부모가 충분히 통제가능 하지만, 사춘기가 시작되면서 통제해야 할 요인들이 증가하기 시작. 학습성취와 연관된 요인들을 부모나 청소년들 이 직접 다루기 어려워지면서 학습문제가 나타나게 됨

나. 학습문제 상담의 실제

1) 학습부진의 원인

가) 내담자와 관계를 형성하고 난 후 학습상담에서 우선적으로 확인해야 할 것이 바로 학습문제를 유발한 원인을 찾는 것.

나) 학습이 부진한 원인은 대부분 스스로 문제점을 자각하지 못하는 경우가 흔함. 체계적인 방식으로 학습부진의 원인을 찾고 그에 맞는 상담전략을 수립 하는 것이 중요

다) 학습부진의 원인은 한 가지 요인에 의한 경우도 있지만, 대부분 여러 가지 요인들이 복합적으로 작용해 나타남. 따라서 학습상담자는 여러 요인들 중 가장 핵심적인 요인이 무엇인가를 빠르게 탐색해야 상담전략도 신속히 결정 가능함

라) 학습부진의 대표적인 원인: 선행학습의 부족, 학습동기의 결핍, 시험 불 안, 부모와의 관계악화, 또래집단의 영향, 주의집중 곤란, 비효율적인 학습방법, 낮은 지능 수준 등을 꼽을 수 있음(이장호 외, 2005)

2) 학습전략

가) 정상적인 지능과 학습 환경을 갖추고 있으며, 다양한 학습기회가 제공되고 있음에도 불구하고 많은 학생들이 적절한 성취를 보이지 못하고 있음. 자신의 능력만큼 실력을 발휘하지 못하는 이유는 대부분 비효율적인 학습전략을 가지고 있기 때문

나) 대표적인 학습전략으로 학습조직화 전략을 들 수 있는데, 흔히 SQ3R로 알려져 있는 조직화 전략은 개관(Survey), 질문(Question), 읽기(Read), 암송(Recite),

복습(Review)의 과정으로 구성됨. 대부분의 학생들은 이 과정 중 하나나 두 개의
과정을 생략하고 있는데, 이것이 학습의 효과성 정도를 크게 좌우하게 됨
다) 주의집중 전략도 중요. 집중력과 연관
라) 기억에 대한 정보처리이론에 의하면 외부로부터 인지한 정보가 최초로 단기기억
에 저장되기 위해 필수적으로 필요한 과정이 바로 주의집중. 자동적으로 처리되
는 정보를 제외하고는 정보에 집중하지 못한다면, 절대로 기억 저장소에 입력될
수 없다는 것. 따라서 모든 학습의 첫걸음은 집중력
마) 기억전략 역시 중요. 단기기억의 정보가 장기기억에 자리잡기 위해서는 암송이
필요. 특히 암송을 어떻게 하느냐에 따라 정보는 좀더 신속하고 효율적으로 장기
기억에 저장하게 됨. 정보를 효과적으로 기억하기 위해 주로 사용되는 전략 중에
는 첫 글자만 따로 떼어내 외우거나 노래가사로 바꾸거나 기존의 지식과 연결시
키는 기법. 보다 전문적인 기억전략으로는 '심상법', '장소법' 등이 있음

다. 학습상담의 과정

학습상담의 과정
1. 의뢰
2. 평가 및 진단, 개입전략
3. 추후 진행 여부 판단
4. 신뢰감 및 라포 형성
5. 학습상담
6. 목표 명료화
7. 학습기술 훈련 및 습관 정착
8. 목표달성 후 종결

1) 의뢰: 본인 혹은 보호자의 의사에 의해 상담자를 방문하여 학습과 관련된 현재의
어려움과 문제를 호소하는 단계
2) 평가 및 진단, 개입전략: 현재의 문제 여부와 그 수준을 객관적으로 이해하기 위해
지능, 정서, 성격, 학습동기, 학습기술 등 다양한 특성을 평가하는 과정. 면접을
통해서도 개인사에 대한 정보를 수집하며, 학습문제와 관련 있다고 생각되는 환경
요인에 대해서도 탐색
3) 추후 진행 여부 판단: 의뢰사유 및 평가, 진단과정을 통해 학생 개인의 특징을 충분
히 파악한 후에는 상담의 진행여부를 결정해야 함. 우울증의 경우와 같이 학습상담
보다 근본적으로 더 시급하게 해결해야 하는 문제가 있다면 다른 기관으로 소개하
는 것이 필요. 상담진행이 결정되면 개입방향에 대한 설명과 합의가 이어짐
4) 신뢰감 및 라포 형성: 내담자와 신뢰감을 형성하는 것은 학습상담에서도 매우 중요
하며, 내담자의 변화가능성과 학습상담의 진전속도를 결정하는 중요한 요소
5) 학습상담: 현재 내담자의 학습효율성을 파악, 부족한 부분이나 미진하게 형성된
학습기술들을 보완할 수 있는 방법에 대해 논의
6) 목표 명료화: 학습상담을 통해 변화시키고 싶은 요소들을 구체화하여 기록. 현실적
이며 달성 가능한 목표를 탐색하는 것이 중요
7) 학습기술 훈련 및 습관 정착: 학습전략검사 결과를 바탕으로 개입의 영역과 순서를
결정. 다른 상담과는 달리 이 단계에서는 내담자에게 직접 학습전략을 가르치는
훈련과정이 포함. 먼저 내담자에게 학습기술을 이해시키고 시연과 연습, 즉각적인
피드백을 통해 학습기술의 정확한 습득을 도움
8) 목표달성 후 종결: 상담초기에 설정한 목표가 달성되면 상담을 종결

문제

1. 성인상담과 달리 청소년 상담에서 특별히 고려해야 할 중요한 요인이 아닌 것은?

(2004 기출)

가. 일반적인 청소년의 발달과정에 대한 규준적 정보

나. 한 개인의 발달단계와 과업수행 정도

다. 내담자 개인의 영역별 발달수준

라. 내담자의 이전 상담경력과 관련된 사항들

2. 아동청소년의 폭력비행을 상담할 때 부모를 통해 개입하는 방법으로 가장 적합한 것은? (2004, 2010 기출)

가. 자녀가 반사회적 행동을 하면 심하게 야단을 치게 한다.

나. 친사회적인 행동을 보이면 일관되게 보상을 주도록 한다.

다. 가족모임을 통해서 훈계와 압박을 가하게 한다.

라. 폭력을 휘두를 때마다 자녀를 매로 다스리게 한다.

3. 청소년의 자아개념 향상을 위한 상담전략이 아닌 것은? (2005 기출)

가. 청소년 자신의 능력과 중요성에 대한 자각

나. 자기국가주의와 문화적 우월주의

다. 대인관계 기술

라. 자기이해 및 표현능력

4. 학업상담에서 만날 수 있는 다음 사례의 적절한 명칭은? (2004 기출)

> 정신지체, 정서장애, 환경 및 문화적 결핍과는 관계없이 듣기, 말하기, 쓰기, 읽기 및 산수능력을 습득하거나 활용하는데 한 분야 이상에서 어려움을 나타낸다. 일반적으로 개인의 능력발달에서 분야별 불균형이 나타나는 특징이 있으며, 지각장애, 지각-운동장애, 신경체계의 역기능 및 뇌손상과 같은 기본적인 정보처리 과정의 장애로 인해 나타난다.

가. 학습지진   나. 학습장애

다. 학습부진   라. 학업지체

[1. 해설] ㉓
내담자의 이전 상담경력과 관련된 사항들은 성인상담이나 청소년 상담에서 똑같이 고려해야할 중요한 요소이다.

[2. 해설] ㉯
아동청소년의 상담은 부모상담과 함께 이루어 질 때 그 효과가 배가될 수 있고, 부모상담을 통해 부모의 바른 역할이 무엇인가를 깨닫게 하여 부모의 양육태도, 유형이 바뀌어 친 사회적 행동을 보이면 일관되게 보상을 주도록 하는 것이 아동청소년 폭력비행 상담에서 가장적절한 부모의 개입방법이라 하겠다.

[3. 해설] ㉯
자기국가주의와 문화적 우월주의는 청소년의 자아개념 향상을 위한 상담전략으로 보기 어렵다.

[4. 해설] ㉯
학습장애란 정상적인 또는 정상 이상의 지능지수를 보여주고 정서적인 혹은 사회환경적인 문제가 없음에도 학업성취도가 떨어지는 경우를 말한다.

5. 다음 중 Axline의 비지시적 놀이치료에서 놀이치료자가 갖추어야할 원칙에 포함되지 않는 것은? (2012 기출)

가. 치료자는 아동을 있는 그대로 수용한다.

나. 치료자는 아동과 따뜻하고 친근한 관계를 가능한 빨리 형성하도록 한다.

다. 치료자는 가능한 비언어적인 방법으로만 아동의 행동을 지시한다.

라. 치료자는 아동이 타인과의 관계형성이 본인의 책임이라는 것을 알도록 하기 위해서는 제한을 둘 수 있다.

⑭ 성문제 상담

가. 성문제 상담의 기본개념

1) 성문제 상담의 필요성
   가) 성에 상당히 보수적이었던 우리 사회도 이제는 개방적이며 적극적인 서구의 성문화를 받아들이면서 짧은 시기에 성의식과 성문화가 빠르게 변화하고 있음. 방송에서는 유명연예인들이 혼전 임신을 발표하고 있고, 인터넷접속이 편리해지면서 여과되지 않은 부적절한 성 관련 정보들이 제공되고 있음
   나) 성과 관련된 사회적 문제는 성폭력뿐만 아니라 임신, 불법낙태, 청소년 매매춘, 원조교제, 미혼모 등의 다양한 형태로 나타나고 있으며, 이러한 문제로 상담실을 찾는 내담자수도 늘어나고 있는 추세

2) 성상담의 정의
   내담자의 성과 관련된 고민이나 문제, 또는 성적 호기심에 대해 전문적인 훈련을 받은 상담자와 내담자가 대화를 통해 해결방안을 찾아가는 과정

3) 성상담의 목적
   가) 우선 성관련 행동이나 태도에 대한 가치관 변화를 목표. 부적절한 행동이 나타나고 있다면 이를 적절한 성행동으로 대처해야 하며, 잘못된 가치관도 마찬가지임
   나) 성 관련 문제를 예방하는데 초점을 둠. 문제가 생겨난 후에 해결하는 것보다 발생하기 전에 예방하는 것이 가장 효율적인 방법. 따라서 올바른 성지식의 전달과 교육을 통해 예방에 초점을 두는 것이 중요
   다) 인간관계능력을 개선하는데 있음. 때로는 성관련 문제가 대인관계의 실패에서 기인하는 경우가 있음. 이때 사교기술을 개발시켜 감정표현능력을 향상시키는 것이 관련 문제를 해 결하는데 도움이 됨.
   라) 사회적 지원 및 내적 자원을 동원하도록 격려하는데 목적. 내담자가 이미 가지고 있는 자원들을 충분히 인식하고 활용할 때 의외로 문제가 잘 해결가능
   마) 영적 성장을 촉진시키며, 마지막으로 성문제와 관련된 내담자의 통찰력을 증진시키고 책임감 있는 의사결정 능력을 배양시키는 것

4) 성 상담의 범위
   가) 성상담의 범위는 광범위함. 성폭력 가해 및 피해상담 뿐만 아니라 성정체성에 대한 혼란감이나 물품음란증과 같은 비정상적인 성의 관심, 섹스리스 부부, 성역할 갈등 등이 모두 성상담의 대상
   나) 또한 개인의 성 관련 문제에만 초점을 두지 않고 문제의 발생원인과 성문제 예방 및 대처, 올바른 지식의 학습, 성숙한 성 행동을 위한 책임감, 건전한 가치관 발달, 성적 자율성 등에도 초점을 둠

5) 성교육과 성상담의 특징

가) 성교육의 목표: 성장과 발달과정에 관련된 정확한 정보전달을 통해 개인의 성개념을 건전하게 발달시켜 그 개인의 존재가치와 의미를 부여하는 것(윤가현, 2006)

나) 성상담의 목표: 내 담자가 가지고 있는 성문제에 통찰력을 갖고 적절히 해결해갈 수 있도록 돕는데 있음(천성문 외, 2006)

다) 성교육이 성지식과 관련된 정보를 제공하는데 초점을 맞추고 있다면, 성상담은 성과 관련되어 있는 고민이나 문제를 해결하는 데 중점을 둠

라) 청소년기에는 성에 대한 관심은 증가하는 반면 정 확하고 올바른 정보를 접할 수 있는 기회는 상대적으로 부족하기에, 또래들끼리 부적절한 정보를 주고받는 경우가 흔함. 이러한 결과로 잘못된 성인식, 부적절한 성욕구의 해소, 잘못된 성 가 치관 등이 자리 잡아 이후 성인기까지 이어질 수 있음

마) 성상담에서는 성에 대한 문제해결과 구체적인 정보제공 이외에도, 실제 현실에서의 대처능력 을 강화시켜주는 것이 매우 중요

바) 책이나 교육용 영상자료를 통해 익힌 정보가 실 상황에서 소용이 없다면 문제가 발생할 수 있음. 중고등생 정도가 되면 배란일의 계산이나 피임도구의 사용 등에 대한 구체적 지식을 갖추고 있어야 하나, 실제 상담을 해보면 이러한 지식을 활용할 수 있는 수준으로 정확히 알고 있는 경우는 찾아보기 어려움. 예를 들어, 피임도구 없이 성관계를 가져야 하는 상황에 처하게 되거나 성희롱을 당한 경우에 대한 구체적 대처전략을 발달시키는 것이 필요함

사) 성과 관련된 문제를 가진 경우에는 대부분 성에 대한 부정적 감정이나 상처를 경험하게 됨. 심한 경우에는 성적 충동을 두통이나 폭식증, 강박증 등으로 대체하기도 하며, 때로는 과도한 사랑이나 미움과 같은 정서를 통해 발산하기도 함

아) 성과 관련된 부정적 경험이나 정서의 발달은 매우 강력한 영향을 가지는데, 다른 고통스런 경험과 달리 성과 관련된 경험은 타인에게 쉽게 드러내기도 어렵고 따라서 사회적 지지를 이끌어내는 데도 한계가 있음

자) 어린 시절에 성학대를 경험했을 때는 평생에 걸쳐 그 후유증이 지속. 따라서 성과 관된 부정적 경험에 대한 성상담에서는 그러한 경험과 관련된 불쾌정서, 인지 등을 표출시켜 해소시키는 과정 및 경험에 대한 자기 수용과정이 필요

나. 성문제 상담 방법

1) 성문제 상담자의 태도

가) 성을 자연스럽고 편안하게 받아들일 수 있어야 함. 성상담을 위해 방문하는 내담자는 다른 내용을 가지고 오는 경우보다 더 긴장하며 수치심과 창피함을 많이 경험함. 따라서 상담자가 그들의 성관련 문제를 편안하게 받아들여 내담자가 자유롭고 개방적으로 솔직하게 자신의 성 관련 정보들을 이야기할 수 있는 분위기를 제공

나) 상담을 받기까지 내담자가 겪은 고민과 갈등, 망설임을 이해해야 하며, 상담에 오기까지 용기가 필요했다는 사실들 알아야 함

다) 상담자는 내담자를 한 인간으로 존중하고 진실된 태도로 대하도록 노력해야 함
내담자가 호소하는 문제가 다른 심리적 문제에서 기인할 수도 있음을 고려
Ex) 어려서의 성폭행 경험으로 성폭력 가해자가 되는 경우. 이때 가해자로서만 내담자의 문제를 다루는 것이 아니라 그 문제의 원인이 되었을 어린 시절의 성폭력경험과 이와 관련된 부정적 정서와 인지를 해결하는 것이 필요

라) 상담자는 성에 대한 과학적이고 전문적인 지식과 새로운 정보를 얻기 위해 지속적으로 노력해야 함. 또한 성문제와 관련된 법률적, 의학적 자문을 받을 수 있는 전문가와 연계. 마지막으로 상담자 스스로 성관련 문제가 있는지 탐색해야 함

2) 성상담자의 역할

가) 정보를 제공하는 역할. 정보제공은 어떤 사안에 대한 객관적인 지식을 제공해주는 것. 성상담에서는 단순한 정보를 요청하는 경우가 많음. 내담자가 구체적인 정보를 요청하는 경우 상담자는 기본적으로 내담자의 이야기를 경청하면서 내담자가 진정으로 원하는 정보가 무엇인지를 정확하게 파악하여 해당정보를 제공해야 함

나) 상담자는 내담자가 요구하는 정보를 직접적으로 제공할 뿐만 아니라 필요한 경우 내담자 스스로 좀 더 상세한 정보를 얻을 수 있는 방법에 대한 정보도 제공할 수 있음
Ex) 내담자에게 성문제와 관련된 서적들, 관련정보나 도움을 얻을 수 있는 기관들의 연락처를 알려줄 수 있음

다) 상담자는 조언 또는 문제해결책을 제시가능. 조언은 정보에 근거해서 상담자의 주관적 판단이나 혹은 방향제시까지 제공해주는 것. 조언이 필요한 경우는 대개 내담자가 스스로 결정을 내리지 못하거나 문제에 대한 해결책을 찾지 못하는 상황. 하지만 보통 조언이나 문제해결책 제시는 일반적인 상담에서 권장되는 기법이 아님

라) 상담자가 조언, 문제 해결책을 제시할 때 유의할 점
(1) 내담자의 상태와 문제 상황에 대한 충분한 탐색을 해야 함
(2) 조언을 제시하기 전에 내담자 나름대로 문제 상황에 대처해온 방법들이 무엇인지 반드시 확인
(3) 상담자가 조언이나 방향제시를 한 다음 내담자의 솔직한 생각, 느낌을 살펴보는 것이 중요함

마) 상담자는 내담자에게 공감적 이해를 제공하는 역할. 내담자의 심정을 이해하고 감정을 다루는 역할. 특히 성문제로 인해 수치심 과 죄책감, 열등감, 우울감, 자살충동의 증상을 호소하는 내담자의 경우, 내담자가 감정을 표현할 수 있는 기회를 주고 심정적인 차원에서 이를 이해하고 수용해주는 것이 필요

성 상담의 유형
1. 단순 정보제공 상담
2. 발달관련문제 상담
3. 위기극복 상담
4. 위로 및 권면 상담
5. 자녀, 배우자, 부모 등 제 3자의 문제 상담

3) 성 상담의 유형

가) 단순 정보제공 상담: 정확한 정에 대한 지식이 없거나 정보가 없어 문제를 겪는 경우. 예를 들어 남성과 잠자리를 하면 무조건 임신이 된다고 생각한 여대생이 우울하거나, 자신의 자위행동에 대해 수치심을 느끼며 스스로 미쳤다고 생각하는 청소년기 학생에게 정확한 지식과 정보를 제 공하는 것만으로도 문제를 해결가능

나) 발달관련문제 상담: 성발달 과정에서 겪는 성관련 문제를 상담하는데 초점을 둠. 연령수준에 부 적절한 성적 관심으로 보이거나 반대로 성인이 되었으나 성활동에 전혀 관심을 보이지 않을 수 있음. 청소년기 이차 성징을 거치면서 발생하는 혼란감 역시 성발달 과정에서 생겨나는 문제

다) 위기극복 상담: 성폭력을 경험했을 때 나타나는 위기감, 과도한 각성상태, 강한 죄책감, 두려움 과 공포, 가해자에 대한 분노를 다루고 왜곡된 인지와 자기수용에 초점을 둔 상담

라) 위로 및 권면 상담: 때로는 부적절하거나 잘못된 성 관련 행동을 찾아 내담자에게 인식시키고, 스스로 잘못을 알아차리고 변화의 필요성을 자각하도록 돕는 상담이 필요. 무조건 비난하거나 충고하는 것은 바람직하지 않고, 내담자의 입장도 위로하면서 자발적인 변화를 촉구하는 것에 초점

마) 자녀, 배우자, 부모 등 제3자의 문제 상담: 성문제를 직접 경험한 당사자가 아닌 그 주변 사람에 대한 상담도 필요한 경우가 있음. 예를 들어, 성폭력 아동의 부모가 가지는 죄책감과 분노를 다루거나, 잘못된 성행동이나 가치관에 영향을 미치는 부모나, 부부생활에 관심이 없는 배우자를 둔 경우. 한 개인의 성문제는 주변 사람에게 확산적으로 영향을 미칠 수 있기에 이러한 상담이 중요

4) 성문제에 대한 사정

가) 내담자가 호소하는 문제를 명확하게 구체화하고, 상담목표와 계획을 수립하기 위 해 성문제에 대한 정확한 사정이 필요

나) 상담자는 성관련 문제의 사실여부를 정확반복적인 물질 사용으로 직장, 학교, 가정에서의 중요한 임무를 수행하지 못한다.(Ex. 물질 사용과 관련되어 결석하거나 정학, 퇴학을 당한다 등)

　(1) 신체적으로 해를 주는 상황에서 반복적으로 물질을 사용한다.(Ex. 물질 사용으로 인해 장해가 초래된 상황에서 차를 운전하거나 기계를 조작한다)

　(2) 반복적으로 물질 사용과 관련된 법적 문제를 일으킨다. (Ex. 물질 사용과 관련된 탈선 행동으로 체포된 경험이 있다)

　(3) 물질의 효과로 인해 사회적 문제나 대인 관계 문제가 지속적 또는 반복적으로 야기되거나 악화됨에도 불구하고 계속 물질을 사용한다. (Ex. 중독의 결과에 대한 배우자와의 논쟁, 몸싸움)

다) 히 파악하고, 그와 관련된 느낌과 현재의 정서, 사고, 행동을 평가. 또한 내담자의 일상적 성 습관과 특성, 상황 및 최근의 변화에 대한 정보를 얻음. 술이나

약물복용 경험의 유무와 신체적 질병여부를 확인

라) 내담자의 과거력을 듣고, 현재의 성문제와 관련가능성을 가지는 주요 성장경험을 체크

마) 내담자의 성지식 수준을 정확히 평가, 성문제와 관련해 원인이 될 수 있는 부정확한 지식이 있는지 확인. 또 연애를 하고 있거나 기혼자인 경우에는 파트너와의 관계에 문제가 없는가를 확인

바) 내담자가 자신의 성문제를 극복하고자 하는 동기수준을 확인, 이를 지원할 수 있는 지원체계나 내외적 강점 요인을 가지고 있는지 평가. 사정할 때, 융통성이 높은 개방형 질문을 사용하는 것이 좋음

5) 성상담자의 유의사항

가) 성상담자는 자신의 성에 대한 충분한 인식과 함께 성에 대한 정확하고 충분한 지식을 갖추도록 노력. 또한 개방성과 진솔한 태도를 보여주어야 하며, 침착하게 내담자와 눈높이를 맞춰 의사소통해야 함

나) 성상담자가 가지고 있는 가치관을 내담자에게 일방적으로 강요해서는 안 되며, 무의식 중에 영향을 미칠 수 있을 가능성을 염두에 두고 늘 경계해야 함

다) 상담 중에 내담자가 정확하게 대답하지 않는 것에 대해 비난하지 않도록 해야 하며, 내담자의 고통에 대해 지나친 동정을 보이며 가해자를 비난하는 것도 주의해야 함. 또한 내담자를 구조해주는 듯한 태도를 가져서도 안 됨

라) 상담자는 자신의 능력에 대한 한계를 정확히 알고, 만약 자신이 다루기 어렵다는 판단이 서면 다른 상담자에게 의뢰하는 것이 바른 태도

문제

1. 다음 중 성폭력에 관한 설명으로 가장 적합한 것은? (2010 기출)

가. 성폭력은 성적 자기결정권의 침해이다.
나. 끝까지 저항하면 강간은 불가능하다.
다. 성폭력의 피해자는 여성뿐이다.
라. 강간은 낯선 사람에 의해서만 발생한다.

2. 성피해자 심리상담 초기단계의 유의사항으로 틀린 것은? (2009, 2011 기출)

가. 치료관계 형성에 힘써야 한다.
나. 상담자는 상담 내용의 주도권을 가져야 한다.
다. 성폭력 피해로 인한 합병증이 있는지 묻는다.
라. 성폭력 피해의 문제가 없다고 부정을 하면 일단 수용해 준다.

[1. 해설] ㉮
성폭력은 성적 자기결정권의 침해이다.

[2. 해설] ㉯
성피해자 심리상담 초기단계에서 유의해야할 사항
① 치료적 관계 형성에 힘쓴다.
② 상담 시 피해 상황에 대한 자세한 정보를 묻되, 내담자가 현재 상황에서 표현할 수 있는 것만 표현하도록 선택권을 준다. 피해자에게 상담 내용의 주도권을 준다.
③ 내담자의 비밀을 철저히 보장하고 피해자의 비언어적인 표현을 관찰하고 적절하게 대응한다.
④ 성폭력 피해 문제가 없다고 하면 하락해 준다. 다만, 피해 후유증에 관해 교육을 하여 내담자가 피해상황을 알아차리도록 하여야 한다.

3. 성폭력 피해자의 상담 원리로서 부적절한 것은? (2005 기출)

　가. 상담자 자신이 갖는 성폭력에 대한 편견을 자각하고 올바른 태도로 수정한다.

　나. 위기 상황에 있는 피해자의 상태를 수용하고 반영해주며 진지한 관심을 전달한다.

　다. 성폭력 피해가 내담자의 책임이 아니며, 가치가 손상된 것이 아님을 확신하도록 한다.

　라. 성폭력의 피해자의 고통과 공포, 분노감을 되도록 단기에 치유하려고 시도한다.

4. 성 피해자에 대한 심리치료 과정 중 초기 단계에서 상담자가 유의해야 할 사항으로 적절치 않은 것은? (2003, 2004 기출)

　가. 치료의 관계형성을 위해 수치스럽고 창피한 감정이 정상적인 감정임을 공감한다.

　나. 피해상황에 대한 진술은 상담자 주도로 이루어져야 한다.

　다. 성 피해 사실에 대한 내담자의 부정을 허락한다.

　라. 내담자에게 치료자에 대한 감정을 물어주고 치료자를 선택할 수 있도록 해준다.

5. 성 피해를 당한 아동이 보이는 행동 경향으로 보기 힘든 것은? (2003 기출)

　가. 성 피해 아동은 성 피해 사실을 말 한 후 죄책감을 경험하는 경향이 있다.

　나. 성 피해 아동은 성 피해 사실을 비밀에 부치는 경향이 있다.

　다. 성 피해 아동은 성 피해 사실을 말하는 것에 대해 위기감을 느끼는 경향이 있다.

　라. 성 피해 아동은 성 피해 사실을 말할 때 그 과정을 순서대로 정확히 말하는 경향이 있다.

15 비행청소년 상담

가. 청소년 비행과 상담

1) 청소년기와 비행행동

가) 인생의 전 발달과정을 통틀어 가장 불안정한 발달시기가 바로 청소년기. 생물학적인 변화뿐만 아니라 가정 및 사회에서 요구되는 책임감이 증가하고 심리적 변화를 경험하면서 자아의식이 민감해지고 독립성과 의존성 사이에서 갈등을 경험. 따라서 작은 문제에도 어느 시기보다 부적응이 커질 수 있음

나) 부적응은 여러 가지로 나타날 수 있으며 약물, 가출, 폭력, 도벽, 성비행 등의 행동문제가 대표적. 청소년의 어려움이 가정과 학교, 또래로부터 수용되고 이해되는 경우에는 자신의 정체감을 확립하면서 정상발달. 하지만 정상적인 방식으로 심리적 지지를 확보하지 못하는 경우, 반사회적 또래의 유혹에 빠지기 쉬움

다) 상담자는 청소년 비행문제가 여러 원인에 의해 발생할 수 있음을 인식하고, 청소년기의 문제가 빠르게 해결되지 못할 경우 이후의 성인기까지 부적응이 지속될 수 있으므로, 각종 비행 관련 문제에 신속하고 적극적으로 대처하는 것이 필요함

2) 비행청소년 상담의 정의

가) 비행 : 청소년이 지켜야 할 법률적, 관습적 가치규범을 어기는 행동

나) 비행청소년 상담은 청소년들이 사회적으로 바람직한 적응력을 향상시키고 인격적인 성장을 촉진하는 것

다) 비행의 원인을 탐색하여 해결하고 청소년들의 바람직한 의사결정력을 배양하는 것을 목적으로 둠

라) 비행청소년들이 더 이상의 비행을 멈추고 정상발달을 성취하도록 우선 상담을 통해 비행을 하게 된 심리적 문제를 탐색하고, 가지고 있는 문제해결을 적극적으로 도와야 함

마) 비행행동은 자아정체감에 부정적 영향을 미칠 수 있으므로 긍정적인 자아정체감의 형성을 도와야 함. 또한 비행행동을 유발할 수 있는 주변 환경을 개선하기 위한 광범위한 지원망을 구축하여 비행청소년 상담과 연계해 통합적으로 운용하는 것이 필요

3) 청소년 비행의 원인

가) 사회학적 관점

(1) 아노미 이론: 현대 사회의 가치관 혼란 현상이 청소년 비행의 원인이라고 보는 관점. 성적과 사회적 성공에 주요 가치를 두고 있는 현실이 청소년들에게 정상적인 가치관 발달을 제한하면 서 일탈행동이 더 쉽게 유발된다고 고려

청소년 비행의 원인
1. 아노미 이론
2. 사회통제이론
3. 차별접촉
4. 낙인이론

(2) 사회통제이론: 비행을 사회의 규범을 어긴 부적절한 행동으로 규정. 사람들은 누구나 규범을 어기고 싶어 하나 규범을 바탕으로 자신의 행동을 올바르게 통제. 하지만 그렇지 못한 경우 비행이 발생

(3) 차별접촉: 친밀한 사회적 관계에 있는 타인과 빈번한 접촉에 의해 범죄에 대한 우호적 태도나 일탈행동을 학습. 즉 비행청소년끼리 차별적인 집단을 형성하면서 그 집단 내에서 만들어지는 영향력이 비행의 원인이 된다는 것

(4) 낙인이론: 비행행동을 한 청소년에 대한 낙인여부가 비행청소년을 낳게 되는 원인이 된다고 가정. 정상 청소년과 비행 청소년은 근본적으로 다르지 않으나 어느 순간의 실수로 인해 낙인이 찍히면 편견에서 벗어나기 힘들고, 결국 비행 행동을 다시 함

나) 심리학적 관점: 심리학적 관점에서는 비행청소년의 원인을 개인의 심리적 특성에서 찾는데, 대표적으로 정신분석이론에서는 남근기에 발달되는 초자아(superego)가 쾌원리에 의해 통제되는 원초아(id)를 적절히 통제하지 못했을 때 비규범적인 문제행동이 발생한다고 설명

다) 가족학적 관점: 비행을 가족의 구조나 기능과 연결하여 설명. 가족구조에 문제가 생기는 경우는 결손가정, 빈곤가정, 계부모가정 등이 대표적. 이러한 가정의 경우 자녀에 대한 올바른 가정 내 교육이 제공되지 못하면서 청소년이 비행에 연루되기 쉬워진다고 설명. 가족의 기능 역시 중요함. 부모-자녀 간의 관계나 부부관계에 문제가 있는 경우, 부모의 자녀 양육방식이 불일치하거나 일관되지 못한 경우, 부모의 음주나 경제적 문제 등의 지속적인 갈등 과 불화가 있는 경우에 청소년 비행이 높아질 수 있음

라) 인지적 관점: 정상에 미치지 못한 인지적 제한이 비행행동에 쉽게 연루되는 취약성이 된다고 가정. 지능이 낮은 경우 학교교육을 끝마치지 못하거나 직업적으로나 사회적으로 성공하지 못할 가능성이 높음. 이러한 상태에서 비행에 연루될 가능성이 높아짐

마) 사회학습 관점: 또래의 비행행동이 강화 받는 것을 관찰하여 모방하면서 비행행동이 나타나게 된다는 관점

나. 비행청소년 상담의 실제

1) 청소년 상담 개입전략

가) 개인 및 가족측면

(1) 중요한 대상과의 정서적 유대관계는 성장기에 매우 중요. 비행문제를 가진 경우 가족과 학교, 또래로부터 배척과 비난의 대상이 되기 쉽기 때문에 대부분 비행집단을 제외하고는 친밀감 형성이나 지지적 관계형성경험이 극히 드묾

(2) 상담자는 지속적으로 진솔 한 태도를 바탕으로 지지적이며 수용적이고 공감하는 마음을 통해 청소년과 신뢰로운 관계를 형성하는데 초점을 두어야 하며,

상호협력적인 신뢰로운 관계가 마련되어야 상담목표 달성 가능함

나) 학교측면

   (1) 비행청소년들은 대부분 학교생활적응에 필요한 기본적인 의무와 책임감이 부족하며, 여러 사회기술을 갖추지 못한 경우가 많음

   (2) 비행청소년들은 자신의 행동결과에 대한 책임감, 타인의 감정에 대한 존중과 배려, 시간과 규칙의 엄수와 같은 기본태도의 문제로 인하여 교사와 학교와 갈등을 겪기 쉬움

   (3) 집단생활에 잘 적응할 수 있도록 돕기 위한 규칙 내면화와 대화기술, 갈등해결기술, 사회적 기술에 있어 취약한 부분을 확인하여 훈련을 통합기술습득이 필요

다) 또래친구측면

   (1) 청소년기는 또래의 영향력을 가장 많이 받는 시기이므로 또래의 유혹을 거절하거나 압력을 견디어 내는 과정에서 어려움을 겪기 쉬움

   (2) 건전한 또래문화를 형성하는 방법을 찾고, 또래의 부적절한 행동에 연루되지 않도록 자기주장이나 자기통제력을 향상시킬 수 있는 훈련이 필요

라) 지역사회 측면

   (1) 비행청소년 상담에서 사회적 지지체계를 구축하는 것이 중요

   (2) 사회적으로 안전하고 지속적인 지지망을 확보하지 못한 경우 청소년들은 상실감을 경험하며 부적절한 방식의 사회적 관계를 발달시킬 수 있음. 사회적 지지망은 청소년들이 자신의 문제를 스스로 해결하도록 용기와 힘을 제공(천성문 외, 2006)

2) 유형별 상담

가) 담배, 술, 본드 등 약물의 사용문제

   (1) 감정적으로 경험하는 불쾌감을 해소하기 위한 방법으로 특정약물을 사용할 수 있으며, 약물에 의한 기분변화경험이 강화를 받으면서 지속적인 약물사용에 빠져들게 됨

   (2) 청소년기는 생물학적 성숙이 완성되지 않은 시기이기 때문에 적은 양의 약물사용도 뇌 발달에 치명적인 영향을 끼칠 수 있음. 하지만 또래의 유혹이나 압력이 크고 판단력이 미성숙한 시기여서 쉽게 약물에 의존가능

   (3) 상담을 위해서는 먼저 약물사용에 대한 종합적인 진단이 필요

   (4) 종합진단 후에 필요한 치료방법을 선택, 약물사용과 관련 된 감정을 확인하고 다루어야 하며 편견과 비판 없는 태도로 약물에 대한 교육을 진행하는 것도 필요

   (5) 약물사용 문제를 직면시키고 해결책을 함께 찾기 위해 감정 다루기 기술, 의사결정 및 소통기술이 필요하며, 경우에 따라 부모상담을 병행할 필요가 있음

나) 가출문제

(1) 가출: 보호자의 승낙 없이 최소 하루 이상 무단으로 집에 들어오지 않는 충동적이거나 계획적인 일탈행위(김성이, 1996)

(2) 가출이 장기화되는 경우 절도, 약물사용, 폭력, 매매춘 등의 부가적인 문제가 더해질 가능성이 높아짐

(3) 가출 청소년 상담은 가출충동을 느끼고 있는 경우와 가출청소년인 경우로 나눠 진행

(4) 가출충동이 문제되는 경우에는 그러한 기분을 적극적으로 수용하는 것이 필요함. 그들은 무엇보다 정서적 지지를 원하므로 충 고나 지도를 하기보다 지지를 통해 마음을 털어놓도록 돕고, 가출의 동기와 목적, 그리고 가출의 실제가능성을 평가하고, 함께 해결방안을 모색하는 것이 필요

(5) 가출 청소년의 경우에는 부모의 협조가 매우 중요. 부모와의 갈등이 가출의 원인이 되는 경우가 많기 때문. 상담자는 내담자인 청소년 과 부모 간의 관계에서 중립적 자세를 유지해야 하며, 각각의 욕구를 모두 충족시키는 방법을 찾도록 노력해야 함

다) 폭력문제

(1) 폭력에는 언어적 폭력뿐만 아니라 위협이나 따돌림과 같은 심리적 공격행동도 포함

(2) 학교와 가정, 또래관계에서 경험한 좌절과 그 좌절로 인한 분노가 폭력의 원인이 될 수 있음. 일단 분노를 표출하기 위한 폭력행동은 곧 또래관계에서 우월감을 과시하기 위한 수단으로 이어지면서 지속성을 가짐

(3) 폭력문제에 대한 상담은 우선으로 내면의 갈등을 파악하여 통찰하고, 부정적 감정을 건전한 방법으로 해소하도록 돕고, 새로운 행동전략을 수립 하는 것이 필요

라) 도벽문제

(1) 도벽은 정서적 불안정과 인격발달의 미성숙 등 심리적 원인이 행동으로 옮겨진 현상. 일종의 왜곡된 자기표현이라 할 수 있음

(2) 도벽행동은 일단 한번 나타나게 되면 반복되는 경향이 강함

(3) 도벽상담에서는 일단 도벽의 이유를 정확히 파악하여 그들의 일차적 욕구를 확인해야 함

(4) 적절한 소유개념을 가르치고 도덕성을 갖추며, 충동을 자제하고 인내할 수 있도록 도와야 함

문제

1. 청소년이 나이에 벗어나는 일탈 행동을 하는 증상을 보이는 장애는?
   가. 품행장애　　　　　　　　나. 반사회성격장애
   다. 충동조절장애　　　　　　라. 행동장애

2. 13살 이전에 부모의 금지에도 불구하고 밤늦게까지 집에 들어오지 않는 증상을 가지면서 몰래 무단 결석하는 등의 증상을 보이는 장애는?
   가. 품행장애　　　　　　　　나. 반사회성격장애
   다. 충동조절장애　　　　　　라. 행동장애

3. 품행장애의 진단 기준에 해당하지 않는 것은?
   가. 재산 및 기물파괴　　　　나. 논쟁
   다. 사람이나 동물에 대한 공격성　　라. 노상강도

4. 품행장애 청소년의 부모 요인에 해당하지 않는 것은?
   가. 부모요인
   나. 문제 많은 부모의 태도와 잘못된 육아 방법
   다. 과도한 질서정연한 가정 환경
   라. 부모 사이의 지속적인 불화

5. 품행 장애의 치료에 해당하지 않는 것은?
   가. 일관성 있는 규칙의 제정　　나. 개인정신치료
   다. 약물치료　　　　　　　　라. 단일한 치료

[1. 해설] ㉮
청소년이 일탈 행동을 증상으로 보이는 장애는 품행장애이다.

[2. 해설] ㉮
청소년이 상기 증상으로 보이는 장애는 품행장애이다.

[3. 해설] ㉯
논쟁은 반항성 장애에 해당된다.

[4. 해설] ㉰
부모요인에는 무질서한 가정환경이다.

[5. 해설] ㉱
품행장애는 단일 치료 보다는 다각적인 프로그램이 효과적이다.

16 진로상담

가. 진로상담의 의미 및 이론

1) 진로상담 의미

가) 내담자가 현재 당면하고 있는 진로문제에 대해 상담을 하며 궁극적으로 일생동안 진로발달이 이루어지도록 돕는 과정

나) 개인의 진로계획 설정 및 준비, 직업선택, 진로문제의 해결과 적응 등을 도움

다) 상담자는 상담의 일반원칙에 따라 진로검사, 진로정보 등의 도구를 사용하며, 내담자가 당면한 진로문제에 대하여 생애진로발달의 측면에서 진단하고 구체화 과정을 거쳐 문제해결을 추구

라) 내담자의 진로문제는 다양한 심리적 문제와 연속선상에 있음. 심리상담은 일반적으로 촉진적 관계형성을 기초로 하여 효율적인 상담자의 반응과 기법을 통합해야 함

마) 진로문제는 진로관련이론에서 유래한 이론적인 개념과 중재를 필요로 하므로 진로관련 이론에서 제시하는 이론적 개념을 기초로 내담자를 이해하고 실제적인 개입이 이뤄져야 함

2) 진로 선택 이론

가) Parsons의 특성-요인이론

(1) 개요

(가) 개개인의 독특한 심리적 특성으로 인해 각자에게 맞는 특정 직업 유형이 있음

(나) 서로 다른 직업에 종사하는 사람들은 서로 다른 심리적 특성을 가짐

(다) 직업적응은 개인 특성과 직업요건 사이의 조화의 정도에 따라 달라짐

(라) 개인의 성격 특성, 적성, 지능, 사회경제적 지위, 흥미, 가치관, 인성 및 기타 특성이 직업에 대한 의사결정에 중요한 영향을 미침

(2) 이론

(가) 기본 가정

① 사람들은 신뢰성 있고 타당하게 측정될 수 있는 독특한 특성을 지님

② 직업은 그 직업에서의 성공을 위한 매우 구체적인 특성을 지닐 것을 요구함

③ 직업선택은 직접적인 인지과정. 개인의 특성과 직업의 특성을 짝짓는 것이 가능

④ 개인의 특성과 직업의 요구사항이 서로 밀접한 관계를 맺을수록 직업적 성공의 가능성은 커짐

(나) 진로상담 과정

① 1단계: 초기면담, 촉진적 관계 형성이 중요

② 2단계: 검사 실시, 내담자를 이해하기 위한 면담 실시

③ 3단계: 직업정보 제공

(3) 시사점과 제한점

(가) 시사점

① 직업선택 시 개인의 특성을 고려.

② 표준화 검사도구와 직업세계의 분석과정이 진로상담에서 유용

(나) 제한점

① 예언타당도 문제: 심리검사와 같은 객관적인 절차를 통해 개인의 특성을 타당하고 신뢰롭게 측정할 수 있다고 가정하나 검사도구에서 밝혀진 결과가 어떤 직업에서의 성공여부를 정확하게 예언해 주지 못하는 문제

② 직업선택을 일회적인 행위로 간주, 장기간에 걸친 직업적 발달을 도외시

③ 개인의 특성과 직업 간의 관계를 기술할 뿐 개인의 특성에 대한 설명 없음

나) Roe의 욕구이론

(1) 개요

(가) 개인의 욕구가 직업선택에 큰 영향을 미치며 아동기에 가족 간 상호작용 속에서 경험한 것이 직업선택에 많은 영향을 미친다고 봄

(나) 직업의 전 영역을 신체적·심리적 변인 및 경험 등에서의 개인차와 관련지어 고려함

(2) 이론

(가) Roe 8가지 직업군

① 서비스직(Service): 다른 사람의 욕구와 복지에 관심을 가지고 봉사하는 것. Ex) 사회사업, 가이던스 등

② 비즈니스직(Business Contact): 만남을 통해 상품을 판매하는 것. 타인이 어떤 행동을 취하도록 상대방을 설득하는 데 초점

③ 단체직(Organization): 사업, 제조업, 행정에 종사하는 관리직. 기업의 조직과 효율적인 기능에 주로 관련된 직업. 형식화된 인간관계

④ 기술직(Technology): 상품과 재화의 생산, 유지, 운송과 관련된 직업. Ex) 공학, 기계. 무역 등

⑤ 옥외활동직(Outdoor): 농산물, 축산, 수산자원, 지하자원, 임산물, 기타의 천연자원을 개발, 보존, 수확하는 것과 관련된 직업

⑥ 과학직(Science): 과학이론과 이론을 특정한 환경에 적용하는 것과 관련된 직업

⑦ 일반문화직(General Culture): 문화유산의 보존과 전수와 관련된 직업. Ex) 교육, 언론, 법률, 성직, 언어학 등

⑧ 예능직(Arts and Entertainment): 창조적인 예술과 연예에 관련된 직업

(나) 책임, 능력, 기술의 정도에 따른 6가지 단계

① 고급 전문관리(Professional and Managerial 1): 중요한 사안에 대해 독

립적인 책임을 지는 전문가. 개혁자, 창조자, 최고 경영관리자들을 포함. 중요하고 독립적이며 다양한 책임을 지며 정책을 만들고 박사나 이에 준하는 정도의 교육을 받아야 함

② 중급 전문관리(Professional and Managerial 2): 고급단계와 정도의 차이가 있음. 중요도와 다양성의 측면에서 자신과 타인에 대한 중간 수준의 책임을 지며 정책을 해석하고 석사학위 이상, 박사와 그에 준하는 정도의 교육보다는 낮은 수준의 교육을 받아야 함

③ 준 전문관리(Semiprofessional and Small Business): 타인에 대한 낮은 수준의 책임을 지며 정책을 적용하거나 오직 자신만을 위한 의사 결정을 할 수 있고 고등학교나 기술학교 또는 그에 준하는 정도의 교육을 받아야 함

④ 숙련직(Skilled): 이 단계와 5, 6단계의 구분은 고전적인 분류에 의한 것. 견습이나 다른 특수한 훈련과 경험이 필요

⑤ 반숙련직(Semiskilled): 약간의 훈련과 경험을 요구하지만 4단계보다는 매우 낮은 수준. 훨씬 더 적은 자율과 주도권이 주어짐

⑥ 비숙련직(Unskilled): 특수한 훈련이나 교육을 필요로 하지 않으며, 간단한 지시를 따르거나 단순한 반복활동을 하는데 필요한 능력 이상을 요구하지 않음

(다) 부모자녀 관계와 직업 선택

<표 > 부모-자녀 관계유형

1. 정서집중형(Emotional Concentration on The Child)	
과보호형 (Overprotecting Climate)	부모가 자식을 지나치게 보호하려 하며, 자식도 부모에게 의존적. 과보호적 분위기에서 자란 아이들은 성장하여 타인에게 의존적이며 일반적으로 동조적인 행동을 많이 하게 됨
요구과잉형 (Overdemanding Climate)	자식이 부모의 요구를 받아들이거나 이에 부합하는 행동을 한 경우에 부모는 자녀를 사랑하고 귀히 여김. 자식에게 엄격한 훈련. 취학 후에는 성적에 대한 무리한 요구
2. 회피형(Avoidance of The Child)	
방임형 (Neglecting Climate)	자녀와의 접촉 및 부모로서의 책임을 회피하려는 경향. 자녀에 대한 관심이 적음. 자녀의 욕구 충족을 위해서 노력하지 않음. 자녀에 대해 감정적으로 거부하지는 않음
거부형 (Rejecting Climate)	자녀의 행복을 전적으로 무시. 자녀들의 신체적·심리적 필요를 충족시켜 주려는 노력을 거의 안함
3. 수용형(Acceptance of The Child)	
무관심형 (Causal Climate)	부모가 자식을 수용하나 관계는 밀착되어 있지 않음. 부모는 자녀의 필요나 욕구에 대해서 비교적 민감하게 반응
애정형 (Loving Climate)	부모-자녀 관계가 더 돈독. 부모는 자녀가 어떠한 것을 요구하든 들어주려고 노력하며 부모는 자녀에게 더욱 따뜻한 격려를 함

① Maslow의 욕구이론에 의해 영향을 받음

② 따뜻한 부모-자녀 관계에서 성장→인간 지향적(Person-oriented) 성격 형성→인간지향적인 직업(서비스직, 비즈니스직, 단체직, 문화직, 예능직) 선택.

③ 차가운 부모-자녀의 관계에서 성장→비인간지향적(Person-oriented) 성격 형성→비인간 지향적인(Nonperson-oriented) 직업(기술직, 옥외 활동직, 과학직) 선택

(3) 시사점과 제한점

(가) 시사점

① 성격과 직업분류를 통합함

② Roe & Siegelman 부모 - 자녀 관계 질문지(Parent-Child Relations Questionnaire; PCR I) 개발

(나) 제한점

① 실증적인 근거 결여

② 이론 검증의 어려움

③ 진로상담의 구체적인 절차를 제공하지 못함

다) Holland의 성격이론

(1) 개요: Holland "직업적 흥미는 일반적으로 성격이라고 불리는 것의 일부분이기 때문에 개인의 직업적 흥미에 대한 설명은 곧 개인의 성격에 대한 설명이다."

(2) 이론

(가) 네 가지 기본 가정(Holland, 1985)

① 대부분의 사람들은 여섯 가지 유형중의 하나로 분류: 실재적(Realistic), 탐구적(Investigative), 예술적(Artistic) 사회적(Social), 설득적(Enterprising), 관습적(Conventional)

② 여섯 가지 종류의 환경: 실재적, 탐구적, 예술적, 사회적, 설득적, 관습적. 일반적으로 각 환경에는 그 성격유형에 일치하는 사람들이 머물고 있음

③ 사람들은 자신의 능력과 기술을 발휘하고 태도와 가치를 표현하고 자신에게 맞는 역할을 수행할 수 있는 환경을 찾음

④ 개인의 행동은 성격과 환경의 상호작용에 의해서 결정. 사람의 성격과 그 사람의 직업 환경에 대한 지식은 진로선택, 직업변경, 직업적 성취감 등에 관해서 중요한 결과를 예측할 수 있게 함

(나) 여섯 가지 직업 유형(Holland, 1992)

① 실재적 유형(Realistic Type): 기계, 도구, 동물에 관한 체계적인 조작활동을 좋아함. 사회적 기술이 부족.

　　Ex) 기술자, 자동차 및 항공기 조종사, 정비사, 농부, 엔지니어, 운동선수 등

② 탐구적 유형(Investigative Type): 분석적이고 호기심이 많고 조직적이며 정확. 리더십 기술이 부족. Ex) 과학자, 생물학자, 인류학자, 지질학자, 의사 등

③ 예술적 유형(Artistic Type): 표현이 풍부하고 독창적이며 비순응적. 규범적인 기술이 부족. 음악가와 미술가는 예술적인 유형이다. Ex) 예술가, 작가, 배우, 소설가, 디자이너 등

④ 사회적 유형(Social Type): 다른 사람과 함께 일하거나 다른 사람을 돕는 것을 즐기지만 도구와 기계를 포함하는 질서정연하고 조직적인 활동을 싫어함. 이 유형은 기계적이고 과학적인 능력이 부족. Ex) 사회복지가, 교육자, 간호사, 유치원 교사, 종교지도자, 상담가, 임상치료사 등

⑤ 기업적 유형(Enterprising Type): 조직목표나 경제적 목표를 달성하기 위해 타인을 조작하는 활동을 즐김. 상징적이고 체계적인 활동을 싫어하며 과학적 능력이 부족. 기업경영인, 정치가는 기업적 유형이다. Ex) 기업경영인, 정치가, 판사, 영업사원, 보험회사원, 판매원, 관리자, 연출가 등

⑥ 관습적 유형(Conventional Type): 자료를 체계적으로 잘 처리하고 기록을 정리하거나 자료를 재생산하는 것을 좋아함. 심미적 활동은 피함. Ex) 공인회계사, 경제분석가, 은행원, 세무사, 컴퓨터 프로그래머, 공무원, 사서, 법무사 등

(다) 6각형 모형

여섯 가지 직업 유형 (Holland, 1992)

1. 실재적 유형 (Realistic Type)
2. 탐구적 유형 (Investigative Type)
3. 예술적 유형(Artistic Type)
4. 사회적 유형(Social Type)
5. 기업적 유형 (Enterprising Type)
6. 관습적 유형 (Conventional Type)

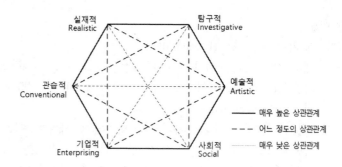

(라) 다섯 가지 주요 개념(Holland, 1973)

① 일관성(Consistency): 성격유형과 환경모형 간의 관련 정도 의미. 육각형 모형상의 두 유형 간 근접성이 따라 설명. 관습적이며 실재적인 사람은 탐구적이며 기업적인 사람보다 일관성이 높음. 높은 일관성 수준은 긍정적인 특징, 경력이나 진로 결정의 방향 면에서 안정성 가짐

② 차별성(Differentiation): 사람이나 환경이 얼마나 잘 구별되는지 의미.

③ 정체성(Identity): 개인의 정체성(개인의 목표, 흥미, 재능에 대한 명확한 것) 또는 환경의 정체성(조직의 투명성, 안정성, 목표·일·보상의 통합)이 얼마나 분명하고 안정되어 있는가를 평가

④ 일치성(congruence): 개인과 직업 환경 간의 적합성 정도에 대한 것. 사람의 직업적 흥미가 직업 환경과 어느 정도 맞는지를 의미

⑤ 계측성(calculus): 흥미 유형과 환경 유형 간의 관계가 육각형 모형에 따라 결정. 육각형 모형에서의 흥미 유형 또는 환경 유형 간의 거리는 그들의 이론적 관계와 반비례한다는 것 시사

(3) 시사점

(가) 시사점: 복잡한 직업세계를 단순화하고 해석하는 데 매우 유용한 방식

(나) 문제점

① 성격만이 편파적으로 강조되어 여러 가지 다른 중요한 개인적·환경적 요인이 도외시

② 성격요인을 중요시하는 반면 그 발달과정에 대한 설명이 결여

3) 진로발달이론

가) Ginzberg의 진로선택발달이론

(1) 개요

(가) 개인이 진로를 설계하는 과정을 일시적인 단발성의 사건으로 보지 않음

(나) 진로와 관련한 의사결정을 일련의 시간의 흐름에 따른 발달적인 현상으로 봄

나) Ginzberg는 개인의 진료결정이 20대 중반까지 일련의 단계를 거치면서 발달한다고 봄

(가) 비가역적 과정: 진로의사결정 과정이 한번 정해지면 되돌릴 수 없는 것으로 봄

다) 이론

(1) 환상기(Fantasy Phase): 유아기~11세

(가) 다양한 상상적 역할놀이(경찰놀이, 의사놀이)

(나) 직업에 대한 단편적이고 유아적인 환상에 근거한 판단

(2) 잠정기(Tentative Phase): 11~16세

(가) 아동기에서 청소년기를 거치면서 잠정적으로 진로선택 시작

(나) 세 가지 하위단계

① 흥미(11~12세): 자신이 좋아하는 것과 싫어하는 것, 흥미 등에 대하여 보다 구체적인 결정

② 능력(13~14세): 자신이 미래에 하고 싶은 직업 분야에서 구체적으로 어떤 능력이 요구되는지, 그리고 자신이 그 능력을 가지고 있는지에 대하여 보다 잘 이해

③ 가치(15~16세): 자신이 추구하는 개인적인 가치나 삶의 우선순위에 대하여 고려. 미래의 진로에 대하여 생각

(3) 현실기(Realslistic Phase)

(가) 직업에 대한 흥미를 보다 구체화하기 시작

　　　　(나) 탐색: 이전시기에 행했던 잠정적인 진로 선택을 좁히기 위해 관심 직업들을 탐색하기 시작

　　　　(다) 결정화: 구체적인 진로분야에 보다 헌신하면서 자신의 진로결정과 관련된 내적 및 외적 요소를 종합

　　　　(라) 구체화: 자신의 진로결정을 보다 구체화하고 세밀한 계획 세움

　　라) Super의 생애진로발달이론

　　　(1) 개요

　　　　(가) 진로발달: 개인적 요인과 환경적 요인 간의 상호작용을 강조하는 하나의 통합적인 과정

　　　　(나) 직업에 대한 지식, 태도, 기능은 어린 시절부터 생을 마감할 때 까지 일련의 단계를 거치면서 발달

　　　(2) 이론

　　　　(가) 14가지 가정

　　　　① 능력, 성격, 욕구, 가치, 흥미, 특성, 자아개념 등은 사람마다 다름

　　　　② 이러한 특성들에 따라서 수많은 직업에 대한 적성이 제한됨

　　　　③ 직업에 따라 능력과 성격적 특성의 특정한 패턴이 존재

　　　　④ 직업적 선호와 적성, 생활과 일의 환경, 자아개념은 시간과 경험에 따라 변함

　　　　⑤ 변화과정은 성장, 탐색, 확립, 유지, 쇠퇴의 연속적 삶의 단계

　　　　⑥ 진로유형의 성질은 부모의 사회·경제적 수준, 정신적 능력, 교육, 기술, 성격적 특성, 진로성숙도 및 주어진 기회에 의해 결정

　　　　⑦ 진로단계에서, 조직과 환경의 요구에 대처하는 것의 성공여부는, 개인의 준비도(진로성숙도)에 달려 있는데, 진로성숙도는 신체적, 정신적, 사회적 특성들의 배열로 인지적이면서 정서적

　　　　⑧ 진로성숙도는 가설적인 구성개념으로, 조작적 정의가 어려우며, 역사도 짧고 밝혀진 내용도 제한적

　　　　⑨ 능력, 흥미의 성숙을 조장하고, 현실검증과 자아개념의 발달을 도움으로써 삶의 단계를 통한 발달은 지도될 수 있음

　　　　⑩ 진로발달의 과정은 본질적으로 직업적 자아개념을 발달시키고 충족시키는 과정

　　　　⑪ 개인과 사회적 요소, 자아개념과 현실 간의 종합과 타협의 과정은 상담과정 또는 실제 활동에서 환상적으로 역할을 수행했는지에 대한 피드백으로부터 학습하는 과정이자 역할 수행의 과정

　　　　⑫ 직업만족과 삶의 만족은 개인이 능력, 욕구, 가치, 흥미, 성격적 특징, 자아개념에 대한 적절한 출구를 발견하는 정도에 달려 있음

　　　　⑬ 일에서 얻는 만족의 정도는 자아개념을 충족시킬 수 있는 정도에 비례

　　　　⑭ 직업은 사람의 성격 조직에 영향을 줌

(나) 진로발달 단계

<표> super 진로발달단계

1. 성장기(출생~14세)
가정, 학교에서 중요한 타인에 대한 동일시를 통해 자아개념 발달

환상기(4~10세)	아동의 욕구가 지배적이며 역할 수행이 중시
흥미기(11~12세)	진로의 목표와 내용을 결정하는데, 아동의 흥미가 중시
능력기(13~14세)	진로선택에, 능력을 중시하며 직업에서의 훈련조건을 중시

2. 탐색기(15~24세)
학교생활, 여가활동, 시간제 일 등과 같은 활동으로 자아를 검증하고 역할을 수행하며 직업탐색을 시도

잠정기(15~17세)	욕구, 흥미, 능력, 가치와 취업기회 등을 고려하기 시작하며, 잠정적으로 진로를 선택
전환기(18~21세)	장래 직업선택에 필요한 교육, 훈련을 받으며 자신의 자아개념을 확립하며 현실적 요인을 중시
시행기(22~24세)	자기에게 적합하다고 판단되는 직업을 선택하여 종사하기 시작

3. 확립기(25~44세)
자신에게 적합한 분야를 발견해서 종사하고 생활의 터전을 잡으려고 노력하는 시기

수정기(25~30세)	자신이 선택한 일의 세계가 적합하지 않을 경우, 적합한 일을 발견할 때까지 한두 차례 변화를 시도
안정기(31~44세)	진로유형이 안정되는 시기, 개인은 그의 직업세계에서 안정과 만족감, 소속감, 지위 등을 얻게 됨

4. 유지기(45~64세)
개인이 비교적 안정된 속에서 만족스런 삶을 살아가는 시기

5. 쇠퇴기(65세~)
개인이 정신적·육체적으로 기능이 쇠퇴함에 따라 직업전선에서 은퇴하는 시기, 다른 새로운 역할과 활동을 찾는 시기

(다) 진로상담 목적
① 진로상담의 목적을 삶에 보다 잘 대처하도록 일반적인 적응력을 높이는 것
② 개인의 성숙에 맞게 진로발달을 촉진시키는 것; 생활연령에 맞는 성숙이 이루어지지 않았으면 먼저 성숙을 도운 후, 그에 알맞은 진로발달을 하도록 돕는 것
(3) 과정
① 문제탐색: 내담자가 자신의 문제를 탐색하고 자아개념을 말할 수 있는 인간중심적 상담방법 사용

② 심층적 탐색: 내담자가 더 깊이 자신을 탐색할 수 있는 주제를 선정하도록 특성요인적 상담방법 사용

③ 자아수용과 통찰: 내담자가 자기수용과 통찰을 할 수 있으며 그의 느낌을 반영할 수 있도록 인간중심적 상담방법 사용

④ 현실검증: 내담자가 현실검증을 할 수 있도록 돕고, 검사와 직업에 관련된 소책자, 과외활동 경험, 학교 성적 등의 사실적 자료에 대해 탐색하도록 특성요인적 상담방법 사용

⑤ 태도와 감정의 탐색과 처리: 내담자가 현실검증을 통해 자신에게 나타난 태도와 느낌에 대해 탐색하고 철저히 직면하도록 인간중심적 상담방법 사용

⑥ 의사결정: 의사결정을 돕기 위해 일련의 가능한 행동에 대해 고려해 보도록 인간중심적 상담방법 사용

마) 제한타협이론

바) Krumboltz의 사회학습이론

나. 진로 상담의 기본 지침

1) 진로상담의 주요원리

가) 진로상담은 진학과 직업선택에 초점을 맞추어 전개되어야 함

나) 진로상담은 개인의 특성을 객관적으로 파악한 후 상담자와 내담자 사이의 래포(Rapport)가 형성된 관계 속에서 이루어져야 함

다) 변화하는 직업세계에 대한 이해와 진로정보 활동을 중심으로 개인과 직업의 연계성을 효율적으로 연결시키는 과정을 중심으로 해야 함

라) 개인의 진로결정에 있어서 합리적인 의사결정 과정과 기법을 체득하도록 상담해야 함

마) 상담자는 다양한 심리검사 결과를 기초로 내담자 스스로 합리적인 결과를 끌어낼 수 있도록 도와주는 역할을 해야 함

진로상담의 목표
1. 자신에 대한 올바른 이해
2. 직업세계에 대한 이해증진
3. 정보탐색 및 활용능력의 함양
4. 올바른 직업관과 직업의식 형성
5. 합리적인 의사결정 능력의 증진

2) 진로상담의 목표

가) 자신에 대한 올바른 이해: 한 개인에게 절절한 일과 직업을 선택하기 위해서는 무엇보다도 개인의 가치관, 능력, 성격, 적성, 흥미, 신체적 특성 및 주변 환경 등에 대하여 올바르게 이해할 수 있어야 함

나) 직업세계에 대한 이해증진: 물질문명의 눈부신 발전은 생활 패턴뿐만 아니라 직업의 유형과 특성 등을 급격하게 변화시켰으며, 진로상담은 급변하는 직업세계에 대하여 올바르고 객관적으로 이해할 수 있도록 해 줌

다) 정보탐색 및 활용능력의 함양: 진로상담 과정에서 자신에 대한 이해와 직업의 세계에 대한 올바른 이해를 위해서 정보의 수집 및 활용능력은 매우 중요. 내담자들이 자기 자신과 직업세계에 대해서 정확히 알고 난 후에 선택을 도와주어야 하기 때문

라) 올바른 직업관과 직업의식 형성: 내담자들이 올바른 직업관과 직업의식을 형성

할 수 있도록 직업을 목적보다는 수단으로 여기는 생각과 직업자체에 대한 편견을 버리도록 하고, 성 역할에 대한 고정관념에서 벗어나도록 해야 함

마) 합리적인 의사결정 능력의 증진: 진로상담의 최종결과는 진로결정을 통해 나타남. 특히 청소년을 위한 진로상담에 있어서는 청소년의 진로 의사결정 과정에 초점을 두고 의사결정기술을 훈련하고 학습하도록 도와주어야 함

3) 진로상담자의 자질

가) 진로 상담은 다른 상방에 비해 상담자의 개입이 더 적극적

나) Willamson의 지시적 상담 기법이 중요하게 활용. 필요하다면 내담자에게 여러 심리검사 결과를 직접적으로 설명해주고 직업에 대한 정보나 기술을 제공하고 코치하기도 함. 진로 상담자가 단순히 검사 결과를 설명하고 직업 정보를 제공하는 역할만을 하지는 않음

다) 진로문제는 여러 심리적, 개인 역동적 요인에 의해 영향을 받음. 진로 상담자는 기본적으로 개인상담 능력을 갖추어야 함

라) 내담자가 정보를 탐색할 수 있도록 유도하고 정보에 대한 명료화 제공

마) 내담자의 문제해결 촉진기술을 잦추어야 하며 내담자를 문제에 직면하게 할 수 있어야 함 → 여러 상담 기술을 융통적으로 사용 가능해야 함

바) 직업 부적응을 초래할 수 있는 기분, 인지, 행동 영역의 잠재적 문제 파악해야함

사) 내담자의 가치관, 흥미, 적성 등 개인적 요인들에 대한 자극 증진 시키고 이러한 자기인식을 진로 상담에 적용하는 능력 갖추어야 함

4) 진로상담 과정

가) 1단계: 자기이해

(1) 자기이해를 돕기 위해 검사 도구와 면담으로 적성, 성취, 흥미, 가치, 성격을 평가. 성격, 적성은 과업수행능력의 가능성 수준을 보여줌(Aiken, 2003)

(2) 적성검사는 과거의 성취도, 현재의 능력, 미래의 적성에 초점

나) 2단계: 직업세계에 관한 정보 수집

(1) 상담자는 내담자가 직업정보를 수집하도록 도움

(2) 직업정보 유형(직무 내용, 근로조건, 급여에 대한 정보 등), 직업분류 체계에 대한 고려, 개인이 고려하고 있는 각 직업 입문에 필요한 특성 및 요구조건을 인지해야 함

다) 3단계: 자신과 직업세계에 대한 정보의 통합

(1) 자신과 직업세계에 대한 정보를 통합하는 단계

(2) 직업정보는 보통 각 직업이 요구하는 적성, 서위, 흥미, 가치, 성격특성에 대한 자료 제시

(3) 1단계에서 얻은 내용을 2단계에서 수집한 자료와 서로 연결시켜 맞춰봄

진로상담 과정
1. 자기이해
2. 직업세계에 관한 정보 수집
3. 자신과 직업세계에 대한 정보의 통합

문제

1. 진로교육을 실시하기 위해 일반적인 지도단계를 순서대로 바르게 나열한 것은? (2010 기출)

> A. 진로탐색단계   B. 진로인식단계   C. 진로준비단계   D. 취업

가. A-B-C-D
나. B-A-C-D
다. B-C-A-D
라. A-C-B-D

2. 진로상담의 목표가 아닌 것은? (2007, 2012 기출)

가. 진로상담은 내담자가 이미 결정한 직업적인 선택과 계획을 확인하는 과정이다.
나. 진로상담은 개인의 직업적 목표를 명백히 해주는 과정이다.
다. 진로상담은 내담자로 하여금 자아와 직업세계에 대한 구체적인 이해와 새로운 사실을 발견하도록 해 준다.
라. 진로상담은 직업선택과 직업생활에서 순응적인 태도를 함양하는 과정이다.

3. 다음은 누구에 관한 설명인가? (2007 기출)

> 육각형 모델을 통해 성공적인 진로결정을 위한 체계적인 방법을 제시한 이론가로서 개인의 행동을 그 사람의 인성과 환경간의 상호작용에 의한 것으로 보고 자신이 가지고 있는 인성적 특성의 표출을 허용하는 직무환경을 택할 것을 주장

가. 긴즈버그(Ginzberg)
나. 수퍼(Super)
다. 터크만(Tuckman)
라. 홀랜드(Holland)

4. 특수한 진단을 피하고, 직업적 역할 속에서 자아의 개념을 명백히 하고 실행할 수 있도록 돕는 직업 상담의 이론은? (2003 기출)

가. 특성-요인 직업상담
나. 정신역동적 직업상담
다. 내담자중심 직업상담
라. 행동주의 직업상담

5. 진로의사결정 모델에 관한 설명으로 옳은 것은? (2012 기출)

가. 기대모델은 대안들을 하나씩 순차적으로 줄여가는 진로의사결정 모델이다.
나. 배제모델은 진로선택 시 유인가와 기대의 상호작용에 의해 진로를 결정한다.
다. 갈등모델은 의사결정의 스트레스가 의사결정을 촉진한다고 가정한다.
라. 효용모델은 의사결정 과정에서 항상 갈등이 발생한다고 가정한다.

⑰ 위기 및 자살 상담

가. 위기 및 자살 상담의 의미

1) 자살문제

가) 자살은 세계의 많은 나라에서 10대 사망원인으로 꼽힘

나) 자살로 인한 생명 손실을 줄이는 것은 세계적으로 중대한 정신보건 목표

다) 상담가는 자살 예방에 결정적 역할을 할 수 있음

2) 자살문제의 보호요인 – 자살의 위험을 줄여주는 요인

가) 가족, 친구, 기타 중요한 관계에 있는 사람

나) 종교적, 문화적, 인종적 신념

다) 지역사회 참여

라) 만족스러운 사회생활

마) 사회적 통합. 예를 들어 취업, 여가 시간의 건설적 활용

바) 정신건강 서비스, 의료기관 접촉 기회

3) 자살과 관련한 위험 요인 및 상황

가) 자살과 관련한 위험 요인 및 상황의 종류

(1) 낮은 사회경제적 지위, 낮은 교육 수준, 실직

(2) 사회적 스트레스

(3) 가족 기능, 사회적 관계, 지원 제도의 문제

(4) 신체적, 성적 학대 등 트라우마

(5) 개인적 상실

(6) 정신질환 Ex) 우울증, 인격 장애, 조현병, 알코올 사용 장애, 약물 남용

(7) 쓸모없다는 생각이나 절망감

(8) 성적 성향 문제 (동성애 등)

(9) 특이한 행동

(10) 판단력 손상, 충동 통제력 부족, 자기파괴적 행동

(11) 부족한 대처 기술

(12) 신체질환, 만성 통증

(13) 타인의 자살에 노출

(14) 자해 수단 접촉

(15) 파괴적이며 난폭한 사건 (전쟁이나 대재해)

나) 자살로 삶을 마감한 사람 중 90%에 달하는 이들이 정신질환을 겪은 것으로 보고, 60%는 자살 당시에 우울증을 앓고 있었던 것으로 추정 → 상담가는 항상 우울증과 그 증상(슬픔, 무기력, 불안, 과민성, 수면/식이 장애 등)을 발견하면 자살 위험에 대해 주의해야 함

자살과 관련한 위험 요인 및 상황의 종류

1. 낮은 사회경제적 지위, 낮은 교육 수준, 실직
2. 사회적 스트레스
3. 가족 기능, 사회적 관계, 지원 제도의 문제
4. 신체적, 성적 학대 등 트라우마
5. 개인적 상실
6. 정신질환 Ex) 우울증, 인격 장애, 조현병, 알코올 사용 장애, 약물 남용
7. 쓸모없다는 생각이나 절망감
8. 성적 성향 문제 (동성애 등)
9. 특이한 행동
10. 판단력 손상, 충동 통제력 부족, 자기파괴적 행동
11. 부족한 대처 기술
12. 신체질환, 만성 통증
13. 타인의 자살에 노출
14. 자해 수단 접촉
15. 파괴적이며 난폭한 사건(전쟁이나 대재해)

다) 자살위험의 증가조현병, 약물남용장애, 인격장애, 외상 후 스트레스장애(PTSD) 등 불안장애와 높은 공병률을 보임

라) 아동·청소년의 자살은 기분 장애, 불안 장애, 약물 남용, 파괴적 행동 장애와 연관

마) 자살하려는 사람은 보통 사람보다 학대 경험, 가족 문제, 문화적 사항, 대인관계의 어려움, 압도적이거나 만성적인 스트레스 노출 등과 같은 환경적 부담이 큼

바) 과거의 자살시도는 자살 위험을 높임

사) 자살 행위와 관련된 위험요인을 찾는 일이 상담가의 임상적 의사결정에서 매우 중요

4) 자살행위 분석

가) 자살행위 분석 내용

(1) 관련 위험 요인의 검토

(2) 과거 모든 자살 행위의 이력

(3) 변하지 않는 생물학적, 심리사회학적, 정신적, 상황적, 또는 의료 관련 상태

(4) 절망감 수준 등 현재 자살 의도 증상 수준

(5) 스트레스 촉발 요인

(6) 충동성, 개인 통제 수준

(7) 기타 매개 정보

(8) 보호 요인

나) 전체 자살 위험 평가

(1) 없음(Nonexistent): 근본적으로 자해 위험 없음

(2) 약간 있음(Mild): 자살 사고가 강하지 않고, 자해하려는 계획이나 준비가 결심되지 않았으며 알려진 위험 요인이 거의 없음. 자살 의도는 나타나지 않지만 자살하려는 생각은 있는 상태. 당사자는 구체적 계획을 가지고 있지 않으며 과거 자살 시도가 없었음

(3) 보통(Moderate): 계획이나 준비에 대한 결심이 나타나며, 주목할 만한 자살 생각을 가지고 있고 과거 자살 시도 가능성이 확인. 적어도 두 가지의 다른 위험 요인이 있거나 하나 이상의 위험 요인을 갖고 있으며, 자살하려는 생각 및 의도가 확인됨. 하지만 분명한 계획은 없어 가능하면 현재의 감정, 심리 상태를 개선시킬 동기가 필요함

(4) 심함(Severe): 자해 계획이나 준비에 대한 결심이 분명히 나타나거나 당사자는 두 가지 이상의 위험 요인을 가지고 있으며 여러 번 시도한 것으로 보임. 당사자는 면밀한 계획 및 수단과 함께, 자살하려는 생각, 의도를 표현. 인지적 경직성, 미래에 대한 절망감을 나타내며 이용할 수 있는 사회적 지원을 거부하고, 과거에 자살 시도가 있음

(5) 아주 심함(Extreme): 여러 번 시도했으며 다수의 유의미한 위험 요인을 가지고 있음. 즉각적인 관심과 행동이 꼭 필요함

나. 위기 및 자살 상담의 실제

1) 위기 및 자살 상담 시 상담자의 태도

가) 침착하고 지지적인 자세

나) 비판하지 않는 태도

다) 자기개방 촉진

라) 자살을 하나의 선택방법으로 인정하되 "보편화(Normalize)" 시키지 않음

마) 적극적으로 경청하고 긍정적으로 자기를 돌보도록 함

바) 상담 과정을 '지금, 여기'에 중점을 둠

사) 위기가 완화될 때까지 심층 상담은 피함

아) 주변 사람에게 자해 가능성 평가에 대한 도움 요청

자) 치명성에 대해 질문함

차) 치명적 수단 제거

카) 효과적인 위기관리 결정을 내림

2) 자살 위험도에 따른 지침

가) 약간 있음(Mild): 대개 자살 가능성에 대해 일정기간 동안 재평가와 확인이 필요하며, 한편 이런 '약간 있는' 수준은 보통(Moderate)이나 그 이상으로 올라갈 수 있다는 점을 명심해야 함

나) 보통(Moderate): 필요에 따라 입원, 지원제도의 적극적 활용, 24시간 응급조치 준비, 약물 치료 평가, 진료 후 상담 시행 등이 필요

다) 심함(Severe)이나 아주 심함(Extreme): 구속적인 개입이 대개 불가피하여 비동의 입원 조치가 필요할 수 있음. 치료는 최소의 구속적 환경에서 안전하고 효과적으로 이뤄지는 것이 최선

라) 위기 및 자살 상담 시 유의할 사항

(1) 자살 관리 시 상담가는 개인적인 도덕적, 종교적, 철학적 관점을 표명하지 말아야 함 → 대화를 단절시키고 내담자를 소외시키기 때문

(2) 내담자의 자살 의도에 대한 비밀 보장 관련 약속을 하지 않는 것이 중요

(3) 자살 시도의 반복 위험은 시도 후 첫 1년 동안에 가장 높음. 상담가는 사례관리, 지속적 전화 연락과 지원 때에 따라 가정 방문 등 후속 조치와 서비스를 생각해야 함

(4) 내담자가 자살 사고를 부정하는 것은 내재화된 자살 충동을 은폐할 수 있으므로 상담가는 구두 소통에만 의존하지 않도록 조심해야 함

(5) 상담가는 개인적인 판단을 최소화하고 내담자가 원하는 도움을 주는 것, 적극적 경청, 면밀히 살피고 건네는 질문은 내담자의 내면에 어떤 욕구가 있는지 확인하는데 도움이 됨

[1. 해설] ㉔

자살의 전조

자살은 전조 증상을 보인다. 자살자의 80%는 어떠한 형태로든 자살 수개월 전부터 경고 사인을 보낸다. 가족이나 친구가 해야 할 일은 이들의 고백을 절대 가볍게 여겨선 안 된다는 것이다. 정답은 이들의 고민을 들어주고 정신과 전문의를 찾는 것이다. 특히 급성 우울증은 불과 며칠 사이 시기를 놓쳐 자살로 이어지기도 하는 초응급 질환이다. 강제로 격리 조치하는 것도 필요하다. 의사를 만나기까진 창문을 막고 칼 등 날카롭고 뾰족한 물건을 치우는 등 자살 방지를 위한 배려가 필요하다. 주위와 접촉을 끊고 우울해지며 말수나 식욕이 줄어든 경우, 주위 사람에게 자살 고백을 하거나 갑자기 여행을 떠나거나 성직자를 찾는 경우가 자살 징후이다. 대개 사계절 가운데 봄이 가장 위험하며, 월요일에 자살이 가장 많다. 이번 겨울까지 또는 주말까지 고민이 해결되겠지라는 희망이 사라지는 시기이기 때문이다.

[2. 해설] ㉑

위기 및 자살 상담 시 유의할 사항

① 자살 관리 시 상담가는 개인적인 도덕적, 종교적, 철학적 관점을 표명하지 말아야 한다.
② 내담자의 자살 의도에 대한 비밀 보장 관련 약속을 하지 않는 것이 중요하다.
③ 자살 시도의 반복 위험은 시도 후 첫 1년 동안에 가장 높음. 상담가는 사례관리, 지속적 전화 연락과 지원 때에 따라 가정 방문 등 후속 조치와 서비스를 생각해야 한다.
④ 내담자가 자살 사고를 부정하는 것은 내재화된 자살 충동을 은폐할 수 있으므로 상담가는 구두 소통에만 의존하지 않도록 조심해야 한다.

문제

1. 다음 사례에서 A씨의 자살 전조 신호와 가장 거리가 먼 행동은?

> A씨는 자살을 시도했으나 다행히 일찍 발견되어 미수에 그쳤다. 사실 그동안 A씨는 가족들에게 자신의 자살 시도에 대한 사전 신호를 여러 번 보냈으나, 가족들은 미처 눈치 채지 못하였다. 아마 가족들이 A씨의 신호를 미리 알아차렸더라면, 자살 기도를 예방할 수 있었을 뿐만 아니라, 이에 대한 적절한 지도를 할 수 있었을 것이다.

가. 자신이 아끼던 물건을 동생에게 주었다.
나. 전보다 식욕이 현저히 떨어졌다.
다. 공연히 들떠서 말을 많이 했다.
라. 자신은 죽으면 화장을 원한다고 말했다.

2. 자살방지센터(suicide prevention centers)에서 긴급한 자살 상황에 처한 사람으로부터 걸려온 전화를 받는 자원봉사자의 행동요령은? (2005, 2011 기출)

가. 점검표(check list)를 앞에 놓고, 전화를 건 사람에게 자세한 질문을 던진다.
나. 자살동기를 물어서는 안 된다.
다. 자살계획을 털어놓을 때까지 기다려야 한다.
라. 자살하지 말라고 지시한다.

3. 다음 중 접수면접에서 자살의도를 보고한 내담자에게 취해야 할 조치로 옳은 것은?

(2009 기출)

가. 자살의도에 대하여 그 다음 회기 때도 내담자에게 묻는다.
나. 즉시 경찰에 알린다.
다. 주 호소만을 다룬다.
라. 차트에 적고 내담자의 사인을 받아 놓는다.

4. 위기 및 자살 상담 시 상담자의 태도로 올바르지 않은 것은?

　가. 침착하고 지지적인 자세를 취한다.

　나. 위기상황임으로 심층적인 상담을 한다.

　다. 비판하지 않는 태도를 갖는다.

　라. 자살을 하나의 선택방법으로 인정하되 보편화시키지 않는다.

5. 다음 중 자살과 관련한 위험 요인 및 상황이 아닌 것은?

　가. 사회적 스트레스

　나. 성적 성향 문제

　다. 종교적, 문화적, 인종적 신념

　라. 신체질환

⑤ 상담가는 개인적인 판단을 최소화하고 내담자가 원하는 도움을 주는 것 적극적 경청. 면밀히 살피고 건네는 질문은 내담자의 내면에 어떤 욕구가 있는지 확인하는 데 도움이 된다.

[3. 해설] ㉑
자살의도를 가진 내담자를 상담하는 경우 일차적 조치는 자살이라는 위기상황을 방지 또는 지연시키는 것이다. 자살을 하지 못하도록 막거나, 며칠 또는 몇 시간 동안 지연시키는 것을 말한다. 자살에 대한 이차적 조치는 정서적 갈등의 정화와 일치. 관점 넓히기, 성장동기 탐색 목표설정, 대안 설정 지지체제 구축 등이 있을 수 있다.

[4. 해설] ㉕
위기 상담 시 위기가 완화될 때까지 심층 상담은 피하는 것이 좋다.

[5. 해설] ㉕
종교적, 문화적, 인종적 신념은 자살문제의 보호요인이다.

심리학개론

이상심리학

심리검사

임상심리학

심리상담